珍藏本
纪念版

汉译世界学术名著丛书

现代英国经济史

下卷

机器和国与国的竞争
（1887–1914年）

附结论
（1914–1929年）

〔英〕克拉潘 著

姚曾廙 译

2017年·北京

J. H. Clapham

AN ECONOMIC HISTORY OF MODERN BRITAIN

Machines and National Rivalries (1887—1914) with an Epilogue (1914—1929)

Cambridge
at the University Press 1938
本书根据英国剑桥大学出版社 1938 年版译出

汉译世界学术名著丛书
（120 年纪念版·珍藏本）
出 版 说 明

2017 年 2 月 11 日，商务印书馆迎来 120 岁的生日。120 年前，商务印书馆前贤怀揣文化救国的理想，抱持“昌明教育，开启民智”的使命，立足本土，放眼寰宇，以出版为津梁，沟通中西，为中国、为世界提供最富智慧的思想文化成果。无论世事白云苍狗，潮流左右激荡，甚至战火硝烟弥漫，始终践行学术报国之志，无改初心。

迻译世界各国学术名著，即其一端。早在 20 世纪初年便出版《原富》《天演论》等影响至今的代表性著作，1950 年代后更致力于外国哲学和社会科学经典的译介，及至 1980 年代，辑为“汉译世界学术名著丛书”，汇涓为流，蔚为大观。丛书自 1981 年开始出版，历时三十余年，迄今已推出七百种，是我国现代出版史上规模最大、最为重要的学术翻译工程。

丛书所选之书，立场观点不囿于一派，学科领域不限于一门，皆为文明开启以来，各时代、各国家、各民族的思想与文化精粹，代表着人类已经到达过的精神境界。丛书系统译介世界学术经典，引领时代思想，为本土原创学术的发展提供丰富的文化滋养，为推动中国现代学术和现代化进程做出了突出的贡献。

为纪念商务印书馆成立120周年，我们整体推出“汉译世界学术名著丛书”120年纪念版的珍藏本，寄望既利于文化积累，又便于研读查考，同时向长期支持丛书出版的译者、编者和读者致以敬意。

两甲子后的今天，商务印书馆又站在了一个新的历史时间节点上。我们不仅要铭记先辈的身影和足迹，更须让我们的步伐充满新的时代精神。这是商务人代代相传的事业，更是与国家和民族的命运始终紧密相连的事业。我们责无旁贷，必须做好我们这代人的传承与创造，让我们的努力和成果不仅凝聚成民族文化的记忆，还能成为后来人可以接续的事业。唯此，才能不负前贤，无愧来者。

商务印书馆编辑部

2017年10月

序

在1926年出版的本书上卷的序中，我曾经写道，我希望把故事叙述到1914年，“并至少附有一篇结论，阐述我所认为1914—1924年这十年在英国经济史上所占有的地位。”现在这个计划我已经尽我力所能及实现了，除非现在也许我可以说以1914—1929年这段年月取代了1914—1924年这十年。给战争年代写一篇叙事史的任何打算，从来就不曾有过（关于这段故事的各个方面都经别位作家殊可钦佩地予以阐述了），我所打算的只是就当时这个战争的震撼所给予英国经济的发展方面的某些影响略略一提。结论写得像是一篇论文，参考书目和脚注这整套配备，都一并付之阙如。

有人常常怀疑是否1914年去今还不太远，不足以作为这篇叙事的一个适当的截止点。就某种情态而言，1914年不用说似乎是去今已远了；但是这种情态，我认为要么是诗人的情态——如果一位经济学著述家可以把自己同这样崇高的事物联系起来的话——要么更常常是日复一日生活下去的那种常人自我的情态，满心认为问题和形势日新月异，而实则不然。在“von dreitausend Jahren sich weiss Rechenschaft zu geben”〔从三千本身得知所提供的解释〕的历史自我看来，战争年月是非常之近的，而且其重要性更是

嗣后任何一段年月所望尘莫及的。同时对于一个历史匠人来说,也没有任何一段年月是如此方便的。何况,在英国经济史上——不论在德国或俄国经济史上如何——这段年月,除发展的加速之外,简直没有带来什么新的事物。原会期待于此后一两代发生的变革,在十年之内出现了。在某些技术领域内,发明和对新环境的适应,所意味的并不是利害得失,而是生死存亡:因而加速其实现。其存在显而易见但能否脱颖而出殊令人怀疑的种种潜在力量,脱颖而出了。新事物原是有的,但给人的主要印象却是多少令人感到点惊奇的连续性。所以1914年这个年份和这篇结论的一般结构一直保留未动。

由于题材各个不同部分的重要性的变化以及或多或少的流动性,所以章节目次的安排有几个地方和中卷所采取的办法有所不同。这种办法如果不能自行解释清楚和证明是不无道理的话,那么在一篇序里也就无词予以辩解了;但是不妨提一句,在1886年和1894年之间,英国的史实并没有足够的变革来写出相当于上卷第一章或中卷第十章那样的一章。如果一直写到1936年,那就未始没有条件描绘出一幅新构成的"英国面貌"的全图,而不是在结论中将会看到的那种东鳞西爪的片言只语了。

关于资料方面,无须多所赘述。在这段时期,定期刊物和专业文献已经是那样浩若烟海,以致穷毕生之力也无法尽读。我不得不满足于一份只能希望是取舍得宜的选精拔萃。关于一般商业史,我始终主要是凭靠《经济学家杂志》的年度《历史和评论》。其他刊物在这段时期的各个不同时日也开始进行类似的工作;但是由于《经济学家杂志》的连续性和划一的传统,所以对于不暇在地方性和专业性报刊中逐一查明各个行业历史的一般历史学家来说，这个杂志便成为一个特别合宜的资料来源。至于逐一查明各个行业历史的工作，那却是行业志作家的职司所在——我但愿不乏其人。

最近我收到了一位前两卷的读者——我想是一位大学肄业生——的来函，要求我在本卷里给他提供一个书目提要，并且在脚注里不要有那样多的见前引。第二项要求我已试图予以满足，因为我认为是合理的。书目提要我却没有编撰。就这段时期而论，关于这个问题的一份完备的书目提要，会比这部书的篇幅还要长。我所随时阅读的一切书籍、报纸、论文和官方出版物——其中很多不曾加以利用——的一个书目提要，篇幅也会是很长很长的。凡我实际上利用了的那些，都在脚注里分别加以引证，并注明了日期。任何人如果对于任何一章或任何一节我的资料来源的研究或批判发生兴趣，都可以在脚注中查出。其他一些，也不难找到。既然我心目中认为一部备有脚注的书中另附一篇正式书目提要多少有点卖弄博学、夸耀于人之嫌，那我就看不出我苟同流俗，会对什么人有所裨益。而且我果真编撰一篇书目提要，那我又怎样把自己的回忆，对于本卷来说也是十分有用的这一小小资料来源放进去？关于这些回忆的参证，也可见之于脚注之中。

对于英王学院我的同事中已故的马考莱关于建筑业方面、麦孔比博士关于化学工业方面、斯托克代尔博士关于冶金业方面的见教，以及庇古教授在公债方面的指教和鼓励，应致感谢之忱。对法伊先生的指教，特别是关于合作方面的指教，伯恩先生关于钢铁方面的指教以及罗伯逊先生就他本人的早期出版物之一所提出的

告诫,同深铭感。但我对于罗伯逊先生对他的大作所抱的那种看法,却未敢苟同。贸易部的霍布森先生在搜求资料方面的大力协助,亚历山大·斯提文父子公司——自1750年以来一直从事于造船而从无间断——的斯提文先生在格拉斯哥为我进行的调查以及我的儿子为我所撰写的关于印刷机方面的几段文字进行的校核,都使我获益匪浅。打字工作、一篇无可避免的索引和对文字不甚流畅的段落的一些有益的批评,也是家人分任其劳的。

三十多年前泛泛拟订而二十多年前方始详细制订的一个计划就这样不再止于是一个计划了。Laus Deo〔赞美上帝〕。

克拉潘

1937年9月13日于剑桥

目　　录

第四编　机器和国与国的竞争

图表

第四编　机器和国与国的竞争

每天早晨世人醒来的时候，总是有新机器已经开始运转。每夜世人进晚餐的时候，它还运转不息。

温斯顿·丘吉尔

浪漫先生，季票持有人这样哀叹说，
他从来不跑步去赶火车，
……丝毫未被人察觉，
浪漫先生竟使九点十五分快车停了车。

腊德亚德·吉卜林

假如我们再有一百年的和平，我们就会置英国于死地。

1900 年一位德国实业家
致翁·斯太恩将军函

大约在这个时候他……给自由主义下了一个定义，而这个定义原可作为现代社会主义的一个极好的声明。

菲利普·斯诺登，论阿斯奎斯

第一章　工业英国，它的邻国和盛衰，1887—1914 年 1

在维多利亚晚期及嗣后年代中，新闻记者、政客和农村经济学家时时声言农业仍然是英国最大的行业，仿佛是试图使一般城市化的英国人相信自己所看不清的一种情况。就某种意义而言，他们是不错的，虽则给一个行业下定义或计量一个行业的规模的方法是如此之多，以致这类比较很难准确。诚然，至少直到十九世纪之末，“农业”还是不列颠人口最大的一个主要社会经济集团的标签。甚至在 1911 年，超过农业集团的也只有官方称之为从事于“五金制造”的那个同样庞大的集团。① 但是农村经济学家的说法已经变得一年比一年更不符合事实了。当 1851 年维多利亚年方少艾的时候，不列颠约有四分之一的成年男子是和农业有直接关联的；十岁以上的男子有六分之一是农业劳动者。到 1881 年，后一数字已降至不及十分之一。到 1911 年，将在二十分之一以下。那时不列颠煤矿工人将比不列颠农业劳动者更多，虽则整个混合

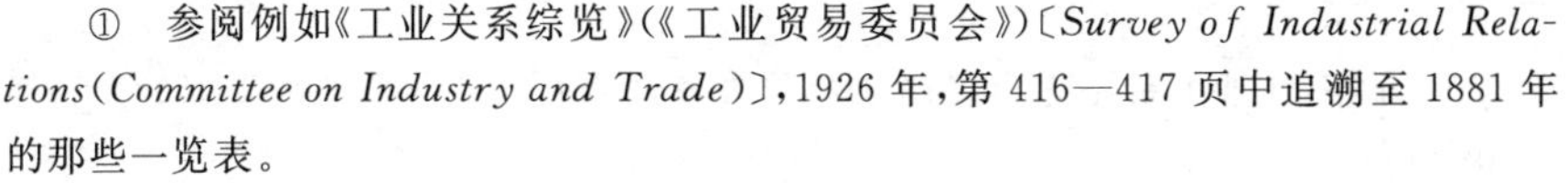

① 参阅例如《工业关系综览》（《工业贸易委员会》）〔*Survey of Industrial Relations*（*Committee on Industry and Trade*）〕，1926 年，第 416—417 页中追溯至 1881 年的那些一览表。

农业集团——包括农场主、市场园圃业者、小农场佃农，水果栽培业者和工人在内——将仍比整个采矿采石集团大得多，不过在后者之中，工资劳动者是那样之多，而雇主和独立劳动者却是那样非常之少。但是在全国有业者之中，甚至在1881年仍然占12%以上，在1891年将近11%的整个农业集团，到1911年已降至仅仅8%。[①] 农业集团由于在供应其余人民的食用上未能有更多贡献而往往受到批评；并且有一些批评也是理所应得的。但如考虑到
2 它的规模，那么，既然它成功地生产出除小麦和食糖之外，所有各种主要食品的相当一部分，这样的成绩也就很不差了。食品自给或近于自给的那些国家，都拥有一个匀称得多的农业和工商业的平衡。像不列颠的这样一种平衡——或失于平衡——在大国的记载上是闻所未闻的。

虽然在皮尔时代或嗣后年代中，另一种商业政策——如果在政治上行得通的话——未始不会使农业集团繁荣得多并使它的规模也更大一些；但是却不容易看出，政策或管理上的任何变革对最终平衡会有多大影响，假使其他条件依旧相同的话。在皮尔时代已经有生命和粮食的竞赛。他方留意及此，就交卸下台了。尽管有世界史上无比的移民出境的机会，但是从那时起岛上居民却变得更加稠密了。在1886年前夕，联合王国和不列颠的出境移民已达到一个高峰。在五年之内（1881—1885年）永久离开不列颠的大约有六十七万五千人，而在过去二十七年间多半是二百二十五

① 前引《工业关系综览》和《1851年的人口调查》。“年龄和职业”（1852—1853年，第88卷）。

万人。[1] 在 1887—1888 年，有了另一个高峰，虽则比较低一点；经过移民出境较少的十年之后，在二十世纪又上升到 1906—1907 年的高峰；在 1908 年有一次锐减；在 1910—1913 年终于上升到一个高水平，一连四年每年离开联合王国的人都远在二十万以上，并且在这四年之中有两年在二十六万以上，其中大多数是不列颠人。[2] 但在 1881 年已经是二千九百七十万九千的不列颠人口，到 1901 年增长到了三千七百万，到 1911 年已达四千零八十三万。支配社会经济史达一世纪以上的出生率高和死亡率相对低的那种配合所起的作用是如此强而有力。死亡率渐渐变得绝对低了。到 1911—1914 年已逐渐降至人口的千分之十四[3]。自七十年代以来，出生率虽一直是缓慢地、平稳地下降，但是 1913 年仍在千分之二十四以上。以这样一种人口的增长，纵使田间人口能增加一倍，
不用几年的工夫，街道、矿山、工厂和写字间的人群就会照样稠密 3
起来；何况最热心的土地改革家也没有设想到田间人口的加倍是可能的。现在没有一个人赞成罗伯特·欧文的那个用锄头耕地的计划了。

在维多利亚六十周年纪念的那一年，她所君临的这个人满为

① 关于迁徙数字的不可靠，参阅中卷，第 299 页和《综览》，第 65 页及以下的论述。几乎所有统计数字都是联合王国的而不是不列颠的，这一事实更增加了不可靠性。

② “在联合王国和欧洲以外国家之间的运输上，英籍旅客出境超过入境之数”是：1910 年，二十三万三千七百零九人；1911 年，二十六万一千八百零九人；1912 年，二十六万八千四百八十五人；1913 年，二十四万一千九百九十七人。参阅《工业关系综览》，第 66 页。

③ 1901—1910 年平均为十五点五，1913 年为十四点零。

患的工业国——为了供应自己的需要和增加自己的对外投资——多半以自己所生产的每一种东西的大约20%或25%(按价值计)运往海外。二十年后,在1907年第一次审慎地进行这样一种计算的时候,联合王国产品和制造品的出口在装运口岸计值所有各种货物的全国产量在各该产地——在田庄、矿山和工厂;在不列颠和爱尔兰——的大约30%。[①] 在当中这段期间,英国贸易的性质并没有任何根本变化;但是国际贸易和对外投资非常活跃的1907年这一年的出口却异常之高。在1887年总值二亿二千一百万镑的出口货之中,包括有少量未加工的农产品,主要是爱尔兰的,连同一些英格兰羊毛;价值几百万镑的未制金属——生铁、未制钢、生铅、铜锭、未制锡;价值一千万镑的煤炭;二千二百万镑的钢铁制造品,其中包括刀具和铁器,但不包括机器在内;价值一千一百万镑的机器;价值二千八百五十万镑的毛纱和毛织品连同成衣;以及价值七千一百万镑或占整个出口贸易三分之一的棉纱和棉织品。约值七千万镑的其余部分则是由各式各样的制造品和半制造品构成的。幸而这一部分杂色品种与日俱增,虽则不如原可希望的那样迅速;因为有眼光的人早已看清,一直是维多利亚时代之特征的那种对棉货出口的过分依存是有它的危险性的。[②] 英国怕很难像它那样以棉纺织机装备世界各国,而还能长此以棉织品供应它们。

英国产品和制造品的出口是和1887年价值五千九百万镑的

① 《联合王国第一次生产普查最后报告书》(*Final Report of the First Census of Production of the U.K.*)(1907年),1912年,敕令第6320号,第25页。

② 参阅中卷,第228—229页。

外国商品和殖民地商品的巨大复出口贸易这种集散贸易相联系 4
的。这个商品表也是品类繁多，令人眼花缭乱的，凡是地面上的奇异商品，自独角鲸的牙齿以至于云实属，无一不出入于伦敦货栈；但以生毛和原棉为主要项目——其中又以羊毛最为重要——而以咖啡、茶和后来的橡胶为主要辅助项目。尽管批发价格几乎不断猛跌，但是复出口贸易的价值在 1887 年还是比 1877 年大一些，在像 1882 年和 1888 年这样贸易活跃的年份，则大得多——这是以英国海外经济力量为基础的复出口贸易的活力几乎未受损害的一个明证。如果有一个品目开始从复出口表上消失，照例就有另一个品目来取代：在这个时期，橡胶正这样取代着蓝靛。

英国不但是货物——无论栽培的、采掘的、制造的或存栈的——的债权人，而且正如长久以来的情形那样，是它的船舶、它的银行、它的保险公司和它的商人的各种劳务的债权人，尤其是它的船舶劳务的债权人，因为它拥有世界远洋船舶吨位的大约三分之一和世界远洋轮船吨位的将近八分之五。[①]

居于这样地位的一个国家，对于整个世界的经济气候都是敏感的。任何地方的一点轻微动荡在伦敦商业区的精密的金融记录器上都表现出来。较大的动荡，如同印度方面季候风的失时或美国方面税则的某种激剧变革所会引起的那样——在八十年代这两个国家共同吸取英国出口货的四分之一以上——则会给整个工业

① 中卷，第 519 页，以《商船一览表》，1902 年(敕令第 329 号)，第 48—51 页为依据。

区带来困难。邻国之间的战争会带来怎样的困难和怎样的繁荣，在1861—1865年和1871—1873年已经昭昭在人耳目了。这类无法控制的意外事故会加剧经济活动的起伏，加剧繁荣和萧条的交替，对于这一切，这个国家已经习以为常，至于它们的原因，经济学家虽已有所论证，但迄今还不很深入。但是他们至少已经提示出可能是事实的东西，即：它们的最普遍的原因——或者应该说是前提！——一直是季节的变迁以及对投资、贸易和工业的群众心理方面的信心、过度信心和气馁的规律性嬗递。① 在这些可能的事实之外，还必须加上这样一些肯定的事实：即相继以耐久、复杂和昂贵的工厂去装备各国和重新装备一度已经装备了的各国，或者像发现黄金那类在货币方面令人兴奋的大事，都会使这种交替加剧，或者使信心和过度信心的阵期真正开始；而且无论信心和气馁都会是同战争有联系的。在1887年以前，和美国第一次装备高潮的结束同时出现的英国方面装备和重新装备之间的一次停顿，曾经给锅炉制造工会和铁船建造工会会员带来了一连三年（1884—

① 这并不打算作为一种商业循环的理论，关于这项理论的著作已经汗牛充栋了。在八十年代以前，穆勒（《政治经济学原理》，第3编，第12章，第3节）在他的"一个商业危机现象的分析"中已经稍稍触及到规律性的嬗递，杰文斯在1875年和1878年〔《通货和财政的研究》（*Investigations in Currency and Finance*），福克斯韦耳编，1884年版，第194页及以下〕也曾经讨论包括约翰·穆勒先生（第203页）的"心理方面的"解释在内的其他一些人的各种不同意见，并且提出了他自己的收成——日照——地点的学说。韦斯利·密切尔在《商业循环》（Mitchell，Wesley C.，*Business Cycles*）中把这些以及后来一切学说（直到1927年为止）分成为（甲）物理的，（乙）感情的和（丙）制度的三类。凯恩斯（《就业、利息和货币通论》1936年版，第329页）（他的学说我不试图予以分类）认为杰文斯的学说是"研究这个问题最可取的方法"，尤其是对他那个时代的世界来说。我不精通凯恩斯先生本人的研究方法，也不确知他认为它究竟适合于1886—1914年的世界到怎样的程度。

1886 年）平均 20％以上的失业。①

在 1887 年以前的十三年和嗣后的九年之中，贸易的盛衰起
伏，如果从货币方面来看，已经表现为带来了 1888 年所说的“利息
跌落……利润跌落”②和从而在实业界产生沮丧情绪和缺乏创业
精神的那个大规模价格下降趋势的表层上的一些波澜。加之自八
十年代以来在海外和国内市场上都感到了英国人向来不大习惯的 6
外国制造品的竞争；同时关税又逐渐把一些已经门户洞开和一些
半开半闭的市场关闭起来，所以不论什么时候衰退一旦开始，就怨
言纷起，因而在 1885—1886 年有对工商业萧条的一次正式调查。
这次萧条是持续价格下跌和造成怨言载道的工业衰退合并而成
的；幸而这二十三年的价格下跌远不是一个可怕的大衰退。③

可供利用的七十年代就业统计数字，肯定地证实了反映出自 1874 年至 1879 年的一次令人沉闷的长期工业退潮的其他一切证据，在 1879 年那个黑暗年份中，据我们所知，制造业和农业方面的失业数字比十九世纪后半叶除 1858 年以外的任何一年都大。④

① 参阅中卷，第 141、453 页。商业循环的“装备”方面是罗伯逊，《工业波动的研究》（Robertson，D. H.，*A Study of Industrial Fluctuation*）（1915 年版）一书予以阐发的。1880 年以后随着对欧洲和北半球收成的依存性的减少，“季节性”方面的因素变得越来越不重要这一点是肯定的。参阅中卷，第 488 页，凯恩斯，前引书，第 331 页和本卷，第 97 页。庇古，《工业波动》（Pigou，A. C.，*Industrial Fluctuations*）（1927 年版），第 29 页，虽然完全承认“装备”和其他因素的重要性，但是明确地论断说，“构成工业波动的直接原因或前提的不是别的，而正是商人变化无常的期望〔当然要受收成、装备、发现和战争等的影响〕……”

② 艾尔弗雷德·马歇尔语，引证于中卷，第 385 页。

③ 在衰退时期通常都有价格下跌，但是在这些年份中，下跌的终点总是低于前次上升的起点。参阅本卷，第 12 页的曲线图。

④ 中卷，第 455 页。

但是在 1879 年以后，却有一次明显的涨潮。在 1882 年，以当时技术行业中熟练工人的一个相当有代表性的实例为依据的一般工会失业数字已经下降到 2.3%，锅炉制造工工会的失业工人已不到 1%。[①]（这是不足为奇的：翌年有七十六万九千吨船舶由英国船坞下水，其中大多数是铁制或钢制的。）紧接着这个新商船队的完成和 1880—1883 年美国铁路兴建的告终而来的造船业、机械工程业和重五金业的那次真正萧条，持续了四年之久。到 1887 年还没有云消雾散；但在和耐久设备的制造没有多大关系的行业中，萧条却远没有如此之甚。[②] 对于所有各行各业来说，1886 年都是一个不大好的年头，甚至对通常工作正常的印刷工和书籍装订工来说，亦复如此；但 1887 年大多数工会的就业状况虽然比 1871—1890 年这二十年的平均情况稍稍差一点，总还算很说得过去——非金
7 属行业的失业百分比只不过是三点九，而机械工程业、造船业和五金业则是十点四。

在维多利亚女王六十周年纪念那一年，事实上的确看到了迅捷恢复的开始，以及随之而来的批发价格下降趋势中的一个回涨微波，其幅度虽小，但却如此广泛，以致一时看上去像是长期下降告终的一个征兆。造船业出现了一次新的突飞猛进——1888 年的一次“大跃进”[③]——一举而将 1889 年锅炉制造工的失业人数

① 在《英国国内外贸易和工业状况备忘录第二集》(*Second Series of Memoranda on British and Foreign Trade and Industrial Conditions*)（1904 年，敕令第 2337 号），第 97—104 页中有关于这一时期失业问题的详尽阐述，另在庇古，前引书中有更加确切的论述。

② 例如在 1887 年，机械工程业、造船业和五金业工会，作为一个组别来说，失业百分比是十点四；编制了报表的其他所有各行业，作为一个组别来说，是三点九；建筑业是八点二；印刷和书籍装订业是二点六。

③ 《经济学家周刊》，《1888 年的商业史和评论》。

和所有重五金业的平均失业人数缩减到 2%；两年之内供应了外国三十多万吨英国建造的新船舶；并且在 1898 年将联合王国登记的轮船吨位提高到了五百万吨。[①] 那两年的一般工会失业数字是二点一。令人沮丧的年度破产纪录有了充分的下降。[②] 联合王国产品出口价值在 1890 年比在 1885—1886 年大约高 25%；虽然这个上升的一小部分是由于价格上涨的微波，但是从英国港口载货出口的船舶数字中可以看出其中大部分是来自真正出口贸易量的增长。1889 年，毛纺区是日夜开工的，在煤矿上有了超过煤炭供应量的需求，以致使人回想到 1872—1873 年的煤荒。[③] 在工商业方面，资本的需求是如此之大，以致 1890 年的头两个月英格兰银行的贴现率保持在 6%，全年平均也将近 5%。[④]

如果不是那一年年底商业区发生风潮的话，平均数未始不会低一些，但当时由于一个和国内外公司发起有关的大公司轻举妄动而导致了所谓巴林危机。[⑤] 公司发起一直是以极大的规模进行的；在 1888—1890 年这三年之间在伦敦招募的资本达四亿四千六百万镑；[⑥]巴林公司包销大批的南美和其他证券，而在它本身债务 8

① 造船数字载《联合王国统计摘要》。

② 详见《统计摘要》；另参阅图冈一巴罗诺斯基：《英国的商业危机》（Tougan-Baronowsky, M., *Les Crises Commerciales en Angleterre*）（1913 年版），第 139 页。

③ 《经济学家周刊》，《1889 年和 1890 年的商业史》。关于 1872—1873 年的情况，参阅中卷，第 302 页。

④ 参阅本卷，第 17 页上的曲线图。

⑤ 《巴林危机的善后》，《经济学家周刊》，1890 年 11 月 22 日号。关于亲身的证词，参阅奥哈根：《生活片断》（O'Hagan, H. O., *Leaves from My Life*）（1929 年版），第 1 卷，第 378—381 页。另参阅本卷，第 280 页。

⑥ 依照《经济学家周刊》编制的年度统计数字。

到期之前未能脱手。既经接到巴林公司就本身处境危险发出的警告，英格兰银行就采取措施来应付一次金融危机。它一面在俄国购买黄金，一面从法国借入黄金；并且在取得伦敦银行家和金融业者协会的一项私人保证之后，它承担起全部责任并加以清理，因为巴林公司的业务——如果假以时日——原不失为健全的。结果任何保证人都没有赔付分文。多亏处理得法，没有发生任何金融危机和任何种类的恐慌。“全国的广大商业……都没有受到多大影响。”[①]英格兰银行的贴现率从未超过6%；虽然在1891年据说投资公众已经“丧失了一切信心”，[②]但是这次以及从而引起的投资紧缩，是在这样一次膨胀之后原可期待的唯一结果，纵使巴林公司没有犯过什么过失。就全国的工业而论，1891年是一个不太坏的年头；和1857年世界危机之后的1858年大不相同。虽然利润减缩，但就业情况依然良好。机械工程、机车制造、桥梁建筑和造船等企业，都有很多工作，虽则不如1888—1889年那样之多。脚踏车制造业尤其活跃。[③] 五金业的失业数字仅仅上升到四点一；一般数字仅仅上升到三点五。

尽管出口利益集团在1890年已经受到美国新税则那个空前未有之高的麦金莱税则的威胁，情形尚且如此。不过这项税则却大大地损害了某些特殊工业，例如布莱德福的毛丝工业；[④]但是溯

---

① 《经济学家周刊》，1890年11月22日号。1891年5月，伦敦商业区为英格兰银行总裁利德载耳先生举行了一次受之无愧的盛宴。

② 《经济学家周刊》，《1891年的商业史》。

③ 《1891年工厂主任视察报告书》(*Report of the Chief Inspector of Factories*, 1891)(1892年，第20卷)，第30页。

④ 参阅例如《1892年工厂主任视察报告书》(1893—1899年，第17卷)，第106页。

自美国内战以来，美国关税已经是如此之高，以致英国的对美出口按价值计很少超过 1866 年所达到的水平。在八十年代，出口丝毫没有增长。关税税则和美国自力更生的工业化早已把英国出口商推往其他市场。麦金莱税则只不过是再推一把而已；甚至此后五年(1891—1895 年)英国对美出口货的平均价值也不过比前五年少二百六十万镑(即 9.4%)而已。可以诱致美国人购买的东西总 9
是有一些；虽则他们已不再是英国最好的主顾。①

虽然这个不列颠国由于它的广泛利益及其对于主要食品和原料的海外贸易的完全依存而如此敏感，但也有弊有利。因为利益非常广泛，所以出口货的重新调整也比较轻而易举。如果印度方面因季候风失时，致使印度的购买力暂时削弱，那么在巴西也许会有一次咖啡的丰收，或者扬子江一带的贸易也许会有所改善。由于在麦金莱所要排斥的货物之中很多事先已经有了逐渐扩大和新辟的市场，因而这个政策的实施也就更加支持得住了。纵使美国表示它有决心，并且证明它也有一部分能力，不再作为一个年轻的国家，去仰仗一个较老的工业国来供应像铁路用金属之类的粗笨资本货和比较精细的制造品，八十年代在印度、南美、澳洲和其他工业方面仍然幼稚的地方，仍有很多铁路要兴筑，很多精细制造品要购买。当 1899 年五金和机械工程业这整个集团异常活跃的时

① 一般参阅陶西格：《美国关税史》(Taussig, F. W, *Tariff History of the United States*)(1888 年和以后各版)；腊贝诺：《美国商业政策》(Rabbeno, U., *American Commercial Policy*)(1895 年版)。如果把联合王国对美国的复出口一并包括在内，麦金莱税则公布以后五年来价值的跌落只不过是 4.9%。

候，据满意地报告说，活跃是由于来自世界各地的订单，而不是单单决定于美国需求的增长，像过去常见的情形那样。据说，尤其重要的是这时南美正为英国提供“一个工作的新天地”。[①]

而且，对食品和原料的海外贸易的依存也证明了国际商业的拘束力，并不因为个人主义的自由贸易主义者曾经夸大其词而稍损其真实性。对于某一特定供应来源依存的程度越大，那里的生产者本身也就越可能对英国方面的消费有很大程度的依存。美国中等高原棉生产者的需要兰开郡市场，同兰开郡市场的需要这些生产者几乎不相上下。在供应来源多的场合下，它们的分布和多样性已经导致了一个史所未有的价格既低廉而又稳定的局面，特
10 别是就食品价格而言。[②] 在本世纪的前四分之三期间，正如在以前每一个世纪中一样，国内收成一直是具有突出的，有时甚至是压倒一切的重要性的。经济活动的消长虽从来不是完全由于收成丰歉，却总是和收成密切相关。因此，衰退的紧随繁荣而来并不是商业和机械文明的一种新病症。纵使这种病症这时有了一些新刺激，但症候并不是比以往更重，而是更轻。以一定地区的天气和收成为转移的农业文明——自路得的谋阿布(Ruth’s Moab)起直至十九世纪的爱尔兰或二十世纪的中国——总是不得不面对周而复始的饥荒，区域性或全国性饥荒的风险，如果人口稠密的话，饥荒更是十之八九在所难免。自从 1812 年这个战争年之后，自从这个

① 《经济学家周刊》，《1889 年的商业史》。

② 关于食品价格的稳定，参阅胡克：《1890—1910 年国内外价格的趋势》(Hooker, R. H. *The Course of Prices at Home and Abroad*, 1890—1910)《统计学报》，1911—1912 年。

在法国战争之中，据一位当代专家这样想，不论怎样的饥荒，不论人民怎样吃不饱的前景都存在的这唯一的一年之后，英国就再没有面临过这种风险了。[①] 但是在 1812 年以后的六十年间，对于国内收成基本上的，虽则在 1846 年以后日益减少的依存，纵不意味着饥荒的风险，也还意味着面包价格周期的、剧烈的波动。在把比维多利亚晚期大得多的一部分收入用在面包上的一个民族之中，这种波动反过来又造成所有其他必需品和次要奢侈品的国内需求方面的波动，并且分别同资本设备工业方面的阵歇活动以及国际贸易路线和比重方面的变化所引起的波动，共同决定繁荣与萧条的嬗递。八十年代的一次丰收可能对一个年景起锦上添花的作用——一如 1889 年的情形[②]——但是对于繁荣的任何真正衡量都不是至关重要的，一如五十年前，甚至三十年前曾经有过的情形那样。

现在小麦终年不断地输入国内：收成前和收成后的价格已经不再有什么显著差别。供应品在各原产国已经更加有系统地、更加成功地贮藏起来。铁船或钢船可以散舱装运小麦，而且不致犯 11
潮：木船则一直是以多半潮湿的船舱载运袋装小麦。在北半球温带青黄不接的时候，现在有南半球的收获物可供利用。早在 1884 年，已有年度供应品的十分之一来自南方——来自澳洲，来自智利；还有很少一点来自阿根廷共和国。二十年后，这时已完全为阿根廷所左右的南半球输入了将近三分之一：在 1908 年输入了几乎五分之二的最高额。任何一个国家，几乎可以说任何一个大陆上

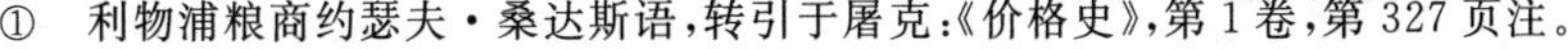

① 利物浦粮商约瑟夫·桑达斯语，转引于屠克：《价格史》，第 1 卷，第 327 页注。

② 《经济学家周刊》，《1889 年的商业史》。

的歉收，可以有把握地由其他各地的丰收来扯平。1887 年和后来小麦多次占英国进口半数以上的美国①在 1904—1905 年突然不得不大量削减它的货运时，阿根廷、印度和澳洲已经能够比例地增加它们的货运而有余了。因此伦敦四磅重面包的价格非但没有上升，像二十年前设使美国的小麦供应遭到同样突然的限制肯定会发生的情形那样，反而从 1903 年水平下降了一点，而且是在一般价格上涨的当口。在 1884 年以后，前三十年一直起伏于六点八便士和十点八便士之间的面包价格，始终没有高过六点三便士或低于五便士。在 1891 年以后计算伦敦的一般零售食品价格指数时，它的波动几乎恰恰保持在同一百分比限度以内；因为在这个自由进口的工业国中，那些有助于使小麦和面包价格稳定的各种力量正起着使其他大多数食品价格保持同样稳定的作用。

设使能有和平，或者只有几次不比那些年的殖民战争对帝国核心有更大妨害的战争，维多利亚后期和爱德华时代的英国社会是异常稳定的，而不论去怎样设想。它的经济变动仅仅触及到事物的边缘。甚至它的出口工业，撇开棉织品这个了不起的例外和一些次要的例外不论，产量的三分之二至四分之三是在国内销售的，只有下余之数才易于受到税则和其他无法控制的外界环境的损害。固然在国内市场上也有外国制造品的竞争，但只要这种竞
12 争是新出现的，那就还不大，几乎和 1884—1886 年所谈论的差不多。进口制造品仍不外是丝绸、细毛织品和玻璃；手套和玩具以及表和乐器，这些都是自从英国首先转向自由贸易以来按不同的速

① 参阅中卷，第 219 页。

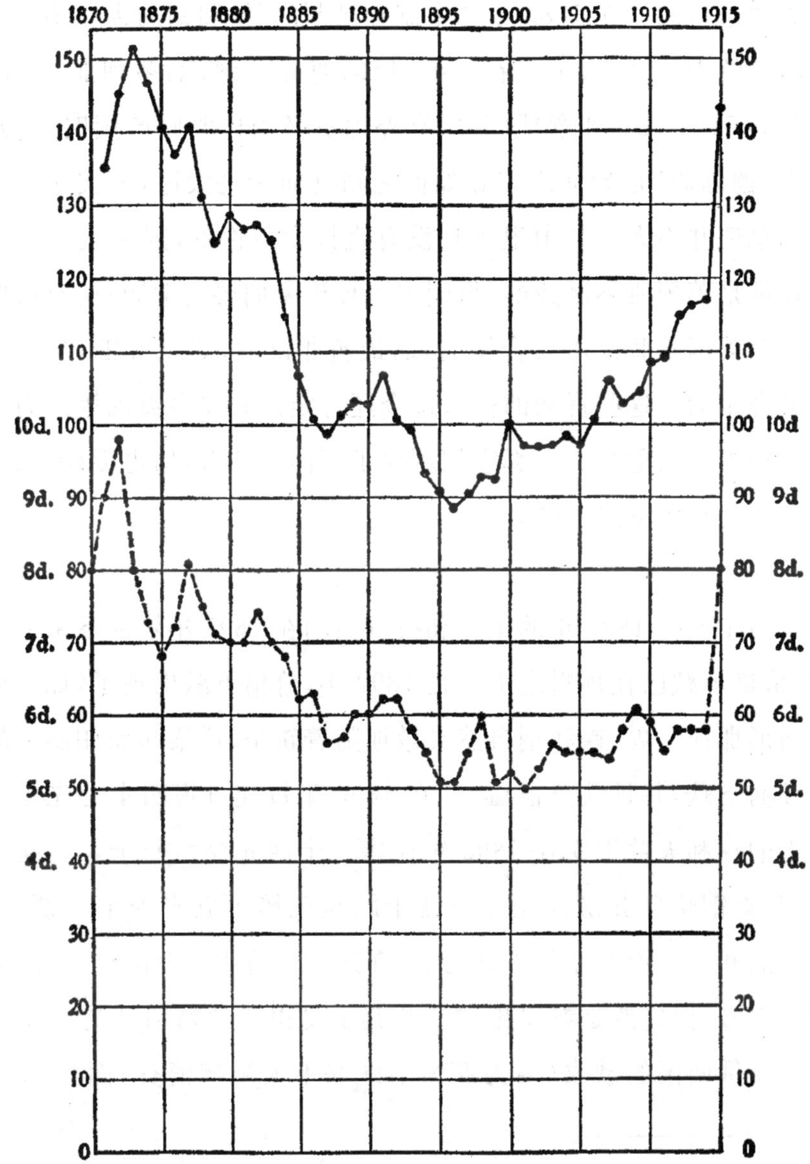

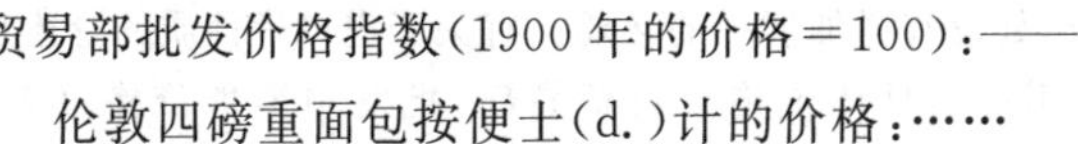

贸易部批发价格指数(1900 年的价格＝100)：——

伦敦四磅重面包按便士(d.)计的价格：……

13 度源源进口的。在1888年,“未制和已制的”铁和钢的进口不到相应出口的十分之一;虽然在1887年的商标条例(维多利亚,第50年和第51年,第28章)限令所有外国货必须标明原产国时,公众发现“德国制”是如何之多和如何之精良而为之大惊,其实这些东西的总值并不大。其中很多是没有直接竞争性的,因为就其规格而首都是英国所不制造的,虽则本国评论家们要它学制;所有这些都是对英国某些使用人合用的,而最遭非议的,如廉价钢,却往往是最合用的。这些货物的输入迄今还肯定没有损害英国生产力量和生产组织的危险。果真它们刺痛了英国生产者,那也无妨:因为他们往往是感觉迟钝的。①

当1888—1890年的工业和投资活动在1891年停滞下来的时候,价格下跌已在预料之中。在1892年,价格下跌出现了,如表列的情形那样。煤、铁和钢自然灵敏地随着轨条、桥梁和船舶制造的停顿而下跌,并且跌势很猛。② 在1890年每吨可售四十七先令八便士的克利夫兰生铁在1893年仅售三十四先令六便士。在同一期间,重钢轨自五镑九先令一便士跌至三镑十五先令十一便士。棉织品和其他消费品的下跌,正如在这种环境中常有的情形那样,却少得多,但仍然是看得出的。与其说是由于商情活跃毋宁说是由于法俄两国的歉收(因为商情活跃并不太影响消费)而自1889

① 关于本段和类似各段中以年度《贸易报告》(*Trade Returns*)和《统计摘要》为依据的叙述,其出处没有详加列举的必要。有关于进口货性质的论述是著者的看法。

② 本节所引证的具体价格录自贸易部《批发和零售价格报表》(The Board of Trade, *Return of Wholesale and Retail Prices*),1903年,第321号。

年的二十九先令九便士推升到 1891 年的三十七先令的小麦价格，在 1894 年又重新开始跌向二十二先令十便士这个十九世纪的绝对最低点。其他粮食和豆类也随之下跌。1894 年，大豆和豌豆已降到最低点，1895 年大麦和燕麦也降到了最低点，而当时小麦只不过上升了几个便士。至于其他几种基本商品——例如煤和钢锭——最低点是在 1896 年终于证明是按指数计算的总批发价格 14
最低的这一年达到的。[①] 当时批发价格约低于 1887 年水平 10%，低于 1889—1891 年水平几乎 15%。

种种特殊力量曾经在世界各地起着压低价格的作用——诸如紧接着八十年代后期密西西比大草原铁路的另一次延展而来的美国小麦产区的不断扩大，阿根廷大草原上的同样的扩大，以及俄罗斯黑壤土地上的同样的扩大等。过度的发展和价格的低落使这些年轻国家陷于紊乱，从而使价格更加低落。在 1890—1891 年，政治和经济的动荡导致阿根廷政府不能履行债务，以及除一家之外该国所有银行的一齐倒闭。[②] 1891—1893 年，澳洲发生了终于酿成银行危机的一次萧条；1893 年美国有一家铁路的破产和一次华尔街的危机。银价随同其他价格下跌，但远超过其他价格；使用白银的东方，虽然本身的调整落后于形势，却一直能在出售自己的物产时接受按金计的非常之低的价格，而又一直是按金计价的货物

---

① 准确地说——照这里所用的指数计算。指数的组成或基础不同，所得出的结果也会稍有不同。参阅《价格报表》附录 II，方丹先生的《指数结构备忘录》(Mr. Fountain's *Memorandum on the Construction of Index Numbers*)和本卷，第 31 页注②。

② 伦敦——拉普拉塔河银行：参阅霍布森：《资本的输出》(Hobson, C. K., *The Export of Capital*)(1914 年版)，第 149 页。

的一个可怜的买主。当 1893 年白银降至三十六又十六分之五便士这个似乎低至荒谬程度的数字(1884 年曾经是五十又二分之一便士,1872 年六十又十六分之五便士)[①]时,按银收税但有很多债务必须以黄金履行的印度政府,拒绝再为私人铸造银币,从而开始了管理卢比的现代史。[②] 这项措施虽则最后会有裨于英国的价格,但就目前而论,印度政府改善它在伦敦的黄金储备的愿望,却无异是对这种时髦金属的进一步需求,因而这类试验的开端很少是对商业有利的。1893—1894 年美国拖延不决的关税和通货斗争则更加不会有利。其反作用是如此之大,以致美国对英国羊毛和毛织品的需求几乎完全停止达六个月之久。[③]

虽然价格下跌的广义特殊原因——正如在小麦的场合下——以及同贸易的通常波动相联系的狭义特殊原因足可作为极大部分价格下跌的说明,但是如果不是世界上最重要通货的黄金基础二十年来所感到的压力继续不变,下跌也未必会如此之剧。诚然这正是当代的一致看法。[④] 很多思想家和公职人员都把恢复复本位制看作是一条出路[⑤]——收回白银以弥补黄金的差额,规定这两种金属间的比率以改善东西方的金融关系。另一些思想家解释了

① 参阅中卷,第 318 页。

② 凯恩斯:《印度的通货和财政》(Keynes,J. M.,*Indian Currency and Finance*)(1913 年版),第 7 页并散见各页。

③ 《经济学家周刊》,《1893 年的商业史》。

④ 在统计学会上对 1911 年胡克的论文(《统计学报》,1911—1912 年)的讨论,说明了几年之后意见的种种不同。在发言中最贬低黄金的重要性的是凯恩斯:他说黄金不过是决定价格的"至少"四五种重要因素中的一种而已。

⑤ 在经济思想家之中有福克斯韦耳教授;在公职人员之中有巴耳弗。最不偏不倚的当代讨论是达尔文的《复本位制》(Darwin,L.,*Bimetallism*)(1897 年版)。

各国政府很少采用的一种更加精细的解决方法的优点。[①] 在美国，以开采白银的西部为基础的一个白银党已经在政治上变得很强大。不久它的领袖就要以他反对“把人类钉在一个金十字架上”的大声疾呼的抗议去煽动素无定见的美国选民团体了。[②]

在这期间，更多黄金的源源而来已使求助于白银之举成为多余；但起初这是不明显的。继六十年代后期和七十年代期间北德兰士瓦黄金发现之后的金伯利钻石矿的发现，已使勘察家充斥于南非。[③] 1882 年在巴尔伯顿附近已开始在天然石英中开采黄金。猎人们谈出远方的所罗门王矿山的种种故事。1884 年有两个勘探家已经找到了威特沃特斯农场附近的金砂矿脉——金砂丘陵。“似乎毫无疑问”，1886 年 9 月——对取自金砂丘陵的第一批样品在金伯利刚刚作过化验之后——一位金融记者这样写道，“在南非已经发现了生产潜力相当大的金矿。”[④]他警告投资人不要鲁莽从事，强调非洲金砂矿脉的无足轻重，而且获利肯定很慢。新法采 16
金是工程师——而不是资本家——的事情；所以不能不逐渐发展。但是这两类人都有着手其事的准备。1889 年，工程师的需求已经

① 参阅马歇尔在 1887—1888 年黄金和白银调查委员会上提出的所谓合本位制（他所谓的真正复本位制），即以金条和银条为共同基础的一种通货的那项主张。马歇尔：《官方文件集》（Marshall，A.，*Official Papers*）（1926 年版），第 29 页。

② 布莱恩于 1896 年。

③ 参阅《剑桥英国经济史》，第 8 卷，“南非”（1936 年版），第 451、781 页。当 1872 年金伯利矿在杜托伊特斯盘和其他矿山附近迅速发达起来的时候，来登伯赫矿场的采掘工已在千人以上。柯尔：《世界的金矿》（Curle，J. H.，*The Goldmines of the World*）（1902 年第 2 版）是一个看到过几乎所有这些矿山的人撰写的，对于十九世纪后期非常有用。

④ 《经济学家周刊》，1886 年 9 月 25 日号。

在非洲创造了一个使伺机而动的贸易商欢欣鼓舞的"工作的新天地"。[①] 那一年金砂丘陵生产了价值一百三十万镑的黄金。

到1893年，产量已上升到五百二十万镑，这种比较缓慢的进展充分证明了七年前所发出的警告是有道理的。但是尽管得到警告，1889年伦敦方面还是有"猖獗的投机"；1892年在如今叫做卡非尔竞技场的"那一部分证券交易所"中也有几乎同等的骚动。[②] 这是自然的，虽则是不智的。自1890年以来可靠投资的利率不断下降。"盲目资本"却要求2.5%至3%以上的利率。1892年，英格兰银行维持2%的贴现率为时之久是自从死气沉沉的1879年那一年以来向所未有的。1893年，海外风潮导致了几次高达4%以至5%的短期应变贴现率；但此后却开始了迄今所知道的最长一段一连保持2%的时期，自1894年下半年直到1896年——批发价格降至最低点的那一年——的下半年。[③]

---

① 参阅本卷，第9页。

② 《经济学家周刊》，1892年11月12日号。

③ 英格兰银行贴现率的水平和变化往往是意义深远的，虽则它们并不能控制市场贴现率，甚至不能表明英格兰银行本身所索取的贴现率。自1878年以来，它已公开承认"在给老顾客提出的信用好的票据进行贴现时"，不拘泥于它本身的贴现率。在1894—1896年，它的2%是"完全无效的"〔塞耶斯：《英格兰银行的经营》(Sayers, R. S., *Bank of England Operations*)，1936年版，第11页〕。"贴现率往往一连很久都不过是一个空符号而已"，哈特利·威瑟斯：《英格兰银行制度》(Hartley Withers, *The English Banking System*)(美国货币调查委员会)，1910年，第19页。伦敦可靠的三月期票据平均市场贴现率是：1894年，一点一八；1895年，零点九六；1896年，一点五六。在活跃的年份，英格兰银行贴现率和市场贴现率比较接近，例如在1907年，英格兰银行贴现率平均为四点九二，市场贴现率为四点四九。威廉斯：《贴现率和整理公债的价格》(Williams, T. T., *The Rate of Discount and the Price of Consols*)，《统计学报》，1912年。

在 1894—1896 年有一个农业萧条皇家调查委员会正在举行会议，这是非常及时的。他们要求专家们替他们预测价格的前景。1894 年 4 月 20 日，罗伯特·吉芬爵士暗示说，我们“多半马上会看到回涨”。他是就黄金的情况立论的；黄金的产量已有增加，而且不止金砂丘陵一地；并且“对黄金的特殊需求”，像七十年代德国从银本位改为金本位时的那种通货需求，“业已停止”。[①] 6 月 14
日，福克斯韦耳教授，虽附有保留条件，却“大体上”倾向于预测价 17
格的进一步下跌，除非是采用复本位制。他说他曾请教过“最优秀的岩石学家”，而他并看不出“有任何理由要担心”来自南非的黄金会有“非常大量的供应”。[②] 翌年，在讨论黄金供应增加的影响时，《经济学家周刊》指出黄金供应对于十九世纪中叶价格上涨的影响远不如起初所预料之甚，并且举出种种理由、种种充分的理由来说明何以认为新黄金的任何影响多半会是更加渐进，更加轻微的。
虽然法国已经没有它在五十年代和六十年代所表现的那种把黄金 18
吸收到通货中去的能力，但是笔者补充说，美国却能大量吸收，同时奥地利和俄国正准备采用金本位，从而也会占用去一部分剩余。[③]

在 1894 年春季，吉芬的预测是一个大胆的预测；但是在此后几年中却证明他是不错的，纵使是不期而然的；《经济学家周刊》的

① 《农业萧条皇家调查委员会第一次报告书》，1894 年（第 6 卷），询问案第 18，173 号及以下。

② 询问案第 23，668，23，678 号。

③ 《经济学家周刊》，1895 年 9 月 28 日号。

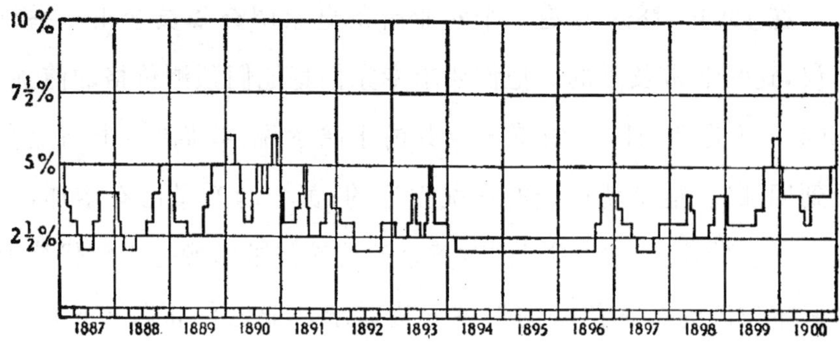

1887—1900 年英格兰银行最低正式贴现率表

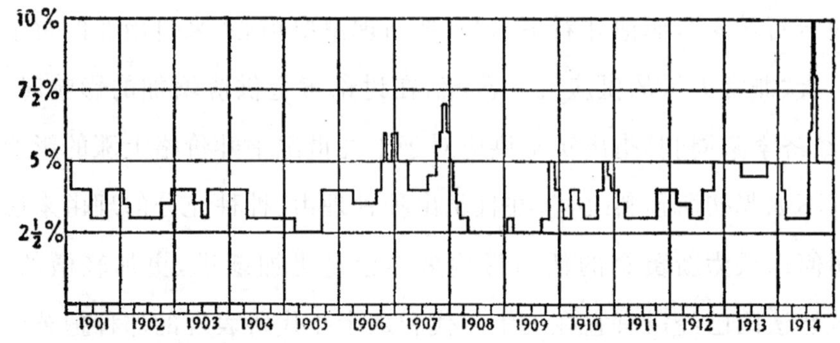

1901—1914 年英格兰银行最低正式贴现率表

预见亦复如此。回涨开始了,但非常轻微。在 1896 年后期,一直积累着黄金的英格兰银行在 2% 水平的卧榻上沉睡了两年半之后,觉醒了。① 不管"最优秀的岩石学家"怎样说,到 1898 年,金砂丘陵每年生产着价值一千五百万镑的黄金;到 1899 年德兰士瓦已卷入战争而南非大草原已牧草丛生的时候,价格的趋势显然在转

① 在其他欧洲银行和国库中也积累着黄金;但是大多数这类的积累是不生产的,所以都有助于延缓而不是刺激价格的上升。

变之中。[1] 由金矿方面推动起来的力量究竟在怎样的程度上造成了这种转变，是一个微妙的，也许无法解决的问题。来自银行货币方面的影响以及帮同规定通货数量和流通率的那些心理变化的影响，原不难引起迄今所出现的 5%至 10%的上升。只是在五金和建筑材料方面有真正显著的上涨，正如自从大规模的价格下跌以来曾经几次出现的那样一种上涨。其所以如此，作为一种工业的黄金采掘业的不断扩张，无疑是原因之一。而黄金到埠的日子，合理也罢，不合理也罢，总归是商业日历上的光明点。但是作为银行库存或铸币而起作用的现有黄金究竟在怎样的程度上是 1899 年以前价格上涨的原因，则更加不能肯定得多。最急剧的上涨却出现在 1899—1900 年之间战争像照例的情形那样驱使物价上涨并阻碍黄金从南非各矿山内流的时候。

但是在那个时候，南非黄金的内流尽可停止而世界仍有足够的黄金可用。1898 年约翰内斯堡的一千五百万镑比那一年有纪录可查的新供应量的四分之一多不了多少。自 1890 年以来美国
的产量增加了一倍(自六百七十五万镑增加到一千三百三十万 19
镑)：科罗拉多州克里普峡谷各矿活跃非凡，此外还另有很多。[2] 十年之后，当克朗代克河金砂采掘业已经由盛而衰的时候，美国的

① 最著名的价格指数，即以 1867—1877 年平均价格为基准(一〇〇)的索尔贝克的指数是：1896 年，六一；1899 年，六八。第十二页的曲线图上所用的以 1900 年价格为基准的贸易部旧指数是：1896 年，八八点二；1899 年，九二点二。《经济学家周刊》的指数是以 1898 年作为基础，所以只能看到 1900 年的上升。

② 数字取自《国家科学大词典》(H. W. B. der *Staatswissenschaften*)，第 5 卷(1910 年版)，累克西斯(Lexis，W.)撰，"黄金和金币"条。另参阅美国造币厂厂长的年度报告书，扼述于《工业调查委员会最后报告书》(*Final Report of the Industrial Commission*)(1902 年)，第 18 页及以下。

产量仍然扶摇直上。九十年代澳洲曾有一次复兴——采矿业而不是采掘业——从而使得库尔加迪和卡耳古利这些地名在英国几乎像本迪戈和巴拉腊特一度那样家喻户晓了；直到1903年，澳洲的这项新产量仍继涨增高。所以甚至在德兰士瓦被战争封锁之后，全世界在1900年所开采的黄金仍比1897年为多。当1903—1904年采掘工作在德兰士瓦重新开始时，产量上升很快，在1908年已达到三千万镑，而这个数字仍不过是那一年世界巨大产量的三分之一左右。现有黄金存量仅在那一年增加的就有1801年和1847年之间增加之数的三分之二以上。1891—1908年这十八年所增加的和1848—1890年这四十三年增加之数不相上下，就现在所知道的来说，约为1848年以前三个世纪的两倍之多。

向来照例的而且不失为正确的论证是：世界黄金存量既如此之大，又如此之经久耐用，所以任何短时期的增加对广大群众购买力的影响只能是微乎其微的。这种论证不再有效了。在九十年代后期和1914年之间价格既然随着一个缓慢而有力的水平的高涨而上升，而在这个高涨水平表层上短期繁荣与萧条的交互更替既然无异于早先水平下降时表层上所显现的那样一些波澜，所以毫无疑问，新黄金的比重正在逐渐压低广大群众的购买力；虽则许多其他的重要力量对价格水平也起着拖扯作用。[①] 九十年代中叶那些认为黄金的作用会是非常迟缓的人结果是正确的，虽则他们不曾料到压力有如此之大。这种压力因为所有国家都热衷于参加黄

① 一般参阅莱顿：《价格研究导论》(Layton, W. T., *An Introduction to the Study of Prices*)和庇古：《工业的波动》(Pigou, A. C., *Industrial Fluctuations*)，第95页；在那里着重指出了黄金产量变动的影响之小。

金使用国集团而有所减轻。[①] 随着价格的上涨，复本位制被遗忘 20
了，而在开采金银的美国却最迟，也最不彻底，正如原可预料的那样。直到 1893 年为止，在白银党的劝谏下，联邦政府一直遵照所负义务，先行收购和鼓铸大量白银，继而则加以收购和贮藏。1893 年由于薛尔曼收购白银法的废止而导致了一场最后的大规模斗争。白银失势了；但黄金的胜利则直到按黄金计算的价格开始上升时止，都是不稳固的。继而美国以 1900 年 3 月 14 日的一项条例首次无保留地宣布黄金为唯一的本位货币。

在欧洲，自七十年代早期以来，德国、荷兰和斯堪的纳维亚各国就已经奠定在黄金基础上；自 1878 年以来，法国、瑞士和比利时等比较富有的法郎使用国，事实上也已经奠定在黄金上面。现在所有各国都欢喜补充它们的黄金储存。在 1907—1908 年，法兰西银行所存黄金（一亿二千万镑左右）约为二十年前的一倍。在十九世纪后期货币经常贬值的意大利和西班牙，这两个与法国为邻的比较贫穷的拉丁国家也利用它们的机会设法回到真正的金本位。意大利汇兑在 1900 年以后第一次同巴黎和伦敦的黄金牌价相接近。仅仅在九十年代才终于改为金本位制的奥地利和俄国变成了黄金的大积累国。[②] 到 1908 年，当英格兰银行以不到四千万镑的

① 参阅政治家兼经济学家皮尔逊：《经济学原理》（Pierson，N. G.，*Principles of Economics*）（1903 年版），第 1 卷，第 403 页及以下，《主要的货币制度》中所作的那篇简洁的当代叙述；杜威：《美国财政史》（Dewey，D. R.，*The Financial History of the United States*）（1903 年版）；和中卷，第 429—430 页。

② 1892 年奥地利在原则上采用了金本位，1900 年则更加明确地予以采用。有大量的金铸币，但是流通不多。俄国决定性的法律是 1897 和 1899 年的法律。累克西斯条，见前引《国家科学大词典》。

黄金储备经营业务时，奥匈银行照例有五千万镑，俄帝国银行有将近一亿镑，而在国外持有的法郎和英镑结余——潜在的黄金——还不计算在内。①

日本为完成它的西式经济装备，在 1897 年采用黄金作为本位币。在印度，自从铸造厂拒绝鼓铸白银以来，卢比已经同金镑联系起来，1899 年并将金镑定为法币。② 印度按照特殊的比率吸取金镑和金条。在 1931 年以前，从来没有任何数量的金镑和金条外流：黄金或供作首饰之用；据说有时还供作医药之用，或只是贮藏
21 起来。在最后几年中，即自 1906 年至 1914 年，印度正以每年一千五百万镑，或德兰士瓦整个年产量的半数这样一个比率埋藏着黄金。③

在 1897 年和 1907 年之间，甚至墨西哥、阿根廷和其他产银的美洲各共和国也逐渐改为金本位制。它们的需求是有效的，虽则它们的金本位制并不一定稳固。最后只剩下少数几个没有改变的国家同中国一道作为银本位国家了。当 1895 年吉芬声言“对黄金的特殊需求已经停止”④时，他不曾料到转向金本位方面如此之速。如果疾速过渡到金本位的国家不是那样多，他所预料的价格上涨多半会早就十足地实现了。由于全世界每年黄金增加量大部分被吸收进它们的通货和银行储备之中，被吸收进战费和印度

① 现在中央银行的数字是在《经济学家周刊》、《统计学报》和《泰晤士报》上定期公布的。

② 按照一先令四便士一卢比的比例。

③ 凯恩斯：《印度的通货和财政》，第 76 页。

④ 本卷，第 16 页。

窖藏之中，所以价格上涨方能保持适度。价格疾速直线上升的社会作用照例是如此令人不安，以致这类吸收只是有百利而无一弊的。

在 1870 年仍然是世界上唯一毫不动摇的金本位国家的英国，在二十世纪就这样厕身于效法者之林了。除中国以外的所有巨额汇兑以及许多小额汇兑都奠定在黄金基础上了。很多不使用或不完全使用黄金的国家也未始不情愿从大多数之例。伦敦这个最大最自由的黄金市场，同它所有邻国的货币关系都是毫无干碍的。人人都知道一笔相当数目的外汇所能上下波动的那个狭窄幅度。如果国际商品贸易不是像三十年前那样自由，国际投资和国际金融会更自由得多，更通畅得多。

二十世纪的英国在对外投资方面也许是有所过当了。果真如此，倒也不足为奇；因为在新镀上了一层黄金，而这层黄金看上去又是那样坚实、那样耐久的这个世界中，投资原是可以运行得非常通畅的。自 1907 年至 1914 年无论国内或国外投资之所以终于非常活跃，无疑部分是因为到那时价格的上涨已经成为人们尽知是可指望的事情。指望价格在一项经营结束时比承担其开办费时高一些的心理，始终是一个刺激因素。到 1914 年，人们可以回顾过去的十八个年头，在那十八年之中，在任何一段贸易特别活跃的时
期之末，价格都从未降到像它开始时那样之低。在南非战争的后 22
几个阶段和战争刚刚结束之后，曾经有过一段尾声。直到 1906 年还没有超过 1900 年的价格水平；1901—1905 年那段波谷虽长，但深度不大。它的最低点远在 1894—1898 年那段波谷的最低点以上。战争一直是地方性的，在世界或英国经济上都不曾留下深刻

痕迹。美国和加拿大则完全得免于战后价格波谷的影响;[①]而只要美国欣欣向荣,英国就不大会是十分暗淡的。

何况,这次价格上涨虽然持久,却始终没有疾速到不健康的程度,始终没有迅速到足以使那些因价格上涨而获利的人冲昏头脑,或者使那些受损失的人完全忍受不住。受害的人自然是有的,有些人的收入就无法按照生活费的微微上涨而得到调整,或不容易得到调整;但是上涨是那样的温和,以致要经过一段长时期方能察觉,特别是在食品价格方面。

在这十八年断续但持久的上升之前有九年的工夫,价格在1888—1891年那次从长期观点看只是虚假的上升之后,陡然降到甚至比1886—1887年更低的水平。英国的对外商业史以至于大部分国内社会史,正是在这个价格大跌的最后几年和一连十八年上升的背景衬托之下,才可以看得最清楚。这个背景的重要性不应予以夸大。不论它的色调如何,或明或暗都是在前景上变化的。当价格下跌时,有些人发财致富了,很多人生活好转了。但是横财多半是在跌风暂时间断期间发来的;当跌风卷土重来时,美好的生活会很容易地部分为更多的失业所抵消。单单价格降低并不意味着失业,但是走向更低水平的过渡却往往如此。在这个场合下,逐渐降低时并不比降到头时更好一些。当1896年价格达于最低点时,就业情况良好;在逐渐向最低点下降时,情况却一直很糟。[②]

物价暂时上升也有其阴影,而且往往很浓,正如物价暂时下跌

① 参阅前引《统计学报》,1911—1912年,胡文的论文,和本卷第12页的曲线图。

② 参阅本卷,第29页的曲线图。

有其往往很明亮的部分一样；但这十八年整个说来却比前九年，实则比前二十三年都更光明些。换个比喻来说，国家的脉搏在工业、 23
商业以至在被忽视的农业方面，都跳得更有力些，间歇也更少一些。这里没有从营养不良到健壮的变化。在统计上所可看到的不过是百分数上很小的变动，轻微的加速度和缓慢的上升曲线而已。然而脉搏上很轻微的变化也会改变病人的外貌；1896—1914 年的英国，虽然还很容易周而复始地陷于悲观主义和不满，却比它过去的自己更有信心，更富于冒险精神。如果它也多少更好斗一些，那也是强有力的脉搏的一个理所当然的伴生物。

1890 年这一年尽管有巴林危机，年景却并不坏。就业情况依然一般良好。像米德兰工厂制鞋业之类的一些年轻的、成长中的行业，则特别活跃。① 一些老的、稳定的行业未始不会和利兹的呢绒工业一样地承认它们“没有什么抱怨的理由”。②（这是出自约克郡方面的一个意义深长的承认。）在钢铁方面，虽则产量是令人满意的，价格和利润却被说成是令人失望；但是在工程业的很多部门中，据说这一年是 1873 年以来最繁荣的一年。这是不足为奇的。英国和爱尔兰产品和制造品的出口价值从来没有这样大（二亿六千三百五十万镑），尽管价格已经下跌。世界各国的进行装备总是给工程师带来业务。大量的海外贷款和大量的资本货出口一直是并驾齐驱的，正如通常的情形那样。③

1886 年以后的贸易复苏事实上已经把海外投资重又放到类

① 《1890 年工厂视察员报告书》（1890—1891 年，第 19 卷），第 13 页。

② 《经济学家周刊》，《1890 年的商业史》。

③ 参阅本卷第 25 页资本输出曲线图。

似于十五年前曾经保持的那样一种地位。在1876—1880年这段萧条期间，英国的贸易平衡遭到了1847—1848年以来第一次严重的扰乱。[①] 为了弥补歉收，不能不有不正常的进口：有些出口渠道已经阻塞：心灰气馁的投资者及其顾问们已不愿再以自由放款去强行出口。在那段时期的前三年之中，平衡肯定是真正不利的，也可能在整个五年之中都是如此。出口货的价款、劳务的报酬以及
24 现存对外投资的所得——据计算——已不太够抵付进口货的价格。但根据最有利的估计，在这五年期间也没有任何净剩余可供海外投资之用。在此后五年期间（1881—1885年），情况有了改善。每年有大约三千万镑这样一个估计总数可供作海外投资之用。[②] 继而随着1886年那个在其他方面暗淡的年份的来临，贸易平衡的投资剩余开始有了显著的上升。在随后的五年之中（1886—1890年），平均剩余大约有五千万镑，在1890年那个登峰造极的年份，剩余则在八千二百万镑以上，为数之巨几乎和据说连煤矿工都喝香槟酒的1872年那个半神话的年份不相上下。就购买力而言，由于价格的大跌，它要大得很多。此后有十六年没打破1890年的数字；前十四年（1891—1904年），平均剩余几乎恰恰回

---

① 参阅中卷，第233—235页。另参阅霍布森：《资本的输出》，第219页。佩什：《大不列颠在其他各地的投资》（Paish, G., *Great Britain's... investments in other Lands*），《统计学报》，1909年，第465页；1911年，第167页。

② 这些估计数是本卷第39页曲线图所依据的霍布森的数字。这些数字曾经在不同的点上遭到批评——例如斯坦普：《英国的收入和财产》（Stamp, J. C., *British Incomes and Property*），第227、235页和凯恩克罗斯：《大不列颠的国内外投资》（Cairncross, A. K., *Home and Foreign Investment in Great Britain*）（剑桥大学未刊行的博士论文），第225页都曾予以批评——但这却是唯一可供利用的一整系列的数字。

降到八十年代早期的三千万镑。但是其中有三年是战费浩繁的年月，供作对外投资之用的剩余似乎为数不多。

1891 年，对外投资缩减了三分之一以上，但是同这个平均数相比依然是高的；因为在 1880—1890 年期间得到的刺激还没有消失尽净。出口价值稍有下降，无疑这部分是投资减缩的一个直接结果；但是从英国各口载货结关出口的船只却增加了。机械工程、造船和五金各业的就业情况没有显著的减退；因为从英国造船厂下水的船舶有六十多万吨，而其中有十万吨以上是外国的订货。虽然低于 1889 年和 1890 年的巨大产量，但情况还是不错的。像印刷业和建筑业之类同外国市场没有多大关系或完全没有关系的行业，依然是真正业务繁忙的；观察家所得到的对外贸易纵使暂时停滞而国内贸易却有增长这样一种印象，似乎是正确的。[①] 原料的价格已开始下跌；但是食品——尤其是小麦——价格的上涨却 25
将这种下跌作为一般价格水平中的一个因素而掩蔽起来，或者还不止于掩蔽起来而已，食品价格的上涨给农场主带来了非常急需的购买力的增加，而并未带给消费者以过大的压力。[②]“在最不利的条件下保持了活力：虽无利可图但贸易仍比原可指望的为多”乃是从商人的角度对那一年所下的断语。[③]

历经踵随而来的三个艰难岁月，直到 1896 年年初初露出价格上升的迹象时止，位于国家经济生活中心的力量是非同小可的。在衰退时期工会会员的就业数字依然保持未动。这个数字比八十

① 《经济学家周刊》，《1891 年的商业史》。

② 伦敦四磅重面包的价格只上升了不到一便士。

③ 《经济学家周刊》，《1891 年的商业史》。

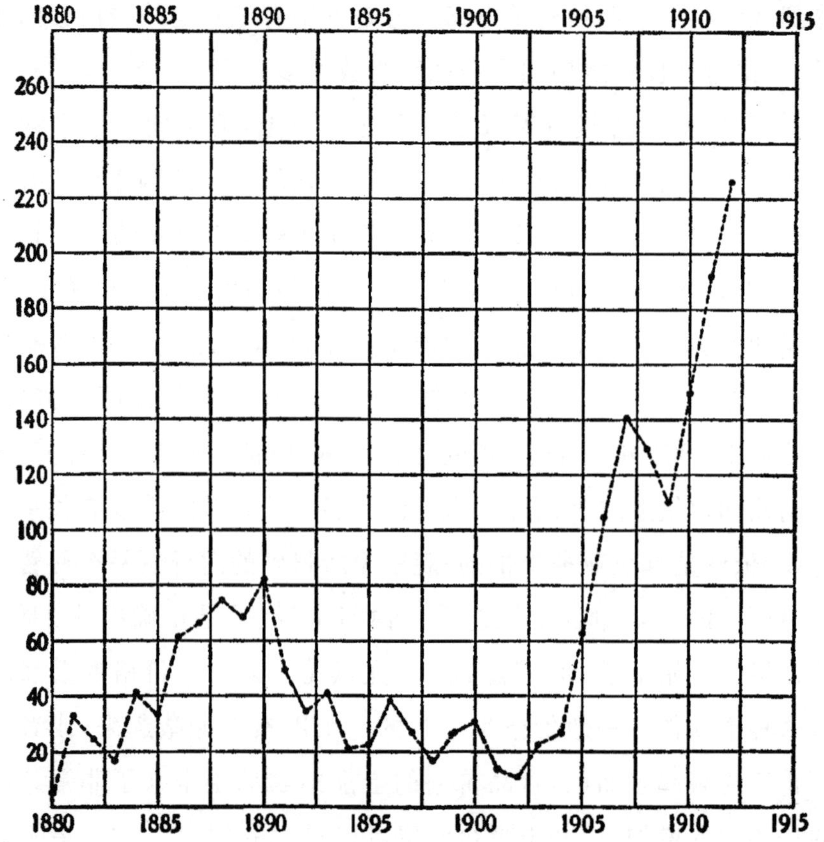

联合王国的资本输出(按百万英镑计)
(根据霍布森的数字)

年代更大的衰退时期令人满意得多。在1892—1895年这四个暗淡的年份中,照例是衰退时期的主要受害者的金属制造工,平均失
26 业人数只占9.6%,其中总是受打击最重的锅炉制造工和铁船建造工不过14.3%,而在1884—1887年则是20.3%。所有其他现在有纪录可查的工会都比这几个工会的情况还更好一些,结果,根据1893年和1894年这两个九十年代失业情况最严重年份的平均

数，在编有表报的各工会中，虽不能说有正常工作，但至少不是正式失业和领取失业救济金的会员，绝不少于92.3%。这个数字没有包括由于疾病、不严守时刻或缩短开工时间而造成的失业；也没有考虑到因工业争议而损失的工时。在1892—1893年有重大的争议发生，因此而直接受到影响的工资劳动者，第一年有三十五万七千人，第二年有六十三万六千人。在1893年，这类争议造成了三千一百万工作日的损失；但是甚至这项损失也不像看上去那样严重——只占所有工资劳动者可能工作日的百分之一强而已。①

在当时的情况下，争议几乎是不可避免的。自1886年以来，货币工资一直有令人满意的、虽非显著的上升，而且生活费依然大致不变。1891年以后工资上升停止了。就整个工业而论，的确还略有下降。生活费同过去一样，在1891—1892年稍稍高一点，在1893—1895年又稍稍低一点。② 工资和生活费的两相分歧虽很轻微，但是1892年失业数字急剧上升的偕以俱来就令人不安了。雇主因利润下降而试图缩减工资。他们在各种不同的工业中得到了成功。凡是按物价调节工资率的地方——正如在若干煤田上那样——工资是自动缩减的。这种情况不一定引起罢工，但是却会坚定罢工者的斗志，正如1893年自提兹河到塞汶河的煤田上十五个星期的斗争——直至整个说来以失败告终为止——所表明的那

① 参阅韦伯：《英国工会运动史》，1902年版，第15页："一年之中由于罢工和停工而损失的工时〔就1892—1900年的平均情况来说〕……比由于我们把耶稣受难日和圣诞节视为休假日那个可赞许的习惯而损失的工时少得多。"

② 参阅伍德：《1850年以来的实际工资和享乐标准》（Wood，G. H.，*Real Wages and the Standard of Comfort Since 1850*），《统计学报》，1909年。试与本卷第468页的工资曲线图作一比较。

样。值得注意的是，尽管有这种斗争，那一年与劳资争议无关的工会失业数字平均不过是 7.5%。

因为国外投资的重要场所一个跟一个地暂时失去了吸引力，而有价值的市场又相继发生问题，这就更加值得注意了。1890—
27 1891 年阿根廷的风潮导致了一连几年没有什么新资本到那里去冒险而已投放的资本也获利极微的局面。[①] 在 1892 年南非矿业股票市场的骚动之后，发生理所当然的不安，接着则是南非投资和购货的受到节制。在美国，1893 年的通货之争，像英国方面的罢工一样，是在一个价格步跌的市场上进行的，但不同于那些次罢工的是没有金融恐慌偕以俱来。[②] 这造成了美国业务六个月的阻绝，致使英国出口商损失惨重[③]——自 3 月克利夫兰总统开始他的第三次任期时起至 10 月参议院勉强通过了联邦停止收购白银的法律时止。在这六个月的中期，在 5 月和 6 月出现了金融崩溃和恐慌，这次崩溃因同年 6 月印度造币厂停止鼓铸白银而更加不可收拾——因为白银已经触及到敏感的美国神经。到这一年年底，美国倒闭的银行计有国立银行一百五十八家，州立银行一百七十二家，私人银行一百七十七家。[④] 铁路兴筑已几乎停止；在 1894 年，有将近三万九千英里的铁路已交到监管人手里，其中包括伊利

① 霍布森：《资本的输出》，第 149 页；佩希的论文，见《统计学报》，1909 年，第 469 页。

② 杜威：《美国财政史》，第 444 页；迈尔斯：《纽约金融市场》（Myers, M. G., *The New York Money Market*）（哥伦比亚大学，1931 年版），第 1 卷，第 414 页。

③ 本卷，第 14 页。

④ 杜威，第 446 页。大多数银行又重新开张。

铁路、联合太平洋铁路和北太平洋铁路。[①] 在这些半破产的铁路中有很多英国资本，虽则在五百零七家关门的银行中不多。

类似美国的银行危机也同样见之于澳洲。在 1886 年和 1890 年之间英国已经有大约一亿镑资本投入这个国家。在巴林风潮之后，英国投资人畏怯不前了。澳洲的物价不断下跌：劳资纠纷继续不已：在 1891—1892 年，土地和金融公司以及一两家银行，连同其中的大量英国资本都有了亏蚀。在 1893 年 1 月，银行的普遍停止支付以经营政府业务的墨尔本联邦银行首开其端。在这一年间，除一家之外，维多利亚的所有银行都不能不重行改组。英国的大部分流动资本都从中抽出。由于各式各样预算上都存在着赤字，澳洲对于长期投资人简直没有吸引力了。在银行危机以前和以后，又都出现了澳洲所特有的旱灾，危机以后比危机以前的灾情更重。在九十年代中期，尽管有旱灾，新农业资源仍在开辟之中，而此刻 28
澳洲既不是一个靠得住的借贷人，也不是一个很好的买主了。[②]

在远方大陆已经这样变成，尤其是对建筑器材来说，无足轻重的市场的时候，地中海沿岸的大部分地区既有金融风潮，南美又一再发生政治纠纷。幸而印度尽管有通货问题，还不断地，虽则不是大量地购买建筑器材和消费品。兰开郡棉货的使用者，包括印度在内，购买的数量还是同历来不相上下；虽则由于原料价格下跌，它们在 1893—1894 年所支付的价款要比 1890 年少 10%至 15%。由于棉货很少降到联合王国出口货的 30%以下，更由于没有一种

① 杜威，第 446 页。大多数银行又重新开张。

② 《英帝国海关》(C. H. B. E.)，第 7 卷，第 1 编，“澳洲”，第 369—378 页。

英国工业像兰开郡工业那样绝对依存于海外市场，所以这种情况对国家的经济健康是有助益的。虽然在很多贸易报告书和市场报告书中，1893 年显得是最暗淡的一年，但是国家经济健康真正受到的损害是如何轻微，可以由——除其他的迹象外——差强人意的一般失业数字和建筑业相当活跃的情形表明出来。① 这个国家，正如一项颇有见地的报告书所指出的，显然是处于“精力受到遏制的状态”中。②

但是在 1894—1896 年价格大跌的最后一圈正在跑着的时候，能量的解放延滞下来了。如果不曾延滞的话，无疑这一圈会跑得更快一些。经过前几年的震撼之后，实业界的先驱者、发起人和投资人还没有恢复信心。通常恢复得很快的美国耽误在它的关税政策上了，所以向联合王国进行的购买比 1878 年以来任何一年都少。渐渐成为英国建筑器材的买主的南半球各大陆，依然处于各自不同的地方性阴霾之下；而印度又有导致它加征一小笔财政关税的预算赤字，至于财政关税中的棉货条款，则由于兰开郡纠缠不清和关系重大的缘故而经印度事务部予以否决。③

29 1894 年在国内公共投资方面有些波动，虽则在海外投资方面非常微弱。1889 年在伦敦市场上真正要求支付的货币，而不是创设的名义资本，已不下一亿八千六百万镑。1888 年曾经是一亿三

① 这一年木匠和细木匠的数字是三点一。

② 《经济学家周刊》，《1893 年的商业史》。《1893 年工厂视察员报告书》（1894 年，第 21 卷）是非常令人沮丧的。

③ 曼彻斯特商会据说先是卖弄公平贸易，主张用复本位制来提高印度的生产成本，继而又辩称复本位制将会拯救印度，这时《经济学家周刊》，1894 年 11 月 10 日号对它的这种“出于自私自利的前后矛盾说法”予以谴责。

千七百万镑：1891 年是一亿四千一百万镑。（在这些发行额中，投入海外铁路的，1888 年有四千一百万镑，1889 年二千四百万镑。）1891 年，催收的股款已降至 1889 年数字的一半以下，到 1893 年，已降至四千二百万镑，甚至比 1878 年和 1879 年还低。[①] 虽然据说 1894 年在投资人之间有比自巴林危机以来任何时期都大的信心，但是他们的信心却不足以使英格兰银行稳定在表明购买力的积累比购买力的冒险使用依然占先的那样长时期的百分之二的贴现率上不动。作为这种缺乏冒险性的一个副作用，在金属加工业中，实则在一般工业中，就业状况仅仅得到轻微的改善。在某些行业中甚至江河日下。

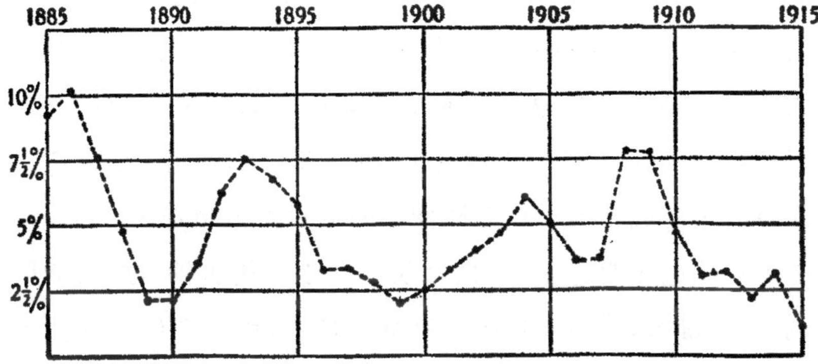

某些工会失业会员年度百分率表

在随后的五年（1895—1899 年）之中，虽然公共的资本催收显然低于 1888—1890 年的水平，虽然资本输出微不足道，而英国产品的出口也仅仅攀升到 1890 年的水平，但工人的实际工资却有了

① 取材于《经济学家周刊》的年度报表。

轻微的改善，就业情况也稳步好转，直到 1899 年失业人数在当时
30 官方数字以其就业状况为依据的那五十万工会会员之中平均只占 2%——在七十年代初期和 1915 年之间这一系列数字中的最低数字——时为止。未始不会流往国外的资源正在国内作有利的使用，这也表明了对外贸易和对外投資的迅速扩大对于国家一般福利并不像对外贸易和对外投资利害关系人所设想的那样必要。

在 1891—1901 年这对外投资额较低的整个十年之中，建筑业的经历说明了这种资源的转移。建筑业方面的投资不能用公共股份公司和金融市场的数字来计量，因为它几乎完全是私人的。但是建筑业的活动可以用被吸引到这个行业中去的人数约略予以衡量。用这个标准来判断，九十年代证明是任何有纪录可查的最活跃的十年。（这十年也表明了人口的增加比八十年代或一十年代更大，搬场也更多，也就是说对房屋有更多的需求。[①]）在 1881 年人口调查和 1891 年人口调查之间，在英格兰和威尔士明确申报同建筑业有关的成年男子和男性少年的数目不过增加了 2%。1901 年的人口调查表明有 3.5%的增长。九十年代历年增加的情形如何，我们不确知，但一定是相当有继续性，所以才产生了这样大的一个数字：英格兰和威尔士的增加总数约为二十五万，苏格兰三万五千至四万。诚然，自从 1890 年以来，建筑劳动的效率已开始降低：而生产一定数量的建筑成品所需要的工人可能多一点。固然在 1901—1911 年这十年之中，这种持续的效率降低未始不会加

① 正如凯恩克罗斯：《国内外投资》，第 304—305 页所指出的那样。凯恩克罗斯也注意到大量的对外投资和大量的移民出境通常是同时出现的，并注意到这意味着有一定数量的房屋空闲下来。

速；但是在那十年建筑业的人数实际上却下降了。[1] 所以无可怀疑，九十年代真正是一个非常活跃的时期。

失业数字证明这种说法是正确的。虽然每年平均有二万五千至三万额外工人参加这项工业，但是在这十年中木匠和细木匠的失业数字没有一年超过四点四。在 1886 年这项数字曾经是八点 31
二，在 1909 年则是十一点七。

1895 年对木匠来说是九十年代最坏的一年，虽说最坏，却也并不真坏。在那一年之后出现了对木匠来说一如对大多数工资劳动者来说就业情况异常之好的几个年份。在 1895 年那一年的下半年，一些出口行业就有了可能立即出现异乎寻常的繁荣的希望，正因为这些行业的波动起伏在海关报告书中是有迹可寻的，所以公众和报刊总是给以不相称的注意。人们对美国税则的放宽曾寄予厚望，尤其是羊毛再出口商和羊毛加工工业。但是这种双喜临门的局面瞬息即逝。在 1895 年年底布莱德福的报告书曾经像抒情诗：到 1896 年年底，却是令人沮丧的了。[2] 美国又回到它的白银问题的争吵上去，它在英国的购货额减少了一千二百万镑。印度既有饥荒，而詹姆森博士的侵掠又已发展到了兰德矿整年业务遭到破坏的地步。但是尽管如此，尽管有关于采煤工业萧条的种种显然有点夸大的传说，国内工业稳步高涨的趋势却是毫无疑问的。纵使美国购货的情形不佳，建筑和有关各业却异常兴旺，机械工程业亦复如此，这是另一个非常好的迹象。印度的饥荒和非洲

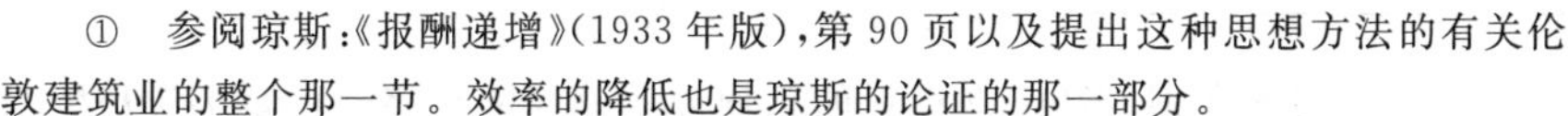

① 参阅琼斯:《报酬递增》(1933 年版)，第 90 页以及提出这种思想方法的有关伦敦建筑业的整个那一节。效率的降低也是琼斯的论证的那一部分。

② 《经济学家周刊》,《1895 年和 1896 年的商业史》。

的侵掠并没阻止失业数字的锐减。在这一年的下半年，在工商业需求影响下的英格兰银行，终于放弃了它的2%。除开1879年几个月之外，它再没有公布2%达三十多年之久。

在1897—1898年期间，观察家因对外贸易并未踵随这些好迹象的出现而有所改善，深感失望。事实上这两年的对外贸易数字比1896年的数字更糟，虽则比1892—1895年的数字稍稍好一点。但是在国内，机械工程业每一个部门中的巨大活力都继续不衰，虽则伴有1897—1898年这一年度更始时的一次大罢工。在钢铁业中也有了相因而生的活力，而且到了1898年已经差不多发展成为繁荣的动力，在那一年，自1894年以来就一直是相当生气勃勃并且是英国这一整个行业根本力量泉源的造船业，已向几近九十万吨的产量大踏步迈进，在这几近九十万吨的产量之中，一大部分是
32 外国的订货。机械工程和造船方面的业务一部分是非经济性的。国家已不满意于它的海军舰队，正在以很大的代价进行改建。[①]海军吨位是供商业服务用的巨大产量以外的一个吨数，而且在海军船舰每一吨的背后都有比任何普通商船多得多的工作——在机器、装甲板和大炮等方面。1899年失业数字所以在锅炉制造工工会中间已降至2.1%，而在机械工混合工会中间降至1.8%是不足为奇的。至于木匠和细木匠混合工会，它们1899年的数字是1.2%，这个数字比1898年的那个在后来人们看来难以置信的0.9%却有了上升。

---

① 参阅恩索尔：《1870—1914年的英国》(Ensor, R. C. K., *England, 1870—1914*)(1936年版)，第288—289页，以及一切政治回忆录。

在 1898 年，从小的、没落了的或地点暂时不合宜的行业中还发出几声哀叹声；但是在 1899 年连这些也戛然而止了。煤和五金的价格陡涨，进口羊毛的价格也扶摇直上。在 1898 年因为美国不会让它占便宜而稍稍引以为憾的布莱德福，现在已经欣然发现可以没有美国而兴旺了：那里出现了“这个城市有史以来最繁荣的……年份之一”。棉纺织工业获得了比这二十年中任何一年都多的利润。煤炭工业“极其繁荣”。钢铁工业“异常兴旺”，工程师无法照他们所需要的那样迅速地得到原料。[1] 货币工资微微上升，实际工资也水涨船高，虽然两者幅度都不大。[2] 人们并没有预料英国刚刚漫不经心地陷入的那场南非战争对这一切会有多大妨害；诚然，这场战争虽则证明并不是大多数人所料想的那种战争，虽则战争久久拖延不绝，但到底不过是一场十九世纪型的殖民战争，最后和最大的一场殖民战争而已。战争的时期和规模并没有使英国的经济生活脱节，不过在上面留下了一个痕迹或把它打乱了一下而已。

从低价格波谷渐渐攀升起来的联合王国的出口价值，在 1899 年方始回升到 1890 年的水平。入超有增无已，而且在九十年代增长很快。在八十年代后期恣意进行的对外投资所获得的利润，起
初，正如上文所述，是微不足道的，自 1896 年起方始微微上升。每 33
一个人都意识到了世界市场的新竞争者的莅临。当然，对贸易平衡开始担心了，但是这种担心往往是莫名其妙的。据认为英国，像

① 《经济学家周刊》，《1898 年和 1899 年的商业史》。

② 前引伍德的论文，载《统计学报》，1909 年。

一个年老力衰的商人一样，不能不靠它的资本为生了。[1] 作为一个一般的命题，这是很容易反驳的，比在 1876—1878 年事实上确曾出售它的少数国外投资来应付它的支出时要容易反驳得多。[2] 在 1894—1899 年并没有任何这种情况的迹象。但是却出现了一些后来变得显见的征兆，即得自海外的旧有投资的大部分利润正带回本国——不期而然地在国内加以非常有利可图的运用——而在海外进行再投资的份额在某些年份则非常之小，在 1898 年只不过六分之一强。在 1894—1899 年这六年之中，这个份额距离四分之一比三分之一更近。现在就 1889—1890 年资本输出非常活跃的这最后两年来说，据估计，有差不多等于当时全部对外投资利润十分之九的一笔款项是在海外作再投资的。在 1898 年供新投资之用的剩余是那样的微乎其微，以致如果再少一点点，英国就会像在 1876—1878 年那样陷入靠资本为生的边缘。[3] 这种情况原不是很重要的，除非有充分的理由预料会长此这样下去。一个拥有对外投资的国家，正如一个拥有储蓄的个人一样，遇有缓急之需理应可以动用一些。

过分重视出口并且像普通英国人和普通英国政治家那样从一个出口制造商的办公座位上去观察出口的那些贸易平衡的评论家们，很容易忽视这个国家在资本输出活跃时期事实上把多少财富付诸东流——把多少购买力或资本货付给了拒绝履行债务的政府

---

① 这种看法这时并不是很负责的方面提出的。《经济学家周刊》，《1898 年的商业史》曾加以讨论。

② 中卷，第 235、240—241 页和本卷，第 23 页。

③ 这种计算就是本卷第 25 页曲线图上所用的霍布森的那种计算。

或破产的外国公司。1890 年至 1897 年之间对外投资收益的停滞，让人体会到这类浪费是如何之多，或至少也是有太多的投资暂时无所取偿。九十年代后期日益增长的入超部分可以用这样一个 34
事实来说明，即这类投资之中有一些已终于开始取得报酬了。从英国贸易趋势的广泛回顾中可以看出，大量的对外投资和偕以俱来的大量输出，不论是否完全健全，总是逐巨浪而前的；[①]如果国内工业情况令人满意——正如在 1896—1899 年实在的情形那样——下一个浪头就不至于令人等得焦急或不耐烦。事实上在所有出口国的统计数字上都可以看到某种停滞。[②] 这不过是价格下跌的一个部分真实、部分属于表面现象的反映而已。

但是撇开战争的任何不测风云不谈，出口和投资有节奏的波浪式运动对英国来说不是永恒情况的可能性也是有的。工业的势力均衡正在改变中——而且已经改变了。谁敢保证世界各国吸收消费性工业成品的潜力一旦恢复或扩大，英国制造品就会被需求呢？以资本货进行的大规模装备或再装备一旦重又变得迫切时，合同究竟会落到英国、德国还是美国手里呢？这多半要看货物的种类而定；但是有几种合同——电气设备就是常见的一种——已经落到别的国家了。[③] 在工业家或者像约瑟夫·张伯伦那样在工

---

① 参阅博利：《十九世纪英国的对外贸易》，1893 年第 1 版。

② 参阅在 1898 年编制的一项十二国《对外贸易报告书》(*Return of the Foreign Trade*)(第 84 卷，第 359 页)。

③ 《英帝国的贸易和外国竞争》(*The Trade of the British Empire and Foreign Competition*)，1897 年(第 60 卷)，是对约瑟夫·张伯伦所发的一项通函的答复；加斯特里尔：《英国的世界贸易与外国竞争的关系》(Gastrell, W. S. H., *Our Trade in the World in Relation to Foreign Competition*)(1897 年版)；弗勒克斯：《大不列颠的商业霸权》(Flux, A. W., *The Commercial Supremacy of Great Britain*)，《经济季刊》，1899 年。

业中有过训练的政治家看来，这正是未来的问题如何具体形成的情况；而一位悲观主义的文学家却会怀疑是否1897年拉迪亚德·基普林的短诗中没有隐含一个不祥的预言——“看吧，我们昔日的壮丽景象全不过是尼尼微和泰尔的那种过眼烟云。”①

比较乐观的人却合情合理地论证说，在这个世界中很有容纳若干工业国或半工业国的余地。这样的国家能以并且也的确互相
35 交换它们的特产，在国外经常扩大的市场中总不至于竞争到你死我活的程度。但是人人都认识到了自从七十年代以来这种势力均衡上的变动以及在国内外适应这种变动的必要。然而有代表性的英国商人或制造家在适应方面的迟钝，也是一致公认的。美国人对未来的估计则总是把——对它自己的前途有利的——“大不列颠的保守主义”考虑在内。②

在美国，随着八十年代殖民地疆界的消失，工业史开始了一个新纪元。它的特点是更加集约地开发自然资源；建立过去所不曾经营的工业以使制造业的设备臻于完善；减少对于原料外销和资本进口的依存；以及，作为一个必然的结果，增加美国制造品的出口和开始美国的大规模输出。在新世纪之初，“美国金融家首次”“为支援欧洲各国政府而购买了将近一亿美元的市债票和国家

---

① 〔尼尼微是亚述的古都，泰尔是地中海沿岸的一个古都。——译者〕我不同意温菲尔德——斯特拉特福德，《维多利亚时代的衰微》(Wingfield-Stratford, E., *The Victorian Sunset*)，第369页的说法：“没有一个人……对于‘尼尼微和泰尔的那种过眼烟云’这句话有一点点栗然怀惧之感。”我就知道有一些这样的人。

② 《工业调查委员会报告书》(*Report of the Industrial Commission*)(1902年)，第519页。

债票”。[①] 在九十年代时，他们已逐渐买回欧洲方面所持有的美国证券，尤其是铁路证券；虽然美国出口商已渐渐取得了这样一种习惯，让一部分欠付他们的款项留在国外作有利可图的运用。

美国只是在大部分基本工业生产方面轻易而迅速地赶过了联
合王国。到1890年，他们生产的生铁已超过英国一百多万吨；到
1894—1895年，煤也超过了英国。在1880年和1899年之间，他
们的钢产量增加了八倍以上，比英国的产量已经大得多；在
1899—1900年，他们甚至消费了更多的棉花，虽然这个数量可以
主要由他们所纺的纱的平均支数予以解释。但并非他们所有的棉
纺织品都是粗货：他们正加速学习精巧的纺织术。他们虽不曾发
展一个有效的麻纺工业；但是到这个世纪之末，他们所消费的丝的 36
重量却比其他任何欧洲国家都大，甚至超过了法国；而对于英国更
加有直接重要性的是，他们已经建立了完全有效的梳毛制造业，既
制造男用的薄毛丝“衣料”，也制造女“衣料”。在1876年，他们所
制造的坚牢粗毛丝“布”还不敷他们所有皮鞋衬里之用；而男子则
穿着大呢或其他密实的呢料。二十年后，靠了税则，靠了妇女时装
样式的变化，更靠了有利于室内穿着的薄衣料的美国家庭暖气设
备方面的变化，他们正在为普通男女——纵非时髦男女——制造
布莱德福或哈德兹菲尔德所制造的一切；而布莱德福则一时很吃
力地学习着如何在没有多少美国生意的条件下经营下去。[②]

① 同前书，第41页。第一笔重要的资本输出自然是到加拿大去的。早在1879年就有纽约的一家银行帮同发行了一批加拿大的债票。在1896—1900年有大约一亿美元输往加拿大。从英国布尔战争债票的投资数字上可以想见正文中所引证的一亿美元可能有所低估；迈尔斯：《纽约金融市场》（1931年版），第1卷，第291—292页。

② 《工业调查委员会报告书》（1902年），第218、506—507、495页；柯尔：《美国的羊毛制造》（1926年版），第2卷，第159页；本卷，第32页。

如何建立旨在排除英国进口货的工业的一个更加深思熟虑而又显著的事例，是由马口铁的故事提供的。麦金莱税则表明了美国国会决心要建立美国的马口铁工业。使用人提出了抗议：他们不能没有物美价廉的威尔士马口铁。他们未被理睬。直到 1891 年 6 月底为止，美国还没有按商业规模的生产。[①] 在 1892—1893 年，产量不到进口的六分之一，进口则全部是威尔士货。[②] 到 1895—1896 年，产量和进口已差不多相等。到 1898—1899 年，产量已超过进口七倍以上，而进口则仅及 1891—1892 年的四分之一。在 1891—1892 年以后，美国听头工业的巨大发展一度曾容许进口和生产齐头并进：但是这个阶段为期很短。1889 年美国曾经购买了三十二万七千吨威尔士马口铁：1899 年只购买了六万四千吨。[③] 进口的减少事实上也就到此为止了；因为大多数英国出口货都有甚至美国税则也排除不掉的一个余额，有时是因为价廉，而更常常是因为物美。

早在九十年代以前，美国新机器和美国新发明的机械用品的出口就已经影响了英国工业变革的趋势和步伐。有时它们的影响
37 是显著的，正如缝纫机的情形那样。但是经过一段时期之后，约由一家英国公司承造往往证明对于控制这项发明的人是合算的。从美国运到英国的各种机器和制造品的总值始终微乎其微；在处于停滞状态的八十年代，美国输往全世界各地的制造品的价值平均不过二千八百万镑。（当时英国单单棉纺织品一项的出口所值就

① 琼斯：《马口铁工业》(1914 年版)，第 76 页。

② 《工业调查委员会报告书》(1902 年)，第 509 页。

③ 琼斯：前引书，第 275 页(附录 V)。

在两倍以上。）在九十年代初期国际贸易萧条时期，它依然是比较停滞的；但是在 1899 年它已经是 1891—1895 年的平均数的两倍，计达七千一百万镑。翌年将是九千万镑。1899 年英国制造品的出口几乎恰恰是 1891 年之数，即二亿一千四百万镑：在 1900 年将会增加一千一百万镑，但也仅仅此数而已。在 1897—1898 年，美国的这种异常迅速的发展在英国议论纷纷。虽然如此，却没有一个人在意，因为业务正在扩大；但是在回顾 1898 年这一年时，《经济学家周刊》却提醒它的读者说：当国际贸易再度萧条时，美国的竞争在很多市场上会证明是令人不安的。

美国作为一个大规模制造品出口国出现于世界舞台，是出乎大多数英国人意料之外的；而扮演同一个角色的德国的进展却不曾。但是对于这个问题，无论德国人自己或英国人甚至更是多所议论的。一份报纸很少打开来而看不到一点谈论这个问题的东西。德国很快地都市化，工业化了。它逐渐有了像联合王国那样的贸易"逆"差。这引起了公众的惊慌，直到它的经济学家们解释说，进口的货物比出口多，对于一个拥有对外投资的富足的商业兼制造国来说是既正常而又健康的。① 但是自 1880 年以来，它在世界贸易中的地位，同英国相比并无根本变化；虽则在 1895 年以后

① 参阅翁·哈耳：《十九世纪末的德国》，见于他所编撰的那几卷名为《人民和海上经济》（Von Halle, E., *Volks-und Seewirtschaft*）（1902 年版）一书，第 1 卷，第 69—70 页。这是世纪更始时德国文献汇纂的一部分，其中胡贝尔：《作为工业国的德国》（Huber, F. C., *Deutschland als Industriestaat*）（1901 年版），以及主要的科学产品，瓦格纳：《农业国和工业国》（Wagner, A., *Agrar-und Industriestaat*）（1901 年版）和布伦坦诺：《大多数工业国的惊愕》（Brentano, L., Der Schrecken des *überwiegenden Industriestaats*）（1901 年版），都是有代表性的名著。

它的制造品出口已经增长得很快。统计上的事实是：两国出口制造品的平均价值，由于价格下跌的缘故，已几近停滞达十五年之久（1881—1895年）。联合王国的数字曾剧烈地波动于两亿镑的水平。
38 其所以剧烈是和它的对外投资的不断变化相关联的。投资不那么多的德国的数字也不那么剧烈地波动于一亿镑的水平。在1895年以后的四年间，德国数字上升得很快——已达一亿三千六百万镑。德国正投放更多的对外投资。英国的数字上升得缓慢——仅达二亿一千四百万镑。[①] 它还没有恢复积极的对外投资。

报纸上对德国竞争之所以喋喋不休，与其说是由于这些当时并不十分了解的统计上的事实，毋宁说是由于德国制造品不断地运到英国及其殖民地，和愈益认清大多数制造品质量的完善和某些制造品独具的优点。“德国制”，八十年代一个外行的普通轻蔑之词，在九十年代后期变成了一个不太外行的惊慌失措的口头禅。德国水手有一次不胜其幽默地在一艘新建的大西洋定期轮船第一次驶入南安普敦海面时，在船头上挂上了这三个字。这是一个公正的反驳，但无助于平息杞人之忧。

虽然法国出口制造品的曲线在形状上已经几乎和德国相同——有十五年相当平稳，又有四年比联合王国更加陡直的上升——但是关于这方面的谈论却少得多，因为它的组成部分都是比较老，比较习常惯见的。法国把奢侈品输往英国、美国和世界各地，这是理所当然的。英国从来没有真正自认为要同其中某些项

① 取材于《英国和外国的贸易和工业，备忘录等》（*British and Foreign Trade and Industry, Memoranda, etc.*）（第1集），1903年（敕令第1761号），第6—7页。

目竞争。它们是公认的特产。而且法国主要运往它那日益扩大的热带帝国保留市场上去的比较粗或比较低廉的商品，并不常常在英国商人认为它们的出现是一种妨碍的地方去绊他们的手脚。何况它还不是一个资本货的大出口国。[①]

英国对于出口贸易的普遍焦虑反映在 1896 年根据约瑟夫·张伯伦的命令对外国竞争在帝国范围内的发展所作的一次调查中。结果是既不令人很鼓舞，也不太令人担心。[②] 除开进口制造 39
品仍以英国货占绝对多数的印度外，[③]似乎在各殖民地的竞争性进口货之中，凡英国真正能够供应或可以供应的货物，在 1884 年已有 26%是外国货，在 1895 年有 32%。这种增加一部分是有名无实的，虽则对于英国商人来说无异是一种损失；因为报告书上常常提到过去经由伦敦采办的外国货现在是直接购买了。[④] 所作的一项多少有点令人啼笑皆非的解释是规定货物须一律标明制造国国名的那项商标法实施的结果。殖民地既然知道最好的铅笔是巴伐利亚货，最好的廉价手表是瑞士货，自然分别到瑞士或巴伐利亚去办货，从而省掉伦敦中间商的一笔利润。甚至印度事务部发下去的铅笔也都是法本厂和哈德默斯厂的出品——虽则是经由伦敦的。[⑤]

① 《英国和外国的贸易和工业》(第 1 集)，第 8 页中列举了数字。

② 载于《英帝国的贸易和外国竞争》。另参阅弗勒克斯：《旗号和贸易》，《统计学报》，1899 年；《大不列颠的商业霸权》，《统计学报》，1899 年。

③ 虽然英国钢已经“非常显见地”为比利时钢所取代(第 577 页)，但是并没有在统计数字上留下一个深刻的痕迹。

④ 《英帝国贸易和外国竞争》，第 7 页。

⑤ 同前书，第 577 页。

比英国制造品在帝国市场上一般被取代的那个有纪录可查的小小百分比更加意义深远的是，据说一系列外国货在特定市场上正逐渐占上风。在西印度群岛和加拿大，美国进口货，正如所可预料的那样，在很多种品目上都有了增加。在好望角有美国客车和货车为量特大的新进口，而且预料美国汽车将来也会大量涌入；在澳洲各地有美国工具和轻型机器的涌入；在维多利亚有德国工具的涌入，尤其是铁锤；在塔斯马尼亚岛亦复如此，另外还有美国的农具。在新西兰，乐器几乎为美国和德国所垄断。除开某几种美国机器和工具外，据说质量最好的货物到处都是英国货。但是到处都有廉价品的涌入。这类廉价货现在正开始从日本进入澳大利亚和中国香港。日本正在南澳大利亚出售“令人满意的”衣刷和试销“内衣裤”。在香港，它已经“差不多握有废棉、洗衣用碱和硫酸的垄断权”，并且正装运棉货、纸张、船用灯和各种货物的廉价代用
40 品。它的水泥虽质量较差，但是“比欧洲的水泥都定价低廉”。日本的这种竞争，据中国香港官员说，迄今还不过是小事一端，但是“将来却有变得严重的可能”。他们是对的，但并无任何纪录证明远东的这片小小乌云曾使伦敦的约瑟夫·张伯伦有所担心。[①]

虽然南非方面的战争(1899—1902 年)并没有使英国的经济生活脱节，却使它的一些国家精力转移了方向。资本输出，正如所可预料的那样，降得很低：政府正吸取国家的剩余资源。同原或预料的相反，人的出口——净移民——在 1900 年和 1901 年这两个

① 《英帝国的贸易和外国竞争》，第 4、5、472、323 页(日本的竞争)。

作战的年份稍有增加，虽然绝对数不大。在 1893—1899 年这六年之中，确曾降得很低。当时就整个联合王国而言，每年平均不到五万三千人；从未上升到七万六千人以上；并且有一年（1894 年）不到三万八千人。[①] 减去爱尔兰之数——不管究竟是多少——下余的不列颠数字也就无足轻重了。在价格下跌的最后几年中，远方各大陆是那样缺乏活力，以致它们已经失去了它们的大部分吸引力；当不列颠价格回升，商业兴旺起来的时候，没有任何理由要“到国外去谋求就业机会”。在 1899 年，机械工混合工会或木匠联合会的失业人数平均不到百分之二，而其中大部分多半只是调换工作，或等待天气放晴。正是在战争已成过去，南非重又对移民开放，并且全世界的经济脉搏跳动得更加有力的时候，联合王国的出境移民方始在 1907 年这个工商业勃兴的年份又攀升到二十三万五千人的高峰。其中有二十一万八千人（英国占五分之四以上）前往美国和加拿大；因为强有力的脉搏是在新大陆，而且那里的口岸对移民仍然是门户洞开的。[②]

在 1901 年这一年世界价格略有下降；所有各大工业国出口制 41
造品的价值都减少了。虽然不久就看清这次下跌并不是像八十年代和九十年代那种持续下降的先声，但是价格却稳定在 1901 年的水平上一直到 1905 年。[③] 直到 1904 年为止，英国的出口，以及其

① 数字载《工业关系综览》（1926 年），第 66 页。参阅本卷，第 27 页。

② 约翰逊：《自联合王国往北美的移民》（Johnson，S. C.，*Emigration from the U. K. to North America*）（1913 年版），第 347 页。五分之四是基于这样一项假定：在永久和半永久移民中英国人和爱尔兰人所占的比例和在驶往北美的旅客中所占的比例相同。

③ 参阅本卷第 12 页的曲线图。

中英国制造品的出口，也一直是稳定的，或者，你如果愿意这样说的话，是停滞不动的。正是在这几年中(1903—1905 年)，全国对它的帝国政策和商业政策展开了正式的讨论。纵使没有政界的显要人物挑起和指导这次讨论，在最后和规模最大的一次十九世纪帝国主义战争和踵随而来的一段比较呆滞的时期之后，这种讨论也未始不会展开。至少二十年来就一直不乏批评现行政策的人；现在有了比长时期以来更多的思想家、选民和政治家准备至少也考虑考虑变革。

没有比呆滞更重的字眼可以用来适当地形容这种贸易状况了，虽则在政治争论中所用的字眼要重得多。[①] 争论本身凭靠把一项不肯定的额外因素纳入一切商业计算之中，并无补于消除这种呆滞的情况。在国内一方称之为自由贸易而另一方称之为自由进口的这样一个基础上进行业务将近半世纪之久的这样一个集团，在制订计划时，无可避免地受到了成败机会各半的这种根本变革的妨害。反对变革的人容或张大了不肯定性的影响；但是不良的影响无疑是有的。[②] 一些制造家满怀希望地等待着，而一些商人和廉价外国制造品或半制造品的使用人则忧心忡忡地等待着关税的可能的更订；但是他们没有等待多久。终于在南非缔结了和平的 1902 年那一年，从商业观点上看是“相当令人满意的”。[③] 虽

① 并且迄今为史学家所采用：密契尔：《商业循环》第 428 页提到 1903 年英国的“极度萧条”。纵使旨在作一般性的使用，这个字眼也未免太重。

② 坚决主张自由贸易的《经济学家周刊》在它的《1903 年的商业史》中只列举了对张伯伦的谴责的一部分。

③ 《经济学家周刊》，《1902 年的商业史》。

然没有任何战后繁荣的迹象，但是技术工人的失业人数平均不过4%。翌年，展开大讨论的那一年，则肯定是令人失望的。投资不活跃；物价和出口停滞不动；因战时的资金消耗而已推升上去的英格兰银贴现率摇摆于3%、4%之间，失业人数则随着这一年逐渐逝去而缓缓上升。但是新船的吨位尽管下降，下水的商船和军舰的吨位合计仍在九十万吨以上。[①] 生铁产量微有增加。在机械工程业，任何缩减都是"在价格和利润方面而不是在数量方面"；[②]有若干行业和地方承认这一年的年景相当不错；失业人数虽有增加，却始终不是骇人的。但是在1904年，纵使不十分骇人，也的确严重起来。在五十六万七千工会会员之中，那一年的月度失业数字平均是6%。结果，工资的缩减不多。十年来失业平均数一直没有这样高过；虽则仍低于1892—1894年，并且远低于1884—1887年的倒霉数字。在1884年，伦道夫·丘吉尔曾经激动地告诉他的同胞说：他们的铁工业"死气沉沉，全无一点生气"，他们的煤炭工业"有气无力"；他们的丝绸工业也是死气沉沉，"被外国人扼杀了"；他们的呢绒工业"窒息无声"；他们的棉纺织工业"已病入膏肓"。[③] 在1904年没有一个不负责任的政治家悲观焦虑到这样的地步；但是得出悲观结论的材料却是有的，焦虑也不无理由。纵使铁工业没有死亡——它的产量还相当不错——铁价却降低了；至

42

① 公布军舰吨位的统计数字和把海外出售的船只包括在出口货之中，正是这段时期并非不公平地称之为官方装门面政策的一部分。两者都不是不正当的，但既是一种创举，自无法进行长时期的比较。

② 《经济学家周刊》，《1903 年的商业史》。

③ 中卷，第250页。

于机械工程业方面，则据说“赚钱的生意不是整个行业都轮得上的”。煤的产量停滞不动，价格则缓缓“下降”。丝绸业恰巧报称有“一定的恢复”。[①] 至于呢绒业，虽则有少数几个地区没有发出任何怨言，并且至少有一个地区是非常兴旺的，[②]但是整个行业却不能不面临既乏需求而原料价格又步涨这样一种令人不快和不平常的局面。棉纺业看上去的确带有一点病容：原料价格不断上涨，需
43 求又比较呆滞，市场风潮和波动自所难免。但是棉纺织品对出口价值仍然作出了巨大的标准贡献。此外，在这个年度逝去之前，出口价值的水平有了全面的显著上升——这是行将把出口价值从1900—1903年的二亿八千六百三十五万镑的平均数和1904年这一年的三亿零七十万镑推升到1907年的四亿二千六百万镑的那个趋势的开端。早在1903—1904年，资本输出就已经从1901—1902年的波谷中攀升起来一点了，货物的出口也随带着上升起来。事实上，英国已经发动了它的最大和最后一次资本输出运动。[③] 仅仅在1907年一年，它就将为外国货主建造三十万吨船舶并另出售给他们二十三万吨旧船。在1913年这样出口的船舶吨位，连新带旧将是七十万零九千吨。而所有这些船舶的出口将只不过是资本账上的一个项目而已。

“美国金融家第一次”“支援欧洲各国政府”正是在英国仍有事于战争不暇他顾，而它的资本输出正处于最低点的时候。[④] 在英

---

① 《经济学家周刊》，《1904年的商业史》。

② 孔恩河谷，廉价“苏格兰呢”的原产地。

③ 本卷，第25页的曲线图。

④ 本卷，第35页。

美贸易的英国一面，很多年来都使用一点美国的流动资本；但究竟使用了多少却无法断定。美国公民也持有英国和其他欧洲证券，但究竟是多少也无人确知。美国人不时从英国持有者手里买回美国政府债券和铁路债券和股票。但从来没有一次是大规模的。甚至自十九世纪以来在工业上已经起决定性作用的美国机械工序的采用，也没有导致美国机器的稳步进口，除开某些农业机器、缝纫机和后来的打字机。美国依然是，并且此后半个世代也将依然是一个债务国和以食品及原料或半制造的原料为主的一个出口国。但是它已经在为它过剩的制造、组织和金融力量寻求更广阔的出路了，非但在美洲大陆上——那已经不是什么新颖的事了——而且在英国。有些并非很富有创见的人已开始谈论“美国的侵略”了。[1]

半世纪以前一个有资格的鉴定家曾经这样写过：在经济上“美 44
国终必凌驾于英国之上”，“其肯定无异于下一次的日蚀”。[2] 现在英国既疲惫不堪地从南非的铁丝网里爬出来，美国显然已准备供应整个世界的钢铁了。在 1901 年，它所生产的钢已达德国的两倍，将近联合王国的三倍；在 1902 年则是整整三倍。伯利恒厂和安德鲁·卡内基调整冶金术和钢厂组织方面的步调和方法已有十余年之久。[3] 到 1899 年，美国对联合王国的钢铁制造品的出口，

① 关于实例，参阅克里斯托弗·弗内斯爵士——他并不是第一个使用这个词句的人——在《帕尔·默尔杂志》(*Pall Mall Magazine*)1902 年 3 月号中的一篇论文，和他的增订本《美国的侵略》(*The American Invasion*)(1902 年版)。

② 中卷，第 10 页。

③ 参阅《钢铁学会季刊》(*The Journal of the Iron and Steel Institute*)，散见各期，尤其是 1895 年，第 1 卷，第 71 页；1897 年，第 1 卷，第 89 页；1900 年，第 1 卷，第 172 页。

包括机器在内，已经从1890年的五十万镑上升到将近四百万镑。（打字机是报表上一个重要的新项目。）似乎没有任何理由认为它们不会再大大地上升，有关的美国人则认定是会的。但是直到1903年，英国报刊和公众对这些毕竟微不足道的数字并未加注意。在这之前，当他们讨论美国的侵略时，正如因为这个词句是战时很容易脱口而出的一个口头禅而经常讲出的那样，他们心目中所想的或许是美国关于打字机、皮鞋、手表、肥皂或在伦敦创办地下电车这许许多多建议，其中最重要的一项就是由美国方面授意和操纵的。[①] 他们也许正回忆着耶基斯那位美国发起人的大名，有时还会以他的联手珀克斯那位极口称赞美国电车优点的英国人的大名来同它押韵。[②] 否则他们也许正考虑着令人难忘的新泽西国际商轮公司在1902年的创立，这家公司通过对美英航线错综复杂的财政控制，吞并和联合——照一般的估计——将使皮尔庞特·摩根先生成为大西洋的无冕之王。一年前，当谈判正在进行时，《笨拙周刊》画了一幅满抱玩具船的小乔纳森的肖像，猜想他不但会买进更多的船，而且会把老约翰的存货全部买光。[③] 美国侵
45 略的想法，最容易应着旗帜飘展和鼓点的声音而触发（大不列颠和爱尔兰的）帝国烟草股份有限公司的名字这个半十七行诗的韵律。

---

① 参阅本卷，第137页。

② 称作为耶基斯——珀克斯企业联合的“被提名人”的首都区铁路的新主席；“首都区铁路”，《经济学家周刊》，1902年8月2日号。另参阅1901年8月2日号。另参阅1901年12月23日珀克斯先生（后来的罗伯特爵士）以主席身份所作的演讲，见12月24日的《泰晤士报》。

③ 《笨拙周刊》（*Punch*），1901年5月8日。（按乔纳森是美国人的绰号，约翰是英国人的绰号。——译者）

在 1901 年，这家公司已经为防范在英国市场上编成队伍的美国侵略者而组织成立。“肩并肩，刀对刀”，正如十九世纪后期的一首歌曲所说，这支烟草商的队伍已经同另一批烟草商面面相对了。[①]当显见摆好阵势的岛国人准备一战的时候，和平到来了；并且他们可以任便在国内派出强募队去招募新兵。[②]

美国的侵略在大西洋两岸都被大事宣传。宣传是有根据的，因为它已成为世界经济史上一个转折点的标志。但是这个标题太刺目了。美国造船公司那个终于在 1902 年形成的组合的总经理曾扬言他的公司不久将有新船向欧洲出口。船只并未到来，而在 1903 年该公司已被控管理失当和有舞弊行为。[③] 国际商船公司在财政上也说不上是成功的。十年来，它既没有付普通股股息也没有付优先股股息。[④] 美国烟草公司在平分世界市场的基础上同帝国烟草公司达成协议。美国进入了工业活动如此汹涌澎湃的另一个阶段，以致靠了它所有的冶金设备，简直没有多余的钢铁输往国外，除开偶尔有一批货载外运：而且还不时成为买主。因而那种常见的结果又重新出现了：许多新式美国机器，经过暂时以成品进口之后，先是在英国装配，继而完全在英国制造。[⑤]

① 这首歌——“旧行伍的小伙子”——我想是 1881 年编制的。它只是逐渐流行起来的。

② 关于条约和政策，参阅本卷，第 269 页。

③ 《美国造船业的瓦解》，《经济学家周刊》，1903 年 6 月 20 日。

④ 《国际商船公司》，《经济学家周刊》，1912 年 4 月 20 日，提到了附属于该公司的大西洋轮船公司所拥有的“泰坦巨人号”的沉没。国际商船公司的六厘优先股在 1910—1912 年波动于十四又二分之一和二十六又四分之三之间。

⑤ 参阅本卷，第 177 页；关于美国皮鞋的“侵略”，参阅第 182 页。

在 1904 年虽然英国大多数人都是在业的，但是整个说来，经济活动无疑是在水平以下。在这年年底以前可以看到的恢复迹象
46 并不显著。在那样远非自给自足的一个国家里，在对于货物和劳务的世界需求甚至较小组成部分方面的波动都那样敏感的一个国家里，像 2 月间开始，直至翌年 6 月随着谈判的开始方始缓和下来的日俄战争这样一件大事就不能不使全面的恢复放慢了。它扰乱了远东的所有市场。但是在这期间，恢复的道路却依靠储蓄而渐渐铺平。战时借贷已成过去，到 1904 年，国债已开始减少。尽管东方有战事，以致在金融方面不能不谨慎从事，英格兰银行贴现率的总趋势却是步跌的。在整个南非战争期间，除开 1899 年 12 月那个“黑星期”中一段恐慌的 6％以外，贴现率一直不是真正高的，它不过吸收了剩余而对全国的储蓄潜力并未竭泽而渔。这时它却猛降至 1905 年初所到的 2.5％的水平，并且保持了几个月之久。此后七年一直没有再出现类似的短期的 2.5％。[①]

在 1905 年 8 月底日俄缔和以前，这段时期就过去了。和约消除了英国在业已显见的世界贸易复兴之中分享一整份繁荣的最后障碍。签订和约所在地的美国也是世界经济活动的最大铁锅。[②]美国同西班牙的战争给它在加勒比海地区和太平洋上带来了纵非一个十足的殖民帝国，也是无限的经济机会。它是电气时代的一个先驱。汽车运输已经开始，但是还没有威胁到它的铁路，铁路的

① 本卷第 17 页的曲线图。

② 在这方面，注意一下这样一个事实是有趣的：在 1903—1913 年，英国的就业循环“落后于美国的类似循环约半年至一年”；庇古：《工业的波动》，第 50 页，转引自《经济统计评论》(*Rev. of Econ. Statistics*)，1922 年 1 月号贝里奇的论文。

延长和改建一直使它的钢铁工业兴旺不衰。钢架建筑术已经对纽约的褐砂石房屋和数以百计的地方城市的木架房屋发动了进攻。旧金山不久将毁于天灾，[①]而将以弹性钢予以重建。美国已经向世人表明如何用钢制输油管输送石油，并且已经在石油工业和石油财政中用它来定步调，一种往往险恶的步调。它们的粮食和棉花，罐头牛肉和猪肉，连同烟草、木材、石油和其他原料或半制成品 47
构成为出口价值的大部分，用以结算它们的进口货、运输劳务和旅行开支，并支付它们为数仍然很大的债务余额的利息。[②] 尽管它们的工业近来是那样扩大，它们的农产品出口的增长却一直比人口的增长大得多。但是它们正吸引着各种类型和种族的移民，其吸引力之大，为前所未有。在十九世纪后期的平潮中，年度移民数字曾一度降至二十二万九千人（1898 年）之低（照美国标准来说）；但是从那时起就有了几乎连续不断的上升，经过 1902 年的六十四万八千人直到 1905 年的一百零二万六千人。在 1907 年达到了一百二十八万五千人的高峰，结果是在 1905—1907 年这三年之内，美国吸收了三百四十一万二千人，不太少于其间包括不止一次向所公认的移民巨潮在内的 1820—1870 年那五十年所吸收数目的一半。[③]

在北美和南美，加拿大、巴西和阿根廷也都吸取着人和资本，

---

① 在 1906 年。

② 《工业调查委员会报告书》（1902 年），第 550 页及以下所列的统计数字。

③ 《移民调查委员会年度报告书》（*Annual Report of the Commissioners... for Immigration*）（美国）。《国家科学大词典》，第 2 卷，第 265 页（1909 年版），“出境移民”条，冯·菲利波菲希撰。

吸取资本的还有墨西哥。对于欧洲各出口工业国来说，这里有美国不复提供的机会；虽则加拿大因为有它自己的强大工业，相当高的关税以及同美国经济的密切关系，而不是像墨西哥、阿根廷和巴西那样随便任由欧洲资本货和制造品进口。

南非和大洋洲的活力，比之南、北美也不太逊色。自 1902 年至 1907 年，羊毛的价格稳步上升，大洋洲的羊群也偕以俱增。在 1903 年小麦歉收之后，澳大利亚在 1904 年和 1905 年有了很不错的出口剩余，在 1906 年和 1907 年也都有相当剩余。虽然小麦价格不像羊毛价格那样令人满意，至少比近年来好些；所以在 1901—1911 年这十年中，小麦播种面积增加了将近 50%。[①] 大洋洲的铁路建造正在进行，而资本则大部分是募自伦敦的。肉类出口增加了；入境移民增加了；移民群集的澳大利亚城镇也增加了。

48 在南非，兰德矿的黄金产量到 1904 年已恢复到 1898 年的战前水平。到 1908 年，产量已几乎加倍，而这又隐含着对人、对货物和对机器的需求。[②] 战后的重建和更置使南非成了一个很好的一般市场，而它的黄金则使得无论购买或借贷都轻而易举了。

在亚洲，日本刚刚从打败一个欧洲强国的第一次亚洲现代胜利之中涌现出来，而这一胜利对于整个世界来说，远比经济气压计上任何局部或普遍的升降重要得多，它正在从尚未战败的欧洲人和他们在美洲和澳洲的后裔那里购货和借款来增加它的军事和工业设备。首先使日本人成为澳洲羊毛市场上的重要买主的，是军

---

① 《英帝国海关》(澳大利亚)，第 7 卷，第 519 页。克拉潘：《羊毛和毛丝工业》，第 276 页。

② 本卷，第 19 页。

用呢绒的需要。[①] 铁路较好、灌溉工程较多的印度，得免于介乎1899—1900 年偕瘟疫以俱来的那次蔓延于西部的灾荒和 1908 年局限于联合省一省的那次灾荒之间的一次灾荒。[②] 在 1904 年，它已经能比其他任何国家输送更多的小麦到英国，在 1905 年则比阿根廷共和国以外的任何国家输运得更多了。在这两年，它供应了联合王国进口的五分之一。衡量印度繁荣的尺度并不是小麦的剩余，而是这类剩余所象征的一般丰收。农民吃得饱一点，家里过得舒服一点，商人也就敢于放胆购货，政府也就更有准备支应债务。在印度以南，新兴的橡胶种植企业正把资本和设备吸引进马来联邦和荷属东印度。[③] 在印度帝国和日本之间，中国仍然有一个单一的，虽则是无关轻重的政府，以及就它来说差不多是正常情况的商业安全和购买力。

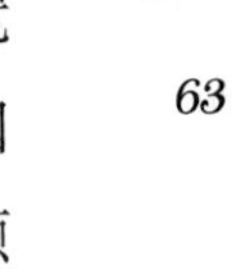

同英国争取分润所有这些潜在购买和借贷的主要竞争者，就是英国现在惯于以它的成就衡量自己的另一个工业国德国，德国像美国一样，曾经得利于英国的全神贯注于南非战争而不遑他顾
和它的本身的发愤图强。[④] 虽然它重新采用农业保护政策确实有 49
驱使生活费上升的趋势，但同样确实的是，它的工业保护政策，连同高度的科学和组织能力，却一直使工业保持活跃，人民就业情况良好。它的出境移民已微不足道，比瑞典、挪威和葡萄牙多得非常

① 《英帝国海关》，第 7 卷，第 364、602 页。

② 诺尔斯：《英海外帝国经济发展史》（Knowles, L. C. A., *Economic Development of the Overseas Empire*）（1924 年版），第 411 页。

③ 本卷，第 143 页。

④ 萨尔托里俄斯·冯·沃耳特舒森：《德国经济史，1815—1914 年》（Sartorius von Waltershausen, *Deutsche Wirtschafts Geschichte, 1815—1914*）（1920 年版），第 590 页。

有限，它在毗邻各国，特别是在当时的俄属和奥属波兰地方吸引着大量季节性工人和永久定居的工人。在过去二十年间它在工商业方面的成就比英国更加了不起，这是没有多少怀疑余地的：它的政治家、实业家和经济学家都的确这样认为，大多数头脑清醒和有资格的英国观察家也同意这种看法。[①] 唯一似解决未解决的问题就是：就一个对现代工业经验不足的民族而言，设潜力相等，无可避免地比一个较老较僵硬的邻国在这方面的发展要快些，但究竟无可避免到怎样的程度呢？如果并不是无可避免的，那就是国家潜力暂时不相等，正如英德两国很多人所认为的那样。

德国没有移民出境而能做到这样是更加了不起的，因为虽然它的出生率在八十年代已开始微微下降，在 1900 年以后有急剧下降，然而它的死亡率的暂时但更大的下降却使 1901—1910 年人口的自然增长比过去的任何十年都更高。德国那种安土重迁的习惯不能用缺乏温带殖民地这一点去解释；因为德国人在鼎盛时期也曾经是伟大的移民。美国对他们是开放的，正如对英国人一样；加拿大也是同样开放的；而且这些年英国的大批移民多数是以北美为目的地。另一方面也不能以英国的大批移民出境为证据，证明英国一般地不如德国繁荣；因为当失业数字下降时，出境移民数字反而上升，在 1906—1907 年这两年中，移民数字达到了一个短期

① 艾希利：《十九世纪最后二十五年德国工人阶级的进步》（Ashley, W. J., *The Progress of the German Working Classes during the Last Quarter of a Century*）（1904 年版）包含有很多证据和参考材料。另参阅道逊：《现代德国的演进》（Dawson, W. H., *The Evolution of Modern Germany*）（1908 年版）；桑巴特：《十九世纪的德国国民经济》（Sombart, W., *Die Deutsche Volkswirtschaft im Neunzehnten Jahrhundert*）（1903 年，第 1 版）。

的最高额，而失业数字达到了一个短期的最低额。如果出境移民少一点，失业人无疑会多一点；但这也完全不能肯定，因为这两年年景都不错，而大多数迁徙出境的人又都不是年景好的时候赋闲的那种人。他们都是一些生活相当安适又赋有创造力的人，只是 50
因为听到美国有高于英国的平均享受而前去谋求的。德国人所以很少这样做，或许可以下述事实予以解释，即就世人记忆所及，并且部分由于国家的审慎措施，德国小民——农民或工资劳动者——的享受和安全水平一直比英国提高得更快一些，姑不问它的绝对水平如何。农民有一个受到保护的市场，工资劳动者则有某些他们大概不愿意放弃的社会保险。但这种解释也是靠不住的。[①]

在所有这些靠不住之中，在 1905 年显而易见的是，一个接纳移民的繁荣的美国、一个供应移民的繁荣的英国和一个人民安土重迁的繁荣的德国当时可以并存于世——此外还有其他一些大国，按各自不同的标准来说，大多数是相当繁荣的，有一些是非常繁荣的。凭靠它的帝国联系，积累起来的购买力以及商业和金融方面的丰富经验，英国在如何利用繁荣世界的准备和能力方面至少是同德国和美国居于同一水平，虽则目前在某些方面技术上是落后于它们的。但是不论特殊的技术落后状态或帝国联系的有利条件都不应予以强调。自动遵循国际贸易古典原理中所阐明的原则的英国，在它技术上不落后的那些领域内是最最活跃的；[②]它用

① 1920 年以来社会保险在英国的实施是有力的说明。

② 关于这个理论的新说明和研究，参阅陶西格：《国际贸易》（Taussig, F. W., *International Trade*）（1927 年）。

它生产起来最方便的东西去交换它的竞争国的特产；张伯伦的经济帝国主义的批评者，随着事实的暴露，很快地指出：在1904年和1907年之间，贸易和投资的最大扩张是对外国的，而不是对帝国其他部分的。[①] 在1904年，联合王国运交英国属地的产品和制造品的价值是一亿一千二百万镑：在1907年是一亿三千八百万镑。运往外国的相应数字是一亿八千五百万镑和二亿八千八百万镑。帝国贸易按价值计增长了23%，而对外贸易增长了53%。对帝国
51 出口的全部增长事实上是少于对德国和美国这两个英国的大竞争国的出口增长的。在1905年年底以绝大多数的优势执掌政权的自由贸易主义者，差不多是心满意足了。他们始终说一国的繁荣不一定是另一国的不幸。至于有人批评说，“可是你们对德贸易的增长是靠了什么呢？大部分是靠了我们浪费不起的煤炭以及像棉纱和梳毛之类的半成品”，他们的回答则是：大量棉制成品和毛制成品正在其他各地销售，而外运煤炭则有助于为英国保全依然无敌的造船和运输业。我们煤蕴藏量前途的远大每经过一次调查就变得更为远大：[②]我们第九或第十代的后人一定会亲自看到将有近一百万人受雇于煤矿业。有什么可悔恨呢？[③]

造船业和运输业方面的论证是切当的。1905—1907年的繁荣是以新船的巨大产量为背景的，正如看到繁荣的根柢远伸到海

---

① 参阅例如《经济学家周刊》，《1906年的商业史》。

② 参阅中卷，第100页和本卷，第167页。

③ 这些答案是从有史以来的争论之中总结出来的。著者自己也提出了一些。参阅克拉潘：《保护政策和羊毛贸易》(Clapham, J. H., *Protection and the Wool Trade*)，《独立评论》(*Independent Review*)(现已停刊)，1904年1月号。

外那样的理所当然。单单一年之内就有一百万净吨的商船下水是向所未有的。现在在这三年之内每年都有一百万吨下水，而且在 1906 年有一百一十四万九千吨。其中一部分是以新易旧，因而有大量的英国旧式船出售给外国人；但是 1908 年在联合王国登记的净吨位比 1904 年还多一百万吨。造船业方面这种“史无前例的活跃”①意味着所有重工业和铁路方面的繁荣；此外还有许多其他活跃的行业。1905 年棉业报告书是令人乐观的，1906 年是令人欢欣鼓舞的，1907 年则更加令人满意和满怀信心。这是理所当然的，因为 1907 年棉货出口所值超过 1901—1903 年这三年的平均数刚刚 50%。这次上升部分是由于原棉原价 25%的上涨，但是对于拥有一大群蒸蒸日上的受保护的竞争者的一个陈旧的、多少有点没落了的工业来说，成绩还是不错的。②

在同一段时期一般对外贸易价值的增长，刚刚不到 50%，所 52
以棉货多少是大于平均数的。机器、铁和钢则大得多，正如未始不可预料的那样。没有一种重要工业少得太多：出口价值上升不到 40%的殊为罕见。甚至亚麻和黄麻贸易（前者到处面临关税，面临文明人对细麻布兴趣的日益低落，而后者又面临布拉马普特拉河两岸黄麻产地附近印度纺织厂的竞争）也能有 44%的上升，并且在 1906 年年底正暗自庆幸它们“已经驱散了一代以来〔一直笼罩着它们的〕价值低落的阴影了”。③

对于繁荣的根源在海外这一点当时已经有了充分的认识。在

① 《经济学家周刊》，《1905 年的商业史》，当时 1906 年的吨位已在建造中。

② 参阅本卷，第 176 页。

③ 《经济学家周刊》，《1906 年的商业史》。

这三年之间来自各行各业的仅有的一些怨言大抵或完全是决定于国内需求的。在1905—1906年，布莱德福方面就有一些这类的怨言，诸如：式样渐渐不对头了；人们不会再买毛哔叽了等等。1905年地毯工业自称历经了“一段悲惨的时期”。① 煤炭商不满那年的价格，在煤炭的产量上也没有显出需求上涨的充分效果。更加重要的是建筑业的相对停滞。在1905年木匠工会失业会员的平均数字已达8%，而包括木匠在内的一个全国工会的平均数字则是5%；虽然不久之后木匠工会的失业数字有了改善，但是在1907年全国平均数仅为3.7%，它却是7.3%。既没有对木匠的就业发生不利影响的意外情况，而他们的数字对于类似的各行业又相当具有代表性，当代行业报告书对建筑业情况有这样的描述——1905年有“严重的萧条”；1906年“仍然清淡”；1907年“几乎到处是呆滞的”。② 似乎是眼朝外看的实业界和投资公众，在国外投资稍嫌过多，而国内又稍嫌不足。③ 木匠方面的困难同钢骨水泥建筑的发
53 展可能有一点连带关系，虽则这种发展迄今还不很快，④而报告书中有关停滞的一般记述，却不能不另作解释。

只要把资源从国外投资向国内投资方面稍稍移转一点过来，

① 《1905年的商业史》。

② 《1905—1907年的商业史》。参阅迪尔：《伦敦建筑业的失业问题》(Dearle, N. B., *Problems of Unemployment in the London Building Trade*)(1908年版)和琼斯：《报酬递增》，第58、76页。

③ 还有本卷第30页注所提到的事实，即资本和人会很容易一起输出，以致影响房屋的需求。

④ 参阅本卷，第199页。“在建筑方面，钢的用途日益增长”，《1904年的商业史》。

建筑各业百分之几的额外损失立即会一扫而光，如果是转向建筑各业的话。因为自 1905 年以来，海外投资总额是十分庞大的。在 1901—1903 年和 1907 年之间出口 50％的上升主要是投资的上升。早在 1906 年就已经打破了 1872 年和 1890 年这两个四十年来对外投资极峰年的纪录。1907 年的数字是一亿四千一百万镑，比 1890 年的数字约大 75％。继而有过一次顿挫。但是甚至在 1908 年和 1909 年这两个比较清淡的年份，曲线也高出 1890 年的极峰。此后重又扶摇直上，几乎直线上升到 1912 年的二亿二千六百万镑。[①] 英国对于各国政府和海外各种企业的权利主张正以空前的速度增加起来。制造家，以及和制造家想法相同的人，都以出口的增加沾沾自喜，而偕以俱来的良好就业情况则是人人欢迎的。几乎没有人想到问一问有多少出口事实上会是把货物给了可能拒不履行债务的政府和不保证清偿的企业。人们认为这两种损失当然都会有一些，并且在向尼加拉瓜所索取的利率或对阿散蒂金矿所指望的红利中也都打上了这笔损失。但他们认为这样风险边际也就有了保障。大国拒不履行债务和主要铁路干线的破产不是寻常的，因而没有打算在内。

资源所以宁愿转入对外投资而不转向英国污浊城镇的改建，单纯是因为对外投资似乎更加有利可图。也许其中的赌博因素吸引了投资人这种“资产阶级分子”，正如它原会吸引平均的英国“无产阶级”一样，如果他是一个对外投资人的话。国内外投资合在一

① 本卷第 25 页的曲线图。完全根据霍布森所采用的同一基础为 1913 年进行的计算一直没有公布。

起，1905 年在伦敦金融市场上实际筹募的总数（一亿四千四百万镑）比 1888—1889 年的繁荣以来任何一年都更大。供待营利之用的剩余，吸取一空。英格兰银行放弃了 2.5%的贴现率。在秋季，很费力
54 地避免了 5%。[①] 1906 年，虽然在年初贴现率有过一次季节性下降，但总的动向显然是趋于上升的。10 月，贴现率已达 5%，这是自 1900—1901 年冬季以来向所未有的，继而达到了 6%，则更是溯自南非战争的"黑星期"以来向所未有的。[②] 西风骤起，阴霾偕以俱来。华尔街有很多月份在统靠财政债券和美国抵押品的借贷在伦敦为证券交易业务筹募款项。[③] 由于对纽约百依百顺而变成短期债务人的伦敦，在 9 月间已经有大约五百万镑黄金运往美国。因为这项黄金外运有助于把英格兰银行的储备降至一千九百万镑以下（当时通常的数字是在三千万镑以上），所以这是一项严重的流失。到了年度更始之际，7%已经岌岌可虑了，如果法兰西银行不曾同意对大量英国票据进行贴现来帮同稳定市面的话，这个水平是未始不会达到的。[④] 事实是，1907 年是以 6%开始的。

---

① 它不得不求助于"市场活动"。《英格兰银行和金融市场》(*The B. of E. and the Money Market*)，《经济学家周刊》，1906 年 2 月 10 日号；塞耶：《英格兰银行业务实况》(Sayers, R. S., *Bank of England Operations, 1890—1914*)(1936 年版)，第 2 章，尤其是第 30 页及以下。

② 本卷第 17 页的曲线图。

③ "两年以前，就人人都清楚了解……给予美国的信用便利未免太轻易了"，《伦巴街上的竞争》，《经济学家周刊》，1907 年 8 月 24 日号；和《1906 年的商业史》。1906 年秋季英格兰银行的高贴现率是制止这种情况的一个尝试。史普拉格：《1907 年的美国危机》，《经济季刊》，1908 年，第 356 页。迈尔斯：《纽约金融市场》，第 1 卷，第 240、242、417 页及以下。

④ 《1906 年的商业史》。

在这一年年终时，观察家可以实事求是地说，棉纺织业、毛纺织业、煤炭业以及铁业和机械工程业已经“非常繁荣”了。造船业和铁路亦复如此。那一年几乎所有统计数字表面上都是再好不过的。但是远在那一年度过之前，人人都知道形势转变了。造船商的账上订货比过去十年少了。一般的失业人数虽然还不严重，但自 8 月以来已徐徐上升。1906 年后几个月的国际病态始终没有痊愈。1907 年初，日本在照例庆祝了胜利和稳居于大国之列的地位以后，已经看到投机公司的破灭和一切证券价值的大幅度贬值。继而从地中海方面传来了发生风潮的消息，在开罗和热那亚也出现了困难和倒闭的情形。3 月初纽约证券市场陷于崩溃，余波所 55
及，在欧洲证券市场上都是不难寻踪索迹的；8 月初，美国钢铁公司公布钢的需求有 25％的下降。[①] 作为现代世界晴雨计的另一种金属铜的需求也有暂时的缩减。铜有一高度投机性的国际市场，而以美国为它的主要供应来源。7 月 6 日，伦敦价格是一百零四镑五先令。9 月 6 日是七十三镑十先令。10 月价格骤降至六十镑以下。纽约有一家和铜的利害关系太深的银行因为要维持一家铜公司的股票而卷进了一个徒然的尝试。[②] 以 3 月风潮为戒，贷款给华尔街的欧洲贷放人——他们大多数是在巴黎或伦敦——对于他们的信贷不那样大手大脚了：这也该是时候了。7 月间原已神

① 《美国危机和对照》，《经济学家周刊》，1907 年 11 月 2 日号。参阅纽约通讯，《经济学家周刊》，1907 年 8 月 17 日号，10 月 26 日号；该年度合订本，散见各页；前引史普拉格的论文，见《经济季刊》；福克斯韦耳：《1907 年的美国危机》，见《当代财政文件汇编》（1919 年版）。

② 史普拉格的论文，《经济季刊》，第 357 页。

经过敏的华尔街，在溽暑逼人的8月美国神经错乱了。不但“谣言四起”，而且和其他垄断商和操纵商一并感到西奥多·罗斯福和舆论鞭挞的“大美孚煤油公司的名义首脑本人也发出了歇斯底里的叫嚣”。[①] 为一出美国司空见惯的恐慌和危机的活剧的演出，舞台已经布置好了。[②] 有很多公司企业在1873年和1893年曾经出场，在1933年将再度登台。但是压轴戏直到10月下旬方始开幕，虽然见闻广博的英国观众在看开幕戏的时候预料还会更早一些。[③]

英国人在等待的时候是冷静的，德国人和荷兰人却比较不耐烦。德国银行业同工业深深地纠缠在一起。阿姆斯特丹证券交易所是有国际精神的，非常敏感。但是因为德国重工业衰退的出现比美国晚一些，所以一直延迟到重大意外事故出现后方始感到焦
56 急。那是在10月方始感到的。在10月的第二个星期中，纽约和阿姆斯特丹的证券交易所都发生了意外事故；10月17日，汉堡私人银行之中的一家百年老号——霍勒尔·泽赫耳公司——由于放给工业企业的信贷太多而陷于困境。自1857年以来汉堡还不曾有过这样的震撼。同一天消息传来，说纽约国民商业银行发生了风潮。[④] 这正是通过海因兹那位总经理对于铜进行投机而和铜有

---

① 纽约通讯，《经济学家周刊》，1907年8月24日号。

② 虽然“同前一年相比，财政状况令人满意得多”——投机少一点了，新发行也少一点了。史普拉格的论文，《经济季刊》，第356页。

③ “久已担心的纽约方面的崩溃终于发生了”，《经济学家周刊》，1907年10月26日号。

④ 阿姆斯特丹、柏林和汉堡通讯，《经济学家周刊》，1907年10月26日。前引史普拉格的论文。国民商业银行在不能履行它的清算义务之后，要求银行清算所予以支持，并于几天之后重新开市——但是改选了一个新总经理和董事会。

了太多利害关系的那家银行。

因为手头有现钱的人要让闲放着的钱迅速增殖，所以美国有很多现钱流入了为进行投资而吸取存款的信托公司。关于这类公司的谣言已经风传了几个星期之久：谣言中恶言恶语倒也往往道出实情。10 月 22 日，最后的恐慌终于以纽约尼克博克信托公司的一次挤兑而开始了。挤兑的范围扩大得很快。美国既没有中央银行，也没有真正的分支行——作为代替的是大约一万六千家国民银行和州立银行以及三千多家其他各种不同的银行机构。信托公司和普通银行曾经在一定程度上是互相竞争的。[①] 猜疑很容易由此而蔓延及彼。溯自恐慌刚刚开始，在还可以提取现钱的时候，从信托公司或银行提出的现钱都藏到地窖里或者像珠宝和地契那样地托付给保险库公司去保管。货币荒立刻出现了。风潮从纽约蔓延开来，并且非宣布银行紧急休业无法应付了。在这个金融中心，一方面将政府基金用来制止恐慌；一方面到处去寻求黄金，尤其是在伦敦；并且把各种不同的可疑的银行的职员解雇；在 10 月的最后一天，纽约银行清算所委员会会长在电话中痛定思痛地说：在目前这次无可避免的“剧烈而彻底的改革”之后，“美国的银行和金融〔将会〕比过去若干年有所改善”了。[②]

同一天英格兰银行的贴现率上升到 5.5%。一个星期之后， 57

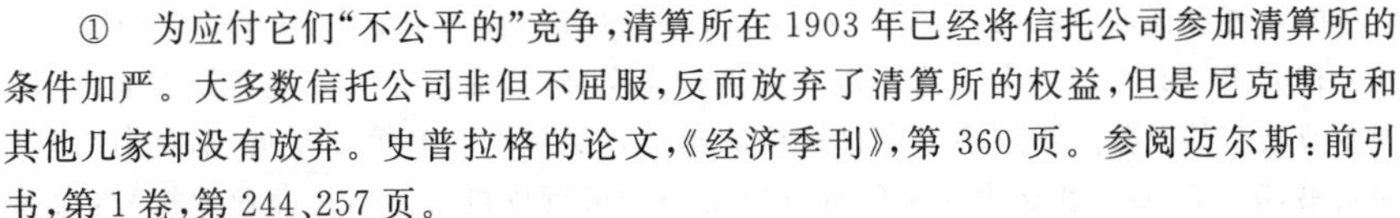

① 为应付它们“不公平的”竞争，清算所在 1903 年已经将信托公司参加清算所的条件加严。大多数信托公司非但不屈服，反而放弃了清算所的权益，但是尼克博克和其他几家却没有放弃。史普拉格的论文，《经济季刊》，第 360 页。参阅迈尔斯：前引书，第 1 卷，第 244、257 页。

② 纳希：《金融市场》，《经济学家周刊》，1907 年 11 月 2 日号。

英格兰银行采取了提高到7%这个金融记者所说的"非常措施"。[①]因为自从1873年以来伦敦商业区就不曾见过7%，那就无怪乎他们要使用这个冗长的形容词了。但是因为线针街的金属储备在一个星期之内已经减少了三百万镑，而自9月25日以来已经减少了一千万镑，更因为在11月5日把美国的窖藏量说成是"几乎不可思议的"，[②]所以英格兰银行的防卫措施是可以有词自解的。所有欧洲的中央银行都提高了它们的贴现率——柏林达7.5%，布鲁塞尔达6%，虽则阿姆斯特丹还没有超过5%，巴黎也还没有超过4%。在美国，危机的影响还没有过去。铁路便利因缺乏现款而有所削减。秋季农作物运输的资金通融也因而受到妨害。在匹兹堡和其他各地，面粉厂和矿厂纷纷倒闭，因为外国矿主在收到支票时，竟撕掉支票而要求现金；但市面上却没有足够的现金。在纽约以外，直到12月，银行还继续有停业和倒闭的情形发生。虽则很快就过去了，但是在伦敦人看来这都是非常猛烈，非常原始性和非常令人烦恼的，伦敦人更怕德国有更多的银行破产，在德国停止营业的企业名单早已长到令人不快的程度了。[③]

在伦敦，7%的贴现率彻底完成了它的主要任务，而且相当及

---

① 《经济学家周刊》，1907年11月9日号。贴现和放款市场记略。

② 11月5日的纽约通讯，《经济学家周刊》，1907年11月16日号。

③ 《金融市场》，《经济学家周刊》，1907年11月23日号；《美国贸易商的疾苦》(*The Sufferings of American Traders*)，《经济学家周刊》，1907年11月30日；《美国危机的发展和说明》(*Progress and Elucidation of the American Crisis*)，《经济学家周刊》，1907年12月14日号。有少数几家银行完全破产，而没有一家是在纯农业区：美国企业破产的总数并不过多。史普拉格的论文，《经济季刊》，第355页；福克斯韦耳：前引书，第172页："我认为这次危机肯定是一个银行危机，〔而不是商业危机〕"：太简单的一项声明。

时。黄金储备积累得很快，贴现率在年底就能以降低了。1908 年
3 月已降至 3%，5 月已降至 2.5%。德国没有遭到任何头等的灾
害就闯过去了。其生产力多少遭受到一点损害的美国正舐吮它的
创伤，并且在 1907 年年底昭告世人说："因为有大选的可能，所以
下一年的业务将会处于停顿状态。"[①]当十八世纪设计的美国政治
机器不胜其笨重地转动的时候，全世界都不能不等待。这对于英 58
国来说是难以忍受的，在英国，1907 年没有过任何危机或恐慌，也
没有过工业崩溃，而只有过一次紧缩和比 1902 年以来任何一年都
少的破产案件的公布。冒险家的迟疑和工业的紧缩反映在 1908
年英格兰银行 3%和 2.5%的贴现率上。贴现率降至2.5%以后，
停止不动将近八个月之久，以待美国政治机器完成它的工作。

英国经济有机体的不存在任何器官上的疾病是由对这次低利贷款的直接而健康的反映中表现出来的。1908 年在伦敦金融市场上的投资的确比 1907 年多一些，收足的资本也多一些。纵使美国暂时成为一个不毛之区——那么，投资人已经在其他各地进行观察有相当时间了，未始不可再观察下去。工业英国大大不像一度有过的情形那样依存于纽约风了。英国公民贷款给南美、印度、各殖民地和日本，贷款给各国政府、铁路和自治市。[②] 同 1907 年相比，1908—1909 年资本输出的估计数稍有缩减，但即使如此，仍高于 1906 年水平；其中一部分下降是由于 1907 年世界批发价格

---

① 大通银行总经理赫本致《经济学家周刊》函，12 月 23 日。《经济学家周刊》，1908 年 1 月 4 日号。

② 参阅本卷第 12、25 页上的曲线图。

的暂时跌落使估计数所部分依据的那些出口货的销售价值降低了。[①] 在 1908 年期间对外贸易的价值比数量缩减得多，这是当时所公认的。世界价格直到进入 1910 年一段时期之后方始回到 1907 年水平，英国对外贸易的货币价值也随之而回升。

虽然在 1908—1909 年经济体还相当健全，但是它的某些器官却由于不大使用而有所损伤。造船业的三年繁荣之后，接着就是三年不平常的萧条。短期的萧条原是无可避免的，因为船舶损坏得很慢；但是这样程度的一段萧条却是出乎意料的。在其他建造工业中也有类似的阵期，虽则损害少得多。结果，造船、机械工程和五金业工会尝到了二十年来最苦的失业滋味。在 1909 年这整个集团的失业百分比达到了十三，锅炉制造工则是二十一点四。煤炭的需求也因而受到抑制，在采矿业、机械工程业以及棉纺织业
59 方面则有了工资的缩减和偕以俱来的罢工。[②] 工资率的缩减并不多。除开少数行业，工资以滑准法为基础，从而随产品售价的变动而变动外，英国的工资，例如同美国的工资相比，早已变得很没有伸缩性了。但是，同失业数字——就全体工会会员来说，1908—1909 年的失业数字为 1906—1907 年的一倍——结合在一起，这些缩减和偕以俱来的更多的摩擦，却给人以经济非常不健康的印象。何况，在 1908 年期间整个世界批发价格虽有降低，而几乎所有工资劳动者所消费的主要物品——除煤和糖外——的英国零售

① 在 1908 年公开筹募的资本计有为各殖民地和外国政府筹募的四千四百万镑；为国外铁路筹募的四千三百万镑；为印度和各殖民地铁路筹募的一千九百万镑；以及为各殖民地和外国自治市筹募的一千零五十万镑。

② 参阅本卷第 468 页的曲线图。

价格还稍有上涨。[①] 严重的经济病是没有的；但是有一些工资率的微微降低和领工资的工作数量的一般减少连同平均生活费的上升（虽则是微微的上升）结合在一起，却导致了普遍的不安和一些真正的疾苦。

全国各地都感到了这种不安，不仅仅是金属加工各区，因为这种感觉在所有各项工业中分布得最平均的建筑业是特别敏锐的，而建筑业对不熟练或仅仅半熟练劳动的需求很大，它的通常间歇性工作使得赋闲时期的任何例外延长又特别令人棘手。在 1904—1907 年对外贸易扩大期间，建筑业一直是萧条的。现在更加清淡多了。1908—1909 年木匠和细木匠的失业数字并不低于五金工人的失业数字太多。[②] 诚然，这是自七十年代以来他们和其他木料加工和装饰业所历经的最严重的一段失业时期。造船业是和房屋建筑业一样的萧条，因为在一艘现代船舶中会有大量的木工活和家具。

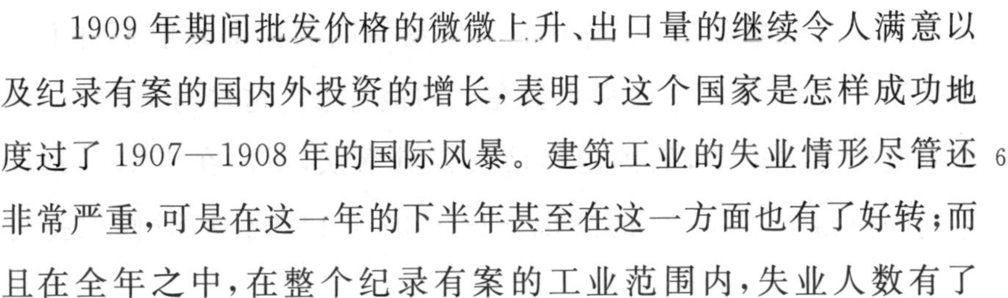

1909 年期间批发价格的微微上升、出口量的继续令人满意以及纪录有案的国内外投资的增长，表明了这个国家是怎样成功地度过了 1907—1908 年的国际风暴。建筑工业的失业情形尽管还 60
非常严重，可是在这一年的下半年甚至在这一方面也有了好转；而且在全年之中，在整个纪录有案的工业范围内，失业人数有了

① 这些是按照《劳工统计杂志》(*Labour Statistics*)公布的伦敦零售价格；但无疑是有代表性的。

② 1908 年和 1909 年木匠和细木匠的数字是 11.6% 和 11.7%。关于 1904—1907 年的萧条情况，参阅本卷，第 52 页。在对外贸易和对外投资活跃时期相当程度的萧条固然并非反常（本卷，第 30 页），但应该注意的是在 1908—1909 年这类投资降低得很少。（参阅本卷第 25 页的曲线图。）

24％的下降。① 到1910年2月，数字比1908年2月有了微微的改善，而经济活动的一般水平已渐渐接近于1907年。在1909年秋季，英格兰银行已经放弃了它自1908年春季以来除开一次3％的短暂间隔外一直墨守的2.5％的贴现率。部分由于繁荣，部分由于不幸，不曾再有2.5％的挂牌达二十余年之久。在1909年则是由于繁荣，或至少是由于经济活跃那类的原因。实际上在1909年为公共投资所筹募的货币数量原比多少有点疯狂的1889年以来任何一年都多，在1889年人人都进行投资，工会会员几乎没有人失业。

1909年的货币需求并没有标出一条上限：作为投资年的1910年远高过1889年。这一年的对外投资大于1907年，更远远大于1889年或任何更早的年份。② 虽然各国政府和公司在伦敦筹募的款项在1914年（当时是公然为了要糟蹋掉而筹募的）并没有达到1910年的水平，但是在那假和平真备战的最后几年中，资本输出正从一个高峰攀到另一个高峰。"贸易活跃的惊奇故事来自个个角落"，1912年工厂主任视察员在他的报告书上这样写道。③ 国外需求既然那样迫切，而国内经济又极其活跃，所以在1912—1913年期间英格兰银行5％的贴现率比1907年以来任何时候保持得

① 在1月和12月之间。全年的平均失业人数并不比1908年少，但在1908年是逐步上升，而在1909年却是逐步下降。参阅本卷第29页的曲线图。

② 数字是：1889年，十六万八千镑；1909年，十五万三千镑；1910年，十九万镑。关于1910年为对外投资而进行的资本输出（估计为一亿五千万镑），参阅本卷第23页的曲线图。

③ 《报告书》（1913年，第23卷），第13页。参阅《经济学家周刊》，《商业史》——"1912年的贸易和商业已经使所有的纪录黯然失色"。

更久，也就不足为奇了。但是因为不论在欧洲或美洲都没有过业务上的重大愚蠢行为或过失行为，所以英格兰银行始终没有必要 61
调整到 5%以上，5%这个贴现率，如果不超过的话，实即暗示利润和繁荣而没有令人头痛的风险。

据估计，在 1911 年和 1912 年这两年输出的资本比 1890—1901 年之间这十年多 30%以上，在这两年的每一年之中输出的资本，比八十年代或七十年代任何一个资本输出的高峰年也多得很多。当英国在战争期间为了维持开支而不得不出售一些产权以便从国外得到现款时，它有长长的一个产权清单可供选择。在已经选定和出售之后，仍有足够的产权——并非所有那些到头来都是可以兑现的。这就是资本出口以及个人和国家所进行的一切不大有把握的投资的收益和风险。

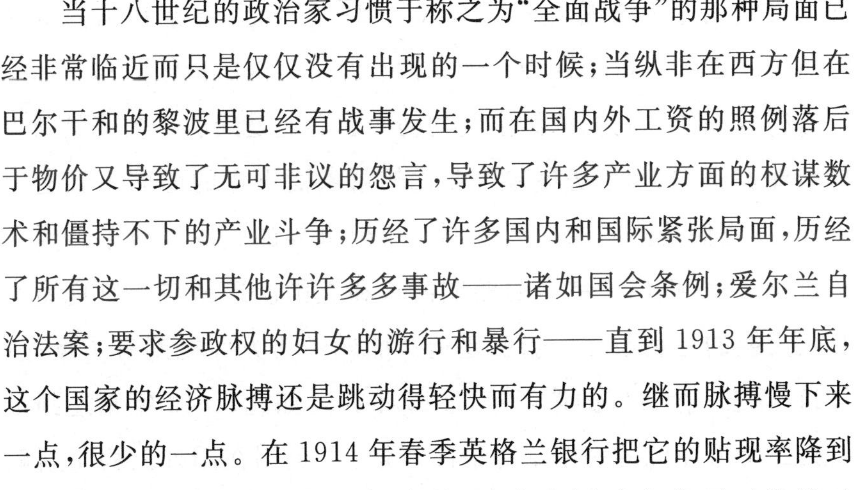

当十八世纪的政治家习惯于称之为“全面战争”的那种局面已经非常临近而只是仅仅没有出现的一个时候；当纵非在西方但在巴尔干和的黎波里已经有战事发生；而在国内外工资的照例落后于物价又导致了无可非议的怨言，导致了许多产业方面的权谋数术和僵持不下的产业斗争；历经了许多国内和国际紧张局面，历经了所有这一切和其他许许多多事故——诸如国会条例；爱尔兰自治法案；要求参政权的妇女的游行和暴行——直到 1913 年年底，这个国家的经济脉搏还是跳动得轻快而有力的。继而脉搏慢下来一点，很少的一点。在 1914 年春季英格兰银行把它的贴现率降到了 3%。这类的降低有些是通常的，除非在活动十分不正常的时候。自 1907 年以来，除 1913 年外，每年都有过一段 3%或不到

3%的时期。但这是时间比较长的一次。它拖到 7 月的最后一个星期。它是和工会失业情形的缓缓扩大偕以俱来的。自 1910 年以来，就业情况异常良好有三年之久，尽管一些大的劳资争议有其反作用。至于劳资争议很少的 1913 年，平均月度失业数字为二点一；那年 4 月份则是一点七，这是溯自 1899 年 4 月以来向未汇报过而以前也只是在 1889—1890 年的繁荣时期有过两三次的一个数字。现在，在 1914 年，这个数字在 7 月份攀升到了二点八；但是这仍远低于十年来 7 月份的平均数。脉搏还是不弱。随着 8 月份
62 战争的来临，贸易部设立了一个司来研究那个未雨绸缪的战时失业问题，而想不到没有几个月的工夫竟变成为一个战时入不敷用的问题。

所有这个国家的古老工业都参加了 1910—1914 年的跃进；对于历史悠久的毛纺织工业来说，1910 年是异常繁荣的一年。新工业正在它们旁边涌现出来（自 1906—1907 年起，甚至在国内贸易综览中就已经将汽车列为一个专栏），但是英国所依赖的却是那些旧有得意杰作。它们依然生气勃勃。建造业是最后一个使足劲头的行业。当 1910 年房屋建筑业比较萧条而下水的船舶不到七十万吨时，它们是落后的。但是那一年全世界的收成好极了。因而提供了货运，提供了更多的船舶需求和英国制造品与进口食品的真正交换的有利条件。船舶建造和船舶销售方面立刻有了反应：1911 年是一个良好的造船年；1912 年亦复如此；1913 年则达到了一百二十万净吨的一个绝对最高产量。[①] 英国在国外出售了新船

① 其中只有三万吨不是汽船：还有十九万三千吨海军船舶。

二十二万五千吨，旧船四十四万八千吨的那一年，正是 1913 年。1912 年和 1911 年的数字也低不多少。在 1910—1911 年，英国已经把二十五万六千吨的不再需要和已几乎停止建造的帆船的一整支舰队出售给一些认为以之经营仍有利可图的外国人。在 1913—1914 年海峡挤满了船舶——静候鱼雷和浮动水雷的光临——在锅炉制造工和铁船制造工中间只有极少数人失业。

在 1912—1913 年建筑业的失业数字比之全国平均数要稍稍高些；1911 年人口调查所提供的建筑业不曾扩大的证明，反映出甚至在最近这些繁荣的年份中，建筑业也没有像在人口仍然增长很快而平均居住条件很差的一个国家中所应有的那种活跃。[①] 在建筑业中，手工劳动为机器突然取代的情形始终不曾出现。来自机器方面的竞争是十九世纪这个行业逐渐扩大时早已存在的。伦敦砌砖匠每小时仍砌六十块，一如三十年来的情形。[②] 纵使一个砌砖匠不曾操作得更慢一些，像新闻记者们常常暗示的那样，他的
确也不曾以更快的操作来排斥其他的砌砖匠。这项工业的物质效 63

率——一定数量的劳动时间和资本使用在砖块和灰浆上面的报酬——事实上正微微下降。但是建筑业在这段时期之末并不是真正萧条，而不过是悠闲而已。它的工资率像它的砌砖习惯一样，在 1900—1911 年间简直没有一点变动。在 1911 年和 1914 年 7 月之间工资率 7% 的上升意味着劳动需求方面一定的活跃；但即令如此，工资率也没有像食品价格上升得那样快，虽则就业的更加正

① 参阅本卷，第 52 页。

② 琼斯：《报酬递增》，第 92 页。

规化未始不能弥补这个差距。然而在工资上升和物价上升的问题上,建筑业的情况并不是独一无二的。[1]

最后没有一项工业比采煤业更加活跃,虽则价格——工资问题——连同一些其他问题——两次导致了重要的煤业斗争。不同于建筑业,采煤业贪求工人之多已经到了异乎寻常的,不胜其危险的地步。和建筑业一样,它的物质效率也正趋于下降。[2] 在1881年,三十八万二千名矿工的产煤量已平均为每人四百零三吨;而这个平均量也就增长到此时为止。到1901年,六十四万四千人的一支劳动大军平均每人仅仅三百四十吨,1911年,八十七万七千人的一支大军仅仅三百零九吨。换句话说,在那十年之末,参加劳动的矿工多了36%,而所得的煤炭只多了19%。但是逐渐上升的产量和上升很快的煤炭出口掩蔽了这种情况的弱点。到1913年,除燃料煤外,全部挖掘出来的煤炭(以往向无如此之多)有四分之一以上是装运出国的。十年前这项比率是五分之一,三十年前是七分之一。就价值而论,1913年——这是高物价的一年——的煤炭出口已达联合王国全部产品出口的十分之一强:在1883年则不到二十三分之一。煤炭出口相对重要性的上升是这个时代的出口贸易方面最显著的变更。它们把开往海外的不定期轮船装满,从而保持了英国进口货回程运费的低廉。它们把数以千计的矿工带进了南威尔士,并且帮助诺森伯兰、达拉姆和约克郡所有矿工大家庭的所有子弟找到了工作。但是这支非常之大的工人队伍已经吸收

① 参阅本卷,第469页。

② 参阅中卷,第103—104页和杰文斯:《英国煤炭贸易》(Jevons, H. S., *The British Coal Trade*)(1915年版),第117页。

进这样一项工业，而这项工业正以超出必要的，纵非斯坦莱·杰文斯一度担心的那种速度消耗着一宗未始不可保存下来的国家资财。[①] 虽然英国作为一个煤炭生产国的那种异乎寻常的地质和地 64 理上的优点使这项出口至少部分地继续下去是相当有把握的，但是大部分煤炭贸易却易于遭到于己不利的竞争。例如，英国不见得总能供应柏林方面燃烧的煤炭的五分之一，像二十世纪初期有时的情形那样。[②] 撇开早已存在而且肯定会增多起来的其他燃料的竞争不谈，这项工业相对低的效率对于这项出口的全面继续下去也是一个阻力。

论到英国工业状况的外国评论家和论到英国政策的一些本国评论家若干年来一直把煤炭出口看作至少是价值殊可怀疑的一个项目，如果从长远去考虑的话。[③] 煤炭出口照例是和发展几乎同样迅速的机器出口联系在一起的。[④] 在1881—1890年这十年间机器出口平均值一千二百二十万镑；在1909—1913年这五年平均为三千二百三十万镑；在1913年本年度值三千七百万镑。有些评论家说不定原本对工业革命初期曾经导致国会完全禁止机器出口

---

① 反对这种看法的自由贸易派的论证，在本卷，第51页中已经提出。

② 《1906年有关德国的领事报告书》(*Consular Report on Germany for 1906*)〔《外交部年度报告书》(*F. O. Annual Reports*)，第3796号〕。

③ 例如这正是瓦格纳：《农业国和工业国》(Wagner, A., *Agrar-und Industriestaat*)主题的一部分，也是《1903年英国和外国的贸易与工业备忘录》(*Memoranda on British and Foreign Trade and Industry of 1903*)中所讨论的一个主题。另参阅杰文斯：前引书，第752页。

④ 瓦格纳和备忘录也曾加以讨论。

的那些论证具有同情——我们应该把我们的发明保留给我们自己。[1] 只是在困难的八十年代这类论证才重又被人想起。在布尔战争后的萧条年月中重又死灰复燃，在二十世纪一十年代的繁荣之中再度被遗忘。不列颠，他们以现代的方式这样说，正为它的竞争者或潜在竞争者进行装备，正自挖墙脚，自掘坟墓。这种所谓的挖墙脚工作进行最快的年份显然是资本出口活跃的年份：1889—1990 年无论在机器出口或一般资本出口方面都是高峰年。但是就机器出口来说，八十年代的平均出口说不定会低几个小数点。现在，在前几年如火如荼的生产、出口和投资中，1913 年的高峰超过了 1907 年的前一次高峰达五百多万镑。

65 就笼统的、一般的，但实际上无关紧要的方面来说，整个论证是正确的——任何民族拥有任何种类的机器愈多，他们就似乎愈接近于能自行制造机器的一个机器时代。但是接近是有程度之分的。最聪明的机器买主，那些在富士山山坡下面劳动并“向镰仓的菩萨”祷告的人，是奉行思虑周详的政策的工匠。他们是非常接近于机器时代的。但是却不能说对南非的轧金机器、对马来亚的挖锡器，或对既缺煤又缺钢而且在机器潜力方面落后于它的二十来个国家的锅炉、蒸汽机和涡轮的出口，对英国有任何值得顾虑的危险。即使危险更大一些，今天拒绝去做你能做得很出色的工作，也是得不到什么好处的，其所以然，只是因为你的子女明天未始不会去做另一种工作。对于一个工业国家及其实业界的领袖来说，眼

① 各种不同的条例都列举于黑耳德：《英国社会史》(Held, A., *Soziale Geschichte Englands*)(1881 年版)，第 519 页中。

光远大的政策是把精力集中于它所能担当的最细密、最精巧的工作方面。

诚然，英国工程公司依然在贝尔法斯特麻纺机制造商的帮助下以约占机器出口总额四分之一的纺织机的出口去系统地装备外国的纺织工业来同联合王国竞争。但不列颠纺织品的出口却仍然是它的出口贸易中的一个主要成分，正如五百年来英国纺织品出口的情形那样。如果全世界能够按照十九世纪认为正常的那种速度增加它的纺织品的消费，那么就是比英国、欧洲大陆和美国以及印度、中国和日本现有的更多的纺织厂，也不会无工可做——反之则否。纵使世界需求按照旧有的速度扩大，纺织厂也可以通过关税的适当应用和廉价劳动而很容易地，比如说，从英国吸引出去。在十二三个外国关税领域内早已有了英国置办的纱厂；在印度和中国的另一些棉纺织厂以及印度的麻纺广中也有了英国资本。机器继续出口的一般论证在这方面也是像在其他方面一样适用的，只是在这方面，结果更加迅捷，更加肯定。这种情况并不是新的：纺织机器的出口近年来一直没有过分地增长。这正是结果为什么这样肯定的一个原因。近些年来有一些国家已经装备起来了，而同时英国纺织品的市场则日趋衰落。另一些国家曾不止一次购买 66
英国的设备，现在则正在第三国的市场上，甚至在英国的市场上进行竞争。但是在英国市场上纺织品的竞争总是不一而足的，尤其是来自法国方面的，而这与其说是为英国机器的购买所助长，毋宁说是得利于特殊的素质和花样的美观大方。

在出口贸易中尽管纱和纺织品仍然占支配地位，可是它们相对重要性的稳步下降已经有两代之久了。1850 年，它们提供了联

合王国出口价值的60%。到八十年代之初(1880—1884年),它们的份额已经降到46%。[①] 一代之后(1909—1913年),下降几乎一成不变地继续下去,它们的份额已是34%。在1903—1906年的政治经济学讨论中极力为皮尔派和格拉德斯通派的传统并为任由贸易自寻其自然水平的主张而辩护的那些人,以未可厚非的满意心情指出了制造品出口的愈益多样化。虽然不列颠,他们这样论证说,已经装备了海外的纺织厂,但是其他的出口货——诸如电缆、靴和"衣服";不错,还有机器——却逐渐取代了一些棉布和呢绒的出口而没有产生任何危机。在1911—1912年,兰开郡是异乎寻常的繁荣,而且在1910年,约克郡的各毛纺织城曾经带动了贸易的复苏。因为出口纺织品的绝对量合并计算已经和过去不相上下,就某些重要类别来说,比过去还大得多,所以尽管有外国的竞争,在国内还是有了日益扩大的市场。在1909—1913年间每年装运的棉匹头货的码数已经比1880—1884年多40%。现在没有什么可抱怨了。事实上,棉纺织业,其竞争者最明显地得到了英国机器出口的帮助的那项工业,无论绝对地或相对地来说,在出口市场上比其他工业都更好地保持住自己的地位。毛纺和丝绸业却更苦于外国的关税;亚麻业更苦于世界风尚的变更和棉业本身的竞争;黄麻业那个粗货的行业,则更苦于印度本地粗陋劳动的竞争。结果在整个纺织品出口从出口总额的46%降至34%的这段时期(1880—1884年到1909—1913年),棉纺织品的出口从出口总额的32.5%降至25%,而按数量和价值计,还有相当的增长。如果

① 参阅中卷,第229页。

这种结果的产生真是由于世界需求和兰开郡的效率，那么竞争者 67
的培植和机器出口的利润也就可以心安理得地去追求了。一种工业缓缓的相对的收缩是无损于任何人的：这不过是说，如果从事于那种工业的人的家口众多，他们不能都去子承父业而已。这种工业并不是绝对地在缩减：新工厂不断地发展，“生意不错，工人就业情况良好，新纺锭和新织机大量安装，利润也稳稳地保持住。”①

这是令人满意的，因为在英国所有纺织工业和非纺织工业中，棉纺织工业是最最依存于出口市场的一种工业。它始终是这样的。现在，如果万一停止出口，这项工业将不得不缩小它的规模到三分之一弱，也许远不到三分之一。这项贸易的粗货部分肯定不能不缩小得更多，因为在所制造的全部匹头货之中有将近90%——按码计，而不是按价值计——是出口的。② 而受到新兴竞争者威胁最大的恰恰是这个行业的粗货这一部分——在纺绩粗纱，织造本色布和腰布这一方面。虽然受到威胁，但如上文所述，尚未遭到损害。

毛纺织工业却处于为国内市场生产三分之二至五分之三而为出口生产三分之一至五分之二这样一个比较安全的地位。这就是说，这种工业是临近英国整个经济的中线的，而所谓中线，即在海

① 《战后纺织业报告书》(1918 年，敕令第 9070 号)，第 45 页。这项报告书中关于棉纺织业的记述是特别有价值的。另参阅本卷，第 126 页。

② 1907 年的数字是八十八点九。《第一次生产普查最后报告书》(*Final Report of the First Census of Production*)，第 290 页。就那十年而言，这个数字差不多是有代表性的。

外销售它所生产的全部价值的三分之一左右。[①] 在对外贸易清淡的时候，它向来不是十足开工的；但是它们却经得起对外贸易方面很大的缩减而不致发生灾害。在1909—1913年并没有任何很大缩减的前景。在1910年那次例外的繁荣之后，贸易的一方面，即毛丝布方面有所缩减，但是另一方面，即呢绒方面却有所扩大。这样的重点变更是正常的。

68 习常以所生产全部产品三分之一装运海外的一个国民工业经济，并不因此之故而处于一种岌岌可危的不稳定的平衡状态中——设使和平和海上自由能以保持的话。如果它不能不大量售货并继续不断地供应自己以粮食和原料，那倒也不乏食品和原料产地，而这些产地如果要保全各自的经济健康，也非出售不可，而且事实上它们每年还要交付大量的产品作为旧欠的利息。在这些以农业为主的国家的经济组织中并没有发生任何突然变化的前景，也没有一个人设想它们会全都拒绝履行它们的债务。纵使拒绝，它们也不能不处理它们的产品。至于把产品埋掉或烧掉的那种可能性，却一直没有被考虑过。

但是如果英国的主要销售和购买并没有任何突遭干扰的前景，那么从统计证据的分析中也看不出在这新世纪中英国出口货——主要是制造品和煤——同构成它的大部分进口货的食品和原料的交换条件有丝毫恶化的趋势。在处于对外贸易货币外衣背

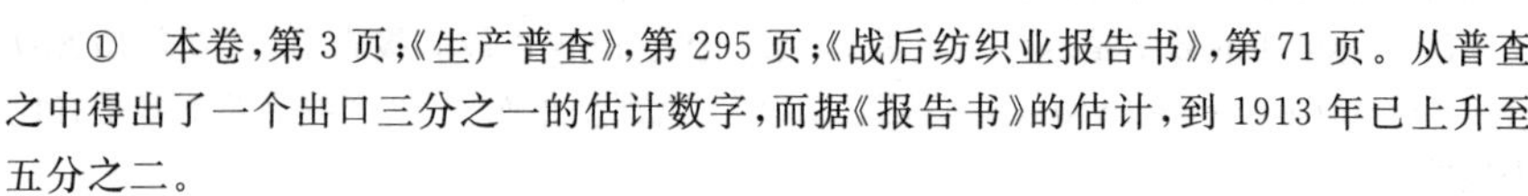
① 本卷，第3页；《生产普查》，第295页；《战后纺织业报告书》，第71页。从普查之中得出了一个出口三分之一的估计数字，而据《报告书》的估计，到1913年已上升至五分之二。

后的物物交换中，英国要稍稍多拿出一点出口货才能换取已定数量的进口货。它已经不成其为像一度有过的情形那样可以自行规定价格的一个垄断出口的制造国了。欢喜实事求是的那些人没有什么严重错误地想到只拿一点点比较好的钢制品或几码未漂白的棉布就换取到一夸脱小麦或一罗德木材的那个约翰牛。[①]

在1900年左右，变化就已经出现了。在前二十年中，物物交换的条件一直对英国越来越有利——为换取同一点点钢制品或同一包棉布需要越来越多的小麦或木材。但是在二十世纪的最初十年中，统计证据表明条件肯定不那么有利了，虽然没有发展到毁灭性的程度。从1910年起它们又开始有所改善，在1913年已差不多回到1900年的水平。[②] 在掌握证据方面固然困难重重，但至少 69
依情度理可以肯定的是，在1900年和1913年之间国际物物交换的条件并没有变得像前十年那样比较有利于英国。

难道在1900年以后英国工业出现了停滞，出现了相对的缺乏效率的情况吗？外国评论家的确认为它是停滞的，相对地缺乏效率的，或毋宁说是无效率可言的。法国人把英国实业家周末休假之长和英国工资劳动者工作周之短当作笑柄。美国人指望因英国

① 参阅陶西格：《1900年以后英国对外贸易的条件》(Taussig. F. W.，*Great Britain's Foreign Trade Terms after 1900*)，《经济季刊》，1925年3月号；陶西格：《国际贸易》(*Taussig*，*International Trade*)，第253页并散见各页。所用的统计数字自然是联合王国的统计数字，但是假定从严格的英国统计数字并不会得出显然不同的得数，也不失为持平之论。

② 在《1910年的商业史》中，《经济学家周刊》指出世界的丰收对农产品同制造品的交换曾经产生了于英国有利的影响。

人的守旧而渔利。一位著名的德国实业家对一位德国将军说："Wenn Wir noch hundert Jahre Frieden haben, werden Wir England tot gemacht haben."〔假如我们再有一百年的和平，我们将会置英国于死地〕。[①] 许多谈论英国的英国评论家的说法也大同小异。但是这些意见说不上是佐证，更肯定不是证据。满意的佐证是不容易得到的；但可以而且也一直用之于英国少数主要工业的那些对效率的确切测验，足以证明美国人的指望，虽非德国人的遥远预见是现实的。英国的一些较老的基本工业在这个特定的时刻几乎肯定是停滞的，甚至还不止于停滞而已。

煤炭业，正如早经应用的那项简陋的测验所表明的那样，自从1900年之前以来，就效率而言并不止于停滞而已。自1891年以后的某一时日起，把一吨煤运到岸边，不但货币成本，而且实际成本，即在劳动、材料和组织方面的支出，就有增无已。[②] 不管怎样解释，事实总是彰明较著的：矿工人数的增加，连同资本的大量投放，却没有在煤的产量方面得到比例的增长。而在出口价值表上，煤现在不但列于第三位，居于钢铁制造品和纺织品之间，而且是一切工业所必须使用的唯一的一种原料。

对于兰开郡的棉纺织工业和克利夫兰的生铁工业曾经用过一

---

① 翁·施泰因：《人事记》(Von Stein, *Erlebnisse*)(1919年版)，第122页。施泰因说他问过实业界的朋友"ober denn glaube, dass England diese hundert Jahre geduldig abwarden werde?"〔是不是认为英国会耐心等待一百年?〕又补充说——"die Antwort ist jetzt in deutlichster form gegeben."〔现在已经有了最明显的答复〕。至于美国，参阅本卷，第35页。

② 本卷，第63页和中卷，第100—145页；琼斯：《报酬递增》，第51页和他关于煤炭工业的全部讨论。

些比较精确的统计测验。[①] 从这些测验中得出了从十九世纪末和 70
二十世纪初对那两项的非统计研究中未始不可预料的结果。在棉纺织方面，大多数机器的经济办法久已获得实现。在 1886 年和 1913 年之间，鼓风炉及其各种附件都没有任何根本改进。这两种工业也都没有可使劳动和资本的平均生产力提高很多的任何改组。在这两种工业中都有每星期劳动时间趋于缩短，劳动强度趋于降低之势。在这两种工业中，随着一般价格的跌而复涨，生产的成本也是先跌而后涨。铁的货币成本开始上涨比棉织品早一些，虽然两者都恰恰是 1895 年和 1897 年之间原可预料的时候开始的。但是在货币上的波动背后，生产棉货和生产铁的实际成本，即生产一定数量的各该货所需劳动和资本的支出，在 1910—1913 年正和八十年代的情况不相上下。在这段期间，起伏一直是很轻微的。例如，在九十年代的一次上涨之后，由于技术方面的节约，在 1900 年之后克利夫兰生产生铁的实际成本曾微微下降。在另一方面，棉纺织品的实际成本在九十年代曾下降了一点，继而重又上升。但是要从开始一直看到终结，那么"在 1885—1910 年这段期间，英国棉纺织工业和生铁工业效率方面的净变化，纵有也微乎其微……；反之"[②]——用于美国这些工业的同一些测验却表明在同一段时期效率有肯定的增长，在生铁方面则有非常显著的增长。[③]

① 见琼斯：前引书，第 100—145 页。在这里讨论各种测验是不可能的。关于铁，参阅《战后钢铁业报告书》(*Report on the Iron and Steel Trades after the War*)(1918 年，敕令第 9071 号)，第 25 页，另参阅本卷，第 122 页。

② 琼斯，前引书，第 50 页。

③ 琼斯：前引书，第 146—244 页。对于棉纺织工业的这些结论只适用于曼彻斯特，曼彻斯特是不幸的，因为当时棉纺织工业正在南方迅速地发展着。

德国的铁工业，如果进行同样的测验，也会看出效率的提高。

这种分析至少可以肯定地指出棉铁制造品在各主要生产阶段上的停滞。但是这种分析却不曾应用于，也许不能应用于棉纺织工业的复杂整理过程，或以生铁制成为制成品和钢制品的那种加工过程。在这方面效率也许是不断提高的，正如在机器制靴业和汽车制造业之类的年轻而有适应力的工业中几乎肯定在不断提高
71 那样。[①] 如果英国工业整个说来一直给人力产生着递增的报酬，那么要以多一点的产品去交换一定数量的进口货，就不会造成任何真正损失。整个说来，也许它在产生着递增的报酬，但是我们不确知。如果是这样的话，那在1900—1913年这段期间按物物交换所估计的轻微恶化也就无足轻重了。(无论如何是没有很大关系的。)而在1900年和1913年之间按物物交换计的改善原应是一种令人鼓舞的迹象，如果任何当代人士注意到这一点的话。注意到这一点的人一定是寥寥无几。经济学家当时还没有完成他们的分析工作，其他的人则很少按照经济学家的条件，按照实际价格而不是按照货币价格，按照努力和牺牲去进行思考，如果他们掌握了所有这些事实，他们未始不会一致确认：英国尽管在1910—1913年是像任何一个国家所能希望的那样业务繁忙，可是在工业上还不是像美国或德国那样活跃，也不是像它本身一度那样活跃，不过它的保守主义却已经动摇了，而且在最后的那几年中正准备按照自己的步伐去证明它并没有衰颓，虽则它的敌人和失望的朋友们都常常发出这样的议论。

① 关于制靴业，参阅本卷，第182页。

因为经济学家的统计标度盘上的那敏锐的、装置精巧的指针所约略指向的，正是比这一点也不新奇的一个标度。

72 # 第二章　这个工业国中的农业

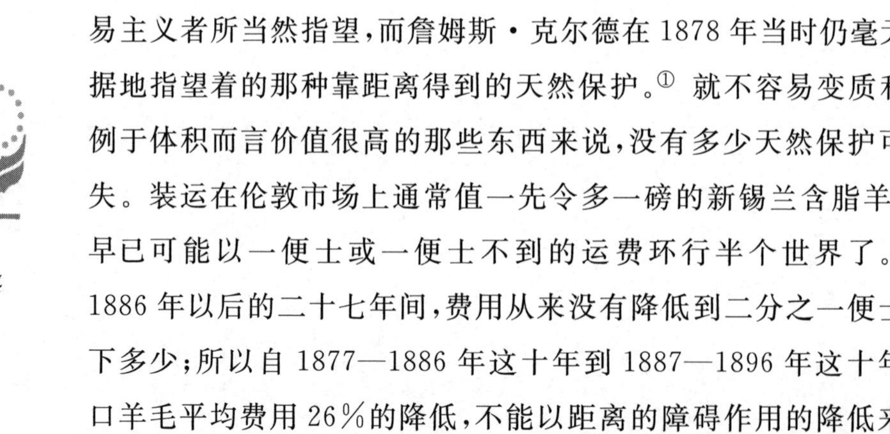

在维多利亚即位六十周年庆典以前，有远见的人已经知道英国农场主在一种又一种的农产品上正很快地失去十九世纪自由贸易主义者所当然指望，而詹姆斯·克尔德在1878年当时仍毫无根据地指望着的那种靠距离得到的天然保护。[①] 就不容易变质和比例于体积而言价值很高的那些东西来说，没有多少天然保护可丧失。装运在伦敦市场上通常值一先令多一磅的新锡兰含脂羊毛，早已可能以一便士或一便士不到的运费环行半个世界了。在1886年以后的二十七年间，费用从来没有降低到二分之一便士以下多少；所以自1877—1886年这十年到1887—1896年这十年进口羊毛平均费用26%的降低，不能以距离的障碍作用的降低来解释。[②] 但是按1868—1879年这十二年的平均数计从芝加哥运到利物浦需十一先令一夸脱，在1880年仍需九先令一又二分之一便士的小麦，在1886年以六先令二又二分之一便士就可以运到了。

① 参阅中卷，第281—282页。

② 关于价格，参阅《批发和零售价格报告书》(*Return of Wholesale and Retail Prices*)(第321号)，第39页；关于羊毛的运费，参阅《英国国内外贸易备忘录第二集》(*Second Series of Memoranda* [*on*]... *British and Foreign Trade*)，1904年(敕令第2337号)，第261页。

到 1892 年，这个数字将是四先令三便士，1902 年则是二先令十又二分之一便士。[1] 在组织同等完善的贸易路线上各种粮食的运输费都已经降低，并且还会同样地降低。如果经得起运输早就和羊毛居于同一个类别的鲜肉，目前已经经得起运输并居于同一个类别了；虽然冰肉和冻肉的处理方法已逐渐解决，但在八十年代这两者的进口增长还是比较慢的。所以直到 1886 年为止，腌猪肉在肉类进口中仍占支配地位，在那一年，猪肉的进口所值比牛羊肉加在 73
一起还要大些。[2] 二十年后——方法既臻完善，而在美国和大洋洲之外又增加了阿根廷这样一个鲜肉的重要供应来源——猪肉不过占总额的三分之一了。

既然洲际运费已经比一度的郡际运费相去无几，剩在国际竞争范围以外的，也就只有最笨重最容易变质的农产品了——大部分在农场消费的块根；作为主要农作物的马铃薯；[3]鲜牛奶、秣草和其他少数几种次要的东西。甚至这些东西也容易受到与运输无关的任何一种可能发生作用的降低价格的力量的影响，尤其容易

① 《英国国内外贸易备忘录第一集》，1903 年（敕令第 1761 号），第 130 页；参阅《九十年代小麦价格的下跌和恢复》（*Decline and Recovery of Wheat Prices in the 'Nineties*）〔《斯坦福大学小麦研究》（*Stanford University Wheat Studies*），1934 年，6—7 月号〕，第 293—294 页；克劳福德：《小麦价格的调查》（Crawford，R. F.，"An Inquiry into Wheat Prices"），《统计学报》，1895 年，第 75 页及以下。

② 克雷吉：《英国二十年来外国肉类供应的变化》（Craigie，P. G.，*Twenty Years' Changes in our Foreign Meat Supply*），《皇家农业学会学报》，1887 年，第 465 页及以下。胡克：《联合王国的肉类供应》（*The Meat Supplies of the U. K.*），《统计学报》，1909 年，第 304 页及以下。

③ 马铃薯的进口是无足轻重的：克劳福德：《联合王国、比利时、法国和德国食品供应记略》（Crawford，R. F.，"*Notes on the Food Supplies of the U. K.，Belgium，France and Germany*"），《统计学报》，1899 年，第 600 页。

受到从不受保护的谷物生产到受保护的制酪业方面不断变化的影响。就农场主而言所可庆幸的是，牛奶业方面任何这种降低价格的力量都几乎为日益增长的需求所抵消，因为人口既日益增长而每人消费也日益增长。圣托马斯医院在1871—1880年这十年是按每加仑十先令二便士，1881—1890年按每加仑九便士，1891—1900年按每加仑八先令六便士的平均价格缔订合同的。如果不是最后几个不景气季节非常之高的价格，七十年代的平均数本来会多少低一些。[①] 秣草价格就平均数来说，似乎一点没有降低。[②]这原是不出所料的。在八十年代没有值得纪录的秣草进口，除南非战争期间外，也始终没有真正大量的进口。直到进入二十世纪以后很久，市镇马厩的需求仍不断扩大；甚至在田间，马的数目以及牛的数目都在上升。秣草的供应始终是不可靠的；虽然随着时日推移，用来生产秣草的土地已经有了相当的扩展，但扩展并非到处都是轻而易举的。[③]

马铃薯种植虽然受到环境的适当保护，但是价格的情况却不像制酪业和秣草业那样有利。人口虽已增长，每人对马铃薯的需
74 求却并未增加。而且几乎肯定是降低了，虽然没有满意的统计数字予以证明；因为现代人口既然生活更加舒适，马铃薯在他们的饮食之中一定不占什么重要地位了。在这期间英国马铃薯的种植面

① 伦敦零售价格的趋势和这些合同价格相同。前引《批发和零售价格》，第136—137、279页。

② 数字是不完全的，但是所提示的结果却如所述。《批发和零售价格》，第202—203页，以及总结于《联合王国统计摘要》中的年度贸易报表。

③ 农业部的年度《亩数和牲畜报告》(*Acreage and Live Stock Returns*)中的秣草统计数字当然不是一套最好的数字，但是这套数字却足以证明这种说法是不无理由的。

积变化也很小。1906—1910 年这五年的面积比 1886—1890 年稍稍少一些——价格史的一种反映，而这一反映本身就突出地反映出需求的减退。[①] 姑且再以圣托马斯的合同为例，六十年代每英担的十年平均价格是六先令八又二分之一便士，七十年代是七先令十一便士，八十年代是六先令一便士，九十年代是五先令一又二分之一便士，这些合同虽不一定可以表明城市价格的确切水平，但无疑可以表明它的曲线。在九十年代后期马铃薯价格还在不断下降。[②]

在八十年代以前，洲际竞争简直没有对肉类价格发生什么影响。美洲和大洋洲的潜在生产力尽管是那样大，却没有（而且一直没有）像小麦发展得那样快。饮食的改善虽然对马铃薯种植起了不利的作用，但对牲畜贩和牧畜业者却起了有利的影响。在 1883 年，羊肉价格之高是向所未有的，牛肉的价格只比 1873 年的最高额稍稍低一点。从 1883 年到 1887 年两者都陡降，羊肉的价格降低了约百分之二十八，牛肉的价格下降得比较少些；虽则在 1887 年牛肉比 1851 年以来的任何时候都更低廉。但 1883 年的价格是不正常的，1887 年的价格也不正常。无论对农业或对工业来说，年景都不错的 1871 年和另一个年景很好的 1888 年的价格却比较有代表性。在这两年之间下降是微乎其微的；牛肉 8.5%；羊肉 1.4%。比较不景气的年头是在未来。迟至 1898 年，牛肉的价格仅低于 1871 年的水平 20%强；在 1893 年以及再度在 1896 年，羊

① 1886—1890 年的平均数是五十六万一千英亩：1905 年的最高额是六十万八千英亩：1906—1910 年的平均亩是五十五万八千英亩。

② 《批发和零售价格》，第 24 页及以下。

肉价格低于 1871 年水平 8.5%；但是在 1887—1896 年这十年——对农业来说最艰难的十年，牛肉的平均价格低于 1871 年水
75 平不到 13%，牛皮价格 20%，羊肉价格不到 3%。① 试以此与大麦 29%，燕麦 30.8%和小麦 48.6%的相应降低作一比较。

除马铃薯的价格曲线外，所有国内种植的重要粮食的价格曲线在 1895 年和 1899 年之间的某一点上都微微趋于上升。就小麦和一般谷物而言，这种转变开始于 1896 年。羊毛的价格一直延迟到 1903 年才转趋上升；但一经上升，却是非常显著的：②十年之后就达到了和五十年代初期、1870 年或 1881—1882 年相等的水平，虽则还低于棉荒和七十年代贸易繁荣时期那两个最高峰很多。从来没有降低很多的动物食品——各种肉类和干酪——的指数，到 1913 年已差不多把它过去的一切损害弥补起来。③ 吃亏最大的小麦价格恢复得最少。在这段时期中，价格再没有降到过 1894 年二十二先令十便士一夸脱这个灾害性的低水平。在 1897—1898 年芝加哥小麦市场上那次著名的囤积居奇之风——它本身就是建立在美国的歉收上——盛行一时的时候，有过先后上升到三十先令

① 《批发和零售价格》，第 43 页，数字，第 26 页，曲线图；牛皮，第 45 页。另参阅胡克：《1890—1910 年国内外价格的趋势》(Hooker, R. H., *The Course of Prices at Home and Abroad, 1890—1910*)，《统计学报》，1911—1912 年，第 1 页及以下。

② 关于 1903 年以前的这段时期，参阅特纳：《羊毛贸易的情况》(Turner, J. W., *The Position of the Wool Trade*)，《皇家农业学会学报》，1896 年，第 67 页及以下。汤普森：《大不列颠的羊毛价格》(Thompson, R. J., *Wool Prices in Great Britain*)，《皇家农业学会学报》，1902 年，第 395 页及以下。另参阅克拉潘：《羊毛和毛丝工业》(1907 年版)，第 276 页。

③ 参阅佩什，索尔贝克动物食品指数续编，载《统计学报》，1913—1914 年，第 556 页。

二便士和三十四先令的一次虚假复苏；接着又回降到二十五先令和三十先令之间的水平。[①] 但是自 1907 年起，水平经常保持在三十先令以上。在 1909 年，小麦种植者甚至为收割前几个月的四十先令以上和全年三十六先令十一便士的平均价格那个自 1891 年（三十七先令）以来和前此自 1883 年（四十一先令七便士）以来的最高价格而欢欣鼓舞。但是，即使在 1897—1898 年的虚假复苏时期，英国科学促进会会长就已经在口头和书面上大肆讨论他那项“在目前漫不经心的耕作情况下，小麦的匮乏已为期不远”的高见了，[②]可是他所逆睹的那个不远之期却越来越远。纵使美国和印度供作出口的剩余稍有减少，加拿大和阿根廷的剩余却有了增加。到 1912—1913 年，加拿大已被认作是“我们最可靠的”粮食供应者。[③] 所以甚至在最后七年和平之中，当小麦种植者从三十先令 76
开外的价格中得到他们所能得到的快慰时，小麦的平均价格仍比 1871 年低 40％，伦敦的四磅重面包仍便宜 35％。[④]

---

① 莱顿：《小麦价格和世界生产》，《皇家农业学会学报》，1909 年，第 99 页及以下，《九十年代小麦价格的下跌和复苏》，第 334 页讨论了 1897 年小麦的高峰价格和利特的囤积居奇。

② 克鲁克斯：《小麦问题》（Crookes, Sir Wm., *The Wheat Problem*）（1889 年版），第 6 页。

③ 鲁：《国家的食品供应》（Rew, R H., *The Nation's Food Supply*），《统计学报》，1912—1913 年，第 98 页。

④ 这是以当前劳动部所使用的 1871—1911 年的数字为依据的一个粗枝大叶的结论。四磅重面包同时有很多价格。鲁：《农业方面的中间商》（Rew, R. H., *The Middle man in Agriculture*），《皇家农业学会学报》，1893 年，第 63 页；贝尔：《曼彻斯特的食品供应》（Bear, W. E., *The Food Supply of Manchester*），《皇家农学会学报》，1897 年，第 207 页。另参阅本卷第 12 页的曲线图。

由于这些不同的和相继的价格变化，英国农业，像整个欧洲农业一样，不得不在1895—1899年以后那段期间的比较稳定、比较有利的情况开始以前的那将近二十年的艰难岁月中自行调整。[①]在欧洲的大国之中只有英国没有利用保护关税来缓和这种调整，虽然善于辨味的人在它的这一种或那一种农业政策上也不时尝出一点隐隐约约的保护政策的味道。例如在1892年，禁止外国牲畜进口以免包括世界上最良畜种在内的英国牛羊以及经常予以补充的新大陆的牛羊感染疾病。以极其充分的理由创制的这项禁令一直维持到这些理由至少不那么迫切时为止，而这项禁令，据某些评论家论证说，是作为一项一般的农业保护措施而予以维持的，或者，据另一些评论家辩称，是单单为了爱尔兰牧畜者的利益——使他们的牛群可以得到一条进入英国市场的有庇护的通路。[②] 在1902年加征而于翌年取消的所谓一先令谷物登记税是稍有一点保护色彩的。[③] 同格拉德斯通财政的严格办法的偶有些微偏差以及从而导致的尖锐争论，是足以说明这种色彩整个说来是如何出之于有意识的。在不同时期曾有由国家给予农业以救济或支援的

① 此节一般可参考恩内尔勋爵的名著：《英国农业的今昔》(Lord Ernle, *English Farming Past and Present*)(1912年版)，此书在最后两章中触及到了这里所讨论的大部分主题，并可参考弗莱维尼：《英国农业制度》(Flavigny, *Le régime agraire en Angle terre*)(1933年版)。

② 在贝西：《自1875年至今英国农业的危机和演进》(*Besse, P., La Crise et l' évolution de l' agriculture en Angleterre de 1875 ànos jours*)(1910年版)，第134页中有公平的讨论。另参阅霍尔，丹尼尔爵士：《英国农业的巡礼》(Hall, Sir Daniel, *A Pilgrimage of British Farming*)(1913年版)，第383页。

③ 参阅本卷，第407页。

各式各样的建议提出，其中有一些也曾予以试办；[1]但是直截了当 77
的关税保护却没有试办过，虽则不乏稍加掩蔽的关税保护的主张，并且还间或有赤裸裸的关税保护的主张。在八十年代和九十年代有很多老年事务家把谷物法的废止看作是一个生动的幸福回忆；有很多年轻人则一直视为天经地义。正因为农业萧条首次表现为小麦和小麦面包方面的一个问题，所以用税则予以处理的政治机会也就微乎其微了。

在 1881 年组织皇家调查委员会来进行调查的那次萧条，是和谷物以外的许多事物有关的——直到 1883 年为止，羊毛的价格下跌比小麦更快，更剧——但是仔细加以研究，就可以从这些调查中看出，除调查委员本身在他们的诊断中过分予以重视的不可抗力——指七十年代后期的淫雨季节——外，最深和最持久的萧条似乎在谷物价格方面。[2] 牲畜饲养业和牲畜肥育业，牛奶和制酪业所受淫雨之害和农业的其他部门一样；但是以这类行业占突出地位的地区——有时是整个整个的郡——却不是真正萧条的。随着温和季节的来临，损害到处都得到了部分的补偿。乐观的人开始希望灾害随着雨歇云收而成为过去，并且认为调整不妨有待。从证据中可以看出，无论在萧条的这一个阶段或下一个阶段上，农场主的损失基本上没有因减租而得到足够及时、宽厚的

① 1896 年的《农业税条例》（维多利亚，第 59 和第 60 年，第 16 章）将农地占有人的地方税减免了一半。在真正萧条的时候开始采纳而只以五年为期的这项条例，经予不断展期。土地税也有所减轻。参阅马利特：《1887—1913 年的英国预算》（Malet, B., *British Budgets, 1887—1913*）（1913 年版），第 107 页及以下、第 283 页及以下。

② 参阅中卷，第 281—282 页。

补救。[1] 那是自然的：人人都总归希望长期的困境能立刻扭转过来。所得税表甲(土地税)的税收到1888—1889年已经从1879—1880年五千九百八十一万镑的最高纪录下降了18%；而且没有在几乎是停滞不动的那二十世纪最初十四年的水平上，在低于1879—1880年的那个直到十九世纪末为止的最高额大约30%的水平上稳定下来。[2]

78 八十年代后期倾向于推延按照新情况进行剧烈调整的那种希望，在价格趋势方面也证明是不无理由的。1883年以来继谷物价格方面较早的不断下跌而来的所有各种肉类的猛跌，自1887年某一时日起已经有了恢复。谷物价格本身的下降亦复如此。甚至羊毛的价格至少也正趋于稳定。牛奶价格从来没有降低多少。据报对空闲农庄的需求已大有起色，关于农业的前景，在全国经济生活的综览中出现了谨慎的乐观。牛津大学某学院的会计员凭着对九个郡的农地的第一手知识向皇家统计学会汇报了他的乐观展望。[3]

① 莱维：《英国农业大企业的形成和衰退》(Levy, H., *Entstehung und Rückgang des landwirtschaftlichen Grossbetriebes in England*)(1904年版)，第95页。〔英译本《大持有地和小持有地》(*Large and Small Holdings*)，1911年版，系经过更订并补续到现在为止。〕

② 斯坦普爵士：《英国的收入和财产》(1927年版)；和汤普森：《十九世纪英格兰和威尔士田租的调查》(Thompson, R. J., *An inquiry into the rent of agricultural land in England and Wales during the nineteenth century*)，《统计学报》，1907年，对财产的类别有详尽的讨论，并且证实了在1878—1879年和九十年代后期之间这些类别的平均地租自二十五先令六便士降到了十六先令九便士。

③ 普莱斯：《1876—1890年在牛津大学某学院的账册上表现出来的最近的农业萧条》(Price, L. L., *The recent depression in agriculture as shown in the accounts of an Oxford College*)，《统计学报》，1892年，第2页及以下。

三年之后，他向皇家统计学会承认这些希望已成一场“美梦”。[①]由于对前一年达到了最低点的小麦深感失望，农场主就把越来越多的土地用来种植燕麦和大麦——以致产生了这个令人沮丧的结果。自1891年起肉价也转趋下跌，从羊毛方面也得不到什么补益。到1894年，一个新成立的农业萧条皇家调查委员会的第一次报告书开始胪列这些事实。

有一项事实是天气方面，即不可抗力方面的，正如十五年前的情形那样。直接来自田间的见证人谈论1894年的干旱几乎和他们前辈谈论1879年的淫雨无异。[②] 但是把天气认作为主要原因的这种错误，现在没有人再犯了。对地主方面过分的怨言也没有了。例如在萨福克那个灾情很重的郡中，租地农场主“常常认为地主对待他们还不错”。[③] “为什么谈论地租呢”，英格兰的一个农业见证人这样说。“这是一个价格问题而不是一个地租问题。我的价格每亩降低了三镑十先令。我怎么能要求地主少收我那么多的地租呢？”[④]到这时，大多数地主已经作出很大的牺牲，虽则没有一个人牺牲得起那么多。在哈尔弗德郡，据说他们手上有20％的

① 普莱斯：《牛津大学各学院和农业萧条》(Price，L. L.，*The Colleges of Oxford and the agricultural depression*)，《统计学报》，1895年，第49页，另参阅维恩：《农业经济学的基础》(Venn，J. A.，*Foundations of Agricultural Economics*)(1933年版)，第378—379页。

② 参阅例如助理调查委员特纳的报告书，见《农业萧条皇家调查委员会第一次报告书》，1894年，第16卷。

③ 《威尔逊—福克斯的萨福克报告书》(*Report of A. Wilson-Fox on Suffolk*)，第43页(1895年，第16卷)。

④ 迪基，询问案第52404号(1896年，第17卷)。

79 田；这些就是现在经济学家所谓的无租地。[1] 在艾塞克斯，从八个大地产上可以看出在十三年之中地租有了52.6%的净减少；而那幅黑斑密布的可怕的地图则表明了在布拉克沃特和马普林沙地之间田地已经变成为“野草丛生的粗放牧场”。[2] 林肯郡的十一处大产业表明了地租有48%的平均下降。其中安卡斯特的地租降低了67.5%。[3] 在萨福克，六处同样的产业表明有55%的下降。[4] 无怪萨福克的佃户一致认为地主已经尽其分所应为了。

凡是没有地主给予帮助的地方，情况就会是无可救药的。在艾克斯霍姆，在九十年代没有历史眼光的专家们对散在其间的“垅头地”迷惑不解的那些敞地上，小地主一直是过分地依存于小麦和马铃薯，虽则其中比较聪明的人正种植芹菜和其他特殊农作物。他们自然是有抵押权的；而“他们大多数人都陷于极端失望之中”，正如一位抱不必要悲观态度的新闻记者所说的那样。事实上失望并不是那样普遍。[5] 再往南去——在斯波耳丁附近及其他各地——“常常”用“家里的钱”买地的许多小地主却处于极端悲惨之境。据认为他们二十个当中的十九个作为农场主的工头，景况倒

① 《斯潘塞报告书》(*Report of A. Spencer*)，第22页(1895年，第16卷)。

② 《普林格尔报告书》(*Report of R. H. Pringle*)，第51页(1894年，第16卷)及地图。

③ 但是亚布罗的地租“只”降低了二十八。《威尔逊一福克斯的林肯郡报告书》，第55页(1895年，第16卷)。

④ 《威尔逊一福克斯的萨福克报告书》，第41页(1895年，第16卷)。

⑤ 《普林格尔的艾克斯霍尔报告书》(*Report of Pringle on Axholme*)，第6、12、15页(1894年，第16卷)。关于对普林格尔报告书的批评，参阅哈格德·里德：《英格兰的农村》(*Haggard. H. Rider, Rural England*)(1902年版)，第2卷，第191页。它被说成是“整个看来是不正确的”并且证明是过分悲观的。

会好一些。虽说如此，这些坚强的人们之中有一些却补充说，“但是我们可以自己做主”，或者说“处境较好”。[①] 他们理应存在下去，并且也的确存在下去了。

所有这些地主和农场主都是在可耕的东部，都是在因其地租大幅度降低而将使全国“土地收入”减少大约 30% 的各郡之中。稍稍往西一点，情况则好一些——北安普敦肥美草地上的佃农依然屹立，虽则受了暗伤[②]——但是即使远至得免于八十年代初期的萧条的西部各郡县，现在也萧条了，虽则不是一败涂地。地租几乎到处下跌；凡是下跌的地方，佃农总是首先遭到损失，从而有理由向地主呼吁。在切达尔和“蓝色的多塞特”这干酪之乡，80
据报地租的最高缩减额不到 21% 的在八千多英亩以上。在佃户之间并没有不正常的变更率，破产者也寥寥无几；虽则据补充解释说，多尔塞特的农场主很少被逼到法庭上去。当他“经营失败”的时候，照例能同债权人达成和解。[③] 在得文郡以养牛为主的那些地区，情况大同小异。损失、减租、减成一直是常见的，但是破产的情况和租不出去的田庄却很少。[④] 在威尔士最西部的六个郡中，租不出去的田庄简直闻所未闻，而地租——根据所得税的报表来判断——在 1878—1879 年和 1893—1894 年之间不过降低了

① 《威尔逊一福克斯的林肯郡报告书》，第 59、75 页。

② 《普林格尔的贝德弗德、亨廷顿和北安普敦报告书》(*Report of Pringle on Bedford, Huntingdon and Northampton*)，第 12 页(1895 年，第 17 卷)。

③ 《鲁的多尔塞特报告书》(*Report of R. H. Rew on Dorset*)，第 13、19 页(1895 年，第 17 卷)。

④ 《鲁的北得文郡报告书》(*Rew on N. Devon*)，散见各页(1895 年，第 16 卷)；短语录自哈格德：前引书，第 1 卷，第 113 页。

2%强。[①] 这六个郡的农业大部分都不是为市场而经营的。

在恒比尔河以北，甚至在岛的东侧，破败的情况也没有像更往南去那样严重。东莱定山地的可耕地农场主据说总算没有瓦解就拖过来了，虽则他们遭到巨大的损失。至于北莱定和达拉姆，则谷物少些，牲畜多些，萧条也轻些。一个助理调查委员从来没有看到过像他在那个地方所看到的牛马一般那样肥壮。[②] 直到牲畜价格踵随谷物价格下跌而来时为止，诺森伯兰一直是不屈不挠地坚撑下去。当前，据计算，在一个有代表性的区中，地租已经有了大约25%的降低。[③] 在坎伯兰，没有什么表面上看得见的萧条迹象。没有租不出去的田庄，欠租寥寥无几，虽则农场主在牲畜方面有所损失。他们和他们的地主在简直不是为国家利益而节约的地方厉行节约，他们和他们的家属都劳动和生活得比较勤苦。那里人人都劳动，最大的农场主就像工人中的工头一样。专家们这样报告说，并且得出了不太悲观的结论。[④]

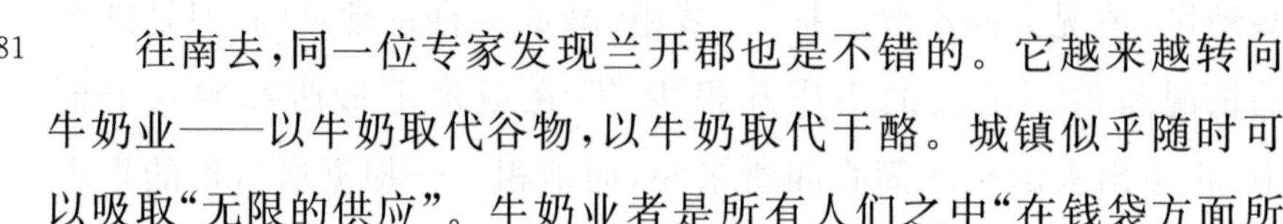

81 往南去，同一位专家发现兰开郡也是不错的。它越来越转向牛奶业——以牛奶取代谷物，以牛奶取代干酪。城镇似乎随时可以吸取“无限的供应”。牛奶业者是所有人们之中“在钱袋方面所

① 参阅中卷，第282页所引证的证词。

② 《普林格尔的南达拉姆和北莱定及东莱定各区报告书》(1895年，第16卷)。

③ 格冷德耳联合教区；《威尔逊一福克斯的加尔斯坦和格冷德耳报告书》(*Wilson-Fox on Garstang and Glendale*)，第82页(1894年，第16卷)。

④ 《威尔逊一福克斯的坎伯兰报告书》(*Wilson-Fox on Cumberland*)(1895年，第17卷)。关于“小地主”的没有那种照例的议论是有的，这里则归因于他们在受到高地价的诱惑时出售土地；放荡的生活和他们土地所担负的寡妇定产；以及把土地租给佃农。并非所有这些情况都意味着真正的衰微。

受打击”最轻微的，他们的人数自然有增无已。“地租的收入很不错……没有一个田庄是租不出去的”。[①] 至于柴郡，既有它久经确立的养牛和制酪业、马铃薯种植业、市场园圃业和它那个几乎完整的工商业消费者的圈圈——从伯肯黑德经由利物浦到曼彻斯特、斯托克波特和麦克耳斯菲尔德，并从而到五镇——它比任何郡受害都轻，所收地租在一个东安格利亚的地主看来似乎是不可能的。[②]

苏格兰种植小麦是如此之少，以致它对于一种损失来源有了保险，从而也省去了一番调整的必要；但是它的燕麦和大麦却跌进了 1895 的价格波谷，而提维厄特德耳的羊毛价格直到 1901 年还没有达到最低点。[③] 它一直是得利于农场主和地主的聪明智慧的。在东南部，沿边各郡和洛蒂昂，萧条是有的，但并非不可收拾。地主竟有这样的见识，在“几乎普遍的”[④]十九年期的农业契约中，同意以五年为一期实行减租。租金的“全面”裁减估计为自 25% 至 30%，而在这个水平上，对田地的需求是强烈的。再往北去，在佩思、法夫、福法尔和阿伯丁，据说萧条非常严重，然而佃权也并没有不正常的变化。虽然对无法遵守的严格的农业规约的那种在苏格兰司空见惯的怨言不一而足，但是已经缓和了许多。更加重要的是，在减租方面地主行动得很快，总是赶在佃户按照现已办不到

① 《威尔逊一福克斯的加尔斯坦报告书》，第 7、14 页。

② 见于《农业萧条报告书》(*Report of Agricultural Depression*)，询问案第 26114 号(帕顿)和贝尔：《曼彻斯特的食品供应》，《皇家农业学会学报》，1897 年，第 190 页。

③ 《价格报告书》(*Return of... Prices*)，1903 年，第 53 页。

④ 霍普的有关这些郡的报告书(1895 年，第 17 卷)，第 19 页。

的旧租率缴租而把资金浪费掉之前。减租的程度因区而迥异。在阿伯丁养牛之乡就不像在可耕地较多的南佩思郡和法夫那样必要。有时不过是10%；但是1883—1893年这十年的估计平均数却是30%。①

82 真正高原的农业问题则是另一件事，因为它们是和生存线上的农业密切相关的。远在北部和群岛上，在1884年为了对往往导致小农场佃户“公开不法行为”的不满原因进行调查而成立的一个调查委员会，自1887年以来就一直在进行工作，厘定了“公平地租”，取消了积欠，建立了租佃权的保证，扩大了持有地并规定泥炭沼泽、“海草”和牧地的公用权。在这里，国家正为这一类佃农做着应在其他方面为苏格兰其余各地所有各类佃农做到的事情。② 在西南部，自埃尔至加洛韦，这个附有集约耕作的小块土地的制酪业、饲养业、放牧业和山地牛羊之乡，在1894—1896年并“没有任何”原所预料的“崩溃的迹象”；但是银行家对于“在地租未经调整的长期租佃契约下耕作的”佃农的经济地位提出了严峻的报告书，从这些报告书中可以看出，地主凭靠他们的地产的相对繁荣的情况，而并没有像东部地主那样敏于行动。地租的一定调整是必要

① 《霍普的佩思、法夫、福法尔和阿伯丁报告书》(*Hope on Perth, Fife, Forfar and Aberdeen*)(1894年，第16卷)。

② 《高原和群岛小农场佃农和公权农状况皇家调查委员会》(*R. C. on The condition of the Crofters and Cottars in the Highlands and Isles*)，1884年(第32卷)。《小农场佃农调查委员会〔年度〕报告书》(*Annual Reports of the Crofters' Commission*)，例如，《第七次报告书》，1894年(第69卷)。《第二十五次和最后报告书》(*Twenty-Fifth and Final Report*)，1913年(第19卷，第213号)。以1911—1912年的《第十四次报告书》为结束的《人口稠密地区委员会(苏格兰)年度报告书》〔*Annual Reports of the Congested District Board(Scotland)*〕(1912—1913年，第17卷，第489号)。

的，虽则通常稍稍调整就够了；而佃农，就大多数来说，仍然是欢喜十五年或十九年期的租佃契约的。[①]

通过见证人和自己的助理人员对英国农业技术上的缺点深知其详，并为减轻农业负担和改良土地法的计划费了不少心思的1894—1896年的调查委员们，并没有误以为无论不完善的技术、租税的负担、法律的现状，还是气候的演变是它的困难的主要原因。贯穿在多数报告书和少数报告书以及各该报告书上所签署的保留条件这一团乱丝之中，有一点是显然公认的，即症结所在是价格问题，是世界价格问题。作为调查委员会委员之一的罗伯特·吉芬爵士以世界黄金价格回升已为期不远的预测来鼓舞他的同事。他们多半是抱怀疑态度的；因为其他专家既表示异议，而价格又一直下降了那样久。然而在这两年之中，形势有了转变，但却是 83
那样悄悄地——正如潮水之来的情形一样——以致起初简直察觉不出。[②]

价格的微微上涨并没有带动地租的上升。的确还继续有徐徐的下降。地主已习于减免。应完的成数在某些地方仍有拖欠。残存的旧佃农必须更置他们损失掉的资本：新佃农则不愿冒任何风险。“得自土地的收入”在1901—1902年比1896—1897年的减少百分之五。在1911—1912年又比1901—1902年微微低一点。农场主在新世纪之初又有了信心，田地的出租到处都比较方便了；在

① 《斯皮尔的埃尔等郡报告书》(*Report of J. Speir on Ayr, etc.*)(1895年，第13卷)，第4、5页。

② 参阅本卷，第18页。

1891年曾事非其时地贸然提出希望的牛津大学的会计员到1903年还不愿意向统计学会承认“农业萧条的势头”已经有了转变。他只承认“一个持续的运动有了明显的减缓之势”。[1] 身兼诺福克绅粮的一个浪漫主义作家在1900—1901年周游英格兰时在任何地方都看不出什么希望；并且当苏格兰人和约克人并不首肯时，奇怪他们何以会如此。他把英格兰行将变成粗放牧场和森林的各种悲观预测都一一笔之于书。[2] 但是在1903—1904年一个研究英国农业的外国学者却注意到人民不再谈论危机了。他认为“一切象征都表明农业已开始好转”。[3] 他的看法并不一定和牛津大学会计员的看法矛盾；但是却比较接近于后来披露的历史事实。在1903年那一年，正如上文所述，[4]在最重要的农业价格曲线之中最呆滞的一条，那条羊毛的价格曲线，有了明显的上升趋势。

在全国各地，价格大跌的最初、最明显和往往最令人不如意的反应就是节约。地主停止了建筑和排水工程。农场主经营和清除土地也不那么彻底了。筑篱开沟和铲锄荆棘的工作都延宕下来，在肥料方面也厉行节省，所有这一切，纵不普遍，也是很普通的。凡是土地没有“退化”成为三等牧场的地方，正如在艾塞克斯“用三
84 匹马耕的”黏土地上那样[5]——就整个这一带地方来说，就不如所

---

① 普莱斯的论文，《统计学报》，1905年，第585页。

② 哈格德，里德：《英格兰的农村》，散见各页，特别是第2卷，第282页。

③ 莱维：前引书，第109页：他的原用语是“eine Gesundung”〔健康的面貌〕。

④ 前引《普林格尔的报告书》，第36—37页。

⑤ 同上。

传之甚——但却往往另受一种损失。例如在萨福克，在 1894—1895 年大家一致认为在前此十五年期间土地有了退化。[①] 最成功地度过萧条的人不是懂得如何使整个耕作制度适应新情况，就是懂得如何“进行简便耕作”，以便以最小的代价从土地上取得他们所能取得的一切。“二十五年来所费不赀的高度科学耕作将不合用。”[②]简便耕作法并不总是反社会性质的。有时不过是对旧式浪费办法的节约。但是对于经济学家所谓“土壤的那种自然性和不可毁性”，那种也许是自然但并非不可毁的性能的竭泽而渔，总归是有使土地“降等”的危险。

苏格兰农场主大量迁入艾塞克斯、哈尔弗德郡和萨福克的故事说明了萧条史上的这些和其他各点。在 1880 年第一位到达艾塞克斯的似乎是一个威格敦人。[③] 但是继他而来的大多数人却是来自埃尔郡的制酪区。他们之所以前来，是因为本乡本土对于田地的竞争既非常尖锐——一个意义深远的事实——而加诸佃户的条件又依然非常严格。在艾塞克斯，一个地主根据任何条件得到一个佃户都是喜不自胜的。苏格兰人把他们的埃尔郡乳牛带去饲养。在艾塞克斯，他们看到了一种单纯休闲期间很多的不规则四年轮作制的农业，但予以放弃。他们也看到了一些陈旧的工具以及人和马的许多浪费性劳动。这些他们也放弃了。取消了块根作

① 前引《威尔逊一福克斯的报告书》，第 30 页。参阅哈格德：前引书，第 1 卷，第 63 页（汉普郡），第 2 卷，第 59 页（亨廷顿）。

② 布鲁斯：《东安格利亚的一些典型农庄》（Bruce，R.，*Some typical Farms in East Anglia*），《皇家农业学会学报》，1894 年，第 529 页。

③ 前引《普林格尔的报告书》，第 43 页。

物，因为所费劳动太多。苏格兰人用为期短暂的临时草类种植以为代替，照例是用一种多年生的牧草。他们懂得艾塞克斯黏土地绝不是供作良好永久牧场的一个地方。他们的轮作是七年或八年一轮，其中有三五次是种“草类”。他们的主要谷物是燕麦而不是小麦。他们中间最优越的则在他们的土地上使用伦敦制造煤气用的石灰。[①] 他们自己既辛勤劳动，也让妻子儿女参加劳动——这
85 是他们所可利用的劳动力；因为这到处是自耕农场主最简便的节约办法。在萨福克，“工人的妻子和女儿”已经“不再在田间劳动有一些年了”；但是一个苏格兰妇女却要“打扫猪圈的粪便”。“他们吃萨福克人碰都不愿碰的麦片粥和黑面包。”[②]总之这是两种生活标准的竞争。

苏格兰人和东安格利亚人一致认为制酪业是苏格兰人成功的基础。萨福克对于制酪一无所知，据迁入者这样说。萨福克谈到这些迁入者，则说他们是要不得的耕地农场主；说他们很少能维持五年以上；又说一个苏格兰人将不会接另一个苏格兰人的手：因为他肯定会发现地力耗竭。这些话里无疑是有一点恶意的，正如一位老派萨福克农场主的那种比较客气的说法——“对，他们是占用土地，而不是经营土地”——中不无恶意一样。[③] 但是人人都同意有一些移民是“单纯的冒险家”，也同意其中最优秀的也不能不“学习如何利用黏土地”。不过在艾塞克斯失败的人始终不多，而且所

① 《苏格兰人在艾塞克斯黏土地上的经验》(*Experiences of a Scotsman on the Essex Clays*)，《皇家农业学会学报》，1891 年，第 311 页及以下。

② 前引《威尔逊一福克斯的报告书》，第 66、70 页。

③ 《威尔逊一福克斯的报告书》，第 70 页。

有并未完全失败的人在 1894—1895 年都认为南移是值得的，尽管是黏土地。[1] 无疑是值得的；但是其中有一些人也许是任由地力衰竭来使自己不虚此行，正如他们的批评者所说的那样。

英格兰的其他许多地区都有苏格兰农场主的移入，但是没有一个地区有艾塞克斯那样多，而哈尔弗德郡是一个可能的例外。[2] 在西部一个类似的运动是从康沃耳和得文进入东萨默塞特的那些具有制酪业知识的自耕农场主的运动。在一般认为苏格兰人经营不了费力的土地——威尔士人更是任何土地都经营不了——的那些地区，据说他们居然站住了。[3]

苏格兰人在艾塞克斯放弃小麦，是全国各地所发生的仅有的一个特殊情况。小麦价格并不仅仅是像其他价格一样地下跌。自从七十年代以来，它们的下跌已经超出，并且低于工农业价格的整个幅度。几乎任何农作物的报酬都要好一些。所以，虽然在 1874 年大不列颠有三百六十三万英亩种植小麦，在 1887 年仍然有二百三十一万七千英亩，到 1900 年却只有一百八十四万五千英亩了。1901—1914 年的最高额和最低额是 1912 年的一百九十二万六千 86
英亩和 1904 年的一百三十七万五千英亩。最后的复苏表明，只要对它的价格给以微微的鼓励，农场主是如何乐意种植这种旧有的大宗作物。但鼓励一直是如此之少，以致在全国消费的小麦之中本国产的不到五分之一；而且英国消费者已经习惯于纯国产小麦

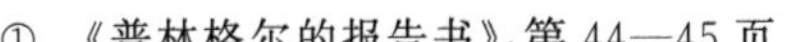

① 《普林格尔的报告书》，第 44—45 页。

② 关于哈尔弗德的苏格兰人，参阅哈格德：前引书，第 1 卷，第 511 页。

③ 《特纳的弗罗姆和斯特腊特福报告书》(*Report of J. Turner on Frome and Stratford*)，1894 年(第 16 卷)，第 29 页。

所制造不出的一种面包。[1]

谷物种植总面积之所以从1874年的九百四十三万一千英亩降至1887年的八百一十四万六千英亩，1904年的六百九十五万三千英亩或1912年的七百一十五万二千英亩，就是因为小麦种植面积的减少。在七十年代，总面积还没有降到九百万英亩以下：在1904—1913年这十年，平均数是整整七百万英亩。大麦和燕麦的价格并没有和其他的价格失调：因过剩而使小麦价格失调的一些麦田并没有大量地输出其他谷物。何况，比供作制造麦芽之用的英格兰最上等大麦更好的大麦是没有的，而次等大麦，连同大量燕麦则可以在乡间消费掉。

直到1888—1890年为止，种植绿色作物——甜菜根、马铃薯、洋白菜和紫花苜蓿等等——的面积一直波动于三百五十万英亩上下。在1904—1913年，几乎绝对地稳定于三百万英亩。亩数的减少几乎完全是由于芜菁或芸薹那些作物的缩减，而苏格兰人一直认为这类作物的栽培对于他们在艾塞克斯的规划来说代价太大。在1901—1903年当情况差不多稳定下来的时候，种植苏格兰人所偏爱的那些比较经济的作物——无论是割下作刍秣之用还是任由牛羊吃掉的三叶苜蓿、驴喜豆和"轮作草类"——有了和块根作物种植面积的减少几乎相应的增加。

如果国家统计数字可资信赖的话——别无其他任何数字可资信赖了——在把全国作为一个整体来看的时候，这些变化同当代

① 莱顿的论文，《皇家农业学会学报》，1909年，第99页和伍德：《面包的成分和营养价值》(Wood, T. B., *The Composition and Food Value of Bread*)，《皇家农业学会学报》，1911年。

记载所提示的相比，是比较小的。几乎到处都把轮作物中为期较长的“草类”这种廉价的权宜办法作为适应新情况的一种主要的调整。[①] 但显然事实是一种早已陈旧的办法不过多少得到了一点推 87
广并成了一个问题，尤其是在迄今未常常予以试用的艾塞克斯之类少数因循守旧的地区。甚至在五十年代，雷昂斯·德·拉维尼就已注意到“近来”“例行办法因为让人工植草占用土地两年，已经给〔诺福克〕的轮作增加了一年，从而使轮作变成五年”；[②]并且因为踵随萧条而来的轮作制伸缩性的加大，这种例行办法的推广乃是渡过难关的唯一的一条出路。另一条出路，非常普通的一条，就是接连两轮“白色作物”，而第二轮作物——多半是燕麦——用在田庄上作饲料，正如“人工植草”未始不会有的情形那样。[③]

甚至英国永久牧场的增加这项真正重要的变化也不过是一个非常古老的故事的一个迟迟其来的结局。受到影响的实际面积又比许多当代记载所提示的少得多。一直总是这样的。在十六世纪为牧羊场进行圈地时亦复如此。在十九世纪六十年代末和七十年

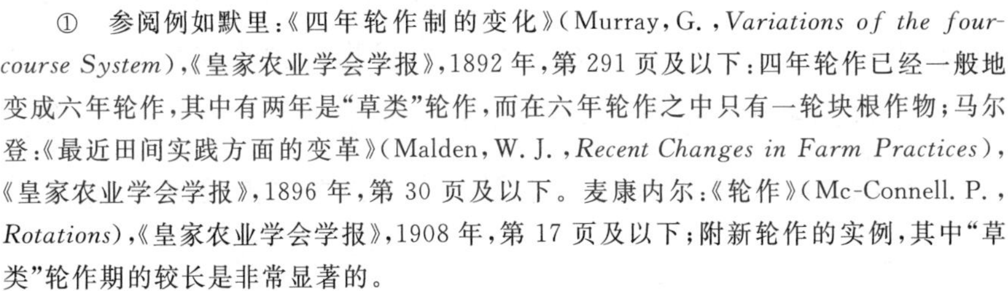

① 参阅例如默里：《四年轮作制的变化》(Murray, G., *Variations of the four-course System*)，《皇家农业学会学报》，1892 年，第 291 页及以下：四年轮作已经一般地变成六年轮作，其中有两年是“草类”轮作，而在六年轮作之中只有一轮块根作物；马尔登：《最近田间实践方面的变革》(Malden, W. J., *Recent Changes in Farm Practices*)，《皇家农业学会学报》，1896 年，第 30 页及以下。麦康内尔：《轮作》(Mc-Connell. P., *Rotations*)，《皇家农业学会学报》，1908 年，第 17 页及以下；附新轮作的实例，其中“草类”轮作期的较长是非常显著的。

② 拉维尼：《大不列颠和爱尔兰的农村经济》(Lavergne, *The rural economy of Great Britain and Ireland*)(1855 年版)，第 51 页。

③ 杜格代尔：《达林顿区挑选出来的田庄》(Dugdale, J. H., *Select farms in the Darlington district*)《皇家农业学会学报》，1895 年，第 488 页和前引麦康内尔的论文中的轮作实例。

代初，英国耕地用作永久牧场的百分比是四十二左右；在 1874 年是四十二点一。经过一次温和的和几乎无间断的上升之后，1904 年是五十二点九，1914 年是五十五点二，增长的速度在结尾时已减缓下来。诚然，撇开 1775—1815 年的圈地不谈，在以前的四十年之中从未有过这样大的变化。但是这个新变化也不过影响到耕地面积的大约 13%。在五十年代早期，雷昂斯·德·拉维尼就已猜想“有将近一半的耕地”[①]成为永久牧场。如果六十年代后得以故地重游，并获有比较准确的事实的话，他恐怕不能不说“一半还多”了。

戏剧性的变化也不多：整片整片的一度可耕的土地还没有基本上变化成为牧场。在可供耕作的东部，土壤和气候通常不许可
88 这种大规模的转化。在青葱的西部，则没有转化的余地。在七十年代初期，种植谷物的耕地面积，在得文只占 30%，在康沃耳只占 31%，而整个英国则是大约 58%。由于到处都多少有点微微的转变，早在 1890 年得文的谷物面积就已缩减到整个面积的二十一，康沃耳已缩减到二十二。到 1910 年，谷物的百分比在康沃耳是十九，在得文不过十七。[②] 在坎伯兰，弃绝谷物种植也是同样轻而易举的：雨量和土壤使农场主能以在七年或不到七年的时间造成良好的永久牧场。[③] 有时在区划东部和西部的那条摇摆不定的分界

① 前引书，第 51 页。百分比系得自《作物和牲畜》(*Crops and Live Stock*)的年度统计数字。

② 《作物和牲畜》以及庞查德：《得文和康沃耳的农业》(Punchard，F.，*Farming in Devon and Cornwall*)《皇家农业学会学报》，1890 年，第 511 页及以下。

③ 前引《威尔逊一福克斯的坎伯兰报告书》，1895 年，第 6 页。

线附近，有一座地产改变了性质；但这类情况是罕见的。因为这非把田庄重新装备，也许非再分割不可，而这在萧条时期是只有比较幸运的地主才能够办到的。[①]

虽然没有一个故事可以作为不列颠地质和气候的多样性十足有代表性的故事，但是索尔兹布里平原之乡的故事却是典型性的。那里的田庄过去——以及现在——都是长条形的，自白垩溪流附近珍贵的积水草地，上升到随着地势的增高而土壤较松的坡地，直至在克里米亚战争或法国战争期间由牧羊场开辟出来的沙丘的顶端，莫不如此。那里只是白垩石上面覆盖了几英寸的土壤，而运肥料的车辆又很少走到这样远。这些田庄的"顶点"，真正的耕作边际，正逐渐退回到它们的旧有用途并返诸自然。比较有决心而又殷实的农场主已经播种并且把黑面羊放牧在上面。另一些人则任由它们，正如索尔兹布里的成语所说，去"作云雀出没之所"。（在那里云雀嘤鸣婉转，"山上则狂风劲吹"。）在下面，农耕还像以往一样地继续进行；虽则乳牛常常有了增加。[②]

在被迫实施而往往不免愚蠢的节约的时期，农业机械化进展得很慢。各处都有倒退：在1894年据报蒸汽耕作已见衰退，特别是在艾塞克斯的黏土地上。[③] 这也许是出于对工人的照顾，在同一年一位有代表性的东安格利亚的农场主，剑桥郡霍尔斯黑思的 89

① 著者也占一小份的那个地主（剑桥大学英王学院）在威尔特郡做了这样一种沉重的工作。

② 《鲁的索尔兹布里平原报告书》(*Report of R. H. Rew on Salisbury Plain*)，第4、15页，《农业萧条皇家调查委员会》(1895年，第16卷)。

③ 《普林格尔的艾塞克斯报告书》，第57页和斯科特的证词，询问案第30034—30035号。

帕森斯先生有“大量的谷物”还是“用打禾棒”脱粒的;[①]但是在蒸汽脱粒久已有了良好基础的一个地区中要这样应付同世界机械进步有连带关系的一次价格下跌,似乎并不是办法。肯特郡有一种旧式的木制弯头犁,犁嘴“不过是一个平平的尖头……用以翻土,犁成一个容易破碎的苗床”,[②]这种犁一直到1899年还继续使用,在中肯特和苏塞克斯·威尔德则继续使用到更晚得多的时候,这究竟是地方上的明智呢还是地方上的愚蠢呢?1887年在像彭布鲁克那样一个与世隔绝的郡中,“犁的种类不胜繁多”原是不足奇的;但是看到那里所有的那一点谷物连同大量的干草仍然是用大镰刈割,则不禁令人想起那些行动迟缓地区的广阔边缘,这些地区都是坐落在英国农业照例根据其惯行办法而得出概论的那些地区的周围和中间地带的。[③]

在后一些地区中,收割卷扎机已踵随单纯的收割机自美国源源而来,而且自从1878—1880年使用麻绳以代替英国农场主向不欢喜的铁丝的那种卷扎机开始上市以来,流入更加迅速了。到1895年,提兹河上游附近一带有效农庄的整整三分之二都使用卷

① 布鲁斯:《东安格利亚的一些典型田庄》,《皇家农业学会学报》,1899年,第506页。

② 怀特黑德:《肯特农业概略》(Whitehead, C., *A sketch of the argriculture of Kent*),《皇家农业学会学报》,1899年,第456页。亨尼尔:《田庄方面的变革》(Hennell, T., *Change in the Farm*)(1934年版),第74页曾予以辩护,并且说它“非常合用”。亨尼尔对于旧法的喜爱可能影响了他的判断。他也注意到(第24页)1914年苏塞克斯“一打以上”的牛队(久已绝迹的)以及把注意力集中于东部可耕地的许多农业作家很容易视为绝迹的那种撒播在西部和北部的普遍残存(第87页)。

③ 沃尔:《彭布鲁克郡的农业》(Wall, W. B., *The Agriculture of Pembrokeshire*),《皇家农业学会学报》,1887年,第83、86页。

扎机了；但是从1900年一位农业作家的那项不太有信心的声明——“我们……都充分认识到，凡是要刈割谷物的人，如果可能，都应该用卷扎机”①——中，可以体会到，这个世纪之末，旧法收割，还是不胜其多的。在农场主到处都不愿种植谷物的一个时代里，在谷物生产的机械方面似乎是不会看到多少企业心的。如果在旧收割机坏掉之前就买一部卷扎机，是不是可以保证谷物收成会划算呢？但是自八十年代以来，卷扎机使得对收割工的需求显见减少了，并且在新世纪中将会进一步减少。因为虽然在八十年 90
代充分使用“节省劳动的机器”——各种各类的，而不是单单卷扎机一种——的人数较少，但是到1906年，“在一切具有充分规模的持有地上，机器的实际使用却几乎是普遍的了。”②

在萧条之前，那种比较旧式的蒸汽耕作已经达到了极限，在那个限度以外似乎决不能再推广了。③ 关于“供田间操作之用的拖拉机的潜力”的正式试验，直到1910年还没有进行。最具备试验所规定的条件的机器就是一种压道机式但备有特殊车轮的蒸汽拖拉机。但是评判员却预言“石油机将终于最适合农场主的需要”，一如通用的马达一样。④

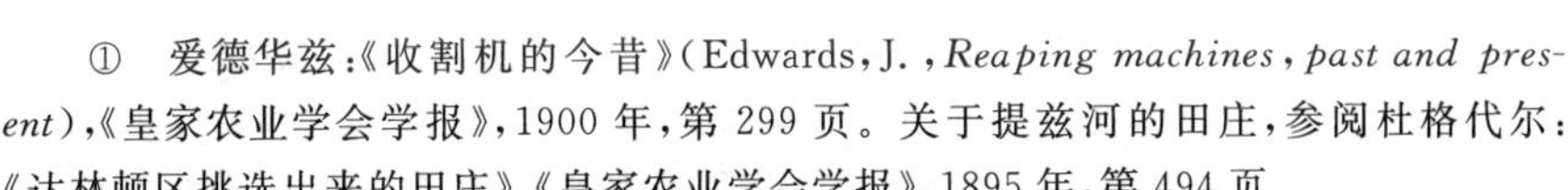

① 爱德华兹：《收割机的今昔》(Edwards, J., *Reaping machines, past and present*)，《皇家农业学会学报》，1900年，第299页。关于提兹河的田庄，参阅杜格代尔：《达林顿区挑选出来的田庄》，《皇家农业学会学报》，1895年，第494页。

② 鲁：《大不列颠农业人口衰落报告书》(Rew, R. H., *Rep. on the decline in the Ag. Population of G. B.*)，1906年(第96卷，第583号)，第14页。

③ 参阅中卷，第268页。

④ 《农业马达试验报告书》(*Report on Trials of Agricultural Motors*)，《皇家农业学会学报》，1910年。

在萧条开始时，制酪业还不是一个利用机械的场所。在皇家农业展览会上第一次正式展出奶油分离器的那一年正是雨水过多的 1879 年。这部机器是瑞典货，一部拉瓦尔牌分离机。[①] 再九年之后还没有任何英国产品展出。这种分离器既经牛奶分配商首先采用，才逐渐进入一些设备完善的制酪场，这类制酪场从 1890 年左右起才能以发现它的用途。但是一般的牛奶场主，无论是自行分配的还是出售给分配商的，概不需用。它依然是专家的一种工具。[②] 至于挤奶机，在二十世纪发明人已在研究之中，但是皇家展览会中的第一次试验在 1913 年方始出现。十一部机器相互竞争，而奖金又归诸一个瑞典人。[③] 所以这个时代在大不列颠是以空口讨论而告终的。

“水果工业”，一个官方委员会经过十八个月的调查之后，在 1905 年 6 月这样报告说，“似乎是一种最进步的工业；事实上，这是近年来表现出任何进步迹象的唯一的一种形式的农业。”[④]这
91 项裁定中极端否定性的条款是可争议的：肯定性的条款却无可置辩。自 1873 年以来果园的面积已经增加了将近一百万英亩，或 63.9％，自那个日期以后的短短时间内，小水果的种植面积——在

---

① 《奶油分离器试验报告书》(*Reports on Trials of Cream Separators*)，《皇家农业学会学报》，1879、1891 年。

② “在过去六七年期间〔1895—1901 年〕〔霍尔菲地产上〕有几个农场主已经买了手摇分离机。”哈格德：前引书，第 2 卷，第 305 页。

③ 《挤奶机试验报告书》(*Report on Trials of Milking Machines*)，《皇家农业学会学报》，1913 年。

④ 《水果工业部门委员会报告书》(*Report of the Departmental Committee on the Fruit Industry*)(1905 年敕令第 2589 号)，第 2 页。

1897 年以前历年的数字不准确知道——已经增加了 11.7%。果园增长的一半左右是在 1886 年以前，另一半左右是在那一年以后。在 1904 年达到的亩数在此后十年几乎一直是稳定的。单单以面积作为一个测验标准来说，在萧条严重以前开始的那个变革，随着严重阶段的来临而停止了。[①]

但是面积并不是一种全面的测验标准；因为无论在 1904 年以前或以后，在质量和方法方面都有了进步，在面积最无关紧要的那种形式的水果种植——温室工业——方面也有了重大的进步。最不令人满意的故事就是西部苹果园的故事。其中很多是十七世纪栽种的，并且已经败落。在 1890 年，据说得文的苹果园往往是处于骇人的状况中；[②]1905 年在很多地区已经“失于管理到可怕地步”，“而以得文郡为尤著”。在 1895—1905 年间，兴趣已经恢复起来，并且有了大量的新种植，主要是在赫列福德；到了后一个年份，进步和失于管理的情形大概是差不多扯平了。改良的主要刺激是来自蒸蒸日上的工厂苹果汁工业。[③]

在另一方面，肯特郡的进步却一直是最令人满意。到 1904—1905 年，就已经有人对那里种植过量表示担心了，因为还有很大一片种植区尚未开始结出果实。鉴于后来英国果园面积的停滞，可以看出当时这种担心也许是正当的。在肯特可以看到“各种等级的种植业和各种等级的种植园”，“自拥有旧式草园的普通农场主到可能在混合种植园中拥有五百到一千英亩果树的高度专门化

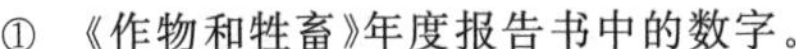

① 《作物和牲畜》年度报告书中的数字。

② 庞查德的论文，《皇家农业学会学报》，1890 年，第 524 页。

③ 《1905 年的报告书》，第 2、5、6 页。

的……种植业者。”[①]专家自然是进步的，但是——和西部相形之下——在肯特典型樱桃园的管理方面，几年前就已经据传有了“很大的改进”。[②] 诚然，肯特人有伦敦在他们家门口，又有进口的大
92 陆果品源源过境而使他们经常保持清醒，不过在十九世纪苹果汁市场已逐渐萎缩，没有人再从诺曼底运输进口了。

肯特拥有重要的温室中心，诸如埃里思和贝克斯克欧石南灌木丛中心，在伦敦以西还有其他一些中心；但最大的中心却在北面。芬奇利的彼得·凯在 1874 年已开始经营：到 1899 年他有了十九英亩半的温室，培育葡萄和番茄。在整个利河流域一带，自米多塞克斯的庞德尔·恩德到哈尔弗德郡的切沙姆，玻璃屋顶一直有增无已。在 1869 年，切沙姆只有一个温室：在 1899 年已经有了一百二十五英亩的温室。据想在那时纯粹商业温室所占用的土地在全国范围内已经从一个无足轻重的面积增长到一千一二百英亩。增长正方兴未艾，虽则利润微薄，折损很大，并且大陆方面的竞争既咄咄逼人而又从无间断。[③]

在肯特以外的旧水果种植区中，伊夫夏姆这个佩秀尔种洋李之乡附近一带曾表现出最大的活力，那里有“几千英亩的一个地区，从城镇展向四面八方”，专门用于种植果木、花卉和菜蔬，并且大部分是分成二至二十英亩不等的小持有地。[④] 伊夫夏姆大多数

① 《1905 年的报告书》，第 6 页。

② 怀特黑德的论文，《皇家农业学会学报》，1899 年，第 440 页。

③ 贝尔：《温室中的花果》(Bear, W. E., *Fruit and Flowers umder Glass*)，史，《皇家农业学会学报》，1899 年，第 267 页及以下。关于果品栽培和温室的其他地方历参阅《维多利亚地方志》，贝德弗德志，第 2 卷，第 139 页；康沃耳志，第 2 卷，第 578—582 页；肯特志，第 2 卷，第 460 页。

④ 《1905 年的报告书》，第 6 页。

持有人是佃农。在威兹比奇的新花果区中，他们却往往是地主。在这里和在剑桥郡的其余地方，正如在艾塞克斯的提普特里和肯特的很多地区那样，每亩所雇工人比市场园圃业这个类似经营以外的其他任何经营都为数更多的这种农业所受的刺激，主要是来自果酱工厂的，而果酱工厂自从八十年代以来在低廉到荒谬程度的蔗糖和消费者习惯的改变的助长下，一直是蒸蒸日上的。[①]

林业一直是像以往一样地停滞不前，虽则没有遭到严重的萧条。固然木材的价格也是随着其他价格一起下跌，但是英国大部分林地都不是以照顾到市场的眼光加以管理的。“人造林的条件”，按照怀特黑德的说法，“必须合乎射猎之用”，“甚至在被认为拥有英 93
格兰管理得最好的一些林木的地产上”也不例外。[②] 1884—1885年的一次调查曾经提供一些资料，但是关于国家措施的材料却一点没有，而没有国家的措施，则造林方面的真正进步，纵属梦寐以求，也是绝对不可能的。[③] 在八十年代和九十年代几乎不可能指望私人地主为今后一两代计而牺牲目前利益来制订大规模的计划，虽则其中有很少数人确实是这样做的。在他的小小德安森林中，英王也做了一些有益的工作。为把它作为一种生产木料的地产来经营而进行了认真的尝试并且在1897年拟订了一项二十年

① 参阅例如1895年《农业萧条皇家调查委员会》(第17卷)的《威尔逊一福克斯的剑桥郡报告书》。普提特里的果酱工业是1885年从威尔金先生的果品场中发展出来的。《维多利亚地方志》，艾塞克斯志，第2卷，第478页。

② 《海岸侵蚀和造林皇家调查委员会第二次报告书》(*Second Report of the R. C. on Coast Erosion and Afforestation*)，1909年(第14卷，第125号)，第4页。

③ 参阅中卷，第501页。

规划。当时——并且这是甚至英格兰最好森林的早期失于管理的特征——除八十英亩不错的笔直的橡树之外，全部是发育不完善的。[①] 几年之后（在 1902 年）对于林务人员的教育有过一次调查[②]，至于哪里——在不列颠——最好多雇佣一些林务人员却没有提出任何建议。继而，在 1906—1909 年，一个皇家调查委员会又重申了以前所有各调查委员会和审查委员会所讲的一切——诸如：同其他各国相比，英国确乎没有森林；“一般说来”，它所生产的木材并“不是质量最好的”；虽然，如果管理得当，无论硬木或软木都可以在这里生长得非常完美；目前还有很多可以植林的地方没有利用或仅仅稍加利用；世界木材荒纵非无可避免，至少也是相当可能的，虽则时日不能肯定；以及造林是国家的一项任务等等。[③]

翌年，新的林业发展委员会设置了林业的地区顾问并建议发给津贴，帮助地主造林。[④] 这并不是调查委员会所建议的一切；但是对林业的兴趣的恢复使人民梦想到丘陵和荒地再一次为林木所复被，梦想到拥有至少按面积的比例和荷兰或丹麦的森林相若的
94 一个未来的不列颠。在这个时刻，它只有一半有奇。要想有法国那么多，则几乎是梦想所不能及的。[⑤]

① 《维多利亚地方志》，格拉斯特志，第 2 卷，第 278 页。笔直的橡树在 1914—1918 年已经砍伐掉。这多半是在特腊法耳时代前后种植的。

② 是农业部的一个委员会进行的。参阅维恩：前引书，第 410 页。

③ 《皇家调查委员会第二次报告书》，第 3、41 页及以下。

④ 维恩：前引书，第 410 页。关于发展委员会，参阅本卷，第 373、389 页。

⑤ 森林所占面积的百分比：英格兰，五点三；苏格兰，四点六；威尔士，三点九；丹麦，七点二；荷兰，七点九；法国，十七点零；德国，二十五点九。《皇家调查委员会第二次报告书》，第 3 页注。

这些新政策的喧哄闹忙都是在公认农业按照严格的意义说并非萧条的一个时期出现的。地主的收益虽然恢复无多，但是他们已经完成了身当其冲者所承担的职能，现在已复苏在望。在大战开始的那一年，英格兰和威尔士的应税土地收益（三千七百万镑）事实上恰恰和滑铁卢战役那一年一样：最坏不过少几十万镑：最好（1879—1880 年）也不过多一千五百万镑。[①] 地租的收入很好。争租田地的竞争很活跃。地产簿上的欠租栏一片空白，自从大约 1907—1908 年按照当时通行的低租"在大不列颠任何地区出租田庄都没有任何困难"[②]的那个时候起，预行再出租一直是可能的。但是整个说来，1900—1913 年的地租差不多是稳定在 1900 年降到的水平上，而价格却不是。在一般价格史上，1900 年是一个为期不久的高峰年。[③] 但是农业价格并未从当时达到的水平有任何显著的下降，而且从 1906 年起重又回升。到 1913 年，某些占支配地位的价格自 1900 年以来上涨的情况如下：

进口粮食（小麦、燕麦和大麦合计）	20%
进口鲜肉（牛肉、羊肉和猪肉）	3.5%
进口奶油和干酪合计	15%
进口牛皮	65%

① 斯坦普：《英国的收入和财产》，第 49 页：1814—1815 年，三千七百零六万三千镑；1913—1914 年，三千七百零七万一千镑。苏格兰的收入已经从五百零七万五千镑增长到五百七十一万三千镑。

② 埃弗斯利勋爵：《大不列颠农业工人数目的下降》（Eversley，Lord，*The Decline in numbers of the agricultural labourers in Great Britain*），《统计学报》，1907 年，第 293 页。这一点经剑桥大学英王学院予以证实，该学院在十三个郡中持有土地，而其中大多数郡都受到萧条的严重打击。参阅中卷，第 283 页。

③ 参阅第 12 页的曲线图。

出口英国羊毛[①]	100%

或者使用包括其他某些重要产品的类别，则粮食、马铃薯和忽布实的批发价归总计算已上升 18.6%，而肉类、蛋类和乳制品的
95 批发价格合计还要更多一些。[②] 在这个限度内，农场主的命运虽各有不同；但如在 1913 年他没有在他得自田庄的一定产量上比 1900 年时他本人或他的现已破产的前辈多得 20%，他就是一个弱者或非常不幸的人。但是如果他是一个保有租佃权的佃户，他的地主似乎绝不会提高他的地租。

在 1910—1912 年期间，在亲身所作的观察之一——继克尔德、拉维尼和阿瑟·杨格之后所作的一次观察中，对这种情况作了评论，并且把概括的情况剖析成为具体的情况，给统计数字的骨骼上加上了血肉。丹尼尔·霍尔爵士“再者不到一度是英格兰农业没落典型事例的那种荒芜的艾塞克斯了”。对土地“加以简便的经营，并且……不像以往那样干干净净了”，但是却可赖以为生。[③] 如果艾塞克斯是这样，那么可供耕作的东部其余地方肯定更是这样。林肯欧石南灌木丛的现代大农庄，举例来说，全部出佃了，空

---

① 就羊毛来说，1913 年是价格异常之高的一年：从 1900 年到 1910—1913 年的平均数的上升是 73%。

② 这些是贸易部旧（1920 年以前）批发价格指数。索尔贝克指数的佩什续编（《统计学报》，1913—1914 年，第 556 页）表明在 1899 年和 1913 年之间动物食品（肉和奶油）有从七十九到九十九的上涨以及植物食品（各种谷类，加上马铃薯和面粉）有从六十到六十九的上涨。

③ 《英国农业的巡礼》，第 69 页。为了所列举的理由，丹尼尔·霍尔的书在这里曾广泛地加以引用。它是以《泰晤士报》上的来函为依据的。十年前的哈格德的书却不在这同一精选的类别中。

下来的也很快被人租去。[①] 在九十年代那样不幸的艾克斯霍姆岛已经“相当繁荣”，抵押权人，大多数是当地人，都有“扮演地主角色”的见识（对地主阶级理所应有的一句恭维话），在年景不好的时候，对小所有者并不过分压榨。[②] 在伊夫夏姆一带，芦笋是果园和市场园圃许多成功的作物中最近的一种，而且整个这个行业“一直在迅速地推广”。[③] 在这个岛的另一端，大部分用养肥了的爱尔兰牛制成供应伦敦市场的苏格兰牛肉的阿伯丁制造商，都是安闲自在的；虽则他们由于忽视在田间施加所需要的石灰而“凭靠他们祖先连同土地一并遗赠的……牲畜为生”。[④] 威尔士人也出口他们那个地方的亚磷酸——以畜仔和牛奶的形式——并且已经出口了“几世纪之久……直到近年来使用碱性熔渣的办法变得更加普遍时为止”。[⑤]

但是在很多地区中，人工肥料和饲料用途的增加有助于好的 96
农场主去做否则会有害于农作物的事情——在五种轮作物之中种植三种可以在农庄外面出售的农作物使用“现在是诺克福轮作制的英格兰通常变种的那种轮作制，即甜菜根、大麦、人工植草、小麦和燕麦或其他春季谷物的一种五年轮作”。[⑥]

地力是有一些浪费的。浪费掉的机会不一而足——为全世界

① 霍尔：前引书，第 98 页。

② 同上书，第 106 页，另参阅维恩：前引书，第 42 页。

③ 同上书，第 176 页。

④ 同上书，第 377—387 页。

⑤ 同上书，第 316 页。

⑥ 同上书，第 415 页。

繁殖纯种牲畜的不列颠仍充满其牲畜质量一点不高的农庄：北威尔士每年既有夏季游客蜂拥而至，又有南兰开郡在它的家门口，而且土壤和气候更令人羡慕不止，以致过分得意而不去为市场生产水果、菜蔬和早熟马铃薯——“我们听说威尔士的农场主不屑种植包心菜，怕贬低自己作为一个农场主的社会地位。”[①]暴风雨的破坏到处都记忆犹新——曾经使“东洛蒂昂的农业成为……世界模范”的那些农场主已所余无几；南林肯郡的一些小持有者一败涂地，变卖一空，已为新人所取代。[②] 但结论是明确的。在环境压迫之下，人们懂得了“如何降低生产成本，在某些场合下靠了改良的机器……在另一些场合下则靠了改变目的物”。1900 年以前，“能以在现有的情况下谋生的农场主之间已经展开了新的竞争。”从那时起，价格的不断上涨已经是“非常明显的收获”。特别是自 1909 年以来，这个行业已逐渐“健全和繁荣”起来，并且“在全国各地”，能干的人“都从他们开办时所投放的资本上确实获取着很大的收益”。[③]

农地所有者，自从他们的鼎盛时代以来，每年要损失一千五百万镑左右。作为一个阶级的农场主损失了多少则不得而知。直到前几个好年头为止，除开在暴风雨中冲刷掉的资本不计，就每年的价值而论很可能是不相上下的；既然确定“农场主的平均收入是……一项原非统计学家力所能及的任务”，所能谈说的也就止此

① 霍尔：前引书，第 317 页。

② 同上书，第 132、92 页。

③ 同上书，第 431 页：总结。

而已。[①] 而在英国农业冒险中农业工人这个第三类的伙伴又如何呢？萧条的第一个阶段就已在他们的货币工资方面带来了剧烈的 97
下降。但是在八十年代后期第二个阶段开始时，肉价随着谷物价格趋于下跌之后，工资开始上升。这个上升的趋势起初是轻微的，不确定的，并且不是到处可以察觉的。到九十年代初期，则以过去下跌幅度最大的东部各郡最为显著，但是就全国范围来说，却无关宏旨：恐怕每星期最多不过六便士，虽然计算各有不同。

到 1900—1902 年，这个趋势已无可怀疑了。根据最坏的估计数，英格兰平均每周工资已经从 1887—1888 年的最低点上升了大约一先令八便士，东部各郡的平均工资大约上升了二先令四便士。[②] 因为就全国来说，工资已上升到十四五先令之间，就东部各郡来说，也上升到十三先令强，所以这项增益远不是无足轻重的，尽管所有这些数字看上去都是异常之小。每周工资低于每周平均劳动收入很多，正如向来的情形一样。收割和其他特殊工作的额外报酬，连同各种不同多少不等的实物津贴的估计货币价值，使东安格利亚的数字，举例来说，达到了大约十六先令。一郡和另一郡的劳动收入差别之大依然是令人吃惊的。主要的区分同劳动效率

① 引句录自博利的论文，《统计学报》，1910 年，第 58 页。斯坦普：前引书，第 96 页曾予以讨论，所得的暂时结论是：按照地租三分之一估计农场主收入的法定估计数不免太低，在 1912—1914 年，也许平均和地租相等(第 103 页)。

② 1880—1914 年的农业工资指数在 1915 年公布于年度《劳动统计摘要》中。这项数字暗示在 1886 年和 1892 年之间比中卷第 367 页的曲线图(以博利对劳动收入总额，即工资加收割报酬、津贴等等的估计数为依据)所表明的微有上升。直至 1903 年的货币工资，见威尔逊一福克斯：《联合王国农业工人的工资、劳动收入等报告书》(1905 年，敕令第 2376 号)，第 68 页。

约略相符。苏格兰农场主在南艾塞克斯之后，发现劳动质量很差，而工资只“或许”比埃尔郡低一些，虽则埃尔郡和艾塞克斯劳动收入之间的差额大约是每星期四先令。[①] 但是效率上的差异却很难解释牛津郡的十四先令六便士（英格兰的最低数字）、巴金汉的十六先令四便士、艾塞克斯的十六先令十一便士和萨里的二十先令之间的这样一种差距。萨里无疑是楔入伦敦的；但艾塞克斯也是一样，而且巴金汉和牛津的边界都相去不远。和流动性有关的某种解释倒更加近似些——萨里的工人可说是很容易在他们的郊区沙土地上四处流动的；艾塞克斯的工人却胶着在东伦敦以外的深
98 厚黏土地或藏身于白垩土的褶曲中；巴金汉工人在山谷和掬树林里寸步不移，牛津郡工人则肯定不是被惰性而是被情感束缚在温德拉希河和厄温洛德河流域。[②]

一般说来，在1900—1902年，劳动收入在串特河以北超过了十九先令，而以达拉姆的二十二先令以上为最高额。在林肯、诺丁汉和西北米德兰已超过十八先令：在康沃耳、得文和萨默塞特平均为十七先令略强：在肯特凭由位置、土壤和多样化农业这一切有利条件，上升到了十九先令七便士；在米多塞克斯则上升到了二十先令四便士。在牛津上面有诺福克、格拉斯特、多尔塞特和萨福克，都是十五先令六便士或不到此数。其余各郡则列在萨福克和萨默

① 前引《普林格尔的艾塞克斯报告书》，第46页。本节的其他数字是录自威尔逊一福克斯的《1905年的报告书》，第126页后的地图也是取自该报告书。

② 一般参阅阿希比：《牛津郡的份地和小持有地》（Ashby, A. W., *Allotments and Small Holdings in Oxfordshire*）（1917年版）。哈格德：《英国农村》，第1卷，第437页注意到了艾塞克斯工人的安土重迁。他认为他们非常了解伦敦，以致不到那里去。

塞特之间。在威尔士，劳动收入是自铁路不便的卡尔迪根的十五先令八便士到格拉摩根煤谷的二十一先令三便士不等。

在苏格兰，凡是在萧条期间下跌比较少的地方，幅度也比较小，如果把极北部、真正高原和群岛不包括在内的话。只不过是从威格顿的十七先令八便士和埃耳京的十七先令十便士到斯特林的二十二先令和拉纳克的二十二先令二便士。

这就是新世纪之初劳动收入的情况。直到1912年为止，工资继续有所改善，虽则是缓慢的。在1913年有急剧上升，从而使一般水平高出1900年水平大约11%。上升一直继续到1914年，到7月间已高出1900年水平14%左右。[①] 这次最后的上升是和英国食品和零售价格的临时上升相终始的，并且几乎恰恰予以抵消。要证明在每一个农村地区价格都完全遵循其具体证据得自城市来源的这个总趋势，自然是不可能的。事实上无可怀疑，由于农村的缺乏流动性，价格并不是遵循这个总趋势的。但是因为到那个时候甚至乡下人都成了进口食品的大消费者，所以他们所支付的价 100
格已一年比一年更接近于城市人所支付的价格；百分比的变化可能是差不多的。在1892年，乡下工人主要由于地主和农场主的萧条而在实际工资上得到的确凿利益，[②]还没有丧失：在九十年代中

① 这些都是前引劳资协商委员会(劳动部)的指数。其中爱尔兰和苏格兰的数字很少是包括劳动收入和津贴在内的。主要数字是英格兰的货币工资率。1912—1914年的劳动收入简直没有像威尔逊－福克斯对1902年所进行的那样精密的计算；但是不论工资率还是劳动收入总额的一般趋势同本节所陈述的数字无疑是非常相近的。参阅博利：《1914—1920年联合王国的物价和工资》(Bowley, A. L., *Prices and Wages in the U. K.* 1914—1920)(1921年版)，第169页。

② 参阅中卷，第285、296页。

期和后期当食品价格降至最低点而工资缓缓上升时，还稍有增加。但是自从1900年以来，农场主这种最接近市场的人，一直是因价格上升而首先获得利益的，正如在价格下跌时他一直是首先受到损失的一样。但是从证据中可以看出——由于农业工人的相对缺少——工资落后于生活费的上涨是异常之小，虽则没有超过生活费的上涨，所以在农村福利方面，经过维多利亚朝后期的急剧提高之后，是有一定的停滞的。

以1900年为指数的基准年，这段叙述的统计轮廓如下：①

	食品（零售价格）	衣着（零售价格）	农业工资
1892年	103.9	101.0	93.9
1897年	95.5	98.2	95.0
1900年	100	100	100
1907年	105.0	106.2	102.9
1913年	114.8	115.9	111.1
1914年（1至8月）	111.6	117.4	114.2

衣着栏居于次要地位，因为农业工资大部分用于食品。

农场工人，在对他们劳务的需求清淡时，不但可以在园艺业者、市场园圃业者和果木栽培业者手下找到工作，甚至可以自行经营；可以在城市中利用他们所掌握的关于马的知识；可以让他们眼前已受过教育的孩子去学手艺，或者自己登上移民船，找出路的方便很可以说明他们的工资史上这段较有利的趋势。英国从事于农

① 劳资协商委员会的零售价格和工资指数。值得注意的是，在农业中，“包括实物报酬等在内的工资似乎高达产量”，工业的全部产量的“三分之一左右”。博利：《工业产品的分配，战前国力增长的分析》（Bowley, A. L. *The Division of the Product of Industry An Analysis of National Increase Before the War*）（1919年版），第24页。

业的人的整个集团——就最广泛的意义来说——在1911年只比1881年减少6%;虽则单单在苏格兰一地就减少了17%。在这期间,狭义的农业工资劳动者——账房、工头、牧羊人、工人和农场佣仆——的数目减少了将近25%。农场主和牧畜业者却一直稳定 101
在二十七万九千人之数,在苏格兰稍有下降,在英格兰和威尔士略有上升;但是园艺业者,苗圃业者、种子商、花贩和“其他”等等在三十年之中已增加了十三万九千人,将近77%。[①]

“园艺业者”的增加主要是在英格兰方面,这一事实说明了苏格兰人口何以有不成比例的减退。在1881年,英格兰农业工人和农场佣仆超过“园艺业者”集团之数约为八比一:到1911年则不到二又二分之一比一了。这是意义非常深长的。

在1911年,除开大多数无疑是孀妇的一些女农场主外,妇女的数字是无足轻重的——在英格兰和威尔士有一万三千名“农业工人和农场佣仆”以及四千七百名“园艺业者”和“其他”:在苏格兰有一万五千名“农业工人和农场佣仆”以及七百名“园艺业者和其他”。三十年前约有三倍之多。在1911年,英格兰农场主的妻子在农舍和制酪场中担任比较轻的活计,在苏格兰则有时担任较重的工作。其他妇女则帮助收割;从事制酪工作;参加摘忽布实。摘水果和挖马铃薯的工作;正式雇佣的农场女工已几乎绝迹。甚至

① 三十年来联合王国职业集团的变动扼述于《1911年英格兰和威尔士人口调查总报告书》(*General Report of the Census of England and Wales*,1911)(1917年,敕令第8491号),附录丙,表九。另参阅维恩:前引书,第238页。鲁:《1906年大不列颠农业人口减退报告书》中遗漏了向“园艺业者”集团的转移,这一点埃弗斯利勋爵在《农业工人数目的减退》一文中曾予以讨论,《统计学报》,1907年。

在具有以妇女从事田间劳动的传统的诺森伯兰，甚至在全国其他各地的制酪工作方面，据说早在1895年就“一年比一年更难找到妇女了”。[①] 当可记得在那个时候英格兰没有任何妇女会“清除猪圈的粪便”了，在萨福克则工人的妻女已经“退出农场工作好几年”。有人为此而慨叹。不论是否可叹，这却反映出工人及其家属经济地位的加强。

直到最近几年，这个力量在工会组织的复苏方面却丝毫没有反映出来。除非是在这最后几年之前有些雇主因担心工会组织的
102 复苏而更有在工资方面作出让步的准备（但看来也未必），工会运动对于七十年工会瓦解以来可能的任何改进都不能居功。在九十年代初期，在劳工皇家调查委员会委员所调查的六个地区没有一个有任何工会；而在有工会的那些地区，会员人数也微不足道。[②] 在九十年代后期全国各地工会和工会会员的数目虽增长很快，但是农业工会却有进一步的衰颓。在1900年，贸易部劳工司只能找到两个工会，各有会员数十人；虽则在普通工人工会中有一些农业工人。[③] 此后有了复苏，起初很慢，继而很快，这是新世纪的物价上涨和工资落后所刺激起来的一次复苏。在农业工会本身会员从1911年的七千人上升到1914年的三万二千人同1912—1914年解决了工资落后于物价上涨问题的最后工资上升这两者

① 《威尔逊—福克斯的萨福克报告书》，第66页。

② 中卷，第296页注。

③ 《工会报告书》(*Report of Trade Unions*)，1902—1904年（1906年，敕令第2838号），第64页。

之间无疑是有关联的，至少是有地方性关联的；虽则这三万二千人不到农业工人的5%，虽则在大多数地区中工会的直接影响是微不足道的。[①]

相反地，工人经济社会地位的加强，其影响却不是无足轻重的。既然不再是文盲，更因为有了文化而比较机警比较活动；既然是在郡和国家政治中有了一席之地的选民而为所有各政党逢迎讨好；既然通常是一个友谊会的会员，虽则很少是议会的议员；既然在十个教区的九个之中，只要他们愿意就可以成为份地持有者；[②]既然现在有了疾病保险，并且由于养老金制度的建立而得免于他们祖辈的那种老死于习艺所的前景；既然自从萧条以来在许多村庄中同工人出身或至少出身于工人家庭的农场主相交好[③]——他们能为自己的利益而反抗一个雇主了，而一个雇主则现在不大能够挑精拣肥，总是乐意给一个合用的工人以农场财政所能担负的那样高的工资。

在十九世纪大部分期间一直在发展中的工人和农场主之间的差距的缓缓扩大，由于平均农场规模增长的缓慢而停止下来。诚然，这个差距还有了微微的缩小。从地主和资本家农场主的观点 103

① 数字取自劳资协商委员会(劳工部)：《劳工统计摘要》。

② “仅就份地而论……需要照例是可以充分满足的。可供利用的份地不足的郡……不过半打左右。”鲁：《农业人口的减退》，第16页。

③ 关于这一点，参阅哈格德：前引书，第2卷，第412页(萨福克的一个教区)。在剑桥郡可以看到很多这样的情况。另一方面，伦纳德在二十四个郡中进行的调查却表明：在所调查的五百九十七个农场主之中，71%不是农场主的儿子，工人的儿子更寥寥无几。《1914年英格兰的农业工资》(*English Agricultural Wages in 1914*)(1915年版)第57—59页。

来看，三百英亩以上的持有地不再像以往那样显然有利。所以，非但没有更多的小持有地合并起来，一些大持有地反而进行了再分割。如果农业报告书可以按它们的字面来理解的话，在1885年和1910年这二十五年之间不列颠三百英亩以上的持有地已经减少了9%①。这些报告书是需要审慎掌握的，虽则不可忽视。在人口调查时自认为是“农场主和牧畜者”的人数并未增加这一事实，不能不加以考虑。关于英国大规模农业总退却的说法是不会有的。然而它的进展肯定已经受到遏制：在农场主把资本渐渐损失掉的时候，要出租最大的田庄是困难的。何况人口调查中无所增减的“农场主”集团是和人口调查中日益增长的“园艺业者”集团相联系的。虽然全国农业统计补行纪录的几十处一至五十英亩的小“持有地”大部分是房产，或是村庄小商小贩的职业用地，也有时是村庄酒店老板和那类人所持有的“土地”，②但其中也包括伊夫夏姆和威兹比奇的“园艺业者”的持有地和康沃耳、贝德弗德以及所有郊区的菜农的持有地——这是一个非常健康的愈益扩大的农业阶级。

① 参阅中卷，第262—267页中的讨论。这个问题是莱维所著《大小持有地》(1911年版)一书的主题，然而该书对于《农业统计》(*Agricultural Statistics*)和(自1903年起的年度)《大不列颠各郡农业持有地报告书》(*Returns of The Agric. Holdings in each County of Great Britain*)未免过于信赖。亚当斯：《联合王国小持有者的地位》(Adams, W. G. S., *The Position of the Small Holder in the U. K.*)，《统计学报》，1907年，第411页及以下，亦复如此。

② 埃弗利斯的论文，《统计学报》，1907年，第438页，批评了亚当斯。克雷吉在《小持有者在英格兰农业中的地位》(Craigie, P. G., *The Place of the Small Holder in English Agriculture*)一文中(《皇家农业学会学报》，1906年)，对于统计数字和过分以它们为依据的结论提出重要的批评。

自从"持有地"数字在1885年和1890年之间首次加以搜集和讨论以来，数字往往是和许许多多想要让城市人"重返田间"，或如何给乡下人以更大的一份土地的社会农业改革家相背驰的。就任何合理的需要和政策而言，据暗示，难道不是已经有了足够的小持有地吗？因为统计上的小持有地的异常庞杂和大部分非农业的性 104
质而总是引人误解的这项论证，使得大多数改革家为之寒心，尤其是八十年代和九十年代的那些改革家。既然一般是在急进的传统中培养出来的；既然是穆勒的那章辩才无碍和证据异常充分的"论自耕农"的孜孜不倦的读者；既然对"财产不可思议的魔力"存有幻想；既然习知爱尔兰方面的土地占有热；既然注意到不管统计上的英国小持有者怎样而他们并不是一个自耕农阶级；既然也许不完全了解在他们之中真正有少数这类的自耕农，这些改革家感到迄今仍未得其门而入。[①] 他们之中比较内行的评论家要他们对于坎伯兰自耕农的自然没落或者南林肯郡或艾克斯霍姆或威尔士的小所有主在萧条期间的艰难困苦——即东部的或恳求彭赖恩爵士收买土地的那些威尔士破产小所有主的抵押权的负担——加以考虑。[②] 如果你设法制造了更多的自耕农，除非是在少数专门化的农业部门中——论证这样说，或意在言外地这样说——那你不过是要建立一些不经济的农业单位，陷它们的所有主于悲惨之境，让

① 在这个阶级之中，杰西·科林斯是一个代表人物。参阅他的证词，见《小持有地审查委员会》(*S. C. on Small Holdings*)，1889年(第12卷)，询问案第553页及以下。他拒绝签署《1906年小持有地部门委员会》(第55卷，第411号)的报告书，因为它的建议"给自耕农的恢复造成一道明显的障碍"(第59页)。

② 本卷，第79页，和中卷，第260页。

他们的持有地在下一次物价波动时再并进较大的单位而已。[①] 因为八十年代或九十年代的英国急进改革家没有一个人考虑到大陆上已出现的情形，以关税壁垒来保护小农阶级的情形，论证这样讽刺地说；或者原会这样讽刺地说。

把所有权放在一边，在萧条的过程中，最成功地度过了风暴的究竟是本人参加劳动的小农场主还是负责经营管理的大农场主，议论纷纭。[②] 凡是土地要供应农场主和地主两个乡绅的生活的地方，破产肯定最多。但这却不是大规模农业的一种经济必然性。
105 本人参加劳动的小农场主，西部比东部多，而萧条的情况在西部却要好一些：威尔士和柴郡的地租一直下降得较少。究竟小制酪场是不是基本上比后来在美国得到发展的那种形式的制酪工厂更加经济的一种单位，殊可怀疑；但是为了在那个时期挣扎图存，它却具有特殊有利之点。其一就是本人参加劳动的农场主和大陆农民所共同享有的一个机会——利用本人家属的无私劳动。最不愿意让自己的孩子上学的就是坎伯兰的自耕农和六十年代的小农场主：关于农场主的子女比他的土地受害更大的报告，正是一个助理调查委员在 1894 年从兰开郡完全由本人参加劳动的小农场主所持有的那部分地方提出来的。[③]

① 参阅例如克雷吉的证词，尤其是斯夸里那位富有经验的地产经理人的证词，见《小持有地审查委员会》，1889 年。

② 参阅例如里德：《大持有地和小持有地》（Read, C. S., *Large and small holdings*），《皇家农业学会学报》，1887 年，第 1 页及以下和维恩：前引书，第 79 页。

③ 《农业中儿童就业……皇家调查委员会》，1868—1869 年（第 13 号），第 2 卷，第 142 页。《特里门黑尔的坎伯兰和韦斯特木兰报告书》（*Tremenheere's Report on Cumberland and Westmorland*）；《威尔逊一福克斯的加尔斯坦报告书》（*Wilson-Fox's Report on Garstang*），第 14 页。

在讨论耕作和一般混合农业时，小持有地的赞助者们从来没有进而论证亩与亩相比小持有地的产量肯定比大持有地多些；而不过是说它们在经济上是可能的，就社会意义而言是最可取的。这是 1888 年下院为调查“建立小持有地……在不列颠所存在的便利”而指派的一个审查委员会所持的观点。虽然整个报告书在语调上是保守的，但是没有一个人怀疑——无论见证人或审查委员会委员——以增加小持有地为可取；也没有一个人证明它们在经济上比大持有地更为有效。这项报告书对很多类型的持有地都一一加以讨论——诸如份地；庐舍园圃；一个优秀工人在工资劳动之余同时耕种的那少数几亩地；自十英亩至五十英亩的真正小农场等。据认为，在全国各地，即使不是在每一个教区，都已有了在这种水平以上的可供利用的持有地，而这种看法是十分正确的。[①]

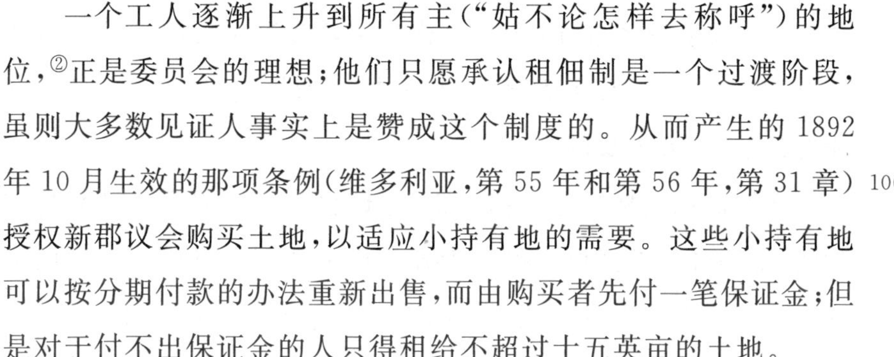

一个工人逐渐上升到所有主（“姑不论怎样去称呼”）的地位，[②]正是委员会的理想；他们只愿承认租佃制是一个过渡阶段，虽则大多数见证人事实上是赞成这个制度的。从而产生的 1892
年 10 月生效的那项条例（维多利亚，第 55 年和第 56 年，第 31 章） 106
授权新郡议会购买土地，以适应小持有地的需要。这些小持有地可以按分期付款的办法重新出售，而由购买者先付一笔保证金；但是对于付不出保证金的人只得租给不超过十五英亩的土地。

这项条例是一个完全的失败。评论家往往论证说，如果郡议

① 证词和报告书，见《报告和文件》，1889 年，第 12 卷和 1890 年，第 17 卷，第 183 页。参阅杰布：《英格兰的小持有地》（Jebb, L., *The Small Holdings of England*）（1907 年），第 317 页及以下，《报告书》的摘要和评论。

② 《报告书》，1890 年，第 17 页。

会获有强制收购的权力,未始不会比较成功。[①] 这种说法可能是对的,但是失败的更加重要的原因却在于法律本身的性质,连同它对所有权的偏见;郡议会对它的冷淡以至敌对态度;以及缺乏任何把它们鼓动起来的中央机构。不管怎样解释,在这项条例公布十四年之后,大不列颠各郡的议会已经取得了八百一十二英亩,而其中出售给农民作为产业的不到三百英亩。在历来有很多小持有者和小地主的斯波耳丁一带的平原上,霍兰的议会取得的成绩最大;但是甚至霍兰议会所取得的土地也不到二百英亩,而且寸地没有卖出。[②]

在这期间,在单单伊夫夏姆一区,由非计划的发展所作出的成绩比所有各郡加在一起的官方措施所取得的成绩还大得多。"在这个地区,在一至八英亩的小持有地中辟为园圃的面积有一万多英亩",一位观察家在1907年这样写道,"为这个目的而开垦的田地自1865年以来有增无已。"而且,据认为伊夫夏姆75%的园艺业者都是"工人出身的"。[③]

在散迪和比格耳兹韦德一带,土地也已经变成了无计划地流动的,虽则各处教区议会最近为补充份地的现有供应所采取的措施有时曾给渴望占有土地的人以机会。这些贝德弗德郡人以他们的一、两英亩轻沙质地开始,兼为他们的邻人做些活计,直至能以

① 正如地方当局根据1887年的份地条例(维多利亚,第50年和第51年,第48章)所获得的那样。

② 杰布:前引书,第331—333页。莱维,前引书(1911年版),第126页。关于斯波耳丁区的小持有者,参阅中卷,第261页。

③ 杰布:前引书,第57页。

得到足够赖以为生的土地时为止，所谓足够的土地，在这个盛产包
心菜、胡萝卜、秧豆、芽甘蓝之乡是七至十英亩。可是当他们有了 107
这么多土地的时候，他们往往又想要更多的土地了。[1]

在这些无计划发展的地区中，在所有这些具有宜于小规模和非耕作农业的土壤、地点或气候的特殊性质的地区中，地租——或者在像威兹比奇之类所有权很分散的地方的地价——同全国的平均数相比是高的。伊夫夏姆的好果园的地租是四镑至十镑一英亩：在威兹比奇，一英亩自由持有的土地售价不会少于四五十镑。[2] 按照这个价钱，发展一旦开始，土地肯定会变成为可供利用的。改革家抱怨的是，凡是大地主统治的地方，开始总是或可能是困难的；但是凡宜于园艺农业而园艺业尚未出现的地区倒不容易找到。伊夫夏姆无疑是受惠于“伊夫夏姆的习惯”的，按照伊夫夏姆的习惯，已经下种而要退佃的佃户得自行同新佃户议价，地主必须承认，否则即须按照议定的价格给付“价款”。既然有了这样的保障，伊夫夏姆人尽管大多数是“强烈的个人主义者”，[3]对于所有权也就没有什么兴趣了。威兹比奇和斯波耳丁人却是有的。就沼泽地来说，这种兴趣则是天生的。但是在没有伊夫夏姆的习惯和威兹比奇的所有权的条件下，园艺业已经成长起来。而且还在继续发展，纵使根据1895年的一项市场园艺者补偿条例[4]将那种习

① 杰布：前引书，第85、387页；斯特尔顿：《小持有地》(Stirton，T.，*Small Holdings*)，《皇家农业学会学报》，1894年，第84页及以下。维恩，前引书，第120页。

② 杰布：前引书，第72、105页。

③ 霍尔：前引书，第178页。

④ 并入1900年农业持有地条例(维多利亚，第63年和第64年，第50章)。

惯予以一般化的企图为其他地区那样一些地主所挫败，那些地主为避免双层所有权和由佃户选择佃户，在他们的合同中加进一项条款，订明出租的土地不看作是适用该条例的市场园圃。[①]

这是改革家所要用法律去对付的那种地主势力——依然是现实的，而且依然是变革的一个可能的障碍——的一个事例。这种势力对于可耕的混合小持有地的试验比对于园艺业或其他专门农业的地方性创始无疑是一个更顽强的阻力。对后者的阻挠全然是愚蠢行为；但是，最后，非但聪明的地主而且大多数公平无私的专
108 家也怀疑前者是否明智了。曾经有过试验，或是慈善性质的，或是经济性质的，但很少是令人鼓舞的。无论是所有主还是承租私人地主或郡议会或国家土地的佃户是否能年复一年地从三十至五十英亩的可耕或混合持有地中获得足够的收益，来维持多数英国人可以接受的那样一种而非任何一种的生活，是极可怀疑的。[②] 凡是农业以这样的面积专业化到了足可维持一种英国人的生活的地方，真正的大农庄从来没有占过支配地位。往往为农场主所有的那种农庄，连同四十至六十英亩的草地和牧地，外加一个沼泽地上的饲羊场，在约克郡达尔斯是司空见惯的。在西莱定、兰开郡、柴郡、德尔比郡、北威尔士和康沃耳，一个持有地的面积约为全国平

---

① 《大不列颠水果工业报告书》(*Report on the Fruit Industry in Great Britain*)，1905年，第13—14页。霍尔：前引书，第179页。

② 参阅在这种意义上的尖锐评论，连同奥温在给托马斯的《小持有地的经济》(Thomas, E., *The Economics of Small Holdings*)一书所写的序中对莱维的《大持有地和小持有地》的批判。

均数的三分之二。所有这些郡都是以改革家的那种理想持有地，也就是一个家庭可以很少或不靠外人的帮助而进行耕作的那种持有地而闻名的。这种持有地始终没有绝迹。

认为必须强制地主售地的那种份地和小持有地坚决主张者总归是有的。就份地来说，新的教区议会已经以一种修正的形式获得了在 1887 年赋予地方当局而现在已适用于面积在四英亩以下的份地供应的强制权。但是这种权力却很少加以利用。农业工人对于小持有地、对于主要供作种植马铃薯之用的零星土地的需求，已近饱和；三四英亩的一个持有地供工人之用则不是太大就是太小。

八十年代和九十年代的这些条例的应用一直取决于申请人的创议和郡议会及教区的反映。在这时候，这两方面都不积极。在 1907 年(根据爱德华七世，第 7 年，第 56 章)制定了一个新的和最有深远意义的程序。郡议会获得了为供作小持有地之用而获取土地的强制权。但这是比较小的变革：在这个场合下，这种权力是比较起来不大使用的。比较大的变革是，现已发展为中央政府一个强大部门的农业部已奉命指派一些专门调查委员去调查发
展小持有地的地方需要和便利，鼓励有抵触情绪的郡议会采取措 109
施，并于必要时给它们做出榜样。几年之后，观察家对于“在很大程度上由不同意其原则的人所组成的郡议会……执行条例的忠实”感到愕然。[①] 统计的结果给人以深刻的印象。到 1914 年年底，根据这项条例已经建立了平均面积约十四英亩的小持有地一

① 霍尔：前引书，第 25 页。

万四千处。[①] 在英格兰和威尔士既然有新持有地所列入的那一类持有地（即一至五十英亩的持有地）二十九万二千处，而在这二十九万二千处之中不是真正农业持有地的又是那样多，那么七年来所取得的这种行政成绩也就不可忽视了。

但是作为土地史上的一个插曲，这一成就也不可给以过高的估价。第一，因为计划的持有地虽有增加，但全国一至五十英亩的持有地总数实际上已经减少；虽则一些计划持有地所列入的自二十至五十英亩的那个重要类别已有增长。第二，因为主要成就一直是在小持有地原已成功并已在稳步发展中的全国各区——福恩、贝德弗德郡、伍斯特郡[②]——和专门化农业或园艺业那些类别方面取得的。如果没有条例，没有善于鼓吹的调查委员，建立起来的持有地无疑会少一些。但是，尽管有些地主是非哄骗或强迫就不会卖地的，在1907年以前久已建立了小持有地的伊夫夏姆、散迪、威兹比奇和斯波耳丁，纵使没有这项条例，根据该条例处理的二十万英亩中的很大一部分——即使未必是同样大的面积——也肯定会相继变成为小持有地。但是郡议会和农业部的机器却迅速地、有效地，甚而至于经济地推动了工作。靠了公共工程贷款委员方面低息贷款的帮助，这个计划“始终是具有偿付能力的”。[③]

---

① 维恩：前引书，第132—133页。在郡议会根据这项条例购买和租借的二十万英亩之中，使用强制手段取得的只有三万五千英亩。

② 阿比什：《牛津郡的份地和小持有地》，第98页指出，根据1907年条例的小持有地足够供应劳动人口百分之四以上的郡只有四个。这四个郡是剑桥、亨廷顿、贝德弗德和伍斯特。

③ 维恩：前引书，第133页。这项条例在小持有地已经成功的地方获得成功的论点，自然是维恩提出的。

但是这项工作是不是会持久呢？在小持有地并非创举而只不 110
过是死灰复燃的那些地方，一如西部很多郡中的情形，它们的竞争效率往往很低，持有人及其眷属的生活标准也随之而降低。几年之后，可以说卡马曾小持有地的耕作仍然“常常是大农业经营惯行办法的一个单纯具体而微的翻版，而小持有者的真正利益却在于某种程度的专门化”。[①] 在1907—1914年，远在卡马曾以至威尔士以外，这项批评也未始不适用。在工业城镇附近有很多三等的小牛奶场；而甚至新的专门化的持有地在土地自由买卖的竞争中也会维持不住。在散迪，到了1907年，对小农来说，创业就日益艰难了，因为出入方便的好地“都被成功的种植园主买去并进各自的持有地”。[②] 伊夫夏姆，那个“强烈的自由主义者之乡”，在1911年被说成是“并非严格来讲的小持有地地区；种植园的规模大小俱全，并且拥有五英亩土地的人并不自认为是平等身份的社会中的一员，而只认为是向他的某一位高邻的地位跨出了第一步”。[③] 这种想法并不只限于伊夫夏姆谷一地。容易耕作并有地力耗竭之虞的福恩黑土壤，对于小持有地来说是合乎理想的：“在这个地方没有其他东西以无论在肥料还是劳动方面这样少的支出而能有这样大的收获的。”[④]它担负了很多的人，而它的马铃薯、胡萝卜、芹菜和芦笋仍然可以使他们靠几英亩地获得生计。但是所有的人都想多有几亩地，因为大持有者也可以栽培这类作物。有些最成功的

① 托马斯：前引书(1927年版)，第97—98页。

② 杰布：前引书，第85页。

③ 霍尔：前引书，第178页。

④ 同上书，第76页。

种植园主是大亨。有一些小持有者在大萧条时期取代了另一些小持有者。芹菜和芦笋的需求是有限度的。如要避免重蹈萧条时期破产者的覆辙，据说“需要更多适合于小持有者的作物”①——以同样方法经营农业并相互减低生活边际的小生产者太多了。幸而沼泽地的人是坚强而又富有适应性的，需求的专门化似乎是经济进步的规律。所以，如果有进步，他们的展望就不是暗淡的。

111 在把产品拿到市场上去出售时，真正的小持有者通常是处于不利的地位，除非他是为一个像兰开郡的送牛奶人那样全不挑精拣肥的地方市场，或是为一个尚未饱和的地方市场而工作的。“在某些地区”，1907 年条例的内行评论这样说，“小持有者过分地密集在一个地方，以致他们不能不大大超过”对家禽、菜蔬和其他特殊产品的“严格地方性需求”。“自然”，评论继续写道，“这个运动的赞助人指望每一个小持有者社会都变成为合作性质的，把它的成员的产品集拢起来，整批出售”——“但是这样一种制度在英国迄未见诸实行。”②

诚然，这样一种制度在这里并不是土生土长的。在任何地方都不是。凡是已见萌芽的地方——而在欧洲大多数国家到 1900 年已多少有了萌芽——都是故意播种下去的。只有在英格兰播种者迟迟没有动手，而且土地条件也比大多数地方更加不利。在爱尔兰，自 1889 年以来，霍勒斯·普龙克特一直是一个孜孜不倦的播种者。到 1902 年，他已有了数百个各种各类合作社的这样一个

① 霍尔：前引书，第 77 页。

② 霍尔：前引书，第 25 页。

收获，主要是制酪场和银行，社员达六七万人。这时贸易部已经可以在大不列颠就每一种农业合作社找到四千名不足的社员：其中大部分是新加入的。[①] 因为在 1901 年农业组织协会已经公然地和令人不胜赞佩地仿照普龙克特的爱尔兰社创办起来，以进行宣传和顾问工作。在 1905 年，一个苏格兰社相继成立。在 1901 年以前，虽然有过很多有关合作社的讨论以及少数试验，但是在英国农业的任何部分都还没有真正的合作运动。[②]

一般的解释是简单的。自罗伯特·欧文以来就没有出现过任何先觉者，而欧文主义在农场主方面又不曾奏功；在这方面也是理应不会奏功的。甚至小农场主现在也照例有一个银行户头了；所
以，他虽往往对一个商贩负有债务，但是却不存在对于其他各国合 112
作银行的倡导人凭以进行这种有力说教的犹太籍农村高利贷者，或“Gombeen man”〔重利盘剥者〕，或“Kulak”〔富农〕的完全依存。在小自耕农几乎平等的那些社会，宣传合作总是最为成功：英国农业社会的面貌几乎到处都是不平等的，而且它的最低层也高过大多数国家的最高层。德国一个普通 Grossbauer〔大农民〕的土地将只构成一个英格兰的小农庄。在自耕农大多数为一个共同市场

① 《工业和农业合作社报告书》(*Report on Industrial and Agricultural Cooperative Societies*)，1912 年(敕令第 6045 号)。关于普龙克特有大量的文献。参阅他的《新世纪中的爱尔兰》(*Ireland in the New Century*)(普及版，附跋，1905 年)；普拉特：《农业组织》(Pratt，E. A.，*The Organization of Agriculture*)(1904 年版)；关于文献，参阅法伊：《国内外的合作组织》(Fay，C. R.，*Co-operation at Home and Abroad*)(1908 年和嗣后各版)。

② 关于 1901 年以后的那些年，除官方出版物之外还有《农业组织协会年度报告书》(*Annual Reports of the A. O. S.*)。

做同一种工作——如养牛和制酪:养猪和家禽——的地方,宣传最为容易;而在英国这种地方却是罕见的。[①] 值得注意的是,在发动宣传之后所取得的第一批成就之中有一些是出现于和大陆农民在类型上相去不远,或者和所有农场主所共有的单纯需求(诸如对购买纯肥料、饲料、种子和上好铁砂等等的需求)有关的威尔士农场主之间的。[②]

无疑,个人主义的英格兰人的气质和英格兰人的传统有很大的关系——其中包括民谣中的那个姑娘的利禄熏心的传统,那个姑娘离开了割大麦的父亲,嫁给了律师,去过"远高于自己地位的幸福生活"。认为自己是"向他的某一位高邻的地位跨出了第一步"的那种类型的小持有者,两眼盯着"远高于他的地位"的这个人,不大会是一个合作社的好社员。事实上他常常不参加合作社。关于艾克斯霍姆的小持有者,据 1913 年写道,如果说他们对于未来提供了任何迹象的话,那就是"要去教导英格兰农场主如何实行合作的人必将面临一艰巨任务"。[③] 在 1911 年,伊夫夏姆谷的大多数栽培业者都"渴望寻找一个特殊的私人市场,或满足于通过一位已经开始做生意的朋友去经营";[④]虽则佩尔秀尔的普通分配合作社是受人拥护的。当时伊夫夏姆人是如此褊狭地自私自利,以致在他们同铁路公司的关系上甚至都始终没有超过初步的共同行

① 在丹麦是常见的。维恩:前引书,第 338 页。

② 普拉特:前引书,第 307 页。贝西:《英格兰的农业危机》,第 219 页及以下。托马斯,前引书,指出卡马曾的小农场主之所以未能实行合作以及未能过到相当好的生活,是由于他们忽视专业化和亦步亦趋地模仿大农业经营的惯行办法。

③ 霍尔:前引书,第 107 页。

④ 霍尔:前引书,第 178 页。

动，铁路公司对于栽培业者对运输费用高昂的抨击所作的反应，往 113
往是抱怨他们简直无法诱使伊夫夏姆或其他任何地方的小持有者或大持有者进行充分的合作来保证对小商品货运索取低廉的运费。[①] 1914—1916 年，在牛津郡虽然还有几处小持有者的殖民区——其中包括明斯特·洛维耳的宪章村（Charterville），弗格斯·奥康纳所支持的地产企业这一残迹[②]——但在所有这些地方都“完全缺乏为集体制度形成一有力论证的那种合作”。[③]

农业组织协会和在它背后的农业部所播的种子并非全都落在路旁。在 1914 年，大不列颠共有“必需品合作社”二百七十四个，以购办农场主的供应品和工具为宗旨，会员三万人，业务计值一百八十万镑；其中有一些除购办供应品外，还代社员出售产品。有“产品合作社”一百二十九个，其主要业务是出售社员的产品，虽则也购办供应品。共有社员一万人和价值九十万镑的业务。在官方列为“劳务合作社”的那个类别中，另有社员三万人。[④] 其中半数以上（一万七千人）属于根据 1907 年和 1908 年条例成立的新小持有地和份地合作社。[⑤] 这些大多是志愿小持有者的团体，集体地同郡议会进行交涉，并且在得到持有地之后，集体地准备场址，购办供应品，以至出售产品。在 1914 年，它们处于各种不同的发展阶段上。其余的一万三千名“劳务合作社”社员则是合作打谷者、

① 普拉特：前引书，第 335 页及以下；站在公司的立场。

② 参阅中卷，第 485 页。

③ 阿什比：前引书，第 139 页。

④ 这些统计数字见年度《劳动统计摘要》，例如关于 1912—1914 年的统计数字见 1926 年，第 194 页。

⑤ 《1912 年报告书》，第 39 卷。

合作牛群保险者和园艺合作社社员等的一个混合团体。

在这个大约七万人的社员总数中也许有一些跨社的情况。其中包括很多会不自认为是农场主的人。但是自认为是农场主的人也一定不少于四万，虽则恐怕不会有五万之多。在1911年人口调查时，在英国自报或列为“农场主和畜牧者”的共有二十七万九千
114 人。显然在每六七个农场之中总有一个触及到了某种形式的合作，无疑往往是一种薄弱形式的合作，在个体销售方面所作的牺牲微乎其微，正如产品合作社社员数字之低所证明的那样。无疑它所触及的耕地面积或农产品只占全国的很小一部分，而这个国家却是由大部分不需要合作的大农场主支配的。正是这个事实使得一些自然而然把目光转向数量和高度效率的农业专家们倾向于低估实际上取得的进步。既然在不到半代之中每六七个农场主就有一个被触及，纵使是轻轻地触及，而且在最需要触及的小农场主之中占一较高比例，这就总不能不说是一个成就，也不能不说是农业经营心理上适应性日益增长的一个证明。诺克福的寇克实行谷物条播十六年之后，邻居们才开始有人仿行。但是现代世界却经不起在寇克时代纵使已经危险但毕竟无可避免的那种延宕了。到1910—1914年，普通农场主虽然没有受过学校教育，但是也已经不像“二十年前在农场主中间常见”的“那样对技术教育痛加斥责”了。[①] 在1851年克尔德曾经注意到[②]并且在这以前和以后别人也注意到的最好和最差的农业经营的长期并存，与其说是表明正式

① 霍尔：前引书，第355页。

② 上卷，第457页。

技术训练的缺乏，毋宁说是表明有训练的常识的缺乏。“人们大多数是靠示范，靠对树篱外面的观察来学习的”[①]；但是太多的农场主却没有足够的想象力去从树篱外面吸取教训。自 1890 年以来，农学院和郡议会主办的讲习班到处都倍长增多，而一些最优秀的年轻农场主不是大学出身就是从大学得到启发的。但是农场主的善意愿望者却对于“乡间中等学校的普遍调整”[②]比对于专门训练期待更殷，而不问后者是如何必要和尽善尽美。就一个训练有素并富于好奇心的人所具有的灵活性和适应能力来说，英国农场主——我们总是就一般的来说——肯定不如他的丹麦同行，多半也不如他的荷兰和德国同行。所以，尽管他的善意愿望者对方向正确的运动比二十年前的步调看上去快一点感到高兴，但是对不能不有的加速度却不抱乐观。“英国农场主的惊人的顽固”[③]使他们感到不胜沮丧。

教育、小持有地、牛疫预防措施以及其他有关农村利益问题， 115
新农业部现在无不加以注意。这个国家机关凭以专门化、发展和扩大其职能的方法正是维多利亚朝后期的英国和维多利亚朝以后的早期英国的特色。这种特色，我们不妨说，是从十九世纪中叶边沁学派所提出的搜集迫切需要的统计材料的建议中产生出来的。在 1866 年搜集作物和牲畜的第一批统计数字以前，关于国民的无知和落后状态的照例怨言，私人统计学家和学会的照例试验，以及

---

① 霍尔：前引书，第 441 页。

② 同上书，第 152 页。

③ 哈格德：前引书，第 2 卷，第 470 页。参阅哈格德：《丹麦农村和它的教训》(Haggard's *Rural Denmark and its Lessons*)(1911 年版)。

农场主对于拟议的“干涉”的照例怀疑，一直是有的。[①] 在1866年，贸易部通过关税和国内消费税官员来办理这项工作。后来则将国会不时创制的监督农业的各种职责一并委托给枢密院的一个委员会。这个委员会在1889年改组成为农业部，把统计工作从贸易部接管过来；并开始了英国政府的一个现代部会二十五年的典型生活——首先搜集对国家有用的资料；继而散发认为对农业社会有用的资料；管理政府对各种用途的赠款；作为推行像1907年小持有地政策之类的新政策的经办机关；设立由视察员和各式各样专家组成的一个团体；并充作土地法的制造所。到了1914年，农业部大臣已不再仅仅是“编纂劳动统计，执行牛疫章程，传播关于甲虫的有用的资料和在农业展览会进行巡回演讲的一个人了”。[②]

在1883年的农业持有地条例（英格兰和苏格兰的）和1914年
116 的条例（乔治五世，第4年和第5年，第7章）——持有地条例、小持有地条例和市场园圃等条例——之间，公布了大量的土地法。其中最具有一般重要性的是1900年的持有地条例（维多利亚，第

① 维恩：前引书，第427页。从五十年代到七十年代，詹姆斯·克尔德对于英国农业统计的可悲情况，啧有烦言：而他并不是唯一的一个。

② 哈格德：前引书，第2卷，第553页。二十年前他的传播活动不尽然是和甲虫有关的，这可以由1893年农业部发行的小册子（1894年，第69卷，第671号）的题目予以说明：红醋栗黑螨——农场主和所得税——柳树的栽培——果树虫——饲料恭菜蝇——田鼠和它的……敌人——秋季中耕和饲料供应——农场主和地方税的估价——秣草保藏法——带状脚的谷虫——炭疽——醋栗锯蝇——橡实中毒——覆盆子蛾——苹果花蛄蜰——苹果寄生虫——公用地的保全——1893年的肥料和饲料条例。自1895年起，这个部通常列为内阁级。詹宁斯：《内阁政府》（Jennings，W. J.，*Cabinet Government*）（1936年版），第175页。

63 年和第 64 年,第 50 章)和在 1909 年 1 月 1 日生效的 1906 年条例(爱德华七世,第 6 年,第 56 章)。[①] 前者改进了 1883 年条例所规定的佃户改良设施补偿法,并须联系那些条例来予以理解:它规定了申诉和反诉权并列有仲裁条款。后者正如与其说是持有地条例毋宁说是租佃条例的前几项条例一样,把仲裁法推进了一步;并对佃户所进行的修理的补偿,地主所加诸佃户的不合理的干扰和畋猎所加诸佃户的损害都一一加以规定。它修改了 1895 年的市场园圃业者赔偿条例(维多利亚,第 58 年和第 59 年,第 27 章);和——最为重要的是——以法律奠定了作物播种的自由(第 3 节),"而不管有无〔相反的〕习惯……或〔相反的〕契约规定"。只要保持土地整洁并"妥加当心",播种就是自由的这样一项限制条件,给了地主同耗竭地力的农场主进行交涉的一个机会,如果他愿意这么做的话。这也给不少争诉开了一个方便之门。

农场主虽然受到了重重保护,但与其说是防范地主本人所会试图去做的,毋宁说是防范一个二十世纪地主的祖辈所能去做的。想要支配作物播种的人已寥寥无几,而佃户未耗竭的改良设施的公平补偿,在七十年代虽然是一个可争议的新设施[②],现在却得到了普遍的承认。

在这样的保护之下,新时代的英国农场主甚至比他的父辈和祖辈更加坚决地墨守逐年租佃的制度。如果是一个好农场主,他

---

① 关于 1883 年条例和它以前的几项条例,参阅中卷,第 330 页。关于 1906 年条例,参阅波利的论文,《皇家农业学会学报》,1907 年。

② 中卷,第 256 页。

了解自己是完全有保障的；即使是不好的，他也不大会接到撤佃的通知。在1879—1906年不稳定的农业世界中，如有必要的话，一年届满一定可以脱身的办法对于无论好的或不好的农场主都越来越有吸引力了。终身租佃、凭券持有或简单租佃，在得文和康沃耳虽然常见，到1890年已几近绝迹，除非是凭券庐舍和在康沃耳泽地中圈围的小块土地。[①] 在艾塞克斯，在八十年代以前七年或十
117 四年的租约曾经是普遍的；到九十年代中期已很少残存。[②] 在林肯郡亦复如此，那里早年间也曾经有过一些长期的租约。[③] 诚然，苏格兰人坚持他的租约，当他们来到艾塞克斯时，有时甚至还坚持这种办法。但是甚至苏格兰人，在未离开本乡本土的时候，就已经发现在艰难年月中毁约的机会是一种便利。[④] 英格兰农场主则似乎对此向来不甚关心。[⑤]

他们对于买地也不感兴趣，毫不热心于成为所有主。有人曾经按照六十年代和七十年代已经增长的价格买进过土地，而结果则往往是在八十年代和九十年代抵押出去或遭到破产。他们的后辈不会再蹈他们的故辙；当国家试图劝诱诸如退职工人之类的其他人购买小块土地时，他们一般是敬谢不敏。耕者"所拥有或基本上所拥有的"持有地的比重变化很小。在九十年代和二十世纪最

---

① 庞查德的论文，《皇家农业学会学报》，1890年，第516页。

② 前引《1894年普林格尔的艾塞克斯报告书》，第46页。

③ 《威尔逊一福克斯的林肯郡报告书》，第49页："现有的租约已不多。"

④ 《普林格尔报告书》，第44页；本卷，第81页。

⑤ 到1901—1902年，据说在哈尔弗德郡没有任何租约。哈格德：前引书，第1卷，第541页。

初十年中——在九十年代以前没有数字公布[①]——就整个不列颠来说——它波动于12%上下，以英格兰为最高而以苏格兰为最低。并没有上升的趋势，而且在最后几年中，在1909—1913年，还有轻微下降。[②] 在五十至三百英亩的持有地，即英国普通农庄这个广大的中间层类别中，所有权最为罕见；在不包含真正田庄的五英亩以下的那个类别中，最为普通，虽则仍不很通常。在福恩，有一些小所有主的老聚点依然残存，并有少数自耕农散处于全国各地，其中有一些是自耕的乡绅。但是在所有地和租佃地不相称的平衡方面没有重要变化。

溯自萧条开始以来，先知先觉者就一直大喊大叫说英国农业已经衰颓并将继续衰颓下去，不但是在为农场主生产利润和为地主生产地租的能力方面，而且在纯效率方面，除非不列颠全心全意信仰他们的信条——耕者有其田、教育、合作、小持有地和关税、临机应变。虽然对于全岛作出概括的泛论始终是不容易的，但是直 118
到二十世纪的悄悄复苏时为止，衰颓的证据却足够填满先知先觉者的笔记簿。而且普遍承认推销农产品的效率是缺乏的，虽然不是降低。甚至在复苏已经开始之后，这样令人伤心的事实也是肯定的，尽管英国仍然为世界各地培育了不少纯种牲畜，但是观光者不再来学习农业实务，一如维多利亚时代早期曾经有过的情形那

① “我们的持有地有多少是由所有主自耕的，不得而知。”克雷吉：《英格兰和海外的农业持有地》，《统计学报》，1887年，第87页。

② 维恩：前引书，第113页，仅仅指英格兰和威尔士而言。

样了。[①] 诚然，小麦的亩产量正不断上升，而且在1905—1914年，其产量之高，为大好维多利亚朝鼎盛时代所不及；但是这时却只有最好的地亩才种植小麦。自八十年代早期以来，牛的头数增加了大约一百万，或16%；[②]但是这个幅度肯定没有超过所要求的谷物种植相应减少的幅度。在另一方面，平均乳牛的产乳量和平均菜牛的产肉量，两俱上升。[③] 头数起伏不定的羊群，肯定没有增长，但是英国养羊的规模为欧洲其他国家向所未有——这是它的评论家往往忽视的一点。[④] 至于猪，这另一种头数起伏不定的牲畜，曾略有增加，但是为数甚微。每十五个英国人只合到一头，成绩殊属可怜。

在最后这些年中，同德国进行比较是恰当的，虽则事实上是常常同丹麦进行比较。举凡教育、小持有者、耕者有其田以及合作等等，德国无不具备——而且还没有关税。在1883年至1912年这三十年中，在世界农业价格有最大幅度的下跌和部分恢复的这段期间，它种植各种粮食作物的面积都保持住了，其中有几种还显有增加。种植马铃薯的面积也有了增长。马铃薯和四种主粮的总种植面积增加了大约四百万英亩。（和英国不同，它有很大的面积种

① 对于这个问题加以讨论的贝西，前引书，第290—291页，也许过分悲观，因为他太凭信约瑟夫·张伯伦的关税委员会并不完全公正的报告书；但这个事实是不容置疑的。

② 大约从六百万增加到七百万。

③ 维恩：前引书，第475页；对小麦产量有充分讨论，第450页及以下。

④ 参阅克拉潘：《法国和德国的经济发展》(1921年版)，第220页。贝西认为羊群的保持多少是一种衰颓的象征的那个看法，足可表明对于羊群在英国农业实践中的地位一无所知。

植稞麦。)固然它的羊群减少了一千三百万头以上,自一千九百二
十万头减至五百八十万头,而英国没有出现过任何这样灾害性的 119
情况;但是它的马增多一百万匹,或将近30%;牛四百四十万头,或将近22%,而且质量也有改进;山羊,英国表上见不到的那种动物,一百万头;猪一千二百七十万头,或138%,而且只只都肥壮。合计每三个德国人有一只猪,并且每三个人有将近一只法国统计学家所谓的espèce bovine〔牛类〕;而在英国,人与牛之比几乎是六比一。此外,德国还有它的葡萄园,它的果木,它的忽布实,它的森林,一些亚麻和一个规模宏伟的甜菜工业。

德国人有更多回转余地。而在1883年,英国的可耕地区已经比德国的可耕地区更加彻底地利用了。要给英国的播种面积增加四百万英亩,不论它的耕作是怎样技巧和勤勉;或者要以任何方法建立英国的葡萄园,或英国的大森林而不在养羊方面作出一定的牺牲,恐怕简直是不可能的。德国有系统地保护了它的农业,并且付出了高于世界价格的代价。但是交待过这一切,再充分打掉关税作用这个折扣,并充分评价英国在养羊方面的成就之后,那就不能不确信——假使多一点思考,多一点努力和多一点适应性的话——它未始不会作出更好的成绩,纵使不是在它自由进口制度下的粮食方面,至少也是在它的牛、猪、水果和家禽方面。关于家禽是没有统计数字的;但是据估计,在英国所吃的蛋的35%是进口的,进口的牛油占60%,酪干80%,猪肉44%。[①] 没有一个合理

① 维恩:前引书,“战前的”平均数字。其他是:小麦和面粉21%,大麦58%,燕麦79%,菜豆72%,豌豆56%,牛肉和小牛肉61%,羊肉和羔羊54%,牛奶95%。

的人认为英国竟会再能自给自足，除非它的人口有所减少，而不论有无关税；但是甚至没有关税，它也未始不会作到比较接近于自给自足。毕竟，据评论家这样说，[①]丹麦人——现在有很多人目光转向丹麦——就是在没有关税的条件下经管的，而他们却给我们运来了所有那些奶油和咸肉以及所有那些鸡蛋。鼓励小生产，实行合作，进行教育，和实行产品分等[②]，开始组织你们的商品销售，那
120 你们就会见到奇迹。纵使评论家的想象不全然真实，他们的论证却不失为健全的。

在这期间，有益的知识正在日积月累之中，以备乡间决心加以利用的时期的到来。在 1904 年的《农业杂志》中——究竟有多少农场主阅读呢？——有一位剑桥大学的讲师指出：门德尔的再发现的原则已经“开辟了一些研究的途径，大有希望给我们以比大约五年前饲养员所敢于梦想的掌握自然的更大的力量”。在小麦方面已经进行的试验指出了“最近将来有价值的发现的必然性”。[③]这类的发现果如所期望的那样取得了。新培育的可赞赏的自由民种和小菩萨种的小麦，都已经上市，并已慢慢地进入田间。但这不过是一个开端。英国农业，以它将近三千二百万英亩的面积中不到一百九十万英亩的小麦，单靠祈告于小菩萨是不会得救的。但是在有作为的学院培育出来的这个小神祇乃是在准备一个新神龛

① 例如，哈格德：前引书，第 2 卷，第 570 页。

② 参阅例如农业组织协会代理人哈里斯：《羊毛工业的组织》(Harris, J. N., *The Organisation of the Wool Industry*)，《皇家农业学会学报》，1913 年，附有弗林特农场主所进行的第一次合作社羊毛分等记述。另两个集体——卡那封集体及布兰德利和莫尔顿集体——在 1913 年也仿照办理。

③ 比芬的论文，《皇家农业学会学报》，1909 年，第 337 页。

的社会中所曾作出和所能作出的成绩——在小麦、燕麦和甜菜根以及鸡、牛甚至人的方面——的一个象征。

121 第三章　工业变革的过程

认为二十世纪之初英国在工业上不如它的某些邻国那样的令人鼓舞，也不如它自己过去一度那样的轰轰烈烈，乃是当时的一种通常看法，这也许是有明显的历史根据，并且——正如上文所述——有一定数量的统计证据予以支持的。[①] 在 1916 年和 1917 年正为随时会到来的和平制订计划时进行的一次全国盘存的过程中，英国在技术、设备或组织方面的所谓劣势已着重显示出来。一
160 些比较起来新近出现的和不妨说可耻的工业劣势或玩忽都得到了证实。也许因为最容易证明的缘故，这种情况在作为基础的冶金工业中最多。此外，在全国设备方面少数几个重要的缺口也为人注意到了，有时令人不胜其触目惊心。有一些是久已存在的，原无须大惊小怪；但是总有这样一种英国人，动辄说他们掌握这些东西比法国高明（或者就这个世纪来说，比荷兰或美国或德国高明），却根本不敢想自己应该掌握任何东西比任何地方都高明。此外，战争已无可避免地引起了要求最大限度的自给自足这样一个半合理半不合理的愿望。大体上，盘存的结果是相当令人满意的。从中

---

① 本卷，第 70 页。

可以看出僵硬状态，一种起步既缓慢而运行又不灵活的状态的存在，这种情况在这部国家工业机器的最陈旧的部分原是意料之中的。从这次盘存中也可看出，在管理这部机器的人们之中，对于如何以其他价值为牺牲以求达到最大限度的技术效能具有一定的漠不关心，虽则那些价值有时是有疑问的，有时是很高的。而法国、德国和美国的实业家在漫画上谈到英国的周末休假时所冷嘲热讽的，法国工资劳动者在争取星期六半日休假，即所谓 la semaine anglaise〔英国式工作周〕时所艳羡的，以及某些美国工资劳动者要是能以美国解决工业争端的方法同英国进行比较的话，理应会艳 122
羡的，正是这种漠不关心。

英国工业确实没有全面地领导世界的进步。评论家却往往忘记了事实上它们从来也没有这样领导过：虽则它们曾一度保持多得多的领导地位。评论家还毫无必要地动辄根据规模而不是根据质量进行判断。久而久之，半个大陆自会比一个小岛生产更多的煤，制造更多的钢，虽则在 1890 年和 1910 年之间这一事实仍使人们大吃一惊。[①] 但是在这样一个国家中，第一流的质量是不会长久缺乏的，这个国家近年来已经使蒸汽涡轮达到了操作上的成功，并且在因其保留早期工业化的许多牵制而久已丧失了有利条件的时候，仍然能够产生出对它来说不失为机器时代最重要产品的东西——一个完善的纺织厂，一艘配备齐全的战舰——比它邻国的

① 到 1900 年德国制造出更多的钢这一事实，从英国的观点来看，是比较严重的。1901 年的数字是：美国一千三百五十万吨；德国六百四十万吨；联合王国〔就这个数字而论是不列颠〕，四百九十万吨。《钢铁报告书》，1903 年(第 68 卷，第 565 页)。

任何一艘都更快，也许更好，而且成本至少同样低廉。[1]

1916—1917 年冶金业盘存的审计官提出了这样一个审慎的看法，认为英国钢铁厂的效能“远远落后于它们在美国和德国的竞争者的效能”[2]，此外，他们未始不可再加上比利时、波希米亚、奥属西里西亚和法国的一些竞争者。这种看法虽不精确，但其中却有一个合乎事实的重心。英国，据他们指出，曾经发明了盐基性钢，但继而予以忽视。[3] 这也是正确的，虽则这种忽视也有一部分解释和理由。英国曾经是生产由固体拉出的无缝钢管的第一个国家；但是这方面的工作已落后于德国那样远，以致在 1913 年“甚至英国的铁路公司和锅炉制造商”[4]都购买德国钢管了。在钢梁的辗轧方面，纪录最糟。比利时和德国始终是先驱，所以在 1913 年
123 德国在英帝国范围内出售的钢梁比英国在全世界出售的还要多出将近 50%也许就不足为奇了。[5]

机械工程工业的报告却不是那么吹毛求疵。[6] 出口终于大大

---

① 就战舰而论是否“更好”，这是有争论的。关于一位近代评论家的（不利的）看法（在设计、外形和信管方面的劣势），参阅科比诺：《日德兰的战舰》（Corbino，E.，*La battaglia dello Jutland*）（1935 年版）。

② 《战后钢铁业报告书》，1918 年（敕令第 9071 号），第 19 页。另参阅附录丁连同英国、德国和美国每炉生铁产量的数字。

③ 《钢铁报告书》，第 5 页，和《战后船舶和造船工业报告书》（Report...〔on〕*Shipping and Shipbuilding Industries after the War*），1918 年（敕令第 9092 号），第 25、27 页。这些都是部门委员会的报告书。

④ 《钢铁报告书》，第 13 页。

⑤ 《钢铁报告书》，第 8 页。另参阅早在 1867 年对比利时在钢轨和钢梁方面的竞争所发的怨言，中卷，第 248—249 页。

⑥ 《战后机械工程业报告书》（Report...〔on〕*the Engineering Trades after the War*），1918 年（敕令第 9073 号），例如第 23 页：“我们对于德国在这个国家中在机械工程产品方面的竞争的严重性并无深刻印象。”

地超过了进口；但是在如此多样化的一个类别中，规格又是如此之多，从国外的大量购买本身并不是一个衰颓的迹象，每一个制造国都各有其特制品。自从收割机、转炉和缝纫机第一次发货以来，美国向英国输送特制品已有半个多世纪之久。它仍然输送大量的农业机器；但是到 1913 年，打字机同农业机器同样重要了；机械工程方面的机器工具同两者中的任何一种也差不多同样重要了；而汽车则同三者加在一起同样重要。这些年是亨利·福特独自生产廉价汽车的年代。这些年也是英格兰第一次在机械工程账上对法国负债累累的年代——为了几种较好的汽车、汽车底盘和汽车部件。汽车业的情况固然是令人感到英国经济体中的一种衰老僵硬状态的根据之一；而且在 1913 年汽车的进口仍然超过出口。但是对于这种指责，一个不无理由的答复是：汽车账上的逆差几乎为机器脚踏车和脚踏车的顺差所抵消，英国出口的机器脚踏车和脚踏车足可支付来自法国的全部保留下来的机械工程方面的进口货，其中包括价值二百万镑的汽车和汽车部件。脚踏车的进口是无足轻重的，虽则从德国运进脚踏车的部件。[①]

机器工具实际上是和脚踏车及汽车列于同一个类别。特制品是在国外购买的——几乎完全是在美国和德国购买的。英国在国外售出的特制品则价值大得多，这不是出售给某一国或某一类国家，而是非常平均地分布于整个使用机器的世界。[②]

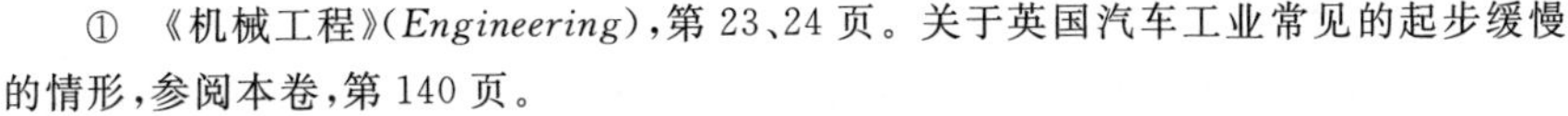

① 《机械工程》(*Engineering*)，第 23、24 页。关于英国汽车工业常见的起步缓慢的情形，参阅本卷，第 140 页。

② 《机械工程》，第 44 页和《年度贸易报告书》(*Annual Trade Returns*)。在 1910 年以前机械工具并不是分别登记的。

124 电气工业的情况却远不那么令人满意——但是有一项例外，即电缆制造那个最古老的部门，这一部门向来是“始终如一地维持着它的首屈一指的地位，无论是在它的制造品的质量上还是在它的经济成果方面”。[①] 英国在其他各种电气设备大规模制造方面的起步既迟而又缓慢，从这项工业中所可看到的大量外国，主要是美国的资本和控制中表明出来。尽管如此，它过去并不特别繁荣。投入这项工业的很多资本一直都不很赚钱，很多则完全不赚钱。[②] 在1912—1913年，整个这类工业的总产量，包括电缆在内，大概会值德国产量的三分之一强；出口价值则仅仅是德国出口价值的一半。[③] 但即使如此，这项工业也远不是无关轻重的。在1913年，它的出口，其中一半是电缆，几乎和举世无双的英国纺织机器工业的出口价值不相上下。这项出口在前十年一直发展得很快，比其他旧工业的出口快得多，正如理所应该的那样。尽管美国和德国有公认的效能，尽管英国对于无论价格低或质量高的电气特制品都有广阔的市场，尽管英国没有任何种类的关税，但是各种电气货的进口也不过是出口的三分之一略强。

庞大的煤炭工业不但非常强大，而且富有生气，虽然这项工业的领导人承认并痛惜产量的下降，并把效率较低的罪责诿诸于每一个工人。[④] 战争曾经阻断一些重要的新发展，尤其是在南约克

① 《战后电气业报告书》(*Report*...〔*on*〕*the Electrical Trades after the War*)，1918年(敕令第9072号)，第6页。

② 《电气业》(*Electrical Trades*)，第3、5、6、7页。

③ 《电气业》，第6、7页和《第一次生产调查报告书》，1912年，第126页。

④ 本卷，第63页和《战后煤炭贸易报告书》，1918年(敕令第9093号)，第9页。

郡和肯特郡的煤田方面，而这些发展已经表明这项工业是不乏活力和创造力的。“私人企业心的不足是无须担心的”，它的发言人满怀信心地这样说。[①] 他们的煤田在英国地图以及世界地图上的位置，连同上苍赐给他们的产品的质量，乃是这种信心的说明。固然，宾夕法尼亚的洪克洪塔斯煤可以按威尔士煤三分之一的成本交到铁路上：[②]它离地面近得多，开采也容易得多：它的机械操作 125
更加发达并且矿工也干劲更足。但是它离海却如此之远，以致威尔士的矿主是不太为它而担心的，甚至在南美的市场上；至于在其他市场上则完全不抱杞忧。在技术方面和商业方面有待于向维斯特法利亚学习的还很多，维斯特法利亚的方法久已在观察之中。在北欧，东欧和中欧方面德国未来的竞争是一个值得考虑的问题；但是没有一人设想德国最有能力的煤炭所有主能在英国进行有效的竞争。在1914年以前这种竞争一直是无足轻重的。[③] 而如果说在英国是无足轻重的，目前在外洋，在通常的情况下或许也不是严重的。的确，英国在地质上和地理上是那样得天独厚，以致在1913年它向荷兰和德国出口的煤还共有一千一百万吨。在所有国家之中，荷兰是最容易和最突出地由维斯特法利亚供应的一个国家；但是北海并不比莱茵河下游的航行困难多少。

在造船业方面没有提到任何劣势。要是有一种劣势甚至可以一提的话，那就的确会使英国工业企业特别丢脸了。这项工业所可批评的只是1910—1914年它只生产了世界商船吨位的61.9%，

① 《煤炭贸易》(*Coal Trades*)，第7页。

② 同上书，第8页。

③ 同上书，第19页。

而在1892—1894年则是81.6%。[①] 但是百分比下降到六十左右的这种情况早在十九世纪就已经出现，此后英国的这个份额却一直保持未动。最吹毛求疵的爱国主义者都无意要说德国造船业在前一代中比英国造船业远为迅速的发展多少是英国工业的耻辱；虽则德国凭以达到产品的无论数量或优良质量的速度却是德国莫大的光荣。但是据说在造船工业钢铁需要的供应和掌握方面，德国，令人非常诧异的是还有丹麦和波希米亚，已争取到部分的优势，或至少提供了一些非常有吸引力的廉价品[②]——作为基础的冶金工业又一个不利的事例。进口的东西最初是供船头、船尾骨等用的钢铸件，但这些都是无关轻重的；继而则是供类似用途之用
126 的钢煅件；最后但重要得多的则是供作曲柄、推进器和其他各种轴轮之用的煅件。这些进口的煅件曾经在1912年，再度在1913年值六十万镑。由于1912—1913年英国造船厂异常繁忙[③]，这些进口煅件是受欢迎的，并且多半帮同装备了一些为在国外出售而建造的船只。对英国制铁商所作的指责是他们都没有像埃森和斯科达那样尽快用从钢锭制成重轴所必需的有效的水压机取代向来用以煅炼旧式轻铁轴的蒸汽锤。但是在造船业务极其紧张的一个时候，订单之所以流往海外，可能就是单纯因为英国制铁商不能保证迅速交货。

在纺织业方面，效能没有任何显而易见的新的和可以证明的提高。就效能一词的经济学上的意义而言——即对于一定数量的

① 《船舶和造船业》(*Shipping and Shipbuilding*)，第22页。

② 同上书，第42页。

③ 本卷，第62页。

努力和牺牲的物质报酬——甚至于还有微微的下降。[①] 但是没有人提到衰颓或新近陷入的劣势。棉纺织终于是如此活跃，以致在1916—1917 年它的代表抱着过分的信心指望于不久将来的和平："机器和工厂大体上是高度有效的"；"英国棉纺织业的力量……在世界各地的竞争性市场上实际并未受到损害"。但是他们却提出了令人信服的理由，使人们相信日本注定要在未来的年月中成为兰开郡的主要竞争者，而的确"响出了"一个"严重的鸣警的音节"。[②] 究竟要多少年，他们没有说出。

棉货的进口比之出口是无足轻重的。除开花边、花饰和一些其他品目，而所有这些又大部分是由英国细纱制造的，所以并非完全是外国货。至于毛货，则自从进口税取消以来，情况就不同了。[③] 在 1910—1913 年进口毛纱和毛织品已达出口的四分之一以上。但是在 1886—1906 年这二十年中进口就一直远多于此数，
因此也就不能以这个缘故而把近来竞争无力的斥责加诸本地工 127
业。[④] 进口的主要品目一如既往，是来自法国的轻软"女衣料"以及来自法国和比利时的适合于制造这类货物的毛纱和轻软针织品。英国工业既经按照八十年代以来式样的变化作了调整，在这

① 本卷，第 70 页。

② 《战后纺织业报告书》(*Report...*〔*on*〕*the Textile Trades after the War*)，1918 年(敕令第 9070 号)，第 51、53、61 页。

③ 中卷，第 17 页。

④ 关于 1886—1906 年的情况，参阅克拉潘：《羊毛和毛丝工业》(1907 年版)，第 296 页。1906 年以后在物价上升的时候，下降是显著的。在 1895 年"毛纱和毛织品"的进口最高额是一千三百万镑有奇。1905 年，进口是一千三百万镑弱。自 1908 年初至 1913 年底，平均不到一千万镑。而在 1908—1913 年原料却比 1895 年略贵。

项贸易上的竞争力量比一度或历来强大得多了。在其他各项贸易上，尤其是在男装衣料的贸易上，使海外业务受到限制的不是英国的竞争能力，而是外国的关税，无保护关税的国内市场则几乎是英国的垄断区。[①]

这时丝绸是一种规模很小的工业。它的最新的部分，人造丝的制造，最为有效，但仍处于幼稚阶段。[②] 其次最老的部分，捻丝，也是有效的。据说它的纱和线是全世界首屈一指的，并且越过关税而大量输入美国。[③] 至于其余——“不能说是所有各部门都是以新式机器之类的东西装备的”。[④] 至于保护关税，毁于自由贸易，虽然绝对无能而始终处于艰难状态中的丝绸业本身，不能供应国内需求的四分之一，不具有任何重大的全国重要性。它不胜其艳羡地伫望着像它本身一度有过的情形那样靠了关税而白手起家的美国的这个庞大新兴工业。

亚麻和黄麻是堪以胜任的，但是由于非任何竞争能力所能控制的原因，这时是停滞不动的。亚麻已经几乎不再是一种英格兰的工业。在苏格兰，它日益衰退，渐渐退化成为黄麻。在爱尔兰，曾有发展，但是不很快；而且是不胜其危险地以既无把握而又浮动的国外需求为转移。在1914年敦提区所用的黄麻的数量恰恰和它三十年前所用的数量相同。欧洲大陆却用了四倍之多。已经成长起来的印度则用了将近六倍之多，或总收获量的半数。敦提已

① 《纺织工业》，第65—66页。

② 本卷，第180页。

③ 《纺织工业》，第77页。

④ 同上书，第80页。

经很乖巧地从它原来的业务，普通麻袋的制造，越来越移转到特制品的生产上去。现在它的产量的三分之一是比较好的铺地板的麻布和地席。它是靠了效率而保持住地位的，但是这项工业却难望 128
其扩展。[1]

花边和针织品，不同于纺织工业本身，而和其他许多轻工业一样，使用了很多外国机器。比较陈旧的主要花边机，使用于主要的诺丁汉行业中的利弗式机，不但是一种英国制造品，而且是英国的一种出口货。用于窗帘织造和例如蚊帐之类平面网织物织造的机器亦复如此。至于渊源于外国的特制品——诸如巴门花饰、普劳恩花边和圣加仑刺绣等——则自然是用外国机器来织造英格兰所生产的少量产品。英国在这方面的消费大部分是进口的。在针织品方面，虽然大部分的早期发明是英国的，机器却在美国得到了改进并更加自动化。德国也作了一些改进，致有在所使用的机器之中进口货约占半数这样一个颇不令人满意的结果。[2] 令人满意的一面则是同美国的联系鼓励了旧式设备的“无情报废”，并有助于保持整个工业的现代化。[3] 这项工业的确是有效的，虽则并不明显。把所有各种针织品——棉、毛、丝针织品和棉织手套，一种德国特制品——加在一起，进口是超过出口的，虽则不很多。就一个自由贸易国来说，并就以式样为主，而对于其中某些部门——特别是手套制造——勤勉而工资又不太高的大陆家庭工人已经训练有

---

① 本卷，第 66 页和《纺织工业》，第 85、89 页。

② 《纺织工业》，第 94、98、102 页。另参阅本卷，第 179 页。

③ 《纺织工业》，第 102 页。

素的那类工业而言，这并不失为一种正常甚或健全的平衡。①

一个在作战中的国家以焦急的眼光在英国工业设备中所发现的一些缺陷只是就战时而论具有重大意义。制造英国军用步枪一个特殊部件的所有机器都安置在比利时的那个一度著名的发现，就正是这样一个缺陷。其他一些发现则具有更广泛的重要性。在战时以极其焦急的眼光注视着那样一些缺陷的扩大，而那些缺陷
129 大部分不过是已经存在多年但企业和教育的适当结合无疑早会予以弥补的。至于德国"在化学知识的各种不同部门中"都优越于英国，这是德国工业化仍处于幼稚和薄弱阶段时就已经为人所共知的。② 凭恃这种优越地位，并在英国所作出的各种化学发明的帮助下，德国人已经建立起庞大的合成染料工业，供应了十九世纪早期大部分的世界需要。德国工厂是如此强大而有效，以致英国所消费的合成染料的十分之九都是德国制造的。③ 在这方面，英国是处于肯定的而且多少有点不光彩的劣势地位；虽则在高度发展的化工业的军事价值于其中并无多大重要性的那个英国经济学家贸然假定为和平交易的世界中，英国从德国取得价值不到二百万镑的十分之九的染料并不比德国为供织造和针织之用而仰赖于兰开郡价值五百多万镑的高级棉纱更加不光彩。就精密化学工作、实验化学而言，德国设备始终比英国更加完善，染料工业也正是在

① 《纺织工业》，第103页中"说"开姆尼兹家庭工人的工资比英国水平大约低25％。他们的工资肯定是低于英国水平的。

② 中卷，第111页。

③ 关于染料工业的一个比较歇斯底里性的总结，参阅《纺织工业》，第107页；另参阅中卷，第106页。

这个基础上提高起来的。

英国玻璃工业方面的弱点比在化学工业方面的弱点是更老的一个问题。当皮尔和格拉斯通把它公开给外国竞争的时候，英国玻璃工业在每一点上都比不过某一大陆国家的工业——在这一点上也许不如威尼斯，在那一点上肯定不如波希米亚，在其他一点上又不如法国或德国。[①] 这种落后状态始终没有弥补起来。在爱德华七世时代的英格兰，所有煤油灯最好的灯罩都是波希米亚货。所有最好的试验室用玻璃和大多数人所认为最好的光学玻璃都是德国货。法国和波希米亚的光学玻璃也具有很高的质量。而后来正如差不多不出所料的那样，英国和欧洲大陆上的玻璃制造商都争先恐后地商订条件，以便得以使用速度极高而成本又低廉的生产普通玻璃瓶的一种美国发明的机器。[②] 就贸易、产量和价值而论的净结果是：所有各种玻璃的进口约达英国产量的价值的五分之三，而英国玻璃的出口所值只微微超过这项进口的半数。[③] 英国也有一些具有一定重要性的特制品来抵消这一长列的外国特制品，虽则这些也许不是进行成本低质量好的制造最困难的那类物品。玻璃板和某几种玻璃瓶则名列前茅。但是尽管有一些薄弱的地方，英国的这项工业并不是无足轻重的。而这项工业正如英国 130

① 参阅中卷，第 16—17 页。

② 欧文斯式机。参阅例如《托拉斯委员会报告书》(复兴部)〔*Report of Committee on Trusts*(Ministry of Reconstruction)〕，1919 年(敕令第 9236 号)，第 41 页，本卷，第 312 页。

③ 英国产量价值的估计数是《1907 年生产普查》，第 758 页的估计数——五百万镑。1907 年进口是三百万镑，1913 年是三百四十万镑；1907 年出口是一百六十万镑，1913 年是一百八十万镑。在 1913 年产量的价值或许稍稍大一些。

的其他每一项工业一样，一直是任其孱弱或健康，任其根据某种合理的标准认作是不可缺少的或根据任何标准而认作是多余的，任其沉浮，以它的存在来证明其本身存在的价值。在所有大工业国之中英国所特有的这种紧张的制度中，比较值得注意的倒是事实上旧工业不能存在的是如何寥寥，而个别婴儿不借助于政府的任何助产术而挣扎出世的又如何之多。在八十年代初期，幼儿园的铅制玩具几乎都是德国货，到 1914 年则大部分是英国货了。[①]

但是，自从八十年代以来，评论家在 1916—1917 年所谈论的电流使用和电气工业发展方面的落后情形，就一直使有远见的人忧心忡忡。“在蒸汽时代，”一位工厂视察员在 1901 年不胜其伤心地写道，“这个国家一路领先，而在电气时代我们似乎是追随于美国和其他各国之后了”。[②] 他的话虽不很确切，但却是重复十几年来见闻广博的人们的老生常谈。在 1918 年据称英国“在电气事业中过去是并且也应该继续是首屈一指的”。[③] 它的确并不缺乏发现家和发明家，也不缺乏有企业心的人去试验他们的方法。苏格兰煤井用电气照明和英格兰煤井用电气抽水，为期之早和世界上任何一个煤井都不相上下，也许还更早一些。索耳兹伯里勋爵那
131 位富于实验精神的保守主义者，曾经在哈特菲尔德大厦附近拉上

① 关于八十年代的情形，参阅中卷，第 249 页和出生于七十年代的人们的回忆。关于 1914 年的情形，著者是凭靠记忆和在 1918 年著者所服务的那个战时内阁的工业委员会中未刊行的有关证词。

② 《工厂报告书》，1901 年(1902 年，第 12 卷)，第 3 页。参阅中卷，第 109 页。

③ 《电气业》，第 3 页。

了电线，一度曾迫使他的客人借助弧光灯进膳。① 像剑桥学院那样以保守著名的一个地方，在 1882 年科尔文勋爵就已经用电气照明了。② 迟滞不是在这类事情上，而是在大规模的生产和分配方面。在 1886—1888 年，当电气公司在英国仍然罕见，虽则同伦敦几家先驱公司有关的一些关键性试验正在进行的时候，美国"几乎没有一个居民二万人的城市或城镇没有一个中央发电站"了。③ 当时和后来的电气热心家和发起人以及很多比较公正的人士都普遍认为落后的主要原因是法律的现状和地方当局的冷淡或敌对的态度。④ 电气公司所不可少的私法案是所费不赀的，并且动辄列进关于铺设地下总线和随时供应极峰负荷等种种费用浩繁的条件。⑤ 还有强大的煤气公司的理所当然的敌视态度。凡是自治市

① 塞西尔·格温多林夫人：《罗伯特·索耳兹伯里侯爵传》(*Cecil, Lady Gwendolen, Life of Robert, Marquis of Salisbury*)，第 3 卷，第 3 页(1931 年版)。

② 他的学院是彼得浩斯学院。英格兰银行在 1886 年有了第一批电灯。艾克雷斯：《英格兰银行的内幕》(*Acres, W. M., The Bank of England From Within*)(1931 年版)，第 2 卷，第 588 页。

③ 参阅中卷，第 109 页；关于试验，参阅齐亚尼·地·费兰提和英斯：《塞巴斯蒂恩·齐亚尼·地·费兰提》(*Ziani di Ferranti, G. and Ince, R., Sebastian Ziani di Ferranti*)(1934 年版)，第 50—57 页，另关于实验，参阅费兰提的讣文，《泰晤士报》，1930 年 1 月 14 日。

④ 参阅例如紧接着道森论《电气牵引的机械特点》(*Dawson on Mechanical Features of Electric Traction*)，《英国机械学会学报》，1898 年，尤其是紧接着克朗普顿上校的演讲以后在机械工程师学会上所展开的讨论。另参阅赫斯特，休戈爵士的论文，载《泰晤士报》(法拉第专号，1931 年 9 月 31 日)。"我们之所以受到落后的指摘，就是这个原因〔有妨碍的立法〕并且是唯一的原因"等等。

⑤ 参阅哈博德和霍尔：《炼钢学》(*Harbord, F. W. and Hall, J. W., The Metallurgy of Steel*)(1918 年，第 6 版)，第 1 卷，第 736 页，并参阅《钢铁学会季刊》，1910 年，第 2 卷，第 217 页。

自办煤气厂的地方，像在曼彻斯特那样，无论是兼容并蓄还是迅速成立一个竞争性的电灯厂都是难以期待的。[①] 尽管有特腊法耳加煤井的抽水机，对于电力的想法还是像照明一样的。[②] 最初两项有关的国会条例，即 1882 年和 1888 年的条例，都援据作为电力照明条例。在第一项条例通过的那一年，维廉・西门子曾预言电力会肯定取得胜利，但只不过是供作“奢侈的照明”之用。[③] 八十年
132 代后期竞争性的白炽煤气灯的采用乃是一个有力的和（只要电力依然昂贵的话）充分的暗示，表明电力仍非人民的照明工具。[④]

这两项条例都是旨在促成电力事业的早日市有化，或至少是给以一切便利。根据 1882 年的条例，地方当局在二十一年届满时得强制收购电力公司。如未达成协议，可诉诸仲裁，但是仲裁员应以当时的市价为准，“不得考虑到强制收购或善良愿望而有任何增益”（第 27 节）。1888 年的条例将二十一年的期限延长了一倍，国会显然把上项规定看作是对于法律上仍然称之为承办人的那些人的不适当的留难。四十二年的期限，即使是没有任何最后补偿的强制收购，对于一个普通投资人无疑也足够了；所以到了 1889 年

① 但是在九十年代之初曼彻斯特创办了市营电灯厂。霍普金森：《曼彻斯特的新兴电灯厂》（Hopkinson, J., *Manchester's New Electric Lighting Works*），《英国机械工程学会学报》，1894 年。

② 第一部小抽水机是在 1882 年使用于特腊法耳加煤井的。《矿山用电部门调查委员会》（*Dep. Com. on Electricity in Mines*），1904 年（第 24 卷），询问案第 5002 号。另参阅中卷，第 109 页。

③ 中卷，第 108 页。这两项条例是维多利亚，第 45 年和第 46 年，第 56 章和维多利亚，第 52 年，第 12 章。

④ 韦耳斯巴赫的专利证是在 1885 年颁发的。中卷，第 107 页。

留难已成过去。二十世纪首都十二个重要公司中的大多数不是在1889年就是在1890年从贸易部申请到临时命令的。[1] 这两项条例为了公众的利益给予地方当局以抵制任何电力计划的便利和对电力输送的完全控制权——挖掘街道和铺设电线。美国何以这样快地赶到前面的原因之一，就是这种控制在美国比较松弛。[2] 这些控制对于都市化的英国也许不为过分，但是却助长了耽延；而且地方政府的现存单位那些赋有延置权的权力机关不一定是生产电力的适当单位，这在十九世纪早期就已经是显而易见的了。

既拥有丰富的优质蒸汽用煤和煤气用煤，英国人，“这些都市生长着”并不像缺煤而富于水力的那些国家的人那样自然地瞩望于电力。九十年代漫游各地的英国人看到瑞士或挪威村庄上的灵便电灯会大吃一惊，或许更模糊地感到自己已被不公平地抛在后面。但是就当时可供利用的发电和输电的知识而论，扬弃蒸汽和煤气究竟在经济上是否值得，却是大可怀疑的；虽则电作为“奢侈的照明工具”并作为动力而在某些选择的用途上渐渐取 133
得胜利。但是迟至1901年，爱迪斯旺电灯厂的斯旺在化工学会开会时对于电力在缺少水力的国家中是否能足够便宜地生产出来而成功地用于像铝的离析之类的重工业加工过程，表示怀疑。迄当时为止，据他说，这类加工过程仍为水力所控制。在他所知道的有

① 《伦敦电灯公司》(*London Electric Lighting Companies*)，《经济学家周刊》，1903年3月7日；“可能对于大多数投资人来说，二十一年的期限就是一个无穷无尽的期限。”

② 参阅前引1898年在机械工程师学会中所展开的讨论。

这类加工过程的欧洲五十个场所中，用蒸汽产生动力的仅仅占 11%。[①]

当英国踌躇不决之际，卡尔斯·帕森斯爵士为英国和全世界发明了后来成为煤和电之间的一种连锁机械装置——一种及时的经济的连锁机械装置——的东西，蒸汽涡轮机。在八十年代之初他初从事于这项工作时，在工程师中间刚刚有了怕蒸汽的黄金时代已成过去的这样一种怀疑。人人都知道最好的蒸汽机是如何浪费力能。内燃机先天具有吸引力，而且在各式各样的煤气机上已经证明是非常成功的，迄当时为止还是在比较小的规模上。在 1881 年，弗雷德里克·布拉姆韦尔爵士曾经对英国协会说，在五十年之内蒸汽机就很可能只是“博物馆中的一件古玩”了。1884 年在弗莱明·詹金看来，“煤气机终于取代蒸汽机”似乎是“无可否认的”结论。[②] 人们注意到，行将取得胜利的是内燃机，而不是传送的电力；因为传送的技术还只是非常幼稚的。但是在二百二十匹马力的蒸汽机制成以前，也就是在 1898 年以前[③]，帕森斯已经改善了涡轮并且用涡轮发动“特宾尼亚号”，戴姆勒和迪塞尔则已经利用内燃来加速引擎的运转，以代替所有既重而又运转缓慢的

① 《1901 年硷质报告书》(1902 年，第 9 卷)，第 47 页所转载的化工学会主席致词。“电已使铜的精炼发生革命，使铝成为普通的金属之一，并且将钠的成本降低到这样的程度，从而为它找到了大规模的新用途。电……现在几乎要蚕食到鼓风炉和贝塞默尔转炉的领域”等等。这些事情在英国果能办得到吗？

② 尤因爵士：《动力》(Ewing，Sir J. A.，*Power*)，《英国协会的主席致词》(*Presidential Address B. A.*)，庚节，1931 年，第 6、7 页。布拉姆韦尔在 1901 年的一次讨论中又重申了他的预言，《英国机械学会学报》，1901 年，第 128 页。

③ 尤因：《动力》，第 8 页，援引杜格尔德·克拉克爵士语。

早期内燃机所使用的煤气和后来所使用的石蜡，不过戴姆勒用轻质油，迪塞尔用重质油。[①] 134

当他把自制的涡轮机装置到一艘轮船上的时候，帕森斯给新型蒸汽机以苏生的和独立的新生命。但正是“为了发动发电机这个明显的目的”，他才首先研究出蒸汽涡轮机来发电。[②] 在 1884 年 4 月的同一天他领到了高速涡轮机和装在上面的高速发电机的专利证。四年以后，他告诉机械工程师学会说他的第一部涡轮发电机“几乎是一直在使用”。[③] 他的大多数早期装置都是供船上发电之用的：第二部是用在一艘不定期货船“珀西伯爵”号上，第四部或第五部则用于一艘著名的定期轮船“柏林城”号。在 1888 年，这些装置的每一部分都还是试验性的；但是机械工程师对于这样一部机器自然感到兴奋，这部机器已经达到每分钟一千八百转，在一千二百转上则是安安稳稳的，而“二十年前”任何一部机器的最高额则不过是三百转，正如过去的一位会长所说的那样。[④]

八十年代的蒸汽涡轮机是相对地耗费力能的；但是在 1891 年帕森斯领得了他的压缩涡轮机的专利证，这种压缩涡轮机就其充分发展了的和最大型的而言能“从煤里比用其他任何方法〔取得〕更大的功”。[⑤] 充分的发展和更加普遍的采用是需要时间的。经

① “在 1879 年……经过四年艰难的试验之后，创造人……把第一部机器在奥格斯堡厂投入生产了”，戴塞尔的论文，《英国机械学会学报》，1912 年，第 179 页。关于戴姆勒，参阅本卷，第 139 页。

② 尤因：《动力》，第 13 页。

③ 《英国机械学会学报》，1888 年，第 480 页。

④ 杰里迈亚・赫德在讨论帕森斯论文时所说。

⑤ 尤因：《动力》，第 13 页。

它的发明人在机器上作了多次的改进和调整，还必须要全世界的使用人确信其合用。1894 年，帕森斯领得了排气蒸汽涡轮机的专利证。这种涡轮通常在一部船用往复机中能从已经利用过否则就会浪费掉的蒸汽中吸取力能。但是据说直到 1902 年为止，第一部这类经济的机器还没有制造出来供使用。[①] 船用涡轮机比较幸运。它的出场就是妥慎计划、富有戏剧性的，它的用途则是具有战斗性的。在 1897 年维多利亚女王即位六十周年纪念时，帕森斯的小小“特宾尼亚号”船以前所未闻的速度穿行于为在斯皮特黑德举行海军检阅而齐集的雄船巨舶之间。海军部不久就开始用新机器
135 在驱逐舰上进行试验。在测验完毕以后，英国海军部，以及不久之后所有各国的海军部，都认识到了这个新时代。从 1904 年起，没有再给英国皇家海军的任何船舶订购过往复机。[②]

在这期间，涡轮机正在它最初所为设计的那个领域进行着最重要和最受到普遍表扬的工作；虽则由于英国大规模发电进展的缓慢，若干年来这个领域比未始不能达到的程度要狭隘得多。燃料的节省，速度之高，以各种不同负荷进行有效工作的范围之广以及使莫大力能能以产生于小小空间的那种密实度，所有这一切不能不使负责置有涡轮机的大型中央发电厂的工程师对这种机器具有良好印象。但是在九十年代的电气发展中，私有发电厂在矿井、

① 哈博德和霍尔：《炼钢学》，第 682 页就是这样说的。

② 尤因：《蒸汽机和其他各种热力机》(Ewing, J. A., *The Steam-engine and other heat-engines*)(1926 年版)，第 30—32、301—302 页。原来的直流双涡轮有一个缺点，即螺旋桨在高速时会产生“涡凹”，也就是说把握不住。帕森斯从 1910 年发展了齿轮涡轮。参阅阿普尔亚德：《卡尔斯 · 帕森斯》(*Appleyard. R.*, *Charles Parsons*)(1933 年版)和帕森斯：《科学论文集》(*Parsons' Scientific Papers*)，雷利勋爵编(1934 年版)。

工厂和住宅中是非常普通的，并且残存了若干年。这些发电厂大多数都使用往复机。所以迟至1907年，在机械工程业私有的发电潜力中由涡轮机发动的不到6%。[1]

对于以汇报英国技术变革为职责的那些发电厂来说，在九十年代后期电力方面的进步看上去相当令人满意，虽则采用电作为动力的过分耽搁是尽人皆知的。作为动力，电气“仍处于幼稚阶段”，主任工厂视察员在1896年这样报告说。[2] 在1894年开办了它的第一个发电站的曼彻斯特自治市可以说是一个先驱者。它按一又二分之一便士一单位的价格出售电力，在1896年有了七十二个电力消费者，消费量都不大。[3] 四年之后，一位南部视察员虽然承认“我们多少有点落后”，但却评论说，“电在无论照明或动力方面用途之广”乃是“一位视察员在彻查现代化工厂时〔最〕为诧异的”。[4] 他的经验主要是在轻工业方面。但是在西北部和东北部 136
的重工业方面，在那位主任视察员在这个世纪之初将他认为英国在整个电气化运动中一直是尾随他国之后而非一马当先的这种悲观看法纪录在案以前，已经有了很多的成就。[5] 曼彻斯特区新机械工程方面的作业已渐渐采用电力推动了——重型机器工具各有一部专用的电动机，轻型机器工具则集拢在一部电动机的附近。

① 《生产普查》，第132页。

② 《1896年工厂报告书》(1897年，第17卷)，第35页。

③ 同上书，第36页。关于十年前外国电力的使用情形，参阅中卷，第109页。

④ 《1900年工厂报告书》(1901年，第10卷)，第156页。

⑤ 本卷，第130页。

在东北海岸，电的采用是十九世纪末叶“最显著的特征”。太恩塞德的几乎所有大型机械工程公司都各有自己的发电厂：蒸汽推动的“作业线和对轴系正迅速地被取代”。[①] 在早于十几年前已经采用了电力的造船方面，现在已经普遍使用电力了。[②]

但是在那个时候和以后，发电厂的大规模制造却由于需求的发展缓慢和海外得到充分发展的具有竞争性的供应者的存在而受到妨碍。在十九世纪之末，一些野心勃勃的企业已经先于需求的增长而创办起来。这往往是出自美国方面的授意，一如1898年的英国威斯汀浩斯公司的情形那样。就这一特定企业而言，错误的估计很多，管理失当之处无疑也不少；但是它的前八年的历史是意义深远的。起初它的最重要的订单都是由匹兹堡的母公司承办。到1902年，该公司董事长已经能以宣布“嗣后所有电机、蒸汽涡轮机和煤气机的新订单”将由该公司的曼彻斯特厂承办了。[③] 但是四年之后，他渐渐查明财政纪录和制造纪录之所以一塌糊涂——谁会说多么老实呢？——原因在于英国市场未能如原所预料的那样扩大。一位富有经验的股东却断言英国的这个和其他各公司的大多数重要合同都经常被德国以较低的标价夺去。德国的出口

---

① 《1901年工厂报告书》(1902年，第12卷)，第87页；另参阅，1900年，第156页。

② 电磁铆钉钉接机业经杜巴顿的丹尼厂在1886—1887年予以试验，中卷，第109页。

③ 董事长的致词，1902年12月12日，载《经济学家周刊》，1902年12月13日号。在金兹克罗斯的原威斯汀浩斯制动器厂中，在托姆·曼于1880年开始工作时，“大多数机器”是美国货。《托姆·曼回忆录》(*Tom Mann's Memoirs*)(1923年版)，第22页。

货，据断言，是以低于成本的价格倾销的——这原很有可能——而 137
所建议的补救办法则是保护关税。[①] 从这样的一些报告中，以及从英国电车公司——对于电车和电力生产都有利害关系的一家公司——二十世纪初叶的那些报告中，可以清楚地看出，英国的这项工业就效率而言充其量也不过居于第三位；也可以清楚地看出，在1903年所提出的英国“现在〔已经可以〕同德美相竞争”的说法，[②]纵使字面上是对的，但就竞争有无成功之望的商业意义而言，却又未必然。当1905年伦敦地下铁道着手电气化的时候，据说大部分车辆都是“特制品和在国外建造的”。[③]

英国市场迟迟没有扩大的唯一原因就是私营企业和市营企业之间对市区电车控制权的争执；而电车的需求又是当时对电力的可能的最大需求。[④] 私营企业以英国电车公司连同它的各式各样的附属公司为化身，公营企业则以利兹或曼彻斯特城电车公司这样庞大的企业为化身。讨论和决定一而再，再而三地延迟。电车是不是可取呢？如果是，又由谁承办呢？如果是自治市，那么它同邻市的关系——如果有什么关系的话——将是怎样呢？如果是一个公司，地方当局应该给以怎样的范围呢？如果是行经几个地方当局的辖区的一家公司，像在南兰开郡和斯塔福郡北部瓷器产地

① 年会报告书，《经济学家周刊》，1907年1月19日号。这位股东是约瑟夫·劳伦斯。

② 《经济学家周刊》，《1903年商业史》，第26页。

③ 《1905年商业史》，第29页。

④ 参阅西门子，《电力的传送》（Siemens, A., *Electric Transmission of Power*），《英国采矿工程学会会报》（*Trans Inst. Mining Eng.*），第8卷，第247页（1894—1895年）。“只是近来……才认真注意到电力”，电车计划正给以刺激。

的情形那样，初步谈判可能是旷日持久的。市与市之间的耽延和倾轧也是有的。在外界人士看来，曼彻斯特止于何处，索福尔德又始于何处，是不明显的，但结局是，经过缔约双方多多少少谈判之后，它们有了不同的电车路系统。在布莱德福和利兹之间九英里的中途，一方面的新电车同另一方面的新电车相遇于不属于两者任何一者的地段——但是在不同的轨幅上。[①] 所有这些谈判和耽
138 延的结果之一就是早在电车的吵闹声在伦敦街道上习以为常的几年之前，电车就已经叮叮当当地围绕着米兰大教堂转来转去响声不绝了。[②]

在 1906—1907 年英国的第一次，并如事实所证明也是最后一次活跃期告终时，全国的电车系统已经增加了大约一千英里，马力街车和蒸汽街车则已近于绝迹。在 1887 年曾经有七百九十九英里的旧式电车，在 1900 年也只不过有一千零四十英里，而且其中大部分仍是旧式的。[③] 到 1907 年，计有二千二百三十二英里，七年之后只增长到二千五百三十英里，几乎全部是现有市营系统的延长。因为市当局在法律和地方税的帮助下已经取得胜利。它们拥有 60％以上的里数和大部运输最稠密的地区。至于英国电车公司，在 1905—1906 年以后普通股已停发股息，几年之后优先股

① 布莱德福已认为狭幅轨道适合于它的陡峭的斜坡和险恶的大转弯。

② 这种叮当声是 1900 年著者在米兰大教堂亲耳听到的。因为在这些年他一部分时间住在曼彻斯特，一部分时间住在利兹，并且是英国瓷器产地电车公司的一个〔小〕股东，所以他不妨以当代著者自居。

③ 美国在 1890 年有二千五百英里的电车路，德国在 1896 年有六百一十八英里，道森的论文，《英国机械工程学会学报》，1898 年，第 44 页。

也开始欠发，继而则开始改组。① 市当局并没有呼吁改组，但这也并不意味着它们的企业都是真正有利可图的。

在 1907 年进行生产普查时，电气工程仍然是英国一般工程业务的一个从属部分。按价值计，它只生产全国工程产量的大约 14%。② 但是同一些古老工业作一比较，是更有启发性的。当时的电气工业，这个昨天的新兴事物，尽管公认是处于落后状态的，其产品的价值却已将近毛纺织厂和毛丝纺织厂的全部产品的五分之一。但是应该加上这样一句才是公平的，即这个工业的一部分，而且是最有效的那一部分乃是前日的产物。这一部分就是从海底电话线的制造发展出来而现在仍包括在内的电缆的制造。

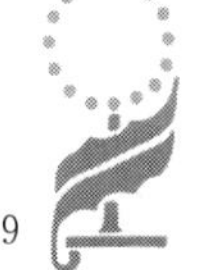

在电车充分发挥作用以前，在电力真正应用于地面上的其他 139
任何类型的有轨车辆以前，电车在街道和公路运输方面已经受到 183
了内燃机的挑衅。在 1905—1906 年，下院的审查委员会正在调查有关出差汽车和公共汽车的各种不同的问题——出差汽车牌照的请领；行驶缓慢的兜揽生意的空车，即“往来兜揽生意的汽车”的妨碍交通；以及铁路公司只允许某些特许车辆在车站停车的习惯等等。③ 它也奉命注意“机械推进的车辆的构造方面的要件”；虽则在 1906 年 7 月 31 日签署这个委员会的报告时，伦敦街道上只有

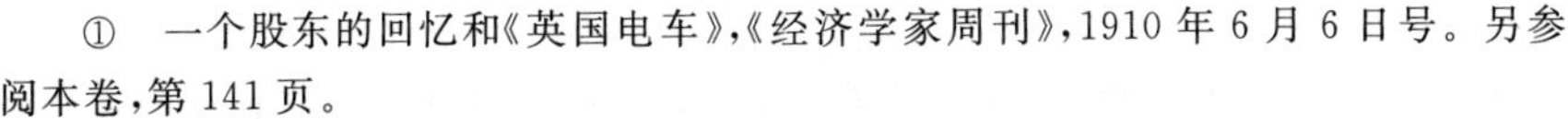

① 一个股东的回忆和《英国电车》，《经济学家周刊》，1910 年 6 月 6 日号。另参阅本卷，第 141 页。

② 《生产普查》，第 126 页。

③ 《首都出差汽车和公共汽车审查委员会》(*S. C. on Cabs and Omnibuses in the Metropolis*)，1906 年(第 7 卷，第 581 页)。

五十二辆汽车。这是不难管理的。使委员会伤脑筋的是“公用摩托车辆的突然降临和迅速增加”——公共汽车的出现。Et complebat omne forum copia motorum borum〔给市场提供大量机动车辆〕，正如那位牛津诗人所歌唱的那样。“实际上在短短一年之内”，它们的哩数，按年计算，已经增加到差一点点不到一千七百万。在1904年12月31日计有公共汽车三十一辆，到1906年7月已有五百二十一辆，这个数目，据委员会报告说，每个星期都在增长。[①]

当1887年戴姆勒第一次把他的汽油机放进一个“装有四轮的、木制的轻便游览车”时，戈兹沃西·格尼的英国蒸汽驿车已经差不多被人遗忘了。[②] 格尼没有遭到任何干涉，但是在他那个时代以后，为抵制拖曳打谷机和蒸汽复滑车的那些奇形怪状的牵引机以保护马匹起见，1865年的一项条例（维多利亚，第28年和第29年，第89章）规定凡是不用马匹的车辆，必须带两个车夫，每小时行驶不得超过四英里，并须另派一人持红色旗为先导。1878年的一项条例（维多利亚，第41年和第42年，第58章）已经取消了旗帜，但是没有取消事实上仍照例手持红旗走在牵引机前面的那个人。直到1896年这项法律（经由维多利亚，第59年和第60年，第36章）取消时为止，乘汽车的人常常违法。[③] 根据新条例，“轻

① 第10页。这位牛津诗人是戈德利。

② 胡珀：《汽车》（Hooper, W. E., *The Motor Car*）（1908年版），一本有用的综览和图画书。

③ 红色旗帜在1896年业经取消的那种普遍看法在1936年11月18日《泰晤士报》的读者来函上受到指责。但是赫伯特·奥斯汀，照他当时的称呼，对1906年的皇家调查委员会说，在1895年他还有一个持红旗的人走在前面。《汽车皇家调查委员会》（*R. C. on Motor Cars*），1906年（第48卷），询问案第6781号。

机车”得以每小时十四英里的法定最高速度在公路上行驶。地方
事务部的一项章程规定十二英里为行政上的最高速度。接着是一 140
段试验和驶往布赖顿的赛车的年月，在这段年月中，十二英里的限制并不总是遵守的。很多超过这个限制的车辆都是从大陆上进口的，欧洲是戴姆勒的出生地，那里向来没有红旗条例，而只是在很多村庄入口处张贴着合理的布告，命令所有车辆照步行的速度驶过村庄。汽油车、蒸汽车、电车都试验过了。汽油车渐渐风行起来，虽则在1905—1906年，伦敦地区有公共蒸汽车二三十辆，全国约有百辆。这些主要是由英国人，由克拉克森建造的，有少数几部是法国塞普勒特的产品。[①]

在第一次试验期间过去之后，在汽车法经过检查而牌照的领发经过调整之后，似乎英国计有领有牌照的汽车二万三千三百四十辆。[②] 这是在1904年年底的时候。当时没有一部“出租汽车”，并且，正如上文所述，在伦敦只有三十一部公共汽车。但是那些富有者的汽车有八千部是在伦敦和郊区各郡注册的。既然在那一年和前两年花费在外国车上的约有四百七十五万镑，另外花费在外国车盘上的还有七十五万镑，所以进口车在公路上所占的比例是很高的。很可能高达四分之一以上，纵使按照平均成本的较高数

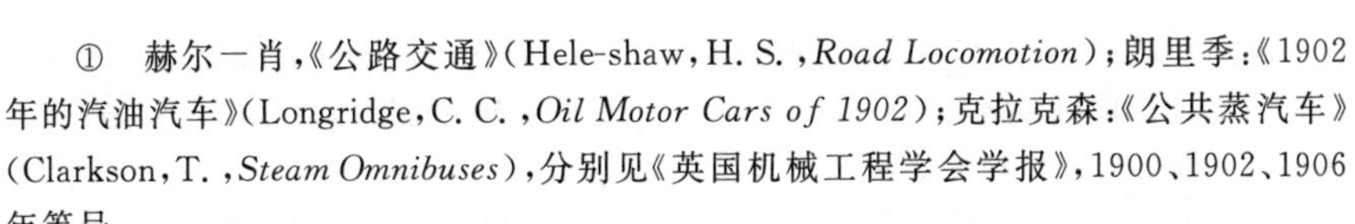

① 赫尔一肖，《公路交通》(Hele-shaw, H. S., *Road Locomotion*)；朗里季：《1902年的汽油汽车》(Longridge, C. C., *Oil Motor Cars of 1902*)；克拉克森：《公共蒸汽车》(Clarkson, T., *Steam Omnibuses*)，分别见《英国机械工程学会学报》，1900、1902、1906年等号。

② 而在联合王国计有二万四千二百零一辆。《1906年报告书》，附录甲一。这项法律业经由公路机车条例(汽车)的一项修正条例，爱德华七世，第3年，第36章予以检查。

字来计算。在进口的部件之中有戴姆勒厂的车盘;虽则自1896年以来就有一个英国戴姆勒公司,“在这个国家中……制造不用马匹的车辆或自动车的第一家公司”。[1] 英国有几家脚踏车公司和一家羊毛剪截公司——沃尔斯利公司[2]——已经改营汽车制造。一大批发明家和意志坚决的机械工程冒险家已经把他们自己和他们的理想投入这个行业。已经有少数英国人正在赢得国际声誉。[3]
141 但chassis〔车盘〕和taxi〔出租汽车〕[4]都不是英国字。这可以表明早期最好的成绩大部分是在那里作出的。但是戈特利布·戴姆勒在纪录上保持了他的首屈一指的地位。

纵使英国并未发明汽车(虽则它由于富有而买车并不后人),然而教导世人如何利用公共汽车,也许还可以功自居。至少迄今戈兹沃西·格尼还是为人所纪念的。1903—1904年的早期试验性的公共汽车——第一部是托马斯·蒂林公司经营的——都是或差不多都是在国外建造并在国外装置发动机的。三年之后,有了德·第昂、戴姆勒、阿克曼、德尔库普和布里叶等公司。但是也有了莱兰公司、克罗斯利公司、莫兹利公司和莫科姆公司;因为到1907年在伦敦九百部公共汽车之中装置英国引擎和车盘的已达

---

① 奥蒙德:《脚踏车制造的一些要点》(Ormond, F. J., *Some Points on Cycle Construction*),《英国机械学会学报》,1897年,第419页。关于在柏林制造的车盘,参阅《汽车皇家调查委员会》,询问案第1112号。

② 纳菲尔德勋爵的论文,载《英国工业全书》(*The Book of British Industries*)(1933年版),第251页。

③ 罗尔斯·罗伊斯是在1906年作为一个公共公司创立的。

④ 按Chassis是法文,taxi是德文。——译者

三分之一强。[1] 初期进行建造的那些国家迄今并未大规模使用它们所建造的东西。所费不赀的、最初不太著名的那次试验是在英国，在伦敦进行的。匆促装配起来的早期公共汽车，制造既简陋，又有嘈杂声。"姑稍假我们以时日，"工程师和公共汽车公司的发起人对他们的批评者这样说："我们和你们一样地不喜欢噪声；我们知道我们的机器有一些用得过久了，因而发出嘎啦嘎啦的声音；我们重视警察当局颁发牌照办法的精明的灵活性。"[2]"标准化一时无法指望。"[3]这只不过是实验和急就章。司机是一个月之内训练出来的，如果他们是从不怕车马往来的公共马车夫中招募而来的话。[4] "他们都是公共汽车夫，因为汽油的缘故，把络腮胡子刮掉了"，一位未刮掉胡子的公共汽车夫对他身旁的一位乘客这样说。[5] 在 1907 年以后，公共汽车的行驶和公共汽车的制造工业已经逐渐走上标准化，但是直到六年之后方竟全功。自营电车的地方当局往往不愿颁发牌照给公共汽车，使它们成为正式的竞争者，虽则未始不会许可它们充作交通辅助线。只给予电车公司以让予权的地方当局对于公共汽车牌照的颁发则比较宽。私营公司大为懊丧；作为它们的母公司或监护人的英国电车公司不得不进行改组。凡是像在伦敦那样，既没有一个完整的市营电车系统也没有

① 博蒙特：《公共汽油汽车》(Beaumont. W. W. , *Petrol Motor Omnibuses*)，《英国机械学会学报》，1907 年，一篇优秀的论文，附有由坎贝尔·斯温顿和克朗普顿上校所领导的讨论。

② 1906 年审查委员会中证人的一般调子。

③ 博蒙特：前引书，第 436 页。

④ 蒂布斯，《1906 年审查委员会》，询问案第 2434 号。

⑤ 即著者。

142 一个完整的私营电车系统的地方，新事物就容易取得成功，大的公共马车公司渐渐把马换成引擎；公共汽车开始出现于不太像农村的地区来同出租的单马马车、搬运车和游览车相竞争。[①] 英国工业牢牢地掌握了公共汽车的建造。甚至到1906年，据说英国车盘“才差不多和大陆制造的机器一样牢靠”。[②] 比较带试验性的进口货停止了，戴姆勒公司现在几乎是样样机件都在它的英国厂进行制造了。

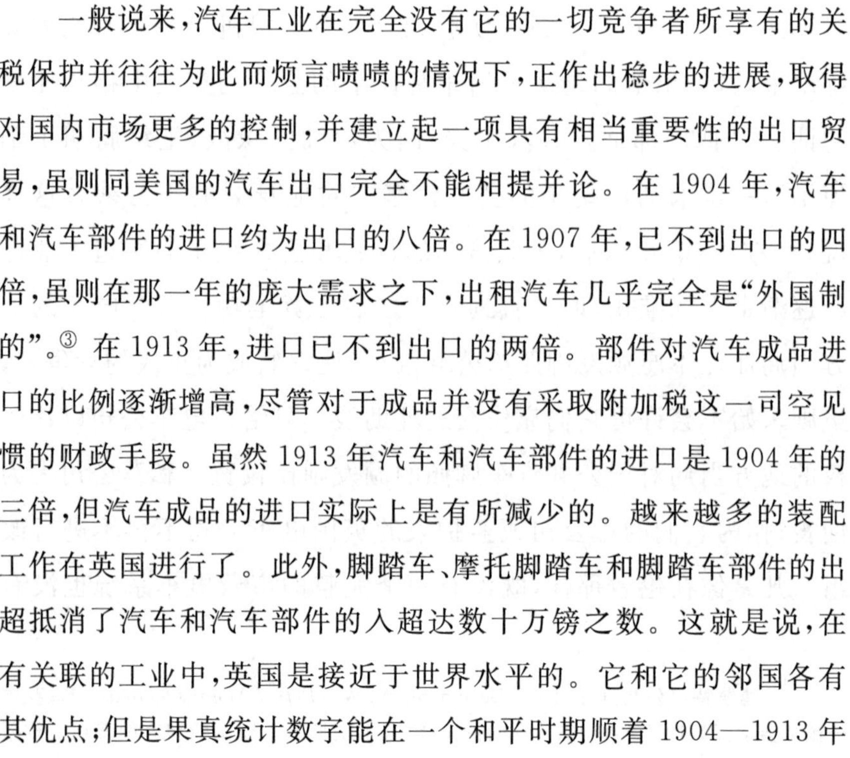

一般说来，汽车工业在完全没有它的一切竞争者所享有的关税保护并往往为此而烦言啧啧的情况下，正作出稳步的进展，取得对国内市场更多的控制，并建立起一项具有相当重要性的出口贸易，虽则同美国的汽车出口完全不能相提并论。在1904年，汽车和汽车部件的进口约为出口的八倍。在1907年，已不到出口的四倍，虽则在那一年的庞大需求之下，出租汽车几乎完全是“外国制的”。[③] 在1913年，进口已不到出口的两倍。部件对汽车成品进口的比例逐渐增高，尽管对于成品并没有采取附加税这一司空见惯的财政手段。虽然1913年汽车和汽车部件的进口是1904年的三倍，但汽车成品的进口实际上是有所减少的。越来越多的装配工作在英国进行了。此外，脚踏车、摩托脚踏车和脚踏车部件的出超抵消了汽车和汽车部件的入超达数十万镑之数。这就是说，在有关联的工业中，英国是接近于世界水平的。它和它的邻国各有其优点；但是果真统计数字能在一个和平时期顺着1904—1913年

---

① 本卷，第380页。

② 《经济学家周刊》，1906年10月27日号。伦敦公共汽车公司董事长的致词。

③ 《1907年的商业史》，第34页。

的趋势发展下去，那么无须政府的任何鼓励，它的优点到 1917 年就很会更多一些。但这不过是一个大可争议的、必然徒劳的空论而已。

汽车继脚踏车之后将橡胶工业塑造成为它的现代形式。联合王国在汽车方面虽然发展缓慢，但是在气胎方面却是一马当先，气胎是 1888 年由贝尔法斯特的一位名叫邓禄普的兽医为脚踏车发明——严格地说，重新发明——出来并由英国其他工人加以改进 143
的。[①] 在五十年代后期，橡胶的进口已经起伏于一两千吨之间。在七十年代后期(1876—1880 年)平均为七十五万吨，其中半数以上是复出口的。在戴姆勒把他的汽油机装进游览车的时候(这时脚踏车已见通用)，进口约一万二千吨，而有六千吨留供国内之用。海关职员仍然称它为弹性橡皮。在 1901—1905 年留供国内之用的平均数是九千吨左右，在 1913 年是二万一千吨。在七十年代后期，全部进口橡胶的平均价格是一先令一便士一磅：在 1901—1905 年是二先令六便士，在 1909—1913 年是三先令八又四分之三便士一磅，只有 1913 年一年是二先令七便士。在需求有限时，野生橡胶是相当便宜的；随着需求的增长，野生橡胶渐渐昂贵起来；随着热带土著因需求的缘故而受到剥削，刚果河的暴行和普土迈欧河的暴行出现了；最后，种植园橡胶的出现压低了价格并解救了刚果河和亚马孙河的人民——所有这一切都可以用来解释价格

① 斯通黑文的汤姆森在 1845 年已经领得“用空气膨胀起来的一种围绕车轮的弹性承受物”的专利证；道森：《工业全书》，第 354 页。

曲线。

远在七十年代，在弹性橡皮腾贵之前，有一个英国人把橡胶树籽从它的产地偷运出来。这不是一种生长很快的树木，在他把橡胶的树籽运往锡兰和马来亚进行试验以前，很多年已经过去了。直到三十年之后种植园橡胶方能以任何数量上市。在1900年，全世界的橡胶供应估计为五万七千五百吨。有将近半数运往英国各口，其中三分之二是复出口的。伦敦再度成为“殖民地货”的世界市场，虽则这时很少是来自英国领地的——迄今依然如此。这都是取自各种各类橡胶树但主要取自巴西原生树木的橡胶。[1] 亚马孙河供应的达二万五千吨，邻近各区所供应的共六千吨。有二万四千吨来自非洲，主要是来自刚果河一带。这是新的供应。区区的余额则来自爪哇和马来群岛。但是在1900年之后不久，人们开始把种植园橡胶和原生橡胶区分开来。在1904年，“这种‘种植园

144 橡胶’更适宜于特殊用途和供作溶解之用”。[2] 它是如此的合用以致卖得出很高的价钱。那一年最高的价钱是六先令一便士一磅，而最好的南美货——市场上的术语是“超等硬胶”——的极限价格是五先令五又二分之一便士。

在1905年和1909年之间，种植园橡胶开始慢慢奏效了。在1905年，英国的进口是二百零五吨。在1909年已达四千吨强。但是在1909—1910年这对于全世界贪婪的需求只不过是很小的一个贡献。在1907年的美国危机之后，巴西财政正处于它的一次

---

① “没有任何东西同橡胶树进行真正竞争”；古德：《植物和人类经济学》(Good, R., *Plants and Human Economics*)(1933年版)，第128页。

② 《经济学家周刊》，《1904年商业史》，第14页。

周期性的病态中。橡胶股票狂跌，花费较大的森林采集方法已停止使用。所以在1909年9月超等橡胶已达八先令八又二分之一便士一磅，而“最上等的种植园橡胶”依然以九先令七便士领先。英国的种植园财政是健全的。纵使价格跌落一半，据说“还会给大多数种植园留下一笔丰厚的利润”。[1] 由于1910年价格进一步上升，那一年所有进口的好胶、坏胶、废胶、再制胶、种植园胶和超等胶的平均价格为五先令三又四分之三便士，它们获得了一笔厚利。[2]

此后市场的压力减轻了，虽则种植园的供应增长得不够迅速来满足需求，而世界供应的真正扩大在最近将来也还是不可能的。老实说，这些供应能否保持也并无把握。[3] 但种植的树木正在长成，吉隆坡或雪兰莪采胶的日期可以提前了。1913年价格急剧下跌，虽则世界各地贸易都是活跃的。1914年下跌仍继续不止。在7月27日军队集结时，“超等硬胶”是二先令九又四分之三便士——而橡胶是战争没有把价格推升起来的极少数商品之一。1919年的价格和1914年恰恰相同。

橡胶制造工业尽管具有关键性的重要性，但根据事物自然之

---

① 《经济学家周刊》，《1909年商业史》。在1936年，“六便士左右〔的价格〕……就会使欧洲产业得到一定的利润”，罗：《市场和人》(Rowe, J. W. F., *Markets and Men*)(1936年版)，第149页。

② 这是《统计摘要》中进口货平均价格的数字。罗在《市场和人》，第182页中说：“橡胶在1910年全年之中平均为九先令左右。”这个数字，纵使正确，也只能适用于最上等的新橡胶。

③ 迟至1908年“几乎全部”供应都是“来自非人工种植的来源”；《世界橡胶业》(*The World's Rubber Trade*)，《经济学家杂志》，1908年9月19日。当时整个亚洲只能供应供应品的百分之三，其中还包括一点野生橡胶。

理绝无发展成为大规模工业的可能。在整个十九世纪中，两三千工人已经足够用了，纵使把它许多次要的用途上所需要的也包括在内。在 1901 年和 1911 年之间，人数肯定倍增，在后一个日期总
145 在两三万之间，要看所包括的行业而定。自从固立异和汉考克时代以来，在经营和企业单位的规模方面虽然有了稳步的进展，但是配制和进行硬化的各项要件并没有多大变革。[①]

在 1916—1917 年对基本钢铁工业的甚嚣尘上的物议完全不是什么新的。二十年前，温泽·理查兹，曾经在 1878—1879 年支持托马斯和吉耳克里斯特的那个人正在由他担任主席的那个机械工程师学会上驳斥有关所谓“我国冶金……工业的衰颓”的一切“坚持己见的言谈和写作”。[②] 要反驳衰颓那个笼统的指责，他是毫无困难的，但要驳斥拖沓之讥，他就会感到比较困难了。他的辩护有意无意地露出了多少有点危险的一种自满情绪。

因为美国关税的发展以及碱性炼钢法对大陆生产者不可估计的价值，英国工业飞速发展的成为过去并不是它本身的过错。1880—1885 年英国生铁的平均产量是七百八十万吨。在 1896 年，在理查兹进行辩解的那个兴旺的年份，产量是八百六十万吨。在 1908—1913 年那也很兴旺的五年之中，产量平均是九百六十万吨。这里是有发展的，但却是静悄悄的发展——同美国和德国的

① 中卷，第 42—44 页；关于 1908 年的情形，参阅前引《经济学家周刊》。

② 理查兹，温泽：《鼓风炉实务》(Richards, E. Windsor, *Blast Furnace Practice*)，《英国机械学会学报》，1869 年，第 107 页。参阅中卷，第 60 页。理查兹提及所谓机械工程的衰颓和冶金的衰颓。

那种突飞猛进大不相同。[①] 英国工业已经差不多在地理上稳定下来的局面，既不是它的过错，也不一定就是它的一个缺点。在1830—1850年苏格兰西部曾突然兴盛起来：在1850—1870年东北海岸以及北兰开郡和坎伯兰赤铁矿也曾兴盛起来。[②] 在1885年和1913年之间没有任何堪与比拟的位置的变迁。东北海岸把它全部生铁产品的份额从33％提高到了37％。苏格兰在1913年的产量比在1885年稍稍多一点，兰开郡和坎伯兰则稍稍少一点。南威尔士和蒙默斯在1885年居于第四位，在1913年仍居第四。这四个地区共占1885年铁产量的77％，占1913年的70％。[③] 相 146
对的微微下降是由于克利夫兰以外的三个地区的停滞以及林肯郡、累斯特郡和北安普敦郡阿里斯统铁石开采场熔铁量的增加。在听任它的“很多旧式熔炉”[④]冷却之后，南斯塔福德郡，连同三个邻郡的一些黑区，得利于它的生气勃勃的辅助性行业而在1908—1913年比或许原所期待的更好地保持住了自己的地位；但是随着重活计的移向河口，对它也就不能再有所苛求了。

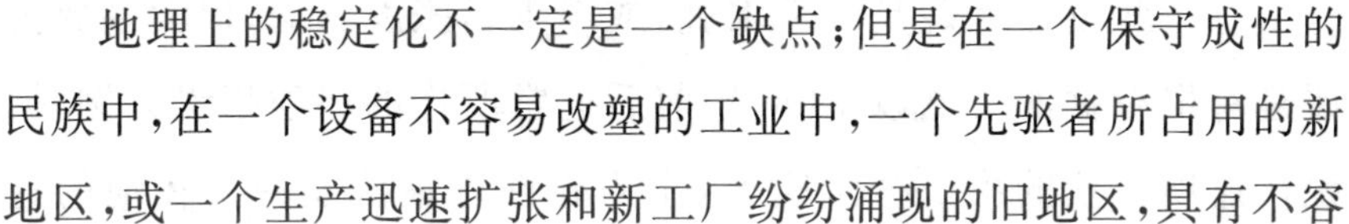

地理上的稳定化不一定是一个缺点；但是在一个保守成性的民族中，在一个设备不容易改塑的工业中，一个先驱者所占用的新地区，或一个生产迅速扩张和新工厂纷纷涌现的旧地区，具有不容

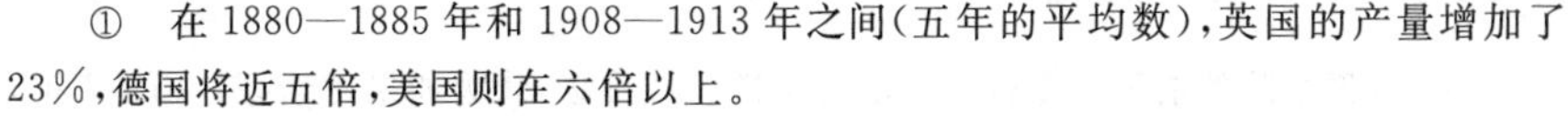

① 在1880—1885年和1908—1913年之间（五年的平均数），英国的产量增加了23％，德国将近五倍，美国则在六倍以上。

② 中卷，第47—49页。

③ 取材于年度《矿产报告书》(Mineral Returns)；另参阅《钢铁工业统计》(*Statistics of the Iron and Steel Industries*)(1926年，连同以往的数字)，钢铁制造商全国联合会印行。

④ 《1894年工厂报告书》(1895年，第19卷)，第211页。

置疑的有利的条件。[1] 克利夫兰曾经一度是新的。现在它是占优势的。既经在1892年左右拆除了这一地区最后一个较旧的工厂，又把普通熔炼办法提高到七十年代和八十年代最优秀办法的水平，它的工业登上了一个倾斜度不大的面积有限的台地。[2] 在此后二十年中，熔炉的容积因炉床扩大而增加了。所以主要熔炉的外层大小虽然简直没有变化，每炉的产量却有了稳步的上升——从1885—1890年的二万七千二百吨上升到1895—1900年的三万三千八百吨和1905—1910年的四万三千三百吨。[3] 在吹进炉床的煤气的预先加热和用以喷射煤气的压力方面都有了改进。废热和鼓风炉的废煤气有了各种不同的利用方法——诸如用煤气燃烧锅炉；把蒸气排进低压涡轮机来发电等等。但是在1900年以前变化一直是缓慢的，正如鼓风炉数字所提示的那样。在1900年以

147 后，变化也并不迅速。就当时的情况而论，怕本来就不可能是很迅速的。但是经常不断的批评和经常不断的求助于美国和德国的惯行办法足可表明步法早应有所改良了。

有一些批评无疑是吹毛求疵，或至少是张大其词；但大多数批评是有根有据的。姑以1900年前后通常所作的那项指责为例，据说在这项工业的第二个阶段上，作为碱性炼钢法发明所在地的这个国家，尽管有含磷的、非贝塞默尔矿石的大量蕴藏和非含磷赤铁

---

① 基督学院的伯恩先令曾经暗示我这样一种看法，认为如果对于现在（1937年）供应科尔比工厂的那些北安普敦矿石远在1913年以前就进行了彻底的检查并加以使用，对于这项工业和这个国家会是大大有利的。果真如此，地理上的稳定化就未免太过分了。

② 中卷，第50页和琼斯：《报酬递减》，第144页。

③ 琼斯：前引书，附录四，第282页。

矿的有限蕴藏，迄今却一直忽视了这个炼钢法。从统计上看，这项指责是凿凿有据的。此后十二三年间硷性钢产量的大幅度增加以及此后二十四五年间更加大幅度的增加表明了这一可能性。其数字(按吨计)如下：①

	钢的总产量	转炉产		平炉产	
		酸性	硷性	酸性	硷性
1901 年	4 904 000	1 116 000	491 000	2 947 000	351 000
1913 年	7 664 000	1 049 000	552 000	3 811 000	2 252 000
1925 年	7 385 000	447 000	28 000	1 969 000	4 744 000

在温泽·理查兹时代对于这种忽视所作的指责的照例答复是：凭靠从西班牙和斯堪的纳维亚半岛进口不含磷矿石的无与匹敌的地位，英国——特别是在克利夫兰和南威尔士——只要对酸性钢的需求依然如故，那么集中于他们所最了解的炼钢法就不失为允当。照例还要加上这样一点：美国因为拥有那样丰富的贝塞默尔矿石，所以也忽视了硷性炼钢法；克利夫兰的非贝塞默尔矿石既然不是取之不尽的②，所以进口贸易的背后不是没有健全思考的。这些论证都凿凿有据。此外，英国的评论家往往只是就一项无可避免的事实加以奚落——硷性炼钢法把它在竞争上的特定有利条件给 148

① 根据《1926 年钢铁工业的统计》，第 10 页。1901 年以前是没有统计数字和这些详细情节可供利用的，酸性和硷性平炉钢都是一总计算的。最高的总产量是 1917 年的九百七十一万七千吨。

② 霍登：《十九世纪最后二十五年中克利夫兰区的钢铁工业》(Hawdon, W., *The Iron and Steel Industries of the Cleveland district during the last quarter of a century*)，《钢铁学会季刊》，1908 年，第 1 卷，第 28 页。琼斯，前引书，第 145 页注中说它正“临近耗竭”。《1926 年的统计杂志》〔依据《帝国资源局报告书》(*Report of the Imperial Resources Bureau*)〕将克利夫兰的“实际”蕴藏量列作一亿九千万吨。南威尔士的蕴藏量现在是无足轻重的。

剥夺了。但令人难以相信的是，在1925年和1913年那样广泛使用的一种方法竟不能得到比1901年和更早时候的使用情形更加有利的使用。①

自从八十年代早期(1880—1885年)以来，对进口矿石的依存已大为增加，在八十年代早期，按重量计进口刚刚超过本国生产的六分之一，虽则按价值计将近半数，因为含铁量是如此之丰。在1908—1913年，进口所值超过本国开采的矿石45%，甚至单单就容积而论也不太少于半数。从技术上讲，固然没有任何孱弱的迹象，但是英国既缺乏富于含铁量的和非磷质的矿石而又迄仍非使用它们不可，这却是一种地质上的不幸和政治上的风险。

到十九世纪之末，甚至在落后的地区中，那些在七十年代把煤气白白浪费掉的旧式鼓风炉也已经绝迹了，或至少停止鼓风了。但是在炼焦炉方面类似但更加关系重要的节约办法的采用却一直是拖拖遢遢。洛席安·贝尔在1884年就已经抱怨说，“直到最近为止，”在炼焦方面“五十年来没有任何进步”。② 当时，他的企业是对于节约炼焦炉的废热和利用生产过程中价值无算的副产品的办法哪怕试作一番努力的极少数企业之一。所谓蜂窠炉，即一般使用的那种类型，是两无补益的。早已存在的外国发明的各种不同的类型却能兼筹并顾，虽则还不完善。自从八十年代起，创造发明在国外日新月异，而在英国却采用极其缓慢。除开少数几个无

① 用原有方法(在转炉上)生产的硷性钢，虽则在许多用途上是有用的，但供作船板这类东西之用却靠不住，而平炉法又非常缓慢；1901年以后硷性平炉钢的迅速采用足以表明这是早就可以做到的。

② 中卷，第51页。

关重要的例外不计，在洛席安·贝尔发出怨言之后的三十年间英国所采用的所有各种类型的副产品炉，都是刻有外国名字的。二十九年之后，在1913年，虽然有考倍式炉约二千座，奥托·希尔根斯托克式炉约一千五百座，和西蒙·卡维式炉约一千四百座，连同其他各种不同大陆式的炼焦炉，但在英国的二万一千座炼焦炉之中，蜂窠式炉仍有一万三千二百座，在这类炼焦炉上废煤气虽有时加以利用，但副产品却从未予以保存。其牌号在1913年一览表上出现的唯一著名的英国式炼焦炉就是柯林斯式炉；而柯林斯式炉却只有四十五座。[①] 这是对英国在冶金学和化学关系重大的分界 149
上的发明和适应性所提出的一个控诉，而这项控诉是非有特殊的辩解不能希望予以驳斥的。虽然煤炭副产品的保存也许不是冶金家分内的事情，但是为鼓风炉准备燃料的那种浪费的不科学的方法的普遍因循保持，自不能归咎于购买焦炭的铁公司，更不能归咎于管理公司本身燃料供应的那些人员了。[②]

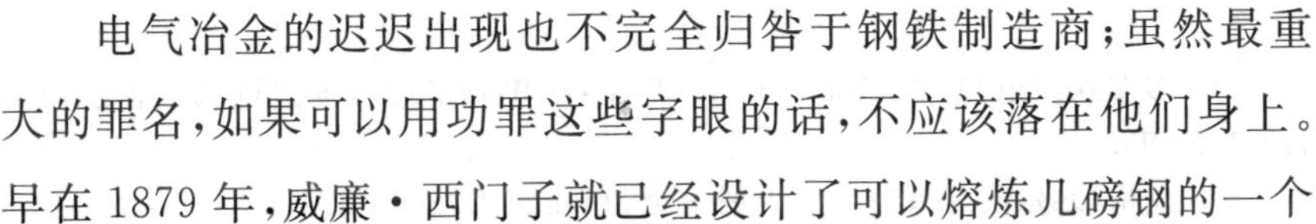

电气冶金的迟迟出现也不完全归咎于钢铁制造商；虽然最重大的罪名，如果可以用功罪这些字眼的话，不应该落在他们身上。早在1879年，威廉·西门子就已经设计了可以熔炼几磅钢的一个

① 计有并非显然外国货的辛普莱克斯式炉二百七十五座；科珀斯式炉八百一十四座；塞默特·索尔威式炉一千一百零七座；休斯内式炉三百七十四座；另“其他各类”二百九十九座。《钢铁工业的统计》，第24页。

② 在1902年，英国焦炭只有10%是从收回副产品的厂中生产出来的。《煤炭供应皇家调查委员会》(*R. C. on Coal Supplies*)，1905年(第16卷)，第9、10页。另参阅胡温克尔：《利用现代化炼焦炉的废煤气发电》(Hooghwinkel, G. H. J., *The generation of electricity by the waste gases of modern coke-ovens*)，《英国机械工程学会学报》，1905—1906年，对铁商等的讥评。在此后十年之中有了相当的进步，正如1913年的炼焦炉统计数字所表明的那样。

实验用电炉:方法是由电弧直接放热并由炉壁把热反射出来。但是由于英国在电力发展方面落后,加之英国煤的量丰而质优,以致把电气冶金的商业先驱工作让给了别国。美国人随即对电焊进行试验。伊莱休·汤姆森是他们的先驱,从大约 1891 年起汤姆森一豪斯顿电焊发电机也间或使用于英国。[①] 其他方法接踵而来,无一不是外国的。直到最后还是这样;虽则到 1907 年,在比较大的钢铁中,“几乎所有辅助项目和外圈机器”都是用电运转的。[②] 有两件关于电焊的记述,一件写于 1895 年,另一件写于 1914 年,列举了一连串的外国人名,而别无他物。[③] 自从西门子时代以来,随着电炉的出现而有了实验。在二十世纪之初它就以有限的规模制
150 造最贵重的特殊钢。但是所进行的讨论都是谈论外国的各种式样的——来自瑞典的切林式以及黑罗尔特式、斯塔森诺式、弗里克式、罗契林一罗登豪塞式——并谈论到电力如果足够便宜,在英国可以何所作为。[④]

---

① 多布森:《电焊》(Dobson, B. A., *Electric Welding*),《英国机械工程学会学报》,1894 年。

② 比格,塞尔比:《钢铁工业中的电力》(Bigge, D. Selby, *Electricity in the Iron and Steel Industries*),《钢铁学会季刊》,1907 年,第 1 卷,第 57 页。

③ 斯科特一安德森:《电焊》(Scott-Anderson, T., *Electric Welding*),《英国采矿工程学会学报》,1895—1896 年,以及希顿:《焊接》(Heaton, T. T., *Welding*),《英国机械工程学会学报》,1914 年。

④ 凯勒:《电力熔矿炉在冶金方面的应用》(Keller, A., *The application of the electric furnace in metallurgy*),《钢铁学会季刊》,1903 年,第 1 卷。哈博德和霍尔:《钢的冶炼》(1907 年,第 3 版),第 717 页,以《1905 年电力冶炼加拿大调查委员会报告书》(*R. of the Canadian Commission on Electric Smelting of 1905*)为依据;罗登豪森:《电力……制钢法》(Rodenhauser, W., *The electric... process of steel-making*),《钢铁学会季刊》,1909 年,第 1 卷。自然不过,意大利因为缺煤,所以是很早试用电力的一个——斯塔森诺在 1898 年获得了成功。

撇开在十九世纪末对硷性炼钢法的相对忽视不谈，钢铁工业是顺着八十年代原所预料的路线发展的——如果不是新的合金钢那些成为对这个时代的特殊贡献的特种钢突然取得重要性的话。制铁，炼铁者及其下手的这种产品，已经先于钢而继续下降，直到1882年原为二百八十万吨的产量降至二十世纪最初十年每年一百万吨的一个平均数为止。① 各种钢的产量，除仅仅萧条期偶有蹉跌外，从1880—1885年一百九十二万吨的平均数非常平稳地增加到1913年七百六十六万四千吨的最高额，兹图解如下：

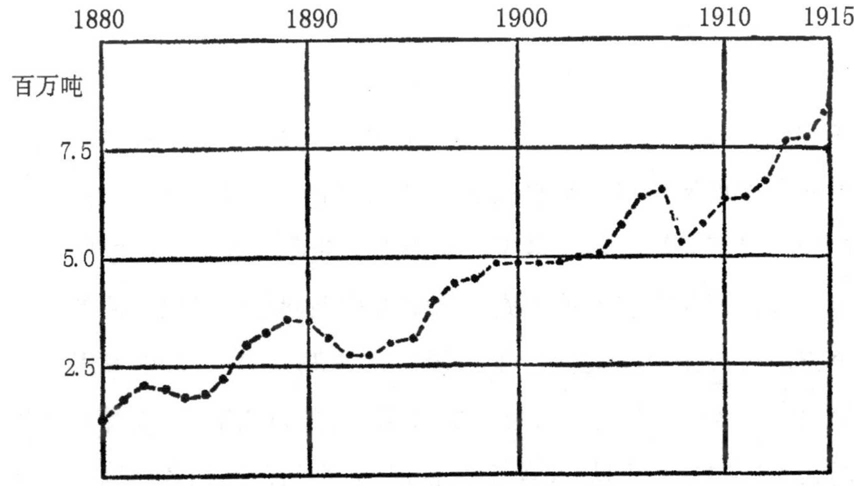

联合王国的钢产量

不再为Chemins de fer〔铁路〕、铁甲舰以至不定期货船需要的米德兰捣炼炉所生产的"高级"和"普通"条型制铁，又渐渐退居 151

① 参阅中卷，第53页，那里对于炼铁工作集中于米德兰的情形曾有所描述。捣炼法一直继续使用。

于供铁匠、铁链匠、铁锚匠等使用的原有用途上去了。

在各种钢之中，英国制造者集中于酸性钢，即贝塞默尔钢已有多年；虽则随着时日推移，在贝塞默尔转炉中制造的已越来越少，而在各种各样改良的西门子平炉上制造的已越来越多。在 1889 年，所产钢的大约一半来自贝塞默尔转炉；在 1898 年贝塞默尔去世的那一年，四分之一强；在 1908 年，仅仅六分之一；在 1913 年已不到七分之一，虽则那一年的钢产量的大约三分之一仍然是酸性的。①

贝塞默尔和西门子所抱的把矿石真正直接地炼成钢的那种幻想始终没有实现。钢不能这样制炼，但它总是呈海绵状，而不是流体，所以不适于铸造。② 甚至凭以使熔化了的钢从鼓风炉流入转炉的那种贝塞默尔的半直接制炼法，也有严重的局限性。从而生产的钢很容易缺乏钢的最重要的性质，均质。达一点是可以用一个混合机把几个熔矿炉中流出的熔液掺混起来而加以克服的。这个方法已首先成功地使用于美国的卡内基厂。1889 年采用于巴罗，1892 年也为东北钢铁公司所采用。到 1908 年，在置有鼓风炉的大工厂中这种方法“事实上是普遍”采用的。其他各厂则不得不用贝塞默尔原来在设菲尔德所用的办法——在它们的转炉或在它们的平炉中把质量适当的生铁熔化。③ 不管钢是怎样炼出来的，

① 参阅本卷，第 147 页图表，自 1901 年起。

② 哈博德和霍尔：前引书，第 291 页。

③ 库珀：《金属混合机》(Cooper, A., *Metal mixers*)，《钢铁学会季刊》，1895 年，第 1 卷；普拉特：《金属混合机未来的发展》(Pratt, A. G., *The future development of the metal mixer*)，《钢铁学会季刊》，1908 年，第 1 卷，第 156 页，所引证的短语。

把它直接注入成品的铸模里总是不聪明的。先把它制成条型、锭型或板型，然后再加热加工，以保证钢在锤炼、辗轧或压榨之下所会取得的均匀性。最上等和均质最高的钢始终是在坩埚中掺混熔化然后加以煅炼的那种钢。在所有这些过程中，在时间和操作方面的过分节约都很会把结果弄糟。[①]

惠特沃思获取均质钢的方法是在它呈现液体状态时进行压榨，这种方法在 1887 年他去世以后就淹没了。[②] 这是作为锤炼的
一种代替方法而设计的——据说是因为惠特沃思的邻居们厌恶大 152
锤。第二个代替办法是对加热的钢块施行水力压榨，这个方法也是惠特沃思所使用的，其实早在五十年前贝塞默尔就领得了专利证，但是在钢锭很小的年代，没有能取代锤炼法。现在所铸的大锭，在核心的组织结构上是松弛的。可以使小钢锭固结的锤炼有所不足了。加以继续不变的压力要好一些。压力并不能造出不同的钢，但是它却使每一个钢锭更加合用。惠特沃思钢的声誉，据他的公司的一位退职人员在惠特沃思死后三两年这样辩称，是由于它的质量，而不是由于液体压力本身或任何种类的压力，压力同“它的质量绝对无干”[③]——那是以钢锭的大部分的质量为转移

① 哈博德和霍尔，前引书，散见各页。

② 参阅中卷，第 78—79 页。

③ 戴尔上校在《土木工程学会会报》(*Proc. Inst. Civ. Eng.*)，第 98 卷(1889 年)，第 162 页所载《钢的水压处理》(*The treatment of steel by hydraulic pressure*)那篇论文的讨论中的发言。参阅卡普伦:《钢锭在铸模中的压缩》(Capron, A. J., *Compression of Steel ingots in the mould*)，《钢铁学会会报》，1906 年，第 1 卷和哈德菲尔德爵士:《生产坚实钢锭的一个方法》(Hadfield, Sir R. A., *A method of producing sound ingots*)〔不须压缩〕，《钢铁学会季刊》，1912 年，第 1 卷。

的。液体压钢是一道艰巨的工序，所以趋势是使用另一种代替办法，使用煅压来减少钢锭中的废品。

在这期间，就那些同高级钢有利害关系的人来说，科学和实用兴趣的重心已逐渐转移到合金和后来称之为特制钢的那种东西的化学问题上。钢向来很少像它的基本定义那样仅仅是纯铁和一定百分比的炭的混合物。历史上很多著名的钢都不是纯的，而它们之所以著名也许正是因为它们的不纯。陨铁，可能是人们所得知的第一流的铁，始终是以它的优异和抗锈性而为人所珍视的：它通常就含有镍。十九世纪初期，法拉第曾经试验镍钢和铬钢，他的主要兴趣是在抗锈问题上。用一定数量的锰来改良钢的办法是德国旧经验主义知识的一点余屑，于 1840 年由希思在英国领得了专利证，并于专利期满之后，经贝塞默尔和西门子加以利用。照例以镜铁形式加进去的锰使钢在任何温度下都更加可煅，并给以其他种种有用的特质。[①]

153 正在试验锰钢的时候——关于这种钢，他曾经同贝塞默尔争论了一生——一位叫做墨雪特的第二代的冶金家发明了一种钢，这种钢因为除开炭、锰和一定的硅之外还含有少量的钨，所以变得具有不寻常的质量。[②] 这是六十年代后期的事。在 1870 年他领得了专利证。但是他遭到了一个发明家照例的营业上的失败，可

---

① 哈博德和霍尔：前引书，第 394 页及以下；贝塞默尔：《自传》(1905 年版)，第 18 章；贝克尔：《快速钢》(Becker，O. M.，*High Speed Steel*)(1901 年纽约版)，和得自剑桥大学冶金系斯托克代克博士的资料。镜铁的定义是一种“含有炭和锰的结晶白铸铁”。贝塞默尔认为所有著名的旧产钢区(诸如索林根等地)都有含锰的铁矿石。

② 除上述而外，可参阅《英国人名词典》中墨雪特条。墨雪特死于 1891 年。

是没有多少年墨雪特"特种钢"或"自硬钢"就经由别人之手作为一种机械工具的原料而有效地进入市场了。在这期间，从八十年代早期起经过了大约三十年，哈德菲尔德和阿诺德在设菲尔德对无数可能的钢混合物和合金的性质进行了研究。[①] 业经得知一定分量的铝在铸造上是大有助益的。它排除掉氧，因而可以产生气泡较少的钢锭。一点点铬可以增加钢的抗张强度。镍亦复如此，也是既可防锈又可提高弹性的极限。在设菲尔德和其他各地对钨的进一步试验，证实了墨雪特认为它在钢具中具有特殊重要性的看法。在他的特种钢已经得到改良而它在使用上容易发生的实际困难也已克服的时候——在九十年代——则创造出这样一种工具，可以一分钟一百五十英尺的速度切截软钢，既不需润滑剂也不会碎裂。

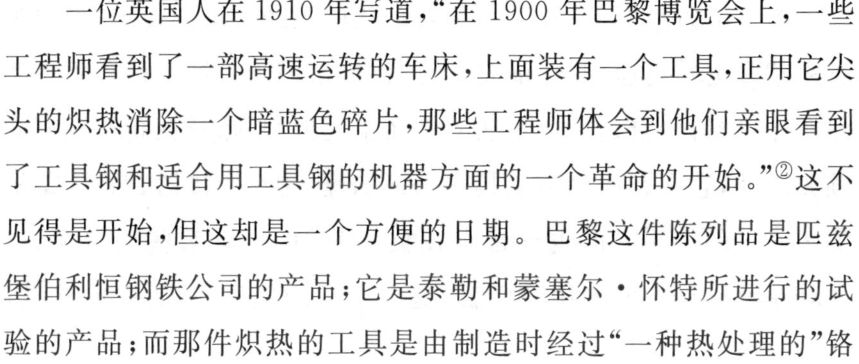

一位英国人在1910年写道，"在1900年巴黎博览会上，一些工程师看到了一部高速运转的车床，上面装有一个工具，正用它尖头的炽热消除一个暗蓝色碎片，那些工程师体会到他们亲眼看到了工具钢和适合用工具钢的机器方面的一个革命的开始。"[②]这不见得是开始，但这却是一个方便的日期。巴黎这件陈列品是匹兹堡伯利恒钢铁公司的产品；它是泰勒和蒙塞尔·怀特所进行的试验的产品；而那件炽热的工具是由制造时经过"一种热处理的"铬 154

① 参阅哈德菲尔德所写的许多论文，例如《钢铁学会季刊》，1888年，第2卷；1889年，第2卷；1892年，第2卷；1903年，第2卷；《土木工程学会会报》，1887年；另参阅英国机械工程学会合金研究委员会的报告书，见《英国机械工程学会学报》，1891、1893年等号。

② 布雷肯伯里的论文，《英国机械工程学会学报》，1910年，第929页。

钨钢制成的，而“那种热处理会把普通的钢完全毁掉”。[①] 美国的主要企业很快就认识到这些具有惊人抗性的钢的优点，并开始设计可以利用这种钢的有效工具——车床、刨、钻、铣刀等等。最初快速钢只用粗切，但是有了改进，各种工具都渐渐加速以便利用这种钢。在机械工程界比较落后的领域中，必须补充一句，的确是非常渐渐的。“革命现在已经开始”，1910 年这位英国著者继续写道，“而我却迟迟没有适应这个新制度。”[②]“在比较少数的车间中”，一个美国人在同一年写道，“大规模地利用了高速钢；在大多数车间中，只利用到一个非常适度的程度；而在很多车间中还简直不知高速钢这种东西。”[③]当 1914—1918 年迅速而准确的机械工程变成为一个生死存亡的问题时，英国和美国的设备都还大感不足。

既有节省时间、节省劳力和自动化的久经奠定的传统，美国为越来越多运转迅速和“保证安全”的机器采用于机械工程车间和造船厂作出榜样，自是理所当然的。在十九世纪，除开在高速钢方面领先之外，它在轻便气力工具——诸如锤、铆钉钉接器、钻、碎路机等等——的使用方面也远远走在英国前面。[④] 就某些用途而言，尤其是就矿场方面的用途而言，这类工具的使用，其历史的悠久，

---

① 格莱德希尔：《论高速钢的发展和用途》(Gledhill. J. M. , *On the development and use of high-speed steel*)，《钢铁学会季刊》，1904 年，第 2 卷；引句引自贝克尔：前引书，第 14—17 页。

② 布雷肯伯里：前引书。

③ 贝克尔：前引书，第 64 页。

④ 阿莫斯：《轻便气力工具》(Amos, E. C. , *Portable pneumatic tools*)，《英国机械工程学会学报》，1900 年。

在英国至少不下于美国；但是美国的普及化却早一些，英国直到十九世纪后期才步驱其后，继而步法又缓慢下来。在 1899 年，机器钉接铆钉，无论是用气力还是用电力，在英国造船厂中都还不是一种既定的办法，虽则到那时这两种形式的试验都早已成为老的一套。[①] 但是在几年之后，在 1902 年和 1913 年，从克莱塞德听到了反对自动化的那种习常惯见的怨言——凭一个气力凿，"一个孩子只需几小时的工夫"就可以作出一个成年人一天的工作：学徒正在取代着散工。[②]

从证据中可以看出，在铣刀的发展和使用上美国也是一马当 155
先的。大多数的旧机器工具——如刨、牛头刨床、凿孔机等——都是往复机：动一下，抽回，再动第二下。铣刀却是旋转的。它同圆锯、钻、装有刨刀的轮盘或割草机的操作部分也许相似。有一些事情它不能做，虽则它所不能做的寥寥无几；但是凡它所能做的，它就继续不断地做。这因为是一个明显的所以也是一个旧有的概念；但是它的锯齿和它的刀片总是出麻烦。早先它们非经常用锉刀锉不可。即使是硬度最好的钢制成的，也不例外。在 1890 年以前，这种麻烦一直是靠使用钢砂轮磨具来予以克服。伴随着各项改进，各式各样的锉刀本身也有了不少改进——"在美国和欧洲大陆上，在那两个地方现在使用锉刀的成功远远超过英国。"所谓"现

① 怀特·威廉爵士：《机械工程和造船的关系》(White, Sir Wm., *The Connection between Mechanical Engineering and shipbuilding*)《英国机械工程学会学报》，1899 年，第 161 页；另参阅中卷，第 149 页。

② 《工厂报告书》，1903 年(第 12 卷)，第 126 页；1904 年(第 10 卷)，第 101 页。

在"是指1890年。[①] 此后，锉刀在英国因大大得利于自大约1900年以来高速钢的改进而建立了信誉。[②] 设菲尔德所制造的钢不亚于世界任何地方；也许更好一点。而鉴于钢的发明的早期历史，这也是理所当然的。

虽非创始于国外但在国外成功地加以利用的种种方法和设计，尽管迟于采用但行之有效的实例，此时在英国冶金业和机械工程业的全部纪录上是不一而足的。要了解这段故事，就不应忘记外国之采用英国的设计和方法，正无异于机器时代早期的情形，虽则远不如那时频繁。在当代的许多官方和技术文献中，对于丧失领导地位的那种恼人的，虽则也许过分张大了的意识，仍然是显而易见的。无疑，对于城市电车和金属加工用的各种铣刀具有信心的一位工程师，很容易张大英国人的落后和另外一个国家非常普遍的效率。这是一种由来已久的癖性。但是当所提倡的方法带有一个外国名字时，把它的原产地和最早的有效商业应用搞错的危险也就不会有多大了。在工厂视察员的报告书中谈到如何已有几家外国熟练的企业迁移到英国，或者如何英国已经在这方面、那方
156 面或其他方面同美国、德国或法国并驾齐驱时，字里行间往往流露出一种多少有点天真的欣慰情绪和一点不大会体会错的自卑感。其中不时顺便提及英国某种公认的优越地位或认为毋庸置疑的创造发明；这一点不可忽视；但是他们的报告书给人留下的一个连串的、深刻的印象却是他们认为个别国家所作出的更加完美或最近

---

① 埃第：《论铣刀》(Addy. G. , *On Milling Cutters*)，《英国机械工程学会学报》，1890年，第528页。

② 参阅1910年布雷肯伯里的致词，前引《英国机械工程学会学报》。

已经作出的更加完美的东西有如何之多。

在 1888 年，调查碾磨硷性熔渣工厂的报告说："我们的邻人德国人是第一个认识到它的价值的。"同一年南威尔士的一项新兴冶金业也受到了注意，无缝钢管的制造——由曼内斯曼公司进行的。1896 年，在制锁之乡，"在……现在比之美国最优秀产品有过之无不及的英国翻砂厂中〔已经有了〕令人难以置信的进步"。对于压型钢迅速扩大的使用也已经从美国传来。六年之后，为制造锚链而在克拉德利欧石灌木丛安装的第一部机器是美国制的。在 1904 年，太恩塞德的一个铁工厂已经完全重新设计过：其"先进同美国拿得出来的任何东西都不相上下"。翌年又轮到德国了，"德国的方法和机器"已经大规模地介绍到设菲尔德的锉具和刀具业。"机器是高度精巧的。"①这种率直的纪录和意见俯拾即是。在工业方面取人之长补己之短的情形，英国始终不乏其例，但在利害攸关的金属加工的领域内却从来没有像 1885—1905 年那样的不胜其多。但是到 1905—1910 年前后，它在电力发展方面最为落后的情形，已逐渐消除。虽然英国电力的生产和分配组织仍然非常简陋残缺，但是现在它至少在效率上堪与比美的其他各工业国的情形也莫不皆然。

英国铝工业所以发展较晚，电力的落后是原因之一；虽则在这个场合下，其所以落后，与其说是由于缺乏企业心，毋宁说是由于

① 《工厂报告书》，1889 年（第 18 卷），第 63、141 页；1887 年（第 17 卷），第 37 页；1903 年（第 12 卷），第 39 页；1905 年（第 10 卷），第 106 页；1906 年（第 15 卷），第 111 页。

英国缺少水力和合用的铝矿石。不管原因是什么，事实却是：一个英国人直到进入二十世纪很久以后还是在几乎任何国家都可以买到比本国所制的更好的铝器。

157　游离的铝在任何地方都没有出现过，甚至氧化铝一般也处于令人棘手的化合之中。将纯铝分解出来，花了实验室化学家将近四十年的工夫。1809年汉弗莱·戴维首先从事其事，而在四十年代，格廷根的沃勒尔把它进行到底。在五十年代，德维尔在巴黎的师范学校研究出一种生产方法，这种方法后来在他的指导下曾经由洛席安·贝尔用来供应少量钢铁冶炼方面的试验用铝。[①] 据说贝尔兄弟公司每年约生产二英担。电化分析的大规模生产尚有待于电动机；1885—1886年，同时在英美两国进行的第一次商用电解法只生产出一种合金。继而在1886—1887年，霍尔在美国，希罗特在法国和英国取得了后来逐渐通用的电化分析的联合专利。霍尔开始于匹兹堡；但在1894年他迁到尼亚加拉。从1888年起，希罗特一直在多菲内和萨瓦的峰峦和瀑布之间。阿尔卑斯山区其他场所的发展相继而起。在英国，一无动静，除非铝的价格从十至二十先令一磅跌到四先令以及靠了1890年的蒸气发电试图和大瀑布相竞争的一家小公司的破产。但是在1895年出现了英国铝公司。它准备在安托里姆山区的拉恩这个不列颠群岛中发现有相当数量铝的唯一地方挖掘“明矾胶泥”（铝土矿）；在洛赫·内斯附近的福伊尔斯瀑布地方用希罗特法加以分析；然后再在斯塔福德郡的密耳顿地方将铝锭加以精炼。这是一个大三角形；但是据认

① 本卷，第153页。

为铝是如此的贵重，足可担负一些运费，并以来自福伊尔斯瀑布的粗铝锭供作翻砂之用。[1]

十一年之后，福伊尔斯仍然是这个公司的唯一英国生产中心。但是在 1907 年下半年，当这个公司的宏伟的金洛赫利夫计划正在发展中的时候，利文的临时工厂已开始生产。1908 年，在斯坦夫约德那个挪威厂址上生产也已经开始，而关于阿尔卑斯山区的一个场址的谈判则已着手进行。到 1912 年，氧化铝已在拉恩进行制造，并装运到金洛赫利夫、福伊尔斯和斯坦夫约德，而且关于额外的外国铝土矿的供应也已经作好安排。[2] 但是，英国工业，统统加 158
在一起，在 1913 年的矿产报告书也只占一个非常可怜的地位。虽有相当数量的国产铝送到翻砂厂，但是在伯尔尼采办精良轻便铝设备的那个英国山地人却故意对他自己的国家吹毛求疵。

铝锅既小而又便宜。它们的总价值，连同联合王国进口的未制铝的价值，是微乎其微的。[3] 英国没有经营这项工业的特殊天然便利；事实上是缺乏这种便利的。加拿大和其他一些地方却并不缺乏。所以从一个健全的世界经济的观点来看，甚至从一个健全的帝国经济的观点来看，当英国集中力量于它所能制造的最最精良的东西——例如船舶，在 1913 年它就出售了价值一千一百万镑的新船和价值不详的四十八万八千吨旧船——的时候，铝为什么就不应该进口，是举不出任何理由的。

① 里斯托里：《铝制品》(Ristori，E.，*Aluminium Manufacture*)，《英国机械工程学会学报》，1898 年和《大英百科全书》(1910 年，第 11 版)，里斯托里撰，“铝”条。

② 公司大会报告书，《经济学家周刊》的行业简讯，1887 年 11 月 22 日。

③ 在每月行业报表中没有另立项目，铝列入“其他金属”类中。

在八十年代早期，钢还没有终于把煅铁排斥出造船厂。在1885年，甚至还有少数锅炉仍然是铁建的。为供船骨和船板之用，“合乎劳埃德船舶事业和保险组合规定质量的钢”要贵40%以上。[①] 但是在此后几年中，这个差额缩减了。钢是由更加适合于造船厂制造品要求的一种素质构成的。早在1887年，这种软钢（低碳钢）已很快见诸应用[②]；不久钢船的优点，甚至在比铁船还稍稍昂贵一点的时候，就得到了普遍的承认。到1895年，正如年迈的贝塞默尔在他自传中不胜欣慰地指出的那样，下水船舶的98.8%是钢制的[③]——虽然不是贝塞默尔钢——包括最后一艘远洋帆船在内。为了工作的目的，走向钢的过渡已经完成了。的确，自从1900年以来，铁船的建造已经无足轻重了。

随着钢的出现和帆船的凄然绝迹，各种船只都大量增加了。
159 随着行业和旅行的专门化，船的类型也增加了——冷藏船、油船和更加精巧、更加专门化的客轮，诸如“阿基坦尼亚号”、“毛里坦尼亚号”和“泰坦巨人号”等。在远洋船舶方面经营各式各样有代表性业务的一个克莱德塞德造船厂中，七十年代下水的船舶平均是一千二百六十吨，其中许多是混合的或全铁的帆船。八十年代的平均数是二千吨，其中仍有少数三桅帆船。在1892年，这个企业将它的最后一艘钢制远洋快船，二千零六十六吨的“阿方·塞夫尼

① 中卷，第63页。

② 参阅例如1887年11月22日《经济学家周刊》行业简讯中的一项引证。

③ 《自传》，第254页；前引怀特爵士的论文，《英国机械工程学会学报》，1899年，第162—163页；《工厂报告书》，1890年（第20卷），第8页：现在船舶“几乎完全是……钢的”。

号”下水。九十年代的船舶平均是三千五百吨。[①]

在向钢船的过渡和平均船舶的增大正在进行中的时候，无论船舶还是船舶发动机的设计方面都没有任何真正的根本变革。明轮轮船不再建造供一般使用了。螺旋桨已倍长增多，并且有了改进。锅炉的压力增加了，燃料的节约仍在再接再厉之中，虽则所节约的还是蒸气煤这种旧式燃料。水管锅炉已渐渐见诸使用。船上用电，八十年代早期一项惊人的新颖事物，二十年后已经成为一种标准的惯行办法。帕森斯所有早期的涡轮式发电机都曾经在海上试验过，而他1894年的排气涡轮机在海上却特别有用。但是从发明到通用往往是很长的一步，虽则就帕森斯的发明来说或许比向来还要短些。当他在这个世纪之末将船用涡轮机贡献于世的时候，造船厂方面是缺乏兴趣的；但是若干年的试验是无可避免的，在这些年份中人们小心翼翼地注视着试用涡轮的驱逐舰、快艇和轻便海峡轮船，并以它们的性能同普通往复机相比较。[②]

在大约新世纪之初，一些主要造船厂的重新装备工作大为活跃。以气力或电力钻孔、钉接铆钉和进行其他操作的方法现正见诸通用。到1901年，东北海岸和太恩塞德的几乎所有各大公司都自行发电了[③]——帕森斯在它们中间工作——并用之于各种不同

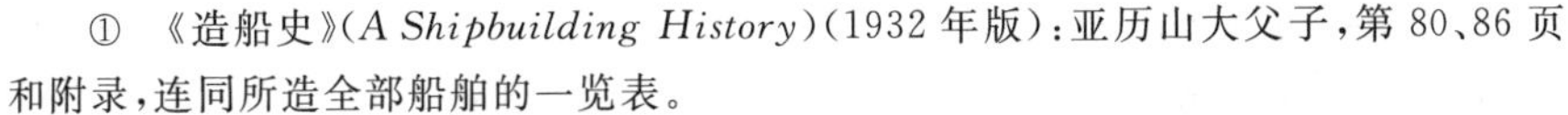

① 《造船史》(*A Shipbuilding History*)(1932年版)：亚历山大父子，第80、86页和附录，连同所造全部船舶的一览表。

② 斯蒂芬公司，举例来说，在1903年将帕森斯厂制造的涡轮机装在一艘快艇上，又在1905年装在一艘大西洋定期轮船上。在1912年他们开始自行制造涡轮机；《造船史》，第165、208页。

③ 《工厂报告书》，1902年(第12卷)，第87页，另参阅本卷，第136页。

160 的用途；因为第一流的造船厂可以负担一个规模大到足够经济的发电厂。对1902—1903年出现的自动化和“技术性失业”发出怨言的正是克莱德塞德的那些造船厂。[1]“电力生产一旦变成为一个实际课题”，那就是说在1900年以后不久，其中有一个厂的厂史作家这样写道，[2]“这个企业就立刻装置了一个大型发电厂来自行发电，并逐渐从一个完全用蒸汽推动的厂改变成为一个完全用电力推动的厂。”这样重要的，虽则不是最最重要的一个企业——它在1903年有三万四千吨的船舶完工——这样彻底地改用电力一事，经工厂视察员记录下来作为工业史上一个新阶段的征兆是不失为允当的。[3]

到那时，船用涡轮机已经完全越过了试验阶段，并且无论就各种类型的军舰或就最重要的定期轮船来说都日渐通用了。1903—1906年这几年是过渡的标志，在这几年中看到了一艘涡轮蒸汽快艇的第一次横渡大西洋（1903年），最初两艘大西洋涡轮邮船的下水（1905年）和无畏战舰的建造。[4] 这几年也是世界各国战舰和邮船使用石油燃料的有效开始的一个标志。多少年来，燃烧石油一直是以加勒比海为限。在旧日的画报上有以此作为主题的一些木刻——来自一度有拜火教徒的地方的这种半东方的奇妙事物。在九十年代在公海上开始了认真的试验。到1901年，壳牌火油公司

① 本卷，第154页。

② 《造船史》，第164页。

③ 《工厂报告书》，1903年（1904年，第10卷，第133页）并没有举出这个企业的名称，而只是说“克莱德的某一个造船厂”；但是它的所指是显而易见的。

④ 这艘快艇就是上面所提到的查尔斯·福内斯的“伊默拉尔德号”，《造船史》，第182页和第142页（邮轮）。

既自然而又适当地拥有了整整一队燃烧石油的船只。[①] 撇开很早向海军部推荐使用石油时所提出的那些特殊优点不谈，石油还有一些明显的优点。它的作用是稳定的。炉子可以关起来燃烧。往船上装煤和往锅炉里加煤这两项累死人的人类劳动省掉了。加煤时的那种汗污不见了。但是对于一个生产蒸煤既方便而又丰富，同时既没有值得一提的石油生产而目前又没有建立这样一种生产的前景的国家来说，供应问题——技术方面和战略方面的——都还有待解决。

除开又当别论的海军问题外，在英国石油和煤的真正冲突差 161
不多到 1909 年方才开始，正如燃料油进口所表明的那样。进口并不是一个圆满标准，一则因为燃烧石油的船舶自然尽可能在产油国装满各自的油槽，再则因为船舶并不是燃料油的唯一消费者。但是成为当时最高纪录的 1908 年进口的一千五百万加仑燃料同 1909—1913 年的四千八百万加仑的平均数、1914 年的二亿二千八百万加仑的战时数字和 1924 年三亿八千三百万加仑的平时数字之间的对比，可以说明一个足够清楚的故事了。1908 年，在商船队中一艘燃烧石油的船只还是一个新奇事物或奢侈品。甚至在 1913 年，包括因其经营对产油的贸易和贩运石油产品从而使用何种燃料对它们来说乃是一件特别明显的事情的所有那些船舶在内，燃烧石油的船只在全世界远洋轮船吨位中也不过仅仅占

① 奥德：《轮船的液体燃料》(Orde, E. L., *Liquid fuel for steamships*)，《英国机械工程学会学报》，1902 年；尤因：《蒸汽机》(Ewing, *The Steam Engine*)(1926 年第 4 版)，第 546 页。

2.65%。①

在同一个日期,用内燃机推动的船舶不到全世界吨位的百分之一。其中大多数是渔船和其他小船上的辅助性石蜡发动机;它们在英国领海以外比在领海以内更加常见。蒸汽拖网渔船在那里已经有了良好的基础并且是卓有成效的。在一艘帆船于风向不对时很难离开它们的断崖绝壁间的狭窄峡湾和水道的那些斯堪的纳维亚半岛上的无煤国家中,它们的渔民和海员发现辅助性马达是一种很大的便利已经有几年了。② 在这期间,迪塞尔式的重柴油机已逐渐适用于船舶。供任何用途之用都是一种比较新的事情。"经过四年的艰苦试验之后",只是在1897年,迪塞尔方始把它的第一部柴油机"在奥格斯堡厂的制造厂中投入生产"。③ 在此后四十年间,已有几千部大为改进了的柴油机提供各种用途之用,特别是,正如不出所料的那样,在德国;但是直到1912年第一部船用迪塞尔式柴油机方始装置在一艘大船"塞兰第亚号"上。鉴于北欧各国对船用内燃机所表示的兴趣,这艘船由哥本哈根的伯麦斯特·韦因公司建成自是再适当不过的。④

162 物价下跌年代的相对贸易停滞已经妨害了采煤业地理上的扩大并且打击了煤矿方面的机械化计划。1874—1876年联合王国

① 《劳埃德海报》(*Lloyd's List*)。

② 在这些断崖绝壁间的峡湾上,它们的数目使1908年一位游历其间的英国人大吃一惊,并获有深刻印象。

③ 本卷,第134页注。参阅关于煤炭节约的讨论,见《煤炭供应皇家调查委员会》,1905年,第11页及以下。一般说来,内燃机和"迪塞尔先生的更新发明"终归是经济的。

④ 尤因:《蒸汽机》,第635页。

一亿三千万吨的平均年产量到1886—1888年仅仅上升到一亿六千三百万吨，而按人口计每人的产量则简直没有提高。“近十二年来所挖掘的煤井寥寥无几”，一位富有经验的煤矿厂所有主兼资本主在1890年对机械工程师学会这样说。[①] 在现存的煤井中改进自然是有的——诸如机器的加速运转和前一代中研究出来的安全和通风方法的采用等。在切煤机方面，二十年来“很少进步”。可是电已经到来，虽仍“处于幼稚时代”，但在少数几处地方已经超过了照明和抽水的初步试验阶段。在1890年以前在南约克郡的某些矿井上，它“已经……成功地用于”地下牵引方面；但这却是一种非常例外的新颖事物。[②]

当时还有一些其他的新颖事物，在外行看来更加显见的新颖事物要求采矿工程师去考虑。其中之一就是把钢供作这样一些用途之用，而在这些用途上，过去一直是利用木材，并间或以铸铁稍稍补其不足——供作地下坑道的横梁和支撑横梁的坑柱之用。据说在1885年钢曾第一次试用于沃里克郡的厚煤层煤矿厂。十一年之后，在那里的主要坑道或回气眼中，木料已所余无几了。最初，在各煤矿厂中钢只用来作横梁。到1895年，采矿工程师在会议上一致认为他们的同行之一已经“作出了一个有力的范例，足以说明〔钢梁〕更加普遍的使用是有利的”。[③] 这显然仍被看作是一

① 《机械工程学会学报》，1890年，第361页：埃默森·班布里季。

② 同上书，第383、384页。另参阅《矿场用电部门委员会》(*D. C. on Electricity in Mines*)，1904年(第24卷)，询问案，第189号：“到1888年，它运动得很快了”，阿特金森是先驱者。

③ 摘录自汤普森所著《钢梁在矿场中的使用》(Thompson, E., *The Use of Steel Girders in Mines*)这篇论文的讨论，论文载《采矿工程学会会报》，1896—1897年。

个试验的一小部分。钢柱则更加是试验性的。作为先驱的沃里克郡煤矿厂直到1894年方始试用。两三年后，据说工人已宁取钢柱而不取木柱了；如果真是这样的话，这倒是一个至关重要的事
163 实[①]；因为矿工的保守主义往往是他直接工作环境中变革的主要障碍。在采用一种新的牵引或照明或通风系统时，他们没有发言权，如果是有效的，他们或许欢迎之不暇。但是关于矿灯或鹤嘴锄或坑柱，他们就大有发言权了。如果他们不欢喜，那就行不通。

就主要坑道中的比较显见和永久性用途而言，钢慢慢占上风了；但是矿井用木材和矿井用柱材的大量和愈益增长的进口，表明钢在很多，或许大多数场合下，无疑是由于经济或效率的种种正当理由而不曾赢得普通矿工或采矿工程师的赞同。除开由于英国林地向来生产矿井用柱材所以数量始终很大的本国供应外，这类进口从1901—1903年二百一十万罗德的平均数增长到1911—1913年的三百一十万罗德。既然煤产量的增长远不及这样的迅速，所以钢的取代木材就不可能太多。

钢的普遍采用于建筑方面，已成为时代的特征，相形之下，英国采矿业事实上已稍稍落后。它在水泥和混凝土的大胆使用方面似乎也已落后了。虽然在六十年代就有了用水泥板作为竖坑侧壁的记载，但是在1892年采矿工程师对于大陆上“如何应用人造水泥于工程作业；最近如何巧妙地利用它来凝固带水层的流沙”；以及如何“用水泥板来防止回水”等方面的“显然愈益大胆”，却仍在

① 梅利：《钢梁和钢柱在煤矿中的使用》(Melly, F. E., *The Use of Steel Girders and Props in Coal Mines*)《采矿工程学会会报》，1896—1897年。

注意之中。[1] 他们考虑到自己所遭带水层流沙的麻烦比大陆人士少一些，也许会颇以为慰。而且近来也没有人请他们开挖多少矿井。在开挖工作重又比较活跃起来的时候，他们也不常常认为有必要在开挖以前求助于波施的冻凝地层的大陆方法。到 1911 年为止，这种方法也只用过六次。[2] 在一次早期的使用中，格巴特·科尼施公司从诺尔特豪曾带来了全套的机械设备。但当时英国没有这种设备，与其说是英国的耻辱，毋宁说是他的万幸。在穿凿白云石或白垩土时，并无须加以冻凝。

无论工程师是否应该多“采用波施的办法”(多半是不应该)， 164
显而易见的是，他们都不轻易采用钢筋混凝土供作一般用途之用。迟至 1912 年，有一位教授作为“更广泛使用”钢筋混凝土的专门辩护人而前来参加他们的集会。[3] 他的听众之一承认采矿工程师对于混凝土确实比较无知，正如，他补充说，土木工程师对于矿场无知一样。翌年，在一位工程师描述他自 1908 年以来在地面下使用钢筋混凝土的试验时，他特别由于“这项新工程的”造价数字而受到祝贺和感谢。[4]

电，果不出所料，在矿场中只取得了缓慢的进展。为了讨论应

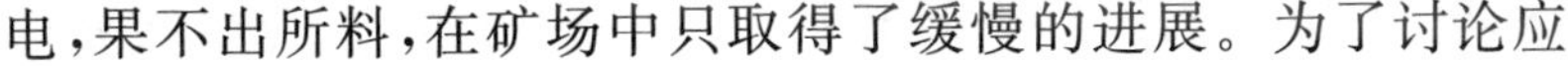

① 布拉夫:《水泥在开挖竖坑时的用途》(Brough, D. H., *The Use of Cement in shaft Sinking*)《采矿工程学会会报》，1892—1893 年。

② 威尔逊:《冰结作为一种开挖的方法的优点》(Wilson, W. B., *The Advantages of Freezing as a method of Sinking*)，《采矿工程师学会会报》，1910—1911 年。参阅中卷，第 90、111 页。

③ 狄克逊教授:《矿场中的钢筋混凝土》(Prof. Dixon, *Reinforced Concrete in Mines*)，《采矿工程学会会报》，1912—1913 年。

④ 格雷戈里:《煤矿厂中使用混凝土的范例》(Gregory. J., *Examples of the Use of Concrete at Collieries*)，《采矿工程师学会会报》，1913—1914 年。

该同电的使用偕以俱来的安全装置而在1902年指派的一个部门委员会，在1904年撰述了电“所会发挥”的非常重大的作用；问到为什么在英国没有像在大陆上所会看到的那种电力起重；并且未免画蛇添足地宣称：“这种新力能应该受到欢迎。”他们说没有一个证人对电的使用抱反对态度，如果加以适当限制的话。在电第一次试用之后二十年甚至还称之为“新力能”，这倒是意义深远的。[①]另一方面，在这二十年的早期，关于电力的远程输送还知道得不多，既然缺乏这类知识，那么电在某些用途方面的进步也就必然比较缓慢了。

在委员会的第一批证人中有本身曾经设计过电气装置的工程师。有“成千成百个”煤矿厂使用电力，这些热心的先驱者之一这样说。[②]他记得可能的用户的数目是三千。工会方面的证人对于安全装置殊不放心，但在原则上没有异议。他们知道在诺森伯兰有一部电动切煤机，在达拉姆有二十部。[③]另有少数几部空气压缩切截机。在拉纳克有四五十部机器，并不都是电动的。[④]在南
165 威尔士，没有任何一种切煤机，虽则有一小规模的地下电车。在朗达，电只用于发信号、爆破和其他次要的用途。[⑤]在南约克郡和诺丁汉少数几个煤矿厂予以广泛使用——用于抽水、牵引、照明、切截和通风；事实上用于除主要竖坑的起重外的其他一切用途。[⑥]

---

① 《矿场用电部门委员会》，第6、7、8页。

② 阿特金森，询问案第191号。

③ 博伊尔，询问案第2997号；约翰逊，询问案第3361号。

④ 斯迈利，第3181号。

⑤ 奥奈昂斯，询问案第3904号；摩根，询问案第4026号。

⑥ 马克姆的证词，询问案第4269号及以下。

1903年全国有二百三十一部电动切煤机开动,这主要是由于使用者的胆识。[①] 但是煤矿主同意代表工人的罗伯特·斯迈利的意见,认为电动切煤机在容易燃烧的矿场中是危险的。其中有一位曾认为在这类矿场中是早该禁止使用电气的。

当一位采矿工程师对他的同事说他因需要一部电动"横坑道开凿机"——来破坏"横坑道开凿工"为要求提高工资而举行的一次罢工——而不得不从美国购买时,这个委员会正在开会。[②] 一年之后,这个委员会报告说,另一位工程师描述了维斯特法利亚"近来"的阔步迈进,在维斯特法利亚,电已用于几乎每一种可以想象的用途上。他虽然在那里只看到一两部真正高功率电动起重机,但是小起重机却有很多。[③] 此后,电力就悄悄地进入了英国的煤田和煤井,虽然并没有任何可以称作革命的事物,而且有许多地区是落后的。在1912年卡纳克·蔡斯煤矿厂电气化的时候,一位负责人说:迄今在卡纳克·蔡斯煤田上所用的电力一直不如其他一些煤田多;那里所用的英国电纵有也一直是很少很少的。[④]

① 《煤炭供应皇家调查委员会》,第7页。还有四百一十二部空气机。关于机器的类型和用途,参阅中卷,第140—141页。既然在1914年英国只有7%的煤用机器切截〔《英国和外国的贸易和工业统计表》(*Statistical Tables Relating to British and Foreign Trade and Industry*),敕令第3849号,1931年,第2章,第10节〕,进步显然很慢。

② 格里夫斯:《电动横坑道开凿机》(Greaves,P. C.,"*An electrical Heading Machine*"),《采矿工程师学会会报》,1903—1904年。横坑道开凿工"在煤里开凿一条狭道……来开辟作业"等等。《职业名称词典》。

③ 布朗:《略论德国电力在矿场上的应用》(Brown,E. O. F.,*Notes on the Applications of Electric Power at Mines in Germany*),《采矿工程师学会会报》,1904—1905年。

④ 索普威思:《卡纳克·蔡斯煤矿厂的电气化》(Sopwith,S. F.,*The Electrification of Cannock Chase Colliery*),《采矿工程师学会会报》,1912—1913年。

最可以称之为革命性的技术变革或许就是在坑口处理煤炭方
166 面的那项变革。在价格大跌之前，当英国在世界市场上既无对手而节约和分等工作又无关紧要的时候，方法一直是极其简陋，极其原始的——倒煤、铲煤和车煤都带有大量的灰尘、垃圾和烂泥，虽然也总是有一定数量的手工挑拣——挑拣出石块——和手工分类。到了二十世纪，每一个稍有声誉的煤矿厂都有了机械装置，凭以在将煤炭按各种不同大小和等级发送到铁路卡车之前进行筛选、筛分、分类和精洗。但是，甚至在这一方面，据说在 1905 年德国人还是走在前面的，至少是在分类煤的推销方面：据说他们是在保证所供应煤炭的化学分析和煤块大小错差百分率的条件下出售的。[①] 据说英国在推销煤炭的准备工作方面仍“远远落后于大陆各国”。[②] 但是在本身即高峰年的 1905 年和 1911—1913 年的平均数之间英国的煤矿厂毫不费力地把它们的出口增加了 40% 以上，而在同一期间出口煤每吨的价格又增长了 20%，所以它们在销售办法方面的改革没有得到多大的鼓励；而且在国内对于外国人的任何真正竞争也毫无后顾之忧。

由于自从杰文斯在 1865 年提出他那项闻名遐迩的预言[③]以来对于全国煤炭供应前途的焦虑，或至少欲明究竟之心始终没有太平息下来，所以在 1903 年设立了一个皇家调查委员会。在杰文

① 《煤炭供应皇家调查委员会》，第 8 页。报告说，这种坑口的改进是“1870 年以后”作出的；但事实上大多数是在 1880 年以后。

② 杰文斯：《英国煤炭贸易》(1915 年版)，第 230 页。

③ 参阅例如考特尼：《三十年后杰文斯的“煤炭问题”》(Courtney, Rt. Hon. L., *Jevons' Coal Question' Thirty Years after*)，《统计学报》，1897 年，另参阅中卷，第 99—100 页。

斯的时代以后，有很多开掘是穿过煤层本身上面的地质构成而进行的；1880 年，博伊德－道金斯在试验戈德温－奥斯汀的一项地质方面的假设时，在多佛尔挖到了煤层。[①] 穿过白垩土而达到煤层，在英格兰这是第一次。在 1897—1899 年又有新的钻凿；并且正在这个委员会开会期间，肯特煤矿特许公司已开始动工。在这
以前，钻凿和煤井的开挖已经把南约克郡的有效煤田越来越推进 167
恒比尔河。1905 年以前在卡德比以东一直没有任何开掘；但是洞孔钻凿在当卡斯特稍北深达一千八百四十八英尺处和这个城镇东南偏东深达三千一百八十六英尺处挖到了“巴恩斯利矿床”。在 1904 年，在当卡斯特东北，非常靠近河口的索恩地方，钻凿工作也在进行中。[②] 有些地质学家深信在林肯郡大部分地带的下面都有煤的蕴藏，虽则是否位于可以开采的深度只能由实验予以证明。[③]

所以，鉴于杰文斯预料 1891 年所会达到的二亿三千四百万吨以上的煤炭消费量直到 1905 年方始超过；鉴于煤的蕴藏量渐渐得知比一度预料的要好得多；更鉴于消费方面还大有节约的余地，调查委员们并没有提出杞人忧天式的报告书。他们却在一件附录中刊印了一项关于 2100 年困难情形的估计；但是这项估计把 2091

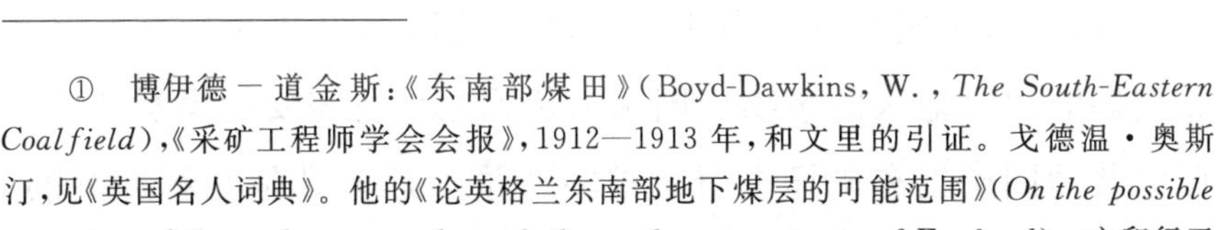

① 博伊德－道金斯：《东南部煤田》(Boyd-Dawkins, W., *The South-Eastern Coalfield*)，《采矿工程师学会会报》，1912—1913 年，和文里的引证。戈德温·奥斯汀，见《英国名人词典》。他的《论英格兰东南部地下煤层的可能范围》(*On the possible extension of the coal-measures beneath the south-eastern parts of England*)一文印行于 1854 年。他死于 1884 年。

② 《煤炭供应皇家调查委员会》，第 115 页，是以煤矿主柯勒－布里格斯的证词为依据的。

③ 著者 1902—1908 年的同事肯德尔教授所坚持的意见。

年的英国人口假定为一亿三千万，并把这段间隔期间煤炭出口的增长假定为一如1890—1905年期间那样的速度。估计者补充说，万一煤的消费量能减到二亿五千万吨一年这个差不多恰恰是1906年的数字，那么煤炭肯定足可多用四百年。稳定在这样一个数字上，目前看来似乎简直是不可能的；但是节约消费，使英国煤炭时代多延长三个世纪，却肯定可以做到。调查委员们表列了那些节约办法。[①] 如果所有发动机都能和最优良的相比拟，那么它们就可以照常运转而节省原料50％。小户动力使用者在煤矿厂和铁工厂中以及在家庭炉床上，热的浪费是公认的。现在已经有了涡轮机；有了燃料粉；并且有了供内燃机用的煤气和石油。

在紧接着1905年报告书之后的八年中，燃料节约并没有取得多大进展；但是时间对这一点是有利的。英国的煤炭产量在1913年达到了二亿八千七百万吨这个无疑将证明是它的历史上绝对最
168 高额的数字。[②] 那时，肯特煤田已临近生产的边缘，当卡斯特地区的某些妥为设计的大规模的新兴煤矿厂亦复如此。在达拉姆海岸以及在格拉摩根分别有穿过含镁白垩土而达到煤层和直挖进煤层的重要的新挖掘。整个工业，虽充满了矛盾，却是活跃的和愈益扩大的，无论是就商业或就地理方面而言。最杰出的单位的设备是令人叹服的；虽则它的性质中含有落后的边际煤井和甚至前途毫无把握的边际地区的事物。国家为长远之计所需要的煤炭消费方面的节约同矿工和矿场主所希求的产量永远上升是互相冲突的。

① 《煤炭供应皇家调查委员会》，第12页。

② 现在看上去似乎可以稳定在二亿二千五百万吨左右或更少的吨数上，而不是在最初假定的二亿五千万吨上。

可能的煤炭匮乏的前景目前是如此遥远，以致在防止各种形式浪费的同时听其各自为政的办法不但是唯一显见的方便办法，而且也是合理的办法。

自八十年代以来，铁石的开采一直没有任何重要的改变。没有任何全新的产地曾经开辟出来，虽则自克利夫兰经由林肯郡直至北安普敦和牛津这条里阿斯统和鲕状岩层的弯曲脉路上的蕴藏，已经随着旧产区煤层铁石的出现而加以比较充分的利用了。其变化如下：

	1885 年 百万吨计	1909—1913 年的平均数 百万吨计
斯塔福德郡（煤层）	1.8	0.9
苏格兰（煤层）	1.8	0.6
坎伯兰和兰开郡（赤铁矿）	2.4	1.7
克利夫兰（里阿斯统）	6.0	5.9
林肯和北安普敦（里阿斯统和鲕状岩）	2.3	5.0
其他各区——威尔士、西莱定、希罗普郡、德尔比（煤层）；累斯特、腊特兰、牛津（里阿斯统和鲕状岩）	0.4	0.9
所用的外国矿石	3.3	6.7

到 1909—1913 年，在“其他各区”之中，除累斯特、腊特兰和牛津之外所有各区作为矿石产地来说都是无足轻重的。来自坎伯兰和福内斯的赤铁矿供应已无法提高，并且也为时无多了。对贝塞默尔矿石的需求是以增加进口来满足的，在 1909—1913 年其中 67％来自西班牙，10％来自斯堪的纳维亚，另 10％来自阿尔及利亚。进口矿石含铁既丰，而除赤铁矿外所有土产矿石含铁量又都较差，所以所产的铁一半是得自外国矿石的。1913 年英国的产量是一亿零二十六万吨。其中八分之三产于东北海岸；八分之一产于苏 169

格兰;九分之一产于西北海岸。南威尔士和蒙默思生产十二分之一,黑乡生产十一分之一。[①]

关于其他金属的开采,却无可赘述,因为是一致衰落的。八个数字就可以说明问题了。

	1885 年	1909—1913 年的平均数
得自英国矿石的铜	2 800 吨	400 吨
得自英国矿石的铅	37 700 吨	19 900 吨
得自英国矿石的锡	9 300 吨	5 100 吨
得自英国矿石的锌	9 800 吨	5 200 吨

在每一个场合下,衰落都几乎是继续不断的,虽则锡终于从 1904 年四千一百三十二吨的绝对最低额稍稍有所恢复。这些都不是所要寻求重要技术改革的那些工业。康沃耳的采矿企业已经迁移到兰德或马来亚,加拿大或美国,而铅矿工则从威尔士或奔宁山谷漂泊到煤田了。[②]

煤气工业的牢固地位和原有力量如何阻滞了电的发展,上文业经备述。在八十年代中期各处都有了煤气,有了煤气机,白炽灯头也刚刚发明出来。在煤气方面第一次对新质量有了要求,期以取代五十多年前几乎人人满意的一种不带罩的灯头所发出的高度照明力。[③] 电气咄咄逼人的竞争使七百家左右的法定煤气事业布下了防御工事。其中力量最雄厚的则认定进攻乃是正当的防御。它们开始进行试验、宣传、推动并且随时听取化学家对他们所谈说

① 《统计表》,1931 年,第 2 卷,第 55—58 页,是以《矿产报告书》为依据的。

② 参阅中卷,第 104 页。

③ 中卷,第 107 页。

的关于他们副产品的价值的意见。1885 年，在白炽灯头发明后不到十年或十二年的工夫，旧式煤气灯生产得不多，没有采用白炽灯头的消费者则烦言啧啧。煤气炉、煤气灶却比原始的式样复杂得多了，各种不同式样的煤气烧水器发明出来或得到了改进。电作为“奢侈的照明”而采用于私人住宅时，照例是由煤气产生的。煤气在工业方面有了很多的而且日益增加的直接用途。它在街道照 170
明方面保住了本身的地位，最初无疑是因为街道上原装有煤气灯，但后来却是因为使用煤气既有效而又经济了。[①]

在原始的煤气制造中，“氨水”向来是一种废品：焦炭和柏油一直卖得很便宜：很多硫黄都消失在煤气中。到八十年代之末，硫酸铵是煤气厂或向它们购买“氨水”的化工厂的标准产品。1850 年在散德兰化工厂按每千加仑三先令的价格处理的“氨水”，到 1899—1900 年已经卖到四十先令。焦煤价值的上涨比它所由产生的煤更快。只有柏油曾经下跌，但是 1850 年的柏油含有当时被忽视了的苯、甲苯等等，这些东西直到 1900 年方始在管理得法的煤气中分馏出来。我们不妨认为柏油已经不是同一种柏油了，因为公司将这些分馏物卖着很好的价钱。[②]

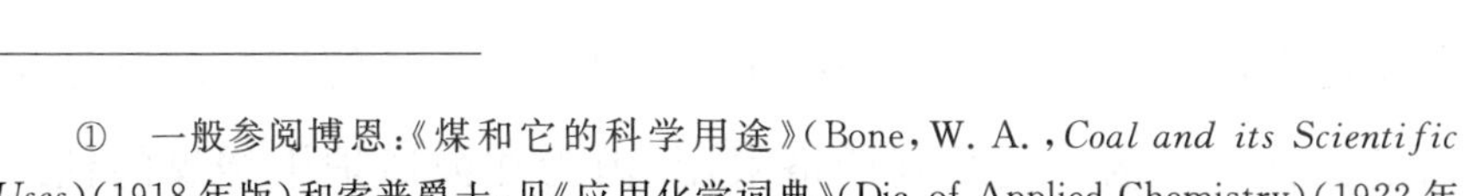

① 一般参阅博恩：《煤和它的科学用途》(Bone, W. A., *Coal and its Scientific Uses*)(1918 年版)和索普爵士，见《应用化学词典》(Dic. of Applied Chemistry)(1922 年版)，“煤气”条。

② 散德兰的数字，见《硷质视察员报告书》(*Roport of the Alkali Inspector*)，1900 年(第 10 卷)，第 27 页。另参阅《1892 年的报告书》(第 20 卷)和《1894 年的报告书》(第 19 卷)。对于柏油价格的这项可能的解释是英王学院的麦孔比教授提出的，数字是：煤，三至十二先令一吨；焦炭，二先令六便士至十先令六便士一吨；柏油，二便士至一又四分之一便士一加仑；氨水如上述。

硫酸铵的统计数字具体说明了其中以煤气厂为最重要的煤炭各式各样工业用户如何——为了农业的最终利益——被激励去节约原为废品的那个渐进过程。在八十年代中期，除煤气厂外已经有了三个供应来源：苏格兰低地上蒸馏油页岩的工厂；用煤进行冶炼并已开始节约和利用废煤气的少数鼓风炉（几乎全部是爱尔兰的）；以及业经为了同样目的而设备起来的极少数英格兰炼焦炉。（普通烧焦炭的鼓风炉是不可能有所贡献的；因为焦炭已经丧失了它的氨。）[①]在八十年代后期出现了“蒙德煤气”或“发生炉煤气”的制造商，他们先将氨提取出来，然后再将煤变成气体燃料。[②] 但是他们所贡献的数量若干年来都不确知。

171 硫酸铵嗣后产量的趋势按吨计如下：[③]

	1891 年	1897 年	1904 年	1909 年	1911 年	1913 年
得自煤气厂	108 000	134 000	150 000	164 000	169 000	182 000
得自页岩厂	28 000	37 000	42 000	57 000	60 000	63 000
得自铁工厂	6 000	18 000	20 000	20 000	20 000	20 000
得自炼焦厂	3 000	11 000	21 000	83 000	105 000	134 000
得自发生炉的煤气	?		13 000	25 000	30 000	34 000

煤气厂和页岩厂自始就是确立的工业，通常是随着需求的增长，尤其是随着海外需求的增长而扩大，因为全部产品的四分之三是出口的。铁工厂的产量受到严格限制，因为在鼓风炉中烧煤的铁工

① 参阅《1892 年的矽质报告书》中对情况的分析。

② 参阅《1888 年的矽质报告书》（第 26 卷），第 14 页中对这项“新奇事物”的记述。

③ 由《矽质报告书》汇纂而成。

厂寥寥无几。[①] 发生炉的煤气是一种不大有吸引力的新产品。炼焦炉的数字是最具有深远意义的。这表明了1904年以后收回副产品的各式各样炼焦法的采用是迅速的，虽则为时已晚，而且还只是局部的。产量提高的最后速度乃是过去有害性废品的数量的尺度。八十年代达拉姆炼焦炉喷射到空气中的四万五千吨硫黄只不过是令人难以置信的估计中的一项而已。[②]

化工业本身，连同诸如颜料，肥皂和火药之类有关行业在这个更加科学的一代有所扩大，原是理所当然的。自1881年至1891年，作为工人的雇佣者增长很慢；在1891年以后增长就快了。无论就整个集团来说，还是就其中任何一个组别来说，在1891年和1911年之间工人的数目都增加了一倍。所需要的工人总数同这些工业的经济社会重要性比三十年前更近乎一致了；[③]它们的净产量，照1907年生产调查中的估计，其价值可与所有木材加工业所生产的价值相比拟，并为钢铁业以外所有金属加工业所生产的 172
价值的两倍。[④]

① 烧煤的少数几个鼓风炉都在苏格兰。在1901年，除开两家之外，所有企业都"用生煤"冶炼。从熔炉中收回柏油和氨水的办法在1884—1885年方才开始。伯比：《苏格兰西部的钢铁工业》(Burnby, H., *The iron and steel industries of the West of Scotland*)，《钢铁学会季刊》，1901年，第2卷。

② 中卷，第51页。

③ 1881—1911年，整个化工业集团从四万七千人增长到九万六千人；化学药品（不是染料）从二万二千人增长到四万四千人；肥皂、蜡烛、甘油，从七千人增长到一万四千人。《工业关系综览》(1926年版)，第418页。

④ 《生产调查》，第21页。净产量代表在制造过程中增加到原料上的价值；毛产量则代表货物的销售价值。因为化学原料低廉而有色金属昂重，所以有色金属各业的毛产量高于化工业的毛产量。关于肥皂的商业方面，参阅本卷，第264页。

这些事实并不足以使当代人对于英国在发展适当的焦油染料工业方面声名狼藉的失败稍感宽慰。1907 年的生产调查估计各种焦油产品的产量，约值三百八十六万镑；但是其中三分之二是沥青、柏油和杂酚油这类普通原料。得自焦油的染料估计为仅仅三十七万三千镑。[①] 这类染料的进口所值已超过甚至 1886—1888 年平均数的大约 50%。在 1907 年它们的价值是一百七十万镑，此后六年的平均数还要更多些。在 1913 年，按重量计，进口是国内生产的三倍半，按价值计，或许更多。解释不下二十种，但最根本的一个却是约翰·鲍林在两代以前所提出的那个："各种不同部门的化学知识"在德国比在英国更加普及，更受重视，更得到充分利用。[②] 既凭靠知识和应用取得了优势，德国人就利用各种不同令人厌恶但司空见惯的商业伎俩加以确保——诸如廉价竞销，与顾主订立限制性合同等等。[③] 但大规模的科学工业却不是建立在这类狡猾的基础上，而它们后来也不复是德国的垄断企业。何况英国化学工业界最习闻惯见的三个名字这时已名震德国化工界，纵非名震整个亚利安人的化工界。[④]

原有以柴郡的盐层为基础并在苏打和氯的生产方面向以勒布兰法为主的重化学工业，在 1887 年以前就已经丧失了它对世界市场的控制，但是因为地点太相宜，天赋太优厚，以致非技术上有严

① 《生产调查》，第 547 页。

② 中卷，第 111 页。关于 1913 年的进口，参阅《统计表》(1931 年)，第 2 卷，第 371 页。

③ 《战后纺织业报告书》(*Report on the Textile Trades after the War*)，第 107 页——无疑是有偏见的。

④ 即布伦纳、蒙德和莱文斯廷。

重缺陷，是不会丧失力量的。[①] 不过它在八十年代早期和中期处境已极其困难。一个更加有适应力的新型制盐工业已经在米德耳兹布勒地区渐渐发展起来，并且以比之勒布兰法所制苏打更纯更 173
低廉的所谓阿摩尼亚法开始同它竞争——先是来自比利时方面的和在世界市场上的竞争；继而，自 1883 年起则是在国内市场上的竞争。[②] 据说投在勒布兰工厂中的资本有三百万镑，很多公司不能不面对倒闭的可能性。在 1887 年，硷质视察员那个超然事外的专家正以“极其敏锐的兴趣”注视着这两种方法的冲突的“捉摸不定的结果”。[③] 阿摩尼亚法在氯的生产方面迄今没有成功：所以使用勒布兰法的人们正在提高兰开郡所谓的“漂白粉”（氯化剂）的价格来补偿苏打方面的损失。用这种办法并靠了直接以液体出售的办法，许多苏打制造商二十年前以“酸雾”的形式送到空气中去的那种盐酸助了他们一臂之力。同酸雾进行了长期战斗的视察员是深感兴趣的。[④]

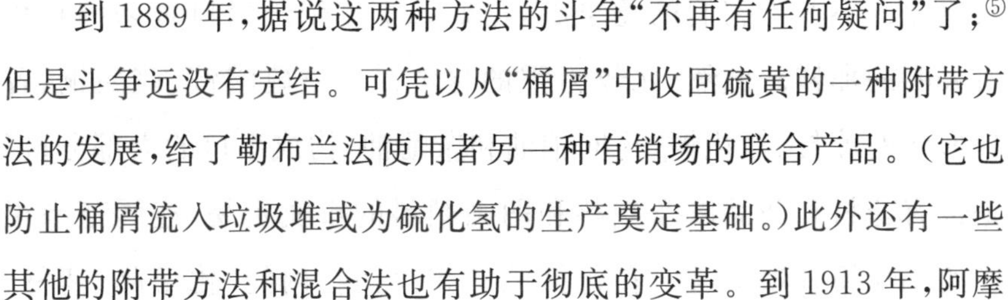

到 1889 年，据说这两种方法的斗争“不再有任何疑问”了；[⑤] 但是斗争远没有完结。可凭以从“桶屑”中收回硫黄的一种附带方法的发展，给了勒布兰法使用者另一种有销场的联合产品。（它也防止桶屑流入垃圾堆或为硫化氢的生产奠定基础。）此外还有一些其他的附带方法和混合法也有助于彻底的变革。到 1913 年，阿摩

① 参阅中卷，第 106—107 页。

② 参阅中卷，第 515 页。

③ 《硷质报告书》，1888 年（第 26 卷），第 8 页。

④ 参阅中卷，第 105 页。

⑤ 《硷质报告书》，1890 年（第 20 卷），第 13 页。

尼亚法已经在各种不同苏打的制造方面胜过了布勒兰法；靠了各种氯的副产品而存在的方法却能比与它相竞争的方法分解出更多的盐。[①] 在1899—1900年，它依然起着显见的积极作用；但是在1901年它又遭到了困难。电解刚刚“侵入硷和氯的制造领域”；英国再一次在电的方面落后了，虽则在电解方面英国有正当的专利权。[②] 到1904年美国所生产的全部氯和德国所生产的氯的65％是电解的；在法国本土是19％，而在英国则是18％。[③] 此后，电解逐渐在英国取得优势，但无论如何没有能取代从原来勒布兰法发展出来的另两种代替办法——韦尔登法和迪肯法。[④] 值得注意的
174 是，在这最后的电解时代，英国漂白原料的出口在数量上仍停滞未动，在价值上则微微下降。

但这并不是说无论重化工学还是化工业都已衰落或处于静止状态。它只不过是一个局部的弱点。这项工业是极其多样化的，尽管有这个弱点以及合成染料方面的相当失败，但在大多数方面其成效并不亚于它们的竞争者，正如二十世纪进出口贸易的趋势所表明的那样。诚然，比较粗重的化学品——硫酸铵、硫酸铜、各种形状的苏打、氰化钾，连同柏油和杂酚油，构成出口的大部分；但是也有药材和药品以及颜料和图画颜料的重要贸易，连同范围很广的小规模杂项贸易。在包括肥皂和火药在内的“化学品、药材、

① 同上书，1900年(第19卷)，第9页；关于附带的方法，参阅1890—1891年(第19卷)，第9页。

② 《硷质报告书》，1900年(第10卷)和1902年(第11卷)，第47页。

③ 同上书，1905年(第9卷)，第11页。

④ 同上书，1912—1913年(第13卷)，第59页；另参阅《实用化学词典》。

染料和颜料”这一关税分类项下的数字有如下述：

	1901—1903 年的平均数	1911—1913 年的平均数
出口	12 800 000 镑	21 000 000 镑
进口	9 000 000 镑	12 300 000 镑

虽然出口的增长比进口快得多，但是除生药材和植物染料外，自鸦片至蓝靛，有三分之一的进口货完全不是竞争性的制造品。作为一个单纯的价值问题，1911—1913 年出口的得自煤气厂和炼焦炉的硫酸铵就值所有进口合成染料的一倍以上。[①] 在如此多样化的一个贸易类别中，又在这个开放的英国市场上，竞争性制造品种类之多，原是意料之中的。1911—1913 年包括合成染料在内的这些进口制造品的价值远不到出口价值的一半，不能不归功于英国工业。这个功绩究竟有多少应该转到安排下英国诸岛及其矿藏的那些地质力量的账上，又有谁来说呢？

作为工人的雇主，纺织业已经超过了迅速扩张的时代。在
1881 年和 1901 年之间，整个集团中的人数几乎是稳定的。在此 175
后十年中出现了一次扩张，尤其是在棉纺织方面——棉纺织的工料增加了 14%。[②] 但是毛纺织业，包括织袜业在内，在 1911 年雇佣的人数比 1881 年减少了几千。[③] 杂项粗货类——诸如大麻、黄

① 出口的硫酸铵每年平均四百万镑；得自进口焦油的染料，一百八十万镑。

② 关于兰开郡区企业数目的增加，另参阅琼斯：《报酬递增》，第 277 页。自 1887—1888 年至 1905 年，它依然稳定于一千七百三十五家的最低额和一千八百一十八家的最高额之间。到 1908 年，数目是一千九百零八家，在 1914 年已达到二千零十一家。

③ 二十四万八千名和二十五万二千名。

麻和可可纤维等——一直是稳步发展的，织袜亦复如此；但是亚麻和蚕丝却逐渐衰落了。三十年间整个这一类别就业人数的净扩大是10.5%。没有更加扩大倒好。英国人民的就业一直是，并且依然是过分依存于这类工业的命运，而对于这类工业的命运它却又没有适当的控制。

在这个类别的某些较小的工业中，同就业数字下降偕以俱来的生产的绝对下降原是可能有的；但是在较大的，尤其是在纺织这个最大、最著名的工业中，却不存在这个问题；虽则甚至在棉纺织业，自八十年代后期至九十年代后期在设备和产量方面也有过一定的停滞状态。关于那番停滞和踵随而来的变动的典型数字如下：[1]

	1886—1890年平均数	1896—1900年平均数	1906—1910年平均数	1910—1913年平均数
兰开郡区棉纺锭(按百万计)	41.2	42.2	54.1	58.2
大不列颠所产的棉纱(按百万磅计)	1 458	1 576	1 707	1 964

纺锭的迅速增长恰恰开始于1905—1906年，而于1907年达到了繁荣的最高峰：在两年之内有九十五个新纱厂和八百五十万个纺锭涌现出来。[2] 织机的相应增加也偕以俱来。在1815年和1913
176 年之间，就全国而论，纺锭增加了40%，织机增加了39%。[3] 它们

① 琼斯：《报酬递增》，第275、277页。

② 《工厂报告书》，1907年(第10卷)，第113页。现在纱厂太多了，《工厂报告书》，1910年(第28卷)，第83页。

③ 《1885年的工厂报告书》(1884—1885年，第71卷，第1087页)和《统计表》，1931年，第2卷，第191、195页。

也变得更加快速，更加有效了。除开美国之外全世界大约半数的纺锭和半数的动力织机是在英国。[①]

由轻便而又近乎美观的钢骨建成的二十世纪的纱厂和它们的旧邻居迥然不同，规模也平均大得多。随着旧式的小厂完成了使命，典型的纱厂扩大了一倍以上，自1884年二万五千纺锭的一个单位发展到1911年六万纺锭的一个单位。但是织造公司的典型规模——纺绩和织造通常是分别营业——却发展很慢，从三百二十五台织机仅仅发展到四百七十五台。[②] 在这两类厂的任何一类的内部都没有出现革命性的事物。每一种东西都更精良、更快速了——虽则机器是新型的；但其中也有很多不是。各式各样细微的调整和改良不一而足。环锭精纺在1885年还很少使用，到了二十世纪却是一种公认的方法了。[③] 但是环锭精纺机不过是旧式帽锭精纺机的一个变种；在美国已经奠定基础达半个世纪之久；但在1913年却肯定有四分之三以上的纺锭仍然在走锤精纺机的游架上移进移出，走锤精纺机自罗伯茨时代以来已大有改进，操作的尽美尽善几乎和机器不相上下，但是自八十年代以来则不过有些细枝末节的改善而已。[④]

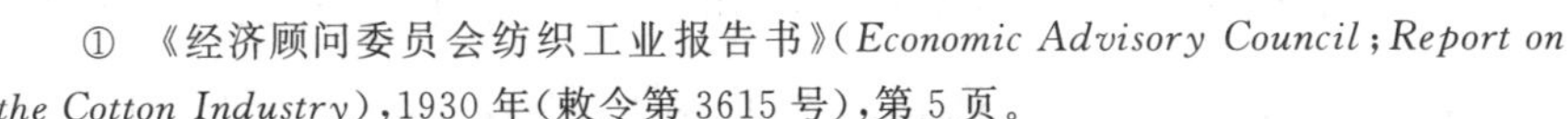

① 《经济顾问委员会纺织工业报告书》(*Economic Advisory Council; Report on the Cotton Industry*)，1930年(敕令第3615号)，第5页。

② 查普曼和阿斯顿：《以纺织工业为主的企业规模》(Chapman, S. J. and Ashton, T., *Sizes of Businesses Mainly in the Textile Industries*)，《统计学报》，1914年。

③ 查普曼：《兰开郡纺织工业》(Chapman, S. J., *The Lancashire Cotton Industry*)(1904年版)，第71页。关于它的早期历史，参阅中卷，第13、80页。

④ 1913年没有精纺机和环锭的完备统计数字；但在1924年环锭还不到联合王国纺锭总数的四分之一，而且这个总数同1913年的总数非常接近。《1931年的统计表》，第2卷，第191页。

关于织机的争论历时很久，结果并未引起重大的变革。美国（又是美国）已经制造出迄今所设计的最最不假借外力的织机，其自动化已达到如此的程度，以致通常称之为“自动机”。它无须每经过一段期间就停下来换上一梭新纱；它要么是“自行来回移动”，机械地调换空梭，要么是自行添换新线“团”。[①] 后来经过改善，五六十台这类的机器可以由一个人监管。甚至在1900年前后，以每一织工四台织机为最高限程的兰开郡，听到了十台、十五台和二十
177 台之说，不禁满腹狐疑而且大不以为然。[②] 它“对于这个问题以及如何方为得宜，展开了大辩论”。对于它的最精细和比较精细的织造来说，“自动机”肯定是不适合的。“自动机”所适合的领域是平织的、比较粗的、标准化的被单布。虽则它想要保持它在贸易的这一端的旧有份额，但不幸的是，诺思普罗式自动机虽终于在兰开郡本地制造出来，然而它所使用的各种类型的自动机总共不过一万五千台，而美国号称四十万台。[③]

除开“自动”织机和英国也进行制造的环锭织机外，美国为绕纱、打结和穿纱等次要工序曾经贡献出并且实际上装运来一些灵巧的机器；但所有主要的机器都是英国制造的。[④]

在二十世纪初期，在棉纺工业和毛纺工业中分别进行了用电力运转的试验。1904年据报告伯恩利已经有了一个用电力运转

---

① 诺思罗式这种最著名的自动机是属于第二类的。

② 查普曼，前引书，第32—33页和1900—1903年《曼彻斯特卫报》和《纺织纪录报》合订本。

③ 《战后纺织业报告书》，第51页。

④ 同上。

的织布厂，翌年又据报彭德耳伯里有了一个电力运转的七万五千枚纺锭的纺纱厂。[①] 大约同时，在兹利附近首次试行利用电力来运转梳毛机。[②] 但是在这两种工业的任何一种之中都没有取得巨大的进展；虽则到 1914 年，织机的电力运转已经用于毛纺工业的几个“最现代化的企业”了，但是 1918 年的查报人却注意到“在兰开郡电力很少用于运转纺织机器”。[③] 这种对电的忽视究竟是多大的一个缺陷，却是一个讨论的问题。从社会的观点来看，肯定是的。清洁、宁静以及轴系和轮带的全副阙如，都是有利于电的说明。但是在缺乏大规模中央电力站的情况下，电仍然是比较昂贵的。最精良的纱厂蒸汽机是非常有效的。煤很低廉。动力成本在一磅纱的价格中所占的比例微乎其微；所以要使动力方面的变革具有经济上的吸引力，就非证明能大幅度节省开支不可。而在 1905 年和 1918 年之间棉纺厂建厂运动的最后一次非常活跃——
活跃过度——的时期，甚至在新建的纱厂中，电的利弊也还是在权 178
衡之中。[④]

在毛纺工业中没有类似的活跃期，而只有贸易兴隆时一般的扩建、改良和间或出现的建厂。约克郡石方建筑的工厂是耐久的。

---

① 《工厂报告书》，1905 年，第 136 页；1906 年，第 147 页。

② 《工厂报告书》，1912—1913 年（第 25 卷），第 62 页所说梳毛机的电力推动是新颖的一节是不正确的。1905 年或 1906 年我在约克郡电力分配的一个先驱者所拥有的毛纺厂中就看到，并且当时已不太新。

③ 《羊毛年鉴》（*The Wool Year Book*），1916 年版，第 303 页，和《战后纺织业报告书》，第 51 页。

④ 威尔逊：《电在纺织工厂中的运用》（Wilson. H. W.，*The electric operation of Textile Factories*）以及从而在《机械工程学会学报》，1909 年，所引起的讨论。

它的机器亦复如此；在工业的每一部门中都有很多旧机器，尤其是在较小的毛纺厂中。[①] 在比较大和比较进步的毛纺厂中，有了很多种的改进，能率的提高也不一而足，但是没有任何根本的变革。大约同时，关于自动机的试验也有所闻，如在兰开郡。[②] 在此后十年或十二年间，为平织呢和毛丝布的织造采用了大量的自动织机；[③]但是它可以作有利使用的范围在毛纺比在棉纺方面更加狭隘。环锭在毛丝纺像在棉纺中一样地流行起来；但它不过是更加广泛使用的"帽锭"和"飞锭"的一种代替物。三种主要类型的梳机没有任何根本变革；并且除开自动机外，也没有任何可以称之为织造方面的新原则的东西。机器单位——纺锭、织机和梳机等等——的总数恐怕很少变化；但是随着先是这一种继而又是那一种类型的机器的产品风行起来，在各种不同类型的机器之间的变动则是经常有的。主要的变动是从呢绒变到毛丝布，从精纺机上的纺锭变到针织机上的锭子。这些机器单位所织造的东西既如此不同而运转的步调又如此不同——或闲置期间的长短是如此不同——所以关于它们的数目的记载是不会有用的，纵使有记载可供利用。事实上，1904 年以来的三年，全无记载可供利用。[④]

棉和毛的工厂纺织是早已形成并在八十年代已比较确立的两
179 项工业。针织业则处于过渡和发展阶段中。在 1890 年仍存在有

① 参阅《工厂报告书》，1903 年，第 79 页，论及约克郡的旧织造机器。大约在那时，著者在兰开郡一家号称百年老号的小件头织造厂中，看到一部旋转织机。它正在织造红带。

② 自动梭织机，在哈德兹菲尔德区；前引 1903 年《工厂报告书》。

③ 《羊毛年鉴》，1916 年，第 329 页，说自动织机是"广泛"采用的。

④ 机器统计没有收集。在 1931 年的《统计表》上也全副阙如。

那号称五千台的手力运转的针织机，[①]但是不像大多数残存的手力织呢机那样，设置于僻远的苏格兰群岛或威尔士山谷中，而是在中米德兰针织区本地——可说是在兰开郡。甚至十一年之后，一位工厂视察员还指出："新式自动针织机既然只能用动力操作，"[②]在庐舍和作坊中残存的手力运转的机器肯定会趋于绝迹。工厂制度还只是在形成或完成阶段中。工厂的规模大小不等；因为比较简单的厂是轻型的，随着发动机的通用，拥有一部煤气发动机的针织厂亦复如是。需求是如此旺盛，以致尽管有节省劳动的机器，这项工业的加工材料还是年有增加。[③] 工料在1911年比1881年增加了56%——但是它的工人人数却减少了19%。针织机，据工厂视察员在1905年报告说，"正慢慢地但毫无疑问地"排斥着成年男工。[④] 这里有了像一个世纪以前它们"录用童工时"在主要纺织工业中曾经发生过的那样一种变革。不过现在录用的童工不是那样年轻，并且没有那种"辛酸的眼泪"，而多半是从不卫生的庐舍和针织作坊吸收到一项经过试验而又有成效的检查法控制之下的工厂中去的。至于男工，人数的下降并不比工人的自然死亡更快；所以他们并不是被逐出这个行业，而不过是把他们的一些孩子安置到

① 中卷，第99页。

② 《工厂报告书》，1904年，第42页。

③ 据估计，在1907年《生产调查》和1912年《生产调查》之间，产品的毛值从八百七十二万六千镑上升到一千二百零四万镑（《统计表》，1931年，第2卷，第308页），而在这期间原料的价格并无多大变动，若说有什么变动的话，那就是正趋于下降。1912年的调查既由于战争的缘故始终没有完成，所以它的结果不能供一般利用；至于针织业调查的结果，则恰巧是可供利用的。

④ 《工厂报告书》，1906年，第65页；另参阅中卷，第120页。

另一个行业而已。

原来的针织机器都是英国制的，但十九世纪和二十世纪初期的却不是了。视察员在1903年所写到的新式自动机多半是美国货。1864年取得专利的那种英国线袜针织机一直是广泛使用的：但是各种更加自动化的类型和织造“时髦”和“无缝”袜的机器却是美国制造出来的，正如原可逆料的那样。[①] 美国人以这类轻巧机
180 械装置见长。德国人则制造出一种重要类型的几乎全部钢针——德国的线袜工业是最最杰出的——连同一些机器。在1913—1914年所使用的机器总数一半左右是进口的。“国内外机器制造商之间的竞争，加之制造商和机械师之间的合作”，使机械得有继续不断的改良。只有“除旧务尽”，这些企业方能始终“保持现代化”。[②] 处于这种横逆但具有刺激性的国际气氛中，这项工业保持住并增加了它的活力和适应力。

在纯丝和亚麻工业衰落和针织业伴随粗纺织工业而发展起来的同时，英国在人造丝这项工业方面有了一个虽则为时已晚但既迅捷而又成功的开始。“制造”丝不存在任何化学上的困难，已为人所共知有很多年了；但是商业生产却很需要一些技巧和耐性。法国人对此深感兴趣是理所当然的。到1880年左右，沙多内把硝化纤维溶解在酒精和乙醚里，从细孔中抽出胶质，晒干成为纤维，并将纺成的纤维改制为纤维素，从而产生一种有销场之丝——销场是如此之畅，以致在早期就卖到十先令一磅。另一种在化学上

① 《战后纺织工业报告书》，第102页。

② 同上。

不那么迂回曲折、不那么耗费的方法相继而来——格兰兹托夫法是将纯化的纤维素溶解在氢化氨铜中，纤维胶法则是用苛性钠和二硫化碳加以处理。用这两种方法产生的胶质都是用和沙多内差不多的方法加以处理的。[①]

只要能保持高价，像十九世纪的情形那样，在法国、德国和瑞士就会有很多试验性的生产；但是总量似乎一直微乎其微。价格的下跌毁掉了很多生产者。正在进行试验的英国注视着这种趋势。[②] 已经变成常例的攫取专利地位的国际纵横捭阖的现象以及照例的对专利权的购买，都是存在的。考陶尔德的强有力的蚕丝公司开始了试验，一个信誉昭著的陈年老号为先发制人起见不惜 181
以改革者自任，以应付来自革命性改革方面的竞争，这还是工业史上一个罕见的事例。到 1900 年，英国的第一个重要工厂已在考文垂附近的沃耳斯顿开工。[③] 九年之后，考文垂地区人造丝工厂的工人已有二千名。[④] 在考陶尔德的手里，以克罗斯、贝文和比德尔的成绩为基础的纤维胶法变成占支配地位的、几乎唯一的英国生产方法。甚至在人造丝变得完全雅观大方以前，在布莱德福女衣料工业和其他方面就有了一个很好的市场。[⑤] 结果，到 1913 年，

① 《实用化学词典》(1926 年版)，“蚕丝”条。在《工厂报告书》，1901 年，第 249 页中对于沙多内法有一明晰的非技术性叙述。

② 在 1890 年左右，克罗斯是这方面的试验的一个先驱者。阿姆斯特朗：《克罗斯的评价》(Armstrong, H. E., *C. F. Cross, An Appreciation*)《泰晤士报》，1935 年 4 月 22 日。克罗斯变成纸业的一位顾问。

③ 《工厂报告书》，1901 年，第 249 页。

④ 《工厂报告书》，1910 年，第 38 页。

⑤ 参阅立刻就开始注意到“人造丝”的《羊毛年鉴》。

英国的产量已两倍于法国，而只稍稍低于德国。美国、意大利和日本迄当时为止，尚无足轻重，英国产量则是世界已知产量的整整四分之一，尽管当时的世界产量，如以嗣后的标准来衡量，还是微不足道的。[①]

皮靴和成衣制造，像袜类制造一样，正继续不断地、虽则始终不是彻头彻尾地过渡到机器控制之下，过渡到工厂。手工业工匠和承接订货的厂外加工的裁缝和制靴匠连同补鞋匠都依然存在，但数目却日趋减少了。手工业中数以千计，或许以万计的一般使用机器的女服裁缝和女裁缝，情形亦复如此；但是在 1911 年人口调查时在这些类别的每一类项目所申报的妇女都比 1901 年人口调查时略有减少，虽则在这十年之中人口已增加了几百万。在整个这段期间最显见的就是为大雇主进行“厂外”加工的制靴匠在六十年代开始的那次衰落的继续不已。迟至 1892 年并且在利兹那个使用机器的城镇(如果还有过这样一个城镇的话，它就不失为一个)，精制“中等坚牢度的重型”皮靴的“将近一半的活计”仍然是在家中完成的。[②] 在大约那个时候，北安普敦郡的制靴村充满了厂外加工工人。到 1904 年，这些人或他们的接班人已经大多数集聚
182 到时髦的新工厂去了。[③] 起初，在那个地区，正如事实上一般地区一样，只有靴的上部是工厂制造的，“成品制造”则由鞋匠师傅在家内进行。但是到 1887 年，像韦林伯勒那些保存了这个制度的地

---

① 《统计表》，1931 年，第 2 卷，第 296 页。

② 中卷，第 94—96 页。

③ 《工厂报告书》，1905 年，第 6 页。“十或十五年前”这个村庄充满了厂外加工工人。

方，已渐渐把生意丧失给像克特临郡那些整只皮靴都是“在厂内”制造的地方。[①] 但是 1889 年在拥有三千人口的朗茨这个小城镇上，军用皮靴的活计是分别在二百六十个场所进行的，其中甚至根据工厂作坊条例得称为作坊的场所还不到一百处，虽则整个这一区的“作坊”正在装置煤气发动机，将很快地变成“工厂”。[②] 工厂条件对于许多工人来说，如福祉的来临；但是在习惯于“作坊的恬静”的人们之中，因工厂的嘈杂声而引起神经系病症的风传也时有所闻。[③]

美国在机器制靴方面一直是领先的。[④] 在机械化和自动化方面它也总是走在前面——并且到十九世纪之末，已经制定了现代工厂制靴业所凭赖的那多种号码、半号码和“调整号码”的制度。美国男靴的进口开始使英国的现行进口增加起来，英国的进口原来是以法国和奥国的女靴为主的。在 1890 年和 1900 年之间，皮制鞋靴的进口从出口的六分之一强增加到了将近半数。到 1913 年则是整整一半。此后对外贸易的趋势如下：

	皮制靴鞋					
	1900 年	1903 年	1906 年	1909 年	1912 年	1913年
进口（百万镑计）	0.69	0.94	0.84	0.74	0.84	0.84
出口（百万镑计）	1.48	1.84	1.94	2.29	3.97	4.19

自由贸易主义者已完全准备就绪，他们正在为以不屈不挠的精神

① 《工厂报告书》，1888 年，第 58 页。

② 《工厂报告书》，1890—1891 年，第 15 页。

③ 《工厂报告书》，1897 年，第 38 页。

④ 中卷，第 96 页。

进行自由竞争所获得的这个令人鼓舞的效果的突出事例而祝贺他们的国家和他们自己。① 在一个价格上涨的时期，进口的价值在整整十年之中(1903—1913 年)却一直下降，而出口的价值则增加一倍以上。工厂制度已经普遍化了。美国的方法和机器业经采用，并且按照英国的条件予以调整，其结果几乎在各方面都是圆满的。1913 年在联合王国每百双靴鞋之中恐怕没有一双是美国制的。

但是美国还是——通过它的机器——掌握了英国的这项工
183 业——掌握开始于 1900 年左右。到 1913 年，据说大约 80％的制造公司有许多以美国为原产地的重要机器都是向一家公司采购的，②这家公司虽然在资本和经营管理方面英国占一半，但是它的决策中心——与普通股票的控制权相一致的表决权——却在美国方面。凡是比较不可少的机器，这家公司概不出售。它是按照极为巧妙的一种严格办法出租，致使租赁人难以在其他地方从事其事。评论家承认它显然没有牟取过分的利润，并且它那种看上去不失为仁慈的专制制度事实上“对米德兰制靴业的发展也作出了不小的贡献”。③ 小企业主很容易用租来的机器着手经营。但甚

① 《英国皮靴的胜利》(*The Victory of British Boots*)，《经济学家周刊》，1913 年 5 月 3 日。

② 《战后机械工程业》(*Engineering Trades after the War*)(1918 年)，第 32 页；《托拉斯委员会》(*Committee on Trusts*)(1919 年)，第 28 页大概是引证前者，所以不是这项百分比的一个独立来源。两项记述对于现仍(1937 年)实施的这个制度都是吹毛求疵的。

③ 《机械工程业》，第 33 页。我从一位和这个企业有关的人士那里得到了一项类似的陈述，这个人自然不能看作是一个十分公正的证人。关于利润并不过分的说法。见于《托拉斯委员会》，第 28 页。

至不失为仁慈的半外国性质的专制制度在自由的国度中也不十分为人所欣赏。

在成衣业，一如在制靴业，工厂和作坊年复一年地倍长增多。1881 年，利兹这个作为开路先锋的城镇共有七八家工厂。到 1891 年它已经有了五十四家，其中比较大的一家在厂内雇佣的工人达一千二百五十人，此外还有一百五十家作坊和一大批厂外加工工人。[①] 诚然，随着新兴工厂使否则会是小小女服裁缝、女裁缝或缝纫妇的那些人依附于它们自己，在很多城镇中厂外加工工人都有了稳步的增加。这类人可能依附于单单一个工厂，也可能轮流为几个工厂做工。为某一类活计——也许是为完成马甲的最后一道工序——而这样拥有自己的一批从属的厂外加工工人的大厂，会认为为另一类活计而同承揽生意的作坊主进行交易是方便的。在伦敦、利兹和曼彻斯特这类批发成衣业的大本营，作坊主往往是犹太人。[②]

早期的工厂一般已缝制“衣服”，即男式衣服，或总而言之，男子穿着的东西。女帽和女服制造厂也相继出现。九十年代是女罩 184
衫和女裙的伟大时代，在这些年出现了大量这类的东西。[③] 在男装裁缝业有越来越多名义上承接订货的店铺——虽则不是伦敦西头的那些——把它们的货交给利兹或曼彻斯特的工厂去缝制。[④]

① 中卷，第 92—93 页。《工厂报告书》，1892 年，第 16 页。

② 《工厂报告书》，1895 年，第 185 页。在利兹的亲身观察，1902 年及以后。

③ 《工厂报告书》，1903 年，第 143 页。这个行业“不再像过去完全是原来那样典型英国式的一个‘男装裁缝缝制’品类的行业了”。

④ 《工厂报告书》，1905 年，第 136 页。

在整个这段期间，缝纫的异常方便使得各种成衣工厂和作坊保持它们的厂外加工工人都是经济划算的——它们的厂外加工工人不外是独身妇女、患病或失业工人的妻子，连同“照例选择舒适工作”但为制装费而出卖廉价劳动的正式工人的女眷。[①] 在这期间，工厂机器和工厂手艺的质量不断提高。起初，货物总是很粗陋的，无疑是旧式成衣的直接继承。“成衣”渐渐失去了维多利亚时代那种既低廉而又不合身的含义。到1909—1910年，一位工厂女视察员“不胜诧异地看到这些工厂中的工人做出了多么精巧和真正漂亮的活计”，而这位女视察员原应该是一位合格的鉴定家并且一上来还显然多少带点旧有的偏见的。[②]

这同一位视察员冒险提出这样一项意见，认为洗衣房工作“将来〔会〕列为妇女行业中的最好和最有技巧者之一”。[③] 三十年前当洗衣妇仍然俯身于她的万能桶上的时候，原不会有一个人冒险作这样的预测，但是动力、工厂组织和工厂法，连同有组织的教育方面的一点点帮助——到1909年伦敦郡议会设立了一个洗衣学校——正在逐渐提高这个水汽濛濛的行业的地位：一方面在提高地位，一方面则降低从事于这个行业的人数。在1851年人口调查时英国洗衣妇曾经有十四万五千人。[④] 到1911年，英国人口已经加倍，而当时只有女“洗衣房工人”十八万人。（人口调查员已经摒弃了“洗衣妇”这个旧有的简单名称。）直到1881年为止，洗衣妇一

① 《家庭工作审查委员会》(*S. C. on Home Work*)，1908年(第8卷)，第4、5页。

② 《工厂报告书》，1910年，第124页(佩特森女士)。

③ 佩特森女士，同上书。

④ 参阅中卷，第24页，它们在选列的职业一览表上的地位。

直是和人口齐头并进的；实际上比人口的增加还多少快一点，正如相适合的情形那样。在 1881 年有很多大的手工洗衣房，但是节省劳动的机器洗衣房却寥寥无几。在这类比较大的企业中或为这类企业劳动的只有一小批工人，整个英国不过三千六百名。在 185
此后三十年间工厂洗衣房的降临是由洗衣房男工从三千六百到一万三千的上升和洗衣房女工和洗衣妇从十八万九千到十八万的下降标志出来的。但是直到 1900 年以后妇女的人数方始不再增加，这是从九十年代起大蒸汽洗衣房的积极创立的一个直接结果。[①]这类洗衣房中的机器，或机器的概念，"几乎完全是从美国"输入的。[②]

在食品工业中并不曾有过革命性的改革，而只是在八十年代中对于已知和已用的原则和方法加以完善和迅速应用。在 1881 年和 1889 年之间，面粉厂经过一些初步的动摇之后，已经翻过来了。[③] 1885 年，一位经营风力面粉厂出身的约克郡人，已经在霍尔把第一部三重膨胀的发动机安装在一个配有新式滚筒磨粉机、"离心筛粉机"和其他自动机器的蒸汽面粉厂中。[④] 这种机器经过了改良和增益并且越来越集中到其他大口岸的面粉厂中，这些面粉

① 《1911 年的人口调查》。《总报告书》，第 270 页：职业，1881—1891 年。关于蒸汽洗衣房的发展，参阅《工厂报告书》，1901 年，第 187 页。

② 特巴特：《蒸汽洗衣机》(Tebbutt，S.，*Steam Laundry Machinery*)，《机械工程师学会学报》，1898 年，第 268 页。

③ 中卷，第 89 页。

④ 参阅《兰克家族史》(*History of the House of Rank*)(广告)，《泰晤士报》，1933 年 11 月 23 日。另参阅本卷，第 219 页。

厂靠了它们的设备和地点，正逐渐把内地的无论风力或水力面粉厂排除在行列之外。这个过程是渐进的，但却是非常有把握的。在内地的某些地方，由于及时采用了蒸汽推动，新型机器以及靠近铁路而不是靠近河流的厂址而挽救了地方性的面粉工业。剑桥就是这样一个地方。那里的英王面粉厂和纽讷姆面粉厂不再磨粉了；1900 年车站面粉厂开始以新法磨粉。但是在离开河口或离开往来最为便利的河流和运河相当远的地方，大型面粉厂照例是罕见的。曼彻斯特的运河面粉厂以及当卡斯特、塞耳比和约克——姑举几个相宜的地点——的新式水边面粉厂虽然保持了它们的重要性；但是二十世纪所有最大的面粉厂都是在口岸附近，在格拉斯哥和伯肯黑德、加的夫和巴里船坞、布里斯托尔、伦敦和霍尔。[①]
186 如果一个公司管理一个内地的和一个河口的面粉厂，那么第二个肯定是比较重要的。[②] 在它们远溯自威廉一世土地清丈时代的厂址上，成千上万的村庄磨粉厂暂时还承接一点点磨粉工作。继而它们或许只为当地的牲畜磨一点饲料了。最后，轮子多半停下来并且朽烂了，除非它有土地清丈册时代拉丁文中所谈说的那个传奇中的轮子的罕有的幸运，并且暂时用来发电。[③] 大多数风车的翼也停下来了。很多脱落下来，很多旧风车倒塌了，直到收藏家开始把它支起来作为适合于博物馆陈列的东西。这两类风车在 1914 年仍有少数在旋转，二十年后的确还有，但是这个国家却主

① 参阅《工厂报告书》，1910 年，第 104 页；1911 年，第 22 页。

② 例如布特耳的兰克面粉厂就比设在布拉克伯恩的那个厂的规模大两倍多。

③ 基普林：《在水闸的下面》(Kipling, R., *Below the Mill Dam*)。它终于变成了一个水力涡轮。

要仰给予每小时的生产潜力达三十、五十、八十、一百甚至更多袋面粉的口岸面粉厂来饱腹了。

在八十年代中期已经有了冻羊肉和冻牛肉或冷藏牛肉的正规的进口贸易;但规模很小,很新,而且经营这项贸易的设备也不令人满意。在 1886 年有将近三万吨的冻羊肉运到英国港口,其中有差不多三分之二是来自新西兰的:只是在 1880 年才有来自澳洲的第一批到货。[①] 也有将近四万吨冻牛肉或冷藏牛肉运到,其中 97%来自 1874—1875 年方开始装运的美国。从拉普拉塔河已有少量运来;但是就这种航程较远的南美运输和航程很远的澳洲运输而言,贸易还有待于船上冷藏舱位的进一步装置以及这种装置中温度均匀性的发展。温度问题对于冰冻的东西比对于仅仅冷藏的东西较易解决,所以澳洲羊肉贸易的发展,除澳洲气候和英国需求所造成的限制外,没有受到任何阻碍。但是若干年来人们总认为在当时不完善的冷藏条件下,拉普拉塔河或澳洲的航程对于冷藏肉来说未免过于遥远。[②] 1894 年开始从澳洲,1901 年开始从阿根廷试运冷藏牛肉。但是发现货载有损坏和发霉的情况,所以直到二十世纪以后货运方能正规化和仅仅担负平均损失的风险。继而南美轻而易举地超过了要迅速供应其本身迅速增长的人口的美 187
国。经过自 1896 年至 1907 年一段相当平稳的时期之后,自 1908 年起美国冰冻和冷藏牛肉的装运一落千丈,并且从此没有恢复。到 1910 年,七分之五的进口牛肉——这时有三十五万吨——来自

① 中卷,第 90—91 页。

② 克里切尔和雷蒙德:《冻肉贸易史》(Critchell and Raymond, *A History of the Frozen Meat Trade*)(1912 年版),第 17 章,《冷藏牛肉贸易》。

南美，而南美所装运的半数以上又是比较可贵的冷藏货。冷藏舱位这时已很充裕，并且完全有效。羊肉的冷藏始终没有成功：原因之一就是肥羊肉总归变色。[1] 幸而羊肉的冰冻和融化都令人满意。进口已从1886年的三万吨上升到1910—1913年的二十五万吨，其中百分之二是来自新西兰的。[2]

水果冷藏这个比较复杂的问题也正在研究中，其所以比较复杂，因为羊腿是死的，而苹果却是活的，并且是有呼吸的；关于这些问题，有待于学习的还很多。

在面粉业逐渐奠定于新基础而借重科学和机器的食品保存日益完善的时候，人类最早的手工艺，陶器制造，也慢慢走向不妨称之为它的现代机器时代的阶段。陶工久已集中在他们的雇主的场所了，所以甚至在1870年普通陶器厂所雇佣的工人就比普通毛纺织厂多。[3] 甚至在韦季伍德时代以前，燧石和其他原料就在水车和风车上碾磨了。韦季伍德是安装瓦特式蒸汽机的第一个工厂主，他利用或打算利用蒸汽机来碾磨、捶捣和掺和胶泥。[4] 风车碾磨变得普遍起来；但是直到十九世纪，大多数原料都是"用水搅拌的"，这就是说用手掺和，很吃力地"用手挤进"，并且也是用手把胶泥块揉来揉去以求其整块组织结构的均匀一致。在真正器皿造型

---

① 《冻肉贸易史》，第247页。

② 《年度贸易报告书》中的1910年以前的统计数字扼述于克里切尔和雷蒙德，前引书，附录9和11。

③ 中卷，第117—119页。

④ 托马斯：《陶器工业和工业革命》（Thomas, J., *The Pottery Industry and the ludustrial Revolution*），《经济季刊》（历史），1937年。

方面能以代替人工的第一部机器到了1844—1845年方始出现;[①]但并不是一部重要的机器。蒸汽渐渐用来推动陶工的轮具,正如
不出所料的那样。[②] 为了便利或取代挤捏工作的机械搅拌器和 188
“捏土器”分别出现于六十年代和七十年代。[③] 在七十年代以前,新机器时代不能说已经开始——风车和轮具都不是新出现的。到1875—1880年,在所有大企业中,轮具都是动力运转了。少数几种简单的圆形器皿——所举的例子是“便盆”——实际上是机器制造的。[④] 节省劳动的,虽则不是机械的“铸造”方法——把胶泥浆注入一个吸水的石膏模中,以代替把胶泥压挤进去的办法——已经知道了,但未加广泛利用。直到十九世纪之末,这种方法方始迅速推广。[⑤] 几年之后挤压器同它展开了斗争,所以它始终没有普遍通用。在十九世纪二十年代有些澡盆仍然是靠手工用胶泥块造成的,“有的使用铸模,有的则不使用铸模”。[⑥]

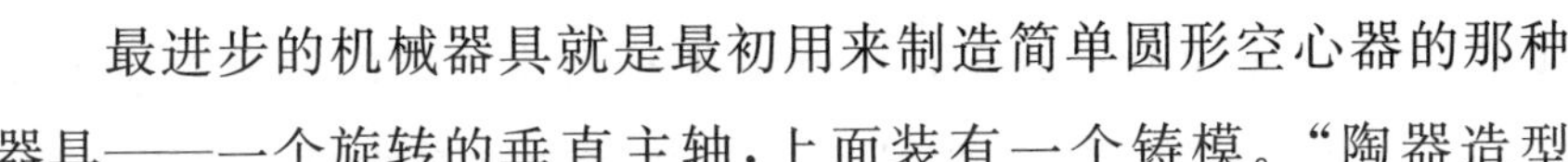

最进步的机械器具就是最初用来制造简单圆形空心器的那种器具——一个旋转的垂直主轴,上面装有一个铸模。“陶器造型

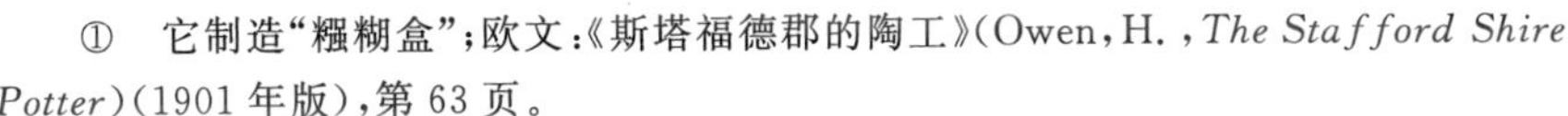

① 它制造“糨糊盒”;欧文:《斯塔福德郡的陶工》(Owen,H.,*The Stafford Shire Potter*)(1901年版),第63页。

② 托马斯所主张的“工业革命”的日期比一般所承认的为早,他在前引书,第408页,没有举出1816年以后的任何日期。但是他已经清楚地说明了供作碾磨之用的动力的早日的广泛使用,并且他所指出的“在工厂大门以内蒸汽动力一度用……轮具”一节,也表明了趋势,虽则没有举出日期。

③ 沃伯顿:《陶器业工会组织史》(Warburton,W. H.,*The History of Trade Union Organisation in the…Potteries*)(1931年版),第196页。在1927年,“最高档货”仍然用手工压挤,《职业名称词典》,“压挤”条。

④ 沃伯顿:前引书,第191页。

⑤ 沃伯顿:前引书,第195、207页。

⑥ 《职业名称词典》,“澡盆制造工”,“卫生器皿制造工”条。

工”(“jollier”)把胶泥的“毛坯”压进塑造“便盆”等器皿外形的空心铸模中,并将一个“内形模”装在一个夹子上来塑造内形。然后他站在旁边调节速度,直到一个杂工来把铸模和器皿一并送到炉子里。后来,主要是在1900年以后,[①]车床造坯工用稍稍加以改良的同样方法来制造平浅的器皿——诸如盘、茶碟之类——但需要更多的手工:他要按照真正陶工的办法用手来打磨表层。[②] 这两种工序都和真正陶工的办法没有多大差别:陶器造型工之于旧约时代的陶工比精纺机纺工之于安娜女王时代的纺绩工更要接近得多。何况机械造模和车床造坯以及所有其他机械方法都推广得很
189 慢。任何“灾害性的顶替劳工的情形”都从没有发生过,[③]这部分是因为在新世纪中卫生器皿工业发展很快,虽则1912—1914年的典型家庭澡盆仍然是铁制的——但是里层却加搪瓷,而不像过去那样上漆了。直到最后,很多陶器厂工人依然保有史学家把它同工厂时代以前的劳动联系在一起的那种对本人的时间和行动的支配权。“在习惯于兰开郡棉纺织工业的那种气氛的观察家看来,似乎”他们“上工和下工差不多是随心所欲的”。[④]

在陶瓷业人类满足于轮具已有数千年之久。在印刷业,十五世纪的发明几乎毫无改进地一直服务到十九世纪——有些甚至于到进入二十世纪以后很久。铅字铸造靠手工,排版靠手工,印刷也

① 沃伯顿:前引书,第195页。

② 《职业名称词典》,“车床造坯工”条。

③ 沃伯顿:前引书,第198页。

④ 托尼的导言,沃伯顿:前引书,第12页。

是靠手工来进行。但是鼓励变革的刺激已经来自现代报纸对速度的要求。在1814年11月29日《泰晤士报》宣布“自印刷术本身发明以来同印刷有关的最重大的改进”时，[①]它是指凯尼格和鲍尔的蒸汽印刷机而言，这是所印报纸能比以往加快四倍以上的第一部印刷机。在1830年以前，阿普尔加思和考珀这两位在凯尼格机器上操作的《泰晤士报》的机械工程师，已经将这个速度增加到五倍。1830年的速度又在1848年的阿普尔加思的滚筒机上增加了一倍，在这部滚筒机上，铅字破天荒第一次不是平放而是装在一个滚筒上。霍伊式机，滚筒原则的一种美国发展，经《泰晤士报》于1857年加以试用。四十年后，一种除名称外几乎全然不同的创造物，非但取代了阿普尔加思式机，而且取代了阿普尔加思式机的继承物，《泰晤士报》本身所发明并于1866年领得了专利证的那种一度著名的沃尔特式滚筒机。[②]

在为快速机器生产所取得的这些发展之中，其他报纸早时也
以适当的距离步随于《泰晤士报》之后。后来，其中有一些至少是 190
靠了购自美国的机器而同印刷所广场齐头并进的。在这段期间书籍的印刷简直没有什么变革，虽则在十九世纪的下半叶动力已渐渐地，非常渐渐地应用于印刷机。

---

① 《泰晤士报印刷全书》(1930年版)，第15页。凯尼格只是因为在德国得不到财政支援才来到英国的。1817年他和鲍尔回到德国，并在符次堡附近的奥贝尔泽耳建立了迄今仍以他们的名字命名的那个公司。施纳贝尔：《十九世纪德国史》(Schnabel, F., *Deut. Gesch im Neunzehnten Jahrhundert*)(1934年版)，第3卷，第283—284页。

② 《泰晤士报印刷全书》，散见各处。另参阅勒格罗和格兰特：《凸版印刷术》(*Legros, L. A. and Grant, J. C., Typographical Printing Surfaces*)(1916年版)，和《大英百科全书》，“印刷术”条，赫塞尔和索思沃德撰。

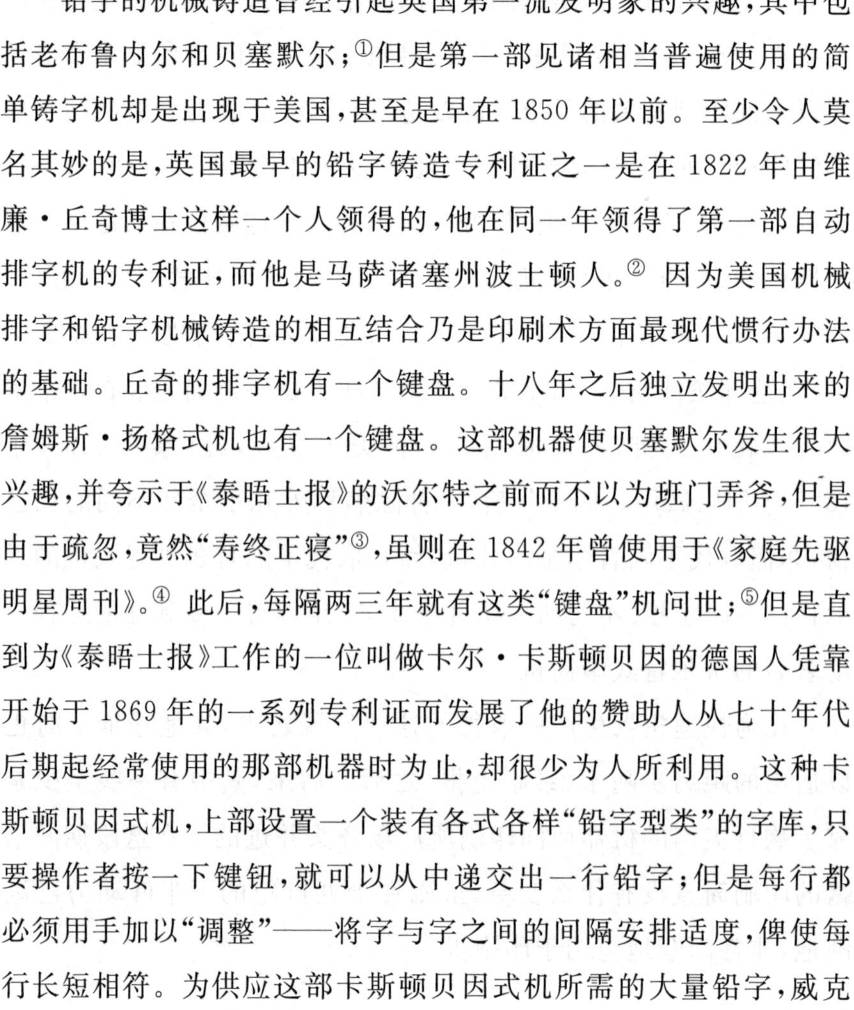

铅字的机械铸造曾经引起英国第一流发明家的兴趣，其中包括老布鲁内尔和贝塞默尔；[①]但是第一部见诸相当普遍使用的简单铸字机却是出现于美国，甚至是早在1850年以前。至少令人莫名其妙的是，英国最早的铅字铸造专利证之一是在1822年由维廉·丘奇博士这样一个人领得的，他在同一年领得了第一部自动排字机的专利证，而他是马萨诸塞州波士顿人。[②] 因为美国机械排字和铅字机械铸造的相互结合乃是印刷术方面最现代惯行办法的基础。丘奇的排字机有一个键盘。十八年之后独立发明出来的詹姆斯·扬格式机也有一个键盘。这部机器使贝塞默尔发生很大兴趣，并夸示于《泰晤士报》的沃尔特之前而不以为班门弄斧，但是由于疏忽，竟然“寿终正寝”[③]，虽则在1842年曾使用于《家庭先驱明星周刊》。[④] 此后，每隔两三年就有这类“键盘”机问世；[⑤]但是直到为《泰晤士报》工作的一位叫做卡尔·卡斯顿贝因的德国人凭靠开始于1869年的一系列专利证而发展了他的赞助人从七十年代后期起经常使用的那部机器时为止，却很少为人所利用。这种卡斯顿贝因式机，上部设置一个装有各式各样“铅字型类”的字库，只要操作者按一下键钮，就可以从中递交出一行铅字；但是每行都必须用手加以“调整”——将字与字之间的间隔安排适度，俾使每行长短相符。为供应这部卡斯顿贝因式机所需的大量铅字，威克

① 贝塞默尔的父亲，安东尼，曾为卡斯龙刻字型；勒恪罗：《铸字和排字机》(Legros, L. A., *Typecasting and composing Machinery*)，《机械工程学会学报》，1908年。

② 勒格罗和格兰特：前引书，第321页。

③ 贝塞默尔，转引于勒格罗和格兰特：前引书，第325页。

④ 《大英百科全书》。因妇女可以使用它，所以男子讨厌它。

⑤ 勒格罗和格兰特：前引书，第325页。

斯在八十年代和九十年代为《泰晤士报》逐渐完善了一部具有非凡效率的滚筒铸字机。①

但是为取得最大限度的速度和效率，键盘、铅字铸造和行列的调整不能不结合起来。在八十年代，奥特马尔·默根撒勒在纽约，191
托尔伯特·兰斯顿在华盛顿对这个问题进行了研究。默根撒勒最早的一批专利证是1884—1886年的那一批；兰斯顿的专利证则是在1887年一起领到的。结果是排铸字和自动排浇机的出现和推销这类机器的美国公司的成立。键盘和铅字铸造之间的联系是兰斯顿为排浇机在这样一种设计中找到的，这种设计可以远溯到杰卡德式织机，实则可以追溯到更远——追溯到以其洞孔支配嗣后机械行动的一种多孔卡片或纸条。② 在1868年，沃临顿的麦凯已经把它用于排字机。键盘操作者打出洞孔。在把多孔纸条送进熔化了的活字金正待注入各式各样铸模的铸字机中之后，它就决定活字金注入哪些铸模及其大小和间隔；由单个铅字构成的一行调整妥当的字形就及时铸成了。在排铸机——一台单一的机器，而“这种”自动排浇机则是两台——中，键盘可以让铸模从类似于卡斯顿贝因式机铅字库的一个铸模库中直接跳到位置上；自动调整成行；活字金则自动注入铸模，于是一整行的铅字便铸成了。

排铸机主要是供印刷报纸之用，其单个铅字便于样稿正误的自动排浇机则主要是供印刷书籍之用。

最早的一种排铸机是在1889年运到英国的。但是报馆以外的印刷商却“迟迟没有接纳”任何一种机械排字的“观念”。③ 二十

① 参阅前引勒格罗文，《机械工程学会学报》，和威克斯所参加的那次讨论。

② 勒格罗和格兰特：前引书，第327页。

③ 《泰晤士报印刷全书》，第12页。

五年之后，不但书籍，而且比较好的周刊和杂志还大部分是用手工排版的；虽然手工铸字已经绝迹，商业出版物的手工印刷也已濒于绝灭。据估计，在1915—1916年，全世界约有自动排浇机五千部，而排铸机和其他整行铸字机则有将近四万部。[①] 英国究占多大比例，不得而知；但全世界既包括美国在内，则英国所使用的自动排浇机的数目一定是比较小的。[②]

所以在现在人人能够阅读的一个国家中，机器取代印刷工人
192 的问题是不存在的——一般不存在的。自1881—1911年这三十年中，印刷工人的数目增长了131%。造纸工人的数目增长得没有这样快，但是和全国人口增长的速度还是不相上下。纸张产量的增长自然快得多，从1880年的大约二十九万吨到1907年（有估计数存在的一个可作比较的最近的年份）的大约九十万吨。[③] 增长并不是由于任何技术性的革命。当时只有现存各种类型机器的一般改进、扩大和加速。[④] 重大的变革是在原料方面。在五十年代类似于烂布荒的情形之后，六十年代一直是以西班牙和北非芦苇草的进口作为救济办法。[⑤] 这种芦苇草的利用变成了英国的特长。1871年，常常讨论如何加以利用的木纤维，据说第一次作为“机械”木浆出现了——仿佛是嚼碎的木材。那时如何保全木纤维

① 勒格罗和格兰特：前引书，第572页。

② 保守成性的剑桥大学印刷所在1910年10月置办了它的第一部自动排浇机。

③ 斯派塞：《造纸业》（Spicer, A. D., *The Paper Trade*）（1907年版），附录九和《生产调查》，第599页。

④ 斯派塞：前引书，第66—67页。1900—1903年手工造纸的产量几乎和1860年完全一样，约占总产量的5%。

⑤ 斯派塞：前引书，第14页。

不碎从而可以制造较好纸张的化学方法正在逐渐解决。一位叫做蒂尔曼的美国人和一位叫做埃斯克曼的瑞典人做出了最优秀的成绩。到 1879 年埃斯克曼的方法在伊尔福德已见通用;但大部分木浆是进口。[①] 起初,进口未作记录。1880 年进口的二十二万九千吨"芦苇草和〔烂布以外的〕其他造纸原料"无疑大部分是芦苇草;但是在 1888 年的四十二万八千吨之中一定至少有一半是木浆。到 1900 年,"芦苇草和其他植物纤维"是二十万吨,现在记录在卷的木浆是四十八万八千吨。在 1913 年芦苇草仍有大约二十万吨;而木浆则将近一百万吨。现代英国就这样取得它的成大卷的易碎的机械印报用纸和廉价印书纸,而以较好的化学木浆制、芦苇制和混制的纸张来补充两三千吨现在视为高贵的"纯烂布条"之不足。

打字机是比排铸机或自动排浇机出现较早和简单得多的一种东西。正如在印刷方面一样,打字机的最后成功也是通过美国的发明而实现的,这项发明以美国的那种做生意的干劲和组织力,为一个以菲薄的薪金根本雇不到抄写员的市场大加利用。肖尔斯和 193
格利登这两个七十年代的发明家不过是竟前人未竟之功而已,所谓前人,其中有英国人、美国人和法国人。在 1851 年的大博览会中有一台法国打字机。在 1855 年和 1860 年之间,查尔斯·惠茨通爵士制成了几台。但是在 1875 年,肖尔斯和格利登的专利证已交给纽约州伊利昂的军火制造商雷明顿父子公司,他们是懂得如

① 斯派塞:前引书,第 17—22 页。

何在工厂中和在推销方面去进行下一步的。[①] 在八十年代英国所初知道的正是他们的名字，正如以前知道胜家和寇耳特的名字一样。此后二十年所悉知的名字，诸如约斯特和布利肯斯德弗等等，也都是美国人。随着发展成为现已成为定型的那种东西，工厂也依次在英国建立起来；但是打字机和准备在英国装配的部件的进口，却自1908年这个分别登记的第一年的三十八万三千镑增加到1913年的五十五万一千镑。那时，它们的价值已经比进口的美国缝纫机大得多，为进口农业机器价值的三分之二。[②]

印刷厂或陶瓷厂继续开工的轻型机器是很适合于电力的，而在二十世纪电力已经可以供利用的时候，用电力转动的机器却寥寥无几。但是这种新动力，正如过去煤气发动机的情形一样，却比较迅速和比较容易为各式各样新兴轻工业和作业所采纳，因为这些工业和作业过去不大利用或完全不利用动力，所以没有多少固定资本要报废。虽然甚至在1894年，机械工程学会会长——无疑是一位保守派——还这样说：公共发电厂的主要任务"过去是，而且或许永远会是供应照明之用的能"，[③]可是两年之后曼彻斯特的新发电厂已供应几十个小型的动力用户了；[④]到1900年，一位南部工厂视察员评述了作为动力的"电的广泛使用"。[⑤] 到1902年，

① 《大英百科全书》，"打字机"条。

② 本卷，第60页。

③ 肯尼迪的论文，《机械工程学会学报》，1894年，第181页。

④ 《工厂报告书》，1897年，第36页；又本卷，第135页。

⑤ 同上书，1901年，第156页，转引于本卷，第135页。

“皮靴和脚踏车修理店、小型马车修理厂和〔甚至于〕食品杂货店”都据报使用电动机了。[①] 在设菲尔德，住宅工厂开始除旧布新：按
用量租给租户的陈旧蒸汽机开始逐户代以电动机。所以从法律的 194
观点来看，一个“工厂”变成了若干个，而工厂数目的倍增帮助了法律责任的归属和工厂章程的强制执行。[②] 到 1905 年，电动机取代着伦敦和其他各地的小企业主的煤气机，而且为从未安装过煤气机的成群的人们所采用。[③] 伯明翰城则在它的辖区内向所有轻便行业推销它的动力供应。格拉斯哥和其他苏格兰城镇亦复如此，结果到了 1912—1913 年，苏格兰城区的“许多小本经营的细木匠、裁缝、钟表匠、鞋匠”等等都使用电力了，甚至是只雇两三个人的小店。[④] 在首都区，用电力运转的工厂，伊斯林市占 48%，圣庞克拉斯市占 63%，霍尔伯恩市占 69%。[⑤] 其中许多无疑只是按照定义来讲的工厂，因为它们使用动力。纵使平均来说比两三个工人的苏格兰型工厂稍大，但仍未免使人体会到电确是工业中的一种扩散力量。大多数不过是稍具规模的作坊或非制造业者，即如食品杂货店那种为普通业务以外的某种辅助性业务而需要动力单位的企业。圣庞克拉斯和霍尔伯恩并不是以“穷凶极恶的磨粉厂”占优

① 《工厂报告书》，1903 年，第 3 页。

② 同上书，1905 年，第 105 页。

③ 同上书，1906 年，第 4 页。但是在那一年，以及在 1911 年的《报告书》（第 2 页）中都看到了使用动力煤气的大型煤气机的增加。1907 年的《报告书》（第 2 页）认为这种发展是电力的一个真正的竞争力量。

④ 伯明翰，《工厂报告书》，1908 年，第 34 页；苏格兰，《报告书》，1914 年，第 3 页。

⑤ 《工厂报告书》，1913 年，第 2 页。

势的；虽则那里也有比匆匆走过它们的通衢大道的许多人所会想象的更加名副其实的工厂。

由于把所有使用动力的企业一并列入工厂类别之中，因而那个类别的企业的增加大大超过了人口的增加，一如下述数字所表明。①

英国在视察范围内的工厂和作坊

	人口的计算数或估计数	工　厂	作　坊
1895 年	34 660 000	74 000	99 000
1901 年	37 000 000	90 000	131 000
1913 年	41 334 000	113 000	148 000

195 在这十八年之中，在电力运转有效推广的这些年份中，所视察的工厂的数目增加了 53%。作坊数目增长之快几乎不相上下；但是在这十八年之末，作坊数目的增长停止了，而工厂的数目则继续有增无已。在 1913 年，工厂又增加了将近三千家，而作坊却比 1912 年减少了两千家。② 尽管包括那样多的小企业在内，二十世纪早期的平均工厂（一个徒有其名但殊堪玩味的实体）可有工人四五十名，而平均作坊则只有四五人。工厂人口约七倍于作坊人口。③

① 有很多《工厂报告书》都扼述了这类统计数字，例如，1913 年的数字，见 1914 年，第 29 页，1901 年的数字，见 1902 年，第 12 页。完整的年度报告书是从 1895 年起编制的；但是直到 1896 年洗衣房方始置诸视察的范围以内，于是加进了一千一百家“工厂”洗衣房和五千家“作坊”洗衣房（1902 年《报告书》，表 25）。

② 《报告书》，1914 年，第 6 页。

③ 在 1913 年，四百四十八万九千对六十三万八千。在所有这些统计数字中，工厂一词不包括许多应在视察范围以内的地方——诸如船坞、码头、仓库、建筑企业、铁路和矿山等——所以非常接近于它的普通含义，除非是就使用少量动力的工场或作坊这类小单位而言。

而工厂人口的极大部分又集中于比较少数的大企业，即通常所理解的制造厂或工厂，虽则究竟是多大的一部分无法从可利用的统计数字中准确计算出来。例如在1898年的伦敦，计有工厂八千五百家；但工厂工人的56%是在其中的七百五十家。[①] 在此后十五年中，电的扩散力虽维持了小工厂的供应，但并没有减少大工厂的吸引力。

在所有大工业之中，以居于最大工业之列的建筑业在十九世纪前半叶所受来自发明、冶金和机器方面的影响为最少；在该世纪后半叶所受到的影响也不多。就发明来说，木匠的某种笨重的准备工作早已由锯木厂承接过去了；但是在1850年，甚至手工锯木匠也还远没有绝迹。[②] 建筑的实际过程在所有要件方面都没有被触及。铁的用途在一般工程上没有取得任何进展。当1849年约翰·腊斯金为支持他所信守的“真正建筑术不允许以铁作为建筑原料”这样一个信念而进行论辩时，他就“我们的火车站和我们的某些教堂的铁顶和铁柱”，并就“卢昂大教堂的铸铁塔顶”的畸形建 196
筑术举出了一些例证。[③] 在1849年，这些，再加上工厂、仓库和各种不同种类铁桥的柱和梁，铁在建筑方面的用途也差不多就尽于此了。十八年前，迪奥尼夏斯·拉德纳对于教堂中以轻巧的铁柱取代“既笨重而又难看的圆柱材”表示欢迎。[④] 十八年之后没有一

① 《工厂报告书》，1902年，表24。

② 中卷，第24页。

③ 《建筑学上的七盏灯》，第72页。

④ 上卷，第71页。

位有教养的作家敢于重申拉德纳的欢迎之意了。腊斯金和牛津运动一直留意于此。这时铁游廊柱只用于独立教会的礼拜堂中——为了正当的职能上的缘故。当八十年代这些礼拜堂开始自称为教堂时，也就不再用铁柱了。

在十九世纪的后半叶有了小小的变化。到这时为止只以用于锯木厂为限的机器在七十年代和八十年代时已推广到细木作。[①]小建筑师开始购买它们的一些经过加工的木工产品。到十九世纪之末，甚至有这类材料的进口。至于石工方面，则采石场使用了更多的机器，而建筑师也购买更多经过采石场加工的，以至打磨好的石方。随着新世纪的到来，在石方加工方面，气凿已逐渐通用。[②]但是在建筑业的石工方面，正如在砌砖、油漆、泥水和铅管安装方面一样，没有任何重要的变革；虽则铅管匠安装设备的种类更多，漆匠油漆的类别更广了。

但是混凝土出现了。在八十年代后期一位英国守旧派的建筑师所会允许自己在一座精巧建筑物上进行的唯一结构方面的真正革新就是一个混凝土的平坦地基。[③]对于水泥和混凝土——用于适当的地方——腊斯金并没有任何烦言。他非常赞赏古罗马的混凝土。这也是他所主张的铁虽不可用作为支持物却未始不可用作

① 琼斯，《报酬递增》，第94—95页。

② 《工厂报告书》，1904年，第134页。

③ 正如博德利曾用之于剑桥大学英王学院在1892年竣工的一个建筑物。其中没有钢筋，据以会计员的身份监工的已故的麦考利先生这样告诉著者说。早在1888年以前地基中使用钢在芝加哥已经是照例办法了：钢梁紧紧地铺在两英尺厚的混凝土地基上：以铁板作为垫放房柱的柱基，然后这两者都再“包以混凝土”。《钢铁学会季刊》，1888年，第2卷，第293页注。

为接合和加固的东西这原则的一部分。如果他注意到他晚年时期所试行的混凝土和铁的试验性结合，料想他会视其用途之不同，对某些表示赞同而对大多数加以谴责。也许他未始不会把支持物的 197
原则放宽到将混凝土和铁包括在地基之内。许多建筑师、工程师和公共工程的承包人一定想到过这样一种结合。早在1826—1827年建造剑桥大学英王学院大楼屋顶的吊钟饰时，威廉·威尔金斯就已经采用了以铁丝加固胶泥的这种加固原则。它们至今还是完好的。在六十年代，步随据认为是所领得的第一个专利证——1831年的一个英国专利证[①]——之后，有几十种钢筋混凝土结合使用法在各个不同国家领得了专利证并加以试用；但是决定性的鼓励却照例归功于约瑟夫·蒙尼叶那位法国市场园圃业者，蒙尼叶在1865年就他所研究出的以内中加铁丝网的混凝土制造混凝土花盆和水池的方法领得了专利证。[②] 德国人多年来称这种营造法为Monierbau〔蒙尼叶营造法〕而把整个荣誉归之于他。但是在Monierbau还没有大量用于可以真正称之为建筑工程的任何事物之前，巴黎的佛朗沙·亨尼比克恰恰为这类工程采用了这项原则，他在1879年开始建造钢筋混凝土的梁和地板。[③] 亨尼比克不过是八十年代研究钢筋混凝土的理论和实用的许多欧洲和美国的工程师之一。不管他在知识方面是不是领袖群伦，他在事

① 奥登：《钢筋混凝土》(Auden, C. A., *Reinforced Concrete*)，《机械工程学会学报》，1909年。

② 《大英百科全书》，“钢筋混凝土”条。另参阅马什：《钢筋混凝土》(Marsh, C. F., *Reinforced Concrete*)(1904年版)；布埃尔和希尔：《钢筋混凝土建造》(Buel, A. W. and Hill, C. S., *Reinforced Concrete Construction*)(1905年版)。

③ 参阅1909年开始刊行的《钢筋混凝土月刊》(*Ferro-Concrete*)，第24页。

业方面却是一马当先的。他的最大的功绩或许就是在九十年代证明给最初颇抱怀疑态度的世人看，用他的材料所建造的大建筑物在冲击之下是不会颤动的，而且真正经得住猛撞。在 1914 年，大建筑物建造和耐撞仍然被说成是“这项发明的最惊人的特点”。[①]在普通观察家看来，至今仍然是惊人的。

在久已使用混凝土的建筑工程——诸如船坞、港口等等——方面，这种新的钢筋混凝土是最有把握的一种试验。自 1892 年起，亨尼比克和他的同事正将 Système Hennebique〔“亨尼比克建筑法”〕推广于世界各地。据说在 1892 年和 1899 年之间他的公司和分公司已经承揽了三千多件重要合同，其中包括一些英国船坞
198 和港口的合同[②]。在和地基、地板或地下室相对待的真正建筑物方面的试验，大抵出现较晚。到 1909 年，号称“世界任何地区迄今所进行的最堂皇的钢筋混凝土工程”[③]的利物浦皇家居民会社大厦已将近完工。它是按照亨尼比克手下的莫谢尔的设计建造的。那时有些英国人已经打破了这项相应的岛国禁例。稍稍早一点的邮政总局的钢筋混凝土的英王爱德华大厦的落成乃是一个划时代的公共试验，也是一个转折点。英国确实迟迟没有转动，虽则最后却轻快地，纵使不是放纵地摆动起来。埃斯林根地方内卡河上的钢筋混凝土桥，纵非试图建造的第一个，也是第一批中的一个，是在 1895 年建造的。[④] 十年之后，当一位比利时人向机械工程学会

① 《大英百科全书》。

② 关于钢筋混凝土的论文，载《泰晤士报》，1934 年 1 月 5 日。

③ 《钢筋混凝土月刊》，1909 年，第 91 页。

④ 奥登的论文，见前引《机械工程学会学报》。

描述该国所使用的各式各样方法及其最近渗入“建筑工程所有各部门”的“惊人速度”，并引证像安特卫普火车站的圆顶这样一个划时代的钢筋混凝土建筑物时，他的英国东道主在讨论中承认在英国一直没有像大陆或美国方面所取得的“这样一种进展”。[①] 据他们说，这种东西还“大有可为”；并且给人以这样一种印象：他们已经了解有关的一切，并将以他们自己的方法，按他们自己的步调来加以利用。在一家美国杂志称之为“这个国家的最宏伟工程事业”的宾夕法尼亚铁路的哈德孙隧道交由一家叫做皮尔逊公司的英国企业承包时，他们对于英国承包商和工程师的见解自然是具有信心的。[②] 作为普通建筑物上层建筑主要材料之用，钢筋混凝土，不管是哪种形式的，究竟经济可取到怎样的程度，过去是，或许现在仍然是一个大有讨论余地的问题。英国工程师认为自己充分了解钢筋混凝土在建筑工程中所占的真正地位；并没有任何证据证明他们是错的。

不管约翰·腊斯金对于以钢筋混凝土作为一种建筑材料是怎 199
样想法，如果他在衰迈之年——他死于 1900 年——看到了钢骨建筑物的出现，他必定认为这种东西使真理之灯黯然无光了。而这样看的也并不止他一人。就它早期的那种弄虚作假的结构而言，它照例是一套表里不一的东西，柱子是镶上去的，并不支撑任何事物，它的力的来源被故意掩蔽起来。

---

① 诺埃龙：《钢筋混凝土》（Noaillon, E., *Ferro-concrete*），《机械工程学会学报》，1905 年和讨论。

② 斯彭德：《威特门·皮尔逊，第一代考德雷子爵》（Spender, J. A., *Weetman Pearson, First Viscount Cowdray*）（1930 年版），第 83 页。隧道于 1908 年竣工。

钢骨建筑物从来不是发明的或领有专利证的。在所有各国这都是来自十九世纪前七十五年期间铁路和工业建筑物的铸铁柱和锻铁梁的经常使用的一个自然发展；并且是同后二十五年工字铁和锻铁梁价格的日益低廉、质量愈益合用和辗轧的精益求精偕以俱来的。工程师们既经在1882年和1890年之间看到福思河大桥的西门子一马丁钢的钢梁在原于1873年按照特耳福德的传统设计的一个铁吊桥的旧址上架设起来，他们似乎不会就停留在桥梁方面止步不前了。[①] 他们不过是等待建筑师的邀请而已。就所得而知的来说，英国的第一个邀请是1895—1896年由一位达拉姆的建筑师发给爱丁堡的一家公司的。他们应邀给一个家具仓库设计一个钢架。[②] 这家爱丁堡公司的名字此后曾出现在很多钢建筑的骨架上。但此后十年，这种方法进展很慢。"钢在建筑物中的用途日益增长"乃是1904年的贸易评论中的一项记载；[③]钢梁的使用可能并且过去也确是大为增加，但并不是采用完全以钢为骨骼，以混凝土为肌腱，并以砖工和石工为表皮的那种新技术。但在此后两年中有了全面的变革。到1906年，不但有更多的铁工厂、制造厂和码头库房是用钢建造的，而且"有比历来更多的新旅馆和戏院

① 福思河大桥于1890年4月4日开放通行。原来的计划是在1879年特河大桥的不幸事件之后放弃的，这座桥原是一位自1873年创办时起即任福思河桥梁公司顾问的工程师设计的。福勒一贝克公司根据新设计的工程开始于1882年。这段故事扼述于1890年的报纸中。另参阅库珀：《福思河大桥》(Cooper, F. E., *The Forth Bridge*)，《钢铁学会季刊》，1888年，第2卷。关于西门子一马丁钢，参阅中卷，第58—59页。

② 参阅爱丁堡雷德帕思·布朗公司设计钢架的巴锡尔·斯科特的来函；《观察家报》(*Observer*)，1929年2月10日。

③ 《经济学家周刊》，《1904年的商业史》。

是用钢架建成的”。[1] 所有早期的钢骨建筑物，除开瘦骨嶙峋的钢铁厂之类是起公开和正当的作用外，在建筑术上都是不合绳矩的。在 1915 年钢骨和钢筋混凝土建筑物的“庞大标本”正“在周围兴建 200
起来”的时候，一位伟大的建筑师当时写道：“在真正用钢架建造的和用旧式方法建造的建造物之间我们迄今在表面上还看不出什么区别”。[2]

作为一个忠实的艺术家，他深深以此为憾，因为他总是教导说，结构应该在图样上表明出来。但图样并非全然不真实。铁“这种最坚牢但也最脆弱的建筑原料”——在不锈钢时代还没有到来的时候——必须防潮，以免腐蚀。铁骨既应该隐蔽又应该暴露出来。“这个问题似乎简直无法解决。”但这却是不能不解决的。因为这个问题的解决与否意味着“要么是建筑术的开始，要么是它的终结”。“必须把长方形而不是曲线认作是主要的形状”并不一定意味着建筑术的终结。至于我们建造独石柱的力量，则不能不指望埃及方面的启发。“在旧式建筑法所不可能的开阔的礅距等方面”应该有所成就。不应该有任何弱点。“让我们扬弃旧有式样所固有的一切特点，而权且满足于纯粹出于结构方面需要的朴素无华的不加雕琢的外观。一些好的东西也许会从中生产出来。”在 1915 年写这段话的人刚刚把他自己在 1859—1861 年所绘制的图样放进他的书中，就听到他所绘制的那些教堂遭到炮击。那种夹杂着庄严决心的沮丧情绪的流露是不难理解的。所以他但愿“这

① 《1906 年的商业史》。

② 杰克逊：《哥特式建筑术》(Jackson，T. G.，*Gothic Architecture*)，第 2 卷，第 319 页，附录。

种建筑方法"不会垂之久远；但愿铁会有负于倚重它的那些人们；但愿他过去所了解和实行的那种建筑术能够在教堂和私人方面继续存在下去"直到或许在其他方面再度复兴时为止"。当他得知在他的晚年艺术中所出现的变革比任何建筑手艺匠自从人类第一次把砖放在砖上或石头放在石头上以来所得知的变革更大时，他大为震惊。而整个文明一直就是以他们在他的这种艺术中的成就来衡量的。

第四章　有限责任制、股份制、合并和合作 201

在八十年代早期，观察家们谈论到继 1844 年至 1862 年这十八年的股份制和有限责任制立法之后而来的工商业生活方面的变革，总不免强调过分。[①] 终于制定为成文法的 1862 年条例，维多利亚，第 25 年和第 26 年，第 89 章，现在支配了每一股金额固定和金额不固定的股份证书。自从“有效的一般有限责任制”刚刚由 1856 条例建立之后的 1857 年这个繁荣年份所登记的三百四十八家有限公司，[②]或相继而来的那个股票大跌的年份的二百七十六家起，直到 1881—1883 年这三个活跃年份的平均一千六百多家止，变革的确是很大的。甚至那令人非常兴奋的 1863 年的六百九十一家的登记，也被经济方面的暗淡和毫无生气比之十九世纪中所得而知的任何一年都不相上下的 1879 年的一千零三十四家远

① 中卷，第 297 页。

② 香农：《一般有限责任制的出现》，《经济季刊》（经济史），1913 年，和《最早的五千个有限公司》，《经济季刊》（经济史），1932 年，都单单着重于 1862 年条例的制订为成文法的性质：一切要件都载于 1856 年条例（维多利亚，第 19 年和第 20 年，第 47 章）。引文录自后一篇论文，第 399 页。

远抛在后面。[①]

但是只要浏览一下年度登记册以及公司登记官对于据他认为在同年4月底仍继续营业的公司所作的估计数，就可以看出在股份公司变成企业组织的主导的，以至有代表性的形式以前，所要跋涉的路程还如何遥远。“据认为〔在1887年〕继续营业的”一万多家公司之中，大多数所占业务的比重都很小，但毫无疑问，登记官对于某些方面所持的看法也是没有充分根据的。[②] 对于
202 公司登记和残存公司作一极其约略的比较就可以看出大多数公司的寿命向来是如何短暂。在截至1887年为止的这十年之中，登记的公司共有一万五千一百六十五家。在1888年4月30日，继续营业的公司，甚至据料也不过一万一千零一家，其中还包括前几十年公司登记遗留下来的很多重要残存。据知在直到1883年为止登记的所有公司之中，大约有三分之一不是流产，即在登记册上虽已存案但并未正式成立，就是规模如此之小，以致无足轻重。另有很多公司——就1875—1883年而论，约占公司登记的20%——不到五年的工夫就由于管理失当或单纯舞弊而陷于破

① 这些是联合王国的数字。香农的论文是以向来占极大多数的伦敦公司登记为依据的。统计方面的困难自然是有的，这里无法加以讨论。另参阅香农，前引文；麦克雷戈：《股份公司和这个危险因素》(Macgregor, D. H., *Joint-Stock Companies and the Risk Factor*)《经济季刊》，1929年12月号；托德：《1844—1900年股份公司的某些方面》(Todd, G., *Some Aspects of Joint-Stock Companies*, 1844—1900)，《经济史评论》，1932年10月号。

② 麦克戈雷：《企业，宗旨和利润》(Macgregor, D. H., *Enterprise, Purpose and Profit*)(1934年版)，第89页及以下。

产。① 1878 年格拉斯哥市银行的破产及其后果既暴露了公司大规模舞弊的可能性，也扩大了由于不幸或由于不一定构成为舞弊的管理失当所造成的破产的数字。但是自 1856 年以来，破产的比例在最初五年中一直是很高的；②不幸，舞弊的百分比也一直不低。

无疑，甚至在 1879 年，小的和流产的公司登记也占相当比例。但是在萧条的波谷中，异想天开的或不健全的公司发起却不太多。鉴于尽管萧条而公司登记的数目仍然不低这一事实，可知有限责任的习惯是怎样随着时日的推移而逐渐风行起来。

在 1886—1887 年以前，这种习惯在工业中表现得最为突出，而在煤、铁和重工业中或许也最为健全。自埃布－佛尔公司和博耳科·伏恩公司到惠特沃思厂和坦吉厂，相当数目的较大企业已“改为有限责任”；而在这类工业中，小的、流产的和欺骗性的公司登记所占比例却很低。③（有问题的发起人还不容易把握住这样令人瞩目的企业，现在依然如此。）除开煤、铁和机械工程业之外，几乎没有一种大大小小的工业没有至少进行过公司登记；但是在 203

① 香农：《1866—1883 年的有限公司》（Shannon, H. A., *The Limited Companies of* 1866—1883），《经济史评论》，1933 年 10 月号。也是以不止于是一个适当的样板的伦敦公司登记为依据的。讨论极其详尽而周密。参阅《贸易部根据 1890 年的公司〔解散〕条例第 9 节的第四次年度报告书》（Fourth Ann. Rep. *of the Board of Trade under* *§ 9 of the Companies*（Winding-Up）Act of 1890）（1895 年，第 88 卷，第 371 页），附件第 1 号，据估计，登记的公司残存下来的约仅三分之一。

② 在 1875—1883 年事实上高过正常数字不多。香农：前引文，第 295 页。

③ 中卷，第 138—139 页，和香农：前引文，第 310 页，图表乙，其中对不同类别的公司的命运进行了分析。

1886—1887 年全国极大多数的制造业企业是家庭企业[①]——所有或差不多所有的毛纺织企业；在奥尔德姆以外，几乎所有棉纺织企业，在亚麻、蚕丝、黄麻、花边和针织业方面亦复如此。大多数较小的，和一些最大的机械工程企业，以及几乎全部刀具和陶器企业，仍然是私营的。啤酒酿制业一般是家庭企业。除开某些突出的例外，伯明翰各行各业以及造船业的多数，甚或大多数，亦复如此。在房屋建筑和有关各业中，有限公司很少；在衣着业和食品业中则各有少数。虽然股份银行为数既多而实力又雄厚，但各种各类商人把他们现有企业"改成有限责任的"既属罕见，而新创商业公司的募股，也并不容易。此外，数以万计的零售商业，几乎直到商店，都是"无限责任的"。[②]

没有任何令人满意的企业统计数字可用来和有限公司的统计数字进行比较；但是工厂的统计数字却提供了一个饶有兴趣的对照。在 1885 年 4 月，据认为在联合王国继续营业的所有各种公司共计九千三百四十四家。数百个这类的公司只设有伦敦办事处，而它们的真正业务却在海外。另有数百个是无足轻重的，远比任何纺织厂要小。在同一年计有纺织厂七千四百六十五家。在联合王国进行有效经营的公司，数目也许和纺织工厂不相上下，重要性

① 中卷，第 140 页。

② 在 1857 年至 1883 年伦敦的九千五百五十一起公司登记中，最大的类别（八百十二家，其中半数是流产的或小规模的）是旅馆和饭店；其次（六百八十二家）是造船；再次是食品和粮食（五百四十四家）；地产和建筑（五百三十九家）；外国矿山和地产（四百七十六家）；地方公所和俱乐部（三百七十三家）；铅矿等（三百六十六家）；煤铁矿（三百一十家）等等。在九千五百五十一家公司之中，在 1929 年依然存在的有七百七十九家。香农的论文，前引《经济史评论》，图表乙。

也许能和它们相比拟；但事实上很不像。在整个英国工商业范围内，甚至不包括零售业务，自成一单位的企业肯定不下几十万家，而每一家都是一个潜在的公司。

这些数字没有一个包括铁路公司在内。既然是据国会条例创立的，所以都归属于一个不同的正式类别。在1885年，就联合王国而论，它们已缴的资本总额是八亿一千六百万镑。登记一览表上所有其他公司的总额是四亿九千五百万镑。[①] 到1912年，铁路 204
资本已增加到十三亿三千五百万镑；而登记一览表上的资本则已增加到二十三亿三千五百万镑。供作精密统计或经济之用，这些数字需要批评之处，不一而足；但是它们的广泛重要性是显而易见的。铁路资本增长了63%，而非铁路资本增长了将近五倍。[②]

在公司登记表上，对私营企业和公司之间所作的区分，由于，就现在所知，负责制定早期公司条例——即私营公司条例——的政治家所难逆料的一种发展，而远不如初看上去那样斩截。[③] 这种组织很早就出现了，这个名称随即见诸通用；但是英国的法律直到1907年方始予以承认。早期私营企业的比较显著的“有限责任制”往往需要建立真正的公共公司并将股票正式上市——如帕麦

① 联合王国；但是不包括爱尔兰在内也不会有多大差异。在1885年，爱尔兰已缴的铁路资本是三千六百万镑；在都柏林登记的所有股份公司已缴的资本是一千三百万镑。

② 其所以取1912年而不取1913年或1914年，是因为自1913年1月1日起，铁路账目报告已经编制成这样一种形式，致使这种比较成为无关紧要的事了。

③ 参阅中卷，第138—139、360—361页，和香农的论文，《经济史评论》，第290、302页。

尔氏造船公司或博耳科·伏恩公司——但较小的公司却通常是私营的。号召公众认股的呼吁是没有的。股东的人数很少，而且公司章程会加以限制。股份的转让权也会受到限制。即使没有这些已成照例文章的正式限制，也会是真正私营性质的，或暂时是私营性质的，因为核心集团有足够的资本使公开呼吁成为多余。[①] 1878 年，丘纳德轮船公司变成有限公司。直到 1880 年，它方始将股票在公开市场上出售。甚至在这之后，大部分资本，从而管理权，依然掌握在仅仅三个家族的手里。[②] 直到二十世纪开始很久以后，哈兰·沃尔夫公司、亨特利·帕麦尔公司、克罗斯·布莱克韦尔公司以及科尔曼公司还都是私营公司。[③]

因为在 1907 年以前私营公司没有法律上的定义，所以这个名
205 称的使用，可能略有异同；但不论怎样使用，其共同要点乃是缺乏对一般投资公众的呼吁。在 1875—1883 年期间，根据广义解释的私营公司，在每五个实际组织成立而不是单单登记的公司之中，大约占一个。就 1890 年而论，据登记官按照严格的定义计算，它们占所登记公司的三分之一，也就是说，实际成立的公司一半左右。[④] 那时有限责任的习惯正迅速蔓延，正如该年度所登记的二千七百一十一家公司所表明的那样。私营企业的登记，不同于发起人的登记，会相当有把握地产生一个真正的公司，因为照例早已

① 参阅《公司法修正案委员会报告书》(*Report of Company Law Amendment Committee*)，1906 年(第 97 卷，第 199 号)，第 17 页。

② 中卷，第 139 页。

③ 前引 1906 年的《报告书》。

④ 前引香农的论文，第 302 页。

有了营业。[1] 但能否产生一个健全而持久的公司,却无把握,因为既可能是像丘纳德公司或亨特利·帕麦尔公司那样一个信誉昭著的老牌家族企业的一个合理措施,也可能是负债超过资产的一个摇摇欲坠的企业的一种靠不住的手法。就所得而知的事实而论,八十年代的私营公司的寿命比之公共公司要长些。这原是不出所料的。

通常的私营公司,股东很少。为了满足法律上的要求,要组织公司就不能不凑满七人之数。但是在签署章程的那些人之中,可能有四个、五个甚至六个是徒有其名的。1890 年上半年就四百一十五起"私营或家族"公司登记所作的分析,对于那一年前后的情况无疑是相当有代表性的。(其中之一是利华兄弟公司那个前途不可限量的初成立的公司。)最大的有二十个股东。极大多数(82%)不满十人;三分之一以上(35%)各有股东三至一人不等。[2]

在哪些业务部门中组织私营公司最为自由,则因时间的不同而不同。在七十年代,应首推铁、机械工程和各有关工业部门。在这些工业中,私营和公共公司的组织在那段期间一直是接连不断的。八十年代为数或许最多,而谈论肯定最多的那种类型的私营公司就是仅有一艘船的轮船公司。在这十年之初,这类的船公司大量涌现,当时"属于同一个公司的整个船队,是有多少船就登记 206

① "照例",但并不是一成不变:私营公司可任意用来将创造发明在市场上出售并进行各种不同的"冒险事业"。1906 年的《报告书》,第 17 页。

② 《贸易部部门委员会公司条例报告书》(*Report of Departmental Committee of the Board of Trade on the Company Acts*),1895 年(第 88 卷,第 151 号),第 56 页。

为多少个公司的”。① 1885—1886 年的贸易萧条调查委员会曾经予以比较详尽的讨论；但是在 1890 年拥有多艘船的公司或拥有仅仅一艘船的公司仍然在进行着登记。② 虽然当时它们遭到很多批评，此后也一直受到批评，但是在一艘普通现代船只上所投的资本却比许多取得登记的小企业要多，而且海上风险的分担也是一个非常悠久而又可尊敬的习惯。自古以来船舶就一直是分股主有的。人们所以称之为“六十四股”，就是因为无论对于船舶或是对于煤矿而言，那都是标准的股数——以半数为基础的分而再分，各分成四分之一和八分之一——东北海岸的人特别熟习的一种股数。③ 六十四股的责任自然向来是无限的。七十年代一位叫作沃尔特·朗西曼的船长的第一艘蒸气操纵的船就是这样主有的一艘船。在使他得以一、两艘旧船开始并得出售其中的一些六十四分之一股的这样一种制度的帮助下，这位船长后来变成一个船舶所有主。在他于 1889 年创办了每股十镑的南希尔兹航运公司很久以后，他还保有若干六十四股船——“这类无限责任船”——的股权；虽则到 1889—1890 年这种六十四股的制度已经被“认为是过时”了。④ 习惯于六十四股的航海业者和他们的邻人，已经自然而

① 《贸易萧条皇家调查委员会第一次报告书》，询问案第 670 号；珀塞尔，股份公司登记官。

② 前引 1895 年的《报告书》，第 56 页。

③ 关于矿山，参阅上卷，第 434 页，关于早期的分股所有制，参阅内夫：《英国煤矿工业的兴起》(Nef, J. U., *The Rise of the British Coal Industry*)(1932 年)，第 2 卷，第 44—60 页。

④ 朗西曼，沃尔特爵士(朗西曼勋爵)，《作水手以前——和以后》(*Runciman, Sir Walter (Lord Runciman), Before the Mast—and After*)(1924 年版)，第 250—256 页。

然地接受了法律削减他们对股份所负的责任的建议，当这项建议提交他们考虑的时候。对他们来说，一艘船分为若干股并不是什么新奇事物；虽则它的新技巧给一些摇身一变而成为公司发起人的航运业职员和其他投机青年的欺诈行为大开方便之门。

在1877—1887年这十年之中，公司发起和募股的技术已经有了很大的发展。1877年以前，一个现存企业在仅负有限责任时所实行的最体面的方法，曾经戴威·查德韦克向那一年的委员会予 207
以说明，查德韦克是一位有经验而又负责的投资经纪人，擅长煤炭和铁公司的募股，并曾任议员。据他说，倡议总是来自企业的卖方。经纪人物色愿意出资并愿签署公司章程的资本家；然后再给其他可能的投资人传阅。“在登记之前我们就认为很有把握”，他这样说，“能把全部余额〔即超过卖方和签字人所准备招募之数〕认齐”。在这个基础上，无论公共公司或私营公司都不难成立。[①] 倡议是否总是真正来自卖方，即使在查德韦克时代，也是大可怀疑的。比较年青一代的经纪人解释说，照他的经验，投资经纪人，或金融家“试行劝请所有主……让他来组织一个公司”。[②] 无疑这两种情况都是有的，但是随着时日推移，第二种情况会越来越多，会有更多的经纪人谋求更多的业务。在为一种真正的新事业发起一个公司时，所必须劝请的不是所有主，而是可能有用的地方人士，以及除他们以外的一般投资公众。奥哈根那位年轻的经纪人说明他如何在1880年前后设香槟酒宴，招待兰开郡某城镇的自治团

---

① 中卷，第360页，和香农的论文，见《经济史评论》，第296页。

② 奥哈根：《我的生活片断》(O’Hagan, H. O., *Leaves from my Life*)(1929年版)，第1卷，第149页。

体，以蒸汽街车对他们那一区的功用进行游说。这是一个生动的故事。[①] 既经说通所有主或有关各方之后，这位经纪人就必须在公开市场上发售。如果公开市场不吸进，这个冒险事业就失败了：街车就建不成了，或者已经答应出售的那个人不得不将他的企业收回。现在既打算“把有利可图而又殷实的企业出售”而又打算去冒这种风险“的所有主，实寥寥无几”。[②] 为应付这种困难，于是设计了一种股份保证承受的制度；那就是付给保证承受的某人或某公司一笔规费，在万一公开市场不能吸收全部股份时，即承受一个议定的比例数。

这种办法第一次真正付诸实行是在什么时候，并没有很大关系。承办外国借款或保证承购其中一部分的辛迪加出现于六十年
208 代后期。[③] 在 1888 年出现了第一件涉诉的股份保证承受案。那时应传唤出庭的两位投资经纪人对“多年来”众所周知的例行办法作了说明。[④] 因为这两位经纪人之中有一位是奥哈根，而据奥哈根后来声称他是股份保证承受制的“倡议人之一”，[⑤]又是在 1873 年作为一个青年而开始经营的，所以股份保证承受制全然作为一种普通例行办法而涌现出来，可能是开始于 1877—1887 年这十年

---

① 《生活片断》，第 1 卷，第 68 页。

② 同上书，第 149 页。

③ 1868 年的一笔埃及借款和 1869 年的一笔土耳其借款就是这样处理的。凯恩克罗斯：《1870—1913 年的大不列颠的国内外投资》（剑桥大学未刊行的论文），第 146 页。

④ 《关于领有执照的自酿酒店业者互相贸易协会》（*Re Licensed Victuallers Mutual Trading Association*）〔英国法律报告书，第 42 章，大法官部分（L. R. 42 Ch. D.），第 1 页〕。关于这项引证，承蒙格特里奇教授指教，铭感实深。

⑤ 前引书，另一位专家是哈里·马克斯。

期间。到 1895 年，这个例行办法已完全确立了：来自交易所的一个证人正在贸易部的一个委员会上为从资本中支付股份保证承受费这个仍然比较新的办法进行辩护。“我不希望予以禁止。很多已经建立起来的最有利可图和有用的事业，如果没有股份的保证承受，就未必会存在”。[①] 到 1900 年，股份保证承受费的支付，由国会条例予以规定。[②]

保证承受自始就既适用于股份也适用于债券。虽然公司法的重要权威在 1909 年仍然写道“没有一个人似乎确知‘债券’是什么”，[③]但是在将有限责任一般化的条例颁行以前，铁路公司就有它们的债券；而且在它们的财产上创造后来划归债券类的各式各样抵押费的权力也是后来公司的法人性质所固有的。这一点已经在五十年代和六十年代的立法中得到承认；[④]虽则债券的惯行办法以及从而产生的案例和成文法的后来那种令人眼花缭乱的错综复杂的情形却不是始料所及的。

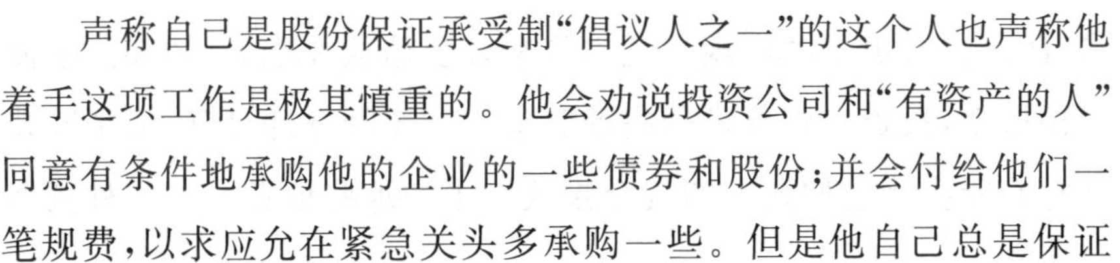

声称自己是股份保证承受制“倡议人之一”的这个人也声称他着手这项工作是极其慎重的。他会劝说投资公司和“有资产的人”同意有条件地承购他的企业的一些债券和股份；并会付给他们一笔规费，以求应允在紧急关头多承购一些。但是他自己总是保证 209

① 普赖斯的证词，见 1895 年《公司条例委员会》，第 83 页。在 1890 年巴林危机时，《经济学家周刊》写道（第 23 号）：“股份保证承受人等金融机构已经买进……证券。”

② 根据那一年的公司条例第 8 节（维多利亚，第 63 年和第 64 年，第 48 章）。参阅巴克利：《论公司和有限责任合伙条例》（Buckley，*On the Companies and Limited Partnership Acts*）（第 9 版），第 216 页。

③ 巴克利：前引书，第 242 页。

④ 参阅例如维多利亚，第 25 年和第 26 年，第 43 章（1862 年），第 89 节。

承受一部分无人认购的股份，以作为他的信誉的证明。随着募股的成功，他得到了一大批看到规费可以轻而易举地稳赚到手的保证承受人，虽则——这仍然是他的陈述——银行家和较大的金融行号起初对这种业务还多少有点畏避。他的惯行办法是付给未来的卖主一笔酬金，以取得就他的企业组织成一个公司的特权；如果甚至在股份保证承受办法的帮助下，募股仍告失败，他也有牺牲他的特权买卖酬金的准备。①

当奥哈根初次开始利用投资公司的时候，投资公司既不很多，也不都是很成功的。② 但是八十年代后期的贸易和公司的创立活动，连同从 1885 年一千四百四十六起上升到 1899 年二千六百六十一起的公司登记，已使投资公司蓬勃一时。金融记者正描述 1888—1889 年投资公司的突趋繁荣。这类股票的"一个十分重要的市场"③已经成长起来。在 1888 年初期，已有十九家拥有名义资本九百五十万镑；到 1889 年 4 月，计有十九家，资本二千五百万镑；而且将有更多的出现。戈申将整理公债从 3％改为 2.5％已使银根松动，投资人则寻求较高的利率。公司既办理投资，又帮同建立它们所会将它们顾客的资金投放上去的那些证券——一种匿名

① 奥哈根：《生活片断》，第 1 卷，第 150—151 页。就我所知，奥哈根是他那个阶级和那段时期写有回忆录的唯一的一个人。他是靠记忆写出的，但凡是能核对的地方，他的记忆，正如他所声称的，是非常准确的。关于方法和政策的问题，他说不定也记得不错，虽则多少有点涂脂抹粉。

② 关于它们的早期历史，参阅中卷，第 358—359 页。里普利：《投资简史》（Ripley，P.，*A Short History of Investment*）（1934 年版），关于早期，没有什么补充。由于 1873 年苏格兰美国投资公司的成功和他的创办人罗伯特·弗莱明在后来运动中所起的突出作用，致有对它的历史重要性的一些夸大。

③ 《经济学家周刊》的一位通信员，1890 年 11 月 29 日号。

的部署。它们对于证券的建立非常热心，因为有吸引力的证券的供应是如此相对之少，以致异常昂贵。投资公司如果在标准股息是6%的时候，按照通常一百八十八的价格购买伦敦西北铁路的股票就不会为它们的顾客得到多少收益。所以它们在南非和南美，尤其是在南美四处寻找机会；在国内它们对于个体发起人也是有帮助的——事先应允在他发行股票时承受一部分股份，并保证承受无人认购的股份。股份保证承受在任何情况下都可以得到报 210
酬。如果你消息灵通而公众耳目闭塞，这也是容易取得好股票的一个方法，正如一位公司的辩护人所解释的。[①] 但情况发展到这样的地步，以致投资公司甚至有时相互保证承受无人认购的股份，而单单以经营它们的正当业务为限，倒成为稀奇的事情；因为有竞争性业务的公司不会见到初出茅庐的竞争者步履蹒跚而假以援手的。料想它们所以这样是为了要谋取否则得不到的利润——至于未来的竞争则只有事到临头再说了。[②]

1880—1890年这些如火如荼的投资年的很多公司发起和投资都是在资本输出账上的。[③] 最为显著，或许也最为重要的，在国内新创立的公司之中是投资公司本身，而在现存的"有限责任制"企业之中则是啤酒厂。1886年吉尼斯号的改成吉尼斯有限公司，实开风气之先。这项工作是由巴林公司经手的，并且是"银行家进入公司发起领域的第一个尝试"。[④] 这是一个伟大的成功，使公众

① 《经济学家周刊》的一位通信员，1890年11月29日号。

② 《经济学家周刊》，1890年8月9日。

③ 参阅本卷，第25页曲线图和第23页。

④ 奥哈根这样说。《生活片断》，第1卷，第240页。它至少是很早的尝试之一。

的胃口大开。这正是在巴林公司开始以1890年10月为终点的那次比较高级的活动的时候。在1887年，威斯敏斯特银行发起了奥尔索普斯有限公司；此后，啤酒酿制公司在1888—1898年以最大的生殖率在全国各地以至国外迅速地纷纷诞生。[①]

在1889年新金融和工业公司创立方面的这种“史无前例的活跃”[②]一直继续到1890年——直到巴林公司破产时为止。巴林公司曾经在国内帮助曼彻斯特轮船运河公司募股，在国外帮助缅甸红宝石矿募股；但终于把它拖垮并使股份保证承受整个业务的信誉暂时蒙垢的却是他们在南美的活动。不过像其他各种形式的保险一样，它也是一种合理的业务；而且在危机及其后果已经使海外公司和政府的募股，从而使资本的输出急剧下降的时候，股份保证承受办法就显得比以往更加有必要，纵使要比近年来慎重一些。

211 单纯根据登记的公司数目来考察，1889—1890年的“募股方面的史无前例的活跃情形”，到1891—1893年期间方始减缓下来。[③] 在1890年的数字和1892年的数字之间，最大限度的下降也在8%以下。陡然下降的乃是新公司的名义股份资本。1888—1890年这三年平均是二亿七千八百万镑，随后两年的平均数则仅仅是一亿一千一百万镑。[④] 海外募股和国内比较有野心的计划的截然中断，在这里可以清楚地看出。数字从每个登记公司的十万六千镑缩减到四万三千镑。所“创立”的名义资本与其说是投资人

① 本卷，第257页。

② 《经济学家周刊》，《1889年的商业史》。

③ 参阅本卷，第222页曲线图。

④ 取材于《经济学家周刊》的年度估计数。

的现金支付的一种测验，毋宁说是卖方和发起人的希望的一种测验。在名义上创立了八亿三千八百万镑资本的1888—1890年这三年期间之末，股份公司登记官报告说，登记表上所有现存新、旧公司的实收资本比这个数目并不太多，事实上是八亿九千一百五十万磅。[①] 但是每年创立的名义资本的缩减仍不失为意义深远的——无疑是发起人和卖方落空了的希望的缩减。规模宏伟的计划已经罕见了，虽则有限公司的习惯已经如此牢固地确立，以致巴林公司的危机尽管会遏制登记数字而不会把数字颠倒过来。它也不会使登记官权限所及的现存公司实收资本数字的增长停止下来。在1892年4月繁荣年代的最后一批催缴的股款收齐之后，增长缓慢了；但始终没有绝对停顿，在1895年4月以后，又开始了非常显著的加速。[②] 联系到这一点，就令人回忆起1890年的风潮绝不是一次生产危机。[③] 没有发生任何情况来遏制在国内进行必要工作的公司的正常创立，或削弱导致贸易商和制造商将他们的企业"改为有限公司"的那种动机。何况在企业合并时，公司的形式早已证明了它的功用。

铁路股份资本一直是非常有展性和焊接性的。当四十年代和 212
五十年代在董事和股东的内部既得利益和团结心的发展还没有因年久而僵化之前，铁路公司仍然是未加工的和可塑造的时候，占支

① 其中有一些，也许有不少已经缴入不复存在的公司。不幸香农先生对公司史的详尽的研究，还没有进行到1883年以后。

② 《统计摘要》上所列登记官的数字是：——按百万镑计——1892年，九八九点三；1893年，一零一三点一；1899年，一零三五点零；1895年，一零六二点七；1896年，一一四五点四；1897年，一二八五点零。

③ 《经济学家周刊》，《1892年的商业史》和本卷，第23页。

配地位的人物一直不难把大量的匿名资本一一撮合起来。国家的经济容器是坚牢的,大可供作合并之用,的确可供作比国家最终容许的更多的合并之用:[①]股东收益的未来展望总可以说得天花乱坠,而且也几乎总是说得合情合理的:把伦敦西北铁路的白黑色同米德兰铁路的橙红色混合起来,把尤斯顿铁路接在圣潘克拉斯铁路上面,或把金兹克罗斯铁路接在利物浦街铁路上面,都没有什么强烈的抵触情绪,像八十年代或九十年代未始不会有的情形那样。[②] 实则吉耳伯特·斯科特的圣潘克拉斯铁路并不存在,而利物浦街铁路已经是一条不像样子的支线了。

在工商业方面,家庭企业和私人合伙的合并,虽则不是无所闻,但在八十年代以前一直是罕见的,在九十年代中依然罕见。大企业可以收买小企业,但在自由而公开的竞争中把它挤垮却更加简单。批评竞争的人往往指出垄断是它的逻辑的和无可避免的结果。但是在私人制造业企业的时代中,这种情况,纵有,也很少发展到这样的地步:事情并不是那么太合乎逻辑的。但是在缝纫用棉线业中却已经有了接近于这种逻辑发展的事物,在这个行业中,培斯利的科茨号经过三代手法高明而又勤勤恳恳的经营之后,已经是实力异常雄厚和卓著成效了。[③] 但是当 1890 年他们的企业

① 参阅中卷,第 186 页。

② 所想的不是伦敦西北铁路和米德兰铁路而是已经通达圣潘克拉斯铁路上面的尤斯顿铁路的那一代人,也许把这些着色的木栅早已忘记了;但是这些着色的木栅在它们那个时代却是实有其物的。

③ 这段时期的公司合并的大多数事实都列述于麦克罗斯提:《英国工业中的托拉斯运动》(1907 年版)和累维:《垄断,卡特尔和托拉斯》(Levy, H., *Monopole, Kartelle und Trusts*)(1909 年版)。关于科茨,参阅麦克罗斯提:前引书,第 126 页。

以五百七十五万镑的资本作为一个公共有限公司而创立的时候，虽然它的棉线已行销全世界，却仍有若干重要的英国竞争者。当时所取得的公共公司的组织以及从而产生的对投资市场的掌握，有助于日后向垄断方面的发展，是没有多大疑问的。

只要一个公司依然真正是私营的，如果它的董事打算同其他 213
某私营公司或合伙组织合并，共情况和两个企业都是合伙组织的情况基本上是相同的。家族或持有股票的小集团尚有待说服；私人和企业不分的观念也有待消除。也许只有对于维多利亚时代的实业界，或对于后来世界中比较恬静的行业的维多利亚时代遗风记忆犹新的人，才能理解何以小约翰·斯密，在仍然活跃的时候，极不情愿把老斯密或累代斯密所体体面面地建立的企业合并进鲁滨逊的企业。但是合并还是办得到的，而且如果两个企业都是有限公司的话——尽管是私营的——股份和董事会的设置还会使合并的财政、家族和个人问题简单许多。

在某些行业和某些地区中，私营企业一直是非但不愿合并，而且不愿合作。非正式的断续的合作，在它们之间也随时随处有一点点，尤其是在困难时期；但它们在货物销售和工人雇佣方面比在生产方面有更多的共同行动。它们曾为反对枢密院令而有过请愿，曾支持过自由贸易；也曾对铁路和航线政策共同提出过控诉；而重要的是它们曾集体地应付突然出现的斗志昂扬的工会。十九世纪第三个三十五年的繁荣和经济前景已经减少了这种合作的机会；并且有理由认为在七十年代中期比 1850 年以前机会更少了。自从大规模价格下跌开始以来，肯定已经多了

一些。[①] 但是在 1890 年却可以说，在一项重要工业中，即在西莱定的毛纺织工业中，雇主之间“没有一星半点”[②]的组织。约克郡，以及纺织业，尤其是个人主义的；但是对其他一些重要工业也未始不可作差不多同样的描述，虽则到八十年代中期，多少有点正式、多少有点有效的一个同业公会网已经遍布于大部分工业领域。[③]
214 而且除开公开的公会外，在不引人注意的办公室的文卷里，也许只是一群群商人的记忆中还存在着不打算公开的安排、谅解和君子协定。“过去三十年在〔肥皂〕业中曾经有过一个关于〔价格〕的工作协定”，后来封为莱弗赫尔姆勋爵的那个人在 1906 年这样写道；但是要查明自七十年代以来这种协定的令人满意的纪录，却未必是容易的。[④]

在拥有地理上所决定的潜在垄断权的采掘工业以及在冶金工业中，公会和价格管制的尝试或许是最为悠久，而肯定是最为人所猜疑和最受人注意的。太恩河和维尔河的煤厂主曾经在他们那个时代“限制〔煤炭〕的销售”。若不是因为 1850 年以后铁路运煤的竞争，他们未始不会继续下去。[⑤] 在二十年代柴郡岩盐坑主的一个委员会曾经认为“加价必须极其谨慎”；后来规定食盐产量或价

---

① 中卷，第 144 页及以下。

② 《劳工皇家调查委员会》(1892 年，第 35 卷)，丙节，询问案第 5705 号；特纳(爵士)的证词。

③ 中卷，第 152—153 页。

④ 引证见麦克罗斯提：前引书，第 203 页。在《工商业效率的因素》(*Factors in Industrial and Commercial Efficiency*)(工商业委员会编，1927 年)，第 86 页，据称，“规定家庭用肥皂价格的一个组合早在 1867 年就已经成立”。无疑这就是利弗先生所提到的那一个。

⑤ 中卷，第 151 页。

格或兼及两者的尝试，一直若断若续。[1] 在 1882—1886 年，新式钢轨制造商组织过第一个国际轨条联营，后又解散了。这个联营曾经试图瓜分市场，规定生产者的限额，并对世界钢轨制造和钢轨销售进行经济设计。但是世界还没有接受这个办法的准备。[2]

价格下跌是它的主要原因。自 1873 年以来，盐价，一如其他价格，一直在下跌；正像英国比较陈旧的冶金工业已经感到比、德、法日益增长的力量并已暂时向它屈服的那样，在坐落于土地丈量册编制以前就已经获得食盐的那些地区中的柴郡和伍斯特郡的企业自 1882 年以来也感到了提兹河口的新兴制盐工厂的竞争。[3] 在 1885 年另一个售货协定已经把价格稍稍推升了一点，但是在 1887—1888 年重又渐渐回跌。当时伦敦方面的一个发起中的辛迪加抓住了这个机会，轻而易举地说动了很多心灰气馁的生产者出售给它；对于比较顽固的人则许以“高价”，[4]并创立了盐业联合 215
公司，英国的第一个股份工业组合——“大盐业托拉斯”，照《泰晤士报》所给它的称呼。[5] 对于这样的一些试验，其条件究竟成熟到了怎样的程度，从一直保持其独立性的企业当中这类组合两代以来流产的历史中，可以清楚地看出。

---

① 上卷，第 200 页，中卷，第 147—148 页和卡尔弗特：《盐业同盟史》（Calvert，A. F.，*A History of the Salt Union*）（1913 年版），第 15 页。众所周知的德国最早的卡特尔也是在制盐工业方面；利夫曼：《企业家的结社》（Liefmann，R.，*Die Unternehmerverbände*）（1897 年版），第 139 页。

② 中卷，第 150—151 页。

③ 中卷，第 515 页。

④ 这家公司后来的一位董事长的用语，1905 年 3 月 15 日他的演讲，见卡尔弗特：前引书，第 228 页。

⑤ 《泰晤士报》，1888 年 9 月 15 日。

1888年的盐业联合公司囊括了柴郡的所有企业，米德耳兹布勒的一家企业和爱尔兰方面的少数企业。它声称控制了联合王国食盐产量的91%。一些组成公司是以三百七十万四千五百一十九镑这样一个高出它们价值很多的价格购买下来的，并且变成拥有名义资本四百万的一个巨型公司。[①] 投资公众争先恐后地参加进来。原有股东约有四千人，在1888年的金融温室中，股票在分配红利以前已超过票面价格。[②]（这正是发起人过去和现在所喜欢的现象：他们通过"非交易所会员的股票经纪人"的买卖哄抬到票面价格以上，从而使公众如饥似渴地抢购。）1889年联合公司又收购了其他一些重要工厂。它的地位似乎是很牢固的，无论是在它的资方看来——它通告第一次股息为10%——或是在对它抱批评态度的观察家看来。资方表面上否认有任何垄断的想法；但是滥用托拉斯这字眼的批评家却要大家看看西面，看一看约翰·洛克菲勒和他的美孚煤油公司。[③]《经济学家周刊》曾劝国会备加警惕地注意这项将"真正是国家财产的东西"垄断化的企图。[④] 就《经济学家周刊》而论，话虽说得很硬，但并不是一种新态度；它是

① 价值七十万三千五百镑的七笔财产卖给发起人一百零八万五千四百镑；卡尔弗特：前引书，第11页。另参阅卡特：《走向工业联营的倾向》(Carter, G. R., *The Tendency towards Industrial Combination*)(1913年版)，第250页。

② 《经济学家周刊》，1888年10月13日。

③ 在真正所谓的托拉斯中，董事会以各种不同的方法握有各自成为一个公司的"个别财产的经营管理的绝对控制权"，这是多德的发明，并于1882年经洛克菲勒集团加以利用。〔美国〕《工业调查委员会最后报告书》(*Final Report of the Industrial Commission*)，1902年，第598页。另参阅塔贝尔：《美孚煤油托拉斯史》(Tarbell, I. M., *The History of the Standard Oil Trust*)(1905年版)。

④ 《1888年的商业史》，第3页。

穆勒和白哲特一脉相传的。[①]

但是联合公司非特不是有效到了危险的地步，而且的确无能到了使工业联合一时名誉扫地的程度，甚至对于垄断并没有任何顾虑的人也抱这种看法。1890 年盐价已经推升到 1888 年水平以上近 216
70%，非常接近于 1873 年的繁荣水平。[②] 相对于一般价格趋势而言，这是荒谬的。它招来了国内的竞争者，并且破坏了一些出口市场。1891 年，联合公司的董事长为德国岩盐的装运加尔各答表示遗憾并说明价格何以必须削减。[③] 价格经过一再削减方接近于开始时的水平。自 1894 年到十九世纪之末，厂价相当稳定地保持在 1888 年平均价格的 8%或 9%以上。所以在 1896 年以后普通股股息仅仅放发过一次。自 1898 年起，优先股股息即一再无力支付；1901 年《经济学家周刊》以毫不掩饰的满意态度描述刚刚建议摊提一半资本的这个“被舍弃的组合”的凄惨状况。[④] 到 1905 年，盐业联合公司本身的董事所组织的一个清理委员会的一个委员以外界评论家所能希望的那种严厉的态度总结它的早期历史说——在各自独立经营时，制盐企业中间曾经有贪婪的竞争：“为了自救，它们组成了这个联合公司”；“它们力图建立一个完全的垄断权”；这个联合公司“资本化太过分了”；它同盐田所有主缔订了“极其苛刻的租约”；“使他们所有的董事都享受到加价的巨大利益”。[⑤]

① 中卷，第 189—190、390—391 页。

② 在厂中申报的价值和平均出口价值：《批发和零售价格报告书》(1902 年)，第 189—190 页。1888 年的价格异常之低。20%到 30%的上升是可以辩护的。

③ 卡尔弗特，前引书，第 47 页：卡尔弗特几乎引证了董事长致辞的全文。

④ 《经济学家周刊》，1901 年 11 月 18 日。

⑤ 1905 年 3 月 15 日的致辞，见卡尔弗特：前引书，第 228 页。

在盐业联合公司还不太失其为投资公众的一个救苦救难者以前，一个更大的联营已经在一个类似的行业中创立起来——碱业联合公司；四十九个用盐的企业变成了资本八百五十万镑的一个企业。[①] 在巴林公司危机之前，计划已经拟订，公司也已经登记；但是无论危机或《泰晤士报》的郑重警告[②]都没有能制止它在1891年春季的创立。正如在制盐工业中一样，碱业企业中间向有不顾前后的竞争——尤其是在漂白粉的销售方面。大多数有关企业都
217 使用勒布兰法。这种方法就苏打制造而言，不如它的竞争办法苏尔维法（阿摩尼亚法）那样有效，但是它却保存了阿摩尼亚法所浪费掉的氯化物。所以用勒布兰法的企业是靠"漂白"维持的，而它们用这种方法所产生的漂白粉数量却超过了平均需求。[③] 激烈竞争在所难免；"限制销售"的协定既然无效，联营的金融发起人也就有了现成的有说服力的论据。

巴林公司危机虽然没有陷联营的创立于破产，却使它受害不浅，外界投资公众所投资本总额不到一百五十万镑。卖方的企业不能不认购下余之数。但是并没有作任何超额的估价，所以似乎没有任何真正的过度资本化。然而各组成厂极其困难的技术处境自始就是繁荣的一个严重拖累；并且在1896年以后，普通股十年没有发放股息，虽则净利润照例可以支应债券利息和三百万镑的

① 在卡特：《走向工业联营的倾向》，第25页中有一个企业数目和所投资本的简便一览表。另参阅麦克罗斯提：前引书，第187页及以下。

② 1891年2月5日。

③ 本卷，第173页。布伦纳·蒙德公司这个大企业使用苏尔维法。1890年碱业视察员（《报告书》，1890年，第18卷，第13页）曾认为"这个斗争已毫无问题"，也就是说苏尔维法将取得胜利。

7%优先股的股息。鉴于国内对氯化物的需求随着造纸工业对于用硫酸漂白的纸浆的使用的日益增加而逐渐降低；鉴于美国和欧洲大陆化学品关税的愈益提高；并鉴于在这十年之末，生产“漂白粉”的电解方法的输入，这个公司的财政成绩并不是不光彩的。它的技术成绩大体上也不是不光彩的；虽则所有当代人士或许会公认它远落后于它的德国竞争者。靠了多方适应，勒布兰法总算保存下来，在 1904 年英国 82%的氯化物是用它生产的。[①] 化学企业所组成的一个大公司的其他许多“方针”都运行得相当有效；并且在国际价格规定方面也进行了一些试验，虽则不太成功。[②] 但是在九十年代中期作为工业病的一种治疗方法的工业股份联营，稍稍受到一点污辱，原是不足为奇的。

但是联营和股份公司正分别地或相伴地昂首阔步于工业世界。在美国，在八十年代初期洛克菲勒将美孚煤油逐渐组织完备的时候，制造业的公司组织还很不普通。铁路和其他各种运输，连 218
同自来水、煤气和电气这类公用事业却是公司活动的主要领域。石油提炼是一个例外，但洛克菲勒的成功与其说是奠定在对炼油厂的控制上，毋宁说是奠定在对石油运输的控制上，先是靠了铁路，继而是靠了输油管。到九十年代中期，制造业的公司组织常见了，甚至普遍了；虽则在 1890 年洛克菲勒为一批公司的集中化管理所使用的那种特别方法，即真正所谓的托拉斯，被纽约州宣布为非法，此后也被普遍放弃，但是公司律师是不难应付这种局面的。

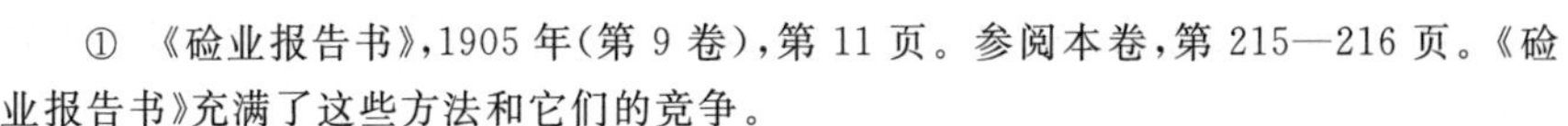

① 《碱业报告书》，1905 年（第 9 卷），第 11 页。参阅本卷，第 215—216 页。《碱业报告书》充满了这些方法和它们的竞争。

② 利夫曼：《企业家的结社》，第 141—142 页；麦克罗斯提：前引书，第 192 页。

通常不过是将这个托拉斯——洛克菲勒已经为食糖提炼业者、威士忌酒蒸馏业者等各式各样制造业集团所取法——改成一个单一的、多少带点垄断性质的公司，改成一个符合世界普通习惯用语的那种托拉斯。[①]

在这期间，英国发起人已横跨大西洋去给股份联营以援手，甚至帮同把它组成为国际性质的了。其中之一，在以伦敦筹募的现金把阿尔瓦雷斯·冈萨雷斯和博克达两个哈瓦那的雪茄烟企业联合起来(1883 年)之后，已经进而将纽约的牲畜和肉类商贩伊斯门的一些行号同伦敦和格拉斯哥的贝尔号，连同它们在英国的贮藏和分配经理商，合并组成了伊斯门国际肉类有限公司。[②] 但是在八十年代利用英国资本的最引人兴趣的国际企业就是 1886 年的诺贝尔炸药托拉斯公司；因为它纵使不是真正控制公司的第一个事例，至少也是第一个重要的事例。[③] 正如它的董事长在十三年以后所说，它是“按照今天虽然司空见惯但在当时看来却是性质新奇的方法”设计的。[④] 洛克菲勒在 1882 年通过董事会所建立的那

---

① 《工业调查委员会报告书》，第 1、2 卷，和《最后报告书》，第 595 页及以下。詹克斯：《托拉斯问题》(Jenks, J. W., *The Trust Problem*)(第 2 版)，1901 年。

② 奥哈根：《生活片断》，第 1 卷，第 157、329 页。奥哈根是发起人。参阅本卷，第 240 页。

③ 利夫曼：《卡特尔，康采恩和托拉斯》(1930 年版：他的《企业家的结社》的第八次修正版)，第 352 页，一般地提到美国少数早期的案例，但是补充说：“erst in den neunziger Jahren wurde dieses Mittel häufiger angewendet”〔早在十九世纪这些方法就常常加以运用的〕。这个名词不见于 1890 年的《政治经济学词典》。甚至在 1923 年，加塞·古耳伯特爵士的《控制公司及其公布的账目》(Garnsey, Sir Gilbert, *Holding Companies and their Published Accounts*)，第 1 页，还说它们“直到近年在这个国家还不大为人所悉知”。

④ 董事长的致辞，1899 年 6 月 3 日，转引于麦克罗斯提：前引书，第 200 页。

种中央控制权，诺贝尔以新的方法取得了。若干年来在运用诺贝 219
尔专利权的英国和德国公司之间曾经有“激烈的竞争”。这位瑞典的发明人不能不对这种竞争加以限制。但是在新章程采纳之前，他一直没有多大成功。根据新章程，各制造公司仍保有各种技术上的独立性，但托拉斯公司却拥有所有各该公司的股份。它的董事是由现在各附属公司的董事选出的，并且能以控制它们的商业政策和策略，虽则在向公众讲话时，他们往往尽量缩小这种控制权。据他们说，“每一个公司……保有各自的独立性，而它所进行的业务在各方面都仿佛没有托拉斯公司存在一样”，“乃是这项协定的基本部分之一”。[①] 果真“在各方面”都是这样，那么又为什么要不惮其烦建立这样一个多余的公司呢？而且这个公司果真是多余的，那么在 1886 年以前一直遭到“激烈竞争”影响的业务又怎么会在此后二十年给以每年将近 10％的平均股息呢？

除开盐业联合公司的建立和硷业联合公司的拟议外，在巴林公司危机以前的繁荣年月中，还有几个次要的股份合并和至少一个终归失败的出乎寻常的、野心勃勃的计划。这就是要把恒比尔河和特威德河之间的所有磨粉厂合并成为一个东北面粉厂的 1888 年的计划。[②] 虽然磨粉业者对于维护磨粉业的利益以及像规定销货条件这类事物的同业公会是熟习的，但是他们在磨粉业的集中还没有达到这个地步的时候，对于这项计划并无准备。在这

① 前引 1899 年的致辞。

② 麦克罗斯提：前引书，第 225 页和论“磨粉业”整个这一章。在次要的合并之中有巴斯采石工业七个企业的联合和那个类似的利兹耐火土公司。参阅麦克罗斯提和卡特的一览表。

个地区，磨粉厂总不下一千家，所以失败是事先注定的。在巴林公司危机三年之后，在另一项工业中一个同样野心勃勃但比较有希望的计划之所以失败，是同样不难理解的。价格仍不断下跌。在1893年有澳大利亚的银行危机、美国的货币危机和失业的高峰数字。[①] 在那一年比1880年和1914年之间任何一年流入公共投资的款项都少得多；而这第二项计划却非有大量的现款不可。

220 以如火如荼的削价竞争为先导的，是乔治·埃利奥特爵士一度著名而且仍然有益的一个煤炭大规模合并计划；而这项计划又是以一次煤炭大罢工为契机。近四十年来充满于连篇累幅的报告书中的英国采煤业结构方面的种种技术和经济缺点，埃利奥特是深深了解的。他是煤矿工人出身，并且已经成为最大的煤矿主之一。由于地面产权的分割而造成的地下采煤的浪费情形；采掘方法的浪费；竞销习惯的既浪费而又愚蠢；矿工的劳动和善意方面的浪费——所有这一切都一一列举于他在1893年9月20日致《泰晤士报》的一封信中。应该有一个半公共性质的巨型煤业公司，他这样论证说。煤矿主应该根据地区和煤的质量类聚在这个公司之下。这个公司应该为各个矿厂规定适当的工资。它应该为年老和残废的工人建立一项旷工福利基金——虽则埃利奥特并没有用这个名称。而如果红利超过一定的水平，超过之数应在贸易部的监督下分配给股东、矿工和消费者。[②]

但是正如一卷又一卷的连篇累幅的报告书所表明的那样，

① 本卷，第27、29页。

② 所有论“托拉斯”的书籍都提到了这封信。关于罢工，参阅本卷，第486页。

1893 年的英国采煤工业，连同它成千上万的既倔强而又往往多疑的个别单位以及它难以驾驭的地理上的多样化，还远没有为公用事业全国性组织这样一个宏伟计划作好准备。更何况款项原也无法筹足。

在美国已经发展了托拉斯而英国也已经进行了它的工业股份联合的第一次大规模试验时，卡特尔网，限制竞争的各式各样的协定已经以惊人的速度遍布于八十年代的德国。[①] 这些协定所不同于英国为了同一目的的许多现代或较老协定的唯一之点，就是对于所要达成的目标的定义和进行的方法更加正式，更加严谨，更加精细而确切，正如原可期待于德国人的那样。卡特尔可以由股份 221
公司组成，并且随着时日之推移而所组成的也愈来愈多；但是公司的形式和有限责任同它的本质无干。这正是前此竞争性的企业中间同意在某一方面或某几方面减少竞争的一种协定。英国为规定价格和限制产量的较老的煤、盐，铁方面的协定，是纯粹的卡特尔，虽则——正如一个德国人未始不会论辩的那样——是一些杂乱无章的，不科学的卡特尔。英国所尝试的 1882 年的国际轨条联营，无论就它的严谨或就它的弱点来说，都是一个典型的卡特尔。八十年代的自由贸易主义者常常论证说，德国的大量反竞争性组合

① 关于卡特尔的文献是浩若烟海的。除开官方的《卡特尔性质报告书》(*Bericht über Kartellwesen*)(1905 年版)外，关于十九世纪情况最优秀的书籍，计有利夫曼：前引书(1897 年版)，波勒：《手工业雇主的卡特尔》(Pohle，L.，*Die Kartelle der Gewerblichen Unternehmer*)(1898 年版)；和格林策尔：《论卡特尔》(Grunzel，J.，*Ueber Kartelle*)(1902 年版)。马歇尔：《工业和贸易》(Marshall，A.，*Industry and Trade*)(1919 年版)，第 544—576 页中有详尽的讨论。

不过是保护政策的一个副产品。自 1879 年德国回到保护政策之后，它们的确发展得很快；但它们和关税的主要联系是德国实业界体会到：单单凭靠关税来防止过分竞争的种种后果是靠不住的，虽则如果国内价格是由一个卡特尔订定的，那么，显而易见，关税可保证它维持得比所能指望于自由贸易世界的久一些。[1] 英国的贸易协定和联营本身就是充分的证据，证明关税并不是“所有这一切的根源”，一如所说美国托拉斯的那样。但是不管对西方的托拉斯和东方的卡特尔的迅速繁衍怎样去解释，介于东西之间的不列颠群岛无疑是受到了它的影响的。在这些事物之中必有其价值，对于旧有的个人主义已经失去了一些信心的这一代商人在懂得了托拉斯和卡特尔之后开始这样论证说。

早在 1894 年就开始了一连两年的那段利息非常之低的时期，这时价格的大规模下跌已告一结束。[2] 新公司每年登记数的剧烈上升也随之开始，把数字从 1893 年的二千五百一十五家提高到了 1897 年的五千一百四十八家。发起人可以轻而易举地筹募基金了。投资人渐渐地恢复了信心；并且因为直到进入二十世纪，资本输出虽则有起有伏，却继续趋于下降，而在 1899 年以前中央政府的借款又不多，所以每年可供公共投资之用的当时日益增长的储蓄总额的大部分都流入了本国的股份公司或市营企业。一部分为铁路和正在扩充设备的其他现存公司所吸收，大部分则为新创立
222 的企业所吸取。私营企业的“有限责任化”一直在稳步进行，虽则

① 利夫曼：《企业家的结社》，第 67 页。

② 本卷，第 16 页；以及第 12 页和第 17 页的曲线图。

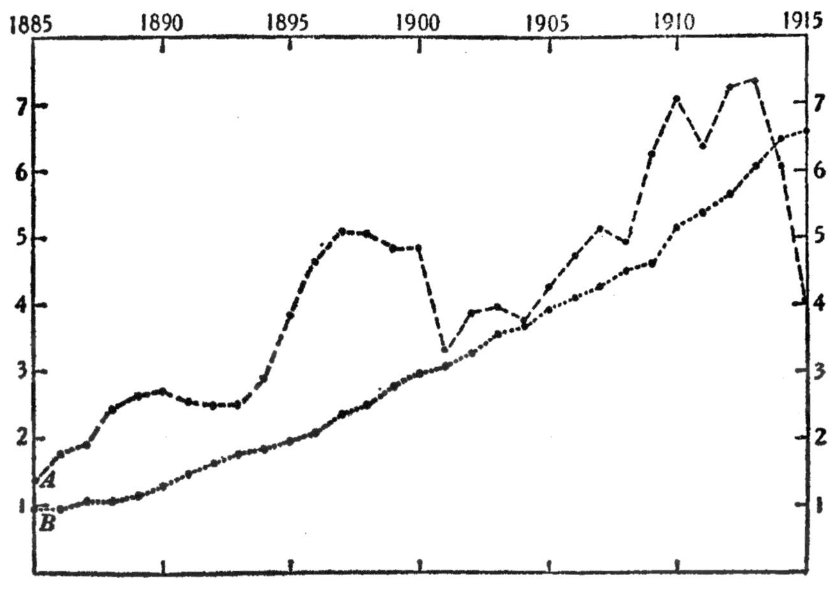

联合王国的有限公司

A. 在联合王国新登记的有限公司的数目,按千计。

B. 4 月 30 日在联合王国继续营业的已登记的公司的数目,按万计。

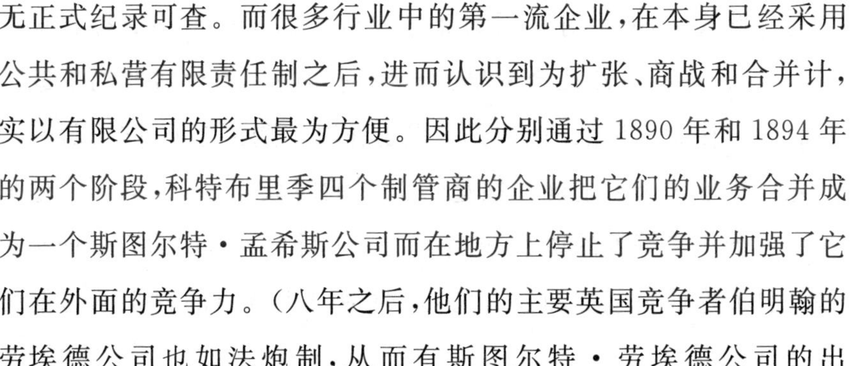

无正式纪录可查。而很多行业中的第一流企业,在本身已经采用公共和私营有限责任制之后,进而认识到为扩张、商战和合并计,实以有限公司的形式最为方便。因此分别通过 1890 年和 1894 年的两个阶段,科特布里季四个制管商的企业把它们的业务合并成为一个斯图尔特·孟希斯公司而在地方上停止了竞争并加强了它们在外面的竞争力。(八年之后,他们的主要英国竞争者伯明翰的劳埃德公司也如法炮制,从而有斯图尔特·劳埃德公司的出现。)①在 1895 年,柴郡的布伦纳·蒙德公司那个以苏尔维法制造

① 麦克罗斯提:前引书,第 46 页及以下。

苏打并制造其他许多东西的有效制造商——其经营方法和股息始终为盐业联合公司和硷业联合公司所不及的一个企业——以购买
223 穆加特罗埃的氨苏打盐辛迪加而开始了一长串的兼并，其成功正不亚于他们的制造方法。①

在1896年秋季，伦敦的八个煤炭商、煤炭代理人、驳船夫和蒸汽煤船主的企业在其中最大和历史最久的威廉·科里父子公司的牌号下组织了起来，威廉·科里父子公司曾经是第一批用轮船运煤到泰晤士河的商号之一。在1893—1895年，联合起来的企业已经掌握了伦敦煤炭的大约三分之一；因此，虽不是一个垄断组织，却形成了一个异常强大的贸易单位。它们不过是把它们国内的商业经营联合起来，其中像原来的科里公司那些同煤矿厂和煤炭出口有关的企业仍然保留对这类业务的管理权。②

这种向来所谓的有效联营——斯图尔特·劳埃德、布伦纳·蒙德和科里都毫无问题是有效的——不过是（但在方便的有限责任制的形式下）强手对有用的邻号或可能的竞争者的那种收买的引申，那种在竞争性社会中早为众所周知的工商业财产的不断增益而已。在竞争激烈的情况下，强手在决定购买他的邻号以前，照例先在斗争中予以削弱。在他不太强的时候，他未始不会同他们缔结关于价格等等的协定，即卡特尔，从而为更密切的联合铺平道路。但不论他是怎样的强有力，这时他对于竞争的紧张不可能无

---

① 麦克罗斯提：前引书，第193页。

② 在1899年，这个企业的零售部分已经同里基特·斯密公司合并，在里基特·斯密公司中，威廉·科里父子公司握有十六万三千镑股款全部缴讫的股份。《证券交易所年鉴》（*Stock Exchange Year Book*），1901年。

所察觉。价格已经下跌；关税已经提高；外国工商业的效率已经增加。[1] 有一些相当强有力的人曾经试图解决出口的困难，正如普雷斯顿的一个棉纺织业者在1885年以前所作过的那样；他发现他的业务是“那样异乎寻常的清淡”，以致他不得不“抛开商人并绕过他去”。[2] 他的邻号，霍罗克斯的老号也曾经试行合并：在1885年他盘进了普雷斯顿的另一家企业；在1887年，又盘进了博耳顿的克鲁森号那个十年前已改为有限责任制的行号；大约同时并把他们的上等棉布和白洋布直接卖给布店。像布伦纳·蒙德公司和科里公司一样，他们也经营得非常出色。[3]

培斯利的科茨公司那个有效合并的突出事例当时也是如此，224
并且始终都是如此。在1890年改组成为公共有限公司之后，它付给它的新股东以非常令人满意的股息。它在美国的关税藩篱以内有一个棉线厂，并且同英格兰和苏格兰的一些国内最强大的竞争者筹划了一个中央棉线经销处这样的联合推销的卡特尔。在1895年它买下了苏格兰的一个企业。其余三个，苏格兰一个和英格兰两个，则参加了1896年的大联营。这时它计有资本七百五十万镑，控制了这个行业的十六个最杰出的工厂，其中包括在美国的那个厂以及在加拿大的一个厂和在俄国的一个厂。旧科茨公司刚刚发放它的普通股20％的股息，新公司非但继续发给，而且有过此数。在十年之末，它赚取净利（按1906年计）三百万镑，但主要

① 关于美国方面的叙述，参阅杰罗姆：《工业中的机械化》（Jerome，H.，*Mechanisation in Industry*）（1934年版），和伯恩的评论，载《经济史评论》，1935年10月号。

② 中卷，第30页。

③ 麦克罗斯提：前引书，第125页和《证券交易所年鉴》。

是得自它在联合王国以外所拥有和所控制的工厂的，而这类工厂的数目一直有增无已。[①] 它的经销处则到处是排除了中间商而直接同零售商和广大消费者进行交易的；并且它的效力保持在如此之高的水平上，以致虽则总有竞争者存在，而它们始终不能威胁科茨的地位。它的力量是否把价格保持得比他们所可能想象的还高，谁也不知道。这家公司所幸的是供应这样一种商品，它的价格只占它所构成的货物的价格的极小部分，而且它又是家庭广泛使用的。如果这样一种商品的质量能保持不变——没有一个人怀疑科茨的质量——而它的售价又能保持稳定，那么消费者对于那个价格中可能有的一点额外利润，是不大会太挑剔的。科茨总是辩称，他们在生产和分配方面的节约可以使消费者得到低廉的价格，并使他们本身得到有词可解的利润。[②] 利润是很大的。消费者的代言人，虽非消费者本人，自然常常想对这种论据提出异议。但是没有查看科茨的账册，他就无法反驳科茨所持的一切都是由于真正的效率和质量，而利润乃是组织能力的代价的那种说法。正如
225 他们的董事长一度所指出，世界各地还另有一百八十个棉线制造商，如果他们能够的话，他们早就会不胜其高兴地进行廉价竞销并制造比科茨更好的棉线了。[③] 他的论证是有道理的；虽然这一百

① 到1907年，除上述的那些之外，在德国、奥国和匈牙利也都有工厂，并且在其他各地的工厂中拥有股权。参阅《经济学家周刊》，1908年11月14日，对该公司的一篇研究论文。它的历史也论述于麦克罗斯提：前引书，第13、121页及以下。

② 参阅《棉线贸易》(*The Trade in Sewing Cotton*)，《泰晤士报》，金融副刊，1908年11月14日，这篇论文读起来像是受有关方面的授意而撰写的，麦克罗斯提曾加以利用。

③ 1906年年会上的致辞，《经济学家周刊》，1906年12月1日。这个企业中的强大家庭因素从1901年董事会的构成中可以看出：科茨家十一人，克拉克家四人，其他五人，包括菲利皮在内(参阅本卷，第231页)。

八十个或许是一支比较窳败和缺乏训练的队伍。

在1896年科茨扩充以前，英国棉线制造商就已经有了一个同业公会，但是没有任何企业联营。翌年12月，其中十一家，连同少数几家丝线和麻线行号，为了自保和效法起见也联合成为英国棉线公司，资本二百二十五万镑。甚至计划书中也承认“过去几年平均利润比较小”。[①] 对于构成公司的企业所给付的代价确实太高，这些收益有限的企业的商誉算来就占它们资产的大约四分之一。所有这些企业都允许作为分公司而保持它们的独立存在，照例由一个原有的合伙人或董事负责。[②] 所以经过两年表面上的成功之后总公司就陷于困境，是不足为奇的。到1901—1902年，它已赔累不堪。因为不是一个有效的联合公司，所以它没有砍掉它的朽木。一上来它同科茨公司的关系就是密切的和不平常的。科茨公司掌握了一个对科茨公司来说的普通股的小小集团（二十万镑），用来——有人这样设想——了解发展的情况。关于市场的分配有一个经营协定，但是运行得不很圆满。英国棉线公司对于科茨公司所组织的中央经销处曾有所利用。不久就出现了科茨应终于兼并英国棉线公司的建议；但培斯利方面的人却不是那样具有公共精神，或那样愚蠢，去干那样的事情。

“公认的缺乏有效管理”，阿奇博尔德·科茨在几年之后解释说，已使英国棉线公司濒临“清理的边缘。我们曾一再被敦请去接管这个企业，但是谢绝了，因为我们不愿以一万多名股东的不幸进

① 转引于麦克罗斯提：前引书，第129页。

② 《经济学家周刊》，1900年3月14日。

行渔利。”[1]作为代替的是，他们给以忠告，甚至给以财政支援来完
226 成其 1902 年的一次行政上的全面改组。[2] 后来，通过关闭分公司和取消起初发给卖方企业的债券而砍掉了英国棉线公司的一些朽木；到 1906 年阿奇博尔德·科茨致辞时，这家公司已经清偿了优先股的欠息，并且公布了令人满意的普通股的股息。科茨仍然握有的十万镑的普通股——他们已经在他们对英国棉线公司不太满意时卖出了十万镑——已值十七万五千镑。这是令人满意的，因为在 1902 年秋季未必能卖得到四万镑。[3]

英国棉线公司最初的两张资产负债表（1898—1899 年）上所以出现了虚假的好景乃是由于一种小小的手法，并由于这两年，尤其是 1899 年的商业大活跃，那时工会的失业数字是 2%，而这一年棉纺织工业是处于二十五年来最繁荣的一个年份。[4] 正是在天朗气清，没有任何风暴压力的这个季节，北部的一些棉纺织工业以转向工业股份联营来作为保持气压计于良好状态的一个著名的手段。1894—1896 年的低利已经起了它的作用。价格正在上涨。有说服力的发起人就在眼前。会计事务所已作好了充当助产士的准备。[5] 外界的投资公众重又鼓起勇气，而且依然是偏听的。各

① 前引 1906 年 12 月的致辞。

② 《美国工业调查委员会》(*U. S. Industrial Commission*)，第 18 卷，1901 年；《欧洲的工业联营》(*Industrial Combinations in Europe*)，第 31 页。这项报告（詹克斯编）中载有截至那个日期为止英国联营最好的一篇简述。编纂人提出了一些金融记者和经济作家所不易得到的材料。

③ 根据 1902 年的市场价格来判断。

④ 本卷，第 32 页。

⑤ 作出最重要成绩的会计师是曼彻斯特的琼斯、克鲁森和尤埃特。最杰出的发起人是斯科特·林斯先生。

式各样工业中优秀的领袖人物是欣赏计划完善和管理精明的企业联合的真正经济和优越性的。拙劣的领袖则被他们从发起人和会计师那里所听到的一切弄得神魂颠倒，自以为看出企业联合是利用 1899 年繁荣的一个方法，因为当时毛纺业在布莱德福的成功正和棉纺业在曼彻斯特的成功不相上下。[①] 约克郡有这样一些故事，说工人拿着加油罐站在运转过度的机器背后，而出售给“这个联合企业”的各该纺织厂就是以这些机器的产量为依据来进行估价的。

那些机器都是梳毛机，这个联合企业就是名义资本二百五十万镑的 1899 年的约克郡梳毛商联合公司。它是由三十八个企业，或这些企业的梳毛部门组成的，但是不到五年就瓦解了。1899 年 227
的其他几个纺织业的合并是约克郡靛青染商和天鹅绒及灯芯绒染商这两个染业的小联营以及拥有五十九个企业、资本达九百二十万镑的那个大棉布印花商联合公司。在 1898 年创立的计有：仅仅由三家企业组成的那个规模很小的秘密经营的土耳其红布公司；同棉线联营有些接触，从而科茨公司的一个成员在它的董事会中占有一席的麻线公司那个由爱尔兰、苏格兰和美国九家公司组成的国际联营；由约克郡和兰开郡二十二家染坊所组成、拥有资本四百七十五万镑的强大的布莱德福染坊业者联合公司；以及拥有开办资本六百七十五万镑，由四十家企业组合的那个更加强大的细纱纺绩业者和复纺业者联合公司，那四十家企业是纺绩超等埃及棉并供应包括棉线制造商在内的最善于挑剔的棉纱使用者的。

① 《经济学家周刊》，《1899 年的商业史》。

这一类的纺织业大合并的最后两个，一个是1900年的英国棉毛染商联合公司，这个公司是由共有资本二百七十五万镑的四十六家因其不染匹头而只染纱、半制纱（“初纺纱”）以至更粗的原料而通称作条卷染商的企业组成的；另一个是也在1900年成立的漂白业者联合公司。漂白业者联合公司的组合企业比任何一个联合公司的都更多，计有五十三家，名义资本也更大，计有八百二十五万镑；虽则没有几年的工夫，科茨公司的资本就更大了，而且据我们所知，科茨公司的资本中是没有任何虚股的。在漂白业者联合公司中却有一些；但是因为卖方企业本身承受了所有普通股，又因为前六年股息平均只有2%，所以单纯的外界投资人能够得到虚股的为数不多。[①]

合并成为1897—1900年的这些纺织业联营的企业几乎都是家族企业、普通合伙、或私营有限公司。[②] 甚至这些联合企业也还

228 有少数仍保持半私营的性质：没有公开的认股，也没有正式报告书或所发股息的记录公布。[③] 但是其中所有最最大的确实是很具有公共性质的。它们的活动在约克郡和兰开郡的日报以及伦敦每周

① 日期、企业和资本估价见各式各样企业联合的计划书、《证券交易所年鉴》和卡特的《走向工业联营的倾向》；股息，见金融报刊；董事长的致辞，见《曼彻斯特卫报》、《布莱德福观察家报》、《约克郡邮报》、《泰晤士报》、《经济学家周刊》等等。四个典型的计划书刊印于《欧洲的工业联营》，第39页及以下。大多数重要的插曲在《经济学家周刊》中都有所讨论。关于所有这些不难核实的事实似乎无须提出参考材料。

② 例如棉布印花商联合公司包括有二十八个有限公司和三十一个其他的企业；布莱德福染坊业者联合公司包括有十一个有限公司和十一个其他的企业。有限公司几乎都是属于私营类型的。

③ 参阅麦克罗斯提：前引书，第124页中的一览表，连同五个纺织业联营的“无报告书可供利用”栏。

金融评论中都有长篇刊载。通过研究和评论，得知它们的创立既不是出于单单一个惑人的动机，它们的经济情况也不完全相同；虽则限制过分自由竞争的困苦这一普遍愿望是存在的。虽然在某些情况下，魄力和兴趣日益衰减的一个工业家族的第二代或第三代，在发起人的计划书中注意到久已和家族的单纯有限责任发生联想的那种吸引力，[①]但是在很多情况下，管理企业的那些家族和董事在合并时却热衷于保留管理权，以至于独立性，而这种独立性却是和非有一个令出必行的坚实的指挥部不可的大规模联营互不相容的。导致英国棉线联合公司、漂白业者联合公司、棉布印花商联合公司和英国棉毛染商联合公司于困难之境的，莫过于这种既想遏制竞争又想保有独立性的愿望，这种想把不可得兼的两者兼而有之的愿望。在所有这些之中，累赘的董事会、过度的各自为政以及无效率的单位拒不同意撤销，是不通过改组加以克服无法达到一差强人意的繁荣水平的。[②]

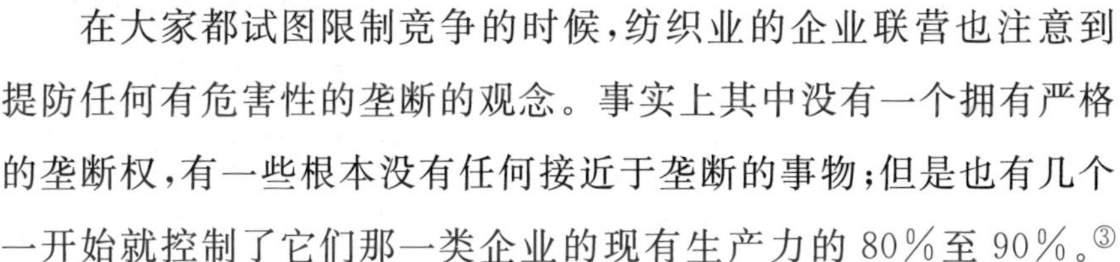

在大家都试图限制竞争的时候，纺织业的企业联营也注意到提防任何有危害性的垄断的观念。事实上其中没有一个拥有严格的垄断权，有一些根本没有任何接近于垄断的事物；但是也有几个一开始就控制了它们那一类企业的现有生产力的80%至90%。[③]

---

① 艾伦：《伯明翰和黑乡的工业发展》(Allen, G. G., *The Industrial Development of Birmingham and the Black Country*)(1929年版)，第355页，对于联营运动中这一重要因素曾有所讨论。关于它在"有限责任"方面的影响，参阅中卷，第360页。

② 参阅《纺织业"企业联合"的瓦解》(*The Textile 'Combine' Collapse*)。《经济学家周刊》，1901年3月31日。我认识两家纺织业"企业联营"的董事长，并在另一家中握有一笔小股权，以便和这个运动保持接触。

③ 《欧洲的工业联营》，第34—35页。

漂白业者联合公司在他们的计划书中指出，大部分漂白厂最理想的厂址都在他们手里，而取缔淡水污染的法律又是那样严格，所以出现新竞争者的风险不多。这种风险在其他几个行业中也不很大。在奔宁山两侧的工业条件和城市条件既已固定和僵化，那么
229 要面临着一个经营良好的企业联营而成立一个重要的新染厂、印花厂或细纱厂将会是不容易的。来自外部的严重困难很少出现，除非是这个企业联营没有能把现有的实力雄厚的企业吸收进去。约克郡梳毛业者联合公司就是在这方面和其他各方面遭到无可救药的失败而瓦解的。[①] 棉布印花商联合公司号称已获有英国印花潜力的85%，但在外面却有斯坦纳公司这样一个劲敌。这对他们或许是有好处的，也可能因而加速了1902年完成的全面改组，通过这次改组，以一个由六人组成的董事会和三人组成的经理部门，连同一些顾问委员会以及为统计和研究部门，为今后职员的选用、训练和奖励而制订的计划，取代了为数达七八十名的这样一批乌合之众的董事。[②] 翌年，棉布印花商联合公司发放了普通股的第一次股息。六年之后，对于工业联营并无好感的一位评论家承认新董事会"的确是一个很大的成功"，[③]正如理所当然的那样。它是由国内最有头脑的企业家所设计并且是由精明强干和廉洁公正的人员所领导的。

---

① 《约克郡梳毛业者联合公司的瓦解》(*The Yorkshire Woolcombers' Collapse*)，《经济学家周刊》，1902年11月29日，和《布莱德福观察家报》(即后来的《约克郡观察家报》)合订本。

② 改组前的那件调查委员会报告书，是具有头等重要性的一项文件，见麦克罗斯提：前引书，附录四。

③ 《经济学家周刊》，1909年9月18日。

这种类型的适当组织自始就为细纱纺绩业者联合公司和布莱德福染坊业者联合公司这两个最强大和最彻头彻尾成功的纺织联营所采用。[①] 这两个联合公司都是由有效单位组成的，需要关闭掉的单位不多。没有一个公司的资本似乎真正估价过高。细纱纺绩业者联合公司只以三年核突的利润作为商誉的估价；[②]虽然染坊业者联合公司公布说商誉占他们资本估价的四分之一，[③]在专利、操作方法和商业联系方面的商誉的信实不诬，可以由甚至在不景气年份还能有支付普通股以 5%股息的持续力这一点表现出来，虽则没有能维持 1899—1900 年的 8%和 9%[④]细纱纺绩业者联合公司的成绩甚至更为出色：自 1899—1913 年这十五年股息平均 230
在 8%以上。[⑤] 这两个企业都大体是，虽则有时是间接地为一个自由贸易国的出口市场而经营的，所以不可能以消费者为牺牲而牟取不正常的利益。要说它们拥有任何垄断权，那大体上就是出自有效率的垄断权。细纱纺绩业者联合公司并没有向公众说明在仅仅担任分支机构的经理人员和总管理处的常务董事之间如何保持严格的权力平衡；但是这种平衡显然是和他们的环境相适应的。他们是以一上来就对未来干部的训练作好安排而著名的。[⑥] 染坊

① 对于历史学家来说，不幸的是一个联合公司愈成功，公众对它就愈不了解。参阅麦克罗斯提：前引书，第 104 页。

② 麦克罗斯提：前引书，第 137 页。

③ 重刊于《欧洲的工业联营》，第 48 页，它们的计划书中。

④ 参阅《经济学家周刊》，1913 年 2 月 22 日的评论。染坊业者联合公司在 1903—1907 年发放 7%；1908—1910 年，5%；1911—1912 年，6%。

⑤ 《经济学家周刊》，1913 年 2 月 22 日。

⑥ 在斯科特·林斯先生的致辞中曾经提及，见麦克罗斯提：前引书，第 140 页。

业者联合公司的方法，在他们的计划书中，以及在他们的常务董事，后来任董事长的米尔顿·谢里登·夏普著名的年度致辞中，都有充分的披露。[①] 常务董事都离开自己的企业而集中于总管理处。他们的报酬完全以利润为依归。分支机构的经理人员则按成绩给以津贴。染料和其他供应品的购进一律集中化。所有开给消费者的单价一律通过总管理处，以保证政策的一致性。为建立共同的和优厚的工资和劳动条件以及同工会进行合作，更特别费了一番气力。[②]

大多数纺织业的企业联营都是得利于不妨称之为生产过程的联合。它的成员只参加生产的单单一个阶段。梳毛业者联合公司、漂白业者联合公司、染坊业者联合公司和棉布印花商联合公司恰恰都是这种类型的。几乎他们的全部工作都是受委托进行的。那就是说，它的市场是一个比较松动的市场。它们没有存货，因而它们的风险是有限的。在少数场合下，合并的过程加剧了生产过程的专业化，进行不止一种工序的企业，可能把它的梳毛或染布部门卖给适当的联合企业，并可能把其余各部门卖给另一个。从工会史中可以看出，只和单单一种主要工序有关而共劳动所得在成品的售价中并不占一重要部分的任何一种生产者都有了通过合并
231 而取得对他们来说似乎是合理的报酬的特殊机会。设菲尔德最专

① 他的响亮的名字是值得笔之于书的。

② 《欧洲的工业联营》，第 50 页（计划书），第 30、32 页（政策要点）和夏普的致辞。参阅克拉潘：《羊毛和毛丝工业》（1907 年版），第 151 页及以下。

横的工会之一就是把刀身装进刀柄的那类工人的工会。[①]

但是细纱纺绩业者联合公司却处于一个不同地位，而棉线联合公司则处于一个非常不同的地位。纺绩只是一道工序，虽则是由很多阶段构成的一道复杂工序。但纺绩业者并不是受委托的工人。他负有买进棉花和卖出棉纱所易于发生的风险；虽然他们的纱是作为洋纱、细洋布、花边或棉线而进入最终消费者的手中，但它也是作为一种个别商品而进入商业，特别是进入国际商业的，并且具有它本身的高度有组织、高度敏感的市场。（三十年后兰开郡遭到困难的时候，漂白业者、印花业者和染坊业者保持他们的阵地，比纺绩业者，甚至比细纱纺绩业者为时都更久一些：他们的战略地位是比较坚强的。）[②]棉线，虽则它的生产者像其他生产者一样地得利于它在成品价格中所占份额的微乎其微，但在零售商中间却也有一特别错综复杂而又令人不胜其烦的市场。它的生产者必须了解那个市场。科茨是了解的。一位美国调查人员在 1901 年写道："公认科茨棉线公司的伟大成功主要是由于他们的推销主任菲利皮先生所表现的非凡的技巧。"[③]（现在菲利皮先生不是一位苏格兰人了。）遇有同样困难市场的一个企业联合如能物色到一位菲利皮先生并加以信任，那么就会万事亨通；但是在企业联合本身之中却未必就能找到或保证给以信任。英国棉线公司若不是能

① 这个工会的一位会员有一次向著者简单扼要地说明了他们的情况以及如何每周末他都可以到距离设菲尔德相当远的地方去钓鱼。

② 《经济顾问委员会棉纺织工业委员会报告书》(*Report of the Committee of the Economic Advisory council on the Cotton Industry*)(1930 年版)，第 15 页。

③ 《欧洲的工业联营》，第 31 页。

得到菲利皮先生的劝告[①]和后来又利用他所参加的那个推销机构，它早就瓦解了，那个推销机构也被另一个独立的纺织企业，坐落于曼宁汉的那个规模宏大的碎丝厂利用过，这个碎丝厂经塞缪尔·坎利夫·利斯特于1899年以大于几个小规模的纺织企业联
232 合的全部资本价值的一笔价款卖给了一个有限公司。[②] 科茨始终了解如何兼取出类拔萃的企业联合和个体企业这两者之所长而一并加以利用。

地方化和得自于处理同一的和为数为限的一批制造业问题的长期经验，对于企业联合起了助长作用，这是毫无疑问的。虽然大多数纺织业企业联合都拥有孤悬在外的单位——苏格兰的以至于爱尔兰的——但都有一个占交配地位的地方性集团；而最有效的企业联合则是最严格地方化的，像布莱德福染坊业者联合公司那样。在另一方面，地方化却抹杀了联合的一个有力的论证，即乔治·埃利奥特爵士用之于煤矿主和一般也用之于幅员辽阔的美国的那个论证[③]——交叉运输费用的节省和给予各制造单位以各该所在地作为保留市场的经济节约。把绒布从织绒机房车到布莱德福染坊业者联合公司的任何一个合适的染厂，通常最多不过半日的路程。下一阶段的运输则是商人的事了。染坊业者联合公司所以认为在一定距离内没有一个企业会是危险的竞争者，甚至把这种地方化也列为理由之一。[④]

---

① 他是1902年的改组委员会的主席；麦克罗斯提：前引书，第135页。

② 中卷，第88页，和利斯特的一个董事在1903年给予著者的材料。

③ 《欧洲的工业联营》，第17页。

④ 在他们的计划中，同上书。

再者，还有几个企业联合，像盐业联合公司那样，是先已有了卡特尔型的组合的。英国棉线公司即其一例。在曼彻斯特的漂白业中，“很多年来为了规定价格……和其他种种目的”曾经有过一些自愿的组合。[①] 西莱定染匠师傅联合会曾经是八十年代的一个强有力的团体，并且在1894年曾经试图依据可望对双方有利的新工资政策同工会进行合作。未能争取到少数染匠师傅的合作，无疑地影响了一些染匠师傅在此后四年间为组织具有纪律性的更加严密的联合而作出的努力。这次失败的确有助于说明布莱德福染坊业者联合公司的早期的、有效的权力集中。但是这些组合不一定就产生股份的合并。整整一代之后，漂白业者、染坊业者和印花业者都各有其规定价格的强有力的组合，而1898—1900年的一些企业联合也的确正是在这些组合中“起了支配作用”；[②]但在整个这段期间，企业联合并没有垄断各该行业；如果它们根本不曾存 233
在，那么有效的组合会很早就建立起来。

总之，在九十年代后期，为纺织业股份合并的制造已经准备了大量原料；但是在它们的实际制造上，却多有赖于偶然性、风尚、摹仿以及发起人的意志力和游说的手腕等，而发起人，至少在纺织业区域内，则往往是见闻广博的领有特许证的会计师。“在制造业者本身大概不会采取主动的时候”，据向美国国会报告说，“发起人就见机而作，并且通过他的说服力已成功地使制造业者确信联合对他们是有利的。”又据补充说，“就证词而言”，发起人的取费一直比

① 漂白业者联合公司计划书，转引于麦克罗斯提：前引书，第141页。

② 1930年的《报告书》，第15页。

美国少得多,但仍足以使发起人得到“很优厚的报酬”,从而也足可作为联合的一个真正的重要原因。[①]

在募股的财政方法方面是没有什么可抱怨的。资本中包含有一些虚股;但是总起来说,美国人对于虚股之少是深为诧异的。[②]正如上文所述,卖方往往承受普通股,连同它的风险,而把比较安全的优先股和债券留给一般投资人。外界的保证股份承受和股份保证承受人的规费都为数不多。如果在公开市场出售的总额没有全部认足,卖方往往同意承受额外数量的股票。卖方的大量持有新股票,既有助于认股工作,又可以把有关企业富有经验的所有主束缚于新公司。他们在善于投机的国家中难以卖出和买进职位,而把工厂留给生手或单纯有资财的人去监督。(把一些技巧靠不住的老手这样保留下来并给所有留用人员以过分的自由,[③]并不足以使这种方法丧失信誉。)纺织业比较规矩的发起人也不是把他们所希望合并的每一个企业的特权买卖都私下据为自有,然后再以他们认为公众所肯担负的最高资本估价来创立一个新公司。这个方法在英国是常见的,在美国则更加常见。[④] 这些纺织业发起
234 人的那位大名鼎鼎的同时代人,欧内斯特·特拉·胡利就使用过这个方法,胡利在 1896 年所以为邓禄普车胎公司进行重新募股——“一种最最出乎寻常的冒险”,正如它的关系人之一不胜赞

① 《欧洲的工业联营》,第 17、19 页。

② 同上书,第 29 页。

③ 本卷,第 228 页。

④ 《欧洲的工业联营》,第 23 页,另参阅奥哈根:《生活片断》,第 1 卷,第 149—150 页。

叹地写道[①]——就在于以三百万镑买进而于不到六个星期的工夫又以五百万镑在公开市场上卖出。[②] 纺织业的企业通常要么是作为营业中的企业按照选定的评价人所作的估价出售，要么是以有会计师证明的一段时期的利润为依据而出售。在这些方法上，正如在所有方法上一样，风险是有的。在估价期间，传说中的那些拿着加油罐的工人可能正在为了帮助以共产量作为依据的那些运转过度的机器而不停地工作。[③] 照会计师现在的习惯，他们可能对于所公布的利润究竟是怎样得出的，未作仔细调查就承认了账册。[④] 但是为确定一个公平价格至少是作了一些努力的。价格一经确定，在下一阶段很少有多大缩减——至少不是普通发起人和美国人所估量的那种缩减。[⑤]

在纺织业以外，企业联合如雨后春笋般的1900年的两个重要的工业股份联合，说明了在合并运动中发生的作用的力量是多种多样的。它们也证明了在事实上价格已经上升的时候对低物价的印象的迟迟不能磨灭如何酿成了合并，以期作为防止其重新出现的一种手段。何况这还是通往任何一个企业联合所造成的真正垄断地位的捷径。这两个企业联合就是人造水泥制造业者联营和糊

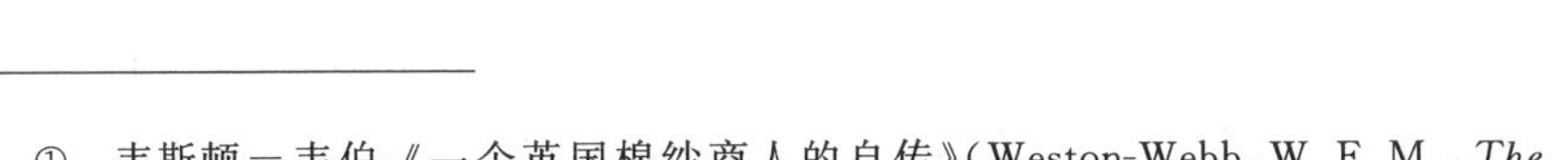

① 韦斯顿一韦伯：《一个英国棉纱商人的自传》(Weston-Webb, W. F. M., *The Autobiography of a British Yarn Merchant*)(1929年版)，第167页。

② 奥哈根：《生活片断》，第1卷，第410页；《经济学家周刊》，《1896年的商业史》，第6页；《劳生公司集团》(*The Lawson group of companies*)，1897年10月2日；《胡利财政制度的结果》(*Results of Hooley system of finance*)，1898年8月20日。

③ 本卷，第226页。

④ “会计师……并不认为是应邀复查账册。”《欧洲的工业联营》，第27页。

⑤ 以仅仅预期的利润的资本化来认购普通股，在美国一直是常见的。

墙纸制造业者联营。

在水泥方面有一种天然垄断的因素，但是这种垄断证明比利害关系人所希冀的要软弱得多。几乎所有大水泥厂都位于泰晤士河和梅德韦河河畔。[①] 在那里它们有物美价廉的原料的大量蕴藏和伦敦市场的近在咫尺。据认为它们的产量可占英国水泥的全部产量的80%以上。在1895—1896年水泥价格正和其他价格一并
235 处于波谷的时候，限制产量的计划正在讨论之中——低于1886—1890年的平均数17%，低于1898—1900年所达到的水平14%。年来岁往，在1900年，泰晤士河和梅德韦河的二十四家企业连同其他三家一并参加了一个企业联合，这个企业联合的名义资本定为八百万镑，其中包括对商誉的极高的作价，而商誉的作价则是以因物价高涨而来的利润看好的趋势为依据的。[②]

这个企业联合一上来就进行得很糟。有些企业先已答应出售，嗣又收回原议。因为是战时成立的，所以缺乏公共支持，从而卖方不得不承担比原所情愿的更多的资本。在1901年，价格虽保持未动，但继而又开始下降。建筑业既业务清淡，而泰晤士河和梅德韦河对于胶泥和白垩事实上又不具有任何有效的垄断；而且各口岸对于德国和比利时的水泥还是开放的。[③] 到1905年，价格已低于1895—1896年的水平，而且1905年还不是最低点。这样，直到1910年，普通股才第一次上升到废纸的价值以上，到1913年的

① 中卷，第45页。

② 奥哈根：《生活片断》，第2卷，第39—59页；麦克罗斯提：前引书，第109页。

③ 奥哈根：《生活片断》，第2卷，第58页；《陷于困难中的另一个企业联合》(*Another Combine in difficulties*)，《经济学家周刊》，1902年10月18日。

繁荣时期才第一次发放了普通股的股息。①

人造水泥联营几乎可以称为生产过程的联合；因为水泥的使用不过是任何建筑工程上的一道工序，而且通常是一道辅助工序。同染色和纺绩相比，水泥制造乃是一道单一的和简单的工序。联营对于企业的专业化并不能有多大帮助。另一方面，糊墙纸的生产却是充满了专业性的一种完整制造，只有最简单的制造可与棉布印花相比拟。它并不太地方化，虽则在原来联营的三十一个企业中大约有一半是兰开郡的。所追求和所要达到的目标是垄断（虽则这一点自然是被否认的）和一套非常合理的节约办法。联营之后，在竞争性商业旅行方面的花费减少。专业化又推进了一步。呆账大为减少，正如大多数企业联合的情形那样。这个企业联合，连同它的子公司，占了这个行业的98%。② 一个支付能力差的付款人在其他地方就不大能得到他的订货；因为付款人，不论支付能力强弱，如果购买其他任何纸张的话，就会买不到企业联合的出品。甚至在它发出它的计划书以前，它已经“为它的货物分配缔订了一些在一定年限内有效的合同。”它强大到了足以提高少数几种
价格；③但是后来它却总是声称，一般的价格水平，如果说有什么 236
变动的话，那就是已经降低了。④

它的普通股、红利扣存股和一些优先股都落到了卖方手中。

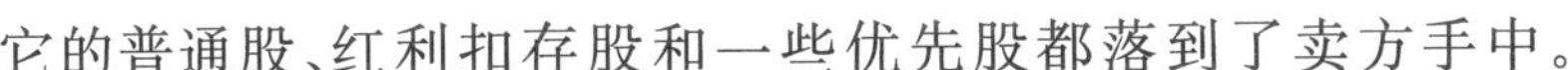

① 《经济学家周刊》，1909 年 9 月 18 日；1913 年 9 月 27 日。

② 计划书，见《欧洲的工业联营》，第 53 页及以下。这个联合企业和几个非正式吸收进来的企业订有经营协定；麦克罗斯提：前引书，第 309 页。

③ 《欧洲的工业联营》，第 34、36、53 页。

④ 董事长的致辞，转引于麦克罗斯提：前引书，第 311 页。

这些股份五年内不得出售的协议，将卖方的利益同公司束缚在一起了。估价一直是按照科学方法予以处理的。发起人费或股份保证承受费，概不给付，而公司发起的一切费用，则统由卖方承担。[①]早期的股息政策是非常审慎的。由于这种审慎的、有条不紊的经营管理以及它的接近于垄断，这个公司在财政上是完全成功的。[②]在九十年代的企业合并之中，它是和细纱纺绩业者联合公司和布莱德福染坊业者联合公司处于同等地位的。

工业企业合并运动本身不过是1894—1896年钱贱利低气氛中开始的那次股份公司组织的显著推广的一个插曲或一方面而已。有限公司登记数字的曲线在1894年陡然上升，直到1897年攀升得都很快，并且在1899年被战争及其对国民储蓄的需求阻断以前，一直保持在这样达到的这个水平附近。[③] 起初，在1894—1895年，征求新资本的广告相当均匀地遍及于工商各领域——诸如银行、剧院、“获取专利权的公司”、铁路、电气、煤气和自来水——而比较大量集中于啤酒酿制厂和蒸馏酿酒厂这项1888—1890年颇为风行的计划（五百六十万镑）和“百货商店及贸易公司”这项新型计划（五百一十万镑）。[④] 在1896年这项新计划又得到了大量的肥料；但是在那个如饥似渴的公司发起年，除开连同科

① 计划书。

② 前七年，不论商情好坏，年息8%。在它成立三十五年之后（1935年1月22日），它的一镑股票挂牌四十五先令。

③ 本卷，第222页，曲线图。

④ 录自《经济学家周刊》年度评论中的分析。来自海外的征求，这里从略。关于啤酒酿制厂比较详尽的叙述，参阅本卷，第257—259页。

茨公司大规模扩张的纺织业合并运动的发端外，主要大事就是有
限责任的啤酒酿制厂和蒸馏酿酒厂的比较老的业务的大规模恢复
以及脚踏车和脚踏车零件公司方面的一种崭新的业务，而胡利的
邓禄普轮胎的暴涨则构成这种新业务的一部分。啤酒和烧酒需要
一千八百多万镑，而列于“脚踏车和用具”项下的公司则要求一千
七百多万镑。如果在脚踏车类再加上“不需马力的车辆或汽车”那 237
一类别（把这个类别加上去是合适的），数字会变得比啤酒和烧酒
类大。意义最为深长的是，它比整个铁路类——包括本土、印度、
殖民地和外国的铁路在内——还要大些，虽则无轨交通工具重又
比维多利亚时代欢喜称之为铁马的东西吸取更多的资本，还是很
多年以后的事。“产量不丰就毫无价值的公司制造商”，《经济学家
周刊》的批评家严肃地写道，已经从西澳大利亚的金矿转移到米德
兰的脚踏车和汽车公司方面来了。[①] 警告投资人不要忘记“汽车
本身在从伦敦到布赖顿的历史性试车中所取得的非常有限的成
功”，[②]并且提醒他们注意公司资本是如何的膨胀过头，以及联合
起来的机车工业的发展又是如何因所谓“总专利证”持有人为让与
权和特许所要求的“不合理的款项”而耽延下来。

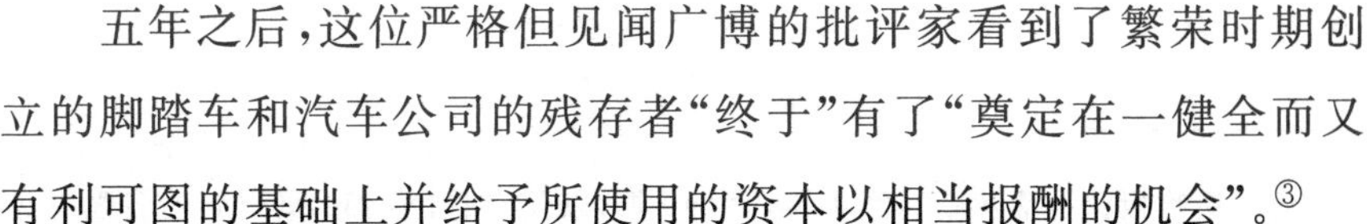

五年之后，这位严格但见闻广博的批评家看到了繁荣时期创立的脚踏车和汽车公司的残存者“终于”有了“奠定在一健全而又有利可图的基础上并给予所使用的资本以相当报酬的机会”。[③]

① 《经济学家周刊》，1897 年 2 月 20 日。

② 1896 年的环行，为庆祝汽车不受电车章程的限制。本卷，第 139 页。

③ 《经济学家周刊》，1902 年 11 月 8 日；到 1907 年 11 月 16 日，调子就已经改变了。

对于啤酒酿制厂的资本主并没有提出这样的警告和令人忧郁的回顾。但当时啤酒酿制厂通常是新改为有限责任制的陈年老号，拥有一些经验丰富的啤酒酿制业者和或许一些特约酒店网。啤酒酿制厂的创立向来大抵是由比较可靠的那一类发起人进行的。[①] 在这个行业中，趋时尚或趁一时之兴的风险不大。脚踏车，像汽车一样，还是一种供娱乐之用的车辆；并且在脚踏车和汽车公司的创立方面，曾表现出高度的不负责任——诸如亨伯脚踏车公司、戴姆勒公司、比斯顿轮胎公司、比斯顿外胎公司、新比斯顿脚踏车公司等等。在他们之中，胡利和哈利·劳森这两位当日最知名的发起人是以惊人迅速的计算和决定来行动的。不到三年的工夫，胡利发起了二十六个公司——并不都是脚踏车公司——资本
238 一千八百六十万镑，其中五百万镑是他的毛利。他由于“争取到有头衔的人物和其他人等充任董事而〔赚到〕大量报酬”，并且他是一个给报刊定调子的专家。[②] 这都不过是昙花一现而已。到1898年，这位烟酒不沾的胡利也倒掉了四十九万一千镑，他们的那些公司也都陷入相当困难的处境。他的破产，据贸易部官员以他们冷静的言语说，是自从1883年条例公布以来在很多方面最最值得注意的。在公众看来，他失败的恰得其当，正如他过去的乘风破

① 奥哈根：《生活片断》，第1卷，第240页，以及本卷，第210页提到的各强有力的银行和金融行号所进行的创立。

② 《贸易部破产企业年度报告书》(*Annual Report on Bankruptcy of the Board of Trade*)，1899年(第88卷)，第105号，第5页。《劳森公司集团》，《经济学家周刊》，1897年10月2日。关于胡利和报刊，参阅《经济学家周刊》，1898年6月11日，和前引《报告书》。《胡利财政制度的结果》(*Results of the Hooley System of Finance*)，《经济学家周刊》，1898年8月20日。

浪一样。[①]

1895—1896 年“百货商店和贸易公司”的大量资本化(一千四百四十万镑)无疑是泛滥于分配和零售业务的广大平原的股份公司洪水中的一个浪头。这不是第一个浪头,但却是最大的浪头之一。在六十年代已经开始有了中等阶级供应商店和根据合作法组织的公务人员供应社。[②] 这种供应社和它的代替物,不论在法律上是合作性质的还是股份性质的,都是——像工资劳动者为它们所树立的样板一样——针对常见于某些小商店中的价格昂贵而质量又无保证的情况所组织的。在六十年代,那家后来变成伦敦第一个连锁商店股份企业的无酵母面包公司也建立起来了。它起步很慢,资本起初也很小;[③]但是在八十年代和九十年代竞争还不尖锐的时候,它在宛如独裁者的一位董事长的管理下,经营得很顺利。[④] 在 1888—1889 年这个公司繁殖的时候,曾经有过以它为蓝本而组织约克郡无酵母面包公司和米德兰各郡无酵母面包公司等等尝试;但由于这些工业区的业务和社会条件不利,致计划归于流产。[⑤]

无酵母面包公司是作为一个公司而创始的。它的面包原来是

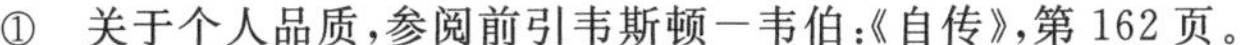

① 关于个人品质,参阅前引韦斯顿—韦伯:《自传》,第 162 页。

② 中卷,第 311 页。

③ 在 1862 年登记的这个公司是乘 1869 年法律所提供的缩减资本之便的少数公司之一。《公司条例审查委员会》(*S. C. on Companies Acts*),1877 年(第 8 卷,第 419 号),附录,第 175 页。

④ 参阅《经济学家周刊》,1909 年 12 月 25 日及 1910 年 6 月 4 日,载有饶有兴趣的追述。

⑤ 《经济学家周刊》,1890 年 10 月 23 日。

如何“搅拌酵母”现在无关紧要。它是一个适合长久存在的计划。但大多数连锁商店和大多数百货公司却不是这样开始的：它们都
239 是某一孜孜不倦，出类拔萃和扩张成性的人物或集团的派生物。随着 1894 年浪头的到来，举例来说，拥有十二万镑这样一笔比较适度股本的一家公司盘进了约瑟夫·莱昂斯所开设的一个九十年代所谓的甜面包店和一个承办茶点订货的企业。既保留下原有的这个人又有其他几个类似人物参加，[①]这家公司在六七年的工夫就远超过了甜面包店的规模；并且在 1902 年净利恰恰超过了原有的股本。[②] 无酵母面包店虽继续经营，而且利润也不错，但是相比之下，已经黯然无光了。它一直是以经营面包和甜面包为限的。

在 1895 年，另一个连锁食品商店的企业，利普号，仍然是一个私营企业。托马斯·利普顿在 1876 年以格拉斯哥的一个没有伙友的食品商起家，十四年后他在伦敦有了七十个商店。但一直拖延到 1898 年才成为公共有限公司。当时共有商店二百四十五处（其中在苏格兰的仅仅二十七处）和利普顿茶叶经销处三千八百处。在原来的股东之中计有阿斯奎斯、罗思柴耳德勋爵和法夫公爵——一个出奇地具有象征性的集团——而资本，在稍后一些时

---

① 莱昂斯是第一任常务董事：1901 年的董事会中计有萨蒙家一人，格卢克斯坦家二人和马克斯家一人。萨蒙和格卢克斯坦这两家过去在烟草业都有经营连锁商店的经验。他们的烟草企业直到 1895 年才变成一个有限公司。《证券交易所年鉴》。

② 约瑟夫·莱昂斯先生的董事长致辞，附有全面的财政回顾，1905 年 6 月 6 日（《经济学家周刊》，1905 年 6 月 10 日）；《莱昂斯有限公司的进步》（*The Progress of J. Lyons and Co. Ltd.*），《经济学家周刊》，1906 年 6 月 2 日。

间，则是二百五十万镑。[①] 八十年代的另两家食品商，基尔斯利和汤奇，步趋利普顿的后尘，但稍稍顾及他们本身的优点，在推销成包的茶叶上已取得很大的成功——对其他食品商的批发和通过连锁商店的零售。基尔利二十岁已开始经商。举凡茶叶的采办、掺和和跑街，他都一身兼任。他和汤奇抓住了1894—1895年的浪头，或者也许是浪头抓住了他们：他们的国际茶叶公司变成了国际茶叶有限公司商店。十五年之后，这家公司已经拥有三百四五十个商店。筹划创立公司的那位富有经验的发起人发现基尔利异常难以掌握——他那一集团的人很少是容易掌握的——但是他在第二年就取得了成就。[②]

在晚得多的一个日期，有些食品杂货业者仍然是宁愿以私营 240
方式经营连锁商店的业务。在1910年，这一类的企业至少有四家，它们各有商店数十个。其中之一有七十八个之多，但当时最大的企业却毫无例外都是有限责任制的。[③]

其中有一两家已经在匿名阶段完成了它们的全部，或几近全部的发展；虽则这并不是说在幕后没有任何个人的推动力。在无酵母面包公司之后的极端案例是本土殖民地贸易公司。这个公司的经历暗示出这类力量的一种再接再厉，一种向高潮的发展。在1885年它是作为“将它所有各分支机构都办成合作商店”[④]这样的

① 里斯：《食品杂货业的历史和故事》(Rees, J. A. *The Grocery Trade, its History and Romance*)(1910年版)，第2卷，第245—249页。

② 《证券交易所年鉴》；奥哈根：《生活片断》，第1卷，第397页；《泰晤士报》，德文波特勋爵(基尔利)的讣闻，1934年9月6日。

③ 里斯：前引书，第2卷，第255页。

④ 同上书，第2卷，第251页。

一个公司而创办起来的。它的三千镑的创办资本可以表明它是怎样一类的商店。在1888年的繁荣时期，一个新公司盘进了它的资财，现有的十六个店面，并且定资本为二十万镑。在九十年代，这个过程又两度重演；在1895年的浪头上第四个本土殖民地贸易公司以一百万镑的资本创立起来。它以经营小商店为专业，设计和布置完全是划一的，各有一短短的、内容相同的货物一览表。这是经济的。它对于某一种典型的消费者的标准心理特性的诊断是显然正确的；因为不到十五年的工夫它就有了将近六百个这类的商店。梅波尔牛奶厂公司的历史也多少有点相似，虽则它不曾一再重起炉灶。[①] 在1893年作为一个小买卖建立起来，它利用了相继而来的低利贷款和投资信心的浪头——以及进口乳制品的巨额增加所给予大规模集中购买的便利——不断地扩大它的资本和经营，直到它也在十六七年之后有了一百万镑资本和整整六百个商店时为止。

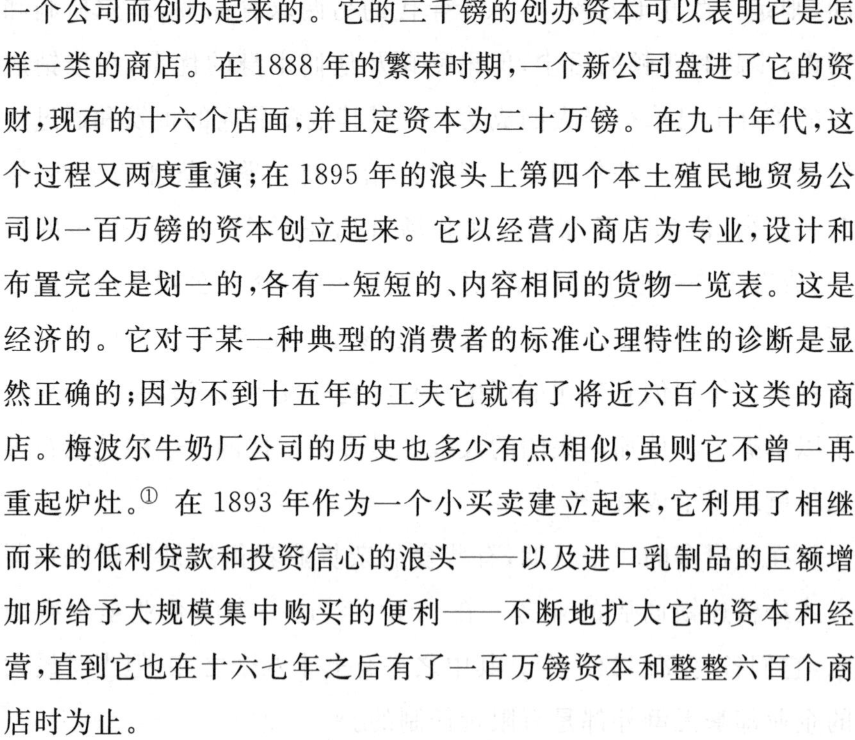

伊斯门公司这个连锁肉店企业的情况则又当别论。原来是在1889年由纽约的出口商和英国的分配商合并而成，盘下了贝尔父子公司这个分配商自1879年以来所建立的一系列的连锁商店。它们是“连锁冻肉店的先驱”。[②] 虽然一时成功，但是这个合并而成的企业在1891—1894年期间在美国牛只和牛肉的装运上遭到了重大损失，而且多年未能恢复元气。普通股股东十三年没有领
241 到分文股息，优先股股东有时也不能不翘首以待。这时美国已经

① 里斯：前引书，第2卷，第253页。

② 雷蒙德和克里切尔：《冻肉贸易史》(*Raymond and Critchell, History of the Frozen Meat Trade*)，第209页；奥哈根：《生活片断》，第1卷，第329页。

逐渐把牛肉和牛只的装运贸易丧失给阿根廷。结果，这家公司完全放弃了批发装运业务，而集中于冷藏和零售，并扩大了它的连锁商店网。继而在1904年它开始稍稍赚钱了；但伊斯门公司的普通股股票始终不是一种财产。[①] 其他许多食品商店公司也都不是；虽然在1912—1914年无酵母面包公司的一张一镑股票通常值三镑以上，而莱昂斯公司的一张一镑股票却非五六镑买不到。

直到1908—1909年戈登·塞尔弗里奇在二十年前创立哈罗德公司的那个人认为十分不相宜的一个地址上，[②]“以最大速度〔进行〕创办大百货商店的试验”[③]时止，百货商店一直都是按照主有或管理商店的那些好大喜功的人物的意志，逐渐一个售货部又一个售货部地增加上去的，正如连锁商店一个商店又一个商店增加上去一样。为应付新需求的售货部有增无已。幽默家们相信八十年代有一家百货商店设有供应主妇以临时招待客人吃饭所需一切的售货部。[④] 但是在百货商店制度中并没有什么新颖的东西。在第一次选举改革法案以前，“凡是零售商出售的品目”“无一不可一举而购办齐全”的“地方”在伦敦就有“八处或十处”；在格拉斯哥，坎贝尔公司的六十四个店员，虽不像伦敦那样货色齐全，却至

① 《伊斯门的恢复》(*Eastman's Recuperation*)，《经济学家周刊》，1904年3月12日。

② 奥哈根：《生活片断》，第2卷，第7、15页。

③ 《经济学家周刊》，1910年6月4日。

④ 安斯蒂：《来自布兰克利家的这个人》(*The Man from Blankley's*)(1893年版)；初刊于《笨拙周刊》。

少可以拿出"各种织物"供顾客挑选；[①]在其他几十个城市中，绸缎商和布商正采取一些新的"方针"。通常作为某种绸缎店、食品杂货店或装修店创办起来的一个十九世纪后期发展中的商店，可能从衣料的供应过渡到服装的供应，或者从装修原料的供应过渡到家具的供应，或者反转过来。有时它自行加以限制，而始终不变成为一个各货齐全的供应者。有时则仿效公务员合作商店和海陆军合作商店这类非个体的竞争者而不承认任何限制；也许从"织物"过渡到器皿，并从而过渡到食品；变成为花商、家禽贩、酒商，随心
242 所欲。或者反转过来，它可以从食品转到盘盏，并从而转到织物。虽然直到进入二十世纪很久以后，伦敦少数这类的企业和各郡很多这类的企业依然是普通合伙，但大多数认为至少私营股份组织对于它们的工作是比较方便的；并且伦敦的重要企业都走上了它们要走的那条通往公共股份公司的几乎注定了的道路，并号召早已非常熟习它们的牌号的投资人踊跃投资。

这类股份组织的发起和创立开始于1889年的繁荣时期。在食品杂货业方面，哈罗德公司就在那一年从发起人的船坞里下水了。[②] 在家具业方面，梅普尔公司在1891年步趋它的后尘。资本起初并不是真正大的，虽则以所可希望于一个甚至规模宏大的单一商店所使用之数那个陈旧的标准来衡量，却为数至巨。二十年后哈罗德公司的名义资本约等同于梅波尔牛奶厂，梅普尔公司的资本则大于它两倍半。在资本估价的基础上，同梅波尔公司相比，

① 上卷，第224页。

② 奥哈根的船坞；《生活片断》，第2卷，第7页。

一个可以称为六百个商店的单位，另一个可以称为一千五百个商店的单位。事实上哈罗德公司远不止于此；因为普通股的股息不久就达到了10%以上，到1897年已达20%，而在二十世纪的前十年平均差不多是23%，所以它的销货能力和商誉是远远大于1909—1910年它的一百万镑不到的名义资本所能提示的。[1] 原来的哈罗德先生是一个扩张有术但用人无能，出身于店员而仍保持身着衬衫在店中服务的习惯的人，曾经有人对他说："如果他不学习穿着上装，他不久就会发现自己陷于破产之境"，[2]说这种话的日子似乎早已成为过去了。在1909—1910年，破产同哈罗德公司的任何创办人都是挨不上边的了。梅普尔先生在几年以前已经身故——一位自有其经营特色的大亨。

破产之所以挨不上边是因为哈罗德公司已经采用了通称为创办人股份的十九世纪后期公司发起人的那项发明。事实上它正是运用这项发明的"典型事例之一"。[3] 虽然创办人股份在英国从来
不是全部股份的很大一部分，但是在股份公司制度的通史上却具 243
有相当重要性。哈罗德公司有创办人股一千四百镑，分配给和公司创立有关的核心组织。这些都是作为一个既独立而又有关联的

① 《证券交易所年鉴》；董事长的致辞，见《经济学家周刊》；《大商店的财政》(*The Finance of the Big Shop*)，《经济学家周刊》，1909年3月20日。

② 《哈罗德公司的成长》(*The Growth of Harrods*)，《经济学家周刊》，1911年2月25日。

③ 同上书。在年会上(例如1904年年会，《经济学家周刊》，1904年3月5日)，通常只提到分配给创办人股份的总数，而不及利率。创办人股份是完全合法的〔巴克利：《公司》(Buckley, *Companies*)(第9版)，第175页〕。在另一个大百货商店惠特利公司中，它采取了"资方"股份的形式，其中一半分配给董事，一半分配给各部门的负责人。

公司登记的，名义资本十四万镑，并规定创办人所占利润的比例也随着总公司利润的增长而增长。在最初几年之后究竟有多少红利归诸普通股股东，已见上文。结果，创办人股变得几乎不可能地那样珍贵。在1911年它们的总价值估计为一百四十七万镑。但是若说1910年分配到29%的普通股股东遭到了掠夺却是不公平的。百货商店的地位和效率已经把他们养肥了，不过创办人股东的持有人更加不胜其肥而已。而贪图安适的消费者看上去却是欢喜通过哈罗德公司进行消费的。

在1909年，当戈登·塞尔弗里奇正在牛津街它的未必适宜的地址上建造新的百货商店（这是和平的最后几年期间资产阶级和零售商业界的一件大事）；当始终保守和抱怀疑态度的《经济学家周刊》对“不是一步步建立起来的巨型商店的前途”正表示怀疑时，[①]乌里治皇家空军合作社正以年度销货额平均五十万九千镑和会员二万六千人结束着它那五个年头。就皇家空军合作社来说，这个成绩是不错的。刚刚在伦敦辖区之外，西哈姆的斯特腊特福合作社经营得甚至更好：它的销货额从1904年的三十五万八千镑上升到1909年的五十二万六千镑。但是在1910—1911年在伦敦郡辖区内贸易部劳动司所能得到统计数字的，除空军外，只有十九个合作社，其社员总数刚刚不到一万一千人，销货额不到十七万五千镑。[②] 包括斯特腊特福和在经济上成为伦敦组成部分的其他

① 1909年3月20日。

② 《合作社报告书》(*Report on... Co-operative Societies*)，1912年（枢密令第6045号），续1901年的同一《报告书》（枢密院令第698号）。

少数地方在内，1909 年伦敦全部合作商店的销货额不到一百四十万镑，在这总数之中斯特腊特福和空军占一百万镑以上。而那一年单单哈罗德公司的净利就有二十一万镑。

哈罗德公司的顾客很多是富有的；工资劳动者纵有也寥寥无
几。空军合作社和斯特腊特福合作社的挣工资的社员增长得很 244
快。到 1913 年它们的销货额已经比 1909 年增加了将近 50%。[①]但即使如此，合作运动对首都工资劳动者的支配力依然是薄弱的。[②] 除开在这两个大合作社的势力范围内，绝大多数的工资劳动者不是在各个连锁商店数以千计的支店中进行购买，就是在数以万计的私营商店中进行购买。试与西莱定的白斯塔尔那个小小的，半农村的，虽则污浊的呢绒城的“合作社”作一比较，这个呢绒城的“合作社”社员比那里的户数还要多；或与完全按照连锁商店制组织起来的利兹合作社作一比较，这个合作社在每两户之中就拥有一个社员，而且是坐落在这样一个城市里，它既拥有一个广大的资产阶级的郊区，又有一个非合作组织的卓有成效的大公共市场。[③] 在 1909—1910 年，利兹合作社是北部，也就是地方上最大的单一式的单位。它的资本堪与哈罗德公司相比似，虽则这比较是泛泛的。它的社员人数已超过社员总数的 70%，它的销售额比大伦敦所有合作社的总销售额要大 16%。只有在 1912—1913 年

① 《1914 年友谊会登记处处长报告书》(*Report of the Chief Registrar of Friendly Societies for 1914*)(1914—1916 年，第 59 卷)，第 24 页。

② 参阅上卷，第 599 页；中卷，第 308 页。

③ 这是 1911 年《人口调查》的租用房屋统计表的私人住宅中的“户口或独立住户”。

伦敦销售额赶过了它。

主要是工资劳动者的城镇，而更主要是采矿业的城镇的巴恩斯利作出了更加显著的成绩。1911 年这个人口调查年的确凿数字——人口，五万零六百一十四；户数，一万零六百二十；合作社社员，三万四千二百六十六；合作社销售额，一百零六万四千二百二十七镑。即使假定，正如我们所应该假定的那样，并非所有社员都定居在这个举行人口调查的市区中，这也是比甚至先锋社的罗奇德耳合作社好得多的一种现象，罗奇德耳合作社在九万一千四百二十八人的人口之中，它的两个大合作社和邻近一些小的马铃薯切片合作社总共只有社员三万一千三百零九人，总销售额六十三万零三百七十镑。当巴恩斯利的平均社员每年在合作商店花用三十一镑的时候，罗奇德耳是二十镑。先锋社和节俭社之间的分裂对于罗奇德耳合作信念和惯行办法是有一点影响的；[①]罗奇德耳私营商店的橱窗也比巴恩斯利的好些。这是很可能的。

245 其他任何同等大小的城镇都一直没有能达到巴恩斯利合作社饱和点的标准；但是从达拉姆到格拉摩根达一带地方的一些更小更纯粹的采矿业社会中有些却已经超过了它。在其中的某些社会里，如果把社员的平均收入加以考虑，每个社员的销售额是惊人之高的。和巴恩斯利的三十一镑相比，更接近于纯采矿业社会一步的比夏普·奥克兰的数字是三十七镑，至于南威尔士的康巴奇和费达尔达两个纯采矿业社会，前一个的数字是六十七镑，后一个则不下七十九镑。在巴恩斯利，虽然一定有很多家庭的几乎全部购

① 关于分裂，参阅中卷，第 310 页。节俭社建立于 1870 年。

买都是在合作商店进行的，但是给私营小店主仍留有很大的余地。在那些坑口社会中这种余地却所留无几了。合作社常常“差不多垄断了这一地区的贸易”。[①]

从它在南兰开郡、西莱定和中苏格兰的主要扩张中心起，合作商店已经逐步推广到整个不列颠工业区；但是在极其多样化和不妨称之为个人主义的工业区中，正如在所有以商业为主的邻近地带一样，推广工作不但进行缓慢，而且是零零星星的。伦敦正是一个适当的例子；但是在各扩张中心本身之中还有其他一些事例。[②]在利物浦，合作商店是力量薄弱的，甚至在曼彻斯特本地也是力量比较薄弱的，虽则批发合作社的总社设在那里；但是在大曼彻斯特和索耳福德的边缘上开采煤层的所在地却非常强大。[③] 煤矿工和纺织工人已经几乎到处都变成良好的合作社社员。在所有的煤田上，甚至在像德安森林的那些小小的孤悬在外的煤田上，也可以找到合作商店的踪迹，散布既密，业务也很兴隆。在合作运动先驱时代曾经是高度个人主义的伯明翰区的手工业和制造业中，合作商店虽则几乎比比皆是，却始终没有取得像只有单单一种工业或少数几种大规模工业的那些地方同样的优势地位。沃里克只有五个合作社，都是在 1870 年以前创立的，虽则其中之一，洛克赫斯特巷合作社，比罗奇德耳先锋社还要悠久；二十世纪的伯明翰合作社创始于 1881 年；在 1909 年伯明翰和考文垂合作社的销售额加在一 246

① 1912 年的《报告书》，第 18 页。

② 但爱丁堡是一个例外。到 1913 年，创立于 1859 年的大圣卡思伯特合作社所经营的业务比利兹合作社还要多。

③ 在彭德耳顿和艾克勒斯。

起只微微超过巴恩斯利合作社的半数，而沃里克郡所有合作社的销售额也超过利兹合作社的半数不多。这不是约克郡人对沃里克郡人，一个天生合作主义者对一个天生非合作主义者的仅有的事例，这一点可以由设菲尔德合作运动的显然薄弱予以证明，设菲尔德正是小师傅这种非常有代表性的约克郡人之乡。在1865年创立的设菲尔德合作社在八十年代已逐渐走下坡路了。它的社员人数始终不多，到1899年已降至一千零八十人。几年之后就荡然无存了。在这期间，1874年在艾克勒萨耳，在城的西北面创立的一个合作社正蒸蒸日上。到1909年，它已经征求到一万二千六百五十一名社员——同山北十二英里的巴恩斯利相比，这批新征社员的人数是微不足道的。后来合作社一览表中的“设菲尔德(见艾克勒萨耳)”栏，读来倒真是令人莫名其妙。[①]

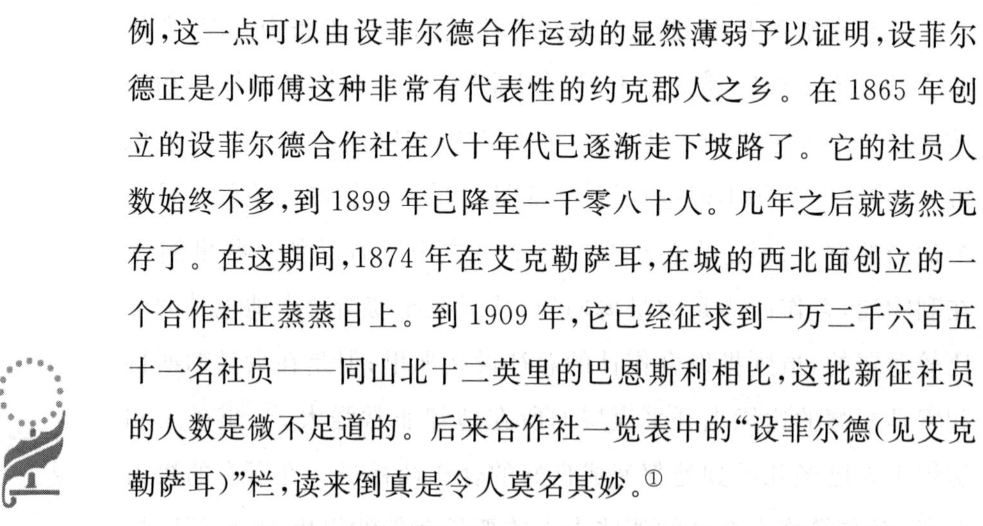

一个成功的合作商店的诞生和成长并不比一个著名的私营零售企业的成长更取决于经济铁律。其要素一个是占支配地位的人物，另一个则是少数热心人士的集团。[②] 这些要素并不是很平均地分配于各城镇和各行业之间。缺乏这种热心集团的城镇固然不多，但是数目和热心的程度却各有不同。而且证据表明：不论怎样为数众多，也不论怎样热心，看来在煤井或纺织厂的阡陌相连的划一的社会土壤中要比在设菲尔德的小作坊和分租工厂，伯明翰附近各式各样的小企业，或考文垂各种变化无常的工业中支离破碎的小块土地上更适合于这类集团的种子的萌发和成长。

---

① 正如在1912年的《报告书》中。

② 关于“热心人士”一词引自一项正式报告书，但是这项参考材料遗失了。

内地合作社发展的缓慢是无需说明的。赫列福德郡仅有一个合作社，既小而且又是设在郡城中；腊特兰也仅有一个，而且更小；多尔塞特有三个；杭廷顿有三个；高原地区纵有也为数寥寥——这种情况是不足为奇的。但是由于这种情况，更由于在英格兰中部工业区、在一切所谓居民区以及在伦敦的合作运动的相对薄弱，结果是合作运动强有力地集中于英格兰北部、苏格兰中部、苏格兰中央盆地和邻近的海岸。在1913年英国的销售额之中，英格兰北部 247
占整整一半，苏格兰中部约占五分之一。英格兰北部也拥有社员人数的一半。

合作商店并不是永生的，但是平均说来它们的寿命比股份公司长得多；而且到十九世纪之末，合成合作机构已经变得异常巩固。在早期，死胎和死亡自然都非常之多。继而这两种情形都很少见了，虽则甚至在二十世纪，友谊社登记处处长还年年报告有少数倒闭和——更加有趣的是——少数合并。一些小的地方合作社 248
可能认为合并于像其他任何成长中的有机体一样地向外探索着的较强大的邻近合作社为有利。因为到1887—1890年每一个重要的地方以及苏格兰和北部的许多最无关紧要的地方都已经有了各自的合作社，所以此后二十年的自然发展——在合作社一如在私营零售商业方面——乃是分支机构的开办。新合作社的创立已几乎停止。在1909年以后，新合作社的创立甚至不足以抵补每年少数的歇业和合并。所以英国独立合作社的总数，经过多年来微微波动于一千四百个上下之后，终于稍有下降——而社员人数却逐渐攀升，销售额也扶摇直上。

1910年兰开郡现有合作社创立年月的记录可以证明建社工

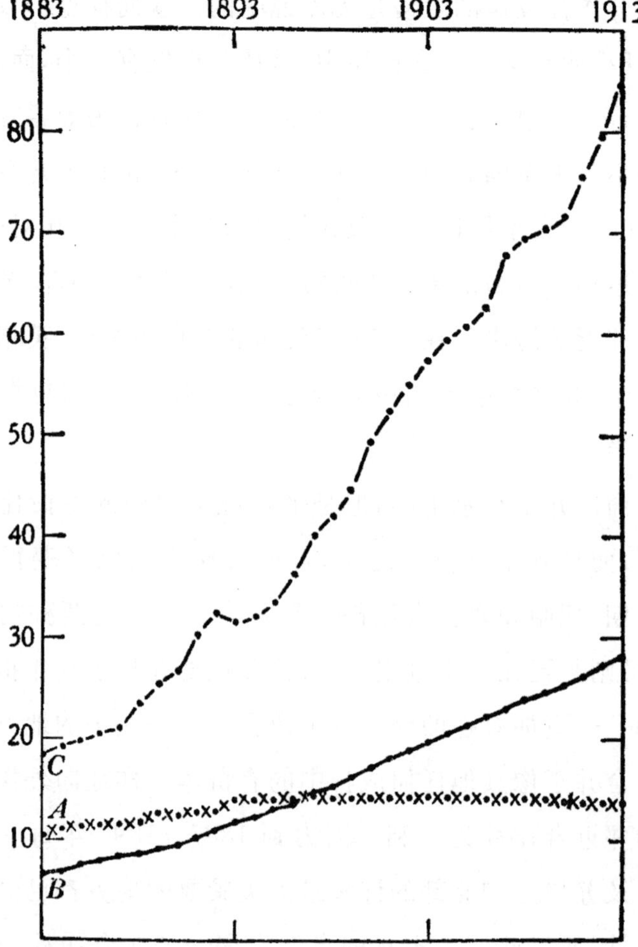

大不列颠的合作商店

A. 申报的合作社的数目，按百计。

B. 这类合作社的社员总数，按十万计。

C. 这类合作社的总销售额，按百万计。注意：如果不是物价腾涨，这条曲线是不大会这样陡直上升的。

作在六十年代以后的不断减缓以及兰开郡一般“合作社”历史的相当悠久。

参加这个运动较晚的各郡自然会有较多晚近创立的合作社；但是所有这些都可以证明一般合作社生命力之强。

1910 年兰开郡的合作社

建立于 1850 年以前	5	建立于 1870—1879 年	35
建立于 1850—1859 年	40	建立于 1880—1889 年	18
建立于 1860—1869 年	61	建立于 1889 年以后	15

自从八十年代以来在合作组织的原则方面没有任何重要变革，无论是立法的或行政的；但是合作社的繁荣却大为增进。[①] 全部资本仍然是社员供给的，并且现在老社所积累的资本往往远比它们所能用于普通业务的为多。[②] 这项资本的大部分投入了英格兰和苏格兰的两个批发合作社以及各式各样的生产合作社；余额的大部分则投入房产，不是租给社员就是持作抵押品来担保社员购买房屋而进行的垫款；有一些后来则投资到“运动”以外——投 249
资于政府证券、铁路或兰开郡棉纺厂。[③] 根据法律，每人持有的股份，价值不得超过二百镑。根据社章，限额往往更低，或一百镑，或五十镑，甚或十镑。最后一个数字是罕见的，并且照一般的情形来讲也未必行得通；因为在整个合作运动中每个社员的平均持有额到 1910—1913 年已上升到十二至十四镑。因为社员经常利用他们的股份作为自动储蓄的一种手段，把利息，或许还有他们以购买额为依据的“红利”都留在他们的股本账上去积累，所以有了很多

---

① 参阅中卷，第 309—311 页。

② 1912 年的《报告书》，第 14—17 页。另参阅霍夫：《以合作社的购买额为依据的红利》(Hough, J. A., *Dividend on Co-operative Purchases*)(1936 年版)一书中对最近的合作社史和合作政策的有价值的新综述。

③ 霍夫：前引书，第 43 页是指目前而言；但是在外界投资的政策却比较悠久。

在法定或地方限额上满额的第二代或第三代的小合作资本家。限额既满，新的积累可留存在合作社作为贷款。关于社员的借贷资本持有额，法无明文限制，但合作社得自行规定。幸运的社员可以把这两类资本保持在最高极限上，把从而增殖的新利润领回。但是这类人是极少数；因为在全国之中，整个说来社员借贷资本的平均持有额不到两镑。[①]

任由资本积累的办法一直是作为人们借以变成股东的一个方法而予以鼓励的。股份通常是一镑，[②]但是社员资格照例是以往往低至一先令的预付款而取得的。然后这个社员可再分期付足，照例是每星期三便士；其余额也可留待从他随时根据购买所得的利润份额，亦即红利中扣除。[③]

“红利”，即比例于购买额的消费者的剩余，始终是合作财政和合作信念的核心。股息和贷款利息保持得很低，通常为五厘、四
250 厘，甚或更少。在合作信念强烈的社中，凡购买不足额的社员，可能完全拒不发给利息，甚或要求他们退社。合作社不能变成一个

---

① 1912年零售合作社股份资本的总额约为借贷资本的七倍（三千四百七十四万五千镑对五百零七万二千镑）。

② 虽然其他和较小的票面金额是可能的：“合作社可以并且曾经以每股一便士登记”。法伊：《国内外的合作社》（Fay. C. R., *Co-operation at Home and Abroad*）（1908年版），第363页注。

③ 前引1912年的《报告书》。关于这段时期的一般情况，参阅韦伯编：《工业合作，和平革命的故事》（*Industrial Co-operation, the Story of a Peaceful Revolution*, ed. C. Webb）（1904年版）；艾维斯：《合作工业》（Aves, E., *Co-operative Industry*）（1907年版）；法伊：《国内外的合作社》（1908年版）。这个故事的梗概见1901年和1912年的《报告书》以及《友谊社登记处处长（年度）报告书》（*the annual Returns of the Registrar of Friendly Societies*）。另参阅《合作新闻》（*Co-operative News*）（周刊）、《批发合作社年报》（*Co-operative Wholesale Society's Annual*）和《合作社社员大会报告书》。

单纯的储蓄银行。根据同样的精神，具有信念的人要求以低廉价格来吸取贫穷的消费者，而不是要求这样一种价格，以期留给老合作社员一笔相当数目的款项去进行积累，或者提取出来供作前往布拉克普耳、布里德林顿或马恩岛的夏季旅行的费用。[①] 当 1896 年每镑购买额的"红利"平均为二先令八又二分之一便士时，已经达到了最高额。此后则徐徐下降，但在 1909—1910 年只降到二先令五又四分之三便士。而红利领受人的主要集团，占整个团体的 32.8%，却仍按照自二先令六便士至三先令的利率取息。把平均数拉低的乃是不大成功和比较幼稚的合作社。合作运动的评论家，连同一些最热心的赞助者都认为太过分地"追求红利"了，而对于真正穷人的关心却嫌不足，大多数穷人到处依然处于消费合作社以外，而认为赊账的私人小商店更投合他们或许败坏了的口味。他们没有力量先对货真价实的商品付出全价，然后再等待六个月去领取"红利"，像决定合作政策和义务并管理合作社的宽裕工资劳动者和小薪水阶级那样。[②]

在合作运动中是有薪水阶级的，也有一些虽不是社员而在消费合作社购买物品的其他阶级，但广大社员却是宽裕的工资劳动者，而购买物品的非社员则是微弱的少数。[③] 在八十年代中期，花

① 或是相应的苏格兰报告书。据认为人们不失为正确地相信广大的"老合作社员"都是正文中所提到的那些地方的顾客。

② 合作价格和非合作价格问题是最困难的问题，因为质量和信贷有种种不同。目前大宗食品商品的合作价格，就所知道的来说，非但绝不低于竞争性商业的价格，而且还有时略高。"有充分可供利用的证据证明：在合作贸易中，就广义来说，高物价和高红利之间是有连带关系的"。霍夫：前引书，第 178 页。

③ 今天仍然是这样的：霍夫，前引书，第 80—81 页。

费在消费合作社的款项在全国工资总数中仍只占微不足道的部分，四亿八千万镑之中的两千万镑。[①] 到1911—1913年，英国工资总数已颇超过七亿镑；但消费合作社的销售额方逐渐攀升到八千万镑以上。[②] 用工资来开销的很多重要项目，它们还不出
251 售——诸如房租、报纸、啤酒、赛马秘闻、足球比赛的门票、度假、医药费，以及工会、友谊社、教堂和礼拜堂的捐款等；虽则毫无疑问"红利"供应了这些项目的一部分开支。或许这些项目就是为争取约值五亿镑的工资开销的潜在竞争者。果真如此，它们在先驱者所着手征服的那个占领区中已取得了显著的进展。

虽然消费合作社基本上是分配机构，但其中有五分之四也兼营生产。[③] 一般是采取显见的形式，其中以面包店最为显见。此外还可以加上一个皮靴修理部门，继而再加上一个皮靴制造部门等等。以生产作为原来的宗旨是非常偶然的：大利兹合作社是作为面粉厂创办起来的；但通常的发展却是走另一条路。虽然这种商店生产的价值似乎给人以深刻的印象，但是以雇佣的人数来衡量，却是微不足道的——1909年在全英国共有二万二千三百名工人，其中二万零四百名是屠夫、面包匠、皮靴匠、女服童装裁缝和男装裁缝。

在消费合作社背后有两个大批发合作社，现在已非常强大。[④]

① 中卷，第309页。

② 关于工资，参阅博利：《工业产品的分配》(Bowley, A. L., *The Division of the Product of Industry*)(1919年版)，第14、30页。

③ 1912年的《报告书》，第21页。

④ 来源同上，另参阅雷德芬：《批发合作社的故事》(1913年版)，根据合作社记录编写的。

在 1880 年，加入英格兰批发合作社的英格兰消费合作社不到半数。到 1910 年已有七分之六；而且大不列颠批发合作社的销售额对消费合作社的销售额的比率表明，消费合作社所售出的货物的三分之二至四分之三，都是先由批发合作社经办的。对批发合作社的依存以鲜肉、牛奶和地方生产的其他食品为最少，而以它们现在直接进口的食品杂货和外国奶油为最多——如来自希腊的葡萄干；来自锡兰它们自己种植园的一些茶叶；来自爱尔兰、法国和丹麦以及后来来自西伯利亚的奶油。在制造品方面，一个积极和热心的消费合作社之尽可能出售批发合作社所经营或制造的物品，乃是体面攸关的事情。这就使它们的生产企业有了稳步的增加，所以到 1913 年英格兰合作社已经有四五十个生产企业——计有面粉厂、纺织厂、靴鞋厂、被服厂、饼干厂、烟草厂、铁器厂、胸衣厂、毛刷厂、印刷厂、肥皂厂、铁工厂和水果厂。它们散布于全国各地；
但是有三分之一是在批发合作社曼彻斯特总社的十英里方圆以 252
内。既然它们所雇佣的人数平均为三百左右，所以它们是相当大的工业单位；但是它们的一万三四千职工，连同苏格兰批发合作社同样雇佣的五千五百至六千人却不过是不列颠工资劳动者百分之小数点几而已。[①]

它们的职工（职工是没有任何资格限制的）以及 1911 年的合作社职工联合工会建立了一项罢工基金。罢工一直是罕见的，因为批发合作社是一个好雇主，总是照工会工资率给付工资；但是罢

① 雷德芬：前引书，第 313 页在 1912 年年底列为一万三千三百七十人，1914 年的《友谊社登记处处长报告书》给批发合作社列为一万四千人，给苏格兰批发合作社列为六千人。这些是“生产工人”，而不是雇员。

工也并非全无所闻。[①] 一个批发合作社工厂的工资劳动者，如果是一个消费合作社社员的话，就会像其他工资劳动者一样，不怕没有作为一个合作社社员的整个发展前途。指挥棒就在自己的被包里，他可以及时地帮同指挥自己在其中挣取工资的那支队伍。但是，尽管有老合作社卫士中间发出的抗议，批发合作社却有意违反生产合作社不雇佣社外人员的概念。有几个生产企业——几个面粉厂、一个皮鞋厂、一个毛刷厂和一个针织厂——已经由它们从生产合作社手里接过来，[②]但是在二十世纪却是按照抱敌意的评论家所谓的资本主义方式用普通工资工人来经营的。“1891 年 6 月 20 日。利润分配终于遭到拒绝”，批发合作社正式编年摘要中的一项记载这样写道。[③] 这正是在 1887 年老卫士派的托姆·休斯所提的问题已经遭到否决的时候。休斯曾经主张批发合作社应以在自办工厂中分担损益为目标。工人供给一定资本，分担损益，并自行推选经理人员。在事实上，这个计划却撞碎在这种选举和分担损失的礁石上。在思想和文字上，计划的反对者则强调消费在合作社和合作史上所占的首要地位：强调在有利润滋生时把一些利润归还给供给资本和甘冒风险的合作社的公平合理；以及消费合作社的节制适度，满足于批发合作社对于它们所征募的任何资本在
253 固定五厘息以外异乎寻常之低的平均“红利”——在九十年代每购

① 谈到消费合作社而不是谈到批发合作社的工厂时，韦伯（前引书，第 100 页）在 1904 年写道：它们的职工“显然〔是〕合作组织中的一个弱点”，并且引据 1893 年的一篇社员代表大会的发言说，在零售合作社的职员之中“你们难得看到对合作的兴趣或热诚”。这未必是一个公平的概括，但在它的背后一定有一些事实。

② 1912 年的《报告书》，第 29 页。

③ 雷德芬：前引书，第 427 页。

买一镑货物为三又二分之一便士，后来则是四便士。[①] 在竞争性的世界中，在股份公司之间，这的确不能不说是菲薄的报酬。

英格兰批发合作社政策实施的案例是很有力的。它不可能是完完全全的证据，因为苏格兰批发合作社经营得很成功，纵然不是完全分担损益的休斯方案，至少也是一种工资奖金制。[②] 但是英格兰政策的辩护者很可以不失公平地问道，是否在九十年代每镑工资照例外加几乎固定的八便士的苏格兰奖金，就算是合作美德的一个充分标志，而没有这八便士，正如评论家往往意在言外所说的那样，就算是争多论少，贪心不足的一个迹象呢？他们对于对单纯的工资奖金那种“无聊的观念”，[③]那种同理想的合作相去天壤的东西大肆赞扬，殊不耐烦。他们也许认为苏格兰具体化的每镑八便士不可能是真正的分红，而它所以既少而又具体化则多半是由于不愿面临分担损失的苦恼和失望的一个金蝉脱壳之计。

毫无疑问，批发合作社和较大的消费合作社的令人慰藉的成功并不能免于侧面受到抨击。要区分合作购买者、店员或经理同他的这一类其他人等，是很不容易的。“我们担心朴实的先锋社社员……在一个批发合作社的绸布展览会上处身于女帽泛滥和绸缎皮货山积之中，会感到局促不安”，1913 年的史学家这样写道。[④] 这的确是可担心的；但是合作社既着手要使工人们舒适，它就不应该因成功而受到责备。不论为供应任何社员、或为供应所有社员、

① 这个案例经阐述或提出于雷德芬：前引书，第 317 页，并散见各页。

② 参阅 1912 年的《报告书》，第 25 页和韦伯：前引书，第 133 页。

③ 雷德芬：前引书，第 183 页。

④ 同上书，第 259 页。

或比所有社员更多的人而备有丝绸皮货，只要这类货物的供应不妨害为合作社社员供备低于丝绸水平的通常货物的供应，就不是放弃合作原则。没有任何理由认为它妨害了这种供应。对于年鉴中一项早期记录的怀疑，是比较可以原谅的。它提到批发合作社委员会中人们的薪给如何菲薄以及如何在1897年稍有提高。“头
254 等火车票终于准许了。”[①]这也并无大害；然而三等车已经够舒适了；声称为公司的信誉而乘头等车旅行的人，正是最显然具有竞争性的那类商人。对于这一点，一个稍稍有点愤世嫉俗的合作社辩护者未始不会这样回答——但是合作社也是竞争性的：它要同竞争相竞争。

时势所趋以及消费合作社和批发合作社的政策方针，已经使基督教社会主义者所认为脆弱和不足取的那种形式的合作生产保存了下来。在1910—1913年有几十个生产合作社，连同六七千名工人，这些合作社表面上不是为消费者的利益而是为那六七千人的利益而经营的。在靴鞋之乡，它们是最强大和最有效的自治组织。但是在十年之中它们几乎没有任何发展；在三分之二的生产合作社中，工人在管理委员会都不占多数；而且约有40%的工人甚至不是雇佣他们的那个合作社的社员。好也罢，坏也罢，在二十世纪初期的不列颠，这显然是既不适合于合作的环境也不适合于竞争的环境的一种组织形式。[②]

---

① 雷德芬：前引书，第206页。

② 1912年的《报告书》，第31—32页；1901年的《报告书》，第28—30页；《关于政府机关发给工人社团的合同的报告书》(*Report on Contracts given out by Public Authorities to Associations of Workmen*)，1896年(第80卷)。关于英国农业合作社的有限进展，参阅本卷，第111页。

同股份公司相似，合作社的财政是稳定的，畅流无阻的。失败和亏损是有的，尤其是合作社处于幼稚和挣扎图存的时期。但是开创阶段一旦克服，它们就不难稳健地活动和经营了。虽然创立往往是艰难的，但是却没有因浪费的危险和发起时的弊端而复杂化。它和一个大胆的先驱者创立一个公司不同，却和一个节俭的人设立一个小小的私营企业相似。资本账的永远公开和坚持同股份公司债券相比拟的固定低利的原则，使股票的价值几乎完全保持稳定。[①] 把储蓄放在合作社中的工资劳动者不会看到他的储蓄不翼而飞。资本账的公开和具有吸引力，正如上文所述，在一个老牌合作社中有助于使资本充溢。过剩之数的用途之一，就是存放 255
在批发合作社的银行部中。这个银行部是在 1872 年费了九牛二虎之力，克服了反对意见而创办起来的。在早期，它遭到过一些亏损。[②] 但是到 1887 年，它已经吸引了二百一十个合作社的户头；到 1912 年已经吸引了九百八十七个。它是拥有大量剩余的一个合作社的当然银行家。依照标准合作方式，它付给存款以低额利率，而把剩余利润按它们和它进行业务的比例归还给顾客。它以按照比伦敦金融市场更加划一、纵非平均更低的利润为批发合作社的大量购买和为消费合作社进行垫付的政策，提高了整个合作运动已有的显著稳定性。一个小小的消费合作社从而能像一个大

① 参阅中卷，第 310 页。

② 在合作社社员中反对 1872 年政策的占一强大的少数。在银行部开业之后不久，一个独立的“实业银行”就创办起来了。这是一个失败，在七十年代的不景气中消失了；这时批发合作社的银行也遭到赔损。1912 年的《报告书》，第 41 页；雷德芬：前引书，散见各页；韦伯：前引书，第 166—170 页。

自治市一样进行低利借款，是一件值得注意的事情。合作社社员辩称，事实上它只能按低一点点的利率借款，虽则这种说法不太令人信服。[①]

在八十年代的早期，主张批发合作社的这个银行部应该像一家普通银行一样握有投资的种种建议，曾经为有存款的消费合作社的代表所拒绝。他们觉得或认为这有点不是合作性质的东西。但是在 1885 年对统一公债解禁了。[②] 结果在 1892 年投资达十九万五千镑，二十年后达二百九十一万一千镑，这个数字比批发合作社邻近的股份公司兰开郡·约克郡银行连同它的一百二十九个分支行在同一年所握有的投资的数字还高一些。[③] 兰开郡·约克郡银行是一家重要的银行，但不是英格兰较大的银行之一。

标准银行方法的采用并不比连锁商店制的采用有什么同合作原则更加不调和之处。就后一种情况而论，合作社社员曾经是先驱者，一个中央消费合作社的分社往往在任何非合作性质的连锁商店的分店出现之前，就在一个城镇或地区的边远地方开创起来
256 同私营商店进行竞争了。但是组织的相似，无可避免地产生了一些相似的结果，其中在社会上最重要的是零售店经理的出现。在这方面，合作社社员，连同像无酵母面包公司这样的少数几家公司，又是开风气之先。在他们的历史中，很早就有雇佣人员在消费

---

① 雷德芬：前引书，第 326 页。1907 年 11 月雷德芬以批发银行的三又二分之一对英格兰银行的 7%所起的作用是不显著的。参阅本卷，第 17 页的曲线图。但是稳定的三又二分之一或不到三又二分之一对于一个小借款人来说却是一个非常有利的利润。在 1907 年 11 月大多数市的三又二分之一的证券都微微高于票面价格。

② 雷德芬：前引书，第 158 页，和《银行统计》，第 417 页。

③ 《经济学家周刊》，1912 年 10 月 12 日，银行专号的数字。

合作社中服务了；[①]而在大多数店主，甚至第一流店主管理别无分号的个别企业时，在利普顿号还没有雇用一个助手而哈罗德仍然不穿着上衣的时候，合作社经理已经是一个特殊的社会类型了。现在，无论在竞争性贸易中的老板或董事会之下，还是在合作贸易中的贸易委员会之下，经理几乎到处都可以看到。在合作贸易中，经理支取一个熟练技工的报酬。[②] 至于其他各种贸易，却没有合用的统计数字；但是凡是可以比拟的工作，报酬无疑是属于同一等级的。一个大百货公司的部门经理却是全然另一类的一个职员。

合作社发展的健康的连续性和不同种类的合作社数目稳定于九十年代初期所达到的水平，在合作社的故事和股份公司的故事之间画了一条斩截的分界线。合作社的故事所以在这里夹在比较令人兴奋的股份公司故事当中一口气讲完，就是这个缘故。贸易循环虽然触及到合作社社员，但无伤要害。[③] 消费合作社尽管有它们的丝绸和皮货，却是靠了供应继续不断的那些人类基本需要而存在的。它们所供应的需求是无弹性的。战争和金融市场的波动对它们的影响很小；新发明、新的社会和经营方式以及海外的经

① 虽则甚至在1910—1911年，“在初成立的小合作社中”委员轮流在傍晚义务服务的办法也不是“无所闻的”；1912年的《报告书》，第20页。

② 1912年的《报告书》，第20页。在1909—1910年，总社经理平均是三十八先令二又四分之一便士；分社经理的最低额（在二百二十个合作社之中）是三十一先令十又四分之三便士。曼彻斯特的一个机械工的标准工资是三十八先令。关于食品杂货业连锁商店中“经理阶层的建立”，参阅里斯：《食品杂货业》，第2卷，第256页。

③ 这些恰恰是在合作销售额的曲线上有证迹可寻的，例如在1893年和1907—1909年各点附近。参阅本卷，第247页曲线图。

济变动对它们简直没有什么影响。这些却恰恰是影响股份公司创立的曲线和股份公司寿命的事情；虽则在公司创立曲线那条参差
257 不齐的上升线的下面有一条虚线，表明所有各种企业都慢慢转换到股份和有限责任的基础上去。[①]

如何在九十年代中期低利贷款的条件下，公司创立的曲线转趋急剧上升，已见诸上文，这条曲线表明了举凡新公司的发起、已经成为有限责任和实力雄厚的企业的重新改组、大小相若的企业单位的合并，以及最重要的，很多先此私营的企业在股份基础上的组织成立等等方面的一切活跃情形。[②] 八十年代中期以来，转向股份组织的变革以在啤酒酿制业最为常见。这种变革以吉内斯啤酒厂和英德·库普公司的设立而在1886年大规模地开始。[③] 在这个行业的成千上万的企业之中"有限公司"没有二十家。[④] 在1887年，奥尔索普号又步趋吉内斯的后尘；在1888年又有穆克斯号：在同一年，已于1880年改为有限责任的巴斯啤酒厂已经登记并扩大：在1889年惠特布雷德啤酒厂和杜鲁门·汉伯里·巴克斯顿啤酒厂改组成为有限公司。这些不过是就较大的牌号所举的几个实例而已。[⑤]

在九十年代初的衰退期中稍稍放慢下来的这种从合伙到有限

① 本卷，第222页曲线图。

② 本卷，第221页。

③ 本卷，第210页。

④ 其中有1860年的伦敦城公司；1865年的奥尔顿·考特公司，伯肯黑德公司和查林·克罗斯对面的莱昂公司；1872年的阿尔比恩公司；1873年的伊尔克利公司；1875年的布朗公司和普雷斯顿公司；1876年的得文波特·提佛顿公司和其他少数几家公司。

⑤ 录自《贸易年鉴》。

责任制的变革，连同企业合并，后来又如火如荼地继续下去。只有在1893年和1901年之间的一两个凶歉年份为啤酒厂筹募的资本不过区区五百万镑之数。在1896—1898年，登记额平均在一千八百万镑以上。[①] 这固然包括蒸馏酿酒厂在内，但它们是居于相当次要地位的。1896年的数字包括巴克利·珀金斯公司在内；1898年的数字则包括连同股票和债券约达资本一千五百万镑的一个巨型企业合并——沃特尼号和库姆斯·里德号的合并在内。在这三年中还有若干其他的合并，但都是地方性的，合并的单位既不多，而且不是促进甚至地方性垄断的那种合并。由四个单位合并而成的布里斯托尔联合啤酒酿制厂不得不面对布里斯托尔啤酒酿制厂和其他六个行号。也是由四个单位合并而成的曼彻斯特啤酒酿制厂有三十多个曼彻斯特竞争者。八个单位组成的纽卡斯耳啤酒酿
制厂是接近于垄断的；但是在纽卡斯耳还有其他九个啤酒酿制厂， 258
而且一个纽卡斯耳人也未始不会去买巴斯啤酒。[②]

价格协定自然是有的，而且啤酒酿制业还有对付绝对戒酒主义者和立法威胁的一个非常庞大的组织。但是这并没有防止啤酒酿制厂中间一场激烈而又愚蠢的竞争，这种竞争主要表现在九十年代后期啤酒畅销期间啤酒酿制厂所给予领有执照的酒店的高度竞争性的价格上。[③] 五六年之后，“以差不多原来所付的那种价

① 取材于《经济学家周刊》对“资本申请书”的分析。

② 《啤酒商年鉴》(*Brewer's Almanac*)，1906年和前引《证券交易所年鉴》。在麦克罗斯提：《托拉斯运动》，第241—243页中有一些关于啤酒酿制厂的情况和数字。

③ 《酒类特许法皇家调查委员会》(R. C. *on Liquor Licensing Laws*)，1897—1899年；这时四分之三的酒店都或多或少是特约性质的：在前二十年中这个运动一直非常迅速：但没有任何证据证明“特约”多就意味着酒喝得多；《最后报告书》(1899年，第34—35卷)，第7章。

格……同一家酒店也什么都买不到了，即使还有货出售的话”。[①] 这种以夺尽对方手中的牌为目的的愚蠢把戏，既是驰名全国的巨型股份啤酒酿制厂和地方联合企业所干的，也是仍然具有代表性并在数量上占优势的那类公司，即单一啤酒酿制厂那一类型的企业所干的。尽管有酒业巨擘的全国势力和联合企业的合理的地方性力量，在二十世纪之初投资于啤酒酿制公司的已知资本的四分之一以上还是在这类单一单位的企业中。

在1885年和1901年之间，股份啤酒酿制厂已经从不到二十家发展到三百多家。登记的原不止此数，但是其中有兼并、联合和少数——很少数——的倒闭。[②] 在1901年的大约三百家之中，包括有一些虽是有限责任，但法律如果许可就会正式加上私营的标签的行号。它们不公布任何正式报告书，并且对于它们的财政状况也闭口不谈。但是因为公众欢喜啤酒酿制厂股票，所以所有或几乎所有各种规模的企业都有公众参加，虽则不是和发起人享受同等的权利。筹款是毫不费事的。甚至在1901年还筹募了很多。那时确切的总数是多少很难断定；或许不会少于一亿七千五百万镑。[③]

① 《统计学家周刊》，1903年6月13日。

② 《证券交易所年鉴》所引1901年的数字，如果计算无误的话，是三百二十五家。至于1906年，伯德特的《官方情报》(*Burdett's Official Intelligence*)(转引于麦克罗斯提：前引书，第241页)则列为三百零七家。

③ 1894年10月20日的《统计学家周刊》把资本估计为一亿零四百万镑：1906年的《啤酒商年鉴》(第131页)认为那个时候，资本“至少”是一亿八千五百万镑。在1901年和1906年之间没有募到多少新资本——根据《经济学家周刊》中资本申请书的分析为六百三十万镑。

我们可以有把握地说，到二十世纪之初啤酒酿制资本的绝大 259 部分是在有限公司方面；但是有限公司尽管是那样既多而又实力雄厚，在数量上却仍然远不及私营啤酒酿制厂。虽然每几个月——或每几个星期——就有一家私营啤酒酿制企业懂得了重视有限责任和公开或半公开性质的优点，而在1902年开始的那十年之中流入股份啤酒酿制方面的资本还不到1896年单单那一年的半数之多。[①] 所以在股份啤酒畅销终止的1901年的情况是值得记载的——而啤酒酿制业(连同蒸馏酿制业)既是现在存有完备的连续性企业统计数字的英国唯一工业，这就更加值得了。[②] 在英格兰和威尔士"不在厂内经营零售业务或不在啤酒酿制的主要业务以外另领执照兼营酒店业务的普通啤酒酿制商"[③]，其数目已从1853年的二千四百七十人和1886年的二千二百四十二人降到一千六百八十八人，其中有九十九人在伦敦。(领有啤酒酿制执照的酒店业者仍然有二千六百三十八人；但是这个一度重要的类别已经丧失了全国重要性。)[④]在一些大城镇中有很多私营企业——在曼彻斯特的三十七家啤酒酿制厂中有十五家是私营——但是使总数增大到将近一千四百家的却是英格兰农业区的较小城镇和大村庄上的上百成千的私营啤酒酿制厂。在剑桥郡和艾累岛，包括两

---

① 资本申请书，啤酒酿制厂；1896年，一千八百二十万镑；1902—1911年，七百六十万镑。

② 参阅上卷，第170页；中卷，第122页。

③ 《1901年啤酒酿制业者执照报告书》(*Return's of Brewers' Licenses*)(1902年，第93卷，第87号)。

④ 在苏格兰有啤酒酿制业者一百二十一人，但领有啤酒酿制执照的酒店业者只有两人。

个大城镇在内，共有二十三个“普通啤酒酿制业者”。其中只有两个是有限公司。在沃里克郡的三十四家啤酒酿制厂之中，有十五家是有限责任的；在康沃耳的十家之中有两家；在多尔塞特的十六家之中有六家；而在靠伦敦那样近的赫列福德郡的三十四家之中只有十三家。无疑一个巴斯或者一个惠特布雷德会比充满了这类小企业的整个郡酿制的数量还要多，但是它们仍然在那里经营——其中大多数还有待于此后一代之中，虽则不是十年之中，改组成为有限公司或被有限公司盘去。

正是在钢、铁和重机械工程业中，股份有限公司——在工业的
260 这一方面比其他任何方面都采用得更早——被最自由地用来建立或扩大自原料至成品的所谓纵的联合，这种联合对于这些行业来说非特不是什么新颖事物，而且正是原所固有的。铁厂兼有煤炭和铁矿石的所有权，在黑乡和西莱定，在苏格兰和南威尔士都是由来已久了。在克利夫兰，实力雄厚的厂几乎自始就控制了它们矿石的供应。如果当地矿石短缺，或不合用，可以在其他地方购买矿山，虽则不一定总能买到。自从七十年代的萧条，自从钢业勃兴和铁工厂向海口迁移以来，部分由于购买矿山的困难，这种合成一体的企业在黑乡衰落了。[①] 炼铁，一度是它的主要支柱，已在不断衰退之中。[②] 辗钢的取代锻铁会使一个制铁业者变成一个“钢铁再辗业者”；供再辗之用的短钢条可能，并且照例，是来自黑乡以外

① 艾伦：《伯明翰和黑乡的工业发展》，第 286 页。

② 中卷，第 52—54 页。

的，往往是来自比利时或德国。所有这一切都导向解体。只有南斯塔福德郡的少数企业因变成钢制造业者而得以幸免。[①] 有一些完全歇业了，正如高斯波尔·奥克铁厂在九十年代的情形那样。有一些则迁移到南威尔士和河口，在那里利用外国或坎布连山区的矿石，正如一度在默尔瑟附近开采自用矿石和煤炭的威尔士老铁厂现在的作法一样。

在这期间，在克利夫兰，扩张和股份组织续有进展。博耳科·伏恩公司，这个利用克利夫兰矿石的先驱者和1865年以来的一个有限公司，[②]只是在它原有的位置上进行扩张。为了它的贝塞默尔钢，它在西班牙买下了几座矿山。它在十九世纪唯一的兼并，就是在1899年以利润买下了邻近的一个较小的铁公司。在太恩河上，帕麦尔造船公司，作为博耳科·伏恩公司同时代的一个公司，“没有任何同盟而凭由本身力量的累进发展”已经“包含有自生产生铁至制造战舰的整个生产范畴”。[③] 但是在那个范畴中，老公司的缔结同盟已经变得比这种在原址上的扩张更加常见，这部分地是因为很多公司没有像帕麦尔公司当时那样一个坐落适宜的厂
址。大力神厂的约翰·布朗公司这个对贝塞默尔法确信不疑的第 261
一个设菲尔德企业和甲板的早期制造业者，在七十年代已经买下了煤矿和铁矿。在1899年他们因承购克来德班克机械工程和造船公司而跻身于帕麦尔公司之列。[④] 设菲尔德的凯麦尔公司——

① 其中有达德利伯爵的工厂；艾伦：前引书，第287页。

② 中卷，第138页。

③ 麦克罗斯提：前引书，第40页。

④ 购自汤姆森号；《更多的铁业联合》(*More Iron and Steel Combines*)《经济学家周刊》，1902年11月1日；一个截至那时为止的联合企业的总结；麦克罗斯提：前引书，第2章，《钢铁工业的联合》，散见各页；关于日期和资本估价，参阅《证券交易所年鉴》。

像布朗公司和帕麦尔公司一样，是一个六十年代的公司——按照类似的路线发展。他们因为控制了坎伯兰的赤铁矿，在八十年代早期就已经把他们的铁轨业务迁移到沃尔金顿。在那里和其他各地，他们兼并各式各样的辅助性企业；但是终于使他们厕身于布朗公司和帕麦尔公司之列的那个同盟在1903年方始出现，在那一年他们和伯肯黑德的铁船建造企业的先驱者莱尔德公司联合起来。

后来通称作武器集团的其他大企业的故事是大同小异的。阿姆斯特朗厂和惠特沃思厂从很早的时期起就制造大炮和其他几十种东西。随着军舰年复一年地变成为一种更加复杂的相互关联的机械装置的庞然大物，要么就必须将许多专门化企业的产品进行精细装配，要么就必须有一个多边形的企业能独力承担大部分主要工作，正如官营造船照例的情形那样。一个供应大炮和甲板的企业不能不了解有关钢材的一切；而一个能对整个船无所不晓的人在同本国和外国海军部接洽时是可以得心应手的。（自从甲板和钢的时代以来，军舰已经成为英国出口的一个项目。）这些考虑鼓励了武器生产方面广泛的纵的联合。但是只有少数几个企业仍保持它们自己的鼓风炉。阿姆斯特朗厂曾一度保持过；但是在它的鼎盛时代，它的工作却从炼钢开始。在1882年现代军舰正采取它的骇人的形式时，它兼并了一个造船厂。[①] 十五年之后，实现了同惠特沃思厂的合并。在1899年，通过购买股票而取得了对罗伯特·斯蒂芬公司在太恩河上的干船坞的控制权；在1900年又和惠特沃思共同在曼彻斯特设立了甲板车间。

① 中卷，第82页。

维克尔厂，一如布朗厂，沿着钢的道路进入了这个集团：它原 262
来是设菲尔德制钢业者的一个企业，在六十年代变成一个有限公司。从钢到铸件和锻件，进而到大炮和甲板，是一个自然的过程。在九十年代后期股份组织和企业联合的高潮期间，又一次跨出了最后的一步。在1897年阿姆斯特朗厂和惠特沃思厂合并的那一年，维克尔厂买下了巴罗的海军工程和军械公司和埃里斯的马克西姆·诺登费尔特枪炮公司。到1902年，他们已经兼并了罗伯特·内皮尔公司造船和海事工程的典型业务，①并且取得了也是制钢兼造船业者的格拉斯哥的比德莫尔公司的一半股权。在大约这个时候还有其他一些较小的扩展。

不直接迎合海军部需要的钢铁企业所受完全纵式企业组合的吸引就不那么强烈；虽则不到企业联合程度的每一种程度的股份联合都是有的。贝尔兄弟公司，1873年以来的一个私营有限公司，在1895年重新改组，在1899年变成一个公共公司。迄这时为止它只是以自采的矿石、煤和石灰石炼铁。后来它一直对钢进行试验；而这时它公开筹募的资本的一部分将为生产成品钢而投入一个工厂了——这个工厂是和迟至1889年方始改为有限责任的多尔曼·朗公司共同建立的。多尔曼曾经以生产钢梁和建筑钢为专业；但是在它和贝尔兄弟公司缔结联合协定的那一年，它已经兼并了一个钢板厂和一个钢丝厂。协定使它可以取给于贝尔兄弟公司的原料储备。过去它是在市场波动的条件下从市场购买生铁来制钢的。像达拉姆和其他各地的其他许多企业一样，它正努力退

① 中卷，第64页。

回到钢时代以前使用煤层上的煤层铁矿石的铁匠师傅所自动享有的那种对原料的控制。股份组织的伸缩性使代表贝尔公司和多尔曼公司利益集团的董事会得以对1899年的这个合成企业进行监督。

到那时有限公司对制铁业的征服已几近完成了。在1900年这一年,不列颠共有六百零四个鼓风炉——并非全部开工。其中有五百零六个是公共或私营股份公司所拥有的。[1] 现在占优势地
263 位的制铁区——苏格兰、坎伯兰和福内斯,达拉姆和北莱定,蒙默思和南威尔士——在三百八十三个鼓风炉之中只有三十一个为旧式合伙企业所拥有。(在1901年这个数字降到二十一。)在斯塔福德,希罗普和伍斯特,不出所料,比例却高得多——九十个之中有三十五个——但是那里无论合伙企业或公司的鼓风炉停工的数目都异常之大。在达拉姆、福内斯和蒙默思,合伙企业的鼓风炉已经一个不剩了。

在采煤业中,情况则完全不同。煤矿远比鼓风炉为多。其中靠近外露矿苗的无关紧要的小规模开采,数以百计。这就使英国矿场的正式数字扩大到三千左右。[2] 但是具有相当重要性的计有二千左右;这是据说乔治·埃利奥特爵士在1893年计划全国煤炭公司时所发出的通知单的数目。[3] 可是在1901年,伦敦证券交易所所得而知的纯粹采煤的有限公司只有七八十家。在威尔士西南

---

① 《矿产报告书》,1902年(第116卷,第2号)。

② 甚至在1925年还有“大约一千四百家煤矿厂企业拥有二千五百个矿场”,《煤炭工业皇家调查委员会》,1926年(敕令第2600号),第45页。

③ 麦克罗斯提:前引书,第87页。

部的小小无烟煤田上个别经营的“无限责任的”煤矿厂却为数不相上下。诚然，公司占总产量的一大部分。其中牌号既老而实力又雄厚，并且控制了若干分别经营的煤矿厂和很多真正矿井的公司，寥寥无几。在威尔士，鲍威尔·达弗林公司可远溯自 1864 年；在约克郡，亨利·布里格斯父子公司可远溯自 1865 年；在兰开郡，安德鲁·诺尔斯公司可远溯自 1873 年；在德安森林，特腊法耳加公司则可远溯自 1883 年。但大多数，正如在其他很多工业中一样，都是八十年代后期和九十年代期间所筹划的有限责任的私营企业。公司还多半保留了私营企业的牌号，并且在它的经营管理和财务方面也还有很大程度的保密性。往往全部资本都是卖方筹募的。当 1899 年伦敦德里勋爵的达拉姆煤矿厂改组成为冠以他的姓名的公司时，证券交易所无法得到任何有关的消息。[①] 它是硕果仅存的一个贵族煤矿企业。达德利伯爵的煤矿厂是附属于他的钢铁厂的；达拉姆勋爵则早在三年前已经把他的一切卖给了早已成为大规模煤炭所有者的詹姆斯·乔伊西爵士，乔伊西爵士通过 264
购买已经控制了四百万吨以上的产量。[②]

达拉姆勋爵的各煤矿厂形成为一个大型单位。另外还有其他一些。南威尔士的大部分蒸汽煤是由大约二十家公司开采的，其中包括坎布连煤矿厂，拥有托马斯所控制的四十万镑资本的那个

① 参阅《证券交易所年鉴》中各式各样公司的通报。另参阅威廉斯：《煤炭工业中的资本主义企业联合》(Williams, D. J., *Capitalistic Combination in the Coal Industry*)(1924 年版)。

② 刚刚在一次煤炭畅销之前。在 1911—1912 年的贸易繁荣刚刚开始，他在 1911 年买下黑顿煤矿时，他又重施这一妙计。参阅杰文斯：《英国的煤炭贸易》(Jevons, H. S., *The British Coal Trade*)(1915 年版)，第 318 页。

1895年的新建机构。一个公司有时是由于邻近煤矿厂的联合而创立的,也有时是成立之后再买进一两家邻厂的。在不止一个煤田上拥有产权的煤业巨子寥寥无几。乔治·埃利奥特爵士就是这样一个人:因而他对于这个行业的情况有精密的知识。[①] 但是甚至最小的煤田上也没有甚至近似于地方性垄断权的东西。价格是竞争性的。自从产销限额办法老早崩溃以来,就没有过任何控制产量的真正试图。[②] 埃利奥特计划的完全失败非特是自然的而且是意义深远的。股份组织和公用事业原则的这样一种巧妙的应用,条件尚未成熟。随着十九世纪的告终,私营企业、商战和卡尔·马克思所说的资本主义,仍然是煤炭工业的特征。

撇开其他的考虑不谈,单单地质本身已经使煤炭开采甚至对于像埃利奥特和托马斯这样出类拔萃的人物都大非易事。[③] 新行业以及旧行业的新形势给予这类人以更多施展的机会。八十年代后期和九十年代的突出事例是利弗当植物油在肥皂工业中刚刚见诸通用时经营肥皂制造以及杰西·布特将药品的制造和分配作为新连锁商店制的一部分来经营。两人都临终有封爵之荣。所获得的关于普通消费者的知识、巨大的决心和广告术的天才使利弗这个在沃临顿改营肥皂制造业的来自威根的食品杂货批发商在1890年跻身于私营公司首屈一指的地位,并于1901年在拥有已

① 本卷,第220页。

② 上卷,第202—203页;中卷,第301页。

③ 未来的朗达勋爵;参阅本卷,第271页。

收资本一百万镑以上的大国际公共公司之中领袖群伦。[1] 在 1901 265
年它的扩张只不过刚刚开始。但是它已经建造了日光港，在悉尼创办了一个椰子核榨油厂，在维克斯堡建立了一个棉籽厂，并分别在德国和瑞士各建立了一个肥皂厂。在 1899 年它又兼并了一个特别慎重挑选出来的企业，不是竞争性的而是辅助性的。利弗的主要肥皂是供洗涤日之用的。“既然操劳家务的主妇不甘为洗衣盆而牺牲，……因而渐渐感到缺乏一种能使洗涤日缩短的肥皂。”利弗“看到这个机会，生产了一种应需的肥皂，并用一种迎合每一位忙于家务的妇女心理的词句刊出广告，因而抓住了这项需求”。[2] 在九十年代下述的这些词句是家喻户晓的——“为什么一位妇女比一个男子见老得更快呢?”利弗公司[3]一年到头地广告不断，但也生产这种肥皂。1899 年慎重挑选出来的那项兼并，给了他们的“日光皂”一个配偶，即布鲁克公司这个美国企业的“猴牌皂”，“猴牌皂”是靠这样一种广告运动而赢得它的地位的，这种广告运动不让一个人忘记，“猴牌皂”唯一不要洗的就是利弗的“日光皂”设计要洗的衣服。

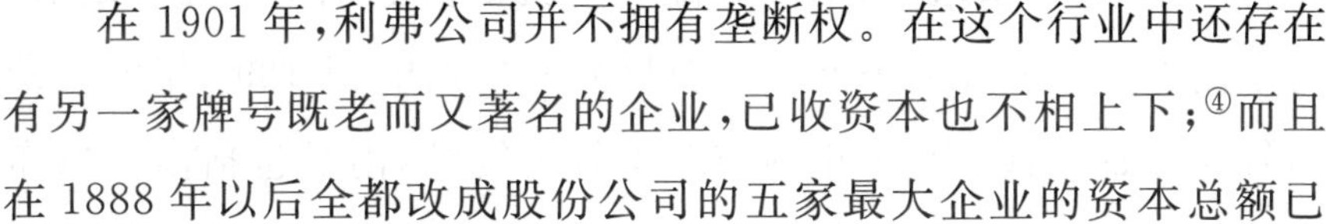

在 1901 年，利弗公司并不拥有垄断权。在这个行业中还存在有另一家牌号既老而又著名的企业，已收资本也不相上下；[4]而且在 1888 年以后全都改成股份公司的五家最大企业的资本总额已

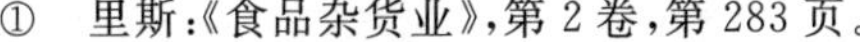

① 里斯:《食品杂货业》，第 2 卷，第 283 页。

② 雷德芬:《消费者在社会中的地位》(Redfern, P., *The Consumer's Place in Society*)(1920 年版)，第 41 页。

③ 这家公司过去所用的中文名称是利华公司。——译者

④ 皮尔斯兄弟公司。

达利弗公司的两倍半。此外还有很多较小的企业。但是利弗公司，在成立不久之后，纵不比它们都高出一肩，至少也高出一头了。它在同业公会中极力说服它们限定价格，并且取得了同它们随时都可以导致更密切关系的友好关系。但是迄那时为止它也不过是肥皂制造业者的一个年轻国王而已。

自十七世纪以来，肥皂制造业就间或是大规模组织起来的。股份公司对它非常相宜。药品制造已经随着十九世纪的到来而发展起来，有几家制药厂的改为有限责任制还要多少早一些。但是药品零售则依然是单一商店、合格药剂师、高价格和长期赊欠的一种业务。在这种各具特色的组织之中有一些继续存在下去，不是不需要的。对于不是照方配制而是标准化和按牌子出售的越来越多的药品来说，这种组织却是多余的了。布莰公司是以现钱买卖、以低于旧式药房的价格进行销售的一种药房而开始经营的。在八

266 十年代，他们的药店正从诺丁汉的总店一一分设出去。在1888年，以成药供应药店的这个私营制造公司已经登记为布莰纯药公司。在1892年，药店既经相当普遍地设立之后，跟着登出了“布莰即将开业”的一项通告，随后分配公司就依次登记了。九年之后，为了便于广泛展开业务起见，它已经一分为四，以1897年的布莰西号为开始，而以1901年的布莰南号为终结，南号包括南部的布获各分店以及过去是竞争企业的戴伊氏首都药品公司和戴伊氏南方药品公司。控制权则在纯药公司这个母公司手中，它握有——举例来说——南号的全部资本。到这时实际的药店已经越出了药品的范围。它们正逐渐取得它们后来那种百货商店的性质，连同出借书籍的图书馆和其他附带业务。像所有连锁商店一样，也和

合作运动如出一辙，它们加速了社会中以经理制取代小店主制的那个过程。①

南非战争的那段时期（1899 年 10 月至 1902 年 3 月）助长了紧接着 1896—1899 年的如火如荼的活动之后无论如何不能不相继而来的公司发起的减缓。② 但是公司发起的减缓却因 1900 年的国会条例——维多利亚，第 63 年和第 64 年，第 48 章：《公司条例修正条例》——而推迟，尽管战争是需要资本的。在胡利的时代之后，法律的某种修正原在意料之中。根据这项条例，对于无论发起人或董事都作了更加严格的规定。举凡计划书的发行、股份的分配，业务的开始以及以公司财产进行的抵押，也都规定得更加细密了。虽则对于股份保证承受的规费予以合法化，但是却加以这样的限制，以致股份保证承受人的工作更加繁重。③ 一年前，公司登记税已经提高。公司创办人和经理人员的这些新的繁重的责任增加了发起方面的困难，尤其是在需要公开募股的时候。发起人 267
赶在新法律于 1901 年 1 月 1 日随着新世纪的到来而生效之前，迅速将手续办妥，是非常自然的。④ 因而在 1900 年出现了四千八百

① 这一段的资料来源是《证券交易所年鉴》、金融报刊和著者的记忆。关于这段时期中央纯药公司的情况和政策的资料无法取得；所知道的只是表面上的事实。

② 本卷，第 222 页，曲线图。

③ 《公司法修正案委员会报告书》（*Report of the Company Law Amendment Committee*），1906 年（第 47 卷，第 199 号），第 5 页。

④ 《公司法修正案委员会报告书》（*Report of the company Law Amendment Commitee*），1906 年（第 47 卷，第 199 号），第 5 页。

五十九个新设立的有限公司，名义股本共达二亿二千一百多万镑。翌年登记数降低了将近三分之一；到 1904 年，数字虽稍有恢复，但名义上创立的资本总额已缩减到九千二百万镑。在此后十年中只有一次重又上升到二亿镑以上，[①]而 1896—1897 年却平均为三亿镑。对于这种情况，法律只能负一部分责任。经过了九十年代后期的蓬勃活动，要做的事情也所余无几了——在改为有限责任、扩大和合并等方面。那次蓬勃景象是在英格兰银行保持 2% 的贴现率达两年有余的一段时期之末到来的。在 1904—1914 年这段期间从来不曾到过 2%，而且连 2.5% 也是罕见的。在 1908—1909 年的一段八个月的 2.5% 之后，公司创立的数目就立即猛升了。[②]

猛升的只是公司创立的数目；而不是所创立的平均公司的规模。在 1896 年新公司的名义资本总额处于最高峰的那一年，平均每个公司是六万五千镑。1909—1910 年则不过是二万六千五百镑。这种计划的平均规模的减退及时地说明了真正成立并存在下去的那些公司已收资本的平均数额。1885 年这类公司的数字是五万四千镑。1896 年仍然是五万四千镑。1906 年是四万九千镑。到 1914 年，则是四万镑略弱。[③] 以有效规模乘现存公司的一条曲线和它们的单纯数字的曲线会是一样地平滑，而并不是很陡峭的。

---

① 1910 年是二亿一千三百万镑。

② 请与本卷第 17 页和第 222 页上的曲线图作一比较。

③ 《工商业效率中的因素》(*Factors in Industrial and Commercial Efficiency*)，1927 年版，第 125 页的图表中列举了一些这类的数字。

规模日益减退的这种显然矛盾的情形，既可以由有限责任制的普及于十九世纪中依然保持普通合伙形式的那些越来越小的企业来解释，也同样可以由1900年的法律所加诸轻率的公开募股方面的新的和大部分可取的限制来解释。发起人发现“通俗所谓的”[①]私营的公司，对他们是合用的。甚至在1890年，真正组成的公司大约有一半都不曾公开募股。[②] 在1906年，地方上一些最大的企业仍然是私营公司；而这种公司的形式——“最现成和最安全 268
的”[③]形式——多供作推销创造发明和创办新商业冒险的主要工作之用。这种公司的形式终于在1907年经由1908年7月1日生效的那项公司条例（爱德华七世，第7年，第50章）第37节予以承认和规定。[④] 那一年年底在大不列颠作为合法的私营公司而登记的计有一万八千五百五十四家。[⑤] 其中一部分是新成立的，一部分是公司章程已经和新法律定义相吻合的现存公司。[⑥] 此后，名义上为公共而实质即私营的数以千计的公司，修订了它们的章程，以符合法律规定；私营公司从而变成为希望得到有限责任制利益的中型企业的正规组织形式。1913年在联合王国登记的七千三

① 1906年的《报告书》，第17页。

② 本卷，第205页。

③ 1906年的《报告书》，第17页。另参阅本卷，第205页注。

④ 翌年有一伟大的统一公司条例，爱德华七世，第8年，第69章。参阅《公司统一法案两院联合审查委员会报告书》（*Report of Joint S. C. of Lords and Commons on the Companies Consolidation Bill*），1908年（第7卷，第1号）。

⑤ 《工商业效率中的因素》，第126页。

⑥ 此后私营公司是这样一种公司，以本身的章程（甲）限制股份转让的权利；（乙）限制股东的数目……不超过五十人；（丙）禁止以任何方法在市场上求售任何股票或债券。……

百二十一个新有限公司之中，私营的不下六千三百二十八家；在1913年公司登记一览表上的所有公司之中，有四分之三是私营的。几乎所有稀奇古怪的东西都在这一类——诸如巴黎的美国蟑螂公司和警钟辛迪加，通用牛轭公司和蔡罗食品公司。[①]

当小公司倍增的时候，大公司变得更大了，而且公共有限责任制的成立和合并也没有停止。但是像九十年代后期那样的任何普遍合并运动却没有再出现。在新世纪之初，工业合并正学习着如何经营，其中有一些则改正着它们的错误。在这些合并之外还要加上作为美国侵略（“美国侵略”一词，虽含有一定真理，但在1900
269 年和1901年已变成一句时髦用语）结果的帝国烟草公司和它的混血儿英美烟草公司。[②] 在1900年和1901年，约翰·杜克的美国烟草公司和它的同盟者已开始征服世界。美国钢铁公司这个亿万金元的大托拉斯也开始征服世界，但是却远没有那样好的前景。[③]为了对付约翰·杜克那个危险的对手，在1901年英国烟草业的几乎所有最著名的牌号都参加了帝国烟草公司——诸如威尔斯·普莱耶公司、米切耳·希特内特公司以及格拉斯哥混合的巴特勒·史密斯公司等等。翌年奥格登·丘奇曼公司和另一些公司也参加

① 《美国贸易部公司报告书》(Ann. Rep. *of the Board of Trade on Companies*)，1914年（第79卷，第5号）。由于帕克对主权辛迪加有限公司一案作了这样一项判决——一个公司如在章程中载有上述限制，纵使违反了这项限制，仍不失为私营企业，因而使得一项简洁的新公司条例在1913年有了必要（乔治五世，第3年和第4年，第25章）。

② 本卷，第45页。

③ 《经济学家周刊》，1902年10月11日；《我国对外贸易》(*Our Foreign Trade*)。另参阅1901年的《商业史》，第1页。

进去。“真正的竞争者”已不复存在。[1] 估计到这个组织的力量以及它的各种牌号对于英国吸烟者的吸引力，美国人让步了，总算让英国市场宁静下来；帝国烟草公司也离开了美国市场。1902 年的英美烟草公司接办了帝国烟草公司和美国烟草公司以及美国烟草公司的联号新泽西的大陆烟草公司、美国雪茄公司和统一烟草公司对联合王国和美国以外所有各地的出口业务。杜克担任了英美烟草公司的董事长，而希格内特家、奥格登家和丘奇曼家则都在董事会中占有席位。

凭借它们保险无虞的市场和莫大的实力，帝国烟草公司和英美烟草公司是完全成功的。到 1914 年，帝国烟草公司已有核定资本一千八百万镑；英美烟草公司则拥有资本一千四百五十万镑；甚至帝国烟草公司的红利扣存普通股票也超过票面价额将近 100％。它是英国最近似真正垄断权的东西。

在重工业，尤其是在兵工企业中，在南非战争时期和以后，股份集中的过程都一直在进行。在维克斯公司并入克来德的比德莫尔（1902 年）和伯肯黑德的坎梅尔斯·莫尔德公司（1903 年）之后，在 1904—1905 年期间有一段停顿。随着 1906—1907 年的活跃，行动重又恢复起来，并且在 1908—1909 年新资本因利率低而易于筹募的时候，仍继续不已。在 1907 年，原为克来德班克造船商的约翰·布朗公司，承受了贝尔法斯特的哈兰·沃尔夫公司的一部

① 《经济学家周刊》，1902 年 12 月 12 日；《托拉斯制度是贸易上的一个束缚吗？》（*Is the Trust System a Restraint on Trade*?）。

270 分资本。他们在自己的原料资源之外又在北林肯郡增置了一个铁产地和一对鼓风炉。他们早已同西班牙的铁矿有了利益关系。在1909年，他们又买进了一个重要的煤矿，[①]并且购进了考文垂军械厂的一半股权。同年，坎梅尔斯以二百二十万镑的资本，组织了沃尔金顿钢铁公司，把他们的坎伯兰财产同那些地区的其他三个铁公司合并起来。之后，这时已相当完备并已成定型的大兵工企业，虽在从属性的子弹、枪炮安装和军械公司的包围下，为通过军备竞争而日益接近于战争的这个世界的事务而忙忙碌碌，但只作了一些不重要的增益或添置，正如在维克斯承购电气和军械附件有限公司的全部股票时的情形那样。[②]

在兵工企业的圈圈以外，在这个世纪初期重工业方面的主要大事就是鲍德温有限公司的创立和内特尔福德公司这个螺钉公司同格拉斯特·基恩公司的合并。两者都发生于1902年。鲍德温公司是黑乡和蒙默思的一些铁器和镀锌板制造公司同在格拉摩根拥有煤矿厂、铁矿和鼓风炉的一些企业的一个联合组织。它的所有重要组成单位都早已是有限责任的。在大合并进行时，兼并它们的这个新公司，规模并不大，资本仅仅一百万镑。在另一方面，格斯特·基恩·内特尔福德公司却比布朗公司或坎梅尔·莱尔德公司大些，同阿姆斯特朗·惠特沃思公司以至维克斯公司都相去不远。在1900年，道莱斯和加的夫的两个老牌企业，格斯特公司

---

① 多尔顿煤矿总厂的大部分资本。

② 卡特尔：《走上工业联合的倾向》(*Carter The Tendency towards Industrial Combination*)，第81页中载有使约翰·布朗公司能以在1913年生产整艘军舰的那种公司集团的一个完备的说明表。另参阅麦克罗斯提：《托拉斯运动》，第2章。

和道莱斯铁公司已经同伯明翰、西布腊米季和蒙默思的康布兰的纳特·博尔特特许公司合并，组成为格斯特·基恩公司。[①] 博尔特公司拥有煤矿厂和鼓风炉，并生产多种铁路用材料。道莱斯各公司也有煤矿厂并在西班牙的铁矿中拥有股权。内特尔福德公司生产并出售纯钢，它所生产的螺钉之中有一些是螺栓。所以在某几方面是有竞争的。因而有 1902 年的合并。紧接着则是对另一个著名的煤、铁、钢老牌企业默尔瑟提的克罗谢公司的兼并；在这 271
次兼并之后，进行兼并的这家公司的资本已达四百万镑以上。[②]

这些各式各样的合并都是在贸易曲线各个不同的点上完成的——在 1902 年借款利息并不很低而就业情况日益恶化的时候；在 1907 年国内和国际活动极其蓬勃的时候；以及在 1909 年借款利息低廉和大量失业的死气沉沉的月份中。在下面发生作用的力量比把表层激成波浪的那些力量更加强大。而在 1910—1913 年最后一次贸易繁荣期间，在失业数字几乎微不足道，现款又因有这样的需要而借息并不低廉，加之资本更源源外流的一个时候，合并计划自然和其他计划一并恢复起来。在南威尔士煤炭业中，托马斯(朗达勋爵)多少年来一直孜孜不倦，先是为了成立一个对各种不同企业限以配额的蒸气煤所有主的卡特尔而努力，既未能达成必要的协议，于是又转而为促成一些合并而努力——始终是为了某种合理化而努力的。既然牢固地奠定在坎布连煤矿厂上，又有遍布在格拉摩根郡各煤谷中的权益，他早在 1913 年就兼并了其他

① 纳特·博尔特特许公司是铁加工业最古老的股份公司之一，创立于五十年代。

② 麦克罗斯提：前引书，第 37—53 页。

三个重要的煤矿厂而把坎布连变成了一个统一坎布连公司。核定资本是二百万镑。①

一年前，为统一苏格兰制铁和制钢而进行的一系列尝试的最后一次，在面临英格兰和外国竞争的情况下，已经产生了苏格兰钢铁公司。它“行将自 1912 年 1 月 1 日起取得十三家韧铁和韧钢制造公司和行号的业务”。② “行号”这个字眼本身和新公司比较小的资本（七百五十万镑和三百万镑的债券）表明了情况。这项工业，在组织上，比之东北海岸公司和鲁尔公司，举例来说，既多少有
272 点落后，而为进行生产，苏格兰又已丧失它一度拥有的某些地理和地质上的有利条件，现在正试图以合并这种公认的方法来加强工业本身。就这个实例而论，这种方法的效率如何，在 1914 年把冶金工业的整个环境打乱之前，还来不及予以彻底检查。

再稍稍早一点，在 1911 年曾经进行过一次尝试，试图把股份合并和价格管制的原则重新应用到迄今运行得不很好的一种重工业——水泥工业的领域。联合人造水泥公司，这个泰晤士河和米

---

① 关于卡特尔计划，参阅托马斯：《煤炭业现状杂记……附为防止过度的竞争并为把价格维持在有利的水平上的一项计划》（Thomas, D. A., *Some Notes on the Present Situation of the Coal Trade... with a Plan for the Prevention of Undue Competition and for maintaining Prices at a Remunerative Level*）（1896 年版）。在卡特：《走向工业联合的趋势》，第 288 页中有截至 1913 年为止的情况的一般叙述。参阅杰文斯：《英国煤炭业》，第 322 页，和纽曼：《英国煤炭工业的经济组织》（Neuman, C., *The Economic Organisation of the British Coal Industry*）（1934 年版），第 145 页及以下。

② 《证券交易所年鉴》。十年前通过一个苏格兰钢铁制造业者卡特尔来谋求企业联合管制价格的利益的一次尝试已经成为泡影：《一个失败的联合企业》（*A Combine that failed*），《经济学家周刊》，1903 年 4 月 25 日。协议是在 1902 年达成的。1903 年初它已不再有效。至于可追溯到 1885 年的前几次尝试，参阅麦克罗斯提：前引书，第 66—72 页，和《煤铁业评论》（*Iron and Coal Trades Review*）的合订本。

德威的股份合并，自从 1900 年建立以来就没有发给过普通股分文红利。[1] 诚然，普通股在它的资本总额中占不到四分之一；因为它买进了第一次和第二次的社债。情况需要救治。在 1910—1911 年这个公司是由一个非水泥出身的财务主席主持的。[2] 现在他又担任了一个新公司——为把前此同联合水泥相竞争的若干企业合并起来而成立的英国水泥公司(核定资本二百八十万镑)——的董事长。它们不仅仅有一个共同的主持人，而且联合水泥在英国水泥公司中还有“颇为不少的股权”。[3] 这种交易关系的建立，无疑部分地说明了联合水泥的普通股何以在 1910 年第一次上升到了“废纸价格”以上，以及何以在 1913 年发付了第一次普通股的股息。从钢筋混凝土的使用的慢慢发展之中也得到了助益。这项工业的困难之一，一直是既没有像第一次合并时原所希望的那样迅速扩大的需求，而在像 1908—1909 年那样暗淡的年月中更且有缩减之虞。现在却在需求方面展开着一个新的前景。[4]

在纺织业，在 1902 年棉布印花业者联合公司改组之后，除开在 1904 年一个叫作梳毛业者有限公司的打捞公司承受了约克郡梳毛业者联合公司这只失事船舶的残骸之外，在股份组织方面没有任何重要的发展。这些企业联合学习或练习它们的业务；有时 273

① 本卷，第 234 页。

② 圣·戴维勋爵。

③ 《证券交易所年鉴》。

④ 公司记略，《经济学家周刊》，1909 年 9 月 18 日，那里称之为“失败的企业联合”并且讨论了需求；在 1913 年 9 月 27 日号中对于如何从“废纸价格”中恢复起来有所评论。

吸收进新的企业或成批的企业。其他纺织企业间或,但难得地采用了有限责任制。在兰开郡,像“奥尔德姆有限公司”那一类的新股份纺绩厂,在贸易兴隆的时候是经常孵化出来的;[①]但是除开棉纺绩之外,“私营企业对公共公司的比例,在纺织业”“恐怕比在其他任何大行业集团都更高”。[②] 大股份企业和有效的企业联合——诸如科茨公司和曼宁厄姆纺绩之类——得到了扩充,并且在实力方面也有了增长。在二十世纪,在它们之外又加上了考陶尔德公司,即已经了解如何将纯丝制造的传统经验同人造丝前途的评价混合起来的那个企业。[③] 在1904年首先以塞缪尔·考陶尔德公司的个人名义问世,在1913年又稍稍非个人化为考陶尔德有限公司的这个“黑绉纱、女服料和人造丝线”的制造商,核定资本二百五十万镑。因为对丝的喜爱,或看上去像是喜爱之情的力量,比死亡更强大,所以那段死亡的年月将无害于它的前景。

除开二十世纪早期的那个最具有扩张性的公司——利弗兄弟公司——不断扩张的资本外,考陶尔德的二百五十万镑,以及一些纺织和钢铁企业联合的资本,似乎都是适度的。[④] 利弗兄弟公司惯于给自己以财政上的回旋余地。在1901年它接收了猴牌皂的布鲁克公司之后,它的核定资本是四百万镑;它的认定的资本是一

① 中卷,第140页及以下。查普曼:《兰开郡的棉纺工业》(1904年版),第171页以下。

② 《战后纺织业报告书》(1918年),第113页。

③ 本卷,第180页。查普曼和艾什顿:《主要是纺织工业中的企业的规模》(Chapman,S. J. and Ashton,T.,*Sizes of businesses mainly in the textile industries*),《统计学报》,1914年。

④ 本卷,第265页。

百九十八万五千镑；其中已收的只有一百零七十七万镑。在1906年同其他十个肥皂制造业者缔结经营合同时，它受到了一点挫折，至少受到了一点阻碍。肥皂价格应提高到食品杂货零售商的水平。供应消费者的肥皂条应予减轻。浪费在竞争性报纸广告上的款项应该（这是非常正当的）节省下来。但是这三项建议招致了坚强的反对，而且是如此的坚强，甚至利弗和他的卡特尔都无法招架。何况，它的成员只不过控制了这个行业的三分之二；并且还有一些可以很容易参加进去的潜在竞争者。所以这个经营协定经过 274
三个星期的试验就放弃了。①

在不忽视那些不太公开和不太有挑衅性的协议的机会之下，利弗公司继而重又转向兼并方面。在1907年和1913年之间，他们买下了维诺利亚公司；“无敌皂”的赫德森公司；碱业联合公司的肥皂制造部门等等。在1908—1909年的贸易清淡时期，他们的进展是“真正惊人的”；②广告又恢复了，人民总是要洗涤的。在1911年他们为采伐刚果的棕榈森林，组织了一个辅助企业。每隔两三年核定资本就有所提高，最后在1913年以一次一千万镑一跃而达到了三千万镑。依照他们的例行方法，他们以不到认定和已收之数的三分之一进行经营；但当时他们还没有对最近核定额的任何部分加以利用。自从这个企业最初作为私营公司登记之日起，至今不过二十三年。③

① 大部分是由于“报纸上可耻的攻击”，其动机是无需说明的，《经济学家周刊》，1910年2月26日，一项回顾过去的引证；麦克罗斯提：前引书，第203页及以下，有在这段插曲发生时所写的一篇极好的叙述。

② 前引《经济学家周刊》。

③ 本卷，第205页。

利弗像很多较大的实业公司一样，已经变成国际性质的。科茨公司到处皆是。阿姆斯特朗在波朱欧利有一自设的工厂，并自1904年起在热那亚的安萨尔杜厂拥有股权。这不过是自有限公司时代以来一种前此已经著名的运筹谋划的两个突出的实例而已。威金逊那位十八世纪的披荆斩棘的铁匠师傅，在法国设有工厂，霍尔登公司那个十九世纪中叶的机器梳毛业者亦复如此。至于一个公司在财政上以英格兰为基地，而其主要活动，自修建铁路直到经营锡矿或种植园，则在其他各地，这却是一个非常古老而又习听惯见的故事。如果不是这样，英国资本的输出就会少得多。但是自从世纪更始前后美国经济大扩张的时候起，国际公司的各种活动都有了肯定的增加。石油与此大有关系；因为石油的运输、贮藏和分配——和煤炭不同——是需要巨额资本的一种业务，并且在这种业务中以经营炼油和或许油井的那些人的联合
275 控制所具有的利益和收益为最大。自八十年代以来，约翰·洛克菲勒一直教导世人以一些这类的东西。但远洋运输不是他的业务；而且在八十年代石油的远洋运输才刚刚采取它的现代形式。阿姆斯特朗公司以一艘附有由船身构成的油槽的船舶下水的那一年是1886年，这艘船是"现代油船的直接先驱"；[①]又过了十年左右，公司方开始自备正式的油船舰队。在1896年和1902年之间，在自备油船舰队的公司之中，有与美孚油公司关系密切的英美油公司和1897年的壳牌运输贸易公司，后者是在东方海面从事于石油——当时是照明用油——的运输、贮藏和销售的企业的一个联

① 哈迪：《散舱货》(Hardy, A. C., *Bulk Cargoes*)(1926年版)，第36页。

合组织。[①] 壳牌火油公司早已在荷属婆罗洲取得了石油让与权，并且是也在东方进行生产和分配的英荷石油公司的一个劲敌。因为壳牌火油公司也从黑海装运俄国石油并从加勒比海装运得克萨斯石油，这就和石油界的所有巨头发生了接触，对于一个石油公司而言就无疑是说发生了冲突。[②] 在俄国油田上有不少英法资本，因而那里原来只是生产者的企业也变成了炼油商和出口商。[③]

到1902年，经过一段长期的商战之后——“为期差不多十年的一次价格战”[④]——壳牌火油公司、英荷石油公司和代表高加索利益集团的罗思柴耳德的巴黎办事处签订了一项合同，这项合同导致了这三个集团所共同建立的亚细亚煤油公司，来执行这项合同的销售协定。四年之后，英荷石油公司和壳牌火油公司的结合甚至更加密切了，而英荷石油公司取得了“实际的业务控制权”。[⑤]旧公司依然存在，两家新公司又复成立；于是开始了错综复杂的协议和再协议、股份交换和控制公司的一段时期。以英格兰为所在地的那个实力雄厚的小小英荷石油公司集团，其势力基本上已经
遍及于用油世界的大部分地区——以在近东和远东的势力为最 276
大，虽则并不以这两个地区为限。

在1901年，威特门·皮尔逊这位承继十九世纪英国大承包商

① 哈迪：《油船和海上运输》(Hardy, A. C., *Oil Ships and Sea Transport*)(1931年版)，第37页并散见各页。在1897年壳牌公司有了蒸气油船；但是在1902年英美油公司还在订购“油帆船”，直到1911年才开始把它们卖掉。

② 参阅马克斯·塞缪尔爵士在1903年公司股东大会上的致辞，《经济学家周刊》，1903年12月26日。

③ 即如俄国石油和液体燃料公司和巴库俄国煤油公司。

④ 马克斯·塞缪尔语，前引《经济学家周刊》。

⑤ 录自壳牌公司的记述，1914年的《证券交易所年鉴》。

衣钵的最后一人，由于一个偶然的机会同他的企业正进行铁路修筑的所在地墨西哥油田发生了接触。他也因而和在墨西哥垄断石油零售业务达三十年之久的一家美国公司发生了冲突。真正的斗争有十年之久，而且据说手段极其卑鄙。为了赢得胜利，皮尔逊发现非自行掌握石油的生产、精炼和分配不可。他担负了拓荒者所付的代价：他的墨西哥鹰牌石油公司在1910年问世。在1912年鹰牌石油运输公司和进行分配工作的英墨煤油公司相继出现。翌年他以他的企业求售于英国海军部，索价五百万镑；海军部予以拒绝。[①] 除价格方面的考虑外，对于英国在墨西哥维持一个石油基地的作法，不但有基于战略原因的严重反对意见，而且有基于政治原因的更加严重的反对意见。而一个比较安全的、在政治上的吸引力大得多的可采择的基地已经在望了。

在1909年，经过为谋求一个外国的，在目前场合下一个东方国家的让与权而照例有的长期谈判和预备公司的组织之后，英波石油公司创办了起来。根据海军部的一项大胆决定，英国政府依照乔治五世，第4年和第5年，第37章，1914年的《英波石油公司(资本取得)条例》的规定变成这家公司的股东。[②] 海军部得到了远离任何大国海军基地的一个石油基地，并且取得了对油价的某种控制权。这只是自从伊丽莎白女王投资于德雷克捕掠商船的出

① 斯彭德：《威特门·皮尔逊，第一代考德雷子爵》(Spender, J. A., *Weetman Pearson, First Viscount Cowdray*)(1930年版)，第149—204页；亨德里克：《沃尔特·佩奇生平和函札》(Hendrick, B. J., *The Life and Letters of Walter H. Page*)，第1卷，第175页及以下；阿累维：《英国人民史》，结论(1932年版)，第2卷，第588页。

② 丘吉尔，温斯顿：《世界危机》(Churchill, Winston, S., *The World Crisis*)，第1卷，第132—134、172页(1923年版)；阿累维：前引书。

航和她臣民的其他事业，或英王查尔斯一世投资于对华商业冒险以来，英王第二次或第三次在一个股份公司中取得了股权。[①] 最适当不过的是，由泛世界公司具体表现出来的泛世界石油势力同一个帝国政府发生了密切的接触。

除开迪斯雷利购买苏伊士运河股票的先例外，还有一个比较 277
近的半先例。当 1902 年新泽西国际商轮公司收买英美各航运公司时[②]——当时所有这些航运公司都是股份公司——4 月间所公布的白星轮船公司虽不改为美国旗号但将移交美国人管理的通告，使公众和政府都为之惶惶不安。同邱纳德轮船公司在进行交涉，原是知道的；但是向他们提出了高出他们股票市价 80%的给价，当时也许并不知道。政府决定制止出售；结果是给予邱纳德一笔著名的二百六十万镑的贷款，以供建造两艘快速邮船之用，并应允每年给予十五万镑的一笔补贴。这是普通邮船补贴以外的额外补贴，是为了换取其英国性质得到了保障的这家公司承允不使英国人民担负过高的运费或受到不利的差别待遇，并承允在紧急关头将邱纳德全部船队交由政府任意支配而给予的。[③] 这样，已经

① 关于伊丽莎白女王，参阅斯科特：《截至 1720 年为止的股份公司》(Scott，W. R.，*Joint-stock Companies to* 1720)，第 1 卷，第 30、60、70、74 页及以下；关于查尔斯一世，参阅马士：《东印度公司的对华贸易》，第 1 卷，第 15 页。

② 本卷，第 44 页。

③ 奥哈根：《生活片断》，第 1 卷，第 386 页中写道，他"被要求设法"按照牌价"收购丘纳德"。他未能做到，后来发现是政府把他击败了。故事的其余部分在道格拉斯：《远洋贸易和航运》(Douglas，O.，*Ocean Trade and shipping*)(1914 年版)，第 57 页及以下，和麦克罗斯提：前引书，第 307 页等处可以看到。既然公司的资本增加了二十镑，而以新股票指定给政府，那么这或许可以视为政府持有股票的一个十足的先例，而不仅仅是一个半先例。这笔交易是由 1904 年的丘纳德合同条例(爱德华七世，第 4 年，第 22 章)给以法律效力的。

终止的一次战争的闪光和地平线上的另一次战争的闪光，就使得公司和国家的界线难以认清了。

经营主要食品的国际公司还没有引起政府的公开注意，这或许是因为大多数经营食品的贸易——最重要的是粮食贸易——直到十九世纪之末还显见是个人主义的。但是在食品必须作加工处理时，却有了一个大规模经营的明显范畴——正如芝加哥肉类罐头行所表明的那样。冷藏的发展和自八十年代以来英国肉类市场从美国支配势力下的解放，是和实力雄厚的英国肉类加工公司的兴起恰好同时，这类公司可以联合冷藏公司为代表。[①] 以相当适中的一笔资本，作为利物浦联合冷藏公司而创立于 1897 年以争取
278 维斯蒂兄弟公司的业务的这家公司，到 1903 年已经在它的名称上删去了“利物浦”一词。经过 1906、1911 年和 1913 年的兼并和扩张，在 1914 年它已经拥有一百六十万镑的核定资本，连同它的发祥地阿根廷至阿斯特拉罕和汉口的一系列冷藏设备或冷藏计划。[②]

除开啤酒酿制业之外，只有一种类型的业务，其股份组织的发展，可以丝毫不爽地追踪溯迹——一直到底。这就是历史上联合起来的银行业务。在这方面国家很早就给股份组织以鼓励；而且到了如此程度，以致在 1862 年有限责任法立为法典不到两三年的工夫，有远见的人就认为所有现行私营银行同实力雄厚的股份银

① 参阅本卷，第 186 页和中卷，第 90 页。

② 1897 年的核定资本是十万镑。汉口的冷藏工厂是和国际出口公司一起购买的；阿斯特拉罕的冷藏工厂在 1914 年却还是一个方案。事实取材于《证券交易所年鉴》。

行合并已经成为“一个单纯的时间问题”。[①] 这种预测是合理的，因为在作这种预测的时候，私营银行在苏格兰早已绝迹；[②]并在英格兰和威尔士的股份银行合法化以后的四十年中，它们已经兼并了一百二十九个私营银行。[③] 恰巧在此后二十年中(1865—1885年)，兼并率减缓到了仅仅每年二又四分之一的平均数；而在1885—1886年这两年中只有一家私营银行被一个股份银行合并。但是私营银行始终同私营银行进行着合并，股份银行始终同股份银行进行着合并。在截至1885年为止的二十年中，所有各种合并平均为大约每年五起。然而在八十年代中期，英格兰和威尔士的银行体系中仍包含有个别的股份银行大约一百二十家和各种不同的私营银行大约二百五十家，其中根据皮尔的银行握有纸币发行权的在八九十家之间。

在1886—1887年，这三百七十家左右个别企业共总有二千五百至二千七百个银行机构，包括总行和最小的代理机构在内。[④]其中两个拥有分支机构一百五十个以上，另七个在五十和一百之间。当时这些数字似乎很高。二十八年之后则存在有整整七千个 279
银行机构。有二十家股份银行各拥有分支机构一百个以上；其中有三家各拥有五百个以上。最大的一家，伦敦城·米德兰银行则

① 马丁书(1865年版)，第186页，转引于赛克斯，《1825—1924年英国银行业务的合并运动》(Sykes, J., *The Amalgamation Movement in British Banking, 1825—1924*)(1926年版)，第32页。

② 上卷，第267页；中卷，第341页。

③ 兼并的统计数字见赛克斯：前引书，附录1。

④ 我计算1887年的数字是二千五百三十三(中卷，第342页注)；赛克斯计算1886年的数字是二千七百一十六；《经济学家周刊》大概是因为略去了代理机构而所举的数字更低。但是因为数字逐月变动，所以绝对的准确性是不重要的。

拥有七百多个。有十二家依照分行制经营的较小的纯地方性股份银行残存下来——这些，连同英格兰银行，就构成了英格兰股份银行的整个名单；虽然还有八九家列为无分支机构的股份银行的企业。最后这几家则是一个大杂烩，自巴林兄弟公司为打捞失事船货而在1890年创立的那个企业，经由从旧式私营银行变成无限公司的库茨公司和格林·米尔斯·柯里公司，直到少数几个无关紧要的资力薄弱的或靠不住的公司。[①]

八十年代的二百五十家私营银行（其中至少有五分之四曾经是普通的存款银行）已经缩减到一打多一点点。就整个地方而言，私营存款银行已经绝迹；伦敦私营银行制度的这些少数古老的、光荣的残余不过等待着现已毫无疑问的为期不远的寿终正寝而已。在此后不到十年的工夫，其中几乎无一幸免。

在苏格兰，除开银行机构数目的增长比它们所服务的人口的增长稍稍快一点，以及很小规模的合并之外，情况全然不同。远在1872年，当英格兰每一万二千八百人只有一个银行机构时，苏格兰就每四千一百三十七人有一个。在1901年，苏格兰是四千零八十八人一个，1911年是三千八百八十人一个。英格兰从未接近到这样的数字；但是由于它为苏格兰的例行办法所同化，以致到1914年已经为它的人口每五千一百五十人供备一个机构了。至于苏格兰的银行，在1864年计有十三家，全部是股份组织，在1886年计有十家，在1914年共有九家。唯一的变化就是在1886

① 数字取材于《银行家年鉴》，《经济学家周刊》的年度银行数字和赛克斯：前引书。

年的一览表上有两家银行被邻号合并，两家实力最薄弱的银行——一家是已收资本二十五万二千镑的城郡银行，一家是资本十五万镑的卡利多尼亚银行。此外则是一个无所谓的机构的诞生。1886 年的十家现存银行平均各有分支机构刚刚不到一百个，1914 年的八家刚刚不到一百五十个。概括地说，这些银行无论是就分支行的数目、已付资本或资产总额来衡量，都是在同等的水平上；并且多少年来一直是在异常密切的联系之中经营的。“可庆幸 280
的是那种没有年鉴的银行制度”，它们的历史家在 1902 年谈到过去十八年曾经这样写道。在 1914 年他也会用同一调子来写的。[①]

照苏格兰的眼光来看，也许照历史的眼光来看，英格兰只不过是把一种无可避免的、健全的发展推向更接近于完善的阶段，而那种发展却被它无可救药的保守主义一直拖延到了八十年代。但即使这种发展是无可避免的(虽则绝对无可避免的事物甚至在经济史上也不多见)，它的确切的日期也不是。首先它肯定是受到了巴林危机的影响，而巴林危机却没有什么无可避免之可言。巴林公司不是普通的银行家，但是却没有一个银行的牌号更为人所熟知。如果他们不可靠还有谁可靠呢？政治家兼实业家的戈申对公众说，私营银行是在储备不充分的基础上经营的。[②] 因为其中仍然

① 克尔：《苏格兰银行史》(Kerr, A. W., *History of Banking in Scotland*)(1902 年，第 2 版)，第 321 页。关于统计数字，见《银行年鉴》；《经济学家周刊》，银行数字；赛克斯：前引书，第 113 页(英格兰和威尔士)；雅菲：《英国银行的性质》(Joffé, *Die Englischen Bankwesen*)〔施默勒：《研究》(*Schmoller's Forshungen*)，1904 年版〕，第 235 页。城郡银行和卡利多尼亚银行是在 1902 年以后被吞并的。

② 戈申：《论文和演讲集》(Goschen, *Essays and Addresses*)，第 106 页。另参阅雅菲：前引书，第 45—46、196 页。

有很多不公布它们的账目，这就使它们的顾客很容易往最坏方面设想了。虽然没有挤兑，没有恐慌——顾客并没有抛弃它们；但是私营银行家却对自己渐渐失去信心。“公众对一切银行机构的批评已经激烈得多了”，他们的协会会长在 1891 年对他们这样说。业务“已经大大地改变了旧日轻松愉快的性质：私营银行颇有黄金时代已成过去之感。它毗邻的大股份银行夺去了它的光辉，并使它惴惴不安……”：“公众心理上所产生的要求巨额储备和公布贷借对照表的愿望将驱使一些私营银行家去采用股份银行的习惯，并将另一些魄力差的人驱进合并的避难港中。”①

很多私营银行家似乎都缺乏这种魄力。所以那一年有二十四起私营银行的合并，不是彼此合并就是同股份银行合并。在仅仅一年之内商妥的合并有如此之多是空前绝后的。

股份银行同股份银行的合并也有三起；因为小的地方银行已
281 日暮途穷，而不论它的组织形式如何；而且伦敦的银行，不论是股份的还是私营的，也逐渐并入地方银行的更大野心和更积极的创立之中。② 其分支机构早已遍布于米德兰以外很多地区的伯明

① 国会议员托马斯·索尔特语，见《银行家协会杂志》(J. of the Inst. *of Bankers*)，1891 年 12 月；也转引赛克斯：前引书，第 51 页。雅菲：前引书：“Von nun an war das Vertrauen des Publikums in die Privatbanken völlig geschwunden”(从这时起公众对私营银行的信任已渐渐消失)(第 192 页)云云却是条顿式的过分强调。

② 格雷戈里：《历经一个世纪之久的威斯敏斯特银行》(Gregory, T. E., *The Westminster Bank through a Century*)(1936 年版)，第 1 卷，第 235 页；威瑟斯：《1833—1933 年的国民地方银行》(Withers, H., *The National Provincial Bank*, 1833—1933)(1933 年版)，第 79—80 页；克里克和沃兹沃思：《一百年来的股份银行》(Crick, W. F. and Wadsworth, J. E., *A Hundred Years of Joint-Stock Banking*)(1936 年版)，第 313 页及以下；《劳埃德有限银行的历史和进展》(Lloyds Bank Limited, *its History and Progress*)(1914 年版)；和赛克斯：前引书，散见各页。

翰·米德兰银行接办伦敦中央银行而变成伦敦·米德兰银行，恰恰是在1891年。[①] 七年之后，它重又取得了伦敦城银行，因而在它的名称上在“伦敦”一词之后又加了一个“城”字。一年前，在1897年，它的一般经营管理已经由霍尔登接手，对于此后二十五年银行业的竞争和合并的步调以及往往产生的轻率，霍尔登比任何一个人都负责得多。

来自米德兰的另一家银行，扩张性的、管理着很多分支机构的劳埃德银行，早已开设于伦敦：在1884年已经吞并了博赞克特·索尔特公司和巴内特·霍尔公司这些伦敦的陈年老号。劳埃德银行不过是仿效远在二十年前牺牲本身的发行权来获致一个伦敦办事处时的国民地方银行以及苏格兰国民银行所树立的那个先例而已。到了1883年既然苏格兰的所有重要银行都在伦敦设有机构，那么地方银行也就不乏先例了。[②]

撇开私营银行家的缺乏魄力，撇开野心勃勃的总经理缺乏对规模的贪求不谈，在工商业单位及其业务上的需要随着股份组织的发展而日益扩大的时候，反对小银行单位的继续存在是有明确的经济论据的。“我们不得不拒绝力有未逮的许多业务”，一家小银行的董事长在1901年向他的股东证明合并有正当理由时这样说。[③] 这是一个有充分理由的辩解。十九世纪后期的银行需要一定的规模和各式各样的客户——农业的和工业的；长期存户和周

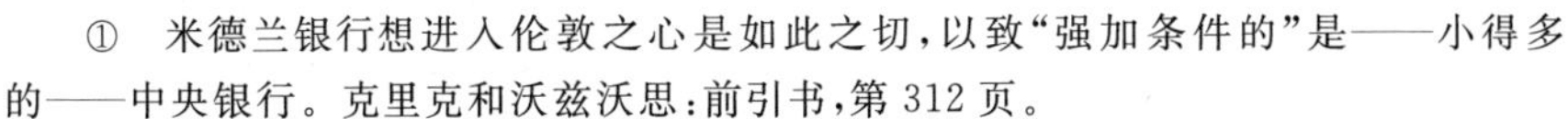

① 米德兰银行想进入伦敦之心是如此之切，以致“强加条件的”是——小得多的——中央银行。克里克和沃兹沃思：前引书，第312页。

② 中卷，第243—244页。但是苏格兰人并没有吞并伦敦的任何银行。

③ 巴金汉郡·牛津郡银行的董事长，转引于赛克斯：前引书，第59页。

期的但经认可的透支户；以及不大会在财政上同时受到同样影响
282 的来自各种不同行业、职业和地方的人们。一个苏格兰人也许早已认识到了健全的银行业非具备这些条件不可，并且苏格兰银行业也已经具备了这些条件。

在1891年至1902年这十一年之中，计有银行合并一百一十四起，恰与工业中的大合并同在一个时期。银行已经作出了榜样。现在它们正在当令。伦敦股份机构已向外推广，以抵消地方企业的所谓向内推广。这些银行互争势力，互争地盘；无疑对单纯的名望的考虑和浅薄的好大喜功的心理开始发生了影响。

在这期间私营银行家最最有企业心的都在进行托马斯·索尔特在1891年所期待的那两件事情；他们既“采取股份银行的习惯”，也投身于“合并的避难港”。其中一个比较小的集团是在那一年的当年采取行动的。伦敦、南部和西南部的七个银行家集合起来——依然是私营的——并立即开始公布资产负债表。[①] 但这段故事中的突出的插曲是1896年巴克利银行的创立和1902年伦敦联合·斯密银行的创立。巴克利银行及时地把教友派银行业一百年来的几乎全部光荣传统都汇集在自己身上。[②] 它的十五个原有组成行号（全部是私营的）沿着英格兰的东侧，自布赖顿，经由伦敦城，进入东安格利亚——在那里它们以格尼银行为基础，实力特别雄厚——而直抵斯卡尔布勒和达林敦，并在这里同其他地方比较缺少的纯粹十九世纪的工业制度发生了接触。但是保护本乡农村

① 赛克斯：前引书，第51页。

② 马修斯和塔克：《巴克利银行史》（1926年版）。

区域不受工业制度中繁殖起来的“鳇鱼似的”[①]股份公司侵犯的意愿，对于巴克利银行的组织者来说，比资助工业以渔利的任何渴望都更为重要。不同于他们的先辈，他们登记作为一个股份公司；并且由于他们大多数的组成银行已经采取了分支行制度，而且其中有一些是由来已久的，[②]所以他们一上来就拥有分支机构不下一百八十处。其姓氏在十五个联号的牌号上常常出现的巴克利家、贝文家、戈斯林家、格尼家和塔克家当中一连串的互相联姻，无疑 283
是有助于这次合并的。

到 1902 年，几个比较殷实的教友派人物和若干地方性股份银行已经参加了巴克利银行。他们的分支机构增加到了三百一十一处，这是只低于伦敦城·米德兰银行的四百三十二处和劳埃德银行的三百九十二处的一个数字，后两个银行都一直进行着疯狂的扩张和合并。

伦敦联合·斯密银行起初并不是这样广泛分布的。它只有五十三个分支机构。但是它的单位都是资力非常雄厚的。伦巴街的斯密·佩恩·斯密银行拥有银行清算所隔壁的行址。[③] 联合银行是在 1839 年作为一个无限银行创办起来的，但是像其他银行一样，已经在 1882 年无限责任的格拉斯哥城银行遭到灾祸之后登记

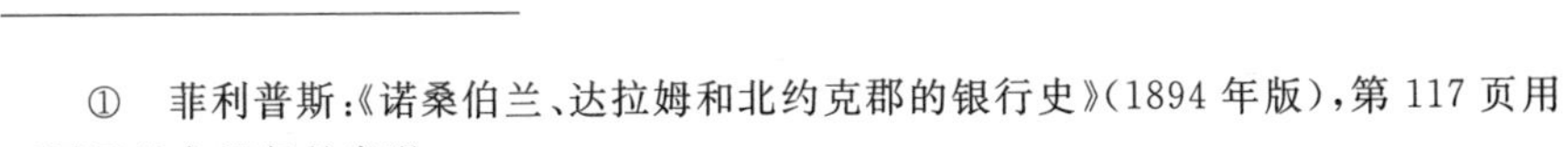

① 菲利普斯：《诺桑伯兰、达拉姆和北约克郡的银行史》(1894 年版)，第 117 页用于国民地方银行的字眼。

② 参阅中卷，第 341 页。

③ 参阅伊斯顿：《一家银行的历史》，斯密·佩恩·斯密银行(1903 年版)，和上卷，第 354 页；《国家货币调查委员会》(*National Monetary Commission*)(美国)；《银行业访问记》(*Banking Interviews*)(1910 年版)；同伦敦联合·斯密银行的费利克斯·舒斯特爵士的会见。(1918 年联合银行同国民地方银行合并。)

为有限公司。[①] 诺丁汉、德尔比、纽瓦克、林肯和赫尔各地的斯密银行拥有一个农工商业巧妙混合起来的势力范围。联合银行——迄当时为止——“一个纯粹的伦敦机构”[②]——现在买下了所有的这一切，连同它们的二十五个分支机构。“起初存在于地方银行的主动权”，一位外国观察家这样指出，已经部分地转移到伦敦的银行手里。在全国范围内，合并和“有限责任化”的过程已经进展到这样的程度，以致在1902—1903年他可以说英格兰银行制度的基础已经“完全改变”。[③] 他说在此后几年之中在大银行之间将有一场斗争，然后在少数大致势均力敌的机构之间才会有像苏格兰那样的某种均衡，或地域性的划分。

他说得不错，并且在业务推行区域彼此重叠的银行合并时，或者在一个大征服者只是因为另一个大征服者已经这样作而认为在银行原已很多的煤城或棉市开业是事关声誉的问题时，斗争导致了不少叠床架屋的浪费情形。[④]

但是只有在棉市——在曼彻斯特和利物浦——才遭到任何积极有效的反对。后来知名的五大银行没有一家是从兰开郡勃兴起
284 来的。所以他们都是外行。更糟的是，如今他们都是伦敦人。他们不可能了解棉业。（但他们似乎正在弄懂毛纺和钢铁。）在1904年兰开郡的两家股份银行合并时，董事们向公众保证，负责人员将

---

① 中卷，第383页。

② 《银行业访问记》，第35页。

③ 雅菲：前引书，第191页。

④ 关于这种竞争的浪费程度，参阅《财政部银行合并委员会报告书》(*Report of the Treasury Committee on Bank Amalgamations*)，1918年(第6卷，第333号)，第3页。

完全是当地人士，也就是说熟习情况的。而同一年在第三家商定并入劳埃德银行时，反对是如此激烈，以致不久之后不得不放弃这个计划。六年之后，一个类似的方案，寿命却更要短些。私营银行在兰开郡早已绝迹；但是一批拥有约克郡和其他联系的兰开郡特殊股份银行却残存下来了，其中有五个实力非常雄厚并且配备有适当的分支机构。① 其中有一个是在英格兰设立分支机构的先驱。② 也许兰开郡是对的；但是它以英格兰昨天所考虑的来考虑今天的银行却多少有一点不祥之兆。③

兰开郡所以反对，不但是由于担心来自不了解棉业情况的伦敦方面的经营管理，而且是——或许更加是——由于担心可能太官僚主义和太死板的一种经营管理，并担心可能终于变成为，用业务上的用语来说，非竞争性的一种银行制度，像在苏格兰一样。在苏格兰，一位公正的英格兰观察家写道，“银行寥寥几家，团结得像一个水泼不进的集团；它们对于它们所许给存户的利息，它们所凭以进行垫付和贴现的利率，以及它们为客户办理业务所订的条件和所取的佣金，都是绝对而武断地一致照办的”。他认为这种一致性“从英格兰的观点来看几乎是难以置信的”。④ 兰开郡想两有取

① 其中原为沃临顿的私营银行而在1865年改为有限公司的帕尔银行在1918年并入威斯敏斯特银行。格雷戈里：《威斯敏斯特银行》(Gregory, *The Westminster Bank*)，第2卷，第24页及以下。

② 曼彻斯特·利物浦区银行。参阅上卷，第278—279页；中卷，第341页。

③ 兰开郡的故事扼述于赛克斯：前引书，第65—66页。另参阅《曼彻斯特卫报》合订本。

④ 威瑟斯，哈特利：《英格兰银行制度》(Withers, Hartley, *The English Banking System*)(国家货币调查委员会)，第49页；另参阅苏格兰皇家银行的亚当·泰特的谈话，见《银行业访问记》，第137页。

舍。它不欢喜苏格兰银行机构的售价标准化，却很欢喜苏格兰银行家“宁愿考虑申请人的个人地位而不考虑他提交作为垫款抵押
285 品的动产或票据”的作法。[①] 这种习惯在苏格兰自从凭正式保结进行私人垫付的早年起一直残存至今；在北英格兰的银行业务中也曾经以一种基于私人担保的透支的形式风行一时，而“特别是曼彻斯特”。[②]

合并运动迄今还没有产生出一致性或是一个“水泼不进的集团”，像英格兰人所“难以置信”和英格兰各银行为业务进行的奋斗所表明的那样。两三年前，一个外国人对于合并后的地方银行特性的残存获有深刻印象。[③] 在 1909—1910 年地方惯例“的确不胜其”花样繁多。[④] 但不妨称之为伦敦惯例的事物确有蔓延的倾向——即对往来存款的结余不计利息和只凭慎审考虑的附属担保品进行垫付。“要求和取得凭以进行垫款的抵押品在这个地方更加习以为常得多了”，伦敦联合·斯密银行的董事长在 1909 年这样说。[⑤] 而其所以然的主要原因，他不但举出了大银行的“更加严格的章程”，兰开郡非常厌恶的这种东西，而且举出了“无限责任合伙……的一变……而为在外界往往发行债券的有限责任公司”。“银行家或其他任何债权人的地位”，他补充说，“变得全然不同了”。这是对于拥有债券发行权的股份有限公司的推广在银行业

① 威瑟斯论苏格兰，《英格兰银行制度》，第 43 页。

② 费利克斯，舒斯特语，《银行业访问记》，第 43 页。著者所认识的曼彻斯特商人对于这类透支的任何减损都很会感到愤慨。参阅中卷，第 350 页。

③ 雅菲：前引书，第 41 页。

④ 费利克斯，舒斯特语，前引书，第 43 页。

⑤ 同上书。

和工业中所造成的新情况的一个内行的总结。

各大银行正从它们的伦敦总行起逐渐扩大它们的职能。股份银行办理承兑业务已有多年，苏格兰人在这方面正如在其他大多数新设施方面一样一直是开风气之先的。[①] 现在银行所承办的这种业务更加多了；因为它们“地位之高……和它们以未收股款的形式所握有的储备资源之巨，”使“它们的承兑票据〔成为〕一种异常良好的信用工具”。[②] 它们在票据承兑领域中的势力有了进一步增长，这是多少有点畸形的，因为通过充当它们相与竞争的私营承兑行号的银行家的角色，它们帮同决定了这些竞争者的业务的总量。

一种完全新颖的职能，经营外汇的职能，是以1905年伦敦城·米德兰银行外汇部的开幕为嚆矢。1907年伦敦郡银行步其后尘。1913年劳埃德银行更迈进一步，在巴黎开设了一个分行。[③] 286
外汇经营迄当时为止一直是委诸金融行号和六七十家外国银行的驻伦敦机构，自里昂银行和德意志银行的驻伦敦机构起直至等而下之的机构。英国股份银行为染指这项业务而同外国人展开的竞争是一个显著的、诚然为时已晚的活力的象征；但是在金融业的保守分子之中也还有人不以为然。据认为笨工匠还是以墨守英国老法，莫调新花样为是。[④]

① 中卷，第348页。

② 威瑟斯：前引书，第40页；另参阅中卷，第352页。

③ 赛克斯：前引书，第170页；克里克和沃兹沃思：《一百年来的股份银行》，第338页。

④ 威瑟斯：前引书，第40页。

在这期间，英国股份银行制度很慢很慢地变得比较有凝聚力了。英格兰银行总裁号召全体金融界共同商讨巴林危机的作法已经指出了方向。[1] 我们不能再像在1879年所说的那样，在恐慌的时候，伦巴街上没有一家“会拿手头的现款去支持它的邻号或以消息给以帮助”了[2]。在九十年代后期，二十五年前使白哲特大伤脑筋的那个银行储备问题，重又表面化了。难道这些新的巨型银行——现在是全国性机构——甚至使英格兰银行都多少有点黯然失色吗？难道它们永远依存于一个现金和黄金的薄弱的单一储备吗？[3] 反应是迟缓的，但终于到来了，虽则就迄今所知道的来说，只是见诸1907年的美国危机以后，在危机时期美国在不到六十天的工夫就从伦敦提去一千七百万镑黄金，而英格兰银行不到两个星期的工夫就把贴现率从4.5%提高到7%。[4] 到1911年某大银行的董事长提醒他的股东说，在前一年中，英格兰银行所持有的黄金比1896年以来的任何一年都多。在他讲话的时候，持有额已经降低了二百万镑。所以他补充说——“应该知道，所有大银行都一
287 直在大幅度地增加它们的黄金储存……以致……我们持有的黄金和纸币超过零星需要好几百万之多，在任何重大紧急关头，除英格

① 本卷，第7页；第17页曲线图；另参阅鲍威尔：《伦敦金融市场的演进》(Powell, E. T., *The evolution of the London Money Market*)(1915年版)，第637页。金：《伦敦贴现市场的历史》(King, W. T. C., *History of the London Discount Market*)(1936年版)，第310页及以下。

② 艾利斯：《市场波动的说明》，转引于中卷，第345页。

③ 参阅波纳尔：《银行储备》(Pownall, G. H., *Bank Reserves*)《经济季刊》，1899年。

④ 本卷，第57页。

兰银行持有的黄金外，还将有股份银行所持有的这若干百万黄金可供利用。”[①]大多数银行都非常谨慎而不说出究竟有若干百万，但是在1914年，米德兰银行的爱德华·霍尔顿透露出在他的钱柜和保险库中共有八百万。[②]

几年之前，在1905年12月，英格兰银行曾经采取一个非常的步骤。在由于法汇下跌，黄金向大陆的流失已岌岌可危的时候，董事们曾“就商于参加清算的主要银行，要求它们合作……把剩余的货币从市场中抽出，按低利率存放在英格兰银行”。[③] 它们照办了，低利贷款从而受到遏制。英格兰银行继而提高了它的垫款的利率，“效果是立竿见影的”。在1906年1月，又如法炮制了一次。“英格兰银行同重要银行家愈合作，对每个人就愈为有利”，说明这些措施的这位董事长补充说。紧接着这项合作措施之后，在1911年7月21日，英格兰银行总裁在刚刚发表了“艾加迪尔”谈话的财政大臣面前发言时，宣布英格兰银行董事和清算银行代表季度会议的协定已经圆满达成。他认为这种会议是有用的，虽则“也许难得有一次有重要性的问题需要讨论”。[④] 差一个月不到三年之后，在银行家之间出现了一些需要讨论的重要问题。所好的是它

① 巴克利银行董事长在1911年7月20日举行的股东大会上的讲话（股东大会的《报告书》）。

② 克里克和沃兹沃思：《一百年来的股份银行》，第442页。在1910—1914年英格兰银行自三千万镑提高到四千万镑。在1914年7月它拥有三千八、九百万镑。

③ 菲利普斯，1906年1月26日对劳埃德银行股东的致辞，转引于鲍威尔：前引书，第651—652页；塞耶斯：《英格兰银行的业务，1890—1913年》(Sayers, R. S., *Bank of England Operations, 1890—1913*)（1936年版），第37页，和本卷，第54页。

④ 《泰晤士报》，7月22日；另参阅丘吉尔，温斯顿：《世界危机》，第1卷，第47页。

们的关系已经变得更加密切而英国银行制度也变得更加有凝聚性了。

渐渐占领了几乎整个银行领域的股份公司已经差不多完成了
288 它对工商业日常活动的经济领域的征服——除开土地本身和公共机关所主有的街道及其他事物。举凡运河、铁路和很多的电车；船坞和港口——除非它们像某些电车那样，现在还是公共或半公共财产——大部分的往来船舶和最大的航运公司；海底电线和马科尼的新无线电台；不属于地方当局的煤气厂、自来水厂和电力供应厂的那个非常重要的类别，以及直到 1911 年为止的整个电话系统；连同除劳埃德私营海上保险以外的各种形式的银行和保险；甚至国家已开始试办的社会保险的大部分[①]——举凡这些主要的资本财产和公用事业都是以股份和有限责任的形式所主有或经营管理的。没有这个制度，没有在英国十八世纪和十九世纪条件下所想象不到的普遍的国营企业制度，其中大部分是不可能存在的。它们所以能存在和成长，是经过了一番设计和发展，并且一直是很合用的。

在这期间在工商业日常活动的整个背景上占主导地位的这个制度，已经一年比一年广泛地应用于那种活动本身的单位了。到 1914 年，大多数比较大的工业单位和很多比较小的工业单位都是有限公司。大商号，特别是出口商号，即装货人，则比较常常保有旧式的合伙组织形式。但是部分地因为巨型工业公司和企业联合

① 作为核定的社团，其中有一些是股份公司，见本卷，第 424 页。

以及连锁商店的勃兴，单纯商人的相对重要性已不复旧观了。连锁商店直接同生产者接头。有些生产者，像科茨公司和利斯特公司之类，则甚至直接同小商店交往；而且在某些行业或某些行业的某些部门中，生产和分配是正式联系起来的。甚至就出口而论，科茨公司、利斯特公司、阿姆斯特朗公司或帝国烟草公司都不大利用装货人；虽则细纱纺绩者联合公司和布莱德福染坊业者联合公司还是利用的。

英国究竟变成为怎样程度的一个股东的国家，实无法断定。如果把合作社股东也包括在内，像未始不可以的那样，尽管他们的平均持有额是那样小而形式又那样特殊，程度就很可观了；因为合 289
作社社员有大约三百万之多。个别的铁路持有权恐怕有九十万上下，银行持有权或许有三十万。[①] 十二年之后，在 1914 年所有依然存在的最大的工业和商业公司之中有七家共有股东三十八万五千五百人。自拥有股东十万零七千名的帝国烟草公司，股东七万名的维克斯公司，到股东一万四千名的丘纳德公司各不等。[②] 在合作社股东和真正股份公司股东之间没有多少重叠，虽则在合作社和奥尔德姆有限公司的发祥地南兰开郡无疑是有一些的。在股份公司股东之中重叠却很多：巴克利银行或米德兰铁路这两个单位的股东不身兼其他任何单位股东的，人数一定是无足轻重的。名副其实的股东的人数也许不会比 1913—1914 年的一百多万所

① 这里所提出的数字是以工商业委员会在 1926—1927 年所编制的数字为依据的，见《工商业效率的因素》（1927 年），第 127 页及以下。当时铁路的股东共有八十九万五千人，五个最大银行的股东共有二十七万五千人。

② 同上书，第 128 页。

得税纳税人更多；[①]虽则铁路股东的数字，尽管其中有重叠——因为很多人兼有米德兰铁路和大西铁路的股票——也足以表明持有任何一种股票的人或多少享有一些股息的人的数字可能大得多。所有这些都不过是揣测之词，都是不肯定的。[②] 我们所能有相当把握说的至多只是股票持有集团比合作社社员集团要小些，也许小得多。

缺席股东的合法所有权和董事、经理及其他领薪人员的有效管理之间的逐渐扩大的鸿沟，是人人注意并且是很多人引以为憾的。创立大企业甚至创立大企业联合的具有行政才干的人，偶或也能使他们的个性得到彻底的发扬。这种情况必然是例外。一般有限责任时代的巨型企业，像它以前的铁路公司一样，通常使官僚主义的组织得到发扬；如果想要不陷于官僚主义的僵硬状态的话，
290 它就不能不以政府为借鉴，并技巧地避免政府所犯的错误，而学习如何招募和训练它的经理人员。有一些学会了，有一些却没有学习。

所有这一切是如此真实，如此明显，以致在回顾自一切企业都可以实行有限责任制以来的这半个世纪中，私营组织向股份组织转变的经济社会重要性时，有张大其词的危险。私营公司直到 1907 年终于为法律所承认以前的涌现和继续存在以及被承认以后的非常广泛的应用，可以表明它是如何适合英国的商业习惯和

---

① 关于联合王国 1913—1914 年一百一十九万的这个估计数，是在议会中提出的。斯坦普：《英国的收入和财产》，第 449 页。某种不明其究竟的扣除一定是就爱尔兰方面作出的。

② 有一些股票是国外持有的。

条件；[①]而在私营公司中，所有权同经营管理的分离和对于一种非个人的及官僚主义的经营管理的需要，纵非完全不存在，也是微乎其微的。私营公司同旧式私人合伙基本上是非常相似的，它常常利用合伙人的亲友而不是本人与公司有关系的人所出借的款项。将近一百年来，法律改革家为使这种类型的组织正规化和有所改进起见，一直赞扬负责合伙人负无限责任而隐名合伙人负有限责任的那种大陆式两合公司；[②]并终于在1907年以有限合伙条例（爱德华七世，第7年，第24章）而订入法典。但私营公司虽则是在同一年方始获得法律上的承认，却久已见诸通用。这种情况是司空见惯的。它对隐名股东来说，如果有的话，既具有有限合伙的优点，而对全体股东来说，它又以它的有限责任吸引了想要继续管理业务的核心负责股东。到1909年年底，全国共有私营公司二万四千家，到1914年约有五万家。[③] 纵有任何有限合伙组织值得一提，谁也不费事去公布它们的统计数字了。私营公司可能，并且往往也确是一变而成为公共公司，如果它扩大到超出了那个至少有可能是团结一致和熟悉情况的原有的小股东团体的资力限度的话。但是在1914年的五万个私营公司之中，团结一致、熟悉情况、291
所有权和经营管理的结合以及非个人的经营管理仍然是有可能的。它们平均已收资本究竟是多少，现在不得而知；但是包括巨型公司在内的所有公司的平均数既然随着私营公司的倍长增多而已

① 本卷，第205页。

② 中卷，第136—137页。

③ 到1914年4月30日是四万八千四百九十二家：这个数目以每年几千家的速度增长着：《工商业效率中的因素》，第125页。

经降低到四万镑，它很可能少于而绝不会多于英国平均合作社那一年的二万一千七百镑。

第五章　工商业的组织 292

在 1886 年和 1914 年之间，除开股份制和有限责任制的推广在商业和金融业基本组织方面所造成的变革以外，其他变革是如此轻微，以致在任何一般的观察中，很多都可以看作是察觉不到的和毋庸理会的。到八十年代，铁路、海底电线和轮船已经完成了它们高速度化和除旧布新的主要工作；电话、更多更完美的轮船以及无线电报的创始，不过是那项工作的延展而已。棉花和谷物的期货买卖已经完全成为定制。这类买卖的范围并没有大为扩充，像木材和羊毛这类已经证明是期货买卖难以处理的商品，还是一仍其旧。[1] 英国银业的集中和日益发展的凝聚性已经提高了它的效率，伦敦金融市场那个全国经济生活的神经中枢的效率也随之提高；但是在这两者的本质或作用方面的重要变更却寥寥无几。规模更大了，动作更迅速、更准确了，但它们差不多还是同一些东西和同一种动作。经营外汇业务对于一个股份银行来说是一种相当新奇的事物。从伦敦方面进行的这种业务却不是什么新奇的。货币，就狭义来说，依然如故。英格兰人时常说他们喜欢一镑头纸币：谁也不予采纳；苏格兰人则继续加以使用。英格兰的纸币发行

① 参阅中卷，第 297、320 页。

几乎完全落在英格兰银行手里。这不过是七十年前皮尔所计划的事物，[①]对任何人都没有任何真正的影响。越来越多的人在银行开立了户头；英格兰银行并不比这时其他大多数银行更可靠了；英格兰银行纸币从来不大用于工资支付。虽然以现金结算的交易的百分率和缴进银行的现金的比例降低了，但是在业务活跃的地方早已是如此之低，以致到了八十年代简直再没有普遍降低的余地。存款银行的机构连同凭以将剩余资金吸收进首都金融市场的设在
293 伦敦的往来行或总行虽然是因银行业务方面的大合并而变得更加有效；[②]但在1873年华尔特·白哲特编写《伦巴街》的时候在他看来似乎早已是异常有效了。在伦敦中枢最重要的变化，恐怕就是外国人在那里所存放或所可提取的货币总量的日益增长。[③] 在和平的最后几年中，存款终于超过了英格兰银行在外国户头上进行的垫付，结果有了一笔留供“对国内贸易——国内顾客——进行垫款之用的”余额——这是一种微妙的局势，如果国际风潮一旦发生的话。[④]

英格兰银行的确比它在七十年代和八十年代之初更加意识到它作为一个中央储备银行的地位和责任，也更加有能力来予以完成。[⑤] 董事们在1890、1906—1907年的做法表明了这一点。《伦

---

① 上卷，第522页。

② 这也导致了国内汇票的进一步减少。参阅中卷，第336页和金：《伦敦贴现市场史》(1936年版)，第274页。

③ 参阅金：前引书，第278页。

④ 引证录自1929年代表米德兰银行所作的证词(《财政工业委员会》，1931年，敕令第3897号，第42页)，但事实见诸1914年。

⑤ 大抵是由于1890年威廉·利德代尔总裁的力量和见识。参阅本卷，第8页和金：前引书，第301页及以下。

巴街》一书的接连再版发行，并不是无益的。在金融风潮时期，自由但按高利率的贷放——这是白哲特的政策，虽然不是他的发明——已经变成一项经营原则。尤其是在 1902 年财政部证券的用途大为推广以后，“财政部在市场的重要性的大幅度增长”，[①]间接地加强了英格兰银行对信用的管制；因为虽然财政部通过岁入调查委员会从英格兰银行借款的旧习惯把货币投放到市场上，但国库债券的发行——由英格兰银行承受——却把货币存放在英格兰银行的财政部户头上，然后再随着所进行的各种不同支出而慢慢地发放出来。英格兰银行也一直发展着公开市场经营活动的技巧——借入市场的剩余基金，或以出售证券的方法吸收进来——以便增进它对市场利率和国际黄金移动的控制。它时时给予黄金进口商以直接帮助，或以其他方法引导黄金的流动。[②] 这些事实和政策，连同外国银行和国库中在利率提高时所可供伦敦方面吸 294
引的黄金储存的大量增加，都有助于说明英国何以轻而易举地渡过了 1907 年的国际危机。当美国的银行关上了百叶窗、业务陷于停顿的时候，在伦敦方面只要来一下 7%就够了。在那次操纵裕如地渡过难关之后，各重要股份银行，正如上文所述，承认了它们负有帮同维持英国黄金储备的责任。所以金融市场的中央机构运行得更加平稳。一些有用的增补和一些零件已经增添起来。但主要的工作部件却仍一如既往。

在大约这个时候，据说银行“正以任由顾客随意利用它们的承

① 金：前引书，第 277 页。国库债券始行于 1877 年，是根据白哲特的建议创行的。

② 塞耶斯：《1890—1914 年英格兰银行的业务》(1936 年版)，散见各页。

兑的办法而在开立汇票方面〔起着〕越来越大，越来越重要的作用”。这是商人银行家，即承兑商“深为怨愤的一种疾苦”①但这在1875年并不是一种新的疾苦；②而且在四十年后，商人银行家仍然是实力雄厚的——很殷实，很体面；继续承兑一切“好的”和差的商业票据以及商定金额的融通票据；甚至常常开给一个“著名的、资力雄厚的”顾客以一不填金额的信用单；③充任外国政府的经纪人，为它们发行债券；经营外汇；并间或供应英格兰银行以不少的董事和总裁，像他们过去常有的情形那样。

票据经纪人或贴现商的地位和工作一直没有重大变化。只是他们的活动范围，因国内商业票据的使用一连多少年的逐渐衰减，以及电汇同汇票的竞争和银行对于对外贸易方面其他票据的竞争，而受到了进一步的削减。在1911年以后，这个贴现商集团包括有三个强大的公共股份公司和二十个上下的私营行号，后者用借自银行或公众存放的款项购买票据，或持有票据直至到期，或再转手出售。④ 再等而下之，则是久已作为流动经纪人而自成一格的单纯票据经纪人的残余，即撮合票据的买方和卖方而从中抽取佣金的居间人。⑤

295 十九世纪中叶的“货币经纪人”，短期金融市场的居间人，是一个几乎消灭了的类别。但是在1900年左右这个名称却有时用于

---

① 威瑟斯:《英国银行制度》(美国货币调查委员会，1910年)，第39页。

② 中卷，第348页。

③ 《财政工业委员会》，第41页；关于二十年前的情况，参阅威瑟斯:前引书，第57页。

④ 中卷，第355页注。金:前引书，第262页中有详尽得多的记述。

⑤ 威瑟斯:前引书，第62页。

另一个集团——能按照优厚的条件从银行借款，转手"贷给……小经纪人而〔抽取〕厚利"的那些和证券交易所有联系的殷实行号。[①]他们是中间人，也就是说，不是真正的经纪人。

证券交易所的这种资金通融每年占去银行家一大部分的注意力。这是无可避免的，因为银行资力的日益增长和证券交易的巨大发展是和"寻求贴现票据数目的逐渐减少"偕以俱来的。"几乎全部'职业性'投机"都是用银行的款项进行的；[②]因而在九十年代，银行很容易遭到物议。在罗兹、巴纳托和耶克斯时代，在劳森和胡利时代，证券交易所随着特许公司和金矿，随着啤酒酿制、橡胶、工业联合企业和电车等企业的越来越大而越来越大，越来越兴隆而越来越兴隆。最后，来得太大了，又开始缩减。最高峰是在1905年达到的，当时会员计有五千五百六十七人。在1877年的调查委员会时期，一直有两千有奇；大部分的发展都是在1886年以后。[③] 在达到最高峰的前一年，在紧接着布尔战争之后的那次公司发起和投机买卖的平潮时期，委员会已经商定把门关小一点，而同时给予已经在门内的人一点优待，规定凡以前和证券交易所没有联系而申请加入的候补者，非特须缴纳一笔手续费和觅取保

① 盖兰德：《银行和证券交易的关系》(Gellender, E. B., *The relation between banks and stock exchanges*)，《银行家协会杂志》，1899年，第462页。关于旧式货币经纪人，参阅中卷，第353—354页。

② 科尔：《银行和证券交易的关系》(Cole, W. A., *The relation between banks and stock. exchanges*)，《银行家协会杂志》，1899年，第409页。关于票据，另参阅杰克逊，休思：《伦敦汇票和关税改革》(Jackson F. Huth. *The draft on London and tariff reform*)，《经济季刊》，1904年。

③ 阿姆斯特朗：《证券交易所全书》(1934年版)，第39页；和中卷，第325页。

证人，而且必须要由一个即将退休或新近退休的会员或新近身故的会员的代表提名。[①] 提名是具有市场价值的——无疑，一般下院议员对这种同业公会的限制政策是抱批评态度的。

296 这项新规定和此后几年投机风潮的减缓首先使会员的发展陷于停顿，继而造成人数的降低。到 1914 年，数字已降到四千八百五十五人。

在高峰活动年月中，经纪人集团和股票经纪人集团之间旧有的斩截界限在他们的业务竞争中已经有点模糊不清了。[②] 有些经纪人已不仅仅代客买卖而开始专门经营几种特定证券，并像股票经纪人一样给它们“订定价格”。另一些经纪人则从海外的行号——特别是从南非和美洲的行号——而不是从股票经纪人手中买进，如果他们这样作能对自己有利的话。股票经纪人则以不通过经纪人而同海外人士直接进行的业务，尤其是同华尔街进行的套利业务，或同地方交易所会员进行的同类的“岔道”业务来予以反击。但是整个说来，交易所的保守主义是和这些新办法不相容的，因而在 1908 年对章程加以修改，以便防止这两种侵权行为，虽则据说“大多数重要行号”，恐怕就是功成业就的侵权行为者，是居于少数的。[③] 无论经纪人还是股票经纪人进行的直接对外套利业务都不予过问，虽则进行这种业务的特别许可制度已经建立；但是新章程尽可能地保存了固有的组织和分工的工作。

① 参阅威瑟斯：《英国银行制度》，第 4 章中可赞佩的记述。职员申请加入，则给以某种特权。

② 参阅中卷，第 324 页。

③ 威瑟斯：前引书，第 119 页。参阅阿姆斯特朗：前引书，第 139、165—167 页。

果然不出所料，地方交易所的数目和重要性已经大为增加。因而它们同伦敦的关系的重要性，也偕以俱增。在1877年的证券交易所调查委员会时期，只有利物浦、曼彻斯特和格拉斯哥是重要的；[①]虽则爱丁堡是和格拉斯哥一样悠久并且在其他几个小城镇中也有些小小的证券商集团。除爱丁堡外，这些第二流的交易所甚至在九十年代也没有一个拥有会员达三十人之多，而当时曼彻斯特已约有七十五人。格拉斯哥约有一百四十人，利物浦约有一百六十人。[②] 但是，以利物浦为首，已经组织了一个证券交易〔地方〕联合委员会。委员会的目的是调谐它们的贸易章程和例行办法，给予它们以和伦敦相对照的重要性，并一般地照顾证券商及其 297
顾客的利益。它在伦敦退缩不前的时候，因敦促和争取一项重要的法律改革，即1891年的伪造股票过户条例(维多利亚，第54年和第55年，第43章)而立即赢得了声望。“由〔这项条例〕所产生的利益”，一位当代人写道，“将永远是和地方交易所，而尤其是和利物浦交易所分不开的”。[③]

在利物浦，若干年来一直存在有大量的英美业务，连同一个特别活跃的保险股票的市场。格拉斯哥有它的船舶、铁和培斯利棉线；曼彻斯特有它的铁路、它的运河以及从九十年代后期起它的纺织业企业联合。所有这三个地方都进行了大量的一般投资业务。随着脚踏车、橡胶和汽车的发展，伯明翰交易所声名大振。到

① 《伦敦证券交易所皇家调查委员会》，1878年(第19卷，第265号)，第9页。

② 《政治经济词典》(1892—1893年)，各该条目。关于一般的地方交易所，参阅阿姆斯特朗：前引书，第8章和前引《银行家协会杂志》中1899年的论文。

③ 《政治经济词典》，第1卷，第770页。

1914 年，在数目上它已列于爱丁堡之上，但仍居于曼彻斯特之下。其他各地——利兹、设菲尔德、布里斯特尔、加的夫等，共十四处——都依然很小，会员人数平均二三十人。

但是在所有这些地方都存在有活跃的地方股票业务，其中除开有常常由地方交易所拍给伦敦股票经纪人事务所的私人电报予以处理的一般业务外，很多都是思罗格莫尔顿街所难以知道的。如果一个地方经纪人能在当地交易所取得他的顾客所需要的东西，他自然是就地取得；但是因为专门经营于特定市场上的股票经纪人集团从来没有在伦敦以外得到发展，所以“地方上所招徕的业务的大部分”[①]都落到他们手中，虽则除专门的套利业务外，伦敦有时也认为在地方上代客买卖是方便的。佣金的标准和结算的日期都按伦敦惯行办法作了调整，所以基本上全国有了一个单一的买卖证券的社会。但是那个社会的伦敦部分的规模却是所有其他部分加在一起的四五倍大小。

在证券交易的顾客之中，恐怕没有一个集团像保险公司那样重要，保险公司的业务虽然基本上没有变化，但是对于人民的日常生活和死亡却一年比一年更为不可缺少。这种需求自然是非常保
298 守的，只与铁路和最好的工业债券所标出的安全标度的某一点以上的投资可以相提并论。它们都是保守的，并且也善于自保。一个老牌公司有时被吞并，虽则不很常见：英国幸而还从来没有一个这样的公司倒闭。准备经营火险业务的公司的数目有从 1875 年

① 阿姆斯特朗：前引书，第 138 页，描述了至今依然如此的这种情况。

的六十六家到1913年的一百四十七家的大幅度增加；[①]但归根到底“所收的全部保险费和所付的全部损失事实上都是由三十一家公司均摊的”，[②]并且自1875—1880年以来经营火险业务成功的家数一直没有显著的增长。在1913年拥有火险基金数目最大的六家之中，最年轻的一家——商业联合保险公司——已有五十多年的历史；其余没有一家在九十年以下；最老的一家——太阳公司——已有二百多年。[③] 这些小心谨慎、富有经验和非常稳固的老号并没有失去它们的活力，失去吸引和掌握新业务的力量。倒闭的却是新的和试办的；虽则即使在它们中间，倒闭率也非常之低。

到八十年代，国内有遭火灾风险的大多数重要东西都已经保险了，大保险公司这时就承担起——并且久已承担了——很沉重的海外和外国的义务。其中很多在国外，主要是在美国设有子公司。在1906年的旧金山地震时——旧金山方面后来不称之为地震而称之为大火，倒是正确的；因为的确是一场很大的火灾——它们挺身承担了它们的损失，以殊可敬佩的敏捷和毅力支付赔偿，虽则年轻的公司简直不胜其负担。1891年的国家保险公司那家拥有利物浦所有业务中常见的美国关系的较小的利物浦公司，所受打击尤重；但是它也照付了。较大的公司则几乎轻而易举地肩负起这个负担。当时有一位董事长说得不错，“全世界的火险业务已

① 沃尔福:《保险百科全书》,第2卷,第515页,《证券交易所年鉴》,1914年。

② 《大英百科全书》,1910—1911年第11版,“保险”条。

③ 现在有从1909年起根据那一年的保险公司条例(爱德华七世,第9年,第49章)所编的《年度报告书》。1913年报告书见《英国议会档》,1914年,第74卷和第75卷。

经连根动摇了”；[①]但正如也是他所说的那样，虽则他的公司损失
299 了将近一百万镑，他的储备还有一半原封未动，事实上基础依然健在。储备原是为了应付意外的，而这样大的意外事件似乎不会马上又重新出现。其他两三家公司的损失和他的公司不相上下，有一家却大得多。在灾害发生不到一个星期的时候，估计英国方面损失的总数应不下一千万镑。一年之后，清理和申请的索赔要求已有五百多万镑。[②] 四年之后，在全部索赔要求都已加以处理时，初步的估计数得到了证实：英国公司（包括一些殖民地公司在内）已经净付出一千万镑以上。[③] 没有一家破产，虽则有不少美国公司倒闭。这是当代火险史上最引人注目的大事。

到了八十年代海险已经成为定型，并且标准化了，就英国商业海险而言则几乎是普遍如此。[④] 有更多的公司开办了海险部。公司和劳埃德保险会的私营保险商为所有各海洋上的一切海运业承办越来越多的工作；保险商则继续进行它们对各种新的非海上保险的试验，而举凡脚踏车、汽车、自然界和人类社会中的其他一切风险的造因以及一部比较温情主义和琐细的立法所加诸个人和群体的新的和时间不确定的责任，却为这类保险提供了试验的机会。

虽然大部分业务以及火险和寿险这两方面的一切最好的业务

① 《英国火险公司和旧金山的劫难》(*British Fire Offices and the San Francisco Disaster*)，《经济学家周刊》，1906 年 4 月 28 日。另参阅 4 月 21 日和 8 月 11 日同一标题的记述。

② 《旧金山的后果》(*The effects of San Francisco*)，《经济学家周刊》，1907 年 4 月 27 日。

③ 前引《大英百科全书》。

④ 中卷，第 328 页。

都集中在一个比较小的公司集团手里，但是在1913年存在的各种各样的公司已达二百四五十家，其中有五十多家是1886年以来登记的。[①] 很多家是专业化的。专业化很久以前就开始了。哈德兹菲尔德互助玻璃板保险会远溯至1854年。伦敦雇主责任保险公司是为应付一种新规定的风险而在1880年创立的。但是在1886年以后的若干年却是这类试验最多的年份。创立的计有，举例来说，1898年的铁业雇主责任保险公司，1902年的利物浦粮食合同保险公司；1907年的国民牲畜保险公司；1909年的苏格兰联合捕青鱼漂网渔船保险公司；1912年的特许证书保险公司等。但是，就整个保险业来说，成为无论新、旧有代表性的公司的标志的，却不是专业化，而是活动的日益多样化。从很多新公司的名称上可 300
以看出，它们自始就认识到纵使它们采取某种特殊保险的商标，似乎也不会仅以此为满足。诸如美术品和一般保险公司（1890年）、锻冶锅炉和一般保险公司（1896年）、车辆和一般保险公司（1906年）以及印染业和一般保险公司（1907年）等。1888年的英国法律火险公司是一个有代表性的新公司，二十五年之后它将为它的顾客承保火灾、意外事故、疾病、盗窃、玻璃破损、工人赔偿——1906年的工人赔偿条例已将负有责任的雇主阶层大为扩充——和其他少数几种保险。新的可承保的风险总是不断被认识或计划出来；试验照例先在劳埃德保险会进行；[②]继而猎取业务的年轻公司予以采纳；然后生怕失去这项业务的较老公司再接办下去。

① 《证券交易所年鉴》，1914年。

② 中卷，第327页。

大火险公司都经营其他各种业务，虽则它们的活动范围各有不同。在二百四五十个各种不同的公司中，有大约一百个甚至不打算承保火灾的风险。其中四十二个是专业化的人寿保险公司，包括所设的工业公司在内，工业公司的“工业”业务——它们也进行一些所谓“普通的”业务——是以每星期收自工资劳动者而大部分支供丧葬费用之需的款项为基础的。在这些工业公司之中为首的是现在巨型的慎智保险公司。它承办了所有工业业务的一半以上，计有保险单一千九百多万份，平均价值十镑强；而在负担不起大量保险金额但又无需每星期付款的人们中间的一大笔“普通”业务还不计算在内。在1913年，这种业务在它的账上有九十万笔，平均价值为一百镑强——这些是小商人、办事员和或许一些殷实工人的保险单。①

包括工业公司所发的这些保险单在内，在1913年有效的“普通”保险单共有三百零三万六千份，保证价值的总额为八亿三千六百万镑，实际价值则大得多。当时在联合王国约有所得税纳税人
301 一百一十万左右；所以，撇开工业公司所保险的为数约各达一百镑的小户不计——在一百万户以上——持有几百镑的人寿保险单的人远比所得税纳税人为多。但这些非同小可的数字的主要意义，既不是工业的，也不是商业的，而是社会的。②

在工商业范围内，保险的大为推广和多样化表明了对于妥为

① 《年度报告书》和《大英百科全书》，同上条。

② 这些数字一定是就联合王国而不是单单就大不列颠而言。参阅博利：《工业产品的分配》（1919年版），第47页。

计算的风险的预防办法所能提供的最大限度保证和安心的日益滋长的愿望。这是一种最合理的愿望,虽则它的滋长或许是和风险及冒险已经丧失了它们的一点魅力的一种社会状况相联系的。英国商人,一个德国评论家想来会这样说,是不够 kampflustig〔以斗争为乐的〕。事实上这类意见是常常在德国表达出来的。但是不论一个人是怎样以斗争为乐,无备而战总是没有道理的。以保险,以整个一系列的保险作为盾牌,本身并不证明什么。不过要说在本世纪之初英国企业的一般态度未免过于保守,那可能仍然是,或许也的确是实情。为斗争而好斗争的情趣肯定有了减退:这种减退从各种同业公会的迅速发展和很多同业公会的采纳比较合理、比较有限制性的新政策中体现出来。在和平的最后十年之中,很多大的股份合并、很多新登记的私营有限公司以及很多为数依然不胜其多的私人合伙和家庭企业都是在一个扩大了的同业公会的组织之中经营它们的业务的。

当代调查在 1919 年所作的报告说,“绝大部分”的同业公会“似乎”都是“自从十九世纪结束以来”[①]——也就是自从九十年代后期的合并运动失去它的第一次原动力以来——诞生的。无疑很多是早已诞生了;纵使有一些“似乎”是诞生很晚,但事实上不过是新近才公开出来而已。同业公会是合并的一个代替办法;很投合小企业的心意;并且在紧接着南非战争而来的贸易比较清淡、公司 302
发起有很多顾虑的年月中,巨大的合并计划也已经过时。但是以

① 《托拉斯委员会报告书》(*Report of Committee on Trusts*)(1919 年,敕令第 9236 号),第 2 页。另参阅本卷,第 213 页。皮奥特劳斯基:《卡特尔和托拉斯》(Piotrowski,R.,*Cartels and Trusts*)(1933 年版)对于这一时期并没有补充什么重要的东西。

同业公会来应付有组织的劳工;应付一个整个工业所共有的法律、技术和商业问题;以致应付在该项工业中所索取的价格,在1900年或1886年并不是什么新颖事物。[1] 远不止于如此。历经整个十九世纪,在各种不同的工业中在没有正式同业公会的条件下悄悄的价格规定是不一而足的。“自由而公开的竞争”从来没有完全达到过,甚或没有普遍而诚恳地希求过。有一些十九世纪后期的股份合并,正如上文所述,是从同业公会发展而来的。但是在1900年以前,甚至在1914年以后,顽强而悠久的守密的传统都还是存在的。在战争时期的一次询问中,在许许多多企业家内心的秘密逐渐揭露出来的时候,钢板制造业者会议(1904年的)和钢钉联合会的那位非常坦率的主席不情愿把这些集团的成文章程提交委员会,“因为这样作会和它们的既定的惯行办法相背离,而那种惯行办法原来纯粹是因为过去这类联合会总为政府所嫉视而确定下来的”。[2] 而另一位经营各种形式金属线的集团的富有经验的主席偶尔提到:“在这个国家中最为众所周知的组合形式”就是价格组合,据他解释说,由于它们的不得人心,以致不能不“以一种秘密的形式进行,仿佛有什么非保密不可的东西”。[3] 在金属线行业中——而这是一个非常典型的演进——自从1884年以来就有他所谓的一个“政治组合”。价格组合显然是在这个新世纪的早期从

---

① 参阅中卷,第145页及以下。九十年代的《劳工皇家调查委员会》搜集了七十份这类联合会的章程(1892年,第36卷,第5编,第22页)。

② 录自托拉斯委员会的文件(未刊行),1919年的《托拉斯报告书》即以此为据。我所得阅读的手稿,没有编目,所以无法具体指出。下面引证这两种资料来源时简称《文件》和《报告书》。

③ 《文件》。

它发展出来的；而起初它并没有把金属线制造和金属线加工的所有行号全部网罗在内。

主要同价格和产量规定有关的这些组合大部分是以商品或一切有密切关联的商品为基础而不是以企业为基础的。同一个企业也许会制造金属线、金属线网和金属线编织物；但组合是各自不同 303
的。一个多种经营的企业可能同几个组合有关，正如在 1918 年格斯特·基恩·内特尔福尔德公司所谈自己的情形那样。[①] 1897 年的东北海岸钢板制造业者联合会并不是和 1905 年的东北海岸钢角材制造业者联合会全然无关的一个企业集团。只不过是钢板最低价格的订定比同列为一类的角材和各种形式的造船用辗钢的最低价格的订定容易一些，所以也出现得早一些。同样，瓷砖制造商联合会、普通砖制造商联合会和压型砖制造商联合会也不一定是排他性的，虽则因为普通砖和“压型砖”的制造过程不同而且进行制造的地区也不同，所以在这种场合下一般企业事实上只分别参加某一个联合会。[②]

钢铁业和钢铁加工业是联合会的发祥地，正如上述事例所提示的那样。除开煤炭和精盐这两个可能的例外，没有一个行业价格规定和产量限制的历史更加悠久，更加耐人寻味；[③]凡是和南斯塔福德郡铁匠师傅联合会有接触的制造商所以采用并发展了那个

① 《文件》。

② 《文件》和《根据非法牟利条例的价格调查审查委员会》(*S. C. on the Investigation of Prices under the Profiteering Acts*)，1919 年和 1920 年(1920 年，第 23 卷，第 409 号)，第 4 页。

③ 参阅上卷，第 204 页；中卷，第 148 页。

联合会几乎自远古以来就或多或少成功地加以运用的政策，是最自然不过的。到 1914 年，在这些行业中，这一类或那一类的联合会总有八十个左右；[①]虽然其中有一些，诸如桥梁和建筑用铁材联合会（1908—1910 年的）之类，只履行一个联合会的基本的，也就是一个旧派评论家未始不会称之为合法的职能——如规格的限制、设计的标准化、对法律发展的留意观察等等——但大多数都是规定价格或产量或规定这两者的。有一些在后来被问到宗旨和方法时，并毫不隐讳；另一些则依然保持其守口如瓶的传统，而止于说他们不过作了一些他们所能作的事情，“来防止价格被压低到无
304 利可图的水平”。[②] 有些则是对任何人都从不吐露只字，“存心尽可能秘密地进行下去”。[③]

最直言无隐和最耐人寻味的联合会之一就是床架制造业者联合会。它的章程在 1912 年 2 月方始订立；但是它似乎在这个日期以前就已经存在，并且在吸取着这个行业在 1893 年和 1900 年之间所取得的经验。[④] 当时其中以床架制造业者同盟为先驱的所谓伯明翰各同盟，在经济和政治讨论中都是占突出地位的。雇主和职工已经联合一致，并且为防范公众和潜在竞争者以维护他们的共同利益，还拟订了一个计划方案。为换取不错的工资和有利的

① 1918 年的修正名单上有八十七家；《文件》。

② 《文件》。

③ 希尔顿：《行业组织和结社的研究》（Hilton J.，*A Study of Trade Organisation and Combination*）（见《托拉斯报告书》），第 20 页。

④ 艾希利：《工业结社备忘录》（*Ashley, P.*，*Memo. on Industrial Combinations*）（见《托拉斯报告书》），第 39 页。关于一个早期的评价，另参阅韦伯夫妇：《工业民主制》（1897 年版），第 2 卷，第 578 页。

工作章程，工人曾应允不为任何试图侵犯现存企业所拥有的垄断权的新企业服务。同盟的倡始人自以为已经找到了社会问题的锁钥。所以他进行了大量的宣传工作。他并没有找到锁钥；他却有助于使英国人重又睡在木制或半木制的床架上。大家具零售商面临这种讨厌的垄断政策，“指导并发展了”[①]公众对木床架的新鉴赏力；不久之后同盟就崩溃了。

它的后继者避免了同工人订立这种冒风险的合同。它以价格卡特尔（姑且用德国的分类办法）为开始，进而实行生产联营。每一个组成企业都比例于各自在联合前一年中的产量和销售额，配给一份一年的需求——这种限额办法此后在国际实业界已经变得非常常见，而当时在英国实业界也并不新颖，不过比较罕见而已。为争取对分配商的控制，床架制造业者联合会采取了另一种也不是全新的办法，对于同意只从他们的会员手中进货的分配商给以扣存折扣。[②] 促使分配商反对他们并鼓励实力雄厚的分配商公然反抗他们的，正是这类政策。同实力雄厚得多、综合性也大得多的糊墙纸制造商——一个企业联合，而不是一个联合会——相比，他们却处于大为不利的地位，糊墙纸制造商，据一个大分配行号说， 305
一直是通过他们各式各样工厂的聪明而有效的专业化来加惠于消费者，而且对于零售商也是照顾备至的。[③]

床架制造业者在组织和强制措施方面所达到的程度同当时的任何一个联合会都不相上下。中央推销处这个当代德国卡特尔中

① 《文件》。
② 《文件》。
③ 《文件》。

的一个通常的机构，还没有为任何联合会所采纳。[①] 诚然，科茨兄弟公司有一个把英国棉线公司和利斯特的曼宁汉丝绸厂都吸收进去的管理得很出色的推销部；[②]但这并不是一个普通的联合会，而是一个同盟。这三个企业的货物说不上是竞争的，科茨和利斯特完全不是，科茨和英国棉线也只有一部分是竞争的。英国棉线专门制造各种杂色棉线。为和各种不同棉线的零售商往来而设立一个联合机构，是非常经济的，尤其是在所有这三家所大部分依存的出口市场上。[③]

在五金业和五金业以外有一些联合会把注意力集中于产量的限制，而任由限定的产量的价格自流。钢板制造业者联合会就是属于这一类型的。他们分别配给各组成行号一个限额。这个限额是"完全任便去扩大或缩小的"。[④] 但是如果扩大，它就要付出一笔罚款；如果缩小，它就可领取一笔补偿金。向以补贴无企业心和不大讲求实效的企业这种办法是不是不经济和不明智，这个联合会的发言人提出了一个不无理由的答复。他说他懂得"让老弱残兵自行淘汰是一项进步的规律，但是因为这批老弱残兵不愿自行淘汰，以致事实上阻碍了进步，既不想扼杀他们，所以认为莫若给他们年金让他们退职，因为这样作花费要少得多……越是讲求实效的人……经营得越经济，很能摊凑一笔款项，让这批老弱残兵去

① 《报告书》，第22、38页。

② 本卷，第231页；和科茨公司的证词，见《文件》。

③ 《价格……审查委员会》，1920年，第5页。委员会决定免科茨公司以非法牟利的空洞罪名。

④ 《文件》。

支取补偿金”。[①]

这是一个说得委婉但不完全令人信服的案例。1896—1900 306
年的几个大合并起初由于不适当地照顾老弱残兵和不肯放弃旧厂而身受其害。[②] 自然，往往以不进行合并而以保护小工业企业为荣的联合会原是这样宣传它们对于弱小企业的体恤的；但是这究竟在怎样程度上于国家有利或能行之多久，则是另一问题。这种盈亏比例分配制的倾向，正如一位评论家所说，是“要把不妨称之为这项工业的房屋平面图的事物加以固定化”。[③] 还应该补充这样一句：钢板联合会的见证人显然不是把他的联合会的政策看作为一笔老弱残兵的永久养老金，而是看作为他们的无痛苦死亡剂。落后者终不免于淘汰。

在床架制造业者联合会拟定他们的最后一套章程的前一年，也就是 1911 年，在供应建筑业使用的普通金属铸件——诸如漏雨管、锅炉、澡盆、炉灶等等——的号行中间，一个大得多、重要得多的组织已经建立起来。这就是全国轻铸件联合会。它是“在长期的严重萧条之后”[④]组织成立的，正如它的代表所解释的那样。照这样解释的萧条——在这个行业常常出现——一定是照例由竞争表现出来；但事实上建筑业从 1904 年到 1910 年几乎一连几年都是清淡的。[⑤] 在 1908—1909 年，建筑业的失业数字比前二十七年

① 《报告书》，第 3 页。

② 本卷，第 228 页。

③ 希尔顿：《行业组织的研究》(*Hilton's Study of Trade Organisations*)，第 18 页。

④ 《文件》。

⑤ 本卷，第 59 页。

的任何一年都大得多。在 1911 年有了显著改善,此后就业和需求也一连贯是很不错的。[①] 联合会侥幸在一个蒸蒸日上的市场上开始它的活动。它的纲领和它的大部分工作是出色的。除办理一个雇主联合会的通常政治和劳工事务外,它还建议奖励标准化、专门化和研究工作,并建立中央情报交换所。所有这一切都是在 1914 年以前开始办理的。它也建议给予只以同它的会员往来为限的建筑商以扣存折扣。它没有举办生产联营,但对于价格自然不是闭
307 口不谈的。在这方面没有滋生流弊的危险,它的代表在 1918 年解释说,因为总有外国竞争在那里使价格保持合理。[②]

其他无论制造者或商贩的联合会或组合都已经发展到了以各种不同程度的彻底性,控制除木材、木制品、石子和砂土以外的大多数建筑材料。[③] 在糊墙纸和水泥方面有一些大的组合。砖、瓦、铅管和卫生设备方面也有它们的联合会。虽则有一些是地方性的,但另一些却是一般性的,而且其中有几个使用了扣存折扣办法。(联合会不管是怎样尽量搜罗,非联合会会员也始终没有绝迹。)在联合王国,"据了解只有两个〔玻璃板〕制造业者之间有价格协定",[④]即皮尔金顿号和钱斯号。油漆、颜料和光漆制造商全国联合会并不正式控制无论价格或产量;但是它至少提供了合作的机会,并且正如亚当·斯密一度所说,虽则措辞比较尖刻,制造商

① 本卷,第 62 页。

② 《文件》。外国竞争后来受到了关税的遏制。

③ 参见《建筑材料业组合特别报告书》(*Report... on Combinations in Building Material Trades*),载《托拉斯报告书》,第 35—37 页。

④ 前引艾希利:《备忘录》,第 39 页。某行号的一个成员曾经向著者保证说,他们一直是"好朋友"。参阅《价格审查委员会最后报告书》(1921 年,第 16 卷),第 6 页。

聚在一起而始终不提到价格总是很难的。英国电气和有关各业制造商联合会基本上只关心标准化和研究工作。它并不限定价格或产量，而“把这类问题留给这项工业每一部门的个别制造商的小组去考虑”；但是它却一直鼓励“产品分配和销售方面的”合作行动。[①] 它断言结果是有益的，而这项断言也无疑是正确的。

在普通庐舍建筑方面所使用的材料，按价值计，共总大约四分之一是受到彻底控制的，另外远不止四分之一是部分或稍稍受到控制的。[②] 彻底控制并不意味着有害的控制，不过是有这种可能性而已——尤其是如果外国竞争被隔绝，正如在1914年的情形那样。但即使如此，这个结论也不如听上去那样动人听闻；因为地基价值和控制也相当彻底的劳动价值在庐舍成本中占一极大部分。完全受控制的材料未必能占总成本的10%；因为没有一个联合会
会愚蠢到试图把价格人为地提高20%，所以房屋成本由于联合会 308
的政策而造成的显著提高的风险是很小的。最令人具有深刻印象的是，和家宅建筑这项古老的全国性业务有关的各个组织的发展。

在房屋装修业中，除床架和糊墙纸制造业者之外，还有油毡和铺地油布制造商联合会。它的宗旨自称“是为了对于价格取得协议并一直作为防止削价竞争的手段”，[③]这种说法是既简明而对于同房屋建筑和房屋装修无关的许多联合会来说也是有代表性的。

几乎所有联合会都有它的政治职能，即对于影响到或可能变成为影响到行业利益的法律经常予以注意的那种职能。几乎所有

① 《文件》。

② 《建筑材料业报告书》(*Report on... Building Material Trades*)。

③ 《文件》。

联合会都会时常，并且有些会非常有系统地进行很多联合会原为此而成立的那项工作——即同有组织的或心怀不满的工资劳动者进行谈判的工作。[①] 很多联合会都进行这类工作而不大顾及其他。对于质量的监督，像电气制造商联合会所实行的那样，则是一个新近采行但远非普遍的宗旨。然而在1899年的电缆制造业者联合会中却可以看到一个很早的实例。据说英国绝缘电缆的质量当时正在紧张的竞争下遭受着损害。联合会“规定……标准和维持……质量”；[②]在一般然而极其可贵的机械工程标准委员会成立之前，它必须解决它的特殊问题。它也统一了投标和合同的格式，并且可以说它已经把无人否认其优点的那一类高档的、质量高的产品的价格标准化了。[③]

大多数生产者的联合会所不能不直接予以考虑的乃是商人或零售商。消费者通常至少要隔一层。商人为保持另一供应来源，保持在国外进货的畅行无阻而进行斗争——正如轻铸件联合会说他们常常会作的那样——当国内联合会所订价格在他们看来不合理的时候。[④] 在一个自由贸易的国家中，这是事实上的一个安全活门。有时联合会以给予商人以生产者所认为的不法行为以教训
309 作为当务之先。细布制造业者联合会为应付同承接订货的裁缝有交易往来的商人，曾制定章程，限制制造业者以廉价和复制货样进行供应，制止以只能做一两套“特制”服装的套头料作不经济的供

① 参阅中卷，第146页。

② 《文件》。

③ 参阅本卷，第138页。

④ 《文件》。

应，制止商人对额外运费的要求——在这项奢侈品贸易中是一件非常必要的事情——等等。他们委婉地报告说，他们也曾从事于“稳定……布价的工作，在由于原料成本变动而不得不有所变动的时候”。[①] 一般说来，总是不免于此的，纵使不见诸一个联合会的公认不讳的宗旨中，也可见诸日常惯行办法的某些地方。但是应该补充这样一句：稳定价格可能是正当防御性质的，也是完全情有可原的。在像细布业这样一个行业中，一个通常商人的经济地位肯定比一个在自由而公开的竞争中单独行动的制造业者的经济地位要强大，在其他很多行业中恐怕也是如此。

在联合会以地区为基础的时候，正如在钢铁业常见的情形那样，它们之间就会有仿效帝国烟草公司和美国烟草公司之间所订瓜分市场的重大国际合同而订定的合同。所以东北海岸钢铁制造业者在他们的钢板和钢角材这两个联合会中都有同苏格兰钢铁制造业者联合会订定的有关各该“本区”的协定。在1910—1911年德国人对英国钢板和钢角材市场“进行坚决猛攻”时，东北人开始对于保证只以同他们交易为限的那些商人或用户——因为这类东西往往是直接销售的——实行折扣制。但是有些商人挺身出战，竞购买外国货，“攻打我们”，正如联合会的代表所承认的那样。[②] 这类经验，尤其是在重工业行业中，曾经导致了以1883—1886年的钢轨联营为先驱而以烟草协定的成功最为持久的那些国际工业协定的死灰复燃。

① 《文件》。

② 《文件》。

英国轨条制造业者中间的价格管制从来没有完全绝灭过。在价格低的时期它就恢复起来，而在需求旺盛的时候则趋于消失。经过重轨条的平均价格仅仅三镑十五先令七便士一吨的三年期间(1893—1895 年)之后，行业报刊对价格管制都啧有烦言。当价格上升到 1899 年的五镑十五先令十便士和 1900 年的七镑二先令六
310 便士时，它暂时中止了，但于 1901 年跌风再起时又卷土重来。[①]当时价格到处都在下跌。德国开始倾销：它的保护关税和最后它的 stahlwerksverband〔钢制品联合会〕的作用使它能以按照据说低于它的国内价格三十先令一吨的价值在英国出售。[②] 1903 年轨条进口猛增，虽则即使如此也还不到出口的八分之一。所以历经整个 1904 年，英国、德国、法国和比利时的轨条制造业者之间一直进行谈判，并在 11 月签订了一项三年协定，继而美国制造业者也参加进去。[③] 根据这项协定，英国方面得到了出口贸易的 53.5%，连同在英国领地销货的优先权；但是美国方面要求，并赢得了进入加拿大和纽芬兰市场的许可，而且他们终于几乎垄断了这两个市场。在 1914 年以前，协定曾经两次更订。在 1912 年更订时，英国的份额已经降到百分之 33.63%。它的一般后果是“逐渐把英国制造业者的活动限制在英国的殖民地市场”。[④] 1904—1913 年这十年的平均年度出口比 1900—1903 年这四年还要少些。在另一

① 《批发和零售价格报告书》(*Report on Wholesale and Retail Prices*)，1903 年版，第 28 页。

② 麦克罗斯提：《英国工业中的托拉斯运动》，第 65 页。

③ 艾希利：《关于工业组合的备忘录》，第 40—41 页。

④ 同上书，第 41 页。

方面，协定却保护了国内市场免于倾销。那十年的平均年度进口仅仅是 1903 年这个高峰年的三分之一，虽无足轻重，但仍时有烦言。

这些简单的、比较著名的和不难估计的轨条协定是这样一类的协定，这一类别是经常在发展之中，但对于其中大多数的情况所知道的却要少得多。协定制订人并没有把他们的协定汇存在任何通常可加以利用的地方。打开谈判的常常是德国人。在 1903 年，他们试图同英国钢管制造业者达成协议，但是失败了。[①] 经过格斯特·基恩—内特尔福德那家斗志昂扬的公司对德国国内战线发动坚决进攻的那番世界螺钉市场争夺战之后，德国和英国的制造业者在 1905 年 9 月互相承诺不再接受来自对方国内的订单。[②] 同年这两国的水泥制造业者同法国和比利时的水泥制造业者就荷兰市场供应问题达成了一项协议。[③] 在 1914 年以前，那些几乎非 311
德国铁丝不用的铁丝网制造业者已经同德国方面订有几年的协定了。[④] 它的条件始终不得而知，现在恐怕已经遗忘了。钢板制造业者同美国同行订有某种“君子协定”，其中大概包括有“尊重彼此地盘”的诺言。[⑤] 糊墙纸组合在成立之初没有遭到外国竞争的困扰：进口的只有少数几种特制品。一开始竞争，它就在法国买下了一个厂，又在德国买下了另一个厂，“去从内部进行竞争”。[⑥] 在 1914 年以前没有一件协定的记录，似乎也不像有过一件，因为就

① 麦克罗斯提：前引书，第 78 页。

② 麦克罗斯提：前引书，第 79 页。

③ 同上书，第 116 页。

④ 《文件》。

⑤ 同上书。

⑥ 同上书。

情况看来并无必要。但可能还是有的。在1909年，为规定售价和最后规定产量起见，铅和锌的国际协定分别签字。[①] 两者都为德国利益所左右。另于1912年，在法国、英国和也同加拿大及美国方面有接触的瑞士这几个欧洲主要产铝国之间缔结了一项类似的协定。[②]

据了解，一位贸易部的官员这样写道："关于价格规定、产量限制或销售区域的划分等项，还存在有其他国际协定……但是由于明显的原因，关于它们的确切性质和规模，几乎无法得到准确的资料。"[③]政府还没有插手其事。其中大多数都没有存在到足以提供证据来说明它本身的脆弱性；但是无论从一国或国际经济史中都可以看出，私人商约之易于遭受破坏、忽视和背弃，至少和缔约国为维护世界和平而缔结的条约不相上下。

联合会、卡特尔和不那么正式的团体之间的国际协定比之烟草、石油或炸药公司之类庞大的统一势力之间的协定，效力要薄弱得多，时间也短暂得多；虽则甚至后者也会是比较短暂的。最最有力量的就是像科茨公司和利华公司之类的企业所缔结的协定，公司本身就分设在很多国家；能以在各该国进行糊墙纸制造业者所恰合机宜地倡行的内部竞争；并如此之强大，以致它们没有多大必
312 要要防护本国市场，而且往往能以英国的总公司和海外的子公司之间的内部协定来瓜分其他市场。这类协定自然是不公开的；在

① 艾希利：前引书，第41页。

② 普卢默：《现代工业的国际组合》(Plummer., A., *International Combinations in Modern Industry*)(1934年版)，第68页。

③ 艾希利：前引书，第42页。

设立于英国的巨型公司和它设有子公司的地方的竞争者之间的协定，如果有的话，也是不公开的。所有这类事情对于科茨公司来说都是最最重要的，因为它的国内贸易只占全部贸易的大约10%。[①]

在和平的最后几年中逐渐取得相当重要性的一种协定乃是为限制决定性专利权的国际使用而设计的一种协定。[②] 一举而在几个国家领得专利证是发明家的一个老办法。专利专家和专利律师是早经确立的形式。凡是当地法律不成其为一种障碍的地方，在甲国领取专利证而不在那里使用，却是身在乙国并在乙国使用专利证的制造商的一项有效的武器。英国因这种弊恶而深受其害，并且直到1907年都没有改变它的法律来加以防止：[③]现在在这个国家领得一项专利而在三年之内未在这里加以使用，就失去效力。但是没有任何法律可以防止在国外领得和运用的一项革命性专利权损害无法利用该项专利的国内生产者。因而有协议和协定的缔结，以期得加以利用。1906年以后在玻璃瓶业出现了这种情况。[④]欧文斯式机这项美国发明，生产玻璃瓶的方便是闻所未闻的。持有专利证的这家美国公司打算从中尽量赚一笔钱。它要以六十万镑将这项专利卖给在1907年组织成立的英国玻璃瓶制造业者联合会。联合会筹不出这笔款项。于是包括英国在内的七个欧洲国家的玻璃瓶制造业者在1908年组成了 Verbandder Flaschen-fab-

① 《文件》。

② 利夫曼：《卡特尔、康采恩和托拉斯》(Liefmann, R., *Kartelle, Konzerne und Trusts*)〔他的原著《雇主联盟》(*Unternehmerverbände*)的第8版，1930年〕，第183页及以下，作有一般的叙述。

③ 参阅本卷，第435页。

④ 艾希利：前引书，第41页；《价格审查委员会》，第7页；另参阅本卷，第162页。

riken〔玻璃瓶工厂联盟〕,筹足了六十万镑。它们于是进而按照它们的利益在欧洲瓜分市场和规定价格。欧洲以外的市场则由联盟和美国方面予以瓜分,后者为自己保留了加拿大和墨西哥,当然还有美国。Verband〔联盟〕这部粗陋的机器开始运转得非常缓慢,部分是由于不顾排斥太多工人这一殊可赞佩的意愿,直到1914年把它倾覆时,它还没有运转裕如。

在年轻的、挣扎图存的、然而在英国迄今还比较无效的制铅业
313 中,国际协定和与电解专利的运用有关的争吵一直连绵不绝。在1901年这项工业到处都还年轻的时候,就有了一项协定。1905年有效期届满。随后的一项协定在1908年以一项争吵而告终。最后在1912年出现了国际价格卡特尔。在所有这类事务中英国由于本国工业的薄弱,只扮演了一个次要的角色。[①]

英国电气工业也是比较薄弱的。在这项工业中,专利协定具有头等重要性,因为新发展是和二十世纪偕以俱来的。电灯提供了最好和最著名的例证。[②] 爱迪生一斯旺的炭丝灯二十八年来(1878—1906年)没有受到挑衅。在英国,虽则在没有一个其他欧洲国家中,专利给予原制造人以长期垄断权。到九十年代垄断权满期的时候,德国电气工业无疑已经走在英国前面。美国工业则始终领先,其他各国至少也齐头并进。在1906年,第一批钨丝灯泡是由一个德国公司和一个奥国公司生产出来的。钨是“喷唧出来”制成灯丝的。在1907年,伦敦通用电气公司好不容易争取到

① 前引普卢默:《国际组合》,第68页。

② 《价格审查委员会》,第3页。

了行销英国市场的权利。两年之后，纽约的通用电气公司采用了抽制的钨丝灯，1913年又采用充煤气的灯。所以大约同时在英国理所当然地出现了一个“与专利权密切相关”[①]——与专利的取得、使用、管理和有利可图的利用相关——的钨丝灯联合会。由于谋取专利和其他具有企业心的经营的结果，英国工业在1913年生产了二千五百万只灯，所以仅仅另行进口了三百三十万只。在没有关税的情况下，这个结果是不能不归功于英国电气技师的制造和谈判方面的技巧的。

这些不过是英国和外国制造商之间所成立的许多“体现价格规定……及市场划分办法的谅解、协定和联合组织”[②]中，其具体事实为人相当习知的一些事例而已。作企业梦的梦想家希冀更加有决定性得多的东西。这里有一个事例。棉纺师傅和制造商国际

联合会在1904年组织成立。它是作为一个统计和情报组织而设 314
计的，并且始终也没有变成为其他任何事物。但是它的最杰出的人物，查尔斯·麦卡拉爵士正在口头和书面上谈说如何对于棉花收成进行协同一致的国际购买和掌握，以消灭棉价的波动。可能是他在1907年乔治亚州亚特兰塔的一次棉业会议上对于这项政策的支持并没有引起产棉地带人们的共鸣。[③] 虽然除开美国一些抱相同意见的梦想家外，对于他的真诚的工业国际主义抱有同感的寥寥无几，但它是意义深远的。一二十年前这个政策原是不大

① 同上书，第11页。

② 希尔顿语，见《托拉斯报告书》，第26页。

③ 麦卡拉：《让世界运转起来》(Macara, *Getting the World to Work*)(1922年版)，第16、90等页，和普卢默：前引书，第65页。

可能由一个实干家明确地提出来的。

如果国际棉业联合会真正打算变成为世界棉花的唯一买主，它肯定早会发现自己不能不对卖主和外界的买主使用强制措施了。它恐怕早会求助于“协定和联合组织”范畴内各处所涌现的扣存折扣制度的某种变格了。想来它很会给承允把棉花以卖给它为限的那些棉农或商人以回扣的；正如航运会议——是卖主而不是买主——照例保证不光顾外界航线的那些运货人以扣存折扣一样。

不管扣存折扣和相关制度的终极起源是什么，但显而易见，个别交易可以获有机会，许给进行大量交易而又可靠的主顾以种种优待，至于贸易集团对于这类办法有组织的应用，则是自从海底电报、复合机和货运轮船的定期航行之日起——也就是说，自从七十年代后期一个行情疲软的市场上的激烈竞争已经无可避免地导致了各航运公司间的运费协定，亦即所谓的会议以来，在海洋运输方面就已经有了发展。[①] 1875 年 8 月的加尔各答会议是第一个；在 1877 年 9 月参加会议的各航运公司许给同意只用它们的船只装运曼彻斯特匹头货的商人以扣存折扣。[②] 在 1886 年以前，已经分
315 别为中国贸易（1879 年）和澳洲贸易（1884 年）成立了采行扣存折扣的会议。在 1886 年有西非会议；1895 年有南非会议；1895—

① 《航运集团皇家调查委员会报告书》（*The Report of the R. C. on Shipping Rings*）（1909 年，第 47、48 卷）是重要的材料来源。参阅欧文：《远洋贸易和航运》（Owen. D.，*Ocean Trade and Shipping*）（1914 年版），第 66 页及以下。

② 《航运集团皇家调查委员会》，第 12 页。

1896 年有巴西和普拉塔河会议；1904 年有南美西海岸会议。到 1908 年，除北大西洋贸易外，这个制度已适用于“除煤和特殊货载以外的几乎一切〔自英国〕外运的货场”。[①] 内运货物则只有一批挑选出来的品目受到了影响。这些都是，用会议的术语来说，“提庄货载”，因为像粮食和木材之类的散舱货载都是按竞争性运价用不定期航行的轮船进口的。来自加尔各答的茶叶是一种“提庄”货载，因为不定期航行的货船从来不装载茶叶；但加尔各答黄麻，像西贡米一样，却始终是一种“敞装”货载。

在北大西洋贸易方面所以不存在货载会议和折扣是由于那方面以客运占支配地位。大西洋定期船始终有很多舱位供“提庄”货载之用——此外简直没有什么可以越过北美的关税了——这些舱位是它们按低廉的正规运费出租的。给装货人租用舱位以进一步的引诱是毫无意义的。装货人既然不管什么时候装运都可以相当有把握地得到廉价的舱位，也就不会受引诱去特别照顾哪一个航运公司了。像旅客一样，他总归利用对他最适合的船期。

在二十世纪，有一些会议规定了船期，所以接受它们的条件的装货人保准在一定的间隔期间找到这一航运公司或那一航运公司的船舶。有一些特许的破例航行。任何一种需要有组织的劳务的贸易都不会不受到一个会议或类似机构的注意。[②] 所有这些会议都规定出划一的运费和相当稳定的运费，以及对大大小小的一切装货人一视同仁的运费。在会议时代以前，大亨们可以坚持特权。

---

① 《航运集团皇家调查委员会》，第 12 页。

② 同上书，第 76 页。

这种情况正是为这个制度进行辩护所提出的有分量的论据。另据力称，如果没有扣存折扣或对装货人同样有效的某种羁绊，这些利益是不大可能得到的，虽则这种说法并不是那么毫无争辩余地。但是显而易见，一个会议也会滥用它的地位，尤其是在它为单单一个有势力的航运公司所支配的时候。据一般的看法，在二十世纪的最初十年中，南非会议和联合卡斯耳航运公司就是这样滥用它
316 们的权力的。南非贸易，连同它的黄金、钻石、鸵鸟毛、山羊毛等等的出口和它的制造品的进口，对于主要输出和输入“提庄货”的装货人来说，是处于不幸的地位的；所以贸易商在他们每日的生活中都意识到这个会议和它的威权，即他们所谓的暴政。

正如一个同业公会照例只单单涉及一种商品或一批密切相关的商品一样——一个会议也只涉及一个地方和一个方向，从英国往加尔各答或从科伦坡往英国。所以在这两类组织中，一个重要的公司会同时属于几个会议，正如大英轮船公司和格斯特·基恩－内特尔福德公司的情况那样。在远洋航运公司很少不是英国公司的十九世纪的年月里，原来纯粹的英国会议，后来也接纳了一些大陆的航运公司，从而为国际协定所支配。汉堡－美洲航运公司同会议的航线没有多大关系；但是在 1888 年开始澳洲定期航行的北德意志－劳埃德航运公司却使用了几条航线。海运公司和大陆上的其他几个重要公司亦复如此。

到了 1914 年，没有一个某种联合会的行业是不常看到的。但是大多数联合会仍只办理劳工事务，必要时或照护各该行业法律和技术方面的利益。不要让想方设法限制竞争的那类活动的显见

滋长掩盖了竞争的活跃一如既往的那个非常广阔的领域。“在英
国的联合和组合之中”，一位官方报告员在 1919 年这样写道，“值
得注意的，与其说是它们的罕见和力量薄弱，毋宁说是它们的谨慎
态度”。[①] 他所指的是那类限制竞争的形式。虽然多亏这种谨慎
态度，属于这类型式的要比名副其实的多，而且还有很多“工业、贸
易和劳务部门，联合组织在里面简直没有取得任何进展”。[②] 这是
在战争机构已经给联合以异乎寻常的刺激之后所写的。所以在
1918 年贸易部所知道的大约五百个限制竞争式的联合会之中有
将近五分之一是在钢铁业，并不是偶然的。[③] 在和建筑供应业相
对待的建筑业中，这类组织是罕见的，虽则有些建筑师集团有串通
投标的嫌疑并且还有几百个为对付工人的地方性建筑师联合 317
会。[④] 家具制造业，整个说来是高度竞争性的，尽管有床架联盟。
在电气工程业中虽比较强大，但在一般机械工程业中，限制竞争的
组合，的确除技术研究机构以外的任何种类的组合都寥寥无几，而
且是力量薄弱的。在造船和海事工程业中，一个没有，虽则平均企
业单位是巨型的。[⑤] 在整个采矿和采石业中，直到 1914 年为止，
联合会除和工人交涉并留心法律之外，实际上没有任何作为。在

① 希尔顿语，见《托拉斯报告书》，第 17 页。

② 同上书，第 20 页。

③ 《文件》。

④ 在 1914 年贸易部劳动司知道“插手劳工问题”的雇主联合会共有一千四百八十七个。其中建筑业有四百六十八个；糖果点心业有一百六十一个；印刷业有一百零六个。《第十八期劳动统计摘要》(1926 年，敕令第 270 号)，第 191 页。这自然是和第 316 页所引证的完全不同的一个一览表。

⑤ 这一事实在《托拉斯报告书》，第 20 页中有所评述。

纺织业中，大的组合是在纺绩业者和制造商的严格竞争性背景的衬托下进行活动的，其间联合会的罕见，适足以证明广大群众的顽强个人主义。[①] 在呢绒工业中，甚至公共公司的数目都还是无足轻重的；而在贸易部呢绒区联合会一览表中，除地方商会的地址外，几乎别无所有。现在一个约克郡商会也不是一个反竞争的组织。

在靴鞋、成衣批发、针织和相关工业连同它们一整系列的分配业中，集中和联合一直是有的，但是对竞争的故意控制却很少。自设店面的皮靴工厂是人所共知的。但是它同其他工厂和商店有着真正的竞争。1918—1921 年的垄断和联合的官方侦查人员所能探索的那个行业集团中唯一的垄断组织，就是 1900—1901 年非常著名的英美联合皮靴机器公司，它的优异的机器是按严格而巧妙的条件租给几乎整个行业的。“80％的制鞋工厂”“就它们的机器

318 而论〔都无疑是〕特约店”；[②]但是它们彼此进行着不断的竞争，为给英美公司辩护而最经常使用的论证是：由于它的租赁制度，昂贵的机器落在小企业主手里，从而保持了积极的竞争。

在农业、渔业、纸张和印刷业，以及诸如脚踏车和汽车制造之类的新工业或洗衣店之类的新近革命化的工业中，也有差不多完全的竞争。印刷匠师傅虽有他们的联合会，但是印刷工人却是竞争性的。在洗衣店中间，战后调查委员会[③]在他们的权限内找不

---

① 参阅《工商业效率的因素》，1927 年，第 81 页；《托拉斯报告书》，第 39 页。

② 《托拉斯报告书》，第 28 页。这个公司在战后的所有报告书中都以《托拉斯委员会的文件》中的材料为依据而加以讨论。参阅本卷，第 183 页。

③ 即《根据非法牟利条例的价格审查委员会》。

到任何控制价格的组合。在农业方面，全国农场主联合会和中央农会是不容怀疑的。在家庭服务业中也没有任何组合。全国就业人员四分之三以上所生产的货物或出售的劳务，其价格或产量一直没有显著地受到他们所为劳动的那些人们的联合会的影响，而联合会对于其余四分之一行业的影响，也是零零星星的。如果单单注意货物，单单注意栽培、捕获、开采或生产的东西，包括小麦、鱼、煤炭和皮鞋那些类的东西在内，那就多半会发现在几近自由和公开竞争的条件下生产的比不是在这种条件下生产的要多得多。

不同于股份合并的同业公会本身虽不能根据公司条例或合伙条例登记，但是自从 1876 年以来“加诸任何贸易或商业行为以限制性条件”和“规定雇主和雇主之间的关系”既是一个工会的可能法定宗旨之一，[①]所以它可以作为一个工会登记；而且它们往往就是这样登记的。但是虽然这样登记的同业公会享有相应的权益和优免——例如它们不得为要求损害赔偿而被控告——一个登记的工会对于会员却不比一个私人俱乐部有更多的权力，而一个私人俱乐部事实上就无异是一个未登记的联合会。一个工会会员可以随意退会，这就是说随意恢复竞争性活动，如果他的工会碰巧是一
个同业公会的话。如果他破坏行规，他只能被开除，而这恐怕正是 319
一个背叛的会员求之不得的。所有这一切使得甚至一个登记的同业公会充其量也不过是一个泛泛结合和不令人满意的事物。何况

① 法律上总是这样列述，例如 1912—1913 年的法律，乔治五世，第 2 年和第 3 年，第 30 章。另参阅《托拉斯报告书》，第 18 页。

根据 1913 年的工会条例，除非一个工会的“主要宗旨”是法定的宗旨，登记处长将不予以登记；并且从那时起，一个以规定价格为其主要宗旨的联合会是否能期望取得登记，实已不无可疑。[①] 然而这个困难，纵然存在，但只要不过事声张，就不是不可克服的；而且事实上作为一个工会登记，尽管吸引力有限，似乎在 1913 年以后是和 1913 年以前一样常见的，虽则价格规定是一个所谓的积极同业公会的极其寻常的活动。

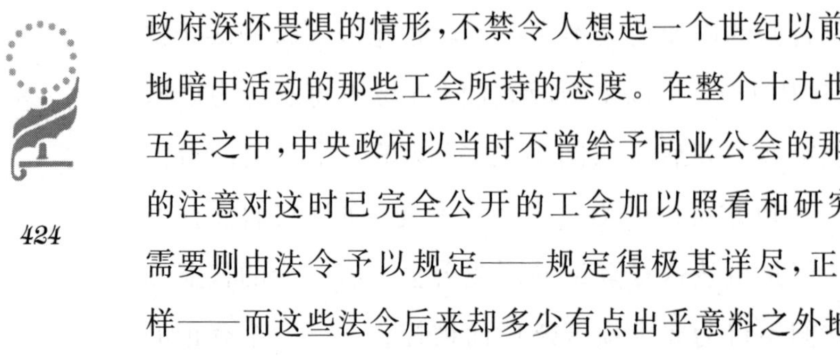

甚至在二十世纪之初，一些同业公会还严守秘密并对舆论和政府深怀畏惧的情形，不禁令人想起一个世纪以前也是相当有效地暗中活动的那些工会所持的态度。在整个十九世纪的最后二十五年之中，中央政府以当时不曾给予同业公会的那种照顾和一贯的注意对这时已完全公开的工会加以照看和研究；工会的合法需要则由法令予以规定——规定得极其详尽，正如所设想的那样——而这些法令后来却多少有点出乎意料之外地为同业公会加以利用。在八十年代中期开始予以一贯注意的时候，全国工会会员的数目是非常不可靠的；但当时或许是一百万左右。[②] 但是不到几年的工夫，贸易部新设的劳工司的统计数字的搜集已经相当完备；在九十年代之初，确知的总数依然稳定于一百五十万略强，1892 年至 1895 年微有下降。数字随着价格曲线的转变和 1896—

① 据称，例如在《价格审查委员会》，第 4 页中，电缆公会既作为一个工会登记，“依照 1913 年工会条例”，不得规定价格。

② 中卷，第 155 页。这个数字包括爱尔兰在内。但是在爱尔兰工会运动是很脆弱的。

1897 年的贸易复苏而直线上升；正如八十年代后期贸易复苏时上升的情形那样。

并不是说工会的发展只不过是商业循环一个函数，虽然它的这一方面应该受到比往往所受到的更多的注意。我们常常能够看 320
到一个根深蒂固的工会直接反作用于贸易进程和它本行业的发展。在 1885 年和 1890 年之间，机械工统一工会自五万一千七百人增长到六万七千九百人；历史悠久的、强大的伦敦排字工人联合会自六千四百人增长到八千九百人；它的邻会印刷业联合会自六千六百人增长到九千人；甚至锅炉制造和铁船建造工工会，尽管在八十年代中期受到极其严重的打击，也自二万八千二百人增长到三万二千九百人。但一般扩大的主要原因是托姆·曼、约翰·伯恩斯、本·蒂利特和他们在工资劳动者队伍内外的同情者的新兴战斗性工会运动的有社会主义觉悟的宣传。[①] 他们攻击主要工会的那种在他们看来自鸣得意的和愚蠢的友谊会迷。这些工会，据伯恩斯在 1887 年写道，因“它们轻率地担负起只有国家和整个社会才能履行的诸如疾病津贴和退休金那样的义务和责任”而渐渐被压垮。[②] 它们的真正任务，据他说，是为较高的工资和较好的工作条件而奋斗，直到它们能取得国家的管理权为止，有了管理权，其余将迎刃而解。约克郡矿工联合会的会员在 1885—1890 年这同一个五年中所以从著名的八千人上升到著名的五万人；所以比铁路员工联合会的会员不止于加倍，虽则甚至这时为数也不过二

① 韦伯夫妇：《英国工会运动史》(1902 年版)，第 369 页，并散见各页。

② 同上书，第 371 页。另参阅本卷，第 482 页。

万三千五百人；[①]或者所以在比较非技术性工人中间凭空创造出以1889年的煤气工和一般工人工会为首的许多社团，而且其会员总数在1890—1892年已超过十万人，[②]这并不是贸易循环的作用。1886年的萧条；1886—1887年社会主义者之充作因政府干预其事而广为宣传的失业工人的问题的代言人；1888年火柴女工的
321 成功的罢工；以及1889年泰晤士河码头工人的规模大得多的罢工，所有这些，非但表明了工会，纵即只不过是临时性工会，可以为持久工会运动从来没有强大过的伦敦方面的经济上的弱者作出什么贡献，而且给全国工会运动增加了燃料和推动力。

但是在八十年代后期数字的上升已经停止而九十年代初期的微弱反应已经衰竭的时候，尽管在非技术性工人之中会员有所推广，工会队伍的大军差不多还是从十年前招募的地方招募而来的，还是募自建筑业的技术工人、煤矿工人、铁船建造机械工、一般金属工人和棉纺织工人之中。[③] 这四支队伍占了全军的大约三分之二；全国工会女会员的80%是棉纺织工会的会员，大部分是织工。下剩几千名工会女会员的大约半数是在亚麻和黄麻纺织业以及礼帽和便帽业；其余则分散在其他纺织和成衣业；并零零星星见诸其他各业。总之，在兰开郡以外，工会女会员是比较罕见的。[④]

---

① 阿尔科克：《五十年来的铁路工会运动》(1922年版)，第625页。

② 在1889年成立的工会之中，除煤气工和一般工人工会之外，计有煤气工、制砖工和一般工人工会，伦敦大菜市搬运工工会，劳工协会达拉姆分会，劳工保护同盟，全国统一工会，全国工会联合会，都柏林联合工会以及运河船夫和驳船夫的几个工会。《工会报告书》，1902年(敕令第1348号)，第67、112页，附创立的日期，正如在所有这一系列报告书中一样，其中1902年的报告书是第十四次报告书。

③ 参阅中卷，第155页。

④ 1902年《报告书》中的数字。

十八年之后，当1913年工会会员远不止于加倍(从一百五十万四千到四百一十三万五千)的时候，四个主要集团所占人数合计不到一半了，但是这种相对重要性的降低在当时还是新近出现的。[①] 在1910年它们仍然保持它们旧有的地位，约占三分之二，而煤矿工人则是和向来一样的重要，占总数四分之一以上。自从1900年他们的会员总数首次超过五万人以来他们就一直保有这种突出的地位。他们的行业以不健全的速度扩大起来，而这时参加工会的工人比例又异乎寻常之高。1893—1902年这十年矿井内和矿井周围的工人的平均数是七十三万二千人：1913年的实际数目是一百一十二万八千人。[②] 而在1913年，登记的工会会员有八十九万人。这的确是一个不正常的数字，而无疑是说几乎每一个适龄的人都登记入会了。特殊的情况曾经把数字从前一年的七十四万二千人推升了上去；但即使数字较低也足以暗示工会运动的异乎寻常的广度和力量了。

1910年和1913年之间工会大军的四支主要队伍相对重要性 322
的降低，主要是由于在这些年中运输工人和一般工人队伍的兵员补充异常迅速。在1910年参加工会的运输工人，包括海员在内，有二十五万七千人。[③] 构成这个总数的一部分的十一万六千名铁路工人的数字已经是1890年的二万三千五百人或八十年代初期的几千人的一个显著的增加。但是到了1913年，铁路工人工会会

---

① 数字录自各种不同的《工会报告书》扼述于《第十八次劳工统计摘要》(1926年)。

② 包括青工和兰开郡及坎伯兰的几千名井边姑娘在内。

③ 较早的海员统计是很不可靠的。

员已达三十二万六千人，各种运输工人不下六十九万四千人——其中包括铁路工人、海员、港口工人、公共汽车工人和电车工人以及发展迅速的那个公路货运工人集团。登记的运输工人比无论五金工人或纺织工人都更多；比无论单单棉纺织工人或建筑手艺工人则多得多；而仅次于煤矿工人。五年之后他们将超过煤矿工人；六年之后他们将超过所有矿工。在机动性扩大和加速了的一个时代中，这是适合的；虽然扩大和加速不是发展的有效原因。

在这和平的最后几年中，一般工人队伍的兵员补充甚至更加成功。这支队伍的兵员从八万一千人增长到了三十五万八千人，这个成功是不可靠的，正如在这方面的兵员补充过去不止一次证明的那样。诚然 1913 年所取得的进展始终没有丧失。但是在 1920 年数字将上升到高达一百二十六万一千人，而在 1924 年又下降至五十一万一千人。没有任何部分的工会运动对于贸易循环的运转更加敏感了；而在 1912—1913 年贸易循环是有力地向上回转的。

在二十世纪发展异常迅速的其他两个工会会员集团是妇女和公务员集团。它们互相重叠，并且妇女集团又和其他集团重叠。在 1913 年四十三万三千工会女会员之中有教员或其他公务员八万八千人，纺织工人二十六万，其中二十一万四千人是棉织工人。的确这时纺织工会大约以女性占大多数，而棉纺织工会则以女性占绝大多数。①

---

① 1913 年纺织工会的会员总数是五十二万三千人；其中棉纺织工会三十七万二千人。1913 年纺织工会的女会员二十六万人，棉纺织工会二十一万四千人。关于 1886 年的工会女会员，参阅中卷，第 167 页。

在1880年以前中央和地方政府的职员就已经有了工会，但除 323
开全国教师工会外，都不是强大的。甚至在1901年，它们的会员总数，除教师外，也不过四万五千人，其中二万五千人属于邮递员联合会。十二年之后，在公务员中共有工会会员二十三万五千人，十一万三千名教师还不计算在内。这两个集团加在一起，为数之多已经和棉纺织工人（三十七万二千人）几乎不相上下，虽则远不是那样团结一致。在这方面不应忘记的是，公共职务本身已迅速扩大起来。在1911年，除开警察，中央政府的公务员有1891年两倍之多，地方政府的公务员则远不止于两倍。[①]

在1913年的主要工会集团之中，煤矿工人，正如上文所述，已经从他们的行业中招募了很大一部分生力军。到处或几乎到处都有非工会会员的成年男矿工，但除在边远的地方外，他们都是少数，而且往往是被轻视和被丢弃的少数。在棉纺业，在男工中间工会运动也达到了几乎可能的最大限度；而且这并不是什么新情况。在1911年英国男性棉纺织工人计有二十三万六千人，男性工会会员计有十四万五千人。[②] 既然一个通常男性工会纺工各使用两个接线童，既然大约三分之一的接线童是不到工会年龄的男童，另外还有少数女童，既然工会纺工约有二万三千人，既然这个行业的其他部分还有很多童工的工作，所以男工参加工会的最高额应该是几乎已经达到了。一个精纺机纺工不能不是一个工会会员；这是

① 《1911年的人口调查：总报告书》（1917年，敕令第8491号），第268页。

② 为了便于以工会同人口调查数字进行比较起见，所以举出1911年。

毫无问题的；而所有其他成年男工事实也几乎都是。[①]

在建筑手艺行，情况则全然不同，正如向来的情形一样。在1911年英国共有木匠和细木匠二十多万，而各种不同木匠和细木匠工会的会员却只不过七万三千人。在那一年全国十八万年满二
324 十岁以上的石匠和砌砖匠之中，参加工会的不过三万六千人。在此后两年中，这两个集团的工会会员所以增加很快，一部分是因为1911年的失业保险条例使得迄当时为止持漠不关心态度的工人感到参加工会是相宜的缘故。[②] 到1913年，可能有50％的合格的木匠和细木匠已登记入会。但是登记的砌砖匠和石匠的百分比则肯定低得多。登记人数所以比较少是无需详加赘述的。石匠业已渐趋没落：正式的学徒制已将近绝迹。[③] 整个说来，建筑业在二十世纪初期是清淡的。钢架、混凝土和机制细木工正打乱着所有各该手艺行的技术组织；而这种清淡和紊乱时期对于工会运动总是不利的。这些手艺行不能不分散于全国各地；而工会则殊不可能。在九十年代木匠联合会在四百个个别的城镇和乡村设有分会；[④] 但是木匠、细木匠和砌砖匠所散在的地点远不止于此数。砌砖和木工都是很容易学的；虽则砌砖工会，如果足够强大的话，不会允

---

①　参阅韦伯夫妇：《工业民主制》（1897年），第475页。在1910年参加工会的纺工计有二万二千九百九十二人，连同男接线童二万九千六百二十一人，女接线童一千八百六十二人。假定每一纺工两个接线童，这就剩有一万四千五百名接线童还没有参加工会：关于数字，参阅《1908—1910年工会报告书》（1912年，敕令第6109号），第27页。这个第十七次报告书是1914年以前发表的这一套报告书的最后一件。

②　参阅波斯特格特：《建筑业者史》，第401页。

③　波斯特格特：前引书，第365页。参阅中卷，第156页。

④　韦伯夫妇：《工业民主制》，第53页。

许一个人砌一天砖，第二天就成为砌砖工人，[①]但事实上他们就是由这类工人来补充的，尽管学徒制并没有绝迹。凡是没有工会的地方，人们就胡乱地或者通过乡村简易的学艺而混进这个行业；这类人很会对于工会事务不感兴趣。油漆匠、石板匠和瓦匠的情况也大同小异；但水泥匠和铅管匠的主要工会却是强有力的，虽则不是处处占支配地位。

各主要工会。由于它们的历史的关系，建筑业颇苦于工会的各立门户、保守主义和竞争，这是在过去和在回顾中使工会理想家深感失望的。[②] 八十年代的新工会运动忽视了这一切。它们为争取会员而彼此竞争。在它们本身之间和与外界之间都有一长系列的区划行业界限的争吵——诸如砌砖匠同瓦匠；铅管匠同卫生工程人员等等。它们墨守它们的手艺传统，墨守这样一种信念：认为 325
这种工作永远是砌砖匠的工作，那种工作永远是铅管匠的工作，认为唯一对于杂工适合的工作就是搬搬运运的工作，而没有作出任何坚持不懈的努力去组织它们非技术性的勤杂人员；然而它们的大部分补充人员却是来自这类人之中的。

尽管在任何一个建筑手艺行中工会运动同那一手艺行成员人数的扩张都远不是齐头并进的，尽管所有建筑业各工会的会员总数自 1901 年至 1910 年都有所降低而且甚至在 1913 年还没有回升到 1901 年的水平，但是在大多数重要的地方，工会干部同营造

---

① 参阅韦伯夫妇：《工业民主制》，第 489 页；波斯特格特：前引书，第 355 页。

② 参阅建筑业的证词，见《劳工皇家调查委员会》(1892 年，第 36 卷，第 2 编)，询问案第 17200—18200 号；波斯特格特：前引书，第 331、376 页；科尔：《劳工世界》(Cole, G. D. H., *The World of Labour*)(1913 年版)，第 265 页，中卷，第 158 页。

师商定了工作章程，凭以管理整个工业的日常生活。整理和修改传统办法的这些章程涉及工资、工时、假期、学徒制、进餐时间和许许多多在外行看来简直不可思议而在一个户外手艺行的古老集团中具有传统重要性的琐细问题。

参加工会的一般杂工在整体团体中占一很小百分比这一事实，是无需统计上的证明的。在金属加工业中，工会运动的比重因集团的不同而大不相同。以锅炉制造工和铁船建造工中间为最高，“事实上是和工业的扩大并驾齐驱的”。1892年他们的干事声称有95%加入了工会；[1]纵使稍有夸张，但也没有理由认为这个百分比，不管它是多少，后来有所降低。[2] 在像会员不到一百人并规定“非会员的儿子不得参加这个行业”的剃刀柄制造工这个刀具业的有排他性的小小的旧式手艺行中，比重也是很高的。[3] 在伯明翰区和其他各地的错综复杂和始终变化无常的轻五金行业中，比重则较低，而且低得很多；虽则除会员起伏于六千和一万一千人之间的黄铜制造工联合会外，全国还有大约三十个个别的黄铜和自然铜制造工的工会。在1910年的三十个工会之中，伯明翰黄铜锁精制工工会有会员五十七人，阿伯丁黄铜铸造工工会有会员三十六人。

326 五金加工业工会中最大的一个，机械工联合会——1886年有

① 奈特语，《劳工皇家调查委员会》(1893年，第32卷)，询问案第20725号。

② 在这方面工会和人口调查数字的对比是不可能的，因为人口调查的分类多少有点是人为的。1911年的人口调查(《报告书》，第121页)将锅炉制造工和铁船建造工分列开来，似乎是认为所有锅炉制造工都从事于制造锅炉，并且完全按照锅炉的高压和低压讨论他们的数目。

③ 韦伯：《工业民主制》，第458页。

会员五万二千人，1897 年九万一千人，1910 年十一万人——始终远不是和这个行业的扩大齐头并进的，其理由和建筑业的差不多。锅炉制造业和铁船制造业在地域上和工业上是集中起来的。这时到处都有这一种或那一种的机械工，并有若干和机械工联合会进行竞争的小工会，自 1824 年的历史悠久的蒸汽机制造工工会至 1903 年的伯明翰热水和蒸汽机械工工会。但是机械工联合会的主要困难并不是这类劲敌的竞争——最大的蒸汽机制造工会的会员从未超过一万三千人——而是乖巧的青工或杂工可以很方便地，并且越来越方便地把手艺学到手，这些青工或杂工或者出身于一个大工厂中某种简单机器的操作工，或者出身于一个农村的小小农业机械工程作坊，一种新兴铁工厂中的多面手。然而到了九十年代之初，锅炉制造工工会已经能以在老一套的机械工学徒章程完全崩溃之际，同他们的少数雇主商定这样一项综合性的有拘束性的学徒约规，凡是没有经过正式学艺的人，都没有参加工会或从事于这个行业的工作的任何机会。① 在整个一代之中，自五十年代直到八十年代，机械工联合会一直是徒然地试图排斥非学徒出身的工人。此后放弃了这项企图，并且在 1900 年以前“对凡是按照各该城镇的标准工资率和等级受雇的成年男子，事实上就都欢迎作为新会员了”。②

工会运动对于铁路的征服终于不但是异常迅速而且异常彻底，正如下述数字所表明：③

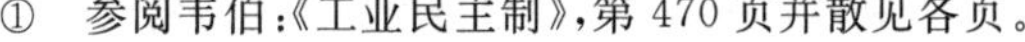

① 参阅韦伯：《工业民主制》，第 470 页并散见各页。

② 同上书，第 472 页。

③ 数字录自各种不同的《工会报告书》。

	1881年	1891年	1901年	1911年	1913年
从事于铁路工作的人	166 000	223 000	322 000	378 000	?390 000
所有各铁路工会的会员	?10 000	49 500	82 000	185 000	326 000

直到1910年会员总数仍只不过十一万六千人的时候，铁路员工联合会和司机司炉工联合会这两个主要的社团还没有通力合作。铁路员工联合会在它的早期无异是一个友谊社，最初由一位家财百
327 万的国会议员创立起来，并且由他一直担任主席到九十年代，方始由另一位法学博士兼牧师会会员的国会议员所接充。各铁路公司始终拒不承认它有代表它的组成部分的权利，并曾试图以粗暴的手段胁迫它的成员。的确，甚至在1910年它在数量上还不是有代表性的。在1910年已有会员一万人的司机司炉工联合会对它那个精选的集团却是比较有代表性的，并且具有一个不同的传统。它比铁路员工联合会年轻，并也许稍稍有点倨傲。它无疑激起了愤懑。“我读完这部历史，”一位铁路员工联合会培养出来的编年史学家在十二年后这样写道，“不胜诧异地看到他们〔司机司炉工联合会〕一般是如何缺少智慧，如何本位主义，如何动辄捏造事实并提出歪曲的陈述，以照理所不能有的诡诈来支持一个主张”等等。[①] 直到1907年，整个说来各公司仍拒不允准希望陈述疾苦的工人“由本公司职工以外的任何人陪同”，[②]并且在那一年几乎酿

① 阿尔科克：《五十年来的铁路工会运动》（Alcock, *Fifty Years of Railway Trade Unionism*）（主要来源），第372页。参阅托马斯：《我的故事》（Thomas, J, H. , *My Story*）（1937年），他并没有提及他起初在司机司炉工联合会而后来才转到铁路员工联合会的经过，像阿尔科克所记载的那样。

② 阿尔科克：前引书，第377页。

成一次铁路大罢工。在1911年大罢工发生了，有十四万五千人停止了工作。但这次大罢工是“突如其来地”结束的。“听取了财政大臣的一次秘密报告之后，雇主和工人相互作出让步”；[①]因为这正是艾加迪尔危机的那个月份。从国外休假返国的英国人看到长列的运煤火车南开，去重新补给伦敦的燃料：这是一种新的壮丽景象。铁路工人继续征募会员和进行组织。1911年的解决方案自不能不把他们斗争以求的对工会运动的完全承认包括在内；并且在1913年，铁路员工联合会，既经合并了各种不同的其他社团（虽不是所有的社团）并将“员”字删除，就变成了拥有会员二十六万八千人的全国铁路工人工会。[②]

一经充分发动起来，工会运动就顺着轨道迅速地奔驰了。铁路工人具有彼此经常交往和一个虽然异常强大和属于半公共性质 328
但人数有限的雇主集团这两种有利条件。既经变成为多数，工会会员就能劝说或支配他们的邻人，同煤矿工在矿井中的情形非常相似，这是散布很广的行业中的工会会员所作不到的。他们和在大公司或自治市服务的电车工人和公共汽车工人差不多。到1910年，他们的主要工会，电车和车辆工人联合会[③]已有会员一万七千人。但是伦敦出差马车夫由于其中有许多人为小所有者服务以及他们的行业逐渐从马车变成为出差汽车，所以在1910年比他们创立三年之后的1897年力量显见薄弱了。但是在如此机动，

① 温斯顿·丘吉尔：《世界危机》，第1卷，第64—65页。阿尔科克：前引书，第427页及以下。阿尔科克并未提及秘密报告。参阅本卷，第500页。

② 关于最后的合并，除阿尔科克的前引书外，参阅科尔：《劳工世界》，第221页。

③ 即原来1889年的电车、马车雇工和马夫工会。

如此不容易得到工会组织的行业中，在后一个日期竟有三千多名马车夫和将近六千名汽车夫参加了伦敦工会，这却不能不归功于组织者，虽则参加工会的人只不过是潜在会员的一小部分。在1889年以前，在伦敦地区内外没有任何值得一提的公路运输工会。[①]

在新旧工会会员的主要集团以外，印刷工人和石印工人虽则有两个工会是强大的，正如多年来的情形那样，但是一如木匠和机械工，由于分散，也由于有两个工会相抗衡，而受到损害。[②] 凡是能称作为城镇的地方，甚至在一些村庄中都有一点印刷工作。因为伦敦排字工人协会不许妇女从业，所以在九十年代有些印刷匠师傅在不适用这项规定的伦敦附近各郡的某些地方设有附属工厂。[③] 因为以总会设曼彻斯特并附有很多分会的印刷联合会试图厉行这样一项稀奇的规定：在任何印刷所中，不论其规模如何之大，排字工学徒不得超过三人，而雇佣工人不到六名的印刷所，则完全不得招收学徒，因此所有大企业和一些小企业都宁愿是非工
329 会印刷所，如果它们但能做到的话；[④]所以有很多印刷工人无可避免地是在一种非工会气氛中学艺的。在这个问题上，伦敦排字工人协会比较合理：他们对于每三个散工一个无论正式或非正式学

① 参阅中卷，第 170 页。

② 参阅斯莱特（印刷业联合会）和鲍尔曼（伦敦排字工人协会）的证词，见《劳工皇家调查委员会》，丙组，询问案第 22770 号及以下和第 22916 号及以下（1893—1894 年，第 34 卷）。另参阅中卷，第 169 页。

③ 参阅韦伯：《工业民主制》，第 500 页。

④ 他们的证人在《劳工皇家调查委员会》上承认（询问案第 22799 号及以下）这对小雇主来说是讨厌的。关于这一点，参阅韦伯：《工业民主制》，第 466 页。

徒的由来已久的比率,并无异议。但是学徒章程(即使在合理的时候),连同妇女的被排斥和城市中的高工会工资,不但使小作坊,而且也使很多大印刷所都开设在工会运动力量薄弱的悄静乡间。在剑桥有大量的印刷业务,但是在十九世纪印刷业联合会在那里没有分会。由于这种种原因,在 1911 年自称为印刷工的工人和青年参加工会的不到 40%;这是一个具有高度技术性的行业中的情形,一个最近机械变革仅仅部分地加以改变而工会或俱乐部传统既坚强而又悠久的行业中的情形。

在工会运动异常薄弱的那些行业中,陶器业是特别突出的。自 1924 年第一个工会成立以来,在陶工中间已经组织了很多工会,但都是规模不大的,地方性的,并且照例寿命不长。"凡是不幸的陶工所碰到的东西,上面都有一个徒劳无益的印记",一位老陶工在 1903 年这样写道。[①] 前一年,贸易部曾经查报了十七个陶工工会。其中七个最近已经解散,其余工会的会员总数在 1901 年是五千一百人。[②] 到 1910 年,工会的数目已经由于合并和绝灭而降到四个;会员总数降到四千七百人。全行业约有七万人。其中约有三万人是妇女和儿童;但工会是准许妇女加入的。如果查报的数字无误,像看上去的那样,那么妇女入会和退会的人数都是零星的。在 1909 年有一千零五十人,在 1910 年有三百五十八人。在 1911 年,征求会员运动重又把她们中间很多人或另一些妇女吸收

① 《我的童年》(*When I was a Child*),一位老陶工所写,转引自沃伯顿:《北斯塔福德郡陶器业工会史》(Warburton. W H., *The History of Trade Union Organisation in the North Staffordshire Potteries*)(1931 年版),第 176 页。

② 《工会报告书》,1902 年,第 89 页。

进去。[①] 这个行业在技术上是旧式的。[②] 件工很多。工作条件一度是糟不堪言的。一般讲来现在还是很差;恶劣的工作条件和软弱无力的工会运动的必然偕以俱来,已经差不多成为工会组织家
330 和社会研究者的一项定论。工匠师傅和工人都同样在五大镇的社会隔绝之中各走自顾自的道路。工匠师傅并不比工人组织得好些,很多工匠师傅都是"最近"[③]从工人的队伍中跳出来的;而很多自己劳动的陶工则继承了雇主计件工的个人主义的兢兢业业的人生观。所以他们一有机会就很容易跻身于纯粹雇主之列。有时他们重又降下来。陶工的一个工会,空心器压制工工会,在九十年代有这样一条规定:"已成为雇主的会员,在重操本业后三个月之内得恢复其会籍,"[④]这项规定当时在其他任何有组织的行业中都是乏例可寻的,虽则其中所提到的已成为雇主的会员重操本业的情形在很多行业中未始不会看到。

在远不是那样与世隔绝或远不是那样在技术上迟迟未获发展的工业中也可以看到几乎和陶器业同样软弱无力的工会运动。毛纺织业是一个显著的事例。诚然,在染整这最后一道工序中,正如在棉纺的染整工序和相关的棉漂白和印染工序中一样,工会现在是异常强大的。在1911年,这四个相互关系的行业——交到染匠手里的很多织物是两种纤维的混织物——在棉纺织和毛纺织方面

---

① 数字取自1912年《工会报告书》,第58页;关于征求会员运动,参阅沃伯顿:前引书,第215页。

② 本卷,第188页。

③ 沃伯顿:前引书,第187页;另参阅阿诺德·贝内特:《陶制钩》(Arnold Bennett,*Clayhanger*)。

④ 1890年的章程。沃伯顿:前引书,第188页注。

雇佣了八万四千人。在那一年年底有工会会员四万五千人，在这些行业的人数不可能增加很多的 1913 年，已有工会会员六万六千人。强大而有效的布莱德福联合会后来同它的会员——染匠、漂布匠、整理工和杂工——订有契约，给予他们以差不多一个工会会员所能希求的一切事物：诸如在录用新工人时工会有受咨询的权利；凡为联合会工作的成年男子均负有参加某一工会的义务；非有工会干部的书面许可不得进行任何工资变革的保证；为解决细小争议而建议的由双方干事所组织的咨询委员会；尽可能减少工人被排代的痛苦的计划以及很多类似的规定。[①] 应该注意的是这四个有关行业基本上是男工的职业，虽则有六分之一的工人和一些工会会员是妇女。

这最后几道工序中的劳工组织和前几道工序，即呢绒和毛丝 331
工业本身中的劳工组织之间的对比是占压倒优势的：在梳毛、纺织和织造各业中共有二十二万三千人，其中工会会员在 1911 年只不过二万三千人，在 1913 年只不过三万二千人。工人的 57% 是妇女和少女；但是棉纺织工会充满了妇女，而毛纺织工会则仅仅几千名。不过在 1911 年的二万三千名工会会员之中有三千多人是属于监督妇女劳工的监工所组织的社团的。减去布莱德福大约六千名机械梳毛工——新近登记的：在 1909 年只有一千八百人——然后再把其余的人数分摊在西莱定、兰开郡的若干地区、特威特河各城镇以及斯特劳德盆地和其他地方，毛纺织业中工会运动的完全

① 布莱德福染匠联合会同染匠工会和煤气工人及一般工人工会之间的 1914 年 7 月 1 日的合同刊载于米尔恩－贝利《工会档案》(Milne-Bailey, W., *Trade Union Documents*)(1929 年版)，第 237—244 页。

不适当也就显而易见了。①

在其他的纺织业中，工会运动也并不更适当些，除非是在敦提的亚麻和黄麻工人中间，这方面的两个主要工会在 1910 年有会员一万一千名以上——同所有各地的全部羊毛工业的五千名妇女成一鲜明的对照。在敦弗姆莱因和福尔法尔，工会运动也蒸蒸日上。其他各地在麻纺织方面，工会运动是软弱无力的，但是这项工业本身亦复如此，除非在贝尔法斯特附近。在针织业，工会运动的薄弱和毛纺织业不相上下：十四五个各别工会的六千名会员分散于在 1911 年有六万八千人就业的一个行业中。在丝绸那个日益缩小的工业中，直到 1906 年利克的女工联合会开始活动时止，一直是同样软弱无力的。到 1910 年，单单这个联合会就有将近五千名会员，而雇佣了大约三万二千人的一个行业中的其他各工会共有三千名。就迄当时为止的情况来说，这是不错的。但是在像丝绸这样一个行业中却未必能长此这样下去。

在制帽工这个古老的手艺行中，工会运动是强大的，虽则机器和生产中心的转移妨害了它的发展和运行；②在裁缝的某些部门中，工会运动也是强大的；在成衣工厂工人和便帽制造工之中却薄弱无力；在几十万女裁缝和女衣制造工、女帽工和所有缝纫工人之
332 中，企业单位既小，而楼上又整洁优雅、走廊之中更充满衬衫之歌的缭绕余音，工会运动自是无足轻重的。在分散的和没落的手工

---

① 数字录自《工会报告书》；另参阅克拉潘：《羊毛工毛丝工业》（1907 年版），第 204—213 页。

② 主要的集中地现在是斯托克波特附近的登顿，“伦敦”的大多数大企业都在这里设有工厂。因为那是一个工会地区，所以这没有妨碍。

制靴匠之中，工会运动比较薄弱，虽则人数之少和技艺之精使地方集团颇有讲价能力，而不论它的成员是否正式参加工会；[①]但是在那个蒸蒸日上、唯一复兴起来的工厂制靴业中，工会运动却是异常强大和有效的，而且照例是很能因应机宜的。1874 年的全国靴鞋工工会那个大制靴工工会，在 1885 年和 1891 年之间人数增加三倍，高达三万人之数。在引起了一直延续到 1906 年的一段人数下降时期的 1895 年的那次漫长的和多少有点失策的斗争之前，人数有进一步的增长。[②] 但是在最坏的情况下，这个工会也有会员二万四千人；自 1907 年至 1910 年平均是三万零四百人；此后像其他大多数工会一样，增长很快。在斗争以前和以后，在它的行政方面变得比较有策略的时候，它一直有效地分担了机器制靴业的一般管理并拥有一个非常有效的行政组织。

在 1910 年年底全国工会会员约有二百五十万的时候，他们分布于一千一百五十三个不同的工会。三分之一的工会拥有会员不到一百人，其中很多远不到此数。这类小社团在设菲尔德以及在所有轻五金业中是常见的。共有会员六十六人的剃刀柄工工会和六十二人的伯明翰英国金属工人工会都不是最小的。在那些仍保有地方俱乐部而没有任何有效联合的旧式手艺行之中也是常见的：在三十个箍桶匠工会之中有十八个是这种类型的，诸如阿罗埃箍桶匠工会、设菲尔德箍桶匠工会和斯温西箍桶匠工会等。伯尔

① 1862 年的靴鞋制造工联合会，他们的这个主要工会在 1897 年共有会员三千九百二十八人，1910 年一千四百四十八人。

② 关于斗争，参阅韦伯：《英国工会运动史》(1902 年版)，第 16、393、495 页，以及《工业民主制》，第 187 页。

顿箍桶匠工会自然是一个大的和强有力的社团，为船舶工作的利物浦箍桶匠也是如此。小工会也可以见之于各种奇奇怪怪的行业之中，在那些行业中工会不可能是大的——诸如伦敦的雪茄烟整理工和捲扎工工会和骨柄刷制造工工会；迪斯的椰子纤维织工工会；伯明翰马轭制造工工会以及布莱德福和地区扫烟囱工联合会等等。其中很多在它们的本行业和本地区中，在自卫和坚持己见方面，在实行工会运动一切公认的方法方面，其有效的程度至少是
333 不下于一些全国性的工会或其中很多是1886年以后出现的那些广泛联合的工会的。①

英国，一位态度友好但性情急躁的工会评论家在1913年这样写道，"已经演化出一种紊如乱丝的工会结构"。② 他发现联合会尤其紊乱，既与定义不符，又和当代的新思潮不相协调，但却不大见拒于革命的学究式见解。"不具体研究每一个案例，要发现联合会的纯粹事实所蕴涵的一切是绝不可能的。"③(而真的为什么会这样呢?)"有一些联合会是纯粹政治性的，有一些事实上几乎只关心行业界限之争；另一些被它们的发起人单纯看做是走向合并

① 1886年以前存在的联合会计有：1874年的累斯特和地区建筑业联合会；1872年的诺丁汉和地区建筑业委员会；1882年的诺森伯兰矿工、管理员和机匠联合会；1878年的达拉姆矿业联合会；1873年的煤矿厂机械工和锅炉工全国联合会；1882年的鼓风炉工全国联合会；1866年的黄铜铸造散匠等联合会；1885年的伦敦金银业委员会；1883年的纺织厂工人联合会；1885年的织机工联合总会；1884年的织工联合会；1880年的兰开郡皮尺上胶工联合会；1878年的箍桶散匠互助会。总共十三个：在1910年有一百一十四个。《工会报告书》，1912年，第116页及以下。

② 科尔：《劳工世界》，第211页。

③ 同上书，第217页。

的步骤，还有另一些则是工业活动的真正中心。”1898 年大不列颠矿工联合会在它的历史较久的竞争者全国工会解散之后，已逐渐变成差不多全行业的中央代表团体，它是 1888—1889 年工会活动突飞猛进时所组成而原来同诺森伯兰和达拉姆领导人的工业保守主义相对峙的一个左翼机构。[①] 在拉纳克、达拉姆和南威尔士之间没有界限问题。一个联邦要制定对它的所有各组成邦都有吸引力的工业或政治工业纲领根本就是有困难的，对大不列颠矿工联合会来说，困难也并不略少。但这是所有联邦政府的一般情况；在联邦领导下的一些参加较晚和多少有点勉强的邦的桀骜不驯的情形，也是正常的。这个矿工联合会，这个在 1908—1910 年由拥有会员六十万人的各工会所派代表组成的全国最大的联合会，就是一种联邦形式的。

在建筑业中却有一种迥乎不同的形式。代表各式各样手艺行 334

的共济会的若干地方联合会或建筑行业委员会在九十年代基本上已经组织成立。它们的数目并不很多；也从来没有表现出很大的活力；并且它们的名义会员，也就是说其中赞成联合会的会员占大多数的那些共济会的会员，在 1910—1913 年只占建筑工人的一小部分。[②] 在一两个地方，会员工会曾经从一个建筑业联合会转入一个一般的行业委员会。在很多地方，行业委员会的成立——这时有二百五十多个——已经使得部门组织多少有点成为多余的，

① 韦伯：《英国工会运动史》，第 380 页；韦尔伯恩：《诺森伯兰和达拉姆的矿工工会》；杰文斯：《英国煤矿业》，第 480 页。

② 关于这些组织，参阅科尔：《劳工世界》，第 266—269 页。他的议论意在言外是说它们比现实情况更为重要。

并且在劳工战略家看来也是不足取的。地方性的建筑业联合会的行动并没有同全国性的木匠、砌砖匠和石匠工会的行动互相协调。不管原因是什么，建筑业联合会不但为数寥寥，而且正日趋没落。

评论家谈到“几乎单单〔关心〕区划行业界限之争”的联合会时所想到的主要就是像迥然不同的矿工联合会一样地创立于1889年的罗伯特·奈特的大机械工程和造船业联合会。[①] 这项职责也许是卑不足道的，但是在1889—1890年却是当务之急。不幸这个联合会起初对于这项职责的履行却不太成功，主要是因为当时机械工联合会拒绝参加。这项工作究竟是机械工的，锅炉制造工的，还是铅管匠的？那项工作究竟是造船工的，还是木匠的？在1890年和1893年之间因工会与工会之间关于这类问题的争吵而导致了太恩塞德方面的“无组织状态和紊乱”。[②] 在二十世纪，机械工参加之后，这个联合会就把他们和锅炉制造工、造船匠、油漆匠、铅管匠、木匠以及其他很多都包容在内了。行业界限之争已经变得少了，但是这个联合会并没有改变本身的主要宗旨。无论是对于工会与工会之间的争端，还是对于工会会员与雇主之间的争端，它都是非经邀请不采取行动的。它没有强制力和充分的基金。会籍是花费无多的，可以毫不费力地承担起来。所以以赋有强大力量进行经济战为理想联合会的改革家对它殊为漠视。如果他们能
335 为共同目的而通力合作，它将近四十万名的会员将何往而不成功呢？

① 参阅韦伯:《工业民主制》，第132页。

② 《工业民主制》，第513页。

所有联合会之中最饶有兴味的一个就是 1899 年工会代表大会所成立的工会总联合会。它的主要目的是以它的组成社团的捐款建立一项中央基金，以便任何一个组成社团在发生劳资纠纷时都可以从中得到支援。在 1900 年年底已经有六十四个社团连同三十八万七千名会员参加；十年之后，数字分别是一百三十二个和七十一万。但一百三十二个却不到工会的十分之一，虽则七十一万占工会会员的四分之一以上。矿工、铁路工人和其他一些强大集团始终没有参加。这个联合会在财政上并不比数量上更强大些：最大的捐助是组成社团的每个会员的每季度四便士，作为交换的是它许给在它核准的争议期间每个会员的每星期五先令。在 1910—1911 年，它所付出的为它的收入两倍以上，主要是付给锅炉制造工；在 1911—1913 年的动荡时期，它继续入不敷出，而它捐助人的增加并不像工会会员一般增加的那样迅速。它始终没有变成为它的创立人和它的干事阿普尔顿所设计的协调工会工业行动的那样一个中央机构——赋有专门的官方知识，分别对于明智的罢工予以赞许和资助，对于愚蠢的罢工则加以谴责和任其冻饿。在 1911 年国民健康保险会出现时，这位干事想使它成为整个工会集团的核准的社团，以期大大增强它的力量。但不出所料，他失败了，事实上只有少数工会同他的联合会有任何联系。但是它到底变成了一个相当大的薄弱工会集团的核准的社团。[①]

① 《工会报告书》，1912 年，第 58—59 卷，第 116 页及以下。韦伯：《英国工会运动史》(1902 年版)，第 13 页；科尔：前引书，第 243—244、280 页；米尔恩·贝利：前引书，第 27 页：它“不久就蜕化成为一个互助保险组织，它的力量和重要性此后日益衰落”。对于它十年的早期历史来说，这未免求之太苛了。

在思想有条理的人看来令人不胜其厌烦的英国工会结构的“紊如乱丝”，乃是像英国其他紊乱情形一样地产生于工业成长的自发性和中央设计的阙如。[①] 在德国，曾经有一个民主社会党来，
336 不妨说，规划工会运动，在英国，则工会会员在他们足够强大时，才把自己的代表选进议会。后来他们参加了一个劳工代表委员会和一个在当时和后来他们既成为它的优点也成为它的弱点的工党。工会的结构因它们的规模和资力不同而大不相同，但是保留了原来从小型自治地方俱乐部继承下来的那种过分简单化和权力混乱的倾向，在地方俱乐部中，一切事情都可以由全体决定，委员会可以每年改选一次，并有一名个个会员都熟悉的干事作为他们的大总管。这是小型友谊社或乡村板球俱乐部的模式。数百个小型地方性工会仍然属于这一类型的，而且也是非常适当的。全体剃刀柄制造工，如要在某一夜举行罢工，可以很容易地开会表决。但是直到 1895 年为止，像锅炉制造工那样大的一个社团表面上也还是这样管理的。执行委员会每年变更，少数几个其他的有给干部只服务三两年就必须全体改选。他们总是连选的：格言说得好，没有一种公职人员的职位能像工会干部那样牢靠。罗伯特·奈特任锅炉制造工工会干事和主席达二十五年以上。虽然在理论上分会全体大会是最高权力机关，但事实上最高权力机关却是一年一换的

① 西特林：《工会组织报告书》(Citrine，W. M.，*Report on Trade Union Organisation*)(工会委员会年度报告书，1925 年)和《大不列颠工会运动》(*The Trade Union Movement of Great Britain*)(1926 年)，第 27 页；摘录见米尔恩—贝利：前引书，第 86、122 页。

执行委员会，而执行委员会自然为这个非常能干和正直的常任干部所左右。自1870年起这个执行委员会就变得比较稳定了：这时它的七名委员任期三年，每年有两名或三名引退。这样就奠定了某种连续性；而且干事还保留不动。①

作为九十年代的一种政治经济变格而受到注意的是，“直到当前这一代为止”，②还不曾有一个工会把它的组织章程奠定在议会的模式上，由一个选举产生的大会来指派和管理一个有常任干部供职的内阁。小型地方工会以外的不完善的民主制已经培养出好 337
的和坏的独裁式的干事，否则就会造成无纪律状态，从而导致无效率和经常垮台。甚至设有中央执行机构的强大工会，也往往留给地方集团这些基层组织以那样多的威权，以致有周边控制中心的经常危险存在。建筑业的情形正是这样的，在机械工联合会那个十九世纪后半叶的模范联合会中，也非常显著。③ 在这个联合会中，在九十年代，五先令的罢工津贴由中央机构票决，十先令的失业津贴却由分会决定，但由总基金拨发。所以一个分会可以并且也的确自行其是，和自有争议，而硬拖着中央跟着它走，因为在罢工的时候自然是失业的。同雇主以及同其他工会缔结的协定毫无保障，从而助长了对机械工联合会的政策的普遍不信任。如果不是这样，他们在1897年不期而然地被牵连进的那次大罢工，未始

① 韦伯：《工业民主制》，第28—31页。关于这段时期的工会组织和功能的任何简明的叙述都不能不以这项深入的和近于详尽的分析为依据。这里所用的是1897年版（第1版）和1902年版；但是原文在第3版（1920年）中并无改动。

② 《工业民主制》，第11页。

③ 参阅中卷，第159—161页；《工业民主制》，第48、49、97页。

不能避免，虽则鉴于争执的问题以及雇主和工人的战斗精神，也许未必。[①] 至少它未始不会以更有利于工人的结果而告终。

但不应忘记的是，不管组织章程如何，彻底的集中管理的建立，在像机械工程业和建筑业那样分散而多样化的工业中比在诸如棉纺、印染、锅炉制造或机器制靴业之类集中的工业中，要困难得多，而且从全国的观点来看，也不那么肯定可取，虽则在纺织各业中，其工会是如此加以组织，致使契约的缔订和契约的适用都变得相对地轻而易举。棉纺工是九十年代和以后的模范议会民主主义者。[②] 他们是由“地方和区”选举出来的一个大约一百人组成的代表大会管理的。在它的决议中没有对全体大会和分会发出的号召，无论是表面文章的或是几近名副其实的，像在很多工会中那样。这个代表大会推选行政组织，即由占微弱多数的纺织工人和

338 占少数的地区常任干部所组成的一个小小的混合机构。代表大会也推选干事并规定他们的薪金。正如英王陛下文官中的任何成员一样，这个高级职位的候选人必须通过一次竞争的考试。一旦派定，这位干事在理论上以及在事实上，只要循规蹈矩，“只要能令人满意”，章程上这样写道，就可以像法官一样的供职。

纺工的干事拥有充分的办事人员：执行契约，与雇主代表共同

---

① 雇主“显然不失其为真实地声称，当时通行的雇佣条件〔因一面坚持按时间计算的工资率而一面又那样阻挠新工序的采用〕妨害了效率”；韦伯：《英国工会运动史》(1902 年版)，第 17 页。这使他们对集体议价持敌对态度。“工人……至少是同样目光短浅的……他们没有自己的可供选择的建议来应付雇主的权宜办法”(第 18 页)。“伦敦分会以八小时工作的要求促成了决裂”(19 页)。工人全面失败；但是他们的损失既载在一项集体合同上，那么他们在原则上还是有所得的。参阅本卷，第 489 页。

② 《工业民主制》，第 38 页。

解决细小的劳资争议并进行工会事务和基金日常管理的，正是干事和这些办事人员以及各地区的常任干部。

铁路工会以及煤气工人工会和码头工人工会及八十年代后期的其他新工会则是由地区代表的年度代表大会和各地区选出的执行委员会以虽不如棉纺工人但仍具有相当程度的议会形式进行管理的。地方性手工业的地方俱乐部在铁路工人的传统中没有多大地位。他们自然是按照各地域和长距离的条件考虑的。何况他们还可以很方便地来来往往。

棉纺是具有悠久工会运动传统的一个老牌革命化的工业，虽然联邦式的纺工联合会始创于 1870 年。靴鞋工全国联合会在 1874 年皮靴制造业的真正工业革命刚刚开始时方始登记。[①] 但米德兰皮靴制造工却始终是有政治头脑和富于冒险精神的。在八十年代他们中间有一些不就是由布雷德洛和拉布谢尔来代表的吗？那时工会还比较小，它的组织也比较幼稚。在 1885 年和 1890 年之间它的人数增加了一倍(从一万到二万三千)，并于 1890 年采纳了现代组织章程，连同平等选举区，一个修改会章和对政策进行一般指导的由各地区代表组成的全国协议会，以及一个由各地区代表和选出的常任干部组成的执行机构。[②] 地区全体大会是许可的，但执行机构却通过它的全国协议会同它的组成地区发生真正接触。它的地位异常强大，因为这项组织章程已经使它在一个会员拒不服从所属地区分会的决议时成为最后的上诉机关。

① 中卷，第 93 页及以下，以及第 168 页。

② 韦伯：《英国工会运动史》，第 495 页；《工业民主制》，第 47 页。

339　矿工联合会对于代议机构也大加利用，虽然还不十分普遍。[①]很多郡和地方协会，或照其中某一些所被称呼的那样，联合会，在1890年以前就加以利用了。另一些则采行较晚，如1898年最后成立的南威尔士矿工联合会。都设有推选执行机构和指派常任干部的代表大会，即通常所谓的代表会议。但是诺森伯兰和达拉姆，连同少数几处煤田，却墨守旧章，直至于二十世纪。一切权力名义上都属于分会和全体大会，重大的决议则由直接投票进行。在这两者的任何一种场合下，实权都是归属于执行机构和干事的，他们在代表会议制之下所发挥的作用，比之在粗陋的民主制之下，纵不更大一些，也一点不更小些。代议制并无补于防止因特定矿井的不满而发生的斗争，虽则北部煤田旧式组织章程的理论使这类斗争的平息多少更困难一些。典型的矿工对于代表会议的一项决议并不比对于一项繁难的矿工全体的决议更愿服从一些；所以在其他条件等同的情况下，和平到处都是取决于干部的机智和威权的。

矿工联合会的组织必然是代议制的。它的议会是郡协会或地区协会——也可能是南威尔士协会或卡讷克·恰斯煤矿厂协会——所推选的代表大会。代表大会制定章程，草拟政策，并至少在理论上能对各协会抽征无限制的捐款。既没有征求全体大会意见的规定，也没有全体会员投票的规定；代表大会自行推选中央执行机构和常任干部。唯一的制约就是退会的危险，但并不很大。这个危险所以不大，是因为地方问题和习惯尽管各不相同，但矿工群众已经在政治经济目的方面取得了很大的一致性。在他们的老

① 《工业民主制》，第43页。

政治家指导下坚持反对联合会将近二十五年之后，诺森伯兰和达
拉姆（在 1906—1907 年）先后申请入会，[①]这只是因为它所为奋斗
的原则——“生活工资”而不是按价格升降的工资；以法律为依据 340
的矿工普遍八小时工作制；以及为达到这些目的的罢工武器的自
由使用——已吸引了越来越多的矿工群众的缘故。

在八十年代后期和九十年代，在 1907—1908 年和再度自 1910 年至 1913 年，罢工的规模是如此之大，斗争是如此之激烈，而很多最著名的工会领袖在他们认为适当的时机主张和使用罢工的武器又是如此之坚决，以致当代人士很容易，而历史学家也会被诱，对于罢工在维多利亚朝后期、爱德华朝和乔治朝初期的英国工业生活和组织中所占的地位估计过高。从工业上比较太平的 1901 年回顾那看上去无疑是狂风暴雨的九十年代，并凭由贸易部劳工司所提供的因工业纠纷而损失的劳动日的确凿数字，工会历史学家指出，作为一个统计的命题，罢工和停工加在一起所造成的“工时的损失，在这一年中比我们以耶稣受难日和圣诞节作为星期日这一可赞美的习惯所造成的要少得多”。[②] 甚至在暴风雨较大的 1910—1913 年，每年工作时间的损失，同样地以全部工资劳动人口加以平均，仍然不到两天；[③]虽则在 1912 年——1921 年以前最最糟的这一年——增加到了四天左右。

再者，对在九十年代的一些重要斗争将近结束时伟大的社会

① 韦尔伯恩：《诺森伯兰和达拉姆矿工的工会》，第 308—309 页。

② 韦伯：《英国工会运动史》（1902 年版），第 15 页。

③ 假定工资劳动人口是一千万，就得出 1.76 日。参阅本卷，第 499 页曲线图。

人物——诸如罗伯斯里勋爵、韦斯科特主教、赫列福德的詹姆斯勋爵、考特尼·博伊尔爵士等——在工业舞台上戏剧性的出场，是不应有所误解的。固然，劳资协商会议的常任干事考特尼·博伊尔爵士的确草拟了解决制靴业 1895 年长期罢工的协议。① 但是他并没有强加于人。他既不完全是仲裁员，也不完全是公断员，虽则他确是很有影响的。而其他公共活动家所起的作用，最重要最体面的作用，也不过是在隔河相持的两岸之间架设一道桥梁，引导走上理性、温和而光明之路并以心平气和、保持情面的姿态和言语进行谈判而已，既不是设计和平条件，更不是强人以和平条件。这些
341 年的其他一些大罢工则是两造在没有这种帮助的条件下，在相持不下的谈判中得到解决的，正如 1893 年棉纺业劳资双方经过二十个星期的斗争之后，在布鲁克兰一次通宵达旦的会议中，达成了一项协议，使棉纺业得免于普遍性战斗达十五年以上。（小纠纷自然是有的。）布鲁克兰会议是一次文明的会议，双方代表是搭乘同一辆列车前往的。②

1897—1898 年机械工程业的大斗争也是由与争双方解决的。但当时其中的一方，既无组织而又轻率的一方被击败了。“在积累的基金大部分耗尽之后，机械工联合会连同他们较小的同盟者实际上等于接受了雇主的条件。”③

自六十年代以来在各种不同行业中建立的大多数常设和半常

① 《工业民主制》，第 241 页。

② 关于会议，参阅《工业民主制》，第 200 页。直到 1910 年，棉纺业不曾再有什么严重纠纷；贝利：前引书，第 29 页；科尔：《工业世界》，第 54 页。参阅本卷，第 498 页。

③ 韦伯：《英国工会运动史》（1902 年版），第 19 页。

设的调解和仲裁机构，由于这种或那种原因，在 1890 年以前都已先后瓦解。[①] 诺丁汉织袜和手套业劳资协商会议在 1884 年停止活动；累斯特织袜业劳资协商会议大约在同时，陶器业劳资协商会议则在 1891—1892 年。在 1882 年以后达拉姆采矿业就没有任何一般的仲裁。在九十年代初期劳工皇家调查委员会开会时，虽然有一些仲裁法庭在建筑业运行得很好，虽然北英格兰钢铁业劳资协商会议也一般令人满意，但是工人方面对于米德兰钢铁业劳资协商会议未能将它的决定强加于未加入联合会的雇主，却啧有烦言，并且在机器制靴业中，调解委员会的态度也渐渐激昂起来。[②] 工人拒绝地方决定，有时甚至拒绝中央公断人的裁定。[③] 雇主也同样不满意。在 1894 年，他们退出了委员会，拒绝接受关于计时工资对计件工资问题的仲裁。[④] 结果是 1895 年的罢工，这次罢工是极其不平常地通过考特尼·博伊尔爵士的作用“由贸易部半官 342
方的影响力予以解决的”。[⑤] 这就开始了一段长期的相对和平关系的时期，这种关系因机器制靴工工会在新组织章程之下日益增长的力量和效能而大为改善。[⑥]

双方的有效组织事实上在解决一切较小争议和某些重要争议

① 中卷，第 173 页及以下。

② 一般参阅为《劳工皇家调查委员会》(1892 年，第 36 卷，第 5 编)所拟具的仲裁备忘录和阿穆尔里勋爵：《大不列颠的工业仲裁》(Lord Amulree, *Industrial Arbitration in Great Britain*)(1929 年版)。

③ 韦伯：《工业民主制》，第 187 页。

④ 韦伯：《英国工会运动史》，第 16 页。

⑤ 同上书，第 17 页。

⑥ 参阅本卷，第 498 页。

方面比任何正式仲裁机构都更有价值。北英格兰钢铁业劳资协商会议运行得很好的原因之一，就是一切较小的和地方性的争议都是由一个常设联合委员会处理的。[①] 只有事关工资的几先令几便士之争才交付仲裁员或公断人；而没有任何事关工资的经济基础的原则之争。在有这类争端的场合下——如制靴工人和机械工中间的计时工资对计件工资之争；又如在矿场上随煤炭售价的波动而波动的工资对最低限度工资之争等等——普通仲裁机构就全不发生作用了，直到已经试图以斗争解决而发现毫无结果或代价太高之后，双方似乎才会让调解员与问其事。在一切组织得最完善的行业中，自1893—1895年以来的倾向是让双方的专家把次要的争端消除于无形，直到照例只有经过一段很长间隔才会出现的对重大原则性问题发生争执或情绪大为激昂时，专家才不能不站开来以待烟消雾散。对工会的承认、八小时工作制、生活工资的原则等等——这些都是要么接受，要么拒绝的问题：没有客客气气的取或予的余地。但是如何利用一般人不愿损失一日的工作或一日的工资的心理，如何利用一般雇主和一般工人的自重的态度，乃是专家们的日常工作，而争端所造成的时间损失所以如此之低，也正是由于这种自重的态度。"单单全国协议和工厂立法的推广"，1897年这样记载说，"已经在最有系统管理的行业中把工会干部从地方罢工的领袖一变而成为熟练的工业调解员，主要专心致力于如何同雇主协会的干事和工厂视察员竭诚合作，以确保为各该行业所

① 关于这一点，参阅中卷，第175—176页。

规定的章程得以切实遵行。”[1]

除开日益增广的工厂法典外，1896 年又有一项新的调解条例（维多利亚，第 59 年和第 60 年，第 30 章）著诸法典。于是乘这个 343
机会废除了诸如 1824 年的雇主和工人仲裁条例，1867 年的圣伦纳德勋爵调解条例和 1872 年的芒德拉条例等一些立意虽善但已成具文的法律。1896 年的政府，显然受到了和前一年解决制靴业争议有关的贸易部所取得的经验的影响，已经为一项仲裁条例准备了一个比较赋有雄心大志的计划。[2] 但是这项条例的最后定本只规定了仲裁和调解委员会得自愿登记；贸易部得对无论通常的或工会与工会之间的工业争端任便进行调查；贸易部得采行措施促进调解；以及在与争双方的请求而不是在相反的情形下，得指派调解员或仲裁员。登记的委员会不多，因为它们正趋于瓦解。但这项条例仍证明是有用的，虽则是在有限的范围以内。在实施的第一年，依照这项条例处理的案件就不下二十八起。[3]

但是在 1896 年正式记录在案的劳资纠纷共有九百二十六件。在此后十年之中记录在案的计有五千六百一十四件。其中有一百六十一件是由仲裁解决的，一百八十八件是由调解和斡旋解决的。并非所有调解协议都是根据 1896 年条例达成的，虽然这样达成的占一个很大的数目。在这期间有四千零四件纠纷是由双方或他们代表之间谈判解决的，有一千一百八十二件以雇主方面的胜利告终——在没有谈判或以工贼取代罢工工人的情况下工人按雇主的

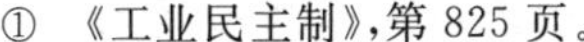

① 《工业民主制》，第 825 页。

② “赋予调解委员会和仲裁委员会以额外权力的”这项法案甚至没有付印。

③ 《工业民主制》，第 243 页注①。

条件复工。[①] 在1910—1913年这风暴的四年中，纠纷计有三千六百八十六起，比1897—1906年每年多64%。其中有二千七百四十一起是由双方之间谈判解决的，比前十年的比例稍稍高一些；有九十二起是由仲裁解决的，比例稍稍低一些，有二百九十六起是由调解解决的，比例高得多；而只有五百三十八起（或14.6%，而在1897—1906年则是21%）是以雇主的全胜告终。[②] 最后一项数字表明，正如在商情活跃、价格上涨和工会力量增长的年份中所可期
344 望的那样，这时雇主不是不愿就是不能太压迫他们的工人。通过调解而取得的解决的暗暗滋长是殊堪玩味的；但即使如此，每有一件这样结束的争端，不论有无贸易部插手其事，就有一打以上是由与争者自行解决的。固然有一些贸易部调解员是名闻全国，为海内所敬重的，但通常的劳资纠纷却是由数以千计的默默无闻的工会和雇主协会的干事和代表予以消除或了结的，因为他们对于这项或那项工业的专门性的而在外界调解员看来或许有点不可思议的具体细节具有得来方便的知识。

地方和中央工会干部的工作并没有随着时日的推移而减轻。他们继承并体现了原始行业俱乐部的那种权力的紊乱。工会很少或不大可能为它们的干事供备一整套班底。新的职责都加在旧干部的身上。他们不能不疲于奔命。健康和失业保险的举办增加了他们的负担。在举办保险之前，国会工党的成立已经把若干总干事送到威斯敏斯特，而他们干事的职责并没有解除。随着一个重

① 《第十八届劳动统计摘要》（1907年敕令第3690号），第94页。

② 同上书，1926年，第150页，重新编制了以前历届的《摘要》。

要工会的地方干部被吸收进往往能起最有实效的作用的专门机构之中，随着中央干部担负起各种各样而又相互冲突的责任，一般工会政策的制定就有疏于详征博采审慎从事之虞了。

认识到这一点而将它们总部的机构加以改组的工会，寥寥无几。铁路员工联合会已经开始了行政权的转移，并且在他们改组成为全国铁路工人工会时，他们为他们的总干事配备了四名助理来处理各部门的工作。[①] 但是这种有系统地改组为时既晚而又罕见，虽则因重要工会和它们的活动的蓬勃发展而早已成为当务之急。

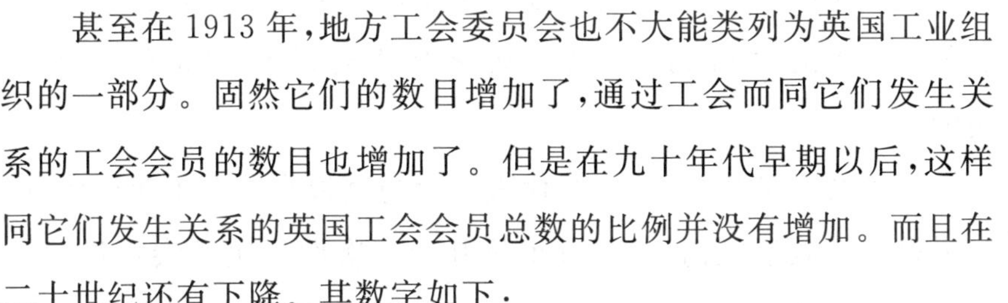

甚至在1913年，地方工会委员会也不大能类列为英国工业组织的一部分。固然它们的数目增加了，通过工会而同它们发生关系的工会会员的数目也增加了。但是在九十年代早期以后，这样同它们发生关系的英国工会会员总数的比例并没有增加。而且在 345
二十世纪还有下降。其数字如下：

	工会委员会的数目	所代表工会的会员	工会会员总数的百分比
1895年	163	702 000	45
1905年	239	902 000	45
1910年	252	1 009 000	40
1913年	329	1 495 000	36

同地方工党有密切联系的这些工会委员会在自治市的政治中变得愈来愈重要了，尤其是在格拉斯哥、设菲尔德和诺丁汉这类工党势

① 参阅科尔：《劳工世界》，第283页，这里提出了这类评论的大部分。

力异常强大的中心。它们当心市合同中的公平工资条款；鼓励1900年前后的那些年份中的所谓市社会主义；并一般地有助于工资劳动者阶级的发言权。它们通过了很多的决议案。但是它们没有任何明确的工业职能。它们会给劳资争议中的一方以它们的赞许，允许借它们的名义和影响力去筹募基金，如果争议拖延不决的话。它们也时常从它们自己的基金中拨赠小额款项，数额所以不大，是因为那类基金总是不敷用的。[①] 但是正如数字所表明，它们甚至无权代表大多数工会会员发言。[②] 很多大工会，特别是矿工工会，对它们毫不感兴趣，而且从来没有感兴趣过。它们对其地方分支机构参加该委员会的任何全国工会都不具有任何行政或财政上的控制权；虽然它们可能在劳资争议中提供援助，或者如果愿意的话，帮助最后调解，但因缺乏真正行政权而是处处受牵制的。[③]

像工会委员会一样，工会代表大会与其说是一个工业机构，毋宁说是一个政治机构——“每年只开会一次而每次开会不过一个星期的一个审议机构；它无法执行它的决议。”[④]自从它在1868年第一次开会以来，它的组织一直没有多大变化。[⑤] 它是所属工会

① 这些基金主要是得自派有代表参加的各工会的捐助，通常是每个工会会员二便士或二便士不到。《工会报告书》，1912年，第60页。

② 虽则在地方上得到充分支持的时候，它们未始不会拥有这样一种权利。

③ 参阅中卷，第171页；工会委员会的记录，见《劳工皇家调查委员会》(1892年，第36卷，第5编)；九十年代时它们的弱点的记述，见韦伯：《英国工会运动史》，第467页；1902年和1912年的《工会报告书》；以及任何一位对地方经济和政治稍感兴趣的五十岁以上的人的记忆。

④ 米尔恩一贝利：前引书，第190页。

⑤ 中卷，第172页。

的代表的一个自愿的代表大会，正如工会委员会一样；但和工会委 346
员会不同的是，它通常总争取到拥有全国会员总数大约三分之二的工会参加。代表所投的票数是按各该工会所拥有的会员计算的。原来虽然是由工会委员会招集的，但在1894年它已经决定把工会委员会排斥出会，理由是：一个工人既由他的中央工会代表，就不应该再二次经由他的地方支会来代表。[①] 它的评论家说，代表大会委员会认为工会委员会的领袖们过分进步；因为在九十年代期间在代表大会天地中存在有尖锐的斗争——自由主义对社会主义或半社会主义的斗争。1890年，代表大会已经为新工会运动者所劫持，并且根据决议，已经把八小时工作制和甚至更加革命性的建议引为己任了。

后来出现了一股逆流，继而又重整旗鼓。在1899年，它作出了自成立以来最具有创造性的事物，当时它成立了总联合会来同工会运动相配合，并且以号称代表五十四万六千对四十三万四千工会会员的票决通过了为现代工党奠定基础的那项决议。[②] 代表大会的唯一常设机构就是它的国会委员会，这个委员会原来是为和劳动立法保持接触并予以影响而不是为组织劳工代表而成立的。这个委员会依然存在，并且随着时日的推移而根据1899年的决议同其他关心那个代表权的社团和组织进行合作。但是既经把工业组织工作移交给总联合会，代表大会，正如嘲笑者所说，在二

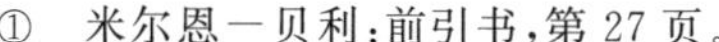

① 米尔恩—贝利：前引书，第27页。

② 可参阅的资料不下百处，其中有比尔：《英国社会主义史》(1920年版)，第2卷，第317页和恩索尔：《1870—1914年的英国》(Ensor, R. C. K., *England 1870—1914*)(1936年版)，第265页。这次票决导致了工代会〔劳工代表委员会〕的成立。

十世纪的头十年中只自行保留了一个辩论会的各种职能。[①] 要了解有组织工人的这个著名多数的看法，外界人士就不能不逐一弄清楚它的决议；一个公共事务家也不能对它们茫无所知。但是任何人和任何事他们都管理不了。总联合会，正如上文所述，始终没有取得它所设计的管理权；而代表大会依然是一个交换意见的会议而不是一个行动的会议。

① 米尔恩一贝利：前引书，第 27 页。米尔恩一贝利在 1929 年刊印他的著作时，是工会代表大会调查经济部的干事。

第六章　交通 347

作为一个系统来说，横贯不列颠躯体的“铁制血管”在八十年代已差不多完成了；虽则首都地下电车铁路系统是随着 1890 年伦敦城—南伦敦铁路的通车方才开始的。的确甚至 1912—1913 年的地面铁路路线图同 1872—1873 年的路线图相比也变化很小；①虽则新路线的兴修是随着本世纪的开始，在 1899 年 3 月中央大铁路把它的第一次列车开进马里勒伯恩车站之后方始停止的。这条通往伦敦的中央大铁路是原来修路竞争时代的一个为时已晚和几乎肯定多余的产物，它是由一位残存的先驱者，现已绝嗣的铁路大王世系中的爱德华·沃特金竟其全功的。在 1854 年，在米德兰铁路通抵伦敦十二年以前，他正管理着曼彻斯特—设菲尔德—林肯郡铁路；并且在 1893 年他所拟具的伦敦延长线和终点站计划终于为国会批准时，这位身为男爵兼议员的爱德华·沃特金爵士正担任这同一条铁路的董事长。② 四年之后这个铁路公司采取了它的新名称。

---

① 正如复制于中卷，第 242 页中的那样。

② 关于沃特金，参阅中卷，第 186 页，尤其是克利夫兰—史蒂芬斯：《英国的铁路，其发展及其同国家的关系》(Cleveland-Stevens, E., *English Railways, their Development and their Relation to the State*)(1915 年版)，第 288 页及以下。在所有铁路询问案和历史中都可以遇到他。1894 年他辞去新中央大铁路董事长职，1901 年逝世。

它自始就是一个有进取心的、有战斗性的然而无利可图的企业。它的旧名称始见于 1847 年，是在曼彻斯特一设菲尔德铁路(1836 年的)以巨大劳动和代价经由伍德黑德隧道，横穿奔宁群山，继而同东去通往林肯郡的已建和计划中的各线相衔接之后而采取的。[①] 此后十四年它没有发付过值得一提的普通股股息。到 1865 年股息是 2.25%。1868 年是 1.25%。在 1877 年据认为这条铁路的情况已逐渐改善时，股息是二又八分之七。但是八十年代，股东会“自认为是幸运的，如果有人担保他们 3%的利润的
348 话”。[②] 在 1902 年，建有马里勒伯恩车站的中央大铁路虽已通车三年，在三千零二十三万六千镑的资本总额之中，有一千七百八十七万八千镑的普通和优先股没有领到分文股息。这是最糟的情况；但是此后十年普通股股东的情况也并未好转。[③]

既然始终不能使铁路运输有利可图，曼彻斯特—设菲尔德—林肯郡铁路曾经试办过其他多种业务。它曾经是自备轮船的第一条铁路；它曾对码头及其设备投放了不少款项，这对格林斯比大为有利；并且曾经甚至——在八十年代——在克利骚普斯设计了一个露天游艺场。[④] 它自然设有旅馆。正如中央大铁路一样，在

① 关于日期等等，参阅谢林顿：《大不列颠的铁路运输经济》(1928 年版)，第 1 卷，第 131 页及以下；杰克曼：《现代英国的运输》(1916 年版)，第 2 卷，第 567、601 页；上卷，第 394、403 页；中卷，第 183、186 页。

② 阿克沃思：《英国的铁路》(1889 年第 1 版)，第 254 页。

③ 在 1907 年它被看做是一条逐渐有起色的铁路线；《经济学家周刊》，1907 年 12 月 7 日和 21 日号。到 1912 年年底，优先普通股是三十二，红利扣存股是十五。

④ 阿克沃思：前引书，第 249、254 页。我希望我不会因为没有忘记伍德黑德隧道中的污浊空气和八十年代初期在皮尼斯东附近我原会很轻易送掉性命的那次铁路事件而对它存有偏见。

1914 年它已经完成了伊明汉码头的工程，而恰好赶上战争，只好听其闲置下来。[①]

当他以董事长的身份设计伦敦延长线的时候，沃特金还身任首都铁路和东南铁路的董事长。而且和他有利害关系的铁路还不止于此。另一个是海峡隧道计划。他梦想把这四条铁路通过伦敦联接起来，并把“他的”货运从北部工业区一直开进法国；但是他的年龄已经来不及付诸实行了。无论他或其他任何人在中央大铁路财政灾祸之后也都无法予以实施。“近二十年来在竞争计划中所花费的任何资本曾否得到适当的报酬”，一个铁路专家在 1910 年这样说，“是大可怀疑的”；[②]所以为这类计划筹募资本很有困难。最后的一条成功的新铁路是巴里码头运煤铁路。1888 年它的第一段铁路通车，1897 年最后一段通车。但是在南威尔士煤炭出口的鼎盛时期，它的情况是特殊的。[③] 现在已经被人忘记的另一条九十年代的新铁路，兰开郡－德比郡－东海岸铁路，始终没有通到林肯郡或东海岸：它的最长的一段铁路是从曼彻斯特菲尔德到林肯——在 1907 年沃特金的旧公司正非常有见识地加强它在南约克郡、德尔比郡和诺丁汉郡煤田的地位时，它并入了仍然不发达的 349
中央大铁路。

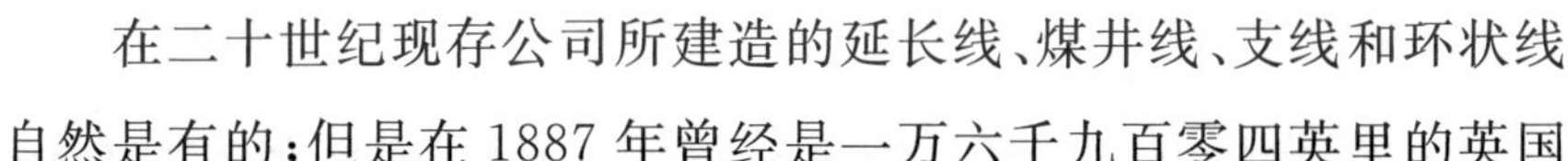

在二十世纪现存公司所建造的延长线、煤井线、支线和环状线自然是有的；但是在 1887 年曾经是一万六千九百零四英里的英国

① 这些码头是在 1912 年开放的，但在 1914 年还没有充分发挥作用。

② 《铁路协定和合并部门委员会报告书》(*Report of Dep. Com. on Railway Agreements and Amalgamations*)(1911 年，第 2 编)，询问案第 12316 号。

③ 谢林顿：前引书，第 1 卷，第 75 页。

铁路的里数，仅仅从1900年的一万八千六百八十英里增加到1913年的二万零二百八十一英里。在这一千六百零一英里的新铁路中，有三百九十五英里铺设在苏格兰的轻质土壤上。在地理上说，英国铁路系统差不多已经完成了。

在八十年代英国铁路系统的组织和运行依然是世界的楷模，正如法国人和德国人的赞美之词形诸笔墨[①]而爱德华·沃特金把他的伟大经验介绍到美国去改组伊利铁路的七十年代一样。“成为美国和其他外国铁路近十年来所取得的巨大改进的刺激的”，英国首屈一指的铁路经济学家在1899年写道，“正是英国所作出的榜样”。“我们中间的差距”“很快就弥合了”，据他这样说。在某几点上是落后的。外国调查家不再到英国来了；他们认为“英国铁路方面没有什么新东西可学了”；[②]因而转往美国。在这个世纪之初，英国铁路本身开始对美国经验加以重视，并且在1895年仿效最初用于大西洋岸铁路上的一种式样建造了一批称作大西洋式的机车。也正是在大约这个时候，在复合机车业已在美国大量使用之后，在英国唯一大量采用复合制才领出了一项专利证书。[③]

在九十年代英国铁路并不是毫无作为的，虽则别国的铁路更

---

① 马雷兹越：《1873年的英国铁路》(Malézieux, J., *Les chemins-de-fer anglais en 1873*)(1874年版)，施瓦布：《论英国铁路的本质》(Schwabe, H., *Ueber das Englische Eisenbahnwesen*)(1871年版)；和古斯塔夫·科恩的皇皇巨著《英国的铁路政策》(*Gustav Cohn's great Englische Eisenbahnpolitik*)(1874—1875年版)。

② 阿克沃思：前引书(第5版)，第13、470—471页。

③ 谢林顿：前引书，第1卷，第175页。参阅中卷，第191页注，另参阅阿克沃思：前引书(第5版)，第454页。

加活跃。四轨铁路在全国各地已经有了大量的增加。通达苏格兰和爱尔兰的往来交通已大为改进。在 1892 年大西铁路已经清除了它的最后一段宽幅铁轨,从而使标准车辆可以全线通车。它已经过彻底翻修,它的经营管理也是精明干练的——但是直到 1899 年它才给它的康沃耳人挂上一辆餐车。1895 年伦敦一西北铁路 350
在它的主要列车上用电照明了;但只是在 1900 年以后暖气方始一般地取代了装在地板上的金属暖脚器,然而这种暖脚器连同装在车顶的油灯,直到九十年代还是很普遍的。机车和列车变得越来越笨重;因为撇开其他的东西不谈,新式餐车、卧车和有走廊相通的列车都是体积很大的。货车和货物递送变得更快;普通的托运货物则变得更小。[①] 但是机车、客车或煤车体积的增加,却因人口稠密城镇中的桥梁、急转弯以及车站、船坞和码头的全部设计而受到限制。要改造这些东西是既需时日而又费用浩繁的。在这一方面,正如在其他许多方面一样,英国这个先驱国家,吃亏不浅。当 1908 年大西铁路建造一部著名的"太平洋"式机车——又一次用美国的绰号——时,发现它的重量和它非常长的轮托对大西路的很多段都不适合。[②]

在 1896 年以后,铁路在相互竞争之中所提供的设备精益求精,但铁路公司为此而多收取费用的权力却因改由水路运输的广

① "变得"一词是一种假设,因为不曾有正式统计发表。关于小批托运货,参阅本卷,第 436 页。

② 谢林顿:前引书,第 1 卷,第 178 页。事实上太平洋式机车是首先在新锡兰使用的。

泛可能性和近来政府的活动而两受限制，[1]随着物价的上涨，经营费对英国铁路系统的一般比率恶化了。在七十年代和八十年代，经营费从来没有超过 55%，在好的年头，竟低至 52%，甚至于 51%。到 1900 年是 62%：1900 年至 1913 年的平均数则在 62% 和 63%之间。[2] 股息自然下降了，虽则不是灾害性的。在 1912—1913 年伦敦—西北铁路“统一股票”名义上仍值一百三十以上，东北铁路“统一股票”在一百二十以上。但在回想到二十年前西北铁路股票是一百八十六的人们看来，这似乎是很低的。

既不能提高它们的票价或运费，各公司就以增进合作的方法来厉行节约。到这时，多亏各式各样会议的作用，它们在票价和运费方面已经没有真正的竞争。所有各线都采用同一货物分类，第
351 五类货物或头等旅客自甲地至乙地的运输费，是以任何公司所能提供的最短路线为基础的。[3] 既不能以较低运费招揽业务，热心其事的地方经理人就使用上十种的其他方法以广事招徕——他们免费给货物过磅，收取低廉的栈租，允许商人把装车货物留在侧轨上一连几天而不额外取费，或对顾客对于在运货物的耽延或损坏提出的要求予以照顾。他们力求充当比他们的竞争者更加认真，更加客气的倡导人。但是自 1900 年以来，免费的便利比较少了，而为这类便利规定取费的协定却有增加。尤其重要的是，各公司已经为商人非常敏感的一个非常伤脑筋的问题，成立了一个联合

---

① 关于水路竞争，参阅中卷，第 193 页。

② 数字录自《联合王国统计摘要》。

③ 参阅阿克沃思：《铁路经济学的要素》(Acworth, *Elements of Railway Economics*)(1905 年版)，第 112 页，和《1911 年的部门委员会》中的证词。

损害赔偿委员会,以促进其划一处理。[①]

这毕竟是不够的,铁路策略家越来越倾向于三十多年来在铁路询问案的术语中所谓的“分区”政策。[②] 二十世纪初期的一条模范铁路是东北铁路。它的一些总经理都是一些眼光远大的人,他们相信教育,相信铁路统计的价值,相信大煤车和对美国方法的批判研究。和他们的某些同行不一样,他们承认工会。[③] 在 1904 年,东北铁路已经采用了自动信号制,并且已经把它的太恩塞德郊区铁路线电气化来同市营电车竞争。[④] 它始终控制一个区,像法国铁路那样的一个垄断区域,并且公司当局公然意识到这种办法的优点。[⑤] 其他铁路羡慕不置。它们因铁路员工联合会日益增长的力量和 1905—1906 年自由党新内阁的态度而认识到节约和可
能促致节约的合作的必要。在 1907 年铁路工人提出他们以提高 352
工资和缩短工时为主要项目的全国方案而来自贸易部方面的劳埃德·乔治的斡旋已经防止了一次罢工时,[⑥]各公司认识到经由劳埃德·乔治的手接受一个调解和仲裁委员会的复杂制度,未见得就是实现整套全国方案,但肯定会增加经常开支。而且它们有这

① 《1911 年的部门委员会》,询问案第 488 号(贸易部的马伍德),询问案第14253 号(东北铁路的巴特沃思)。

② 中卷,第 184、188 页。

③ 汤林森:《东北铁路》(1914 年版),第 728、748 页及以下、750 页;阿耳科克:《五十年来的铁路工会运动》,第 382 页;特里威廉:《法罗登的格雷》(Trevelyan, G. M., *Grey of Follodon*)(1937 年版),第 86 页。在 1905 年他进入外交部之前,他是东北铁路的董事长。参阅本卷,第 599 页。

④ 汤林森:前引书,第 729 页。

⑤ 《1911 年的部门委员会》:巴克沃思的证词,询问案第 14162 号及以下。

⑥ 最出色的记述见阿累维:《英国人民史,结论》,第 2 卷,第 104 页及以下。

样一种印象，认为政府愿意它们合作和合并[①]——正如政府也许愿意的那样，只要可以说政府有意愿的话。有一个最近的和似乎有决定性的先例，近至1899年的一个。[②] 在1899年以前，大多数人若干年来已一致认为对英格兰东南角的三条各别铁路——伦敦－查塔姆－多佛尔铁路、伦伦－布赖顿－南海岸铁路和东南铁路——的补贴金是过分的。合并常常在讨论之中。当时有一些标准的维多利亚时代的笑话，打趣这些铁路和查塔姆铁路付不出分文股息。当爱德华·沃特金担任东南铁路董事长时，他的铁路和查塔姆铁路之间的一场毫无意义的私人意气之争使这两条铁路分离开来。在1894年他退职之后，两个公司的职员就援用它们的各式各样条例中所赋予而原可早加利用的那些非常广泛的合作权力了。1898年就一般经营管理的统一达成了协议。股东和公众是完全知道的。因而在1899年这两个公司请求国会通过条例予以批准时，没有遭到任何严重的反对。[③] 它们的区域不是一个大区，布赖顿铁路仍然是独立的。

在其他各地较大的公司相互之间有各式各样的特殊经营协定，在彼此轨道上的行车权，在规定地点上收入的分配以及对一些实际上已不复存在的邻公司的铁路的租赁——如著名的曼彻斯特—密尔福德铁路公司，它在铁路图上占有大约五十英里的路线，全部在卡尔迪根郡。但是完全的合并却非有议会条例不可；而一

① 1911年米德兰铁路的盖伊·格拉内特申述了他们的疾苦，询问案第18195号及以下。

② 克利夫兰－史蒂芬斯：前引书，第309—311页。

③ 指维多利亚，第62年和第63年，第168章这项条例。

般的经营同盟，如果不是在现行条例中有明文规定的话，就可能被铁路运河调查委员会予以取消。[①] 所以对于谋求通过合作以厉行 353 节约的各公司来说，问题是它们究竟能实行悄悄的联营和协定到怎样的程度而不致遭到挑衅和不超过所能期待的国会允准的范围以外。尽管有 1899 年的默认，议会是多有怀疑的，而且很容易受到和铁路公司有宿仇并对反对“铁路垄断”的呼声易起共鸣的一般商会和贸易商的鼓动的。要求合作的铁路也未始不会面临有利害关系的其他铁路的反对。

没有分文股息的中央大铁路自然是属于前一类的，并且它最近的求包伦敦货运已经把一些重要公司驱逐进后一类。在 1907 年尾，使股东和其他一切对铁路节约有利害关系的人一般满意的是，[②]在它和大北铁路之间公布了一项经营协定。它们将设立一个联合管理委员会并将以 1906 年的收入连同后来的调整办法为基础对净收入实行分配。[③] 这两家公司所凭靠的是有将近五十年历史的一项铁路条例（1858 年的维多利亚，第 21 年和第 22 年，第 63 章），这项条例给予曼彻斯特—设菲尔德—林肯郡铁路以和大北路缔结这样协定的一些权力。它们的股票立刻有了一点波动。[④] 但是这项协定遭到了挑衅，铁路调查委员对它下了不利的裁定，部分是基于这样一项非常合理的理由，即 1907 年南北行的中央大铁路不是 1858 年的东西行的曼彻斯特—设菲尔德—林肯

① 参阅中卷，第 195—196 页。

② 《经济学家周刊》，1907 年 12 月 7 日。

③ 同上书，1907 年 12 月 21 日。

④ 同上书，1908 年 3 月 7 日。

郡铁路。[①] 上诉法院维持了调查委员的裁定(1908 年 3 月),中央大铁路的四厘优先股从新近的最高额降低了二十点。

败诉的公司继而又向议会进行试探,但这时是和它们在 1909 年建议缔结经营同盟的大东铁路采取联合行动的。这是一个真正“分区制”的建议。在大北铁路通往卡斯当的干线以东,几乎无不属于这三条铁路中的一条。但是对于分区的论据或者对于这项议案的成败来说,不幸的是中央大铁路的新干线不但位于米德兰铁路和远至腊格比的伦敦—西北铁路的干线以西,而且位于在米德
354 兰各线穿来穿去一路至设菲尔德的那条干线以北。[②] 所以这项议案的辩论反映出议会内外意见的重大分歧是不足为奇的。[③] 刚刚交付二读,这项议案就终于撤回了,虽则博纳·劳这位保守党的领袖和理查德·贝尔这位铁路工人的议员都是投赞成票的。

米德兰铁路、伦敦－西北铁路和兰开郡－约克郡铁路关系的日益密切,是毫无疑问地影响了它的发起人的一种情况。自从这两条铁路筹划合并并在 1872 年被议会拒绝之后,它们的关系就一直是密切和友好的。早在 1872 年之前十九年就曾经有过西北铁路、米德兰铁路——当时是一条真正米德兰铁路——和北斯塔福德郡铁路合并的谈论,这时也许还没有完全被人忘记。[④] 自 1900 年以来在米德兰铁路和西北铁路之间已经商定了地方性联营和其

---

① 谢林顿,前引书:第 1 卷,第 243 页。

② 考阅中卷,第 184 页的铁路图连同直到马里勒伯恩的这条铁路现存路线。

③ 参阅这项议案在议会中的经过的记述,见《经济学家周刊》,1909 年 3 月 27 日、4 月 10 日、4 月 17 日。

④ 中卷,第 184 页。

他合作协定。[①] 它进行得如此的不显眼，以致在将近一年之后还未为公众所知悉。[②] 其中包括有得自所有认作是竞争性的和一些非竞争性的货运中的收入的利润分配办法。正当大一北一东一中铁路议案提交议会时，兰开郡一约克郡铁路参加了这个赢利分配同盟。苏格兰各主要公司之间的类似协定也是在大约同时缔结的。贸易界公众虽不完全知道这些条款，但对其后果甚为担心，既经熟悉东英格兰铁路那项大受批评和遭到摒弃的议案中的各款，就变得惴惴不安了。它得到了照例的一副麻醉剂——铁路协定和合并部门委员会，委员会的报告书直到1911年方始问世。西北铁路的总经理在1910年对这个委员会说，非特他的铁路叨惠于他们的赢利分配同盟不浅，而且他相信公众也同受其惠；他深盼同他的这两条友好邻线的合并能彻底完成。他看不出更广泛的合并有任何优点。他愿意听由大北铁路集团去为所欲为。这就是他对于“分区制”的意见。“我愿意……分区”，[③]他这样说。委员会在它的报告书中一致赞成“更加彻底的谅解和合作”；[④]但是对于合并 355
或“分区制”却没有作什么明确的表示。这都无关宏旨，因为并没有根据它的报告书采取任何行动：在1911年十四万五千名铁路工人罢工时，贸易部已专心致力于其他铁路问题而不遑他顾了。[⑤]

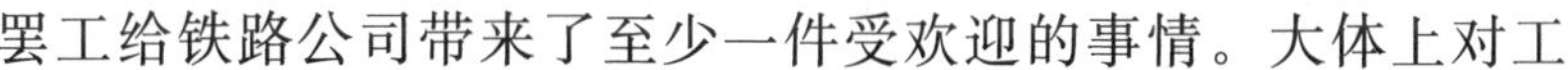

罢工给铁路公司带来了至少一件受欢迎的事情。大体上对工

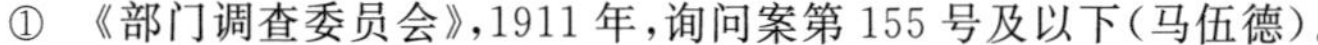

① 《部门调查委员会》，1911年，询问案第155号及以下（马伍德）。

② 《经济学家周刊》，1909年6月19日。

③ 《部门调查委员会》，1911年，里伊的证词，询问案第15621号。

④ 《报告书》，第18页。

⑤ 本卷，第327页。

人友好的政府允许以支应工人某些要求的费用适当地转嫁给公众；并以1913年的铁路运河运输条例（乔治五世，第2年和第3年，第29章）授权各公司提高运费和票价，如果能以证明确系由于改善劳动条件而增加开支并经铁路调查委员会认为满意的话。事实上运费立刻提高了4%。这同一年以洛尔本勋爵任主席的一个皇家调查委员会奉命再度调查那个永远调查不完的铁路与国家的关系问题。但是在按皇家调查委员会的通常步伐着手的这个调查委员会埋首工作之前，具有惊人效率和速度的铁路已经将英国雇佣军的单位逐渐移往南安普敦。调查委员会休会，并且始终没有再复会。这时显而易见的是，只要英国当局确知他们的禁令有所动摇，就可以将全国的铁路系统加以改组而不致遭到现在管理铁路的人们的太多反对。

在贸易商侈谈自由和个人主动性的价值的一个国家里，在1913年非有议会条例任何铁路公司都不能提高它的取费甚至4%这一事实，乃是物价大跌和偕以俱来的利润萧条的结果之一。[①] 使1913年条例成为必要的那项条例出现于1894年物价下跌的末期。[②] 在下跌过程的早期，在下跌看上去只不过是七十年代初期价格膨胀的一种通常的反作用时，贸易商对于铁路既抱有各式各样具体的不满，又抱有这样一个普通的和很容易理解的愿望，即在

---

① 参阅中卷，第196、385页。

② 关于导致这项条例的复杂情形的最出色最公正的叙述，是马弗：《英国铁路运费问题》（Mavor，J.，"*The English railway rate question*"），《经济季刊》（波士顿），1894年4月。

其他一切东西下跌时铁路取费也应该降低，因而争取到了一次对
铁路运费和票价的调查。在多次铁路调查中，范围这样狭窄的这 356
是第一次。这是在 1881 年。[①] 当 1885 年联合起来的各公司起草了载有他们刚刚读到的这个审查委员会的各项建议在内的一些议案时，贸易商和实业家声称——当时物价正下跌异常之速——各公司不过是试图提高运费并将竞争性进口货的优惠待遇合法化而已。[②] 各公司的确不愿看到运费的降低。在七十年代的繁荣年月它们已经花费了很多。它们希望它们所用去的款项得到报酬，而且它们经常开支的工资这一主要项目并未下降。在 1885 年以后，在为爱尔兰自治法案而斗争的几段间隔期间，有几项取缔性的铁路议案曾经由约瑟夫·张伯伦和其他阁员拟具出来而又予放弃。到 1886 年，可以相当肯定的是，议会不久将会采取行动，单单凭由铁路特许状上的陈腐的通行税最高限额和法院的二三十项具体裁定来限制运费的时期将不会太长了。[③] 四十多年前的一便士一英里的“议会”三等车已经成为其他所有客运票价据以调整的标准。事实上在 1888 年议会是根据那一年的铁路运河货运条例（维多利亚，第 51 年和第 52 年，第 25 章）来处理运费的。

这是一项野心勃勃的，不可轻视的立法；因为正式规定运费和为三等旅客按哩数计的取费设定最高限额是一个迥不相同的问题。议会认识到了这一点，所以深思熟虑地从事其事。要每一个

① 《铁路（运费和票价）审查委员会》〔*S. C. on Railways*（*Rates and Fares*）〕，1882 年，第 13 卷。

② 参阅阿克沃思：《铁路经济学》，第 133 页。

③ 中卷，第 197 页。

铁路公司提交一份商货运输修正分类表——也就是原来各条例中为铁路通行税所编制的简陋分类表的修订[①]——和一份最高额的运杂费修正表，其中包括议论纷纷和多所误解的“落货卸货费”，即对起讫两端所付的劳务的取费，既不同于对实际运输所收取的运费，也不同于为道路的使用所收取的通行税。二十多年前，铁路公司曾试图争取议会对“落货卸货费”原则的认可，并且始终愿以接受落货卸货费分类最高限额作为交换条件。[②] 它们未获成功。落货卸货费仍未作任何规定而继续成为一不断摩擦的根源，虽然它
357 们的征收业经法院予以核准。[③] 现在对于征收各式各样落货卸货费的情况和条件，铁路公司必须在它们的新价目表中作出精细的说明。

在修正分类表和价目表完备之后，议会即将予以批准，但是因为有数亿种不同的试行运费有待系统化，所以时间不会很快。分类并不太难。很多年来铁路清算所就一直使用一种分类表。它是根据货物的价值、易碎性和处理的难易等等而分等的，自令人头痛的雕塑家的托运货物直至沙砾。它是如此之令人满意，以致1865—1867年的皇家调查委员会已建议予以法律上的承认。[④] 为应付变更了的条件而加以修改之后，就用它来作为新分类表的基础；然而，即使如此，铁路方面仍认为这个新分类表是不胜其麻烦，

① 上卷，第413—414页。

② 中卷，第195页。

③ 在1885年霍尔对L. B. 和S. C. R. 一案中（L. R.，Q. B. D. 第15卷，第505页）。参阅马弗：前引书，第288页。

④ 中卷，第194页。

并照他们的说法，是无法实行的。[①] 运费则造成了更多的麻烦。铁路公司和贸易部无法取得一致意见。在 1889 年和 1890 年期间，两位专门调查委员，贸易部的考特尼·博伊尔和伯力的鲍尔弗勋爵，为考虑铁路公司的建议，操劳了八十五日，对这些建议开列了四千多条反对意见。[②] 之后，贸易部即将三十五道临时命令连同为各大铁路公司和为几类小铁路公司的每一类所制定的最高限额运费表提交议会。在 1891—1892 年一并交付两院联合委员会，对运费重又加以考虑。铁路公司曾经指为太低的若干项最高限额在这个阶段上有了提高，"铁路公司意料中的损失"从而"大大降低"。[③] 结果是一系列铁路(运杂费)命令追认条例。新运费实施的日期从原规定的 1892 年 8 月 1 日推迟到了 1893 年 1 月 1 日。整个步骤迄当时为止一直是严谨而又极其审慎的，调查委员们的调查也如所预料，是最为不偏不倚的。[④]

只要对新运费加以分析，就可以看出为道路的使用而征收的古老的通行税已经合并进包括通行税、托运费和公司车皮使用费的运输费之内。[⑤] 对于长距离——距离越长，每哩收费越低—— 358
和大件托运货物的差别运费得到了核准；但是对于整列车货的特低运费却没有得到核准，甚至整车皮货的特殊运费也不太受到鼓励，这一切做法，正如看上去的那样，都是为了应付英国的典型普

① 阿克沃思：《铁路经济学》，第 136 页。

② 《铁路运杂费审查委员会》(1893—1894 年，第 14 卷)，第 4 页。

③ 同上书，第 5 页。

④ 马弗，一位外界见证人，前引书，第 293 页。

⑤ 这个问题在英国一直是由于自备货车和公司货车的并存而复杂化。

通小件托运的情况和小企业主的那种当然的，虽则就经济而言不合理的烦言的，因为小企业主不能整车装运，所以对于优待能以整车装运的人的办法，是很有反感的。落货卸货费终于得到了承认。它们在原则上又再分作为场所的使用而收取的车站落货卸货费和为在该场所提供的劳务而收取的劳务落货卸货费。所有运费及其组成部分都是最高限额。外界评论家认为这是以现行运费作为基础，并不是奠定在任何合理的理论上，而是“出之以一种纯经验主义的形式”。[①] 它们正是如此；但是从来没有任何铁路系统，无论公有或私有，在适用合理理论于运费方面是很成功的。凭以达成这些最高限额的那种“非逻辑性折衷的著名英国精神”[②]的结果，不值得仔细研究，因为三年来千辛万苦地，虽则不是合乎逻辑地锤炼出来的东西，二十个月之后就发生了障碍。

在规定的日期到来时，铁路公司并不是都作好了准备。铁路公司及其拥护者说，它们没有得到充分的时间对数百万种不同的问题作出决定。[③] 因为精心拟定的最高限额不过是最高限额而已，并不是实际运费。有一些是等同或低于事实上铁路向所收取的，但这只是少数。这些自然改用新运费。但是大多数都超过向所收取的很多，因而不能不决定究竟把运费提高到怎样程度方为合宜或切实可行。英国的大部分货运是按照多半为应付水路竞争而订定的特殊运费来承运的，并且因为这种竞争的普遍存在，所以在英国比在其他任何国家都更加复杂，也更加显然不合理。铁路

① 马弗的论文，见前引书，第 294 页。

② 阿克沃思：《铁路经济学》，第 143 页。

③ “所宽限的时间不太充分”；阿克沃思：前引书，第 151 页。

公司曾筹划提高其中某一些运费来补偿法律上所强加的削减。甚
至议会中对它们持批评态度的人也以为有少数几项向来异常之低 359
的运费会有所提高。[①] 但是在 1892 年秋季凡是对总经理们，而尤其是对贸易部不信任的人，都不指望铁路公司在 1893 年 1 月所作出的调整。[②] 它们在新特别运费未拟定之前，把所有最高额都暂时列进它们的运费簿中，但据称，而且也未经否认，它们始终没有告诉它们的站长说这些新运费“在大多数场合下都只是临时性的”。[③]

虽然这是一种不道德的行为或诡计，正如它们的敌对方面意在言外的那样，但也是愚蠢的不道德行为或非常拙劣的诡计。“已经习惯于对某种货运支付比如说十二先令一吨运费的贸易商，收到了索取十六先令、十八先令或二十先令的发票”，[④]而无任何解释。（世界价格仍继续下跌，英国失业数字正不断上升。）贸易部和铁路协会互以信函相责难。[⑤] 议员们收到了整邮袋的诉状；贸易部大臣则大谈“要使铁路方面恢复其理智”；所以 5 月间下院的一个审查委员会已在进行另一次的铁路调查。提出了无论议会或贸易部所最希望的就是提高异常之低的运费的报告的，正是这个委员会。但又据似乎不大合理地辩称，那些最高额并不是制定出来

① 《审查委员会报告书》，1893—1894 年，第 5 页。

② 《审查委员会报告书》，1893—1894 年，第 6 页。在秋季，委员会“并不知道铁路公司的意图”。

③ 《报告书》，第 7 页，冠以“显然”二字。

④ 阿克沃思：《铁路经济学》，第 149 页。所以援引阿克沃思，是因为他一般站在铁路公司方面。参阅他所著《铁路和贸易商》（1891 年版）一书。

⑤ 《报告书》，第 8 页。

为供使用的，肯定不是为供立刻使用的，而是为供将来紧急时期应急之用。铁路公司，据委员会说，除超过新订最高限额的那些之外，未始不可维持它们的旧运价，并作一些零星的适度变革。[①] 这的确是持审慎态度的铁路当局所应该作的，虽则铁路方面认为，照这项法律和所给它们的时限来说，这是不可能的。在这一年年底以前，在它们向这个下院委员会表示新运价表一旦订定竣事，将立即偿还自 1 月份以来的浮收款项时，则无疑是自认轻举妄动了。[②]

360 这并没有使它们得以避免 1894 年 8 月 25 日奉敕准一项奇特的、短短的议会条例——维多利亚，第 57 年和第 58 年，第 54 章。这项条例的主要条款规定：如果有人抗议某铁路公司自 1892 年 12 月 31 日起有“直接或间接提高任何运杂费”的事情，并认为这种提高是“不合理的”，那么向铁路运河调查委员会举反证的责任应在公司方面。这项不平常的条款接下去规定说：“只证明这项运费或杂费是在议会条例所追认的任何临时命令规定的……限度以内是不够的。”议会既群情扰攘地为铁路厘定了最高限额的取费，但旋又以法律规定：任何铁路不得以这些最高限额在现实世界中是合理的作为借口，以图取巧。铁路在运费不超过它的最高限额而运费的更订又不含有“不正当优惠待遇”的条件下所享有的更订其运费的一般权利，这时突然破天荒为法律所剥夺。

“英国的铁路运价”，在这项条例刚刚通过之前曾经向美国读

① 《报告书》，第 7、12 页。主要的考虑在第 12 页中流露出来：“照贵委员会的看法，既经订定的运价的提高……尤其在萧条时期，是一个最严重的问题。”毫无疑问。

② 《报告书》，第 10 页。

者这样解释说，“远不像美国那样波动之大，突然的重大的变更几乎是闻所未闻的。紧随 1891—1892 年立法而来的变更乃是多少年来在英国所发生的最激烈的变更。”[①]注释家的第一句话有助于说明 1894 年的条例：“突然而重大的变更”似乎是骇人听闻的，而主张这些变更已成定局的笨拙建议却导致了议会发动机的喧嚣和倒转。他的第二句话既使 1892 年 12 月 31 日未变更的运价事实上成为“合理的”运价，任何提高都要以法院能否满意为准，这就陷条例于矛盾之中而使之归于无效了。所以这项条例倒是有助于使英国铁路取费长久以来有别于美国的那种稳定性长此保持下去的。[②]

如果提高运价就总是易于受到挑衅的那些铁路公司——虽然由于向铁路运河调查委员会起诉所费不赀而这种受挑衅的可能性已有所减少[③]——对于提高运价是有所踌躇的，除非它们自信立于不败之地。在 1894 年以后，调查委员会事实上核准了各式各样的加价，它所常常认为合理的辩护之词就是某一家或某几家公司在处理某一类货运的成本方面有永久性的增加；[④]但结果却总是 361
如此的没有把握，以致公司，或不如说规定一切比较重要的通运运价的那些公司会议，不但对于倡议加价有所踌躇，而且对于试行减价也有所顾虑。因为试行如不成功，恢复旧有较高运价的建议就有可能导致诉讼。

① 马弗的论文，见前引书，第 314 页注。

② 参阅阿克沃思：《铁路经济学》，第 158 页。

③ 《审查委员会报告书》，1893—1894 年，第 12 页。

④ 阿克沃思：《铁路经济学》，第 155 页。

所以整个说来，英国运价仍保有 1891—1892 年立法以前成为它们的标志的那种稳定性；并且铁路公司在面临和 1896 年物价上涨偕以俱来的经营费上升时，试行以各式各样早已熟习的合作的方法和尽政府所能允许的合并来降低开支。既然所有其他价格都不断上涨，铁路取费方面一般适度的上升在一个没有偏见的人看来也未始不是合理的。但是铁路经理们已经懂得了建议加价的轻率。像物价上涨这样一种抽象的东西在法庭中迄尚未必可以作为抗辩的理由，虽则调查委员会曾经在各式各样试验性场合下承认经营费的个别项目的增加是个别运价增加的一项合理的辩护之词。在为 1911 年的运费协定辩护时，铁路代言人小心翼翼地指出运费协定非但没有提高一项运费，而且还减低了几项。[①] 他们深知在公众和议会看来，提高运费是铁路固有的罪恶，而导致加价的任何铁路政策将会毫无理由地遭到谴责。

铁路公司在物价上升时期不情愿提高运费，无疑是铁路工资停滞不动和 1910—1911 年工潮的一个重要的，也许是唯一重要的原因。但是这些工潮至少给了铁路方面一个为议会和公众所能谅解的普遍加价的辩护之词。核准加价以抵补对工人工资要求的让步的 1913 年条例，可以认作为法院在特定场合下，为特定运费所下判决的唯一的一次适用。对于没有偏见的人来说，这是一项足够明显的判决。但是普通消费者的心理认为煤价和烟草价格的上涨是理所当然的，虽则是讨厌的，而工商界的心理也总是在各自的

① 伦敦－西北铁路的里伊，见《铁路协定和合并部门委员会》，询问案第 15763 号。

范围内把价格上涨和市场看好看做是同一件事情，可是两者对于 362
交通运输的价格上涨，迄未采取一公平的看法。一便士一英里的“议会票价”变成为一便士又四分之一是不可思议的；货运单价的一般上涨也几乎是同样要不得的。前一项犯众怒的做法在1913年并未考虑到，货运单价4%的小额上升是可以用社会政策这个容易理解的理由来作为辩护的。

不到一年的工夫，认为任何价格都可以是半永久性的这一观念就渐渐站不住脚了。不到四年的工夫，在经济方面完全不可思议的反常事物或新颖事物是为数不多的。

虽然在1906年以后汽车运输已迅速见诸通用，但是在1913—1914年，道路上无论客、货的长程运输都还不值一提。“公共汽车”，据1913年的记述说，“现在已经远达温索尔、巴内特和埃平”；[1]但甚至这也是新近的事情。沿岸航运和铁路在短兵相接和错综复杂的竞争中，支配着长程运输而几乎未受挑衅。在1904—1906年和1910—1912年之间，铁路每年所载旅客的平均数增加了9%；一般商货的吨位增加了10%；矿物的吨位增加了12%。[2]虽然铁路公司没有把它们的经营费对毛收入的比率保持在63%以下（而在七十年代和八十年代的最高额是55%），但铁路股票对投资人仍然是有吸引力的。运河和内河航行的竞争是有的，正如历来的情形一样，但除开一个著名的例外——新辟的曼彻斯特海

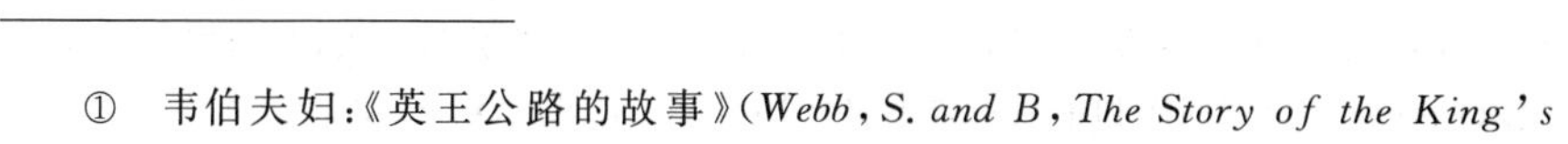

① 韦伯夫妇：《英王公路的故事》（*Webb, S. and B, The Story of the King's Highway*），第261页。

② 录自《统计摘要》。

船运河——这些水路运输在二十世纪初期比之 1888 年所增极其有限。[①] 在 1905 年，甚至包括其海上运输确为普通运河所不能比拟的海船运河在内，大不列颠由水路运往内地的商货的吨数，肯定不到铁路运入的十分之一。减除通往曼彻斯特的这种海上运输，而把曼彻斯特水系的其余运输包括在内，则吨数不到十二分之一。

铁路评论家，连同认为内河运输的相对停滞与其说是由于地
363 理和经济的原因毋宁说是由于政府对某种合并的疏忽和铁路的不法行为的那些人，能以指出同 1888 年以来除新曼彻斯特货运以外的独立运河上的大量增加相比，铁路所拥有或控制的那些水道上的运输有了微微的下降。又据指出，在利兹一利物浦运河和登河航道这两条相当重要的水道系统上，运输已经有了增加，因为铁路公司对这两个系统的完全控制已经分别在 1874 年和 1895 年告一结束。利兹—利物浦运河已经发付了相当不错的股息，主要从横越兰开郡煤田的平原段上赚到的。登河航道及其联合运河也有一个煤田在背后，并且大部分都在一百英尺的等高线以下。自 1895 年以来，它就是设菲尔德—南约克郡航运公司这家新公司的财产，这家公司已经在乌兹河平原上完成了同它的北邻相衔接的新工程，埃尔—卡尔德航道。[②] 对于一条英国运河来说，在二十世纪这

① 《运河和水道皇家调查委员会》(*R. C. on Canals and Waterways*)，第 4 卷(1908 年)，第 2、80 页中的统计数字。运河运输的数字是残缺不全的，多半有些张大其词。数字“是由于载往第二和第三条水道的全部货载的总数而张大起来的”，《运河等皇家调查委员会第四次和最后报告书》(1910 年，第 12 卷)，第 48 页。

② 《运河等皇家调查委员会》，第 4 卷中载有每一条运河的简史，第 352 页。参阅中卷，第 198、200 页。

是一件罕见的事情，但是在1905年，设菲尔德—南约克郡航运公司没有发付分文普通股股息——始终没有超过0.5%——优先股股息则是3%。这家公司不断抱怨所谓不公平的铁路竞争——以铁路用钢铁的订单贿赂钢铁公司来利用铁路和以铁路自备轮船上的低廉运费诱惑出口商。但这家航运公司依然健在；而它在仍然是曼彻斯特－设菲尔德－林肯郡铁路时所由买进它的水道的中央大铁路，处于同样的财政地位。[1]

根据这些自由水道系统的比较成功所作的论证，与那些在特定场合下铁路所拥有或控制的水道对照来说，是不无道理的。但是若说在任何场合下，自由就意味着更多的水路运输；若说，举例来讲，或多或少平行于一条铁路并为铁路所控制的运河——克内特－埃房运河或串特－默尔西运河——在同铁路的竞争中会承接更多的业务，那却是远不能肯定的。忽视本身所拥有的运河并不照例是对铁路有利的。事实上，1905年运输的平均密度在铁路所拥有的运河上比在自由运河上要大。[2] 这一点并不是决定性的，因为铁路一直非常聪明地没有对米德兰和南部的一些最长和最僻 364
静的水道试图加以控制；并且它们没有买进沼泽区的任何一条水道就已经使该区水道的运输几乎一扫而空了。[3] 但这足以表明铁路控制至少不一定意味着在水道真正有业务可作的地方的停滞或衰退。

由于地点关系而具有雄厚力量并能以同铁路或其他任何形式

① 本卷，第348页。

② 大部分是由于伯明翰各运河的非常稠密的运输；《最后报告书》，第51页。

③ 中卷，第199页。

的运输进行有效竞争的那些运河和水道，始终没有丧失它们的独立性，并且继续把它们所计划的工作进行下去。从柴郡平原的各产盐城镇通往默尔西河的成威弗航道正是一个贴切的例子。[①] 它始建于 1721 年。它是一种托管制而不是一个公司，但在 1895 年它已经成为代表所有各关系方面的一个托拉斯。在 1866 年和 1875 年之间，工程已大为改进，水力升降设备在诺思威奇附近的安德顿装置起来，大平底船在驶往陶器产地的途中可凭以从威弗河的水道上转到铁路所控制的串特－默尔西河的水道上。[②] 在产盐城镇的下面，"全部食盐出口贸易"都是顺威弗河而下，而且这样装运〔可以〕比铁路便宜得多。[③]

第二条成功的水系，埃尔－卡尔德航道，甚至历史更为悠久。它的原条例是威廉四世，第 10 年和第 11 年，第 19 章。它是 1872 年据报在改良工程上〔用去〕大笔款项的唯一的一个水系。[④] 在六十年代将水道加深并将水闸加长之后，重达一百七十吨的船只已可通航。后来它又发展了这样一种制度，可以用一连串的"隔舱船"，也就是由小汽船拖曳的浮动金属桶，将重达九百吨的煤炭从西赖丁的煤田一次运到古耳的公司码头。一度只是两条河流的一

① 《运河皇家调查委员会》，第 4 卷，第 385 页；利奇，博斯丁爵士：《曼彻斯特海船运河史》(Leech, sir Bosdin, *History of the Manchester Ship Canal*)(1907 年版)，第 1 卷，第 27 页。

② 《最后报告书》，第 36 页。运河在阿诺德 · 贝奈特：《陶瓷钩》的前面的一章中占有一段篇幅。

③ 利奇：前引书；另见中卷，第 199 页。

④ 中卷，第 198 页，另参阅上卷，第 76 页和《运河皇家调查委员会》，第 4 卷，第 229 页。

个单纯航道已经变成为一个由运河和河道组成的复杂水系，这一水系同现在不大重要的横贯奔宁山脉的各水道衔接起来，但它所进行的主要和一贯重要的工作却是在利兹和海面之间的一百英尺等高线以下。它既是运输业者又是利用它的水道的“各式各样商 365
人”[①]的船只的通行税征收人，而它的首要任务就是在同铁路竞争以外应付这些商人的竞争。然而埃尔—卡尔德航道在近来自由运河运输的有限增加之中却占一相当部分。[②] 虽然对于它的股东来说并不是一个金矿，它却比某些大铁路公司更经常地发付股息。

曼彻斯特的地势比利兹更低，也更加近海。兰开郡南部和柴郡北部的平原曾经是英国运河——也是英国铁路——的发祥地。在铁路获得成功之前，在1825年那个发起计划年，曾经有过自曼彻斯特至迪河河口开凿一条通行四百吨船舶的运河的计划和一个流产的公司。他们曾在曼彻斯特的皇家戏院加以歌唱，但利物浦方面却写出了讽刺它的诗篇。[③] 在此后半个世纪之中，关于海船运河的街谈巷议时有所闻，而以贸易最呆滞的时候最为甚嚣尘上。1845年的反谷物法宣讲员之一发出了资本三百万镑的一个公司的发起书，计划中的运河并不是通至迪河而是通至默尔西河。几次开会，但无人认股。[④] 最后在七十年代后期的萧条期间，方案在

① 《运河皇家调查委员会》，第4卷，第229页。

② 《最后报告书》，第51页。

③ 利奇：《曼彻斯特海船运河》(Leech, *Manchester Ship Canal*)，第1卷，第59—60页，附乐谱。

④ 利奇：前引书，第1卷，第71页。

一批热心人士中间具体形成。到 1882 年，一个临时委员会已开始工作，在此后三年之中，在将近十件曼彻斯特海船运河条例之中的第一件得于 1885 年著诸法典以前，在议会两院私法案委员会中，舌战唇枪相继不已。前两项议案都遭到了否决。[①]

曼彻斯特和它的拥护者以照例进行论辩的夸张口吻，谈到了高昂的铁路运价以及铁路和水道为维持这种运价所举行的非神圣的会议；谈到了对停泊在利物浦的船舶所加征的码头征课的过当和对一切商货所征码头捐的不公平；也谈到了默尔西码头和港口的颟顸和无能。[②] 除开这些具体的不平之外，他们还主张曼彻斯
366 特应有权以任何合理的方法改善它的地理环境。利物浦和各有关铁路则重又依据法院的判例反复论证这个计划是行不通的；又说纵使行得通，也会将预料原是它们的贸易从它们手中夺去，而它们已为此而所费不赀。何况这还会给默尔西河河口造成损害，而利物浦当局已经被涉诉的另一造控以玩忽之咎了。

为应付这种工程上的批评，在最后采行的方案中，拟使运河顺河口流至十二英里远近，然后在东哈姆地方入海，而不是像原所设计的那样，流至大铁路所围在里面的利物浦附近的中段。[③] 但是有关河口的论辩却在最后一次庭讯中被用来作为反击。它遭到了

---

① 利奇书是主要材料来源。另参阅自始即热心鼓吹者而现已绝版的《曼彻斯特城新闻》(*Manchester City News*)。《曼彻斯特卫报》最初抱批评态度，后来又转变过来。

② 关于这一点，参阅中卷，第 520 页和《伦敦港口皇家调查委员会》(R. C. on... *the Port of London*)(1902 年，第 43 卷，第 93 页)。利物浦的一些航运界人士当时也是抱批评态度的，例如托玛斯·伊斯梅；利奇：前引书，第 1 卷，第 46—47 页。

③ 这项变更是利物浦码头的工程师利斯特提出的；利奇：前引书，第 1 卷，第 251 页。

万箭齐发的“以子之矛攻子之盾”的抨击：利物浦一直忽于疏浚默尔西河的拦江沙，而且把阴沟中的污秽和从码头疏浚出来的东西一并排入上游的水面；而在格拉斯哥，克来德航道董事会却通过疏浚已使一度很浅的克来德河可供大船航行了。[①]

在私法案委员会提起诉讼是费用浩繁的，而为修筑运河筹募资金却非易易。可是曼彻斯特运河派的领袖，遇事乐观而又不懂财务的丹尼尔·亚当森竟设想“人民大众提供所需资金的踊跃”，[②]会和“家庭佣仆、蔬菜水果担贩、蔬菜水果商和工人”[③]为完成大东铁路而筹集款项的情形相仿佛。人民大众的真正热诚是有的：合作社社员和工会会员都努力以赴；但是需款八百万镑，而第一次公开募股所得却不到一百万镑。继而就商于罗思柴耳德，并要求以1%的比较吝啬的佣金为之筹募六百万镑。他们失败了，因而将发行的股票收回。继而又有一次宣传和另一次公开的募股。原认股人同意设价值四百万镑的优先股本；[④]由罗斯柴耳德号和巴林号共同发行的这笔股本在伦敦已全部加以分配，至于普通股本则已经就地募足。1887年11月开始破土开凿。

但是这项工程六年多还没有竣事。在它竣工的时候，公司 367
的股份、借贷和社债资金合计已约达一千五百万镑，但其中有一百七十一万镑是为购买布里季沃特运河系那个兴隆的企业而花费

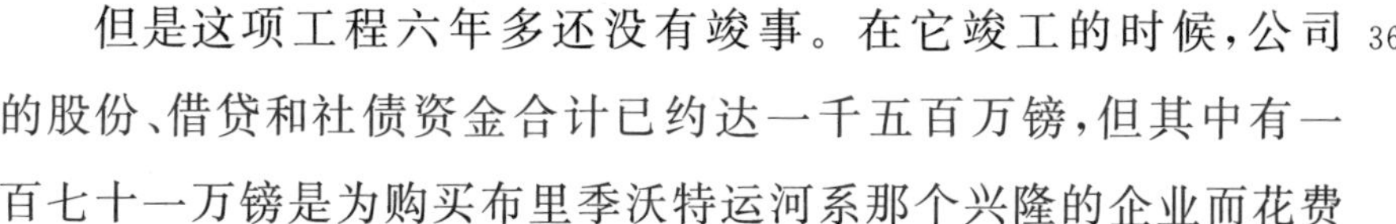

① 中卷，第521页，另参阅《港口报告书》（……在最近二十年中所进行的工作）〔Harbours Return(... of works executed within the last twenty years)〕，1903年，第63卷，第189页，格拉斯哥项下。

② 利奇：前引书，第1卷，第317页。

③ 中卷，第70页。

④ 利奇：前引书，第2卷，第1页及以下。

掉的。[1] 承包人对于单纯工程费的原估计，不包括地价在内，是五百七十五万镑；但是其不幸和估计的错误却超过了一个宏伟工程企业的一般情况。在 1891 年一千万镑已经用尽而眼前再无任何款项可以指望时，如果不是曼彻斯特城参议会决定得在议会准许的条件下借给运河公司三百万镑，它将会永无完工之日。议会准许了。但是这笔款项仍不敷用。[2] 在 1893 年，曼彻斯特城又另筹措了二百万镑，以换取董事会中的多数代表权。所以那一年运河竣工了。

十四年之后，在 1907 年剧烈和多少有点不健全的贸易活跃时期，公司的收益几乎足够偿付这些和其他借贷的全部息金；但是第二年，随着贸易萎缩，却捉襟见肘了。在和平的最后几个好年头中，又有所恢复；但甚至那时，曼彻斯特海船运河的普通股票也很少开价，十镑的优先股票则起伏于三十先令上下。整个说来曼彻斯特确信地方上普通股方面的损失是值得的。它颇以市参议会的决心和有担当而自豪；它已经目睹各种各样的工业企业在码头周围和运河沿线勃兴起来。供给了超支工程费达四分之一以上的广为散布的优先股股东的意见，并未加以搜集。他们肩负了普通投资人的风险，而并不比外国政府的某些债权人或英国铁路的少数优先债权人更为不幸；虽则甚至红利扣存普通股的股东在同时代

① 资本的详情细节见《运河等皇家调查委员会》，第 4 卷，第 32 页；利奇：前引书，第 2 卷，第 15、255 页。

② 曼彻斯特城参议会的调查委员会在 1891 年的报告书中，把估计成本的巨大误差归咎于(1)见不到的埃耳兹米尔港的修筑费；(2)议会所强加的保护条款；(3)承包人的逝世以及和他的执行人的争执；(4)劳动和材料价格的上涨；(5)1890 年 11 月的水灾。利奇：前引书，第 2 卷，第 89 页。

的和或许多余的中央大铁路中也拥有一笔和他们的股票价值不相上下的财产。[①]

运河给"曼彻斯特的贸易和繁荣所带来的惊人而确实的利 368
益"[②]的确是没有怀疑余地的。利物浦并没有因它的拥护者所预言的那种可怕的情况而受到损害。当它在1882—1885年同曼彻斯特议案搏斗时，每年从它的港口结关出口的船舶平均不到五百万吨：在1912—1914年则将近七百五十万吨，而曼彻斯特二十年中所构成的数目是一百一十万吨。纵使曼彻斯特没有构成这一百一十万吨，利物浦也未必就会超过七百五十万吨太多。它未必就会疏浚默尔西河的拦江沙，把春季低潮时期的深度从十一英尺增加到二十八英尺，或减少它的港口捐，像事实上的情形那样。[③] 它也扩建了它的码头，改进了码头上的设备，特别是由于沿着码头的全程所建造的高架电车而取得的改进。

竞争一直给它以刺激。要想描绘（计算是不可能的）这项无利可图的营利事业对全国的而非仅仅对曼彻斯特的裨益，就不能不对这项刺激加以考虑。在运河及其码头附近发展起来的至少某一些工业，大多是在任何情况下都会在曼彻斯特发展起来：运河是在贸易呆滞时期设计的，而竣工于物价上涨开始的前夕。更多的工业企业未始不会在其他各地发展起来，也许在利物浦附近。曼彻

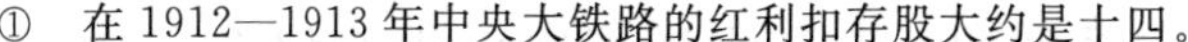

① 在1912—1913年中央大铁路的红利扣存股大约是十四。

② 《运河皇家调查委员会最后报告书》，第146页。

③ 利奇：前引书，第2卷，第258页；中卷，第521页；《工程报告书》，1903年，利物浦项下——"直到……1889年，对于增加拦江沙一带水的深度没有作过任何真正的努力"。在1882年或1883年（他忘记是哪一年）低潮时期横渡拦江沙的一艘小小的沿岸航行的轮船上，铅球不断投下去探测水的深度，使船上的一个小男孩大为兴奋。

斯特的争论者在他们的平衡表上所列举的人口、估征价值等等的增加，[①]也未始不会出现于其他某处地方，出现于更加近海之处。但是往来于以经济的远洋轮船现在可以深入其地的曼彻斯特为集散中心的这个辽阔的、人口非常稠密的区域的商品——以棉花、食品和棉货尤为重要——的发送便捷，却肯定是一项国家的资产。久而久之，甚或为期不久，它或许就可以抵补为使这个中心可以往来通航所造成的损失而有余。如果在这一点之外再加上对于曼彻斯特、利物浦以及联络这两地的铁路——不必再往远处去看——
369 的努力和节约所起的刺激作用，那么在平衡表上国家从评论家常常称之为“曼彻斯特沟渠”的事物中所获得的利益的图景就不难令人心悦诚服了，虽则它的轮廓还多少有点模糊不清。

正是在这条“沟渠”的间接利益开始被普遍认清，甚至它的财政前景已经光明到足以使十镑的优先股在1905—1906年贸易恢复期间获有四十先令的牌价时，有一个皇家调查委员会奉命查勘联合王国的运河和内河航道。动力是来自商会方面，尤其是来自曼彻斯特和伯明翰地区的商会方面。前者重视在海船运河、布里季沃特水系、威弗航道和利兹—利物浦运河的兰开郡平原段上所证明的水路运输的优点；后者则希望分享这些利益，因而阻止重工业从米德兰向海滨迁移。正如向来一样，由于自1900年至1904年比较不景气和失业数字上升期间的贸易清淡而产生了一批减低运输费的建议。一系列的运河和水道议案已提交议会。1905年，曼彻斯特商会请求设立一个由政府给以财政担保的公共信托局，

① 正如在利奇：前引书，第2卷，第253页。

来监督整个内地航道系统的改造。这正是特别指望已成立了三年多并刊行了证词和报告书十一卷的那个调查委员会予以考虑的建议。[1]

半世纪来使调查委员会和审查委员会纠缠不清的所有各种理论和迷信，都一一加以重新考虑。铁路照例是安置在被告席上；但不妨说它们获得了体面的开释。调查委员们不能说铁路所主有或控制的运河，作为一个类别而言，维修得不如其他运河。[2] 他们承认在一百五十九英里的市际狭窄水路上载运全国由水路内运的全部吨位的五分之一的伯明翰运河系统，如果没有强有力的伦敦一西北铁路在它背后的话，那就未必能维护得如此妥善。“一位很有独立见解的见证人说：铁路把这条运河经营得‘好极了’”。[3] 作为 370
北斯塔福德郡铁路的产业的串特一默尔西河航道那条非常重要的横贯全国的航线，对于陶器产区是极其有价值的，而为“任何独立运河所不及”。[4] 从派丁顿到莱姆浩司的那条自由的摄政王运河，所收费用之高，正和伯明翰水系不相上下，而伯明翰水系的运费却一直被引证为铁路勒索的一个例证。[5] 固然伯明翰运费非常高昂，但是在旧采煤区和水要抽上来的运河所在这个地势很高的地方，维持费也是非常高昂的；[6]对于它未能给予通运业务以特殊价

① 关于曼彻斯特方面的议案和建议，参阅《运河皇家调查委员会最后报告书》，第6页。

② 《最后报告书》，第74页。

③ 同上书，第75页。

④ 同上书，第35页和询问案第1461号的证词中。

⑤ 同上书，第72页。

⑥ 参阅《皇家调查委员会报告书》，第4卷，第210页中的细节。

格的责难,伯明翰当局回答说:第一,并没有承办多少通运业务,第二,它的运河对于地方运输已经应付不暇了。[①]

虽然在他们的主要报告书中并没有提到,但是调查委员们了解各式各样的铁路对于如何保持各式各样运河于可使用状态深感莫知所措。根据它们的条例,它们有义务这样做,既有义务就没有任何理由打击任何未始不可减少它们损失的运输。无奈这里根本没有运输可言。大西铁路就是这样维持了克内特—埃房运河,伦敦—西北铁路也是这样维持了狭窄的哈德兹菲尔德运河连同它在约克郡方面的四十二个水闸和没有一条纤路的山顶隧道。在1905年,经由这个山顶的通运是根本没有的。[②] 全国最繁忙和管理得最好的铁路之一既可以兰开郡—约克郡铁路所惯有的速度通过一条邻近的隧道载运货物,它为什么要经由这个山顶呢?甚至那条自由的利兹—利物浦运河,尽管全程都很宽阔,而且在埃尔山峡还有一片宽广得多的地带,但是通过丘陵地带的长程业务也是微乎其微的。[③]

对发展水路通运的重要性抱有成见的调查委员们注意到了多数通运路线都有狭窄的连接线,正如哈德兹菲尔德运河那样。但他们并没有从下述事实中得出明显的结论:和它的收有实效的邻线埃尔—卡尔德运河共同连接东部和西部海面的利兹—利物浦运河就没有这样狭窄的连接线。他们赞扬一直“与时代俱进”的少数

① 《最后报告书》,第 71 页。

② 《皇家调查委员会报告书》,第 4 卷,第 194、305 页;《最后报告书》,第 40 页;另参阅上卷,第 107、113、115 页。

③ 《最后报告书》,第 40 页。

运河之一的大联络线运河；[1]但是又一次忽视了未始不可从它对 371
首都地区短程运输的依存所得出的结论。[2] 这也许是因为他们希望他们的主要建议能以消除这种依存。

这项建议是要先在一个新设的航道机关之下，凭由政府的信贷创立一条改良运河的“交叉线”，可供一百吨的小船——或作为代替办法，但以大得多的代价，供三百吨的小船——从泰晤士河渡到默尔西河，并从塞佛恩河渡到恒比尔河。[3] 这条交叉线自然是在预料多所受惠的伯明翰地区。希望能有一条大为加宽的大联络线运河每年可从米德兰煤田运送三百万吨煤到布伦特福德和派丁顿；但是为什么要将铁路运输转变为运河运输，而运进伦敦的煤斤的铁路运杂费原是受到海运煤竞争的限制的，现在却要利用公共信贷来降低伦敦煤价，这一点并未予以澄清。由运河运入的“派丁顿煤”，照它惯常的称呼，最初既不能同海运煤相竞争，继而又不能同铁路运煤相竞争。[4] 即使有公共信贷为后盾，也未必不再度失败。

然而调查委员们一致认为，甚至大加改进的水道似乎也只有煤一类的货物才会大加利用。原非由运河河道服务的煤矿、采石场和重工业企业如何同这个“交叉线”联接起来的问题，并未受到适当正视；建造通往这类地方的铁路支线的轻而易举也未获得充

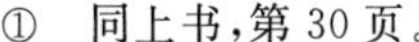

① 同上书，第 30 页。

② 同上书，第 53 页。

③ 《最后报告书》，第 93 页及以下。

④ 上卷，第 82 页；中卷，第 201 页。

分理解。这里还有两岸“制造厂林立”的狭窄运河的问题，[①]正如在伯明翰区的运河那样。要加宽这些运河就意味着不少房屋要拆毁和或许大量赔偿要支付。要听任这些运河河道狭窄如故，就意味着要在“交叉线”的这个联接点上把货从一百吨或三百吨的船上卸到较小的船上，从而大大地影响了水路通运的真正节约。

一个改良的和技术上划一的运河系统对于贸易——对于某些贸易和某些贸易商——将会有所裨益，这一点是显而易见的。但是按照所提出的那样高的代价，是否会划算呢？具备天然有利条件的运河一向可以在公开市场上筹募资本。没有人提议要政府加
372 宽哈德兹菲尔德上面的隧道：那是显然不经济的。就曼彻斯特所作的类推并不合人信服：那里最大的便利就是海运货载可以在深入内地三十五英里远近，恰恰在它们的消费者和生产者中间装卸。尤其重要的是，这个地方的贸易一年比一年更彻底地奠定在小批托运货和迅捷的运输上。这甚至对伦敦的煤炭贸易来说也是适用的，在这方面从矿井旁边直接起运的单车皮货载可以说是一个普通单位，一百吨或三百吨的成批托运货物却是罕见的。供应煤气厂之类的大批托运货通常是走海路。这类论证的大部分都是由调查委员会中持异议的委员们所提出，而这个调查委员会像很多皇家调查委员会一样，意见远不是一致的。[②] 持这类论证的人很可引证运输经济学的一位欧洲重要权威在他们刚刚开始工作之前所写的东西。当人们高谈人工水道对铁路的技术上的优越性时，他

① 《最后报告书》，第 32 页。

② 十六个人签字，六个人附有很多保留意见，三个人拒绝签字。主席拉塞尔·雷附有大量保留意见（《最后报告书》，第 193 页）。

说他一贯获有这样一个印象：怎样“公共财政可以对特定的商业或农业作出牺牲”倒真是一个问题。[①] 可以不失为公平地说，英国的农业利益集团从没有对运河表示过任何偏爱，也没有要求在运河上面花费分文。[②] 一艘载有一百吨粮食缓缓行驶的小船是不引人注目的；如果所装载的是牛奶或家禽，水果或蔬菜就更加不引人注目了。修道院花园的伦敦大菜市并不是那样进行贸易的。比林斯盖特鱼市场在另一个重要的利益范围内也不是那样进行的。

这个调查委员会的指派恰恰早了一点，以致它的建议没有受到既不需要运河河道也不需要铁路侧线的一种运输形式的可能性的影响。那种形式的运输在出现之后将对煤一类东西的主要运输影响不大。但是顺着密集在伦敦街道上的一行行公共汽车所产生的技术设想，在调查委员会开会期间未始不会预料到下一步的发展；[③]至少可以在倒数第二种运输形式人为地恢复以前建议观望
一下。当时有一艘小汽艇，用来装运木材，从格林斯比溯埃尔—卡 373
德尔那条出色的自由航道而上，直入约克郡工业区。没有多少年之后，它的业务就由运货汽车来承办了。[④] 身居高位的人也许是有必要的技术设想的。或者他们也许只不过是借调查委员会的调查作为一种方法来把一个无关紧要的棘手问题搁置起来：这种做法是不乏先例的。或者身居高位者的真正设想也许是，而且最最

① 科恩，古斯塔夫：《论一般交通的反作用》（Cohn，Gustav，*Ueber Reaktion im Verkehrswesen*），见《交通和管理办法的当前政策》（*Zur Politik des... Verkehrs-und Verwaltungs-Wesens*）（1905年版），第293页。

② 《最后报告书》，第194页：一个持异议者的备忘录。

③ 本卷，第139页。

④ 得自这艘轮船的前所有人的报告。

可能是财政方面的。在1910年和1914年之间对国库的要求比这项需款数百万镑来建造一条水道“交叉线”的半心半意的要求有更强有力后援的不知多多少少。不管原因是什么，给以支持的政治家是一个没有的。

但是正在运河调查委员会结束它的工作时，他们却给予竞争性的新型运输的要求以审慎的、试验性的支持；因为发展和道路改良基金条例（爱德华七世，第9年，第47章）已于1909年12月3日奉到敕准，并且由该条例所设立的新路政委员会已于1910年5月10日举行了第一次会议。[①] 这一事实有助于证明身居高位的人的设想是在技术方面而不单纯在财政方面的这种说法。委员会所必须管理的基金得之于汽车执照捐和汽油税。虽然议会对于国有公路的管理，因这个委员会的存在而有所接触，但是没有一位大臣对任何一条公路负直接责任；而且由于几乎难以置信的拘泥于宪法和因循守旧，直到1914年，“下院甚至还没有允许把任何有关道路状况的问题提交政府”。[②] 这个传统是如此的牢不可破，以致道路——所有道路——都由地方机关负责，而不管是怎样一个地方机关。自1871年至1895年，下院的一个常设委员会有系统地拒绝了任何关道董事会的重建，因为这也是地方性问题。[③] 在

① 《道路委员会第一次报告书》(*oad Board*：*First Report*)，1911年(第40卷，第713号)。

② 韦伯夫妇：《英国国有公路史》(Webb，S. and B.，*The History of the King's Highway*)，第244页。

③ 中卷，第207页。

1888 年的地方政府条例(维多利亚,第 51 年和第 52 年,第 41 章)将干路的照管交由新设的郡议会负责时,关道董事会已差不多完全绝迹。人们未始不会认为地方政府事务部和该部的主管大臣要 374
对地方行政管理这一主要部分所凭以进行的方法负有一定责任;但是根据议会惯例,他们是不负任何责任的。

1864 年有一位见证人曾经对下院的一个委员会说,在习惯上,大北路的地方性,和任何"普通教区公路"并无二致。[①] 在此后二十年中,大胆的脚踏车旅行家已经创造了一点点,很少一点点非地方性的道路运输;但甚至在八十年代后期,脚踏车乘客既不多,也没有受到认真的看待。主管人员几乎不允许他们对道路有丝毫权利主张。公路只要符合地方马匹使用人的标准并满足了地方需要就够了。在这期间,硕果仅存的一个关道董事会已经奄奄一息,而从四季法庭、试办的公路区、市、农村卫生区和公路教区这个对英国道路负责的庞杂组织中,也无法指望行政的划一和一般的活力。[②] 甚至在郡议会成立之后,对各自特定道路拥有最高威权的城乡教区一时还有五千多个。自然,比较有生气的郡议会一上来就必须专心致力于如何补救在四分五裂、变化无常的管理时代,由于"……1888 年以前多年来的"玩忽所造成的道路维修的落后状态。[③] 结果,远在新世纪中因汽车运输的发展而要求更多的经费以前,从郡税中拨付道路的经费已经为数不赀。事实上,在汽车时代的头十年中,即自 1903 年至 1913 年,每年经费比之前十五年所

① 中卷,第 206 页注。

② 中卷,第 206 页。

③ 《公路委员会第二次报告书》,1912—1913 年(第 46 卷,第 563 号),第 8 页。

增无几。[①]

活动和开支都由于根据1894年地方政府条例(维多利亚,第56年和第57年,第73章)所进行的管理机构的最后调整而受到刺激,1894年条例将公路区和“公路教区”一并予以废除,而把这时变成为区公路的事物委托给各城乡区议会。到1914年,在伦敦和行政自治市以外,划归郡议会管理的干路计有二万七千八百七十九英里,划归英格兰和威尔士各区议会管理的区公路或辅助公
375 路计十一万一千八百八十四英里。[②] 但是这种办法并没有能保证管理的统一和维修标准的划一,甚至就法国原会列为国家道路的那类公路来说,也不例外。在伦敦以外的主要西区公路的前十八英里之中,计有十二个不同的管理机构,在大北路从伦敦到卡来尔的三百零二又四分之三英里之中计有七十二个。[③] 但是应该记住,对于维多利亚朝后期的一个普通人来说,大北路一词是没有什么意义或毫无意义的;九十年代的一个城市中生长的剑桥肄业生会茫然不解何以邻近的一个小火车站会叫作大北路。

自从特尔福德和马卡丹时代以来,修路技术方面的进步微乎其微,除非是在城市和大镇市之中,以花岗石石方、新近采用的木块或外国工人铺于湿滑路面的沥青取代了砾石、鹅卵石或乡间最好道路上仍然很普通的碎花岗石的“马卡路面”。木块和沥青在伦敦以外是不常见的;在很多二等城镇,尤其是在多石的北部和苏格

① 《公路委员会第二次报告书》,第6页。

② 《第三次报告书》,1914年(第47卷,第753号),第6页。关于十九世纪早期的情况,另参阅上卷,第93页。

③ 韦伯夫妇:《英国国有公路史》,第243页。

兰，都有鹅卵石和其他土产粗石铺筑的路面。

在十九世纪后期，电车的道路运输几乎完全局限于城市铺筑的道路并以旅客和包裹运输为限；虽则在北部工业区也有少数城际的电车联络。电车系统并不是很进步的。到1886年，根据官方的记述，英国共有电车路和轻便铁路七百七十九英里。十年以前则只有一百三十六英里。十四年之后，在1900年，哩数还没有超过一千零四十；虽则在这期间，在英国境外已经非常通用。电车的迟迟采用，主要是由于立法者在面对电气时代的一般问题时缺乏想象力，并由于这样一种惰性，认为街车通常是由适用于马的法律和细则予以管理的一种由马拖曳的东西。[①]

但是在二十世纪开始时，这个拖延阶段已告结束。有一些已
经拥有发电厂并且本身也就是赋有经营或发放许可证权力的电车 376
主权机关的自治市，一旦感到财力充沛，就非常自然地去发展各自的电车系统了。[②] 同时英国电车公司正奖励附属公司去为都市化地区和一组组的小城镇服务——如南约克郡电车公司、陶器产区电车公司等等——去为凡它们所能从一系列邻近自治市和区公路当局取得必要许可证的地方服务。[③] 大部分工作是在新世纪中的前七年进行的。全国电车路的哩数已经从1900年的一千零四十

① 中卷，第203—204页。

② 在电车之前，市营街车企业有一段饶有趣味的早期历史，见《劳工皇家调查委员会》，1892年，第36卷，第2编，询问案第15746号及以下。关于后期历史，参阅韦伯夫妇：《英国国有公路史》，第261页。

③ 著者持有英国电车公司和陶器产区电车公司的少量股票，以便同当时看上去是具有头等重要性的发展保持接触。

增加到1907年的二千二百三十二。它始终没有再增加多少。现有系统的扩建,主要是实力雄厚的自治市的系统的扩建,到1914年已使哩数增加到二千五百三十。十年之后又增加了不到一百英里。此后电车的发展就开始停顿下来。[①]

如果不是刚刚在公共汽车——牛津诗人的所谓 motores bi——在1905—1906年成群结队地出现于伦敦街头之前自治市就已经有那样多的资本投入电车,这种停顿会来得更早一些。[②]伦敦电车主管机关是郡议会。它的政策,尤其是沿泰晤士河河堤的电车路和电气柱凭以产生的那一部分纯粹的和改良了的政策,并不是人人都予以重视的;它只适用于比较少数的路线。虽然郡议会公布了给人以深刻印象的电车运输统计数字,但是伦敦人通常的旅行仍然是搭乘公共汽车。伦敦公共汽车执照的发放机关是首都警察局。如果安全可靠,他就没有任何理由拒不允许以公共汽车取代公共马车。郡议会承认伦敦有很多路线都不太适合电车交通;但是它没有权力制止公共汽车去同它的电车进行竞争。公共汽车总是开行的。但是在米德兰和北部,实则在伦敦境外的几乎每一个地方,城镇或城市参议会既是电车和汽车执照的发放机关,所以如"怕失去它的电车收入",[③]正如未始不可能的那样,就
377 从缓发放公共汽车执照。何况,在布莱德福或哈利法克斯还有这样一些街道,如果已有电车行驶,再行驶公共汽车也确是不明

① 电车路的数字,见《统计摘要》。

② 本卷,第139页。

③ 韦伯:《英国国有公路史》,第261页,之所以被引证,是因为韦伯夫妇最没有反对市营企业的偏见。

智的。

但是交通方面的考虑未必占支配地位这种说法，在很多这样的地方得到了证明，那些地方有一些街道是有困难的，但它们的电车和汽车执照发放机关并不拥有电车。随着公共汽车从伦敦推广到其他各地，电车公司开始对地方当局的做法叫苦连天，因为地方当局既经以发放执照的苛烦条件加给电车企业，不久之后却另发给公共汽车公司以别种执照来同它竞争。[①] 一种新的交通工具从来没有这样快地接踵而来，叫苦自是免不了的。

一部早期的戴姆勒牌汽车或潘哈德牌汽车的所有人负有把他的汽车作为一部牵引机来驾驶的责任，1896 年的条例将他从这项责任中解放出来，同时把这项法律同戴姆勒牌一并类列于轻机车类的车辆的其他一切所有人也都解放了出来。[②] 在 1903 年汽车立法在那个名称下获得具体化的时候，除开最高速度每小时不超过二十英里的一万五千至二万部橡皮轮车辆外，在道路上还有很多大部分是蒸汽推动的重铁轮车辆——比旧式牵引机快，虽则还不很快。这两类车辆数目增长之速都是惊人的。不到两三年的工夫，一般公众就为道路焦虑不安了。自十九世纪中叶以来为数更多和更加时髦的脚踏车所有主[③]和起初为数寥寥但非常体面、非常有发言权的汽车所有主已经焦虑不安有十几年了：前者所创办而后者予以资助的典型式英国路政改良协会，早于 1902 年就已在

① 这种叫苦，股东年有所闻。

② 《汽车皇家调查委员会》，1906 年（第 48 卷），第 2 页和本卷，第 174 页。

③ 当时在巴特希公园骑脚踏车是风行一时的。参阅《笨拙》杂志合订本。

法恩伯勒对控制道路灰尘的方法进行试验。[①] 这个协会的工作是如此成功,以致在1913年对于依然漫无系统的路政机关抱严格批评态度的人也承认“英国无灰尘道路的哩数”行见“超过其他任何国家”。[②]

灰尘只不过是比较有缺陷的道路的磨损和毁裂的一种象征。如普遍采用既有的最完美的建筑方法,灰尘是可以减少的,虽则不
378 能根除。1905—1906年的皇家调查委员会同意道路改良家的看法,认为全国各地有很多地方当局进行的修路工程是非常之糟的;[③]但是却没有提出,非常明智地没有提出任何革命性的建议。以修整的花岗石铺垫路基的马卡丹碎石路,据报告书这样说,仍然是已知的最好的方法。关于仍处于试验阶段的各式各样的柏油碎石路系统的优劣,它不准备下断语。[④] 但是在此后七年之中,道路改良协会所试验和鼓励的系统却使无灰尘的,虽则是既污黑而又难看的公路在这个国家中占有了一个令人满意的比额。

汽车阶级这时已是一个有组织的利益集团,既广有钱财又在议会中占有异常之多的议席。他们动辄辩称,既然对他们的汽车和汽油征税,那就应该给他们以较好的道路作为报偿,这是从来不曾应用于住屋税,甚或车辆税的一种论据。但是以得自这两个来源的迅速增加的收入至少部分地用于道路的改良并不是不合理

① 韦伯夫妇:《英国国有公路史》,第243、248页。

② 《英国国有公路史》,第249页。

③ 《报告书》,第20页。

④ 《报告书》,第19页。早在汽车出现以前就有了柏油碎石路的试验。曼彻斯特郊区有一条路,上面游离的柏油在1882—1883年的温暖气候中都禁不住点点滴滴渗漏掉了:或许还有其他这样的道路。

的，因为道路的改良非但本身就是可取的，而且会使收入的增长更加迅速。以允将税款用于道路的诺言来为新增税课进行辩护也不失为合理的。1909—1910年路政委员会的设立正是由于这类考虑。[①] 这个委员会自始就被认作是一个调查研究的中央协调机构，一种赋有政策监督权的国有化道路改良协会，而这种政策监督权则是以新修道路改良基金的部分管理权为基础的。

这个委员会受权建议以无论赠款或垫款的方式由这项基金对郡议会或其他公路主管机关进行垫付；也受权——这对于一个中央机关来说是一种重大的新职能——“筑造和维持在委员会看来对于促进道路运输似有必要的任何道路”。但是它决定一开始先不利用，甚至不准备利用这第二项职能；而专心致力于路面问题；因为“现在由水凝固的路面”[②]在十几万辆汽车车轮的辗压下很快就会碎裂，甚或化为灰尘。委员会在它成立的头两年中，建议用于加宽道路、改变路线和建筑桥梁的款项寥寥无几；但在第二年（1911— 379
1912年）却有将近83％的赠款和贷款是用于改良路面的。[③]

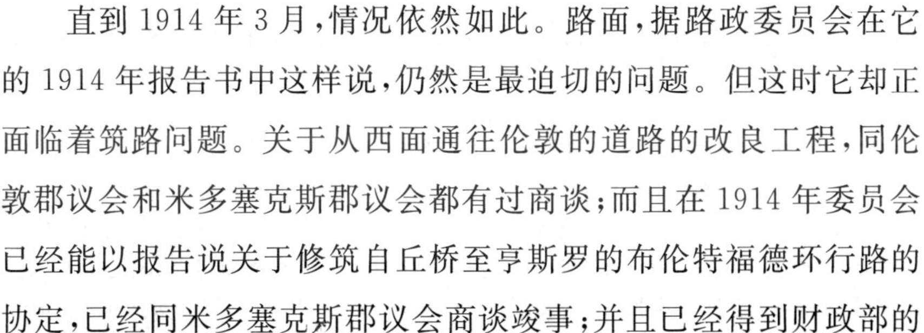

直到1914年3月，情况依然如此。路面，据路政委员会在它的1914年报告书中这样说，仍然是最迫切的问题。但这时它却正面临着筑路问题。关于从西面通往伦敦的道路的改良工程，同伦敦郡议会和米多塞克斯郡议会都有过商谈；而且在1914年委员会已经能以报告说关于修筑自丘桥至亨斯罗的布伦特福德环行路的协定，已经同米多塞克斯郡议会商谈竣事；并且已经得到财政部的

① 条例是1909年12月3日奉敕准的爱德华七世，第9年，第47章。

② 参阅它的《第一次报告书》，1911年（第40卷，第713号），第3、6页。

③ 《第二次报告书》，1912—1913年（第46卷，第563号），第5页。

核准。[1] 这是委员会所谈定的一条真正新建道路的第一个重要方案；但是随着运输的日益频繁，它正在各个不同地方资助把道路从辅助级提升到干路级所必需的浩大费用。新路的修筑则故意予以延宕。它所据以工作的条例责成委员会按照贸易循环去调整创造就业机会的开支，以“照顾……就业的一般状况和前景”（第 18 节）——这是立法上的另一项新颖事物——并且自 1910 年以来，商业一直活跃，失业数字也一直是不可思议之低。[2]

在比较有事业心的地方当局的帮助下，委员会已经能约略估计伦敦地区运输的增长，并从而估计它的工作的迫切性。就 1911—1912 年这一年来说，它的最好的统计是来自肯特方面的。所查报的肯特最频繁的一段道路是埃尔塔姆和锡德克普之间的那一段。所列每日经过的车辆数字是七百七十二辆，其中有三百一十八辆是汽车和机器脚踏车。[3] 昼夜平均每小时十三辆：一个惊人的数字。翌年，数字整整增加了一倍，同时马拖的车辆已从每小

380 时十九辆降至十六辆。但是在 1913 年，按交通量计算，从埃尔塔姆到锡德克普却不是交通最频繁的一段了。交通最频繁的一段是

① 《第四次报告书》，1914 年（第 47 卷，第 753 号），第 9 页。

② 在不景气时期进行道路修筑是十八世纪的法国州长所熟习的一种经济手段，并在爱尔兰大饥馑时期曾经——不胜其愚蠢地——予以实施。但对于英国法律来说，它却是新颖的。在 1894 年，查尔斯·布思曾经对一个审查委员会解释《缺乏就业机会的灾难审查委员会第三次报告书》（*S. C. on Distress from Want of Employment Third Report*，1895 年，第 9 卷，询问案第 10534 号）如何“适时的大规模公共事业会使〔经济复苏〕之球滚动起来”是“不难设想的”。这项政策以韦伯夫妇为最著名的鼓吹者。到 1937 年，或许已经忘记按照贸易循环调整资金支出的办法有这样悠久而又体面的一段历史了。

③ 《第二次报告书》，第 45 页。

在萨里，那里，包括机器脚踏车在内，每小时有八十二辆汽车驶往金斯顿谷。[①] 除小汽车和脚踏车外，伦敦以外的公共汽车这时也出现于这些比较僻远的郊区公路了。

在八十年代中期的艰难岁月中，一个皇家调查委员会正调查全国工商业的萧条，而曼彻斯特方计划改成为海口城镇以增进它的工商业时，东西印度船坞公司在提尔贝里所建造的船坞已经落成。在 1886 年 4 月 17 日举行开幕典礼时，一位大船舶所有主，唐纳德·柯里爵士建议泰晤士河吸取默尔西河的教训，把它各式各样互相竞争的船坞企业统一在一个单一的船坞港口托拉斯之下。[②] 这项建议是恰合时宜的，虽则事隔二十多年而未获照办。提尔贝里船坞原是作为伦敦——圣卡塞临公司的艾伯特船坞的一个竞争者而设计的；而现在，经过代价很大的羁延，不计一切的资金通融，工程上的种种困难以及同承包人的一再争执之后，它在伦敦港贸易，实则全国贸易呆滞的时刻开幕。[③] 泰晤士河的驳船夫认为这个船坞对他们来说太靠下游；所以他们和码头主对它进行抵制。[④] 除非向航运公司提出不顾血本的条件就无法把业务吸引到提尔贝里，或保留在维多利亚和艾伯特。第一个结果就是 1886—1887 年伦敦——圣卡塞临公司的股息降至 1%。到 1888

① 《第三次报告书》，1913 年（第 29 卷，第 665 号），第 57、60 页。

② 布鲁德班克爵士：《伦敦口岸史》（Broodbank, Sir J. G., *History of the Port of London*）（1921 年版），第 1 卷，第 238 页。参阅上卷，第 5—6 页；中卷，第 520 页。

③ 布鲁德班克：前引书，第 1 卷，第 237—238 页。

④ 在萧条期间，码头主一直同船坞公司进行着尖锐的竞争。1889 年的船坞大罢工使他们团结起来。布鲁德班克：前引书，第 1 卷，第 243、263—264 页。

年——虽则那一年贸易已经有了起色——受打击较重而对于某些抵押权已付不出利息的东西印度公司已经落在破产财产管理人的手中了。

灾难使这两个主要的泰晤士河公司有了同舟共济之谊，1888年它争取到议会对这样一项经营协定的批准，即在一个联合委员会之下经营，但资本并不合并。这个委员会一上来就遭到了严重

381 的困难。破产财产管理人已经掌握了东西印度公司，同债权人的最后解决直到1898年方始达成。根据所有船坞条例中载明的一项古老条款，即所谓“自由水面条款”，一个船坞公司不得对留待驳船载运而卸在它的码头上的货物抽收吨税；并且据说到九十年代，四分之三的货物都是这样处理的。[1] 此外，很多货物都是由驳船从停泊在碇泊所的船舶上卸下的，或直接从船舶上卸到一望无际的岸边码头上的。再者，伦敦的整个贸易只是缓慢地扩展着；而且在1894—1896年进行的一次专门调查表明：鉴于船舶体积的日益增加，除非泰晤士河下游的河床能加深，进一步的发展是令人怀疑的。[2] 就需要泊船设备的那一部分现有贸易而言，这条河上可以说已经船坞太多；所以码头主的竞争始终是存在的。在这种环境下，船坞公司的股息自然菲薄，为船坞改良工程筹募款项自然也大非易事了。

到1901年，联合委员会的制度，正如未始不可预料的那样，已

① 《伦敦口岸管理皇家调查委员会》(*R. C. on the Administration of the Port of London*)(1902年，第43、44卷)；《报告书》，第79—80页。

② 《泰晤士河下游航运委员会报告书》(*Report of Lower Thames Navigation Committee*)，见前引《报告书》，附录一。

经为根据前一年的一项私条例(维多利亚,第 63 年和第 64 年,第 111 章)所制定的完全合并的制度所取代。在这项条例生效之前,又接着指派了一个皇家调查委员会去调查伦敦口岸问题的所有各方面,这是不无理由地切盼对这个口岸握有某种独占管辖权的伦敦郡议会和深知商人疾苦的伦敦商会及其他关系方面,经过了若干年的敦促而举行的一次调查。

伦敦河道管理的庞杂和有欠完善,是不须调查就可以看出的。在公开竞争日甚一日的时候所建立的那些船坞公司已经随着控制了 80%的船坞设备的这次合并而告结束。市行政机关久已失去了它对航运的支配权,虽则它是口岸卫生主管机关并在泰晤士河管理委员会中有相当的代表权。船公司发放驳船和驳船夫许可证:三一兄弟行发放领港许可证。创始于 1857 年的泰晤士河管理委员会在 1894 年业经改组,以便——除其他事项外——给予郡议会以适当代表权。但它一直不是很活跃的:1896 年所建议的泰晤 382
士河下游的加深工程进行得很不完善,评论家说是很不适当的。[①]同这种事权不一、部分垄断和著名无能成为对照的是现在公认为既积极而又有效的默尔西河方面以及欧洲大陆各式各样重要口岸方面的统一管理的事例。调查委员会之以某种形式的统一作为报告书的中心,是不难逆料的。

他们的提法很温和。刻毒的评论家一直说伦敦贸易所以呆滞乃是因为它的庞杂的管理机构的种种缺点:这种说法未为赞同。

① 整个故事叙明于《报告书》,第 2 编,并简明地叙述于布鲁德班克:前引书。

在从1886年到1901年这十五年中，根据报关进口和结关出口的船只约略计量的那项贸易毕竟增加了大约50%——多于利物浦的贸易，虽则与利物浦和曼彻斯特加在一起相比有所不及。所能合情合理期待于基本上作为海运货物的终点的一个久经建立的口岸，也不过如此而已。[①] 同定期船航行的发展和航线有关的特殊环境固然已经使南安普敦方面有了迅速的扩展，但是伦敦方面所可能有的作为或玩忽却不会影响船舶的大小或汉堡—美国轮船公司和北德意志—劳埃德轮船公司定期船的航线和英国寄泊港。改良的余地，据调查委员会这样解释说，自然很多——诸如在主要公司无法为之筹款的船坞方面；在港口管理委员会因循贻误的河道方面；以及在一般行政方面。[②] 既然改良因"若干主管机关和公司之间的权力分散"而至少受到了妨害，[③]所以报告书所着重的正是所预料的那种精神——集中的精神。

舆论是一致的，虽则有关各方对于这项建议的财政问题莫衷一是；但是政治事务的趋向使集中耽延了六年之久。[④] 继而在1908年12月21日由劳埃德·乔治所磋商并由温斯顿·丘吉尔设法使之通过于下院的那项复杂的伦敦口岸条例(爱德华七世，第8年，第68章)奉到了敕准。港口管理委员会迁移到特丁顿水闸的上游。口岸的东界划在努累以外。由代表使用港口的各关系方

① 复出口贸易的呆滞主要是由于英国所不能控制的原因。参阅欧文的证词，询问案第5161号及以下和《报告书》，第21—22页。

② 《报告书》，第37、75等页。

③ 《报告书》，第124页。

④ 杰勒德·鲍尔弗在1903年提出的一项议案遭否决；布鲁德班克：前引书，第2卷，第322页。而在1903—1905年的关税改革争论时期，伦敦被遗忘了。

面所推选的委员十八名和公共权力机关所指派的委员十名组成了 383
这个机关。这个机关根据议定的条件接管了所有各船坞。它也接管了船工公司由来已久的发放许可证的权利。三一兄弟行没有被触及，伦敦市当局依然是卫生主管机关。港口捐加征于一切进口的货物，码头捐——订有一般最高额——得加征于一切使用船坞的船只。为收购各船坞公司并支付新发展之所需，得发行各种不同等级的伦敦港口股票。

在它所能得到的五年和平之中，这个机关照原所打算的那样进行了疏浚、改良和重新装备，并且在皇家艾伯特船坞以南设计了一个新船坞，但未能完工。[①] 在它的监督下，这个口岸的贸易增长了，但并不是出乎寻常的增长；事实上，增加之速，比之旧秩序的最后几年还有所不及。这并不能具体证明什么别的，而只不过是证明以增长缓慢直接归因于管理无能的那些对旧秩序持批评态度者所进行的论证的有失严谨。如果以此为词，那他也未始不会反驳说，果真旧秩序不曾变革，原会根本没有增长的；但是英国贸易和伦敦方面的扩展的总趋势可以证明这样一种反驳是站不住脚的。所可肯定的是，在新的管理之下，泰晤士河的贸易经过一段时期之后，已经可以比较方便比较迅捷地处理了。在这里甚至一点点的改进也是具有全国重要性的，因为联合王国的全部进口，按价值计，三分之一或三分之一以上是溯泰晤士河而上，正如出口的三分之一或三分之一以上是顺默尔西河而下的。在 1914 年以前这个数字多年都是殊瞩注目地毫无变化：泰晤士河的数字在 1882 年是

① 布鲁德班克：前引书，第 2 卷，第 345 页及以下。

34.5%；在 1899 年是 33.8%，在 1913 年是 33%；而默尔西河的数字则高出 1%、2%。

这里所举的默尔西河的数字包括曼彻斯特运河的货运在内。到 1912—1913 年曼彻斯特实际上经营的海运贸易比格拉斯哥还要多，虽则它的贸易仍然不到利物浦的六分之一。它的船坞占地一百二十英亩，尚未加充分利用，而利物浦的船坞则占地四百二十英亩。利物浦一直“不断地”改进它的船坞，正如 1903 年它不胜其
384 得意地向贸易部报告的那样。[①] 另以七百七十英尺绵连不断的花岗石的“巨大的防波堤”围绕起来的一个船坞最近已经动工。到 1914 年这道防波堤已长达八英里，它的最后一个船坞体系，格拉斯德顿船坞体系的第一部分已经开放。[②] 横亘英格兰的北部工业区的东海湾，恒比尔海湾，连同它的三个口岸，一个旧船坞和两个新船坞——赫尔船坞以及格里姆斯比船坞和古耳船坞——正以超越北部工业区西海湾的速度增加着它的业务，虽则仍远远地落在它的后面。默尔西河，连进带出，输运联合王国海外贸易的三分之一以上；泰晤士河仅三分之一弱；因为伦敦还没有兰开郡高价外运货载的供应；恒比尔河只占十分之一强。得利于船坞自备铁路，赫尔轻而易举地保持了英国第三大口岸的地位。自 1885 年以来一直发挥充分作用的这个城镇以东的亚历山德拉船坞，在 1899 年已经非扩建不可了；并且在 1905 年，行将成为泰晤士河以北的东海

① 《港口；近二十年来所完成的工程报告书》(*Harbours; Return of Works Executed within the Last Twenty Years*)，1903 年，利物浦。

② 关于 1914 年船坞的一般情况，参阅《航运界年鉴》(*Shipping World Year Book*)。另参阅中卷，第 521 页及以下。

岸最大的和不列颠第一个全部用电操作的船坞已经动工。[①] 像它的邻坞，格里姆斯比西北的英明阿姆的中央大铁路的船坞一样，刚刚完工就因战争而被闲置下来。

英明河姆那个广袤四十五英亩的船坞体系，是二十世纪恒比尔河南岸的一个巨型企业。自八十年代以来在格里姆斯比就一直没有任何重要的兴建。但是在 1900—1902 和 1912—1913 年之间业经扩建和多方改进的现有船坞已经没有多少困难就使它的贸易价值增加了一倍。它终于远远列于布里斯特尔、纽卡斯耳和利思的前面，恰恰位于经营英法海峡重要短程贸易的哈里季之前，而位于格拉斯哥或曼彻斯特之后不太远。[②]

在英国口岸之中，伦敦的船坞改良家和甚至利物浦的素有自信心的船坞组织家所最担心的竞争者就是南安普敦。它在英格兰的坐落和它的靠近从北欧海面通往大西洋的航线；它的每日四次涨潮和通往海面的有遮蔽的进出路的特殊便利；使海面供最大船舶通航的轻而易举；以及已经在 1892 年买下了船坞公司的西南铁 385
路和港口委员会的进取心——所有这些已在船身非常之大的新时代里给了它一个特殊的地位。（皇后船坞是最大船舶在昼夜任何时刻可以进港的大不列颠的唯一船坞。）如果“阿基塔尼亚号”和“泰坦巨人号”根本不曾设计，它的地位也未始不会近于同样的重

① 《工程报告书》，赫尔；斯彭德：《第一世考德雷子爵威特曼·皮尔逊》(Spender, J. A., *Weetman Pearson first Viscount Cowdray*)（承包人），第 146 页。皮尔逊同时在利物浦船坞和皇家艾伯特船坞扩建工程上工作——后来又在泰晤士河英王乔治五世船坞工作。

② 《工程报告书》，格里姆斯比；《航运界年鉴》，1914 年，年度《贸易报告书》。

要，但深叨厚惠于这两艘船的设计人却是无可怀疑的。在1901年，据称提尔贝里各船坞可容纳当时世界上最大的船舶“海洋号”。[①] 事实上它并没有。“海洋号”的六百八十六英尺的船长不久就被超过了；但不管多少英尺，这些船坞和南安普敦的城镇码头都可为它们留出足够的余地。扩建和改良工程从来没有停顿过。[②]

在八十年代初期，虽然南非、西非和南美的主要航线是以南安普敦为基地的，但每年从这个口岸结关出口的吨位却不到一百万吨。在1899年和1902年之间，战时货运使它激增到一百八十万八千吨的最高额。但是和平几乎没有带来任何缩减。到1906年，结关出口的数字是一百九十五万五千吨。继而出现了半人为的表面膨胀：停泊在口岸外卸货或搭载旅客和邮件的船只开始作为在南安普敦进出口进行申报。（它们的确照例是进出南安普敦海面的。）得此臂助，结关出口的数字在1907年上升到三百五十七万一千，在1913年上升到五百七十四万二千。虽然在它们的方法上是欺人耳目的，但是却反映出大船一再停泊或真正结关出口的一幅真实的画面——一连串的画面，直到1914年8月八十列专用兵车开进南安普敦船坞的那一天为止始终未受到干扰。[③]

在南安普敦，客运具有头等重要性，但货运却是异常有价值

① 《伦敦口岸皇家调查委员会》，第66页。

② 在谢林顿：《铁路运输经济》，第1卷，第42页中有联系着铁路的一段关于南安普敦的发展的简述，参阅《工程报告书》，南安普敦。关于1914年，参阅《航运界年鉴》。

③ 《世界大战史》(*Official History of the War*)，第1卷，第31页。

的。这两者的稳步增长抵冲了吨位统计数字的忽升忽降。贸易的波动并没有在上升的曲线上造成任何严重的锯齿状。全部进出口贸易在 1887 年已值一千四百万镑，在 1900 年二千六百万镑。在 1913 年是五千四百万镑——远低于伦敦和利物浦；相当低于赫尔；但与曼彻斯特和格拉斯哥列于同一等级，而曼彻斯特和格拉斯 386
哥的数字却由于大量食品进口而增大起来，食品则是南安普敦及其多少带几分农村性质的腹地所不需要的。但是如果在 1887 年和 1913 年之间南安普敦贸易增长的快慢和联合王国贸易的增长不相上下，那么它的所值在 1913 年就不会是五千四百镑，而只能是三千零五十万镑了。

布里斯托尔在同一段时期的贸易增长只比全国的贸易增长稍稍快一点。这部分是因为在所有比较大的口岸之中，以它所经营的片面贸易为最多。格拉斯哥和格里姆斯比，连同一些纯粹煤口岸，进口通常比出口多——格拉斯哥和煤炭口岸则多得很多。利物浦的出口比进口稍稍少一点，如果只就英国产品计算的话，但是如果加上外国和殖民地产品的复出口，则稍稍多一点。在赫尔，包括复出口在内，对进口的比率是差一点不到三比四。在伦敦，大量的复出口货，特别是羊毛、橡胶和茶叶等，保持了三对五的比率。要是没有复出口，因为伦敦工业的相对薄弱和消费力的至大，它原会低得很多。在布里斯托尔，比率却不到一比四。就整个国家来说，相当数量的入超是正常的，也是健康的。就单单一个口岸来说，这样大量的入超，虽不一定是不健康的，至少是有害的。作为爱丁堡的承办商的利兹，最接近于布里斯托尔，贸易稍稍大一点，出口对进口的比率不到一比二。

不管比率大小，凡贸易增长快慢和全国不相上下的口岸都忙于，也都能以在它的工程上有所花费。在布里斯托尔城以及在波提斯黑德都有码头的扩建。皇家爱德华船坞是埃房默思的新工程，在1896年埃房河的一项重要改良工程已经动工。[①] 口岸的情况应完全归功于布里斯托尔的市行政机关，而在重要口岸的市行政机关之中，只有布里斯托尔一直保有一度是正常情况的对船舶和港口的完全管理权。利兹过去也许是更加活跃的。在十九世纪后期进行的船坞和港口工程随着1902年帝国船坞的开放而竣工。这使船坞的面积增加到九十九英亩，并使它对于此后十年中利用这个口岸的吨位的40%的增加得以应付裕如。

到了八十年代，格拉斯哥已经使它的河港——在格拉斯哥桥
387 上游半英里供小船之用的，和下游四英里供其他各种船舶之用的——如此有效，以致只须维修和一般的改良就足够了。[②] 它已经增建了亲王船坞那个泊船坞，连同九个附属的干船坞。码头的改建、疏浚工程和航运托拉斯的一般活动都曾有过。对于往来克来德河上的吨位的巨大的稳步的但始终不是非常迅速的增加，这些措施已足够应付了。在1884—1888年这五年之间，当地和沿岸运输不计算在内，平均已经是二百三十七万吨。到1909—1913年，则是五百四十一万吨，运输增长的速率和整个联合王国的速率几乎毫无轩轾。

煤炭港口在吨位上增长得很快，这就十分需要加以发展；因为

① 《工程报告书》，布里斯特尔，和前引：《航运界年鉴》。

② 《工程报告书》，格拉斯哥；参阅中卷，第521页。

在 1884—1888 年和 1909—1913 年之间，船用煤和沿岸运输不计算在内，燃料的出口已差不多增长三倍。如果以 1886—1887 年同 1909—1913 年相比较则整整增长三倍。除伦敦和南海岸的那些口岸外，很多重要的一般口岸都装运煤炭——利物浦和曼彻斯特装运一点，古耳、格拉斯哥、格伦季默思和利思装运得多得多，格里姆斯比和赫尔则装运得更多。随着约克郡煤田的迅速向东发展，这后两个地方已渐渐成为第一流的煤港，在 1913 年两地之间的装运量是七百七十一万二千吨。但大部分煤炭出口是通过煤港本身进行的——太恩河，连同布来思、散德兰和哈特耳普耳；加的夫和供作格拉摩根及蒙默思煤斤输出路径的其他港口；以及法夫王国的各口岸。虽然半个多世纪以来新式交通工具已经助使一般贸易越来越集中于较大的口岸，而把较小的口岸变成为度假之所在，[①] 煤炭贸易却一直是口岸创造者。

加的夫西南九英里的巴里船坞，虽然在全国贸易报告书中同加的夫归为一组，事实上却自成为一个新口岸，而并非仅仅是加的夫的一个额外船坞。始建于 1884 年，竣工于 1899 年的这占地一百十四英亩的三个船坞向来是繁忙的。它的开放并没有妨碍加的夫的事业。那里在原有的比尤特船坞之外又增建了罗斯船坞、南比尤特船坞和后来占地五十二英亩的亚历山德拉皇后船坞。在 1913 年，加的夫、巴里和佩纳思这个合成口岸运往海外的煤、焦炭和加工制造的燃料共达二千零九万五千吨。蒙默思郡的纽波特在

① 中卷，第 522 页。

388 1914 年以拥有“世界上最大的船坞”自诩：[①]因船坞建造者始终忠于其事而以亚历山德拉皇后命名的整个船坞体系，占地达二百一十三又二分之一英亩，装运煤炭连同其他散舱货共达四百八十四万二千吨。1904 年，在煤炭贸易稍稍少一点的斯温西，爱德华七世已经为英王船坞举行了破土礼：这个船坞和在 1898 年就需要扩建的 1881 年的威尔士亲王的，同时也是他的那个船坞相辅相成。在格拉摩根海岸的其他地点上，重要工程也已经着手进行，诸如煤炭贸易有迅速增长的塔波特港等地方。[②]

在东北海岸，布莱思——位于流向东南偏南一个乱石丛中的河口上的一个建港匪易的口岸——在 1883 年仅仅装运了十五万吨煤炭。[③] 在 1885—1886 年，它扩建了它的实心混凝土的东防波堤码头，并且在外面的西端建造了一个西码头。十二年之后，东码头又增加了九百多英尺。所装运的煤炭在 1887 年增加到一百零四万一千吨；1897 年到二百二十七万六千吨；1913 年到四百四十七万五千吨——比斯温西或散德兰都更多。虽然布莱思超过了散德兰和维尔河，但是太恩河却保持了同加的夫以外所有各口岸相抗衡的地位。两个都是合成口岸。作为一个普通口岸，太恩河更加重要，它的沿岸煤炭贸易也更加重要；但是在 1913 年，它的煤炭出口本身达到了一千三百六十一万九千吨的最高额——而加的夫

① 《航运界年鉴》上的广告。

② 《工程报告书》和前引：《航运界年鉴》。

③ 《工程报告书》，布莱思和鲍德温：《布莱思口岸》(Baldwin, C. E., *The... Port of Blyth*)(1929 年版)，贸易原可倍增的那样一个类型的口岸的记述。出色的口岸史为数不多。

是二千零九万五千吨。太恩河并不需要新的泊船坞:因为在格拉斯哥,河流就是海港。[①] 但是在1856年动工而三十年后还没有落成的河口上的两个大防波堤码头,一直没有免于海水的侵害。在1893—1894年它的北部损毁,并在1897年塌陷。在一百码裂口的后面,正如在巴达柔兹未始不会有的情形那样,非建筑一条新防线不可了。

法夫日益增长的煤炭出口同法夫北岸港口设备的重要扩建偕以俱来,实则是因扩建而有了增长的可能。1887年北英铁路已经在克科迪东北的默瑟尔地方为煤炭开辟了一个船坞。煤炭也从伯恩提斯兰运往东南。当时这三个地方在贸易报告书中都一并归在克科迪口岸之下。1886年,从这个合成口岸结关出口的船舶只有五万三千吨,而且并非都载运煤炭。在九十年代贸易的增长是如此迅速,以致1897年在默瑟尔又有第二个船坞的开放。在二十世 389
纪的前十年,贸易部所承认的不是一个而是三个口岸了;而在1913年伯恩提斯兰运往海外的煤炭已达一百九十五万二千吨,默瑟尔已达二百五十九万四千吨。这两个地方没有其他值得一提的东西出口。克科迪这个母口岸的小量出口贸易只包括十万六千吨煤炭,在它的港口上除维修而外久已不需要其他任何工程了。[②]

所以它是同苏格兰、英格兰和威尔士的大多数第二流和较低级的普通口岸并列的。其中比较活跃的,诸如阿伯丁、敦提、巴罗和英吉利海峡各口岸,总是有工程在进行中,虽则除作为英国海军

① 《工程报告书》,格拉斯哥。1914年的海图和多恩所著1891年的《世界交通的港口》(Dorn, A., *Die Seehäfen des Weltverkehrs*)所列述的几乎一模一样。

② 《工程报告书》,克科迪;《航运界年鉴》,1914年。

政策新阶段之产物的多佛尔大军港外，没有什么工程是具有头等重要性的。但是铁路政策和铁路竞争，为了争取爱尔兰的贸易，已经使西海岸上阿德拉桑以南的若干地方有了改进，并且使菲什戛德湾上有了新港口和新船坞的兴建。到 1913 年，迅捷的涡轮轮船正从那里驶往罗斯累尔；丘纳德、布思和其他轮船公司也在那里寄泊了。

业经衰落成为度假地方的那些口岸在商业上没有恢复起来，虽则在装修方面照例是活跃的。“不是为贸易而建造的铁制运动场码头”[①]的兴筑已经迟滞下来。1896 年班戈已经完成了部分为贸易而建筑的“一个露天铁制码头”；迈恩黑德则以 1903 年尚未竣工的一个七百英尺的新建筑物而引为自豪。“舱面房屋”，迈恩黑德解释说，“还没有全部建成，现在只有”一个盥洗室和“一间不是作为行李寄放室就是作为商店的房屋”。[②] 在 1883—1903 年这整个二十年间没有其他这一类的新码头申报；并且在迈恩黑德决定了那间剩余房屋的用途之后，就再没有什么兴建了。游客常常光顾的大多数地方都久已有铁制的露天码头；而它们的式样却已经渐渐过时了。

在 1909 年之后，奉命给渔业方面以特别注意的渔港发展调查委员为了要发展渔港而周游沿岸。完全丢开了直到 1912 年业务还真正活跃的那些港口——诸如洛斯托夫特、赫尔和格里姆斯比之类，他们所开列的有待处理的港口在英格兰和威尔士有一处，在

① 中卷，第 518 页。

② 《工程报告书》，班戈，迈恩黑德。

苏格兰有十八处。[①] 他们正在默里湾的那些港口上进行工作。在 390
有公款可用的偏僻地方，一些被忽视了的码头和河口是很容易发现的。其容易的程度会和在英格兰丘陵中寻找被忽视了的铅矿以及在威尔士寻找半委弃了的采石场不相上下。但这些都不是调查委员们奉命去恢复的，不过他们在渔业方面的第一批花费对某些人无疑是有益处的。不经济一词已开始听来逆耳和不合时宜了；但是不经济和不重要这类字眼，对高原内外的这些港口的发展来说，怕还都是可以适用的。

虽然七十年代的邮务局正徒劳无功地试图在最近国有化的电报系统上取得一笔利润，邮局的电气技师普里斯已经“带来了第一部实用电话”——在 1877 年。[②] 翌年在下院被询问以是否建议采用电话时，邮务总局长说他并无此意。[③] 但是他为预留地步起见，在电报议案中加进了一款，把电话也包括在他的垄断之内。下院把它删去了。但是两年之后，高等法院判定爱迪生的电话是一种电报，电话交谈即前几项条例含义以内的一种传讯。[④] 被告是贝尔利益集团和爱迪生利益集团合并组织的联合电话公司。因而，在八十年代初期英国电话发展的试验阶段，各式各样的公司都是

① 《开发调查委员的第二次报告书》(*Second Report of the Development Commissioners*)，1912—1913 年(第 17 卷，第 837 页)。

② 《电话事业审查委员会》(S. C. *on Telephone Service*)，1895 年(第 13 卷，第 21 号)，询问案第 2554 号。关于电报，参阅中卷，第 208—209 页。

③ 《韩氏国会实录》，1878 年 2 月 21 日。

④ 鲍德温：《联合王国电话史》(Baldwin，F. C. G.，*The History of the Telephone in the U. K.*)(1925 年版)，第 45 页；《经济学家周刊》，1880 年 12 月 25 日；霍尔科姆：《大不列颠的电话》(Holcombe，A. N.，*The Telephone in Great Britam*)，《经济季刊》，1906 年 11 月。

根据邮务总局长掣发的执照经营的。这些和所有续发的执照都在1911年12月31日满期。一变起初的政策,当时由盲人经济学家亨利·福西特所主持的邮务局在1881年已经设立了少数几个自办的首都电话局。这些电话局都不成功:在1888年,女王陛下政府只拥有一千三百七十个用户。①

当时的情况是这样的。联合公司握有两个控制性的专利证;但这两个专利证分别在1890年和1891年满期。它曾经把伦敦区
391 域保留给自己,而发给地方公司以利用它的专利证的执照。这些公司之中的两家,格拉斯哥的国民公司和兰开郡－柴郡公司,已经发展到其正实力雄厚的程度;但是像其他所有公司一样,这两家为电线的通过权同地方当局有不断的摩擦。② 邮务总局长已经放宽了掣发执照的条件——在八十年代早期,五英里是许给任何一个电话局的最大半径——但是他仍然以种种方法利用它们来保护他的电报系统,他的电报系统尽管有新举办的六便士电报的吸引力,但仍存在有一项"惊人的缺陷"。③ 所有各方都指望着专利证的满期,届时邮务局将会有一取得整个电话系统的机会。为了加强它们的财政和讲价力量,1888年这三个主要公司团结起来,选择了国民一词而不是联合两字作为它们的共同标记,这似乎并不只是

① 霍尔科姆:前引书,第108页。

② 鲍德温:《电话史》,第190—191页;另参阅《电话电报线审查委员会》(*S. C. on Telephone and Telegraph Wires*),1884—1885年(第12卷,第101号)。

③ 巴克斯顿,西德尼〔勋爵〕:《财政和政治》(Buxton, Sidney〔Lord〕, *Finance and Politics*)(1888年版),第2卷,第52页。

因为它是“一个比较好的字眼，”[1]而是因为国民公司的股票“更接近于市场价格”。[2] 在合并的时候，资本已提高到四百万镑：据《经济学家周刊》说有50%是虚股。[3]

在1880年高等法院的判决以前，以及在1884年邮务总局对于他的执照比较放宽之后，对于市际干线曾经作了一些试验；但是伦敦直到1884年年底方始有了它的第一条干线。这条干线是邮务局架设的；由联合公司经营，一直通到布赖顿。自1884年起，干线以适当的步伐架设起来，尤其是在苏格兰和北部——爱丁堡和格拉斯哥，1884年；曼彻斯特和利物浦，1885年；曼彻斯特和利兹，1886年，等等。多数是公司的成就，有一些则是邮务局的功绩。[4] 大部分是从单一地线开始的，但有少数，包括邮务局的所有那些在内，一开始就有比较好的金属电路。在这期间，伦敦“仍然同以地为导体的电路”，[5]惊人之多的电话交换局以及杂乱无章的四通八达的架空电线“一起挣扎图存”。“在文明的欧洲没有一个城市是 392
这样落后的”，1889年7月马尔巴勒公爵在上院这样说。[6] 我们还有什么希望达到“近乎欧洲大陆的水平”呢？《经济学家周刊》在

① 联合公司董事长斯塔茨·福布斯语，见《1895年电话事业审查委员会》，询问案第4189号。

② 鲍德温：前引书，第191页。

③ 《电话合并和邮务局》(*Telephone Amalgamations and the P. O.*)，《经济学家周刊》，1888年6月8日。

④ 鲍德温：前引书，第471页及以下。

⑤ 霍尔科姆的论文，见《经济季刊》，第113页。

⑥ 《韩氏国会实录》，1889年7月4日。

1890 年 7 月这样问道。[①]

稳步吞并其他公司的国民公司照例辩称，它的缺点是由于缺乏取得电线通过权的法定权力：每项通过权都需要一次个别的、不胜其烦的讨价还价。[②] 评论家答称，法定权力是为国家而设的。早在 1888 年商会联合会就投票赞成国营电话系统，忠于白哲特传统的《经济学家周刊》也“深以宁取”国家垄断权而不取私人垄断权为是。[③] 四年之后，伦敦商会正为伦敦市公用事业对政府啧有烦言。但那时国有化的机会已经错过。控制性专利权已经满期而邮务总局长并未插手共事。在烦言啧啧的时候，他正考虑同私营公司方面的一项新妥协。

国民公司正在清除一个竞争者。在 1891 年爱迪生专利证行将满期的时候，马尔巴勒公爵已经将新电话公司这个正处于清算过程中的 1885 年的伦敦企业恢复起来，意在给予伦敦一个金属电路系统以与国民公司相竞争。但是在 1892 年 7 月，国民公司的谈判人员迫使新电话公司投降了：据同意“尽可能兼采两个系统的特色”：[④]11 月“不幸，公爵溘然〔与世〕长辞”；[⑤]直到 1898 年解散时止，新电话公司一直是国民公司的一个赘瘤。

现在邮务局所赞同的那项妥协案已载在 1892 年的电话条例

① 《邮务局和电话公司》(*The P. O. and the Telephone Companies*)，见《经济学家周刊》，1890 年 7 月 12 日。

② 斯塔茨·福布斯，《电话事业审查委员会》，询问案第 4312 号。

③ 前引 1888 年 6 月 8 日的那篇论文。关于白哲特和垄断权，参阅中卷，第 246—247 页。关于商会，参阅鲍德温：前引书，第 574 页。

④ 取材于鲍德温：前引书，第 238 页所引证国民公司的 1893 年报告书。

⑤ 福布斯的证词，前引询问案第 4513 号。

（维多利亚，第 55 年和第 56 年，第 59 章）中了。干线将逐渐由邮务局接管，再由它把它获取地方通过权的权力租让给各公司。到 1895 年，邮务总局长已经拥有干线二千六百五十一英里——对于干线的使用它只抽收非常适度的使用费——而由各公司，实际上是国民公司，占有地方利润。由于长途电话的竞争而造成的电报 393
方面的损失都落在邮务局的身上。在技术方面已经有了相当的进步：双线金属电路很快地出现了，国民公司的斗争不息的董事长詹姆斯·斯塔茨·福布斯正以他们已经完成了“已故公爵”所着手要做的一切而自夸；但是英国专家认为英国电话系统“比之其他各国〔仍然是〕不完善的……”，[①]而美国专家所下的评语当然会不止于此。

在这个世纪结束之前，问题已经以新的形式呈现出来。在利物浦、曼彻斯特、伯明翰和利兹之类的几个大城市，地方当局已经给予铺设地下电线的便利，以帮助金属电路的装置。但是同国民公司不和的格拉斯哥拒绝给予这种便利，并以创办竞争性的市营系统相威胁。在 1897 年一位专门调查委员提出了反对这项计划的报告；但是翌年一次比较全面的调查推翻了这项建议，结果在 1899 年市营电话系统得到了法律的批准。[②]

1898 年的委员会真正赞成由国家管理。“我们这种由政府掌

① 福布斯，《电话事业审查委员会》，询问案第 4515 号；克朗普顿上校，询问案第 3216 号。

② 詹姆士，女王法律顾问，《格拉斯哥电话交换事业报告书》（A. Jameson，Q. C.，*Report on the tel. Exchange service in Glasgow*），1898 年，第 49 卷，第 1 页；《电话审查委员会》，1898 年，第 12 卷，第 1 页；霍尔科姆：前引书，第 120 页及以下。

管的干线系统……在欧洲是非常广泛的。”[①]美中不足的是掌握在私人手中的电话交换系统。但是鉴于当时的情势，委员会不是建议国有化，而是建议“由邮务局或地方当局〔在电话交换系统方面〕”同国民电话公司“进行普遍的、直接的和有效的竞争”。[②] 因而在1899年有了法律的变更，以及随之而来的邮务局首都电话交换系统的恢复。[③]

市营电话并不很成功。真正试办过的只有六个地方；虽则还有其他几处地方得到了试办的许可。在1905年，市营电话用户仅仅占总数的5%。[④] 滕布里季－韦耳兹已经向公司投降。后来斯温西也投降了。1906年，格拉斯哥这个先驱者和布赖顿卖给了邮

394 务总局。1912年，朴次茅斯也照样卖出了。只有赫尔保有自己的电话系统直到大战以后。[⑤]

至于邮务总局长，则一直慎重行事。当他重又实行伦敦电话总局这个政策时，他是在同公司合作之下进行的。（当时他正处于一强有力的讲价地位；因为在1900年7月24日法院已经颁发了一项禁令，禁止公司在没有邮务总局长和郡议会的许可之下在伦敦街道上架设电线。）根据1901年11月的一项协定，他的伦敦用

---

① 《电话审查委员会》，第4页。

② 同上书，第13页。

③ 鲍德温：《电话史》，第354页。

④ 《邮务局（电话协定）审查委员会》〔S. C. on Post Office (*Telephone Agreement*)〕，1905年（第7卷，第113号），第4页；询问案第32号（邮务局律师亨特爵士）。

⑤ 参阅《邮务总局长年度报告书》(*Annual Reports of the Postmaster-General*)，例如1902—1903年（1903年，第20卷，第181号），第22页；1913—1914年（1914年，第44卷，第737号），第22页。

户得利用公司的系统，反之亦然。更加重要得多的是，这项协定规定在1911年12月31日（早已预告在先的一个日期）国家得按估价收购该公司的首都厂和资产，而不给商誉以任何报酬。这项协定足可作为1905年2月2日全国协定的一个榜样，它不但在原则上解决了公私垄断权之间的争执，而且在1911年12月31日这同一个日期就解决了。在1905年邮务总局长拥有了双线干线六万英里，而公司则在三十五万七千座电话装置之中拥有了三十一万六千座；所以协定在缔约双方之间还不是太不平等，虽则权力保留给了邮务总局长。[①]

在所剩下的这几年期间，公司因为已宣告死刑，自然是无所作为了，而邮务局的职员则正计划他们的新职能，同时使用电话的习惯在英国也慢慢发展起来。继而则是移交和对所给价格的仲裁。公司一上来要求二千零九十万镑。它只得到了一千二百五十万镑，这是很多评论家所满意的一项裁定。[②]

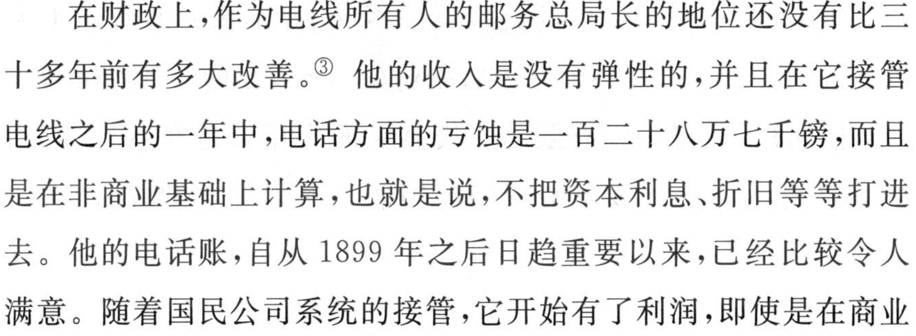

在财政上，作为电线所有人的邮务总局长的地位还没有比三十多年前有多大改善。[③] 他的收入是没有弹性的，并且在它接管电线之后的一年中，电话方面的亏蚀是一百二十八万七千镑，而且是在非商业基础上计算，也就是说，不把资本利息、折旧等等打进去。他的电话账，自从1899年之后日趋重要以来，已经比较令人满意。随着国民公司系统的接管，它开始有了利润，即使是在商业 395

① 《邮务局（电话协定）审查委员会》（1905年）的报告书和证词；霍尔科姆：前引书，第131页；鲍德温：前引书，第593页。

② 参阅例如《经济学家周刊》这个一贯抱批评态度的刊物，1913年1月8日号。

③ 参阅中卷，第210页。

基础上计算。如若不是1914—1918年的大中断，他的两项账目未始不会马上达到平衡，但事实上直到1923—1924年方始达到——而且那时还不能把爱尔兰自由邦方面所造成的亏损计算在内——当时电话的利润超过了电报的亏损。[①]

自从1896年马可尼第一次访问它的时候起，邮务局就一直对无线电报表现出强烈的兴趣。这是自然的；因为它或完全或部分地拥有短程海底电线的大部分，并且同拥有海洋海底电线的各大公司实行密切合作。在邮务局及其具有远见的工程师威廉·普里斯爵士的支持下，马可尼在布里斯特尔海峡开始了他的试验。到1900年，无线电正在海军演习中进行着试验；并且在1901年12月，第一封电报，单单“S”一个字母，从波尔杜发送到纽芬兰。当时举世若狂，尤其是军界和航运线。1904年《泰晤士报》在它的“海曼”号上面装置了无线电，去搜集和发送日俄战争的消息。各国政府得以互相联络了，1906年10月第一次国际无线电公约在柏林签字。[②] 但是无线电的直接经济意义，并不像专心致志于无线电报的各公司以及各国海军部和陆军部所发出的一片经济和政治喧嚣那样，仍然是很有限的。最显见的应用就是在航运方面。在1908年3月有无线电装置的英国船只有七十二艘；1913年3

① 《统计摘要》上的数字。

② 涉及无线电的第一项国会条例是1904年的(爱德华七世，第4年，第24章：《规定无线电报的章程》)。材料的主要来源是《邮务总局长年度报告书》。《马可尼无线电话公司……协定审查委员会》(S. C. on *Marconi's Wireless Telephone Co... Agreement*)(1912—1913年，第8卷)主要是记述令人苦恼的家丑的。参阅恩索尔：《1870—1914年的英国》，第456—459页。

月有四百五十艘；1914 有八百七十九艘。[1] 这八百七十九艘无疑包括了所有的大型班船。一年前“喀尔巴阡号”曾经破冰远渡重洋以应“泰坦巨人号”无线电呼号之急。但是 1914 年英国的登记簿上计有帆船二万一千艘，轮船约一万三千艘。在马可尼电报机的经营上，有的是名利双收，有的则是赔钱丢脸；电气工业得到了一个有待占领的新领域；但是无线电报本身对于填满任何人的欲壑，提高或降低任何人的工资、薪金、利润率或地租，或者决定任何价格，所起的作用还不大。对于马可尼式无线电报和电气股票的价格甚至都没有影响。你可以在当天用电报或电话将行情表发出。396
虽然各国对于它不胜其热心，以至于不胜其渴望，但主要是因为他们正越来越接近于——虽则其中有一些国家是不敢正视其事地接近于——战争关头。

至于太空，它比人们称之为以太的那种照他想无线电波凭以扩散的弥漫于宇宙的媒介物更加不是具有经济重要性的一种通讯方法。诚然，天气已受到了重型物体的侵袭。内燃机已经帮助人类去进行自从他们第一次注视飞鸟时起所幻想的一切。艾克勒斯[2]这一次没有坠落下来。布列里奥[3]已经在肯特降落。但是还没有任何“随同贵重包裹一齐降落的紫曛的驾驶员”——甚至连带同有利可图的邮件一齐降落的都简直没有。任何一个驾驶员所投

① 取材于《年度报告书》，例如 1913—1914 年，第 18 页。

② 希腊神话中的人物，他靠了腊制的羽翼飞行，在飞近太阳时，腊制羽翼融化，致堕海而死。——译者

③ 发明单叶飞机的法国飞行家。——译者

的信件一般都不出乎大炮射程以及行军纵队和船舶活动的范围以外。他们正试行投掷炸弹。在1914年8月下旬，第一次参加作战的皇家飞行队在莫贝日的机场集合了六十三架飞机。①

① 《世界大战史》，第1卷，第48页。布列里奥在1909年在肯特7月降落。

第七章 国家的经济活动 397

“这个世界在科布登看来简直面目全非了”，1894 年这家特别代表科布登传统的杂志在以“向国家社会主义前进”为题的一篇论文中不胜伤感地写道。它说，工人久已把国家看做是“所能得到的最大的和整个说来最可靠的工会”；他们所要求于它的越来越多。“而同时统治阶级既碰巧满怀同情，国家本身又正值富足之际”，所以它就“以普遍干涉者的角色自任了”。现在它在爱尔兰和高原厘定地租，也正被要求在威尔士加以厘定。它监督一切工厂和一切船舶；严密控制一切互济会的管理；检查一切食品；并管理一切民众教育，甚至其中的神学部分。有些有权有势的人希望它规定劳动时间①并管理移民，事实上这会无疑是“令人厌恶的护照制度的重行采用”。最后和最近，伦敦郡议会那个庞大的新建立的国中之国没有一年不贪求新的职能。②

这个国家和这些国中之国所贪求或取得的职能未始不会再事

① 约瑟夫·张伯伦就这样希望。加文:《约瑟夫·张伯伦传》(Garvin,J. L. ,*Life of Joseph Chamberlain*)，第 2 卷，第 544 页。

② 《经济学家周刊》，1874 年 4 月 7 日。参阅戴西:《英国法律和舆论的关系》(Dicey,A. V. ,*The Relations between Law and Public Opinion in England*)(1905 年版)，是关于舆论和立法的一般趋势的一篇经典论述。

大大地增多，正如十二年前斯坦莱·杰文斯管毫无批判地加以增多的那样。[①] 这家杂志所念念不忘的一个有影响力的人物事实上曾经一度在下院引证杰文斯的话说："国家通过任何法律，甚或进行任何单独行动，只要它的最终结果可以增进人类幸福的总和，就不失为正当的。"[②]这是激进统一党员张伯伦同托利民主党员伦道夫·丘吉尔、社会主义者罗伯特·布拉奇福德以及很多或有党派或无党派的普通人士所共同持有的看法。当国家照这种看法行事
398 时，顽固的个人主义者就高唱"国家社会主义"这个新近由德国输入的名词了。

他们的喉舌，这家科布登派的杂志，十三个月之后又回到它的论点上，以一句有见识而又相当感动人心的话描述这一切所发生的进程。"国家支出和国家责任的结构像一座珊瑚岛一样，一点一滴地，年复一年地，一个细胞加于一个细胞地建筑起来"。[③] 它的早期评论认为这种情况将会成为过去，而且会是很快的。这项评论之所以提出，也是为了不要编辑气馁。然而无意识地、没有任何明显意图地成长着的真正珊瑚岛是最最有持久力的。

意图固然不是没有，但珊瑚岛的比喻也并不是想入非非。正因为它是凭靠知识和某种权力而存在的，所以国家的每一个有效器官，无论中央的或地方的，都倾向于取得更多的权力和更多的知识，并建立一个职能的集结体，而以在狂风暴雨中建立得最快。在

---

① 中卷，第 388 页。

② 约瑟夫·张伯伦。加文：《传》，第 2 卷，第 534 页。这是在矿工八小时工作日法案的一次讨论中，《韩氏国会实录》，第 4 集，第 2 卷，1891 年 3 月 23 日。

③ 《经济学家周刊》，1895 年 5 月 25 日，论"国家的干涉"。

1889 年的一次农业灾害时，从仅仅不过一个搜集非常必需的农业统计数字的机构中，演化出一个新的农业部——"逐步扶植和指导农场主"并实用那部彻底改变了地主和佃户关系的土地法的"一个部"。[①] 单单农业部的存在在九十年代初期的《经济学家周刊》看来就是讨厌的，并且一直是受人尊敬的农业家引以为憾，或至少是予以批评的。[②] 由于物价下跌而造成的贸易萧条导致了 1888—1894 年的铁路立法，这项立法破天荒第一次对铁路在它最高限额以内调整运费的权利进行干涉，大大地增加了贸易部铁路司的责任和权力。[③] 由于逻辑上的必要和杰文斯增加最终人类幸福总和的原则的应用，工厂法的原则已经推行到手工工场中童工和青工的劳动方面。[④] 在发现 1886 年的这项手工工场法"普遍未予执行，甚至在很大程度上未为人所共知"之后，[⑤]就在 1892 年将手工工场法移交给似乎会比较积极的地方当局执行，伦敦郡议会那个著名的争夺权力的机关也包括在内。单单八十年代后期伦敦郡议会和其他各郡议会的成立就意味着更多的管理，虽则据设想是更好的管理；而自然这也正是原来的用意所在，尤其是它的伟大倡导人当时已经下野的约瑟夫·张伯伦用意就是如此，张伯伦回想到 399

① 维恩：《主席致词，M 节，英国协会》（Venn，J. A.，*Presidential Address*，*Section* M.，British Association），1936 年，第 208 页。另参阅本卷，第 115 页。

② 例如厄恩利勋爵：《英国农业的今昔》（1912 年版），第 400 页；和他的"一个农业部"（An Agricultural Department）那篇论文，载《十九世纪杂志》，1889 年 4 月。

③ 本卷，第 356 页。

④ 参阅中卷，第 418 页。

⑤ 《手工工场工时规定审查委员会》（*S. C. on Shop Hours Regulation*），1892 年，第 3 页，转引于赫瑟斯和哈里逊：《工厂立法史》，第 211 页。

他任伯明翰市长时，就想要地方当局逐渐变成大土地所有者，想要“土地市有化——一个不见经传的字眼，但这个字眼却可表达我所要用作为不合理的国有化方案的代替办法”，正如他一度所说的那样。①

英国的社会主义派别繁多。他们到处都是很小的少数派，虽则在某些地方他们的人数正在迅速增加。据说“《资本论》每造成一个改变信仰者，《快乐英国》就造成一百个”②——《快乐英国》是1891年在曼彻斯特开始问世的布拉奇福德的《喇叭》杂志社出版的。③ 虽然任何一派公然自认和彻头彻尾的社会主义者对于政府和立法的直接影响还非常之小；但是他们相信风向是对他们有利的。布拉奇福德在提到建筑条例、工厂条例、实物工资制条例、电报的收购和市营煤气厂之后写道：“继而你们将看到社会主义已经开始，所以究竟从何处开始的这一问题已完全是多余的。”约瑟夫·张伯伦在1885年也提出了大同小异的说法，④虽则着重点和用意有所不同。“你们对我说我的纲领是社会主义吗？”“当然，它是社会主义”——“济贫法是社会主义；教育条例是社会主义；市政

① 鲍尔弗勋爵：《自传片断》(Lord Balfour, *Chapters of Autobiography*)(1930年版)，第220页；这是在1886年。

② 《曼彻斯特卫报》，转引于布拉奇福德：《八十自述》(*Blatchford's My Eighty Years*)(1931年版)，汤普森序，第13页。

③ 有一篇布拉奇福德的记述，其中并没有提到《快乐英国》，但是解释了布拉奇福德如何“从来没有读过一行马克思的著作”就懂得了阶级斗争，见比尔：《英国社会主义史》(1920年版)，第2卷，第307—309页。在《快乐英国》按一先令售出了两万册之后，在1894年改按一便士发行。《八十自述》，第196页。

④ 在他的沃临顿演讲中，加文：《传》，第2卷，第78页。

工作的大部分是社会主义；每一种仁慈的立法措施都是社会主义。”那是要看情况而论的，但在任何场合下主要都是一个定义的问题。不管定义应该怎样下，市政工作和仁慈措施却是一往直前的，而且比少数人所要求的还要更迅速些，虽则不如其他人所希望的速度的一半或到达同样的远近；一位多少有点愤世嫉俗的辉格党政治家以维多利亚后期的一句老生常谈心平气和地说，现在我们都 400
是社会主义者了。他言外之意是说，想使这个世界成为科布登看来全不陌生的人士只不过是一个很小的而且越来越小的少数了。

在1894年建造了在此后四十年中行将证明是一部非常有效的引擎的，正是哈考特其人，这部引擎纵非为了社会主义的采行，至少也是为了所有各种性质的社会主义者所一致欢迎的那种财产的均等化——修订的死亡税。在1887—1888年未修订的死亡税已征得八百二十八万四千镑；在1895—1896年，既经修订之后，计征得一千四百一十万镑。在1913—1914年，数字是二千七百四十万镑，在1923—1924年则是五千七百八十万镑。在哈考特筹划这项修订时，国家的全部税收远不到这最后一项数字的两倍。①

照八十年代中期的情况，作为许许多多争论和妥协的产物的未修订的死亡税，是不必要的、错综复杂的。各种不同程度的自由主义和保守主义的财政大臣都听之任之。1881年在立遗嘱人动

① 这段期间所有具有重要性的税收数字，见马利特：《1887—1913年的英国预算》(1913年版)，这本书是打算作为巴克斯顿的《财政和政治》(1888年版)的一个部分的续篇，后者将财政故事叙述到1885—1886年。

产税、遗产税和继承税这三种旧税之外，又加上了以防止逃漏立遗嘱人动产税为主要目的的所谓账目税。伦道夫·张伯伦曾经为他始终未公开的 1886 年预算设计了将会“对于几乎每一个贵族议员”的财产“发生不利影响”的一次全面性改革和增税。[①] 他意欲使不动产税和动产税融合为一，并将适度累进制的焦点不是集中于死亡时所转移财产的多寡而是集中于每一个受益人所得的数量——集中于“生者所得到的，而不是死者所遗留的”。[②] 不论他知道或不知道——无疑他的财政部和税务署顾问们是知道的——他却是在效法约翰·斯图尔特·穆勒，穆勒既然希望最终所限制的不是“任何人所遗留的，而是任何人凭由遗赠或继承所取得的”，所以急于要在这期间将“累进原则（照现在的称呼）”适用于对所有这类所得加征的税课。[③]

401 伦道夫·丘吉尔勋爵的后任，顾虑周详的财政家戈申在一连六次预算中，始终没有越出死亡税需要修订的反复声明以及在 1889 年对一万镑以上的一切财产加征一项 1%的新财产税这个限度以外，而在后一项措施中，评论家们——有一些忧心忡忡地，也有一些满怀希望地——认为他们可以看到累进的原则。哈考特在他的第一次预算中没有再前进一步；虽则在讨论过程中对于有时称之为勤劳所得和自然所得，有时称之为不固定所得和永久所得，有时称之为劳动所得和非劳动所得的平等征课这由来已久的问题

① 丘吉尔，温斯顿：《伦道夫·丘吉尔勋爵》（1906 年版），第 2 卷，第 197 页。

② 同上书，第 2 卷，第 194 页。

③ 穆勒：《原则》，引证于中卷，第 496—497 页。温斯顿·丘吉尔先生曾温和地报告说，他不知道伦道夫勋爵曾否读过穆勒的著作。

发生争论时，他指出所谓的不公平最好是通过在死亡时对非劳动所得、或永久所得、或自然所得的来源征税的方法，予以补救。[①]在这一世纪具有深远意义的预算之一的1894年预算中，他着手其事。像伦道夫·丘吉尔一样，他将不动产的课征和动产的课征融合为一——他正如他常常解释的那样，是一个小儿子——并且采用“累进原则(照现在的称呼)”；但不同于丘吉尔，他多半是为了可凭以取得最大限度成绩这一战术上的理由，不是集中他的火力于遗赠或继承的多寡，而是集中于死者财产的大小。[②] 但死亡税的猛烈炮火从来就是集中于这一方面的。丘吉尔凭他所特有的胆力，原会置至亲于度外的。在他看来重要的不是你和死者之间的血统关系，而是你所得到的数量。哈考特对直系后裔和近亲属却保持了传统的和有词可解的宽厚态度。所以他得到两种税，而不是现行的五种或丘吉尔所筹划的一种——即不问其构成和去向而取决于财产多寡的财产税，以及因受益人同他所由受惠的财产所有人的关系不同而不同的遗产税或继承税。财产税自一百镑以上的财产的1%——正如1913年的一位财政作家所说——至一百万镑以上的财产的“不下8%”各不等。[③]

在此后二十年间在哈考特的死亡税方面不曾有过任何原则上的变革。一些旧式经济学家和普通实干家把死亡税斥为国家仰赖资本为生的一种形式。[④] 年轻的经济学家则解释如何这种说法是

① 参阅中卷，第401页。

② 参阅马利特：前引书，第82—83页。

③ 马利特：前引书，第85页。

④ 参阅例如马利特：前引书，第76页所引证的考特尼的论证。

402 不正确的。保守党的财政大臣们认为这些税非常有用而不肯废除;因此在整整十年之后自由党的财政大臣卷土重来时,他们就可以轻而易举地提高百分率或扩大累进率了。在保守党的十年中,税收的增加(22.5%)单纯是愈益增长的国家财富的一个函数。在1905—1906年和1913—1914年之间的巨额增加(59%)根本是合成的。固然在死亡时有更多财富转移,但是在转移时也有更大量的榨取。

所得税的结构在格拉德斯通生前和死后八年期间几乎没有被触及。他始终抨击所得税——在1887年抨击为"在所有税课之中最败坏道德的",一个"诱陷良心的人为的陷阱网"和"一部公共浪费的发动机"。[①] 但是它依然如故。在战时,在南非战争时期,标准税率已经提高到每镑一先令,一先令二便士,一先令三便士。在1903年,在和平时期,虽则是在战争结束仅仅一年之后,税率竟然仍停留在十一便士,这在一位厉行节约的退职的财政大臣看来是史无前例和令人诧异的。[②] 在维多利亚女王即位六十周年纪念和南非战争爆发之间的这段期间,税率变动于六便士和八便士之间。在下院中始终不乏主张根本改革的人士——主张对"劳动"所得和"非劳动"所得区别对待。英格兰银行的哈伯德充作他们的领袖达三十年之久。在1887年哈伯德进入上院,[③]乔治·巴特利先生(后来封爵士)两三年后就继承了他的衣钵。但是没有一位财政大臣被说服,而哈考特,正如上文所述,认为他的修订死亡税是合用

① 写于《十九世纪杂志》,1887年6月。参阅中卷,第399、405页。

② 迈克尔·希克斯一比奇;马利特:前引书,第220页。

③ 封为阿丁顿勋爵。参阅《英国人名词典》,另参阅中卷第401页及以下。

的。但是来自两党的财政大臣却相继运用所得税实施之初所建立的减免原则而稳步地降低累进率。在八十年代，一百五十镑以下的收入是免税的，一百五十镑至四百镑的收入，其中一百五十镑不缴税。对待四百一十镑的收入的不公平是显而易见的，但每镑六便士的税课却还说得过去。自哈考特的1894年预算以来，特别是随着战时和战后年月课征的加重，随着收入每增加百元而递减的减免，先是到五百镑为止，继而则到六百镑，继而又到七百镑。绝对免税水平经哈考特提高到一百六十镑，并且一直保持未动。在各种不同的边际上还有小小不公平的残存，正如无可避免的那样， 403
但是既按每百镑收入计算，负担也就不为重了，而一种粗具规模的累进制也有了保证。在1905—1906年，按一先令的标准征课计，每年收入三百镑的人每镑完税五点六便士，每年收入六百镑的人每镑完税九点六便士。[①]

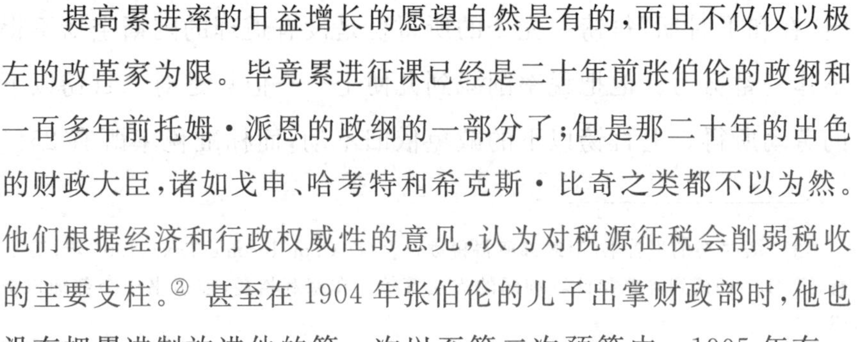

提高累进率的日益增长的愿望自然是有的，而且不仅仅以极左的改革家为限。毕竟累进征课已经是二十年前张伯伦的政纲和一百多年前托姆·派恩的政纲的一部分了；但是那二十年的出色的财政大臣，诸如戈申、哈考特和希克斯·比奇之类都不以为然。他们根据经济和行政权威性的意见，认为对税源征税会削弱税收的主要支柱。[②] 甚至在1904年张伯伦的儿子出掌财政部时，他也没有把累进制放进他的第一次以至第二次预算中。1905年有一

① 除马利特，前引书中逐年的历史外，参阅塞利格曼：《所得税》(1911年版)，第1卷，第3章：《现代〔英国〕所得税，1862—1911年》。

② 在九十年代，艾尔弗雷德常常这样告诉他的学生说，而且这显然是财政部的看法。

个部门委员会在研究所得税，但未奉命讨论一般原则。[①] 应自由党和工党再三再四的要求，财政大臣对其他各国和各殖民地，凡有举办所得税者，就其实施情况加以调查。[②] 累进制和差别制的最近试办情形已经有很多披露出来，但是没有什么有用的东西。多数国家满足于英国所实行的根据减免的累进制的某种变体。很多国家对劳动收入的所得税和财产的所得税加以区别。德国没有一个邦对它最大的收入课征到 5%以上，这正是当时英国七百镑以上的一切收入所完纳的税率；而所申报的最高的税率是格里森号的 10.47%，但是按照这个税率完纳的，纵有，我们也不能不假定只是恩加丁寥寥几个富有的旅馆老板而已。

1905 年年底以后起而当政的自由党在 1906 年成立了一个委
404 员会，据这个委员会报告说，根据这两项方针的措施都是可取的和行之有效的；[③]所以在 1907 年仍然墨守格拉德斯通派的见解而认定“在和平时期”每镑一先令的所得税是没有道理的阿斯奎斯不得不作一番努力。他把税率削减到九便士——但只是对二百镑以下的劳动所得。七百镑以下的减免依旧不动，而标准税率既有 25%

① 委员会的报告书〔财政部所得税委员会(D. C. on Income Tax)，1905 年，第 44 卷，第 219 页〕谈到舞弊和计算利润的方法等等。在塞利格曼，前引书中全部加以扼述。

② 《已建立累进所得税制度的各殖民地的报表》(*Return, shewing Colonies which have established systems of graduated Income Tax*)和《外国累进所得税报告书》(*Reports... respecting Graduated Income Taxes in Foreign States*)(1905 年，第 53 卷，第 183 页和第 85 卷，第 33 页)。

③ 《所得税审查委员会》，1906 年(第 9 卷，第 659 页)。“委员会的委员们决心探讨他们的种种考虑，有些赞成累进制，有些赞成差别制，还有些两者都赞成”，出席委员会作证的马利特这样写道；前引书，第 280 页。

的降低，这就大大地减轻了中等阶级薪水收入者的负担。阿斯奎斯以格拉德斯通派的另一种抑扬顿挫的调子说，这可以帮助我们把所得税看做是“我们财政机器的一个永久的部分”，“正如我所要看待它的那样”。[①] 一个外国人对于英国人顿下决心，把一连存在了六十五年的一种税定为常税，未始不会赞叹。阿斯奎斯以遗产税的初步提高和加强来弥补他在所得税方面的损失，但所提高的只以十五万镑以上的遗产为限。

二千镑以下的差别税运用得毫无干碍，虽则两代以来几乎所有专家都说是不可能的。按较低的税率计税，有更多的劳动收入被揭露出来；所以，正如阿斯奎斯在1908年所说，这种新办法“本身就是合算的”。刚刚担任了首相的那一年，他虽然提出了预算案，却保持了预算案的所谓中立，而听由新任财政大臣劳埃德·乔治在下一年度去作进一步的改革。在税课的这个和其他的领域中，改革是综合性的。遗产税又有第二次的提高和加强；标准所得税率提高到一先令二便士，二千至三千镑之间的劳动收入提高到一先令；而意义更深远的是，从审查委员会1906年报告书中采纳了对五千镑以上的一切收入其超过三千镑部分所征课的每镑六便士的特别附加税。

这是上院所否决的那个预算。取代这个预算的是一件复制品，而在和平时期的最后几个多事的年份中，不曾再有任何重要的变革。在1911—1912年所得税和特别附加税的收入共计四千四百八十万镑，1913—1914年共计四千七百二十万镑。十年之后，

① 转引于马利特：前引书，第275页。

这项收入是三亿两千万镑，固然是按不那么值钱的货币计算的。
405 当有些人已经被列入完纳六先令所得税和另外六便士特别附加税的类别时，这项收入已经比较高了。为将财富从和平用途转移到战争用途，以及在战争结束之后，从一个阶级转移到另一个阶级而设置的这类课征或更加运用裕如的机构，过去是罕见的。

在格拉德斯通派财政时代的最后几年中，英国的捐税已经简化到它有史以来最简单的形式——一种轻微，虽则“败坏道德的”所得税；非常轻微的死亡税；契据、支票和其他少数几种东西的印花税；土地税的残余和住屋税；烟草、葡萄酒、烧酒、茶、咖啡、可可、干果和其他少数东西的关税；啤酒和烧酒的产销税；以及枪、狗、典当、负贩及其他少数事物或活动的一些杂七杂八的执照捐。糖税的最后残余，即对啤酒酿制中所用的食糖课征的那笔税，已于1881年和麦芽关税一并取消；而激进税务改革家则在指望维多利亚后期的政治术语中所谓的“免税早餐台”。财政大臣不肯作这样的让步，因为早餐台上的进口饮料每年大约有五百万镑的税收；虽然占这类饮料的一个平均消费量，再加上啤酒和烟草的一个平均消费量的工资劳动者家庭对管理费的贡献超过它应负的公平份额，是非常可能的。谁也没有吸烟喝酒的必要这样一个答复是不完全令人信服的；虽则戈申所持的论证不无力量，据他论证说，茶税这项“税率非常之低的人头税”[①]的取消，会使社会的一些重要组成部分完全免于纳税。

① 转引于马利特：前引书，第31页。

像戈申和索尔兹伯里这样小心谨慎的政治家，这些从各方面来说都是保守的人们，认为简化已经过当，以致关税和国产税，从而整个税收都太绝对地依存于两三项大税目的收入。[①] 这是不足为奇的。例如在1895—1899年国家的全部收入是七千三百六十万镑时，得自进口或国产“酒类”和得自卖酒人所领执照的净收入计达二千九百一十万镑；得自烟草的达八百九十万镑；另得自茶的达四百六十万镑；因此这三项税源计占税收总额的58％。但是在 406
英国处于和平的时候无论戈申或其他任何保守党的财政大臣都没有试图扩大税制；而辉格党的哈考特却在死亡税方面发挥了他的作用。

在八十年代初期公平贸易纲领发表以后的任何时候，征税基础的扩大原都会得到相当大的一部分舆论的赞同的。[②] 那个纲领的报复税和帝国税部分吸引了甚至当时的激进派的约瑟夫·张伯伦，张伯伦首先开始怀疑他所继承的自由贸易信条，正如他常常说的，“当时我作为贸易部大臣，不能不回答里奇所提出的一项赞同报复税则的建议”。[③] 1887年，当索尔兹伯里收到保守党协会全国

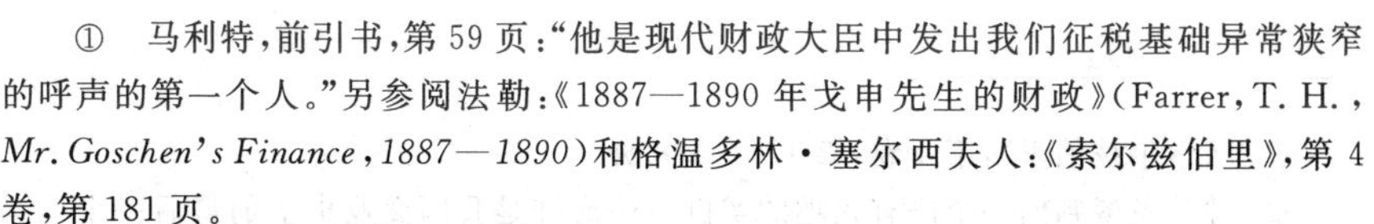

① 马利特，前引书，第59页：“他是现代财政大臣中发出我们征税基础异常狭窄的呼声的第一个人。”另参阅法勒：《1887—1890年戈申先生的财政》(Farrer, T. H., *Mr. Goschen's Finance, 1887—1890*)和格温多林·塞尔西夫人：《索尔兹伯里》，第4卷，第181页。

② 中卷，第250页。

③ 菲茨罗伊，阿尔梅里克：《回忆录》(Fitzroy, *Sir Almeric*, *Memoirs*)(1925年版)，第1卷，第141页。约翰·摩莱后来常常说张伯伦的自由贸易始终只有“一层皮厚薄”；“实则他是从制造家的观点看问题的，他们欢迎以关税作为一种垄断的工具”。这是1912年说的。同上书，第2卷，第501页。

联合会交来的一项公平贸易的决议时，他断然予以拒绝；[①]但是既认清在一个关税世界中英国商业外交的困难，又不相信单单一个国家实行自由贸易能对本身有利，他至少会希望有几项他能凭以进行谈判的关税。他一定注意到了如何在1890年戈申降低所余寥寥几种关税之一的葡萄干关税时，他能以把这项变革同深怀谢意的希腊人减低英国制造品关税的建议联系起来。[②] 虽然在九十年代后期张伯伦在殖民部的活动表明他绝不会让自由贸易主义的教育妨害他认为对帝国有利的措施，以及他这时在帝国事务中并不比他向来在市政和社会事务中对放任主义更有好感，[③]但是保守党的财政大臣在他们的预算演讲中继续拒绝一个右翼保守党员，一个要求无论在进口制造品或进口谷物方面一并征税的农业成员称之为“最陈腐的科布登俱乐部的小册子”的东西。[④]

甚至两年半的战争（1899—1902年）对于税制的影响都微乎其微。现行各税自然是提高了；但直到1901年糖税方始恢复——
407 “我竟不揣冒昧地建议糖税”，张伯伦这样说——在四十年代皮尔曾经实行过的煤炭出口税也随之一并予以恢复。[⑤] 财政大臣希克斯一比奇辩称，煤炭税对英国消费者不是一种沉重的普通间接税，

---

① 《索尔兹伯里》，第4卷，第177—178页。

② “关税谈判的一个饶有兴趣的实例……或许是我国商业史上的最后一个”，马利特：前引书，第31页。

③ 参阅斯彭德：《牛津勋爵和阿斯奎斯传》(Spender, J. A., *The Life of Lord Oxford and Asquith*)(1932年版)，第1卷，第150页。

④ 詹姆斯，劳瑟语，转引于马利特：前引书，第115页。

⑤ 上卷，第498页。

因为由于英国的半垄断地位，会由外国消费者完纳。[①] 很多人不同意他的看法，而且矿工联合会以罢工相威胁。翌年，虽然战争已差不多结束，但他却恢复了对进口谷物的小额“登记税”，这项登记税是 1869 年罗伯特·娄多少有点迂腐地予以废止的。事理明达的自由党人不多年前曾认为娄的措施是不必要的；[②]但是现在却辩称，进口小麦的每英担三便士（那一年进口的小麦每英担的平均价格是六先令八又四分之一便士）是一种不能容忍的事物，“一种不名誉的税课”。[③] 其所以不能容忍和不名誉，补充这样一句是公平的，主要是因为它给其他种种可能性创了一个先例，开了一个方便之门。

翌年登记税被废止，约瑟夫·张伯伦也随之而去职；但煤炭出口税则尚有待 1906 年阿斯奎斯予以废除；那时，国人经过了将近三年的辩论之后拒绝了——就那次而言——张伯伦的报复关税和殖民地优惠待遇，在辩论过程中一般保护税制度的大多数特点都已经得到了发展的一项政策。

所以这项简单的应税货物表保留了八年之久，虽则最近的那

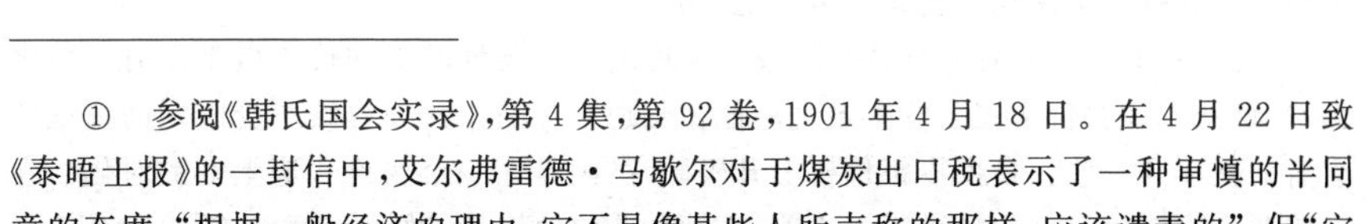

① 参阅《韩氏国会实录》，第 4 集，第 92 卷，1901 年 4 月 18 日。在 4 月 22 日致《泰晤士报》的一封信中，艾尔弗雷德·马歇尔对于煤炭出口税表示了一种审慎的半同意的态度：“根据一般经济的理由，它不是像某些人所声称的那样，应该谴责的”；但“它是否值得？”；我们很容易受到报复；然而“我佩服财政大臣的魄力”。

② 1888 年西德尼·巴克斯顿（勋爵）在列举反对登记税的一切“严格自由贸易的”论证之后曾经写道（《财政和政治》，第 2 卷，第 93 页）——“十分肯定的是，如果这项税依然存在，现在会保留下去了”。关于 1869 年的情形，参阅中卷，第 243 页。

③ 威廉·哈考特爵士；马利特：前引书，第 210 页。

个自由党政府始终没有设法免去食糖税；[①]国家所需要的额外
408 收入——1913年至1914年比1904年至1906年多三千三百万镑——都是从贸易活动和价格上涨最后几年间所有各项税收的自动增加和从富有者看做是所得税和死亡税的无情的压榨中得来的。[②]

除开正式假定所得税直到他那个时代为止一直是试办性质的这一点之外，阿斯奎斯至少在另一个财政问题上表明了他是一个忠实的格拉德斯通派；他决心清偿国债，在他的财政大臣任内以及在他担任首相的和平时期，国债已从七亿九千七百万镑降至七亿零八百万镑。[③] 鉴于1879年这个极峰年国债是七亿七千八百万

① 它也没有取消1902年3月3日布鲁塞尔食糖公约所载的政策，虽则曾予以修改。根据那项公约，欧洲各主要甜菜产国一致同意不给出口食糖以奖励金，英国则承允比照这样发给任何食糖的奖励金加征一笔同额的税课。所有产糖国都曾经依次采取奖励金政策。这就损害了蔗糖利益集团而帮助英国消费者和食糖使用工业。早在1887年主要产糖国之中就有五国声明反对出口奖励金制度；但是直到英国这个所有供应品的公开市场在张伯伦主持下采取了明确的方针，问题方始解决。大多数贸易商抨击公约，因为(1)它是对无限制进口政策的第一次破坏，(2)它可能损害食糖使用利益集团，(3)它打了帝国保护贸易政策一记耳光。

公约在1903年9月1日开始生效。未税进口甜菜糖的平均价格微微上升。数字提示，但并非证明价格在公约生效之后比在奖励金补贴办法如继续不受限制的情况所会有的行市高一些。食糖零售价格上升极微，虽则是在一个物价普遍上涨的时候。在公约和希克斯－比奇的糖税实施之前，方糖最低的价格是二便士一磅。在1914年7月质量多少差一点的、征课轻微的砂糖可以按同样价钱买到。

② 劳埃德－乔治地价税的异常错综复杂的故事，似乎无须加以探讨，因为第一，在1914年以前地价税刚刚开始有微不足道的一点税收，第二，地价税随即被放弃，并且迄今没有恢复。所以该税的重大的关系与其说是经济的，毋宁说是政治的。

③ 这是《统计摘要》中所举的毛债务总数。

镑,并鉴于在这间隔的一代中还有军事和其他的大量例外开支,我们不能说财政大臣作为一个阶层来说是玩忽职守的。在1879年,债务的负担是(联合王国)每人二十二点七镑。在1914年则是十五点三镑;而且无疑每人都更加富裕了。负担即使增加十倍左右(正如将会有的情形那样)也未见得比人数少得多并且贫困得多的人口在滑铁卢战役以后所担负的更加不胜负担。

自1879—1899年,由于1875年诺思科特减债基金的实施[①]
和实得盈余的专门用于偿债,债务已渐渐减少了,虽则这两个过程 409
在艰难或安乐的年月中都有过间断。到1899年,国家毛债总额已降至六亿三千五百万镑。这些年的主要财政大事就是1888年三厘整理公债的调换。[②] 作为一个有训练的理财家,他曾注意到在他任职财政部之前三厘公债的稳步上涨。三厘公债的价格起初在1885年4月平票面金额有一个多月之久。此后最低的月度平均价格是1885年4月的九十六又四分之一。自1886年2月起,那项价格始终未低于票面,并且一度曾达到一百零三以上。时机似乎是有利的。既经熟习阵地,于是戈申满怀信心地出战了。在1888年4月和1889年10月之间,五亿六千五百五十万镑各种不同“三厘公债”的持有人接受了他的这样一种建议,一律调换成一种不能赎回的证券,在1903年以前息金二厘七五,此后则为二厘半,直至1923年为止。有一千九百二十五万镑证券的持有人已按

① 中卷,第407页。

② 参阅埃利奥特:《戈申勋爵传》(Elliot, Hon. A. D., *Life of Lord Goschen*)(1911年版),第2卷,第145页及以下,连同伦道夫·丘吉尔警告戈申不要进行调换一封探讨入微的长函:“这不是,也不会是得人心的”,“大户都不认为环境合适”等等。

票面金额清偿。在这一年的下半年，新证券降至票面以下几点，并且直到1914年一直在票面以下。继而稳步上升，直到1897年全年平均在一百一十二以上和该年度7月份平均为一百一十三又二分之一为止。在九十年代中期和后期一切利率都很低，但价格却大部分是人为的。为了多种需要，整理公债要么是义务性质的，正如对储蓄银行的投资；要么是习惯上必需的，所以流入市场的有限。更由于国债的逐步清偿，数量就更加有限了。①

财政史上的这个阶段随着南非战争的结束而告终。新债产生了，利息也上升起来。到1903年国家的毛债达七亿九千八百万镑，在这一年的下半年，新整理公债（利率在4月已降至二厘半）仅仅八十八强。此后，价格随着贸易的恢复和利率的上涨而下跌，尽管阿斯奎斯已经开始实行强有力的减债政策，而在1908年以后下跌更为显著。1913年新整理公债只平均为七十四又十六分之十三。所以这个国家是以三厘三计息的信用进入战争的，正和1792—1793年伟大的法国战争前夕的情形不相上下。戈申为他调换公债所选择的时刻的恰当，实非始料所能及。

410 在八十年代早期财政部总支付额每年平均八千七百六十万镑时，在小心谨慎的格拉德斯通传统中培养出来的人们看来，公共支出已经似乎异常之高了。② 到1912—1914年，人人都在谈论两亿镑预算那个不祥之物；事实上1913—1914年的支付额已达一亿九

① 吉芬爵士：《大战时期的整理公债》(Giffen Sir R., *Consols in a Great War*)，《经济季刊》，1899年9月。

② 参阅中卷，第397页。

千七百五十万镑。直到1904—1908年数字几乎稳定在刚刚不到一亿五千一百万镑的时候为止，支付额的上升同国家支付能力的上升还是不太不成比例的。从国家收入概算中看出，1904—1908年一亿二千万镑左右的支出可以像1881—1886年八千七百六十万镑的支出同样容易地负担起来。[①] 新增的繁重的缴纳计有比之1886年高出50%的所得税，可征得一千一百多万镑的死亡税和死灰复燃的糖税。战争和战争余续乃是第一、三两项征课所以举办的原因，而哈考特的保守党后任的未予放弃的最为方便的遗产税则是第二项征课之所由来。

直到1904—1908年为止中央政府没有筹划任何重要的新型开销。在国家报告书的总结中列入教育、科学和艺术项下的数字，自从1876年强制初等教育、1891年免费初等教育和1902年扩大中等教育制度采行以来——都是保守党或统一党政府予以采行的——已经不断地强大起来。这意味着对地方当局的沉重教育经费的补助越来越多。到1905—1906年，教育科学艺术一项已达一千六百多万镑。但是在八十年代后期既然已经接近六百万镑，并且随着人口仍然迅速增长而半自动地增加，所以能够记在1886年以来新政策的账上的不过七八百万镑；虽则按照格拉德斯通的标准，这也不失为一个非常庞大的数目了。

除开对于济贫法医药开支和贫民精神病院经费的一笔巨额赠

① 1883年的概算是十二亿八千九百万镑，1907年的概算是十八亿镑。斯坦普爵士：《英国的收入和财产》，第427页。

款、对于济贫法学校中教员的几千镑补助以及在1905年以后对于
411 试办和临时性失业救济的一笔捐款外，[①]直到1908年爱德华七世，第8年，第40章：养老金条例通过时止，中央政府对于防止或救济贫穷并没有付出分文。在1886—1887年这个财政年度中，英格兰、威尔士和苏格兰的地方当局曾经在贫民救济上花费了九百一十万镑——远不到估算国民收入的1%；确非集体慈善事业的一种过分措施。二十年后，它们所花费的一千六百一十万镑，约为修改了的估算数的1%。前一个日期同后一个日期相比，就业条件更差，受救济的人对总人口的比例也显然有了增加。零售价格差不多，虽则在1906年工资无疑较高。但工资在贫民监理员的开支中并不是一个重要项目。总之，既然“统治阶级碰巧满怀同情，而国家又……适值富足之际”，[②]监理员也就变得更加慷慨，或者说更加随便，见仁见智，则因观点不同而说法有所不同。自从八十年代早期的政治改革和稍后伴随社会意识的激发而来的地方政府改组之后，统治阶级已经扩大，他们的同情心也有了增加。企图在监理委员会赢得一个席位，赢得影响力，乃是出身于任何阶级的一个社会改革家的正当抱负；在1894年监理委员会委员资格的财产限制已经取消了。

在八十年代中期，监理委员会的正常政策和地方政府事务部

① 关于补助金的一般政策，参阅哈斯勒克：《英国地方政府》(Hasluck, E. L., *Local Government in England*)(1936年版)，第237页及以下；关于一些具体的应用，参阅阿斯克罗特和普列斯顿－托马斯：《英格兰济贫法制度》(1902年版)，第276页。

② 本卷，第397页。

视察区的普遍政策原是严格的。[①] “习艺所”仍然应该是“令人却步的”,对身体健全的成年男子的户外救济应该废止。事实上也几近于废止了。在1885—1887年商业萧条期人数微微上升之后(但始终没有超过八万人——在1867年为数少得多的人口之中曾经有十二万九千人),对身体健全者户外救济的平均数字到1900年已降至五万九千人;虽然已异乎寻常之低,但九十年代的平均数却不到六万八千。在二十世纪的最初十年中,为皇家调查委员会工作的专门调查人员发现“对于可适当地列为身体健全而精神并无缺陷的男子的有系统的户外救济,事实上已不复存在”。[②] 在例外 412
场合下或在异常困难的时候对于这类人的临时救济,总归是有的;并且在这十年之末,自1911年起,当对身体健全者的户外救济正式取消时,对事实上身体健全的人的这种最正当的紧急救济还是默许的。[③]

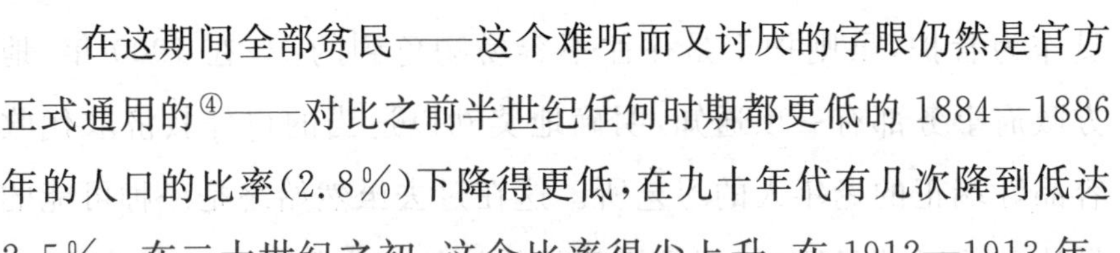

在这期间全部贫民——这个难听而又讨厌的字眼仍然是官方正式通用的[④]——对比之前半世纪任何时期都更低的1884—1886年的人口的比率(2.8%)下降得更低,在九十年代有几次降到低达2.5%。在二十世纪之初,这个比率很少上升,在1912—1913年,

---

① 中卷,第396、432、439页;关于八十年代后期和九十年代的逆流,参阅《年老贫民皇家调查委员会报告书》(*Report of the R. C. on the Aged Poor*),1895年(第14、15卷);韦伯夫妇:《英国济贫法近百年史》(1929年版),第4章;阿斯克罗特和普列斯顿—托马斯:前引书,第99页及以下:〔尼科尔斯和〕麦凯:《英国济贫法史》(〔Nicholls and〕Mackay,T,*A History of the English Poor Law*)(1899年版),第3卷,第23章。

② 韦伯:前引书,第500页。韦伯夫人是调查委员会的委员。

③ 韦伯:前引书,第778—779页。

④ 例如在《地方政府事务部第四十二次……报告书》(*Forty-second... Report of the Local Government Board*),1913年(第31卷)。

英格兰和威尔士的比率是2.15%，苏格兰是2.3%。[①]

受救济人口的比例的这种下降，正如支出所表明，是和监理员及视察区视察人员对其所承认有权要求救济的那些人的更加慷慨，虽则还不是突出慷慨的处置办法偕以俱来的。二十世纪最初十年在旧传统中培养出来的视察人员往往认为自从大约1890年以来监理员已经变得不胜其令人遗憾地慷国家之慨，而地方政府事务部本身，在一个慈悲为怀的议会敦促下，自1890年左右以后，也过于懒散了。[②] 养老金问题的正式和公开讨论一直继续不断，这种讨论——尚有待议会作出决定——已经使监理员照管的老年人的条件有了稳步的改善。原打算对老年人所作的让步是不难为一切人所均沾的。现在在所有的习艺所中都可以有烟草和鼻烟了；还有淡茶，连同牛奶和糖，供妇女按各自口味享用；并备有书籍。习艺所负有聘用护士，有训练的护士的义务，以代替以收容人员作为看护，虽则护士是往往不容易物色到的。[③] 在1900年，地方政府事务部有一项通知，明确地奖劝以适当的户外救济取代收容品性端正的老年人的习艺所。这在过去虽然始终是一种可能的做法和普通的习惯，但领导机关的传统的劝告却是与此背驰的。[④]

413 1891年地方政府事务部所提出的习艺所书籍的建议是和习

---

① 数字见《统计摘要》。

② 这种观点反映在麦凯，前引书中。

③ 《老人贫民皇家调查委员会报告书》，第34页；阿斯克罗特，前引书，第272页；韦伯，前引书，第332、359、483页。

④ 关于通知，参阅韦伯：前引书，第353页：1895年据报告，病弱不计，习艺所中“应受救济的”年老贫民“为数无几”，至于对他们应采取的政策，则完全交由监理员自行决定，《年老贫民皇家调查委员会》，第9、14页。

艺所玩具的建议互相联系的。婴儿和未届学龄的儿童有一支小小的队伍曾长期居住在一般混合习艺所及其疗养院中。这个队伍虽已缩小;但在1913—1914年,即根据地方政府事务部的命令强制将他们迁出的那个日期(1915年3月)的前夕,仍然不下几千人。[①] 在1906年,他们仍常常交由所收容的老年妇女照管,甚至偶尔竟交由医生已证明为低能的人照管。在水平较高的组织中,有一个习艺所是将婴儿交"由兼管女游民的洗衣妇负责"。在最高级的组织中,"在伦敦和其他各大城镇中的大宫殿般建筑物中……育婴室的婴儿很少或从未到过户外"。[②] 所有这一切都是在这个故事的最后阶段。但是就连洗衣妇也比先前的年老收容人员的费用要多,那么宫殿般建筑物自然所费就更多了。

自从完全没有儿童政策的改良济贫法的不幸的早期起,处理成长中的儿童的种种试行办法总是费用比较大的。[③] 特设的习艺所学校有一段悠久而又比较肮脏的历史,可以远溯到完全没有任何国民教育制度的时候。直到十九世纪之末,仍残存于大约六百个联合教区的八十个联合教区中。[④] 现在大多数联合教区都利用自1891年起改为免费制的公立小学了。但是济贫法儿童的家庭

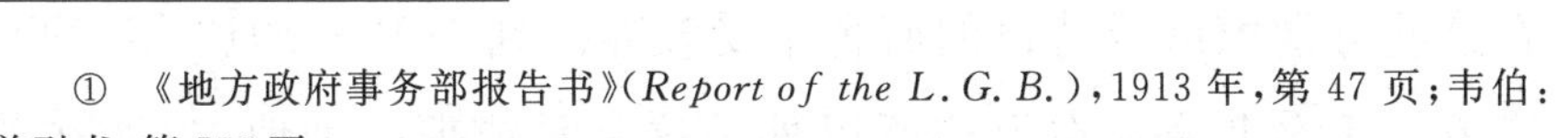

① 《地方政府事务部报告书》(*Report of the L. G. B.*),1913年,第47页;韦伯:前引书,第753页。

② 《济贫法皇家调查委员会》,1909年(敕令第4499号),转引于韦伯:第307—309页,该书所使用的是重印的八开本而不是原来四开本的版本(敕令第4499号)。参阅本卷,第422页注。

③ 参阅尤其是阿斯克罗特:前引书,第253—265页;韦伯:前引书,第246—306页。

④ 韦伯:前引书,第271页。

生活问题依然存在。在入学以前和入学时期把儿童寄宿在外面的苏格兰传统方法，英格兰专家早在1869年就曾经加以研究，但英格兰的高、低级权力机关都不予重视。[①] 大约当时和后来，曾有几个监理委员会加以试验；但是八十年代的地方政府事务部"继续以怀疑的态度注视这种制度的推广"。[②] 直到1889—1890年新风气开始蔓延以后，这种制度的推广方始受到鼓励。到1900年全国已
414 有大约一半的联合教区在某种程度上使用这个制度，并且有八千名孤儿或弃婴受到了这个制度的好处。主要的批评是拨给济贫法儿童的款项比供他寄宿的乡村劳动者所能用在自己孩子身上的还要多——济贫法开支逐渐上升的另一个原因。[③]

费用更加浩繁，然而迄今仍为首都的若干联合教区和地方上若干重要城镇所采用的，却是所谓的庐舍制，在这种制度下，特建庐舍——往往是和学校、礼拜堂、工厂和医院相联的——供儿童和他们的养父母居住。分散家庭制或设菲尔德制，是为这个目的租赁而非建筑房屋，将儿童安置在那里，交由养母照管，这种办法比之旧济贫法的方法，花费虽不那样大，但也并不省钱。这种制度在1893年始创于设菲尔德，在此后七年中有一打以上的大城镇加以仿行；所以在新世纪开始时有七十四个城市教区的一万多名儿童在这些分散家庭或特设的庐舍中受教养。到1912—1913年，约有三万三千名儿童住在习艺所以外的这一种或那一种地方；而在苏格兰，在八千四百四十九名儿童之中有七千四百三十七名是寄宿

---

① 中卷，第436—437页。

② 韦伯：前引书，第274页。

③ 阿斯克罗特：前引书，第260页。

在外面的。[①] 在1914—1915年，办法最落后的地方是英格兰边远的农村地区，并且是在大多数儿童仍有待奉命迁出混合习艺所的西南各郡。[②]

在伦敦地区，自从六十年代后期以来，首都公共济贫基金已经
用于各种专门机构的发展，[③]在伦敦地区以外，用于患病贫民的开
支在1886—1890年以前也已经缓缓增加；虽则济贫法委员会和接
手其事的地方政府事务部力图促使监理员们注意，要他们对患病
的贫民担负一项新义务：务使病人的条件不再是令人望而却步
的。[④] 在伦敦，济贫法施药所已经建立，并且在1886年特设的天
花和热病医院已经非常适当地首先供紧急病人之用，然后供非紧
急病人之用，如果病人确实贫困的话。自八十年代，在伦敦以外，
步伐加快了。施药所和特设医院已更加普遍。在所有大城镇中， 415
习艺所疗养院虽然可能是习艺所建筑物的一部分而不是一个独立
的机构，像在伦敦某些联合教区那样，但是它的设备和人员却是像
一个正式医院一样配备的。[⑤] 到1895年，关于这类医院的一般优
点，已有大量证词纷纷向一个皇家调查委员会提供出来；[⑥]并且这
些国立医院，照它们往往被称呼的那样，同伦敦和各地方捐办的大
医院之间的竞争，不久就开始成为一个共同讨论的问题了。

① 《地方政府事务部报告书》，1913年，第12页；《地方政府事务部苏格兰报告书》，1913年（第33卷），第17页。早期的事实见阿斯克罗特：前引书和韦伯：前引书。

② 韦伯：前引书，第753页。

③ 中卷，第431页。

④ 关于患病者，参阅韦伯：前引书，第314页及以下。

⑤ 虽则人员比较少，设备也不如一个真正的第一流医院。

⑥ 《年老贫民皇家调查委员会》，第32页。

但是直到1914年，只是在不到10%的济贫法联合教区中可以看到“比一般最好的医院毫无逊色的”[①]独立疗养院。这是自然的。单一的农村联合教区或小的乡间城镇是既关心于经济方面而财力又不充实；联合教区间的合作未始不会导致第一流医院的建立，但进行谈判却总是异常困难的。自从东安格利亚社团以来，乡村贫民所讨厌的就是被迫背井离乡。[②] 联合教区习艺所本身可能就距离黑利昂·邦普斯太德或休伊什·埃皮斯科皮很远；联合教区组合的疗养院则会更远。有时附近有一个很不错的捐办医院，至少会像一个联合教区组合的疗养院所可能安排的地方一样远近。[③] 无疑，决定因素往往不是贫民的意愿，而是农村监理员及其选举人的缺乏同情的想法和不喜欢较高的济贫捐。在单一联合教区中，有些地方的统治集团具有企业心，倒也作出了一些成绩。在1898—1899年这两年中，在得文和康沃耳这两个在济贫法的执行方面并不是首屈一指的郡中有五个新的疗养院建造起来。[④] 但是某种形式的改良病房也不过和农村习艺所所照例供备的一模一样，从职业观点来看，在工作上是那样无效率可言，那样乏味，又那样毫无前途，以致“有训练的护士即使可以找到，也都不肯久留”。[⑤] 这项意见是在1914年发表的。

---

① 韦伯：前引书，第762页，转引于《地方政府事务部第四十三次报告书》。

② 关于东安格利亚社团，参阅上卷，第353、359页。

③ 正如，举例来说，剑桥的阿登布鲁克医院。对于捐办医院的厌恶可以说明这种可能性所以被轻忽。见韦伯：前引书。

④ 阿斯克罗特：前引书，第271页注②，转引《地方政府事务部第二十九次报告书》。

⑤ 韦伯，第762页，转引《地方政府事务部第四十三次报告书》。

国家有承担、或至少组织老年人的一种体面生活而非贫民生 416
活的责任，乃是自托姆·佩恩的《人权》问世以来英国激进派传统的一部分，也是自他的同时代人约翰·阿克兰牧师的全国友谊社的建议提出以来人道主义派传统的一个比较不明显的部分。[①] 在十九世纪中期，这些传统，至少在统治阶层的头脑中湮没到如此荡然无存的地步，乃是放任主义精神的真正胜利之一。穆勒曾经认为，“如果所有各阶层的人都有节欲和节约的习惯，而财产的分散也令人满意的话，〔那么济贫法的那个问题〕将会是一个无足轻重的问题”。但照当时的情况，他认为“最为可取的是，法律给身体健全的贫民，更不待说给年老的贫民以最低生活的保障”；[②]但是他对于方式方法没有进行特殊研究，对于济贫法的整个讨论却带有一点“用昭炯戒”的味道。他所期望于将来的是财产通过合作方法而得到进一步的分散，和最终实行“一种有限制的社会主义”。[③]

友谊社在整个这一世纪中所作出的宏伟成绩已经加强了这样一个希望：日益发展的节欲和节约终究可足以应付疾病和衰老的一切风险，甚至待遇很低的工资劳动者也不例外。“我们的最好的一些友谊社”，森林居民友谊社的一位代表在1895年对一个皇家调查委员会这样说，“是在工资最低的农业区。”[④]继穆勒之后而为

① 上卷，第295、313页；中卷，第434—435页。

② 穆勒：《原理》，第5卷，第11章，第13节。

③ 参阅中卷，第483页。

④ 《年老贫民皇家调查委员会》，询问案，第12489号，森林居民友谊社的斯特德先生。

英国经济学家的领袖的一个人对同一些调查委员会说，“我把整个这贫穷问题看做是人类进步中的一个单纯的暂时弊害；我不喜欢创办任何机构，其本身并不包含足以使贫穷逐渐消失的因素，正如造成贫穷的因素本身已逐渐消失那样。”[①]这是他那个时代，尤其是他那个地方的一种信念。中国人是“人”吗？中国——那里像欧洲各国一样大小的整个整个的省份允可称为人烟稠密之区[②]——的贫穷也是一个“单纯的暂时弊害”吗？但是他补充说——“我宁
417 取布思先生的方案或穆尔·艾德先生的方案而绝不取现有的情况”；因为造成贫穷的因素甚至在英格兰也消失得不够迅速。

他所说的方案就是当时社会改革家非常熟习的各式各样的养老金建议。在八十年代中最著名的一个就是七十年代后期的萧条期间牧师会会员布莱克利所拟订的那个方案。[③] 它建议给付所有工资劳动者在生病期间每星期八先令，在年满七十岁以后每星期四先令。这个建议是以国家对主要由工资劳动者本身——在年轻的时候，他们的负担还没有加重以前——所提供款项的经营和投资为基础的。在这个基础正牢不可破而很多慈善人士正热心于养老金问题的时候，俾斯麦在他的1883—1885年疾病和意外事故保险法之后，又继之以他的1899年病废和年老保险法。这个基础于二十多年后方始在不列颠逐渐为人所习知：雇主、工人和国家共同

① 艾尔弗雷德·马歇尔，询问案第10356号。

② 托尼：《中国的土地和劳工》(Tawney, R. H., *Land and Labour in China*)(1932年版)，第103页。

③ 中卷，第435页。

捐助。规定是错综复杂的，对不同的集团会产生不同的结果，但是却为年老时每星期大约三先令六便士的一笔平均养老金提供了前景。德国的工资不高：每年挣二千马克（也就是说三十八先令一星期）的人就被认为是富裕到需要保险了；所以这项建议和布莱克利方案在价值上是大约相当的。但是在适用上，后者却不是普遍的："临时工和失业者的大军将得不到任何裨益"，一位赞佩俾斯麦的英国人这样写道。①

约瑟夫·张伯伦的作传人曾经把他在俾斯麦的年老保险法公布两年之后赞成养老金的声明说成是大胆的。② 在1891年的个人和政治环境中，也许是的。但是就一个左翼激进主义者来说，鼓吹托姆·佩恩曾经建议或奥托·翁·俾斯麦曾经实行的一种相似而又不太相似的事物，在后代人看来似乎没有什么大胆可言。此后则是方案之争以及调查委员会和审查委员会一连十年几乎接连不断地相继而来；先后有网罗了上至威尔士亲王、约瑟夫·张伯伦
下至约瑟夫·阿克这样一批非同小可的调查委员的年老贫民皇家 418
调查委员会；一个审查委员会；一个部门委员会；1903年的一项法案；一个法案审查委员会；继而更多的法案。当时有很多种以捐助为基础的方案和非以捐助为基础的方案；自愿保险方案和以强制为基础的方案；只给予工资劳动者以养老金的方案和给予一定收

① 道森：《俾斯麦和国家社会主义》（Dawson, W. H., *Bismark and State Socialism*）（1891年版），第127页。原方案的详情细节，载法弗罗思：《领袖在整个工人保险中》（Pfafferoth, E., *Führer durch die gesammte Arbeiter-versicherung*）（1889年版）。

② 加文：《约瑟夫·张伯伦》，第2卷，第508页。这项建议是赞成由政府补助捐款的，但是持批评态度的人问道，不思前顾后的人是否会乐捐。参阅《经济学家周刊》，1891年5月16日。后来张伯伦又倡议了另一个方案。

入水平以下的一切人以津贴的方案；以及为保证和保持这项设施的体面性质而不惜以二千四百五十万镑为代价，来给予每一个，真正每一个年满六十五岁的人以一笔五先令养老金的那项著名方案。①

结果一事无成，除开对监理员照管下的老年人体恤有加之外——这却是一个重要的例外。自 1899 年起，战争把公共注意力和国家资源转向其他方面了。战争结束之后，约瑟夫·张伯伦的影响力也转向其他方面了；虽则在 1903 年他发动他的关税改革运动时，提出了这样一个希望：如果国人能顺从他的办法，那么由关税筹得的款项可以一部分用之于养老金。② 这项工作却留给在政治上挫败了他的那些人去完成了。

财政上的原因使他们未能立即着手其事。即使等待得比事实上所等待的时间更久一些，也原是意料之中的——等待济贫法和济贫救困皇家调查委员会自 1905 年以来一直是积累着资料的一项报告书。③ 但是调查委员们互相分歧的报告书直到 1909 年方准备竣事，而养老金则是在 1908 年的预算中公布的。一切精心拟订的方案都被否决了，而把养老金规定成为简单、便捷和非以捐助

---

① 整个这段历史和各项方案都扼述于附有《所拟与养老金问题有关的图表》(*Tables which have been prepared in connection with the Question of Old Age Pensions*)，1907 年(第 68 卷，第 385 页)的一件备忘录中。另参阅恩索尔：《1870—1914 年的英国》(Ensor, *England*, *1870—1914*)，第 237—238 页。这项“著名方案”是查尔斯·布思提出的，他在《统计季刊》，1891 年，所写的《国家养老金》一文可以看做是这项最后运动的发端。

② 在 1914 年《纪事年报》的讣闻中想到的。

③ 终于载在分为五十七编的三十七卷对开本的报告书中。

为基金的；这主要是因为在这样冗长讨论和大量诺许之后，其全部利益，正如阿斯奎斯所说，只能“经过二十年或二十年以上的时间之后方始见效”[1]，任何这类的方案，都不禁令人有画饼充饥之感。任何英国人，凡不曾犯罪，向来不“按照他的能力、机会和需要”而 419
工作，或事实上不曾领取医药救济以外的济贫金的，只要得自所有各种来源的收入每年不超过二十一镑，则于年满七十岁以后，每星期可领取五先令，如果收入在二十一镑和三十一镑之间，那么津贴即递减至一先令。[2] 此后却没有任何措施了。阿斯奎斯因为在计算中有很多未知数，所以殊乏自信，从而向财政部提出的开办费为六百万镑左右。这已经比 1909—1910 年多得很多；而且在 1913 年的特别会计支出条例（乔治五世，第 3 年和第 4 年，第 35 章）中，拨作养老金之用的总数是一千二百六十万镑。

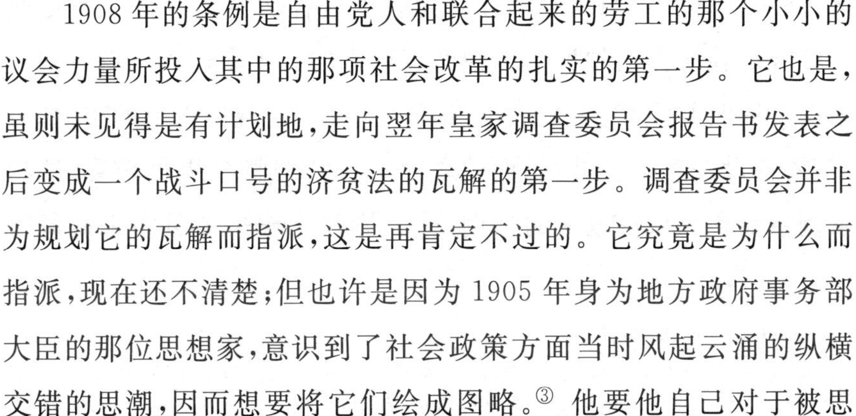

1908 年的条例是自由党人和联合起来的劳工的那个小小的议会力量所投入其中的那项社会改革的扎实的第一步。它也是，虽则未见得是有计划地，走向翌年皇家调查委员会报告书发表之后变成一个战斗口号的济贫法的瓦解的第一步。调查委员会并非为规划它的瓦解而指派，这是再肯定不过的。它究竟是为什么而指派，现在还不清楚；但也许是因为 1905 年身为地方政府事务部大臣的那位思想家，意识到了社会政策方面当时风起云涌的纵横交错的思潮，因而想要将它们绘成图略。[3] 他要他自己对于被思

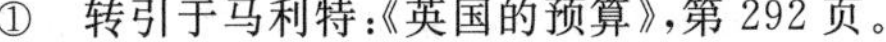

① 转引于马利特：《英国的预算》，第 292 页。

② 《养老金条例》，爱德华七世，第 7 年，第 40 章。

③ 韦伯：前引书，第 471 页。韦伯夫人那位调查委员和搜集资料的适当人选，提出了这个希望。大臣是杰拉尔德·鲍尔弗先生（现封伯爵）。

潮之一所涤荡的一项条例，1905 年的失业工人条例（爱德华七世，第 5 年，第 18 章）正式负责，而提出另一项条例的那些人——连同没有提出任何一项条例的很多人——却认为它不过是一点点危险的漂泊物而已。

自从八十年代早期以来，社会主义宣传和急功好义之心曾经把亨利·福西特在他的 1871 年版的《贫穷及其原因》一书中所忽略的贫穷和匮乏的原因加在失业上面。① （固然在他写书的时候，“失业”和“失业者”这两个词还没有铸造出来。②）在贸易活动的曲线下降时，慈善团体和好心的市政当局常常——但伦敦则总
420 是——立即筹募救济基金并从事于救济工作，这固然常常帮助了可敬的失业者，但也同样常常吸引了不受欢迎的分子。1905 年的条例——试办性质的；有效期三年；但定期予以延长——事实上是从 1903—1904 年期间伦敦方面为改进这种偶然的和往往不健全的救济设施所作的种种努力中涌现出来的。不幸这项条例所建立的制度证明并没有多大改进。据规定，凡一定规模以上的市，如有需要，各设一急赈委员会，而伦敦——从它的整个历史来看，这项条例主要是一项伦敦人的条例③——则设一中央委员会来协调首

① 中卷，第 433 页注。

② “失业”一词自 1888 年起始见于《新英文字典》（*N. E. D.*），“失业者”一词自 1882 年起方始作名词使用。这一点也经韦伯：前引书，第 633 页注和恩索尔，《1870—1914 年的英国》，第 112 页予以指出。

③ 例如在 1913—1914 年有伦敦以外的十一个英格兰或威尔士的急赈委员会接受了地方政府事务部的帮助：但是这十一个之中包括巴金、东哈姆、埃德蒙顿、雷顿、托特讷姆、沃耳瑟姆斯托和西哈姆，而只有四个非首都区的自治市——布莱德福、赫尔、瑙威治和斯温西。《地方政府事务部第四十三次报告书》，1914 年，第 71 页。曾经有过更多的委员会，但已随着贸易的改进而停止执行职务，韦伯：前引书，第 651 页。

都各市委员会的工作。委员会得为失业工人提供“临时工作或其他帮助”,如果该失业工人的问题“根据这项条例处理比根据济贫法更适当”的话。这项规定真是极尽模棱两可之能事。接受这样救济的一个工人并不丧失他的选举权,像“贫民”向来的情形那样。老派的一板一眼的济贫法执行人员所以憎恶这项条例,正是因为它的模棱两可和正如他们所说不该有而有的政治宽大。[①]

当皇家调查委员会正在开会并正向东西南北各方发出调查函件的时候,济贫法,无论是英格兰还是苏格兰方面的执行情形都是越来越趋于宽厚——但始终不是非常宽厚的——并且在踵随1907年国际危机而来的贸易清淡期间,仅就英格兰和威尔士来说,向根据1905年条例成立的急赈委员会提出的申请就上升到了十九万七千份的最高额。[②] 在苏格兰济贫法的实际方面在前二十年中没有出现任何革命的事物。新近建立的苏格兰“联合济贫院”——这种联合是属于苏格兰大教区的——并没有“踵随〔1834年〕济贫法的通过而建立的那些英格兰济贫院的种种令人讨厌的面貌”。[③] 它们不那么急需去适应一个更加宽仁时代的需要。无
论如何它们在当地社会生活中是不重要的。在1888年,每四百四 421
十八个精神健全的苏格兰人之中只有一个是济贫院的收容者。二十年之后,在1908年这个萧条的年份,比率已有上升,但也不超过三百一十二比一。很多年来几乎所有儿童都是寄宿在院外的。要

① 这项条例的正式名称是非常含混的——“为在适当场合下给失业工人提供就业机会和帮助而设立机构的一项条例”。

② 到1913—1914年已降至二万四千份:前引《第四十三次报告书》。

③ 中卷,第437页。

么接受户内救济要么不予任何救济的办法，在1886—1888年以后显然并不比早年达尔基茨济贫院监督员说明如何“他们刚刚从这边的门进来……就从那边的门出去”时，能更成功地诱致成年男子进入济贫院并让他们留在院内不去。① 它在压低户外救济方面的效果是继续不断的。精神健全的苏格兰人及其赖“户外”救济为生者的数目在1888年、1898年和1912年几乎相同，但人口在第一和第三个日期之间却已经增长了大约15%。②

“1905—1909年的皇家调查委员会”，它的一位委员在二十年后这样写道，“从建设的观点来看，所遭失败程度之大，正不亚于1832—1834年皇家调查委员会所获成功的程度”。“它把对社会改造有兴趣的人分成两个对立的阵容……而甚至多数派和少数派所一致主张的变革也久久未能立为法律。”所以这里无须一一赘述。“它所获得的成就是”，这位缅怀往事的委员继续写道，“两项发现。”③这两项著名的发现是值得笔之于书的；因为这项主张大体上还不失为公正。对于统治阶层的大多数人来说，它们显然是一种发现。第一是“‘1834年的原则’事实上已差不多在不知不觉之中被……政府渐渐放弃了，而不论是保守党或自由党的政府”；第二是“在前半世纪中涌现出一系列竞争性的公共事业，其目的不是为防止贫穷，而是为防止贫穷所由来的各式各样的匮乏”。当这

① 中卷，第437页。

② 统计数字录自《地方政府事务部1913年苏格兰报告书》，第13—17页。受救济人数只比1908年物价暴跌时多三四千人(5%)。

③ 韦伯：前引书，第470页。另参阅哈斯勒克：《英国地方政府》(Hasluck，*Local Government in England*)，第270—271页；恩索尔：前引书，第516—518页。

时已放弃了的“1834 年的原则”明确地表达出来——或被认为是已经明确地表达出来——的时候，英国还没有公共卫生制度，没有国民教育制度，没有代议制的地方自治政府，没有对作为“一个工 422
业问题”的失业[①]的正当了解，没有养老金，在 1909 年已成熟到可供实施的各种匮乏保险的那些计划，也全副阙如。特设代议机构，监理员，已经建立起来，负责对广大人民实行救济，给以住所，并负责保健、教育和训导——而不问他们值得训导与否——一直到教区予以埋葬时为止，这群人只有一个共同问题，那就是他们的匮乏。社会现在正通过它的各式各样的器官试图为全体公民做很多过去监理员为贫民所做的事情，并且往往做得很出色，而监理员却因为吝啬，往往成绩不佳。学务委员会后来出现的一套特设机关，已经裁废——至少是在英格兰。既然一般民选地方管理机构通常为所有公民处理如此之多的这类问题，而中央政府又抱着把老年人保持在这些特设民选机构的范畴以外这一公开目的而刚刚供给他们以体面的，虽则是部分的生活之需，那么要这些特设民选机构长此存在下去处理贫民的生活、健康和教育就没有多少正当的理由了。

虽则当时谁也不知道，但是在 1909 年监理员却仍抱有再存在二十年的指望。一则因为调查委员会两个对立阵容之间所展开的论战而忽略了该委员会的裁定确乎不无可原，一则因为又受到了前地方事务部大臣社会主义者约翰·伯恩斯的顽固保守主义的

① 威廉·贝弗里奇爵士的《失业》(*Unemployment*)(1909 年版)那本有明确结论的书的一个小标题。

掣肘，[①]所以当代政府把它根除匮乏的那项政策，那项非常明智的政策执行下去；而且我们不妨把它描述为——虽则这种描述把历届内阁制订计划和达成决议的方法过于简单化和合理化了——先行筹划把匮乏和救济经费缩减至最低限度，然后再决定监理员的命运。在1912—1913年“济贫和有关”经费多年来第一次有显著降低时，认为养老金真正做到了他们所计划的一件事情，这似乎是
423 不无道理的。但是翌年经费重又上升；而且此后这个问题的整个背景受到了猛烈的震撼。整个国家的匮乏已经不幸有了可能，“人类〔顺利〕前进”的十九世纪的幻景淡漠了；有些人说，已经踪影全无。

如果俾斯麦不曾在1890年去职，在十九世纪中失业保险至少可能早已在一个大工业国中试办了。他认为失业保险是工资劳动者所会最为重视的社会保险的形式，其重要一如所建议的英国工会在自愿基础上推行的失业津贴。但是他和他的顾问们曾经认识到这种办法的种种困难，因而在另一个基础上着手其事。在英国，要推行任何会削弱无论工会或友谊会自愿活动的办法，反感都是很大的，而且是有充分理由的。这就意味谨慎和拖延。但是，既然俾斯麦的残病保险在一个不能称做民主的国家中已相当成功；既

① 参阅恩索尔：前引书。后来对于“把关心社会改造的人分成两个对立阵容的做法”深以为憾的调查委员们，对于那个不幸的结果是有些关系的；因为他身为其中之一的少数派设法利用舆论使他们的观点占先一着，这种办法很多公正人士认为未免太巧妙了，并且深信是首相引以为憾的。当多数派还在正式的对开本中胡乱堆砌材料时，他们以灵巧的八开本的形式发表了他们的报告书。这使得多数派的八开本报告书成为必要的——并且导致政府大部分文献以比较灵巧的形式发表的现代政策。

然自从德国率先实行以来，各种社会保险已愈来愈引起民主主义政治家的注意，特别是在英国的某些领地中；既然工会运动者只是工资劳动者之中一个很小的少数，而他们的失业和疾病津贴制度在保险统计上又往往不是完善的；既然低工资的工资劳动者之间的友谊社确实无疑的成功还没有建立起一个屏障，俾凭以保护贫民免遭因疾病而带来的匮乏的风险；那么，由于这种种原因，富有想象力的英国政治家，现在既大权在握，所以，如有可能，亟想在不损害友谊社或工会的结构和效力之下，试办所有各种形式的国民保险；但无论如何不惜一试。[1]

他们的零零碎碎的、经验主义的方法是他们的国民性和他们的政治环境所决定的。在 1909 年老年问题已经以一种人人可以了解的简单方法予以处理。认为那种方法为得计的论证是占压倒多数的，但是为全国未来的社会健康计，受益人分担捐献的某种因素，也许早会使养老金制度有所改善了。不管怎样，这个制度总是 424
防范匮乏的第一道堤坝，纵然不高，但还不失为牢固的。为什么一个人的老年保险免费，而一个人的疾病和缺乏工作的保险就要由一种复杂的派捐制度来实行，这是没有什么绝对理由的。但这是实际情况。为什么适用于规定财富水平以下的所有人的一种一般地详细拟订的强制性健康保险，要由创办只适用于某些选定行业

① 但应指出，“我国所以有救济非自愿失业……的现行国民保险制度，应主要归功于我国最能干的公务员中的两位，休伯特·卢埃林·斯密爵士和贝弗里奇爵士的精心研究（和从而产生的创见）……他们认为温斯顿·丘吉尔先生……是一位有足够的胆识来采行如此之新和如此有冒险性的一项方案的阁员……”；韦伯：前引书，第 669 页。

的失业保险的一个试验性的，也是强制性的制度的那同一项条例来予以创办，这也是没有任何纯正理由的。可是为了政治上的便利却不得不然。[①] 1911 年的国民保险条例（乔治五世，第 1 年和第 2 年，第 55 章），厚达一百一十六页的一部法典，在条例本身之中保留了牧师会会员布莱克利三十三年前冠在一篇论文上的那两个词作为它的短短的标题，而那篇论文的发表却将他也称之为强制节约的那个运动，引入了它的最后阶段。[②] 他的方案曾约略涉及老年和疾病，但并未触及身体健康者的失业问题。在 1911 年条例中，失业条款是最新颖和意义最为深远的一部分。

要实行这些健康条款就非对英国医学会和劳埃德·乔治所创办的大友谊社加以长期的、巧妙的运用不可。凭靠英国典型的化自愿而为法定的办法，这些社团这时终于作为为管理由这项条例提供现金的那些疾病、残废和孕妇津贴的奉准成立的机构而出现了。医药津贴、担任地方健康保险医师的医务人员的服务费和疗养院补贴金都是由地方各该辖区为这个目的而设立的保险委员会直接付给医生和疗养院当局的。因为是否作为奉准的社团并不是强制性规定的（虽则节约现在是强制性的），所以又为邮务局经办的所谓储蓄保险制定了办法；但是在 1912—1914 年这个制度开始实行时，它几乎完全落在奉准的社团手里，正如事实上所计拟和求之不得的那样。费用则是由财政部的一项捐款和雇主及雇工通过逐渐变成家喻户晓的印花保险卡所分担的共同份额来支应的。在

① 但是条例的这两部分此后一直是在两套各别的修正条例中加以处理，仿佛像事实上确乎其然的两项各别的法律一样。

② 中卷，第 434 页。

1911 年，这种印花保险卡是一项重要的行政上的新设施——创始 425
于德国，后为英国所仿行。[①] 所以在不列颠，以至于爱尔兰都染上了舐印花的习惯；虽则在斗争最激烈的时刻——劳埃德·乔治的威尔士羽毛在哪里摇动，哪里就情绪激昂起来——他的劲敌妇女协会已经组织起来，并且保证不再去舐印花了。

虽然有关健康保险部分是综合性的，但涉及失业保险的部分，这项条例却故意订成为有选择的和试办性质的。所挑选出来的都是人所共知的比其他工业集团更为无可避免的季节性失业，或过去似乎是而现在仍然似乎是同样无可避免的那种同耐用资本货有关的周期性失业所苦的一些工业集团。挑选出来的集团计有建筑本行；工程建筑业，即道路、铁路、码头、港口等工程建筑业；造船业；机械工程业；翻砂业；车辆制造业；以及和其他任何被保险的行业共同经营的机器锯木业。这些集团包括有大约两万名英国成年男子和青少年：这些主要是成年男子的行业。到 1913—1914 年这个制度充分发挥作用时，联合王国保失业险的人共计二百三十二万六千人——在建筑业和机械工程业这两个最大的集团中都在八十万人以上；造船业二十五万以上；车辆制造业二十万以上，下余之数则分布于其他各业。[②]

失业保险的创办是很顺手的；因为 1909 年在机械工程、造船和金属加工集团曾达 13%，而木匠和细木匠曾达 11.7%的工会失业数字，到 1913 年第一个集团已降至 2.2%，第二个集团已降至

① 克拉潘：《1815—1914 年法国和德国的经济发展》，第 337 页。

② 关于一般的叙述和讨论，参阅科恩：《失业保险》(Cohen, J. L., *Insurance against Unemployment*)(1921 年版)。

3.3%。1912年,人们在一个迥然不同的世界中初感到吃力了。

在保险法案第一次审读之前,已经采取措施,用普遍设立公共职业介绍所,或照通俗和官方用语的称呼,劳工介绍所(这令人联想到罗伯特·欧文在英王威廉四世统治下所创办的那个名同而实
426 异的机构)的办法,把非自愿的和不必要的失业减到最低限度。[①]专供找工作的工人和找工人的雇主之用的酒馆的这个观念,是明显的,而且不是新颖的。其他各国很久以前就已经试办了;在英国也曾经有过自愿的试验和不少议论;[②]但第一次法律上的承认却载在1902年的一项条例(爱德华七世,第2年,第13章)中,它核准了,但并未责成新伦敦首都各市成立劳动局。1905年的失业工人条例则旨在将这个制度普及于所有各郡和郡辖市。[③] 事实上并没有做到。虽然这项条例是强制性的而不是任意性的;但是因为无论地方当局或当时的地方政府事务部大臣都抱冷淡态度,所以没有贯彻执行——除去在早已开始实行的伦敦和拉纳克郡。由于立法计划的失策,劳动局或劳工介绍所同这项条例所规定的急赈委员会太密切地联系在一起了。这就无疑是说劳动介绍所只是一个应急措施,而与,举例来说,家庭佣仆登记处那样的常设机构完全不同。但这种失策的后果并不是不可克服的。

这些后果是由伦敦中央失业人员组织予以克服的。它把劳动

① 波德摩尔:《罗伯特·欧文》(Podmore, F., *Robert Owen*)(1906年版),第17章,《劳工介绍所》。

② 参阅1894年约瑟夫·张伯伦致索尔兹伯里函,加文:《张伯伦》,第2卷,第615页。

③ 韦伯:前引书,第660页。

介绍所设想为常设性质的，而把急赈的管理工作同他们的正常工作区分开来。“经过慎重试办之后……整个首都区渐渐布满了〔劳动介绍所〕网……用电话相互联系起来，并向一个共同中心汇报。”[①]到 1908 年底，伦敦工会有三十二个分支机构认识到劳动介绍所的功用，已经将它们的“失业名册”交到劳动介绍所干部的手里了。

尽管在很多事情上意见分歧，1905—1909 年的济贫法调查委员会对于与济贫法无干也不具任何急赈性质的一种全国劳动介绍所制度，却是一致赞同的。部分由于这种意见的一致，在他们奉派的那一年计划得很全面的那个制度，到他们提出报告书的那一年已经由爱德华七世，第 9 年，第 7 章，《设立劳动介绍所条例》制定成为真正全面的了。在非常干练的贸易部劳动司的主管之下，这项条例立即变成一个工作实体。伦敦劳动介绍所被接管了；在
1910—1911 年期间，其他劳动介绍所在英国全国各地普遍组织起 427
来；在 1913—1914 年贸易活跃时每年有一百多万职业空缺通过它们而填补起来。

像劳动介绍所这样一种切实的、为时已晚的全国性便利，甚至在最顽固的个人主义者方面也没有惹起什么批评，而且为数不多的顽固个人主义者，自从九十年代以来就更加稀少了。劳动介绍所一经设计和建立起来，就几乎是像邮务局一样显而易见的一个公共机构。1909 年的另一项条例标识出国家政策方面的一个更

① 韦伯：前引书，第 661 页。

加意义深长的改革，或毋宁说是改弦易辙。这项条例就是爱德华七世，第9年，第22章：《为某些行业设立劳资协商会议条例》。在欧文的劳动介绍所时代，人们对伊丽莎白劳动法典和斯比脱菲尔兹条例的工资条款记忆犹新的时候，有些不幸的手织机织工已经要求劳资协商会议规定他们的工资了。讨论织工请愿书的1834年委员会并不认为对于这项或其他几项计划的“实行可能性和效用”“有提出决定性意见的正当理由”。① 此后立法者有整整一代以上的时间都认为工资的公开或半公开的规定非但显然不切合实际，而且多少还有点骇人听闻。但是在1890年以前，那就是说手织机纺织甚至在棉纺工业中完全绝迹以前，②当权者对于其他工业中的“血汗制”已渐渐关心起来，上院的一个委员会发表了五件“血汗制”报告书。③ 如果“血汗制”，那个委员会指出，是说所给付的工资不适合于一个成年男子，那么这种情形是不胜枚举的：它的弊恶实“笔难尽述”。④ 1897年，两个联系起来的改良社会主义者正为国家最低限度工资——即“任何雇主不得以低于一定数额的

① 《手织机织工请愿书委员会》，1834年(第10卷)，《报告书》，第2页。

② 中卷，第81页。

③ “邓雷文勋爵委员会”；《血汗制上院审查委员会》(*S. C. of the H. of L. on the Sweating System*)，1888年(第20、21卷)；1889年(第13、14卷)；1890—1891年(第17卷)。关于裁缝业、衬衫制造业以及细木工、铁链和铁打制造业等等方面世所周知的材料，搜集了不少。这项报告书是出人意外的头脑简单的诚实人的报告书。另有与上院调查无关的约翰·伯内特向贸易部提出的《铁钉制造者和小铁链制造者报告书》(*Report on Nail Makers and Small Chain Makers*)，1888年(第91卷，第459页)。

④ “我们力求对他们所理解为‘血汗制’的这个名词得到……一个明确的概念。所得到的答复则既不明确，也不划一”，《报告书》(1890—1891年)，第43页。所以得出上文引证的结论。

每周劳动收入雇佣任何工人”——进行辩护。[①] 十一年之后(在 428
1908 年),一个家务工作审查委员会——在所有工人之中以家务女工最容易也最常常受“血汗制”的剥削——正查询究竟为救治“血汗制”而设立的工资委员会是否切合实际,并建议不妨选择几个行业加以试办。[②]

这时那些当权的人既存试办之心,所以这项条例连同它的“某些行业”的规定一并获得通过了。翌年第一批的三个委员会成立。一个设在黑乡的“锤炼或捣炼”铁索制造家庭工业这个在各种意义上讲的血汗制的老巢;一个设在主要集中于伦敦东头的纸盒业;另一个设在“成衣和批发订制男式长袍”的那个广为散布的行业中。衬衫制造业连同其他一些行业直到 1914 年方始有了各自的劳资协商会。[③] 建立和推动劳资协商会的工作不能不是缓慢的,而在一共同的官方的和公正无私的主席主持下的一切早期劳资协商会议都“表现出小心谨慎的态度”。[④] 所以“男女工人最低限度计时工资率”的第一批工资表到 1912 年方始在裁缝业付诸实施,并终于由 1913 年 2 月 20 日根据该项条例颁发的一道贸易部命令订成为强制性规定,这既不足奇,也不为丢脸。[⑤] 所以在 1914 年这个公言不讳的试办性的制度正处于一个很早的实施阶段。甚至表列

① 韦伯:《工业民主制》,第 774 页。

② 《家务工作审查委员会》(*S. C. on Home Work*),1908 年(第 8 卷),第 13—15 页。大部分涉及这个问题的后期发展的文献,见韦伯:《济贫法史》,第 559 页脚注。

③ 关于早期的会议及其日期,参阅《地方政府事务部第四十三次报告书》,1914 年(第 38 卷),第 66 页和《劳资协商会议调查委员会报告书》,1922 年(第 10 卷)。

④ 《1922 年报告书》,第 7 页。

⑤ 前引《地方政府事务部报告书》。

在它的范围以内的也只不过二三十万工人，而为其中一部分工人所认可的工资的效果如何，尚有待考查。它们可能对工人有帮助，也可能将这些行业扼杀。每一种代替办法都会有它的优点，但这些优点会是各不相同的。但是以官方命令来核准政府职位以外的工资这样一个新办法建立起来了。自从法律禁止伦敦城和塔村的治安法官再为斯比脱菲尔兹的丝织工订定工资以来，为期不到九十年。[①] 现在却为人民中最弱者和最受压迫者订定工资了。

429 如果煤矿工人这个有组织的工资劳动者的最强有力的团体能自行其是的话，那么在 1914 年他们早就会有不止一个不仅仅是官方核准的而且是法定的最低限度工资了。矿场和矿工的章程并不是什么新事物。除纺织业外，他们这个行业是历史最为悠久的按定章管理的行业。[②] 选入议会的第一批工资劳动者也是矿工。在 1887 年，远溯至 1850 年和 1842 年的煤矿条例，早已经过整理和增订。[③] 新条例使矿工利益的守护者核秤员一如矿工所一贯希望的那样，完全独立执行职务了。条例涉及各种安全预防措施，自矿灯的使用到防止绳索从吊轮上脱落下来。当然，它维持了妇女不得在地面下操作的禁令。但在工资方面，它只不过是重申不得在酒馆发放工资的那项 1842 年的旧条款。无所作为有二十一年之久，其间只通过了一些简短的增补条例，既而矿工在议会中占有了

① 克拉潘：《斯比脱菲尔兹条例》(Clapham, J. H., *The Spitalfields Acts*)，《经济季刊》，1916 年 12 月。

② 上卷，第 575—576 页；中卷，第 100、420 页。

③ 载在维多利亚，第 50—51 年，第 58 章。

更多的议席，于是出现了“为限制地面下工作时间的”公众称之为矿工“八小时工作制”条例的 1908 年条例（爱德华七世，第 8 年，第 57 章）。煤矿工人在二十四小时以内“为了操作和上下班”不得在地面下停留八小时以上。在 1911 年，煤矿条例重又整理成为七十页的一部法典。[①] 最后，在焦虑不安、狂风暴雨时期，出现了 1912 年条例：**煤矿最低限度工资规定**（乔治五世，第 1 年和第 2 年，第 2 章）。[②] 要不是阿斯奎斯担任首相，条文中也许会订明工资数字。既预见并担心到各党派在竞选时会对工资竞相作出诺言，他虽愿意批准最低限度工资政策以结束争吵，也愿意设置机构来决定工资水平，但却不能容许一个法定工资数字。[③] 地区的最低额应由地区会议去决定。每次会议，政府均将派代表出席，倘不能达成协议，工资即由政府代表决定。这是一种仲裁，在原则上同工资协商会的办法非常相似。这也就是最后一次为矿工制定的和平时期的法律。

像煤矿立法中有关安全的部分一样，工厂和手工工场条例到
1886—1887 年已经有了那样充分的发展，以致兴趣主要集中于推 430
广和行政上的新设施，而对于卫生和危险性行业特别加以注意。[④]
工厂法和卫生法各有其独立渊源，但是注意一下它们分别立法究

① 乔治五世，第 1 年和第 2 年，第 50 章。

② 参阅本卷，第 501 页。

③ 斯彭德和阿斯奎斯：《牛津勋爵和阿斯奎斯传》（Spender，J. A. and Asquith，C.，*The Life of Lord Oxford and Asquith*），第 1 卷，第 352 页。

④ 参阅中卷，第 417 页及以下。

竟保持了多久,倒是追根究底的。[①] 直到六十年代,工厂视察员根据法律规定对工厂的清洁、通风设备和疾病还是不加闻问的,甚至1878年的大工厂和手工工场条例,虽则对于安全问题比过去任何法律都予以更多注意,虽则把安全规定的实施订定得更加有伸缩性,却也没有任何条款涉及特别有危险性和有碍健康的职业。[②] 但是它的伸缩性却有助于视察员更有效地处理几世纪来一直以不卫生和危险性著称的一个行业——白铅的制造和处理。[③] 在经过史无前例的长达五年之久的间隔之后而问世的下一个工厂法的标题上,白铅工厂同面包和其他"一些工厂和手工工场"一并被列举出来。这是旨在弥合旧法律中一些已知的和现已标识出来的陷口的一项条例。[④] 和这项条例一样,1889年的一项条例(维多利亚,第52年和第53年,第62章)只是以特定实用范围为限,仅仅涉及织布工厂中有害健康的湿度这一特殊问题。

但是1891年的大修正工厂和手工工场条例(维多利亚,第54年和第55年,第75章)给予行政设施以广泛的回旋余地。除对现存法律的许多细则予以修正外,它授权内政部大臣对于本人已经证明对健康有危险或有害,或对生命或四肢有危险的任何行业——但非家庭工业是一个重要的例外——得颁布特殊法规,并强制执行。这项法律由阿斯奎斯自1892年8月至1895年6月大

---

① 材料的主要来源是奥利弗编:《危险性行业》〔Oliver, T., (editor), *Dangerous Trades*〕,1902年版。奥利弗博士是内政部危险性行业委员会的医务专家。

② 参阅《危险性行业》,第36页。

③ 《1879年工厂视察员报告书》(1880年,第14卷,第93号),第87页。

④ 即维多利亚,第46年和第47年,第53章。

力施行了三年；在他留任内政部的末期——1895 年——一项简单的修正条例把三十年前一直在视察员范围以外的工业生活的卫生管理权大大扩充了。① 根据 1891 年条例已经获有证明并备有特 431
殊安全法典的行业不下十六个——自信石提炼和黄磷火柴制造到麻纺和采石业；全国的知识已经通过责成所有开业医师将各自工业中职业病病例汇报主任视察员的一项训令而为内政部妥加利用；并且在 1893 年妇女破天荒第一次奉派担任视察员职务。

阐述到下一个工厂条例，即 1901 年整理条例的，正是一位女视察员，她在条例制定期间曾经这样写道：大贸易委员会"事实上一致同意"授权内政部，"在卫生问题上得以部令""禁止、限制或管理工业上任何原料或制造方法的使用"，并规定一切细则。② 这是这个时代的最后一项大工厂和手工工场条例；而它的那疏而不漏的、广泛撒开的"官僚主义"网乃是当代人所学习使用或容许、虽则并非一贯予以赞同的东西。在此后十三年间，这一系列条例的唯一增补，就是 1907 年的条例（爱德华七世，第 7 年，第 39 章），这项条例已经将洗衣作纳入网内，因为大部分洗衣作使用了动力，所以现在根据最古老的定义已经变成工厂。任何新的普通法都不需要了。1901 年的条例是综合性的，纵有疏漏之处，部令也可补其不足。③

---

① 《危险性行业》，第 41 页；赫瑟斯和哈里逊：《工厂立法》，第 325 页。

② 安德森语，见《危险性行业》，第 43 页。这项条例是爱德华七世，第 1 年，第 22 章。

③ 工厂法和矿场法究竟彻底到怎样的程度，是一个难以解答的问题。就目前来说，视察机构的规模还没有大到足以保证符合它的一切要求，尤其是在新的、小的和偏僻的工厂和工业中。

在这期间，为了保护和管理手工工场工人，另一部远不那么容易施行而在效力上也望尘莫及的法典，正在推敲之中。成为效力的主要障碍的，就是在手工工场之中有一些最无法管理和工作时间最长的手工工场，而这些手工工场都是为那些本身在工厂中工作时受到保护和管理的阶级服务的。工资劳动者要在星期六晚间，或许星期日，也常常在业余时间，并在偏僻的地方购买东西。为他们的利益计而对往往太长的劳动时间有所通融，但这却是健全的。

所作调查为 1878 年工厂条例铺平道路的 1875—1877 年的调查委员们曾经取得到了一些有关手工工场的证词，并且在他们的
432 报告书中也讨论了手工工场劳动，但决定不作任何建议。[①] 十年过去了，继而起草了一项法案，在予以评论时，一个审查委员会指出有些手工工场的帮工每星期劳动达八十四五小时。[②] 作为维多利亚，第 49 年和第 50 年，第 55 章而立为法律的这项法案，是不胜其荒谬地亦步亦趋地模仿早期工厂条例的。它旨在“对手工工场中童工和青工的劳动加以规定”。童工并不需要多少规定；因为现在儿童必须入学，而且在手工工场中对于儿童从来就没有很大需要。所以中心条款乃是规定“青工”劳动不得超过七十四小时一款。虽然是中心条款，但是毫无实效；因为早期工厂条例的历史竟又重演一遍，而这项法律“依然是一般未予实行，甚至于在很大程

① 中卷，第 418 页。

② 《手工工场工时章程审查委员会》(*S. C. on Shop Hours Regulation*)，1886 年(第 12 卷)；另参阅赫琴斯和哈里逊：前引书，第 221 页。在这段间隔期间曾经有过几项法案。

度上是不为人所知悉的”。[①] 在 1892 年重新制定时有了改进，在 1893 年和 1895 年阿斯奎斯长内政部时重又有了改善。现在既委由受权得自行指派视察员的郡和郡辖市的议会负责其事，它比较具有现实意义了——凡是议会抱积极态度的地方——但依然只是适用于儿童和青工的一项法律。虽则 1899 年的一项条例是旨在“规定手工工场帮工所可使用的座位”的，[②]但在维多利亚女王逝世时，坐在座位上的女工还是不常见的。

在 1904 年有了关于手工工场提早打烊和提早打烊日的立法；但是直到 1911 年，法律的主要关心才从青工转到帮工方面来，在那一年的条例中方始订明适用于“全部或主要受雇于一个手工工场的任何人”。[③] 劳动时间、进餐时的休息、半日假期和提早打烊等项规定——连同某些特殊的豁免——已经为作为一个阶层的手工工场帮工的利益计而予以颁行，而且保证这些规定的认真执行已经成为地方当局所负的义务。过去这从来不是它们的义务，而只是它们的权利。经过二十五年的断续试验之后，一个适用于手工工场工人的条件的法网已经拟定并且铺撒开来了。

同手工工场、工厂和矿场的问题密切相关的雇主对工伤事故 433
的责任以及对操作时受伤工人的损害赔偿问题已经加以处理，虽则起初是非常勉强的。在 1880 年，将操作时受伤的雇工的法律地

① 《手工工场工时法案审查委员会》(*S. C. on Shop Hours Bill*)，1892 年(第 17 卷)，第 3 页。1886 年主任工厂视察员曾经指出，像所拟具的那样一项法律是行不通的，《1886 年的审查委员会》，询问案第 5 号(雷德格雷夫的证词)。

② 维多利亚，第 62 年和第 63 年，第 21 章。

③ 1904 年条例是爱德华七世，第 4 年，第 31 章；1911 年条例是乔治五世，第 1 年和第 2 年，第 54 章。

位和因雇工或雇主的疏忽而受伤的一个公众的法律地位等同起来的办法，已经作出了一个开端。[①] 在习惯法上这两种地位原是迥然不同的，是不利于受伤的雇工的。不完善的1880年条例通过了仅仅七年。在1887年以后，就逐年加以更订。在1893—1894年，阿斯奎斯的一项比较全面的方案因在上院列进一项约免条款而遭到破坏。但在1897年，在张伯伦的鼓舞和坚持下，一个更加广泛的方案以工人赔偿条例（维多利亚，第60年和第61年，第37章）而通过成为法律。新法律废弃了习惯法中已根深蒂固的艰涩的疏忽原则，而采取了这样一项平易的基础：凡操作时造成的伤亡，应由伤亡者所服务的工业给予他本人或他的子嗣以损害赔偿。财政上的责任是一个工业很方便地向保险公司加以保险的——因为一般都根据非常合理的条件立即进行了保险。最奇怪的是，1879年的这项法律并不包括海员，也不包括农业工人或家庭佣仆在内。1900年把农业工人包括进去了，1906年也把海员包括进去了。在1906年，职业病也同工伤事故列入一类，因为职业病的受害者也得到了损害赔偿权；但是法律上的最后一个缺口直到1925年的工人赔偿条例通过后，方始弥合。[②] 看来稀奇的是，要把英国社会立法的某一部分制定得尽可能无懈可击，怎么也往往非整整一代的时间不可。

在1897年海员被忽略的原因之一，无疑是他们久已被看做是

① 中卷，第419页。

② 乔治五世，第15年和第16年，第84章。

一个不同的类别，并且早已有了他们本身的一套法律。自从十九世纪以来，他们的福利和海上旅客的安全一直是议会所注意的，尽管不够，但却是真心实意的。在放任主义极盛时期所通过的1854年大商船条例和很多续订条例，尤其是1876年条例，构成海上安全和司法的一部正式法典。[①] 但是海上的情况既始终在变化之中，随着国内的安全和舒适标准而逐渐提高，所以这部法典非经常 434
更订和增广不可。1880年海员的同情者塞缪尔·普利姆索尔离开了下院。五年前，他为他的分散的、默默无言的委托人利用议会的议席之争来争取1876年条例而声名大著——并开了一个恶例。[②] 张伯伦在八十年代初期掌管贸易部时曾经给他们以支持，但在法律上没有留下任何重要的痕迹。[③] 不过在1887年和1894年之间，在普利姆索尔原会希望的要晚得多的时候，[④]普通船舶中有关船员配备、工资给付和船主证书的条款已比过去严格地适用于拖网渔船了；有一项重要的条例（1888年条例）将有关救生设备的法律加以改进；终于冠以普利姆索尔的名字的载货吃水线已经为安全计而比较精确地划出；并且现有的整个一大批商船法也已经整理成为一部三百页篇幅的法典（1844年的维多利亚，第57年和第58年，第60章）了。

这部法典适用了十二年之久，虽则在十年之末，邱纳德合同条

① 中卷，第409、411页。

② 恩索尔：《1870—1914年的英国》，第37页。

③ 加文：《张伯伦传》，第2卷，第412页。

④ 参阅他的证词，见《劳工问题皇家调查委员会》，1892年（第36卷，第2编），询问案第11244号及以下。

例标识出政府和商船队之间的一种不同的和对英国来说非常新颖的关系的开始，该条例保证对于凡认为是以国家公益为目的的事物，由国家给航运公司以信贷。[①] 在修订 1894 年法典中制定的普通法的 1906 年劳埃德·乔治条例（爱德华七世，第 6 年，第 48 章）中也有一些重要的创新立异。固然有很多条款只不过是把已经成为法律的一部分达半世纪之久的有关海员的膳、宿、卫生和报酬的规定，推进一步以适合于现代情况。但是也有一些条款包含有大体上非常简单、非常合理的保护性新设施，然而靠了鼓吹最严格的自由贸易主义而拥有多数的一个议会多数派中的某些成员却是以过分的怀疑态度坐观成败的。对于发给外国人领港执照和雇佣“不具有充分英语知识”的海员订有种种限制。关于载货吃水线、粮食和木材的装运以及三等旅客的待遇等英国规定，得适用于一切
435 经常往来于英国各口的船只；凡这类船只来自“在英王陛下看来”其安全设备水平不及英国的国家，得要求它们遵照办理；如设备欠缺而有迹象准备出航，得予以扣留。英国法律已经树立了一个高标准船舶绳矩：劳埃德·乔治和他的顾问们决心不让任何外国船舶在同本国船舶的竞争中得以廉价供应来渔利。“这正是我们在关税范畴内所希冀的东西”，约瑟夫·张伯伦的追随者这样说。

在劳埃德·乔治这位机会主义者和现实主义者看来，所有这些似乎都是平易合理的见解，正如翌年在两个关税阵营的纯理论家中引起类似怀疑和希望的劳埃德·乔治的另一项条例一样。这是一项专利证条例（爱德华七世，第 7 年，第 29 章），这项条例剥夺

① 本卷，第 277 页。

了外国专利权所有人迄今所享有的领得英国专利证而不加使用的权利——即在英国取得生产的垄断权而在其他地方生产的权利。这项法律既这样地存在了如此之久，足证在贸易部的办公室里对竞争有近乎迷信的崇拜。一个有创造力的英国人可以杜绝另一个英国人的生产：这是对自由竞争的否认，但这却是专利法的目的所在。外国人——这种不作为无疑是说——应享有英国人的杜绝权，连同他们的货物在英国市场自由行销的权利。但是新法律规定外国专利权者须在三年之内在联合王国使用他的专利权，否则失效。这是平易合理的见解，劳埃德·乔治和大多数英国人这样说。但是纯理论家的担心和希望也不是没有道理的。从强迫在联合王国而不在其他地方经营重要的新生产事业的法律发展到以关税为手段鼓励在联合王国经营选定的生产事业的法律，只不过是短短的一步。在战争把它的闪光投射到英国供备得很不周全的某些基准生产事业——后来不称作为基准工业而称作为关键性工业——以前，自由党的政治家没有采取过任何这类的步骤。但是在阿斯奎斯的贸易部大臣的政策中，早已有了经济国家主义，可察觉到的程度的经济国家主义；并且为此之故，国家正在蚕食着经济领域，而这一领域，在维多利亚中期和后期几乎只有英国这个国家仍听之任之，不加侵占了。

自 1875 年的整理和订正条例通过以来，整个公共卫生这个半经济领域已经轻轻易易地被占领了。[①] 但各式各样的占领军过去 436

① 中卷，第 424 页。

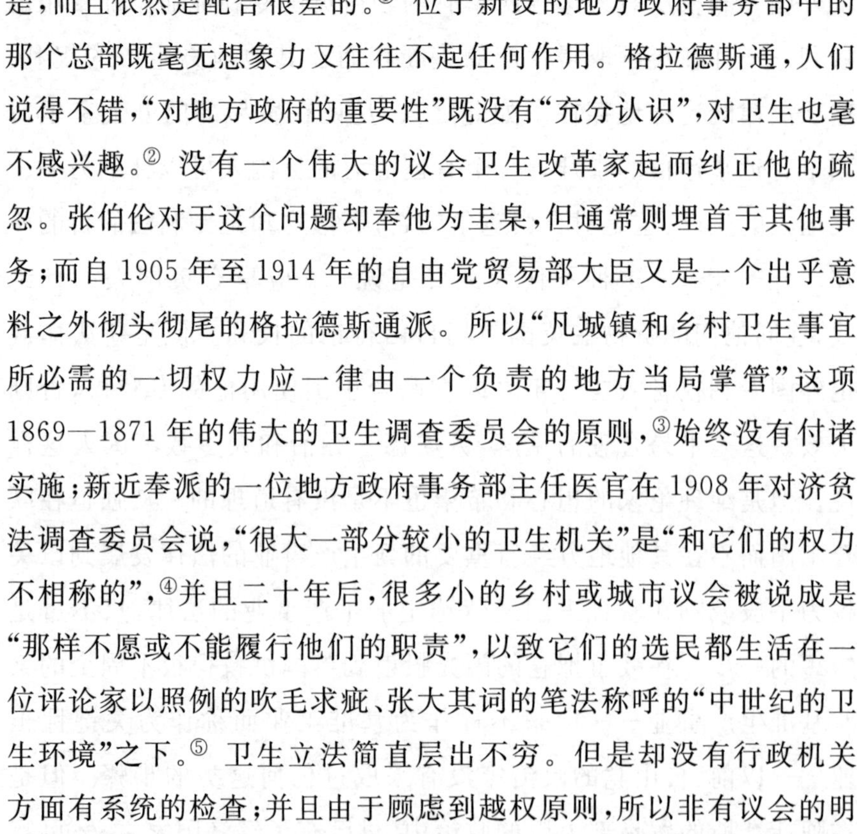

是，而且依然是配合很差的。[①] 位于新设的地方政府事务部中的那个总部既毫无想象力又往往不起任何作用。格拉德斯通，人们说得不错，“对地方政府的重要性”既没有“充分认识”，对卫生也毫不感兴趣。[②] 没有一个伟大的议会卫生改革家起而纠正他的疏忽。张伯伦对于这个问题却奉他为圭臬，但通常则埋首于其他事务；而自 1905 年至 1914 年的自由党贸易部大臣又是一个出乎意料之外彻头彻尾的格拉德斯通派。所以“凡城镇和乡村卫生事宜所必需的一切权力应一律由一个负责的地方当局掌管”这项 1869—1871 年的伟大的卫生调查委员会的原则，[③]始终没有付诸实施；新近奉派的一位地方政府事务部主任医官在 1908 年对济贫法调查委员会说，“很大一部分较小的卫生机关”是“和它们的权力不相称的”，[④]并且二十年后，很多小的乡村或城市议会被说成是“那样不愿或不能履行他们的职责”，以致它们的选民都生活在一位评论家以照例的吹毛求疵、张大其词的笔法称呼的“中世纪的卫生环境”之下。[⑤] 卫生立法简直层出不穷。但是却没有行政机关方面有系统的检查；并且由于顾虑到越权原则，所以非有议会的明

① “单单一个工人阶级家庭的成员在短期内〔还是〕会有半打个别的卫生机关来给以照顾的”；罗布森：《地方政府的发展》（Robson，W. A.，*The Development of Local Government*）（1931 年版），第 296 页。

② 恩索尔：前引书，第 23 页。格拉德斯通的一个未发表的故事也许在这里值得一提。他告诉奥古斯丁·比勒尔说，他的父亲常常从国会议员竞选演讲坛上回来会“满身都是唾沫”。对于比勒尔的厌恶的表示，他回答说：“哦！你是否这么想呢？这些旧习惯！这些旧习惯！”比勒尔是权威：他也许给这段故事加了一番润色。

③ 中卷，第 423—424 页。

④ 转引于罗布森：前引书，第 302 页。

⑤ 罗布森：前引书，第 302 页。

文核准，地方上任何保健工作的具体推广都无法着手。[1] 在维多利亚女王第二次庆典那一年所通过的一项法律的名称是有教育意义的。后世也许认为难以置信；然而事实俱在（维多利亚，第 60 年和第 61 年，第 31 章）**地方当局准许为寄生虫患者提供泻剂和消毒剂条例**。一位读者为查寻**地方当局准许清除厕所条例**而翻阅文件。但是他找不到；因为地方当局早已享有这项权利了。

大城市中有进取心的当局凭由它们的地方条例而得到了必要 437
的许可。很多披荆斩棘的工作都是这样完成的。1847 年的一项利物浦条例一直被称作是"议会所通过的第一项真正的卫生条例"。[2] 的确它是比第一项一般性的条例早一年。自从那时起，城市中进行的试验就往往纳入成文法中了；在一个令人棘手的司法领域中，这也许是程序上最好的方法，正如肯定是真正的英国式方法那样。但是圆心在来自周边各点的压力下的这种默许，并不总是产生良法的。若说在 1908 年另一项条例得以订入法典主要就是由于这种压力，倒真难以令人相信，根据那项条例的规定，如果父母"凭良心相信种牛痘于健康有害"，准许不给自己的孩子种牛痘。[3] 但是如果一位寄生虫患者抱有对寄生虫应加珍爱这种中世纪某些圣哲的良心上的信念，那又怎么办呢？

直到 1908 年以后，随着地方政府事务部最高医务管理方面的变革，很多启示才从中心辐射出来；虽则两三年前更加受到启发的教育部的总部已开始效法德国，组织学校的健康检查和医疗，并鼓

① 关于越权原则，参阅中卷，第 421 页。

② 侯普：《卫生入门》（1931 年版），第 51 页。

③ 维多利亚，第 61 年和第 62 年，第 49 章。

励1906年的一项条例所核准的供应学童以免费或廉价伙食。[①]十九世纪后期和二十世纪初期最重要的卫生运动，即为降低婴儿死亡率而作的斗争，完全是渊源于个人或地方的——由好心人和有事业心的卫生医官所发动的。在这方面的一个重要典范是法国的，即1892年开始于巴黎的布丹博士的Gouttes de Jait〔几滴奶运动〕；另一个是比利时的，即1903年密埃尔博士在根特创办的儿童福利中心。[②] 1897年，着眼于儿童健康，利物浦在它的卫生视察机关中已经增加了妇女。大约同时，曼彻斯特也有了半官方的女卫生检查员。1899年，英国第一个施奶厂在圣海伦斯创办起来；1901年利物浦市政机关也建立了奶库，供应不能吃母亲奶的婴儿
438 以适当等级的牛奶。它不得不自行建厂，因为所知道的公司没有一个生产这类牛奶。[③] 1907年，依照密埃尔博士的办法的第一个母亲学校创办于圣潘克拉斯；此后相互关联的教育和牛奶运动缓慢地，而且多半只是半官方地从需要最为迫切的不卫生的大城市蔓延到了二等城镇。[④]

城市中工作所取得的效果是立竿见影的。在1895年和1900年之间，婴儿死亡率曾几度超过每千人二百之数，并且从未低至一百七十五。在1914年以前的五年之中，死亡率有了稳步的下降，以一百五十五为最高额，一百二十五为最低额，因流行病而有所起

① 这一节深叨惠于恩索尔：前引书，第518页及以下。另参阅哈斯勒克：《英国地方政府》，第295页。

② 侯普：前引书，第103—104页。

③ 同上书，第104页。

④ 麦克利里：《婴儿福利运动的早期历史》(McCleary, G, F., *The Early History of the Infant Welfare Movement*)(1933年版)。

伏。到1927年,已降至九十四,而整个英格兰和威尔士的死亡率是七十,苏格兰八十九,挪威——在欧洲保持了最优良的记录——则是五十一。从最后一个数字中可以看出,九十年代的利物浦同接近理想的数字成为怎样的对比。①

贫民窟中婴儿死亡的原因之一是母亲的酗酒:在醉梦中把婴儿闷死。和地方政府事务部的一位比较富有想象力的卫生政策的开始恰巧同时通过的1908年儿童条例(爱德华七世,第8年,第67章)中,载有一些条款,旨在保护婴儿和幼童免于其父母有酗酒习惯时所遭的危险。不论这项法律对于后来婴儿生命的保全有无直接关系,它却是儿童法律保护史上的一个界标。它有很多章节都是取自这时已加以整理和改进的早期条例的。它所涉及的方面之多和范围之广,说明了这时国家所承担的义务和所设的禁令。"婴儿的寄养"和以期待甚或促致婴儿死亡来求利的婴儿保险;虐待儿童和酗酒父母的罪恶;少年吸烟和少年饮酒;在违情悖理或恶毒罪行的案件中利用儿童作见证人;儿童在娱乐场所的安全和有寄生虫的儿童的诊疗;监禁不满十四岁儿童的禁命,监禁十四至十六岁儿童的严格限制,以及收容儿童的感化学校和工业学校的规 439
定——所有这些都是这项编纂中的著名条例的一些项目。

一项比较新型的条例是翌年的房屋和城镇设计条例(爱德华七世,第9年,第44章),这项条例,如果它的计划曾经像它所宣布的那样令人满意,则未始不会甚至更加著名。运输方面的新时代

① 利物浦的数字,见侯普:前引书,第110页;其他数字则录自《国际联盟统计年鉴》(*Stat. Year Book of the League of Nations*)。

正在开始。自从早期铁路时代以来，想象力和设计方面的自由还从来没有这样的需要过——当时考虑到这些的也寥寥无几。现在很多人在思考了，并且大陆方面有了很多实例，英国也有了一些。一项从宽设计和普遍采纳的法律所会得到的益处是不可限量的。但是这项法律既非从宽设计也非普遍采纳的。它给妨碍设计的设施开了太多的方便之门：它既不是总部坚持要地方当局接受的，也完全不是地方当局所广泛采纳的。它的效果殊不足道。在十年之内根据这项法律所设计的未来城镇的土地面积，不到一万英亩；而在战争结束之后，新房屋的赶建又在旧有的杂乱无章的情况下大规模地开始。所以这项条例依然不过是一个路标，指出法律以及伴同法律而来的美观和常识未始不占领但尚未占领的那个园地的方向而已。[①]

586

因为在前二十年中有很多市政机关和新设的郡议会都曾经表示它们本身是有事业心的，开明的，而且原是可以信赖的，这就更加不幸了。它们的活动曾经导致了一场关于批评者称之为市贸易而某些鼓吹者称之为市社会主义的毫无结果的争论。引起争论的主要刺激是地方捐的不断提高——自 1895 年英格兰完税价值每镑三先令六便士的平均数到 1905 年的六先令，连同苏格兰方面的相应提高。[②] 其中包括日益增多的一大批卫生、济贫、警察和教育

① 参阅恩索尔：前引书，第 518 页。

② 参阅《公共卫生和社会状况备忘录》(*Memoranda on Public Health and Social Conditions*)，1909 年(敕令第 4671 号)，第 74 页及以下，和哈斯勒克：《英国地方政府》，第 214 页。到 1914 年，这个数字是六先令十一便士。

开支，而这些既不可能归诸贸易项下，也很难列于社会主义项下。但是对于诸如电车系统之类的利润靠不住的新经济事业持批评态度的人，却很容易就捐税负担大做其文章。在这个世纪之初，除电车外，在市场经济中是严格讲来的新事物；并且因为大伦敦在郡议会未产生之前，没有市自治机关进行活动，所以在首都区的讨论 440
中，新事物总是被夸张过实的。1834 年以前，在寡头政治的托利党的利物浦，市社会主义之多，同进步的伦敦，[①]激进党或统一党的伯明翰，或者工党日益强大的北部各城镇都不相上下，甚或有过之无不及。利物浦的市政机关是一个大地主。它曾经在“自己的市有地产上”建造船坞、市场、浴室和一片片的住宅，[②]并且很久以前就拥有自来水厂。到 1855 年，它已经拥有公寓房屋四百多幢，到 1909 年已在两千幢以上。曼彻斯特在它还没有任何法律上的权利这样作，在它甚至还没有市长和市政机关的时候，它已经拥有煤气厂。[③] 在电车似乎毫无疑问是城市最好的交通工具的那个短短的时期内，它自然从煤气发展到电力，又从电力供应发展到了电车。

这里突然出现了一项反对市营贸易的有效论据。一个自治市不能不准许一些垄断企业，并且不能不掌握在自己手里，或至少加以分派和管理。在安娜女王在位时期伦敦自来水公司之间的竞争的荒唐可笑的早期历史，是一个充分的证明，当时“会有两个以至

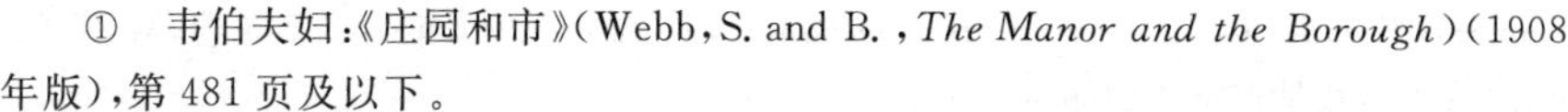

① 韦伯夫妇：《庄园和市》（Webb, S. and B., *The Manor and the Borough*）（1908 年版），第 481 页及以下。

② 中卷，第 492 页；另参阅侯普：前引书，第 167、172 页。

③ 上卷，第 191 页注。

两个以上的公司在同一条街上敷设总水管”。[①] 但是像一种特殊交通工具那样变化无常的一种公用事业的垄断，却会成为一道障碍，有害于更加新式和或许更加优良的工具的采用。拥有电车的市政当局对早期公共汽车发放执照的刁难，以及私营公司所经营的电车通过其辖区的市政当局的随请随发，也许有所夸大，但却是实情——而且也是极其自然的。[②]

其地方当局非得到特殊法律许可不能为寄生虫患者打虫的这样一个社会，似乎不会由于它们贸然从事的贸易或行政试验而受到多大损害。受害于它们的因循苟且的行政的倒可能很多。由于担心**越权**受罚，任何一个地方当局都不敢去做曼彻斯特警察局长

441 在大约八十年前建造他们未奉核准的煤气厂时所做的那类事情。如果一项试验没有得到成文法的许可，或者在城镇本身的一项地方条例中予以明文规定，它就没有进行的机会。而地方法案中核准试验的一项条款又会很容易地在私法案委员会中被删除。[③] 一个管理有效的城镇——如伯明翰在约瑟夫·张伯伦任内和以后的情形——会充分利用它的成文法上的自由并把特殊许可运用到最大限度。在英国伯明翰是第一个，也是直到 1914 年为止唯一的一个经营市储蓄银行的城市；虽则有很多北部的城市也吸收它们市民的存款——市当局所采取的相当于中央政府短期债务的一种办

---

① 斯科特：《1720 年以前股份公司的组织和财政》(Scott, W. R., *The Constitution and Finance of... Joint-Stock Companies to 1720*)(1911 年版)，第 3 卷，第 27 页。总水管大多数是挖空了的榆木做的。

② 参阅本卷，第 137 页。

③ 参阅罗布森：前引书，第 204 页。

法。这是于法有据的，或至少在法律上是无懈可击的。但甚至伯明翰，纵有此意，怕也不敢在地方法案中列进一项核准张伯伦所提出的由市当局收购全部地方性酒类股份的草案这样的条款。[1]

新创办的市营贸易的数量毕竟是无足轻重的，如果从全国的观点来看的话，至于按通俗意义来说的竞销的贸易，则为数更是微乎其微。伦敦对于据说不合算的郡议会电车和肯定不合算的郡议会汽船，或赞成，或反对，争论越来越激昂。但是直到 1903—1905 年，伦敦的煤气、自来水和电力依然是在公司手里，之后，自来水公司合并起来，而（爱德华七世，第 2 年，第 41 章）把所有权既不是交给伦敦城的市政机关，也不是交给郡议会，而是交给一个新筹设的自来水委员会——既不完全是一个公司，也还不是一个地方机关，但是公司的成分也许稍稍多一些。自来水公司和煤气公司往往享有永久让与权，无法一举而予以解决。在 1875 年的公共卫生条例中列有这样一款，旨在将自来水的供应从一个公司转移到一个地方机关；但是援用这一款的不多，大多数的转移都是像首都自来水委员会那样，根据特殊条例实行的。在 1876 年和 1913 年之间，这类条例大约有一百件。[2] 并不是所有这类条例都加以利用了，但绝大多数是利用了的；而且因为很多城镇早在 1875 年以前就已经控制各自的自来水供应，所以到 1899 年，在英格兰和威尔士的二百六十五个自治市之中，一百七十三个已经有了自置的自来水厂。[3] 442
到 1913 年，在 1911 年人口调查时申报居民在五万以上的九十七

① 加文:《张伯伦》，第 2 卷，第 476 页。

② 《自来水厂和自来水公司报告书》(*Return of Waterworks and Water Companies*)，1913 年(第 79 卷，第 543 号)，第 23 页。

③ 同上书，第 18 页。

个城镇中，由公司供应甚至一部分自来水的也不过二十六个。完全由公司供应的一些最重要的地方计有布里斯托尔、格里姆斯比、纽卡斯耳、朴次茅斯、希尔兹、散德兰、哈特耳普耳和约克。[①]

煤气事业的转移也曾经有过，但是规模却小得多。在煤气供应总面积迅速增长的时候，市和公司供应之间的分配并没有很大变动，这主要是因为伦敦依然是一个公司供应区。在 1890 年和 1913 年之间，英格兰和威尔士的市营煤气企业的数目增加了 80％，公司企业的数目只增加了 28％；但是在同一个时期，市营煤气消费者的数目增加了 160％，而公司煤气消费者的数目却增加了 273％；在这段时期之末，公司的毛收入约为市营收入的两倍。[②]在苏格兰则全然不同，几乎没有任何公司，什么都是市营的，正如历来的情形那样。

在电力方面转移也寥寥无几。时间的确也还来不及。在第一个供电公司成立时，议会就非常适当地考虑到转移的可能性。而且最初——从 1882 年的法律到 1888 年的法律——让与权就只订为二十一年，这样短短的期限，连同所订限期届满时多少有点粗暴的估价方法，自然是不会有吸引力的。期限的订定造成了妨碍八十年代的私营企业的最不幸的后果，所以在 1888 年以后期限增加了一倍。[③] 但这却有助于为富于冒险性的市政机关在市营自来水和市营煤气已成为理所当然的地方保持一片干净土。公司自来水

① 《自来水厂和自来水公司报告书》，第 23 页。

② 《1880 年煤气和自来水报告书》(*Gas and Water Return of 1890*)(第 67 卷)；1913 年报告书(1914—1916 年，第 61 卷)。

③ 本卷，第 132 页；参阅达尔文：《市所有制》(Darwin，L.，*Municipal Ownership*)(1907 年版)，第 18 页。

很普通而公司煤气也并非不常见的二等或低级城镇，通常却指望公司供应它们电力。所以发电厂和电车在像曼彻斯特之类地方的创办，倒是主要的创新立异之举，而在这类地方，大规模的市营企业，自一个瑟尔米尔的开辟和都市化到资助一条海船运河的资金周转却早已司空见惯了。

像当时存在的关于市营企业的竞销那样的怨言照例是琐碎到 443
可笑的地步——关于市营煤气公司出售煤气装置之类的怨言。[①]因为过去事实上市所有制"几乎完全以有成为垄断企业倾向的工业为限"，[②]正如现在的情形一样。在 1909 年要求四五十个英国城市提供所谓生产性事业的详尽报告书以作为讨论市营贸易的材料时，其中大多数提出的报告是关于自来水、煤气和电气的；很多是关于电车、市场、浴室和工人住宅的；临水的地方往往是关于港口、船坞和渡口的；不少地方是关于公墓的；少数几处地方是关于其他的。现在有三四处地方有消毒牛奶经售站。三个地方仍然有自办的电话。伦敦郡议会有它自己的汽船，但是那里没有任何竞争：这正是谁也不会经营这类企业去获利的案例。布赖顿有它的水族馆和市营屠宰场。布拉克普耳出售海水。伍耳佛汉普顿出售冰块。奥耳德姆自行生产铺路石，布莱德福自行经营羊毛检验所，这对于它赖以为生的那项贸易是大为有益的。此外别无其他，或几乎没有。[③]

① 《市营贸易上院和下院审查委员会》(*S. C. of Lords and Commons on Municipal Trading*)，1900 年(第 7 卷，第 183 号)；1903 年，它的报告书(第 7 卷，第 1 号)。

② 达尔文：前引书，第 89 页。

③ 《市营生产性事业报告书》(*Return... of Reproductive Municipal Undertakings*)，1909 年(第 90 卷)。

因此，事实上贸易论争，凡不是关于琐碎问题的，总涉及垄断企业的管理、经营和所有权等问题。作为一个纯粹的损益问题来说，对市所有制微微存有偏见的那位最慎重、最超然的当代学者暂时得出了这样一个结论，“英国纵然没有〔因市所有制〕而有所损失，却也没有〔因之〕而有所得。”[①]如果最坏不过如此，那么非特认为市垄断制是为许多事业的国家所有制铺平道路的那些人，而且不相信私人垄断权的白哲特和穆勒的追随者以及一大批出乎直觉的普通人也都会很容易站到顽固的个人主义者所谓的争权夺利的、野心勃勃的市当局一边去。

它们的“生产性”企业的发展，以及它们对人民的保健、救济、教育、房屋供应和对于各种公共工程的责任的增加，已经使地方当
444 局负债累累，地方捐税的提高大部分正是为了这个缘故，从而不时使公共事务家大伤脑筋。在1874—1875年英格兰和威尔士的地方债务是九千二百万镑。在1887—1888年郡政府改组的前夕是一亿九千二百万镑。在郡议会和自治市活动十年之后，在1898—1899年是二亿七千五百万镑。到1913—1914年，可与相比的数字是四亿八千五百万镑。其中二亿三千二百万镑在正式报告书中是指拨给“生产性”事业的。在苏格兰，增长率大致相同——从1887—1888年的二千八百万镑到1888—1889年的四千四百五十万镑和1913—1914年的六千七百万镑。[②] 但是在七十年代曾经不到国债六分之一的地方债，到1913—1914年合计已经堪与国债

① 达尔文：前引书，第48页。

② 1887—1888年苏格兰的准确数字无法举出（《统计摘要》）；至于1892—1893年的数字则是二千九百万镑。

相比拟了。这种增长并非主要由于在新世纪中为生产性工作而特别滥行举债。为了庞大的自来水之类的企业，英格兰的这一部分债务在 1898—1899 年——也就是在主要的电力和电车发展之前——早已达一亿二千四百万镑。在生产性债务增长了一亿零八百万镑的同时，其他债务增长了一亿零二百万镑，虽则是从一较高的水平开始的。这便是衡量加诸地方自治机关的新责任和它们对于执行始终是它们职责所在的那些责任的更大热诚的资本费用的尺度。①

那些纯经济性的地方企业，如上文所述，在原则上远不如某些当代批评家所暗示的那样新奇。此之由于所有各政党对于凡国家"进行的某一措施，只要它的最终结果可以增进人类幸福的总和"，就不失为正当的这项原则的承认，仅仅半自觉的承认而产生的许多立法，它们也不是那么新奇的。② 一些次要的议会条例的名称和序文甚至在八十年代就表明了对上述原则的承认，而不问在适用上究竟如何，诸如："为采石场修建围墙的得计"，"严防以人造牛 445
奶冒充真奶出售"，"限制以马肉供人类食用"等等。③

在九十年代之末，恰恰在目前所评述的这段期间的当中，出现了 1900 年的放债人条例那项次要的条例（维多利亚，第 63 年和第

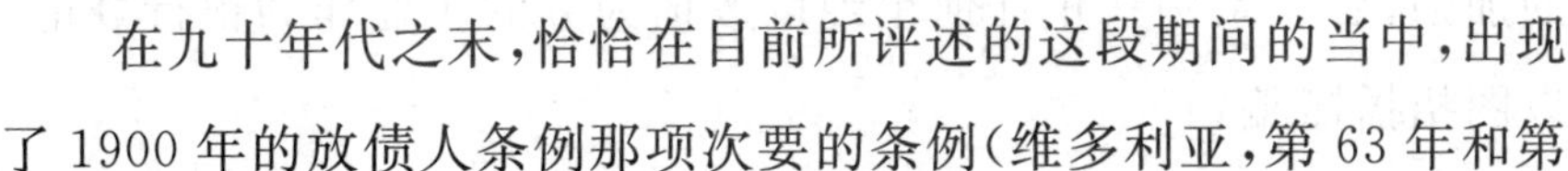

① 数字见《统计摘要》。这里所举的数字并不包括伦敦口岸当局和首都自来水委员会的数字在内。因为这两者都不是市政机关，虽则都是公共机关。

② 本卷，第 397 页。

③ 所引证的条例是维多利亚，第 50 年和第 51 年，第 19 章；1887 年的维多利亚，第 50 年和第 51 年，第 29 章和 1889 年的维多利亚，第 52 年，第 11 章。

64 年，第 51 章），这项条例或许比其他任何条例都可以更好地衡量已经开始同自由放任和功利主义相抗衡的那股潮流的力量。喜欢讲俏皮话的人把它称作镇压艾萨克·戈登的条例，艾萨克·戈登已经使他自己成为社会所憎恶的一个当代放债人。它还不止于此。事实上它恢复了高利贷法，这项法律的最后残余在 1854 年已经如所想象的那样扫除尽净了。[①] 在它的背后并不是纯中世纪的迷信观点，认为银钱借贷绝不可能有公平的价格，而是一个类似的更加精深的观念，认为在任何讲价中所得出的价格都可能是不公正、不公平的，所以得予以取消。有点莫知所措的司法官立即按照这项条例所责成的那样，详细拟订了银钱交易中的"分外索求"和"苛刻及不合理索求"的，总之，公平价格的一部案例法。他们在不知不觉地适用着十五世纪早期弗洛伦斯的圣安东尼欧的这样一条教训：虽然在业务中两个同等的人缔结自由合同时，没有任何不公平或不合理的严重危险，但是在缔约双方之一因挥霍无度或需钱孔殷而不得不承允时，就很会有不公平的情形了。[②] 这项法律是用来重新订立或修改挥霍无度的酒徒、意志薄弱者和需钱孔殷者所订立的契约的。依然有实效的这部法律又得到了 1911 年条例的加强，后一条例禁止任何单纯以放债为务的企业作为银行登记，以图招摇撞骗。[③]

这一段时期是以下列种种措施为收场的：会使杰里米·边沁

---

① 中卷，第 407—408 页。

② 参阅罗伯逊：《经济个人主义的勃兴》(Robertson, H. M., *The Rise of Economic Individualism*)(1933 年版)，第 57 页。

③ 乔治五世，第 1 年和第 2 年，第 38 章。

忧心忡忡的这部高利贷法；会使约翰·布赖特深感不安而使原倡导人托姆·派恩欢欣鼓舞的一个养老金制度；我们不能不认为未始不会使约翰·艾克兰牧师正中下怀而使格拉德斯通耿耿于怀的一个“国民友谊会”和失业保险的种种试验；会使亨利·福西特引以为憾的那种对济贫法所抱的态度；另外在其他许多立法上的创新立异或翻然复旧之中还有令人回想到伊丽莎白时代劳动法典的 446
半官方的工资规定；以及遗产税和所得税的制度，而这一制度，正如对皮尔的第一次所得税抱批评态度的人所担心的那样，很会导致“一项财富平均化的计划”，因为议会已经接受了他们认为在他的法律中所蕴涵的这样一项骇人听闻的推理：“因为一个所拥有的多，所以取之于他的也应该多于取之于别人的比例数。”[①]在这个国家之中既有一个整个强大的政党专心致志于关税保护政策；既有一个年轻的、蒸蒸日上的政党专心致志于更加激进得多的经济变革；又有一个自由党人的内阁，其中最为见多识广的人士却生活和工作在两个水准上——一个是社会改革的公开水准，一个是一场可能的战争的隐蔽的水准[②]——以致 1914 年的世界在科布登看来比之 1894 年的世界会是更加面目全非。[③]

① 1799 年 1 月 8 日奥克兰勋爵的讲话，转引于塞利格曼：《所得税》，第 77 页。

② 温斯顿·丘吉尔：《世界危机》，第 1 卷，第 24 页；特里威廉：《法罗登的格雷》(Trevelyan, G. M., *Grey of Fallodon*)，第 211 页。

③ 本卷，第 397 页。

447 第八章 工业英国的生活和劳动

在十九世纪结束之前，有一些明显的迹象表明：已经继续了一百多年的英国人口史上非常不正常的增长，日益放慢下来，而且有即将停止增长的可能。人口增长本身何以会停止，当时是设想不出什么令人信服的理由的。[①] 1900 年，在西方民族之中最低的出生率，法国的出生率，刚刚降低到 22‰以下，看上去只是最近才降到 30‰以下的英国出生率似乎不会降到那样的程度。即使降到的话，英国现在防止死亡的办法也比法国，或老实说比其他任何大
596 国都更为有效。既然死亡率自 1895 年的流行性感冒以来一直保持在 18‰以下，在九十年代这整整十年之中也一直是仅仅 18‰，

---

① 但是坎南，《今后一百年英格兰和威尔士人口停止增长的可能性》(Cannan, E., *The Probability of a Cessation of the Growth of Population in England and Wales during the Next Century*)一文(《经济季刊》，1895 年)曾经画出了一幅假设的曲线图，表明停止将会出现在 1991 年，并且说他自己料想会更早一些，而且提到了"下降的可能性"。后来讨论这个问题的有纽索尔姆和史蒂文森：《由修正的出生率所表明的联合王国和其他各国人类生殖率的下降》(Newsholme, A. and Stevenson, T. H. C., *The decline of human fertility in the U. K. and Other countries as shown by correred birth-rates*)，《统计学报》，1906 年；尤耳：《过去半世纪英格兰和威尔士结婚率和出生率的变化》(Yule, G. U., *Changes in the Marriage-and Birth-Rates in England and Wales during the past Half-Century*)，《统计学报》，1906 年；和贝恩斯爵士：《最近英格兰和威尔士人口的趋势》(Baines, Sir J. A., *The Recent Trend of Population in England and Wales*)，《统计学报》，1916 年。

那么出生率即使有下降至22‰之势，也并不会意味着当时通常用以谴责法国人的那种停滞。①

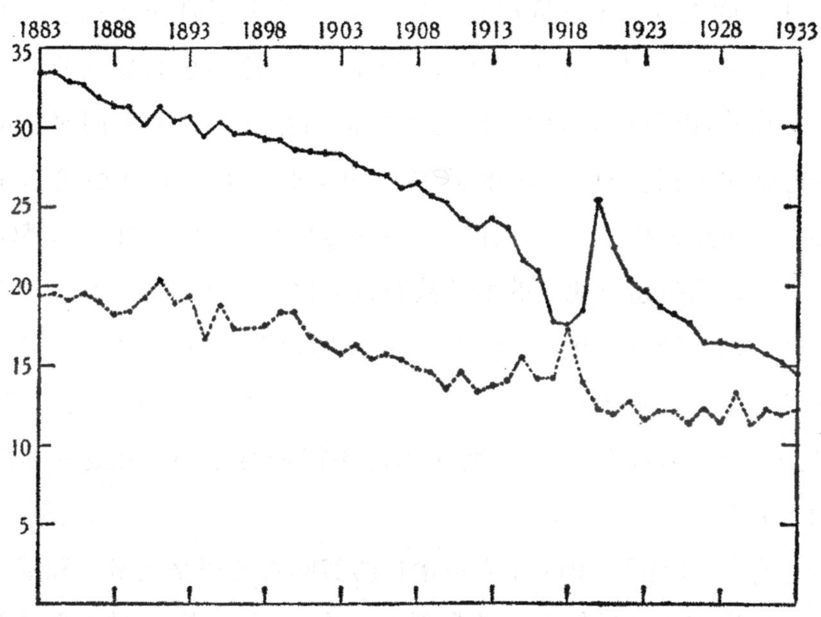

出生率和死亡率表

英格兰和威尔士每千人的出生率(粗计)，——

英格兰和威尔士每千人的死亡率(粗计)

(1914—1918年)(就平民死亡率而言)……

直到1895年为止，苏格兰的出生率和英格兰的很接近，在1895年以后它通常高出1—3点。在1900年以后，苏格兰的死亡率通常高于英格兰1—2点。

① 关于统计数字，参阅《公共卫生和社会状况的备忘录和图表》(*Memoranda and Charts on Public Health and Social Conditions*)，1909年(敕令第4671号)；关于一般的综述，则参阅卡尔—桑德斯：《世界人口》(Carr-Saunders, A. M., *World Population*)，1936年版；库钦斯基：《出生和死亡的差额》(Kuczynski, R. R., *The Balance of Births and Deaths*)(1928、1931年版)和《人口增长的衡量》(*The Measurement of Population Growth*)(1935年版)，载有最重要的现代作品。

但是在1900年以后，出生率却持续不变地向下滑去，而且开始显得有无可避免之势。“迄今还没有任何遏制下降的迹象”，1911年的人口调查委员在数字稳定于24‰上下时这样写道，“但
448 是显而易见，死亡率不会无止境地下降”。[①] 这种显而易见的情况已露端倪，因为到1911年止，对死亡的防止已经差不多同对生殖的遏制相平衡。自1909年至1914年，死亡率只不过稍稍高于15‰。防止死亡已经是如此的成功，以致1901—1911年的自然增加——即出生超过死亡的增益数的百分比——在英格兰和威尔士已经稍稍高于前十年，并且堪与1861年以前的任何十年的百分比相媲美。在人生所有各阶段上的生命保全工作，都还有待努力，特别是在婴儿阶段上，但是这种努力却不能使有生必有死这一命题归于无效。

自1901年至1911年人口增长的实际百分率是英格兰和威尔士人口调查表上任何十年的最低的一个，也是苏格兰倒数第二低的一个，因为在新世纪中，出境移民的恢复为其他各地提供了一定的自然增加。就苏格兰来说，所谓“其他各地”包括英格兰在内：由
449 于迁徙和移民的缘故，它已经丧失了二十五万四千人。[②] 在八十年代期间，整个不列颠的出境移民为数至巨。[③] 因此入境移民也很多。在英格兰和威尔士侨居的出生于外国或系出外国的人口在1891年人口调查时比1881年人口调查时多八万人，在英格兰多

① 《英格兰和威尔士的人口调查，总报告书》，1917年(敕令第8491号)，第22页。

② 《苏格兰人口调查》，1911年，《总报告书》(1913年，第70卷)，第6页。

③ 中卷，第441页。

两三千人。其中大多数是犹太人和俄籍波兰人。他们填补了一些移出境外的英格兰人和很少数移出境外的苏格兰人的地位。其他则由爱尔兰人来填补。关于爱尔兰人向不列颠的移动,却没有任何数字——只有这样一个事实,即在八十年代期间,尽管出生超过死亡,但爱尔兰人口却部分由于这个原因(虽则主要由于其他原因)而减少了大约五十万。在英格兰和威尔士这十年的净结果是人口比在唯一起作用的力量是自然增加的情况下所会拥有的人口少六十万一千。在苏格兰也有相应的净损失,虽则不曾有过这样精确的计算。[①]

在九十年代期间,出境移民随着东西两半球新兴国家中危机和萧条的出现而大为减少。[②] 同 1891 年人口调查相比,1901 年人口调查所申报的出生于海外但居住在不列颠的英国人数目的巨额增加,可以反映出出境移民的一次相当可观的倒流。[③] 在这十年之末,因出境移民超过入境移民而造成的净损失,英格兰和威尔士只有六万八千人,苏格兰只有寥寥数千人。在那十年之中,苏格兰人口的增长比 1881—1891 年要多 50%左右,比 1901—1911 年多 70%以上。[④] 爱尔兰人正源源入迁,苏格兰人则差不多以照常的规模设法迁至英格兰和世界各地。

在二十世纪时出境移民的恢复起步很慢,但是到 1904 年已经

① 事实和数字载 1911 年的《人口调查报告书》,散见各页。

② 本卷,第 27 页及以下。

③ 出生于海外但居住在英格兰和威尔士的人,1891 年,三万五千人;1901 年,九万二千人。1881 年的数字是五万六千人,这也表明了七十年代贸易萧条之后的一次倒流:《人口调查报告书》,1911 年,第 217 页。

④ 这是百分率的增长。

在顺利地进展着。由于以美国为特别彻底的1907年的经济崩溃而在1908年几乎完全停顿的移民出境,在1909年重又恢复;在1910年加速起来;在1911—1912年则已达到了一个最高峰。到1911年4月呈送人口调查表的时候,英格兰和威尔士自1901年4
450 月以来因移民出境而造成的净损失已经是五十万二千;[①]而最高峰却还不曾到来。

不列颠以它本身各种不同世系形成它的人口而很少外国混血;虽则岛上有些人认为移入的爱尔兰人,尤其是集中在默尔西塞德和克莱德塞德的爱尔兰人至少是半外国因素。英格兰和苏格兰以及英格兰和威尔士之间的交流仍照常进行。英格兰和苏格兰之间的交流是不难探索其梗概的,因为苏格兰保有它自己的人口调查。南面的道路依然洞开。在1911年,出生于苏格兰而定居于英格兰的人几乎是出生于英格兰而定居于苏格兰的人数的两倍;在苏格兰的很多英格兰的出生者未见得不是苏格兰人的后裔。在苏格兰每有十四点七个苏格兰出生者在英格兰就有一个。至于真正的外国人,苏格兰照例很少;虽则到1891年,主要由于波兰矿工莫名其妙地迁入拉纳克,苏格兰的外国人增加了一倍以上。[②] 相对于人口而言,英格兰和威尔士的外国出生者比苏格兰并多不多少;

① 《人口调查报告书》,第22页。

② 严格地说,他们大部分是立陶宛人。有少数作为加煤工而进入铁工厂。据说他们所学会的第一句英语就是“赶快”。“在九十年代他们为数是如此之多,以致在煤矿厂张贴出的矿工章程有时是用波兰文写的,并且在拉纳克有一些立陶宛人的合作商店”:乔治·米奇尔爵士写给我的资料供应者斯蒂芬先生的一封信中的摘录。关于熔铁炉的资料是通过同一途径得自加隆厂的经理佩特先生的。苏格兰所列举的外国出生者的人数是:1891年,一万六千人;1901年,三万人;1911年,三万六千人。

如果将伦敦除外,则还没有那样多。在约克郡的东、西莱定各地只有二百三十一名意大利人和二百七十一名美国人;虽则在利兹有五千多名俄国人,也就是说波籍犹太人。

在英格兰和威尔士的二十八万五千名外国人之中,有十五万三千名是在伦敦的;而在伦敦的外国人之中则有五万三千名是在首都区的斯提普尼市的。整个伦敦市有六万三千名“俄国人”;无疑在伦敦的二万七千名“德国人”和八千名“奥地利人”之中还可以发觉另一些犹太人。在伦敦和利兹以外,仅有的一些犹太人的重要集中点都是在曼彻斯特和利物浦境内。在全国各地,其中大多数是在1881年以后到达的外国出生的犹太人,在英籍犹太人之中应有七万五千至十万之数,英籍犹太人——大部分是由他们的子女构成的——可能有三倍之多。老犹太家族,在还可以认证为犹 451
太族时,构成为人口中一个很小的、虽不失为重要的集团。[①]

除开伦敦的一万二千名意大利人之外,其余的外国人都是一些单一体而不成其为集团;其中很多人,包括很多意大利人在内,都是候鸟——诸如艺术家、音乐家、作家、航海业者、来自美国的长期逗留的旅行家和来自世界各地的实业家之类。永久定居的个人很容易同化;但是主要的犹太人集团却是聚族而居、自成一局的。曼彻斯特、利兹和利物浦,[②]和伦敦一样,都有它们自成一局的犹太人区,连同希伯来文的文告和按犹太教规的清净肉食店,在这些

① 关于计量英籍犹太人的不易,参阅鲁平:《现代世界中的犹太人》(Ruppin,A.,*The Jews in the Modern World*)(1934年版),第26页。

② 关于曼彻斯特和利兹,我是根据亲身见闻撰述的。关于利物浦,参阅《默尔西塞德的社会调查》(*Social Survey of Merseyside*)(1934年版),第1卷,第73页。

区里，一个古老的独立教会的礼拜堂很会变成信奉正教的中欧和北欧犹太人的一个礼拜之所；[①]因为非犹太人是不住在那里的。

1885 年，沙甫慈伯里勋爵在他逝世的前夕，曾经谈到他自从四十年代以来所看到的卫生和居住条件方面的“重大”改进。[②] 在伦敦方面，这种改进，加之先此而来和偕以俱来的医药和外科医术的进步，已经合而导致了 1851—1853 和 1881—1883 年之间死亡率大约 3‰的降低。用其他方法开列数字，会得不出这样好的结果；因为进步虽然肯定是有的，但自十九世纪中叶以来，从死亡方面征服而来的领域，到八十年代初期还没有巩固下来。没有严重挫折的划时代的改进是后来出现的。在 1888 年伦敦的死亡率第一次降到 20‰以下。在 1899 年以后，再没有达到过 20‰。1903—1907 年的死亡率平均为 15.8‰，比整个英格兰和威尔士极其令人满意的平均数只高出一个零数。[③] 在此后六年中，它始终保持在 16‰以下；包括其死亡率通常多少高于英格兰的苏格兰在内的全国死亡率两次在 14‰以下。在 1854 年，威廉·法尔曾经认为 20‰的城市死亡率将是“可以做到的”。[④] 15‰的死亡率已远超出希望之外了。

伦敦是幸运的。在 1890 年以后——并非以前——柏林已经是差不多同样卫生的，但为巴黎和其他各首都所不及。就是在英

① 据我所知，至少有这样一个——在曼彻斯特。

② 引证中卷，第 442 页。

③ 《公共卫生等……备忘录》，第 2 节。

④ 引证中卷，第 440 页注。

国城镇之中伦敦也是幸运的，因为它有大面积的舒适房屋，住户既 452
有良好的营养条件，又有良好的医疗条件。要不是这样——以及其他一些辅助性原因[①]——它的死亡率原不会这样接近于全国平均数。利物浦通常至少比伦敦差三点；平均工业城镇，无论是在英格兰或苏格兰的，也要差些。

但是直到二十世纪，无论在伦敦、英格兰或苏格兰，无论在城镇或乡村，在所有各种不同的死亡率中最突出的一个——即一周岁以内的婴儿死亡率——却一直没有任何真正的改进。[②] 一般死亡率的下降之所以缓慢和迁延，任何单单一个原因都没有这个原因所起的作用更大。在 1850 年这个健康年，英格兰和威尔士的婴儿死亡率是每一千个出生者之中一百四十六个，伦敦是一百四十个——也就是每七个婴儿大约损失一个。在 1865 年这个不健康的年份，这同两个死亡率是一百六十和一百七十一。在 1898 年这个九十年代的最健康年，分别是一百四十八和一百六十二。在不幸的年份和不幸的地方，不满周岁的婴儿每五个会有一个死亡。在伦敦，在 1898 年，再度在 1899 年，数字恰恰是六个之中一个——一百六十七对一千。继而出现了变化。1908 年，英格兰的数字已降到一百二十，伦敦的数字已降到一百一十三。[③] 到 1913

---

① 它有很高比例的各种最健康年龄的移民，他们既安然渡过了婴儿期的风险，又没遇到老年的风险。

② 几乎所有有关事实都载在 1910 年阿瑟·纽索尔姆〔爵士〕致地方政府事务部《婴儿和儿童死亡率报告书》(*Arthur Newsholme's Report... on Infant and Child Mortality*)〔敕令第 5263 号〕。另参阅《中央登记处处长年度报告书》(*Annual Reports of the Registrar-General*)。

③ 近来所有各国的数字都不胜其方便地扼述于《国际联盟统计年鉴》。

年，英格兰的数字已降到一百零八，每九个婴儿死亡不到一人。十年之后，平均死亡将会降到每十三人不到一人。要把数字缩减到每二十五个之中一个，或更少，无疑是，用法尔的话来说，“可以做到的”。在安适阶层中和在英格兰气候条件下，不满周岁儿童的死亡现在已经变得非常罕见。但是在截至 1900 年为止的整个世界史上，尤其是在它的都市史上，却是再常见不过了。但也向来没有像英国这样彻头彻尾都市化的一个大社会。史学家在 1899 年和 1913 年之间这短短几年的成就中，看到了战胜死亡的一次速战速决的辉煌大捷。

到八十年代中期，合乎卫生的都市生活的起码要素，在所有较大的社会中都早已具备了。水既充沛而又清洁——往往在城市比
453 在乡间还更为充沛，更为清洁——虽则每一个城镇都有供应不充分的大杂院楼房、弄堂和街道。扫街、铺路、照明和暗沟设备都相当令人满意。甚至在他们的时代随着 1899 年伦敦政府条例而告结束时，备遭诟骂的伦敦教区委员近年来也有条件把这些工作做得不错了。[①] 因“整个河面布满了乌黑的腐烂污秽”而“成为首都和文明的耻辱”的泰晤士河乌里治段，[②]据 1884 年报告说，已着手予以处理。传染病通常已可加以控制；虽则这一种或那一种流行病还周期发生，并且新的或演变中的疾病的蔓延还需要经常加以警惕。为预防众所周知的各种疾病而筹划的行政机构专负其责。九十年代初期，全国重又遭到恶性霍乱的侵袭，这是泛世界的稠密

---

① 杰夫森：《伦敦卫生方面的演变》(1907 年版)，第 396 页。

② 引证中卷，第 444 页。

的海上联系使它特别容易遭受到的。像在1884年一样，在防疫方面又找到了一些漏罅。① 六十个口岸防疫区有三分之一是极其健全的，三分之一是还不错的，另三分之一是效率很差的。除去一个之外，所有大口岸都列于第一类。这个例外竟是利物浦，而且是"最无效能的"，所以问题是严重的。② 和它列为同一类的，重要的地方计有法尔默思、哈里季和纽黑文。利物浦很快就整顿就绪；而其他一切"玩忽职守"的主管机关——照严厉的视察员加给它们的称呼——在视察报告呈送之前已经警觉到它们的职责。警觉到了至少足以击退当时流行的霍乱的程度；而且它们的防御线再没有被它们所打算防范的无论霍乱、传染病或其他热带和亚热带的风土病突破过。

在1892年第一次进行视察时，发现落后的口岸防疫区实际上是落后于平均内地防疫区的，而不是像它们的危险标所要求的那样比内地防疫区先进。在正规卫生医务干部、防疫视察员和传染病医院方面，都有缺陷存在；此外还要加上从而造成的他们责无旁贷的对船舶卫生视察的玩忽。内地的防疫设施是很不完善的。每一个大城镇都有它成为疾病和死亡之渊薮的一小块一小块污秽的
黑区；而一些较小的城镇和工业村以及几乎所有矿村，迟至1910 454
年还是一大片所谓"不卫生的化外之区"。据当时写道，"达拉姆和格拉摩根两郡人口稠密地区的大部分地方以及兰开郡、斯塔福德

① 中卷，第425页。

② 《1893—1894年口岸和河岸卫生调查报告书》(*Report... on the Port and Riparian Sanitary Survey of 1893—1894*)(1895年，第52卷)，第38页。参阅杰夫森：前引书，第361页。

郡和约克郡的某些地方，在基本防疫设施方面，比之英格兰其他各地，情况差得多”。[①] 格拉摩根的矿村是其中最差的一个，排水既差，街道又没有铺筑，很容易发水和沉陷；虽则达拉姆的村庄和它不相上下。从乡间移居到格拉摩根的这些矿井村的移民“不习惯于用自来水、卫生设备或排水管，处理他们家里的垃圾，除非是把垃圾埋在花园里”。他们和他们的孩子常常把垃圾倒在后街上。“马房中的粪液”有时会流到垃圾中去；“在这个地区的某些地方”，后街之所以“人来人往就为了去大小便”。所指的那个地方就是迈斯特格区；年份是 1908 年；并且据指出“很少人在迈斯特格车站下车而不预备绑腿或长筒靴；这些东西是必不可少的”。[②] 得自所指出的五个黑区和其他一些地区的类似污秽情形的细节，不一而足，虽则很少糟到这样的程度。

这些报告书是在为拯救婴儿生命而斗争的期间提出的；当时所说“婴儿死亡率是社会福利和卫生行政的……最灵敏的指数”云云是非常正确的。[③] 到 1908 年，到处都有了改进：英格兰的婴儿死亡率已降至 120‰。但格拉摩根是 154‰，达拉姆是 151‰。在提兹河以南，在主要是农村的北莱定，已降至 115‰。在仍然是乡村的牛津郡，对婴儿来说英格兰最卫生的一郡，死亡率是 73‰。现在一个人活到一周岁的机会在一个大城市比在一个三等工业城

① 纽索尔姆的《婴儿……死亡率报告书》，第 63 页。大卫生改革家似乎很少能写得出漂亮的英文：这是很难期望于他们的。

② 惠顿博士的 1908 年送致地方政府事务部《迈斯特格市区报告书》(Dr. S. W. Wheaton's *1908 Report on Maesteg U. D. to the L. G. B.*)，转引于纽索尔姆：前引书，第 87 页。

③ 纽索尔姆：前引书，第 74 页。

或在矿村的城区中究竟大多少，113‰这个伦敦数字可予说明，如果拿一些挑选出来的郡中的一些重要城镇和同一个郡中纪录不佳的小城镇或市区作一对比，就可予以更充分的说明。不良的纪录几乎都是煤灰染黑的。

1908 年每一千出生者中的婴儿死亡率 455

英格兰和威尔士	120.4		
加的夫和斯温西的平均数	134.7	阿伯德尔城区	213
		迈斯特格城区	173
散德兰	144	侯顿勒斯普临城区	191
利物浦	142	伯恩利	202
曼彻斯特	152	因杰城区	183
		艾什顿·恩德·莱恩城区	183
哈德兹菲尔德	112	费瑟斯通	208
利兹	138	伍姆韦尔	185
伍耳佛汉普顿	132	通斯塔尔城区	211
串特河畔的伯尔顿	112	布尔斯勒姆城区	184
纽波特·蒙默思郡	135	阿伯提累里	178

在苏格兰情况相似。格拉斯哥，尽管它的旧区的设计既陈旧而又不卫生，却和利兹不相上下；爱丁堡也不比伦敦差多少。①

对于英国不卫生的化外之区，不应求之太苛。在十九世纪期间，讲求实效的普鲁士的婴儿死亡率的十年平均数从未达到二百以下。在 1908 年，它和后街那样被糟蹋的迈斯特格市区的婴儿死亡率相等。整个法国二十世纪的纪录和“烟雾弥漫的矮屋”麇集的利物浦不相上下。

这种矛盾主要是由于卫生而不是由于狭义的经济原因是显而易见的。在贫民区比在舒适的住宅区里显然有更多的婴儿死亡，

① 事实和数字都是选自纽索尔姆：前引书，附录二和附录三（一览表）。

而在贫穷和不幸的社会那一端，婴儿死亡是非常频繁的。但是在收入和婴儿死亡之间并没有确切的关系。爱尔兰是很贫穷的，但爱尔兰的婴儿死亡率却低于英格兰。牛津郡并不富，食口较多的家庭也不一定就意味着婴儿更多的危机：爱尔兰的家庭就比英格兰的食口较多。同其他工资劳动者相比，矿工的工资并不薄。他们的妻子很少把孩子交给别人照顾而自己出去做工。在纺织城镇中，这种情况是比较常见的；但是若说在伯恩利这个纺织城数字很高，那么在哈德兹菲尔德这个纺织城数字却是不胜令人赞叹之低；其数之低和在串特河畔为啤酒所污染但好像是合乎卫生的空气中的伯尔顿不相上下。[①]

456 大城市中一些著名不卫生地区的某种改造，的确已经使它们比较合乎卫生了。在八十年代，横贯七日规，开辟了沙甫慈伯里大道。[②] 在九十年代，伦敦郡议会采取了拆除重建的政策，把克莱尔市场廓清了，克莱尔市场的某些部分曾经是每英亩八百人，死亡率是每千人四十一点三二。郡议会也重建了大约十五英亩的郡界街道地带。因为在伦敦和其他各地，重建地区只在整个地区中占很小一部分，所以或许更重要的是 1894 年的伦敦建筑法，这项法律首次作出了建筑物后面的空地必须和它的高度成比例的规定。在这期间，医务界和卫生界的舆论对皮鲍迪托拉斯和其他好心改革家所赶建的一排排模范住宅越来越抱批评态度。[③] 固然一幢管理

---

① 在哈德兹菲尔德，先驱性质的儿童福利工作已经进行；在伯尔顿，据我所知还没有。

② 参阅中卷，第 489 页。

③ 杰夫森：前引书，第 363—364、367、368 页。

不当的"模范房屋"会同一幢流为大杂院的大房屋一样地不宜于健康;但是皮鲍迪的董事们既能在十五年后证明在他们的财产上无论一般死亡率或婴儿死亡率在伦敦平均数以下很多,显而易见,管理不当的罪名是加不到他们身上去的。[1] 但是住在这五千幢左右二十世纪的皮鲍迪大杂院和任何同类建筑物中的,只占伦敦人的很小的一个百分比。[2] 虽然其他城市和城镇步随约瑟夫·张伯伦的伯明翰和早期的利物浦之后,不是根据地方法律就是根据成文法,非特廓清了基址,而且完成了一点试验性的建筑,以致在 1909 年的市贸易调查中,很多都提出了工人阶级房屋占用一定数目支出的报告,但事实上人们所住的房屋正和私营企业向来供备的不相上下。[3] 市政机关的重要职能并不是建筑,而是对建筑物的管理。它依照建筑条例进行管理,建筑条例是死板的,也可能执行得很死板或很不完善,然而却是为促进健康而拟订的。但是这项条例对于已有的住房简直没有真正的管理权。在伦敦,特别是关于大房屋的退化为杂院房屋,那种城市中由来已久的退化,直到二十世纪所受到的制约或规制还是非常不完备的。[4]

新建筑物的管理自然更加重要,因为新建物非常之多,虽则不 457
像原会或原应有的那样多。[5] 在伦敦,新的地下铁道,旧地下铁路

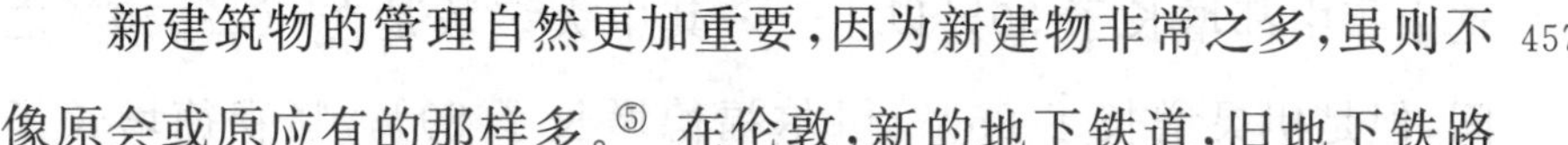

① 证据见纽索尔姆:前引书,第 61 页。

② 参阅中卷,第 492 页。皮鲍迪托拉斯在 1900 年拥有五千六百八十七幢"独立住宅":其中有三百幢是庐舍,其余是"模范房屋"中的分层出租式公寓房。

③ 参阅本卷,第 443 页。

④ 杰夫森(同前书,第 430 页)在 1907 年正抱怨缺乏这种控制。

⑤ 参阅本卷,第 30 页和第 62 页。

系统的电气化、电车和公共汽车逐渐加速了因辐射线式铁路的兴建而已开始的人口向四郊和住宅区城镇的分布。在其他城镇，新式电车和公共汽车正和铁路一道起着同样的作用。[①] 目前在伦敦市商业中心几乎成为普遍现象的那种夜间空无一人的情形，已经首先蔓延到内圈各教区，并向外蔓延，直到1911年在二十八个新首都市之中只有九个，而且是最靠外面的九个，近十年来人口有所增加；只有所有各教区之中最靠外面的两个——闻咨卫司和刘易斯阿姆——大有增加；整个伦敦行政区，即郡议会的辖区，第一次有了减少。但是为了填满闻咨卫司和刘易斯阿姆，为数也不会是很小的。[②]

到1901年，西哈姆已差不多有人满之患了。在九十年代它曾经增加了30%，但是此后只增长了8%。在西哈姆的外面，在九十年代已经增加了194%的东哈姆，在它1901年的九万六千人上面增加了39%。伊尔福德、骚森德—昂—锡（"差不多〔可以〕看做是伦敦东郊的一部分"），[③]沃耳瑟姆斯托，恩菲耳德，埃德蒙顿，托特讷姆，威耳兹登，伊灵，埃克顿，温伯耳顿，克劳伊登和吉林汉姆在这十年中都增长了30%以上——其中大多数是在30%、40%之间，但是伊灵增长了85%，伊尔福德增长了89%，骚森德增长了117%。在首都半径以外，在大地方中堪与这些媲美的仅有的一些增长的记录，就是伯明翰势力范围内的斯梅锡克（30%），博恩默思

① 参阅恩索尔：《1870—1914年的英国》（1936年版），第280，509页。

② 《人口调查报告书》，1911年，第42页。

③ 《人口调查报告书》，1911年，第41页。

(32%),朗达的市区(34%),全兹诺尔顿和诺思菲尔德的市区这个伯明翰的尾闾(46.5%),和考文垂这个脚踏车和汽车的发祥地(52%)。虽然纺织城镇和制靴城镇在这十年中没有增加多少——哈里法克斯甚至还有下降——而且在最近几十年中也没有产生出相当重要的卫星地带,但是在它们的周边和它们的新电车所通达的市区和乡区的边缘上却有了很多建筑物。

在往往武断划定的市界附近或以外的都市发展有助于满足 458
“人人应该各有其自己的房屋”[①]这项英国人根深蒂固的愿望,这项沙甫慈伯里勋爵的理想。在人口拥挤的伦敦市中心(但在其他任何城镇中都是非常之小的),八十年代新建筑的一排排正规杂院房屋,已经很快地住满。在伦敦靠外面的地方却是慢慢住满的。[②]在各卫星城镇中,则几乎还没有人去住。在1911年人口调查时,住分层公寓的人口第一次分别开列。[③] 分层公寓的定义是“在同一个建筑物内结构上自成一局的住所”,[④]并且包括正规弄堂房屋中的住所和常见于东北海岸并在伦敦地区的某些地方也为人所共知的那种为容纳两个家庭而建筑的小房屋中的住所在内。计算时,在按照这种定义的分层公寓和在普通既大而旧的房屋中的杂院房之间,以及在原设计的两套公寓的房屋和单纯过分拥挤的房屋之间,无疑出现了某种混淆;但对于大体的结果或许是没有多大影响的。英格兰和威尔士的情形如下:

① 转引于中卷,第489页。

② 中卷,第496页。

③ 《报告书》,表八十九,第199页。

④ 同上书,第194页。

在1911年计算的总人口中各种住户所占的百分比

	普通住房	分层公寓	店铺、旅馆、机关、船舶等
所有各市区(包括伦敦和郡辖各市在内)	85.2	3.7	11.1
伦敦	75.6	10.4	14.0
所有各乡区	91.4	0.3	8.3

伦敦的分层公寓也包括富有阶级的那些在内,富有阶级的这种公寓到1911年已经很多。在伦敦以外这类住所仍然罕见,正如包括伦敦人在内的市区分层公寓住户减去伦敦分层公寓住户所表明的那样。下余之数仅仅六十万,而且包括东北海岸和其他各地两套分层公寓房屋中的住户在内。

在1901年和1911年之间,从伦敦分层公寓建筑和老房屋的不断退化成为杂院房屋的统计所得到的印象是,在很多首都市和一两个卫星城镇中,"每所住房所住的人"数都稍有增加。除开仅仅一两个例外,在其他城镇和郡治中,已经有了降低——肯定是和出生率的降低有关系;因为在已经开始降低的那些纺织和半纺织
459 城镇中最为显著。在这些城镇中,所谓一所住房,其含义是没有什么混淆之虞的。可能住上十个或十几个人的,则是一个工资劳动者的独立住所,这类住所通常是一排彼此相连的房屋中的一所;一幢半独立的或独立的别墅;或一幢罕见的有相当规模的商人住宅。要平均计算,则第一类房屋会掩盖所有其余各类。这里是先后二十年间的一些实例:①

① 《人口调查报告书》,1891年(1893—1894年,第106卷);《人口调查报告书》,1901年(1904年,第108卷);前引《人口调查报告书》,1911年——住房统计。

每所住房所住的人数

	1891 年	1901 年	1911 年
布拉克本恩	4.91	4.66	4.39
布莱德福	4.72	4.36	4.08
哈利法克斯	4.45	4.21	3.97
哈德兹菲尔德	4.55	4.25	4.17
利兹	4.71	4.53	4.37
诺丁汉	4.65	4.57	4.38
罗奇德耳	4.35	4.12	4.00

在 1891 年，这类城镇，连同诸如曼彻斯特、设菲尔德、累斯特和伯明翰之类其他有代表性的工业城镇，每户平均人口都在诺丁汉的四点六五和曼彻斯特的五点零四之间。[①] 现在都是四点五零以下，有几个很接近四点零。哈利法克斯和罗奇德耳的数字是全国最低的两个数字。

直到 1891 年，尽管它们每户人口不多，约克郡各纺织城镇因拥有很多石建、耐久的两三个房间的庐舍，所以在房少人多都市的黑名单上名列前茅。根据人口调查的标准，布莱德福和哈德兹菲尔德约有 20％的人，哈利法克斯约有 21％以上的人是房少人多的——每间房屋住两人以上。到 1911 年，布莱德福的数字降至 9.3％，哈德兹菲尔德降至 12.8％，哈利法克斯降至十二点零。改进是大有必要的，人口调查的所谓不拥挤的标准——一夫一妻住一间卧室兼起居室的房间，一夫一妻和两个孩子住一间起居室和一间卧室——并不为高；但进步却是不可否认的。

中米德兰和东米德兰各城镇，多亏晚近的工业发展，在居住条件方面保持了它们在 1891 年已经占有的光荣的领先地位。[②] “屋

① 参阅中卷，第 493 页。

② 参阅中卷，第 494 页。

460 少人多的”在累斯特和北安普敦只占人口的1.1%，在德尔比占1.9%，林肯占2.9%，诺丁汉占4.3%。北安普敦和累斯特比博恩默思好，而所有这五个城镇都比布赖好。在二十年之中累斯特把它原已很低的数字又减去了一半。几乎到处都有了一些进步，但是在很多重要城镇中却毫无可以自满的理由。但是进步比上表列举的数字所表明的微微大一些；因为在1891年只是就四间或不到四间的杂院房屋的过分拥挤情况进行计算的，而1911年的人口调查在五间以至六间的杂院房屋中也有一定的过分拥挤情形。以1891年为基础的1911年的伦敦数字将不是16.7%而是16.05%。① 在伦敦差强人意的1911年数字背后，隐藏着整个首都区各自治市那些贫民之市，连同其糟和全国各地任何数字不相上下的一些数字——伯蒙德塞23.4%；白特纳·格林33.2%；斯太普尼35%；朔尔迪奇36.6%；芬斯伯里39.8%。“在我富裕起来的时候，朔尔迪奇的钟这样说。什么时候才会富裕呢？斯太普尼的钟这样说。我真的不知道，布欧的大钟这样说”。不像过去那样人满为患、但房间还是太拥挤的，正是商业中心区以外的那个老伦敦的圈圈。西哈姆在法律上虽然不是伦敦的一部分，却不幸正趋向于房少人多的伦敦标准。

461 在西南，一贯房少人多的普利茅斯已经有了进步，而布里斯托尔，作为一个海口来说，取得了出色的成就。在米德兰，伯明翰显得很不雅观。“从来没〔有〕任何真正过分拥挤的情形”，张伯伦在

① 《人口调查报告书》，1911年，第180、185页；《人口调查报告书》，1891年，第22页；更详细的情形，见这两次人口调查的郡报告书。

每个房间住两人以上的人口百分比；
1911 年，在所有杂院房屋中；
1891 年，在不到五间的杂院房屋中

	1891 年	1911 年		1891 年	1911 年
英格兰和威尔士	11.2	8.6	利物浦	10.9	10.1
伦敦	19.7	16.7	曼彻斯特	8.2	7.2
西哈姆	9.3	15.3	奥尔德姆	10.1	7.2
普利茅斯	26.2	17.5	普雷斯顿	4.1	5.6
布里斯托尔	8.0	4.8	圣海伦斯①	—	17.0
伯明翰	14.3	10.1	布莱德福	20.1	9.3
考文垂①	—	5.3	哈利法克斯	21.3	12.0
德尔比	2.7	1.9	哈德兹菲尔德	19.9	12.8
达德利	—	15.0	赫尔	7.9	8.2
累斯特	2.2	1.1	利兹	16.5	11.0
林肯①	—	2.9	设菲尔德	11.6	8.4
北安普敦①	—	1.1	纽卡斯耳	35.1	31.6
诺丁汉	3.62	4.3	散德兰	32.1	32.6

没有作过任何统计测验的 1891 年时曾经这样说。② 1891 年的人口调查揭示出一个多少有点严重的人口总数；但 1911 年的伯明翰原本应该可以比拥有令人棘手的水滨和爱尔兰人口的利物浦作出更好的成绩的。除开达德利和数字列于达德利和伯明翰之间的西布拉米季以及旧黑乡的一些市区外，米德兰没有非常黑暗之点，也没有很多显著的光明地段。在十年之中，考文垂已经增长了 50％以上，私营建筑企业已经给它的三万六千名新公民供备了房屋，虽供备不周，但却没有严重的不方便。

关于约克郡和兰开郡还要再补充几句——利物浦的情况大体

① 这些城镇不包括在《1891 年的人口调查》（1893—1894 年，第 106 卷）所列“三十二个最大自治市”的房少人多情形一览表中。

② 引证于中卷，第 492 页。

上是可称誉的，而赫尔的稍稍退步也不能说是丢脸，因为在一个大海口中这两个数字的任何一个都是低的；普雷斯顿的所谓退化却找不出什么特殊地方性的或统计上的解释；除圣海伦斯外，其他的数字大体上都无疑是证明这两个郡的成绩，而圣海伦斯的数字却令人想到这样一项评论：或许只有能忍受这样一种拥挤情形的人，方能经得起它那异常污浊的空气。①

从梯斯达尔以北不远的地方开始而蔓延于整个苏格兰的那种居住一两个房间的习惯，连同从而造成的过分拥挤的情形，是不能指望在二十年内——任何二十年内——予以消除的。② 但是过分拥挤的纽卡斯耳既然显有改善，而过分拥挤的散德兰却依然故我，这是散德兰不能不引以为辱的。

在苏格兰本土，单间或“里外间”房屋在乡间、煤矿附近和城镇郊外都是常见的，并且在英格兰人称之为杂院或分层公寓的那种“房屋”中居住的旧习惯是那样牢不可破，以致在1911—1914年在“四周为田地紧紧环绕的乡间小自治市”中还可以看到这类建筑物的“最近样板”，而且是那样划一，以致“南起登佛里斯、北迄勒尔威
462 克都可以看到”这种高大的建筑物，连同通往庭院或通往“仅仅三两英尺宽”的小巷子的一座公共楼梯——在苏格兰一直没有什么变化。③ 市区的“房屋”很少是三间的。所以在1911年苏格兰有47.9%的人住在单间或双间房的住所中。④ 英格兰和威尔士的数

① 同样的论证或许可以适用于破烂布头之乡的杜斯伯里。它的1911年数字之糟，十六点六，几乎和圣海伦斯不相上下。

② 参阅中卷，第494页。

③ 《苏格兰工业人口居住条件皇家调查委员会》（*R. C. on the Housing of the Industrial Population of Scotland*），1917年（敕令第8731号），第41、42页。

④ 同上书，第44页，转引《1911年人口调查报告书》。

字是 7.5%。苏格兰和它的近亲诺森伯兰的房间比英格兰和威尔士的房间“一般大得多”。[①] 一些对这两种房间都有经验的人认为要大出 20%，有一些不下 50%。[②] 这些事始终没有加以调查。在另一方面，附有一个碗碟洗涤室的房屋在英格兰远比在苏格兰为多，但 1911 年的人口调查员一再被叮嘱，绝不要把碗碟洗涤室算作一个房间。[③]

单间房屋在二十世纪的苏格兰仍不断地建造，在拉纳克郡则毋宁是随意地建造。这种房屋有很大的需要，尤其是对年轻夫妇来说。“每有两个需要一房一厨房屋的人，就会有十个需要单间房屋的人”，格拉斯哥的一位建筑承包商在 1914 年这样说。[④] 在过分拥挤情形的统计数字上所产生的结果是可以料到的。在 1911 年一个房间住四口人以上的苏格兰人和一个房间住两口人以上的英格兰人占同样的百分比。如果“两口人以上”的苏格兰数字像英格兰数字一样地下降，它会不是45.1%而是37%——而即使如

苏格兰总人口中一个房间住两口人以上的百分比

	两口人一个房间	三口人一个房间	四口人一个房间
1891 年	48.1	25.3	11.3
1901 年	45.7	22.9	9.6
1911 年	45.1	21.9	8.6

① 《工人阶级生活费报告书》(*Report on the Cost of Living of the Working Classes*)，1908 年(敕令第 3864 号)，第 20 页。另参阅中卷，第 507 页。

② 同上书，第 44 页，转引《居住条件皇家调查委员会》。

③ 他所奉指示是：“把厨房算作一个房间，但不要把碗碟洗涤室、楼梯平台、门廊、壁橱和洗澡间算作房间，也不要把仓库、写字间和店面算作房间”：《人口调查报告书》，1911 年，第 169 页。

④ 《苏格兰居住条件皇家调查委员会》，询问案第 27,145 号(尼科尔先生)。

此，也还是比朔尔迪奇的数字高。

苏格兰人的工资并不逊于英格兰人。他们的智力、勤奋和体力至少相若。他们衣食所需的费用也并不更大。国家为他们所做
463 的事情也一点不少。他们的居住条件与其说是出于经济上的需要，毋宁说是决定于异常牢不可破的传统——石建房屋的传统，传统的家庭习惯。由于墨守这种传统或者在墨守这种传统的时候，苏格兰也墨守约自 1895 年以来通常一直比英格兰高出一两点的一般死亡率，墨守一般死亡率的主要肇因，相当高的婴儿死亡率；墨守单间房家庭生活的道德败坏的品质。很久以前改革家就开始了一个反对那种生活的运动——对苏格兰两间房家庭的攻击原是凭空幻想的——可是 1911 年在格拉斯哥七十八万四千人的人口中，仍然有十万五千人拥挤在单间房的住所里，比哈利法克斯、北安普敦或里丁的全部居民还要多。在三十年之中，这个数字仅仅减少了二万一千。

在新世纪中，以 1907 年以后尤为显著的房屋建筑业的缩减，一直是这个运动，以及英格兰改善居住条件的一重障碍。在有吸引力的条件下未始不会投入建筑业的资本，正以史无前例的数量源源输出。[①] 政治争论者说这是由于受到了 1909 年劳埃德·乔治的土地税的遏制：经营土地的人既苦于复杂的估价，而指望地基价值上涨的建筑业者又受到了打击。[②] 无疑，劳埃德·乔治是一

① 本卷，第 30、62 页和第 25 页上的曲线图。

② 参阅例如《苏格兰居住条件皇家调查委员会》中的讨论，第 365 页及以下。参阅恩索尔：《1870—1914 年的英国》，第 509—510 页。

个起推波助澜作用的原因。除开直接的作用外，他还加给未来以变化莫测之势。（在海外也有这种变化莫测之势；但为美国铁路和基埃夫电车的投资人所忽视。）但是这里却存在有比人民的预算更深邃更古老的原因。投机建筑到处是靠借贷款项进行的。借贷款项的价格在1906—1907年，再度在1909年以后有了上涨；在1900年以后比在九十年代平均来说价格贵了。[①] 在1909年以后，建筑业的工资开始上涨，劳动成本则早已上涨了。

从格拉斯哥的一些统计数字中可以看出那里建筑事业的一项早期遏制，这有助于说明过分拥挤情形何以不能减轻。在1901—1904年，在这个城市里已经建筑了一万三千零八十幢房屋，共约有三万四千五百个房间。在1907—1910年只建筑了三千四百八 464
十八幢，共九千四百六十间，而在1910—1913年一切有害的力量一起发生作用的时候，则仅仅建筑了九百四十五幢，二千七百五十一间。[②] 有待指出的是，甚至最近，格拉斯哥的一幢新房屋也仅仅有三个房间。

在1901—1911年这十年间苏格兰数字所表明的过分拥挤情形的减轻显然放慢下来，在英格兰数字中也可以看到。1901年人口调查过分拥挤情况报表，像1891年的报表那样，严格说来，同1911年所提出全部拥挤情况的报表是不能相比的；但在考虑到这一点之下，停滞以至于微微恶化的情形，可见之于很多城镇，而有明显改善的却寥寥无几。伦敦郡1901年过分拥挤的数字是

① 《苏格兰居住条件皇家调查委员会》，第298、359页。就英格兰来说，这些事实自然也是一样的，但苏格兰的证据只是在对于这项论证有必要时才搜集起来的。

② 《苏格兰居住条件皇家调查委员会》，第358页。

16.01%。1911年的相应数字是16.05%。[①] 斯太普尼在1911年比在1901年稍稍好一些，白特纳·格林则更差一些，等等。正如所担心的那样，在伦敦圈圈以内以及在住宅城镇中，每况愈下，这些住宅城镇，正如在此前的西哈姆一样，已渐渐纳入城市强烈中心压力的范围以内；虽则1911年过分拥挤的总数字在威耳兹登以外的任何一个城镇中都不是骇人听闻的。[②]

居住条件不是文明的一个全面的试金石，根据任何官方定义的过分拥挤情形的数量也不是居住条件的一个绝对尺度；但是居住条件不仅具有纯经济的意义，而且在高于经济的价值范畴以内或许是最最重要的；其他尺度——污浊、犯罪和疾病的尺度——都不难反映出与过分拥挤尺度的度数接近于一致的度数。

供给和需求照例共同起着决定房屋多寡和过分拥挤数量的作用。供给方面的主要障碍已经谈过。工资劳动者对更多更好的房屋的需求，因已成为二十世纪初期之标志的名义和实际工资的一般停滞而降低。在八十年代后期曾经有令人满意的急遽上涨。总计起来的货币工资，也就是把从工资比较菲薄的工作向工资比较优厚的工作经常转移的人一并打进去计算的并拿全体工资劳动者加以平均的全国工资单，在1874年至1886年这十二年之间，据估

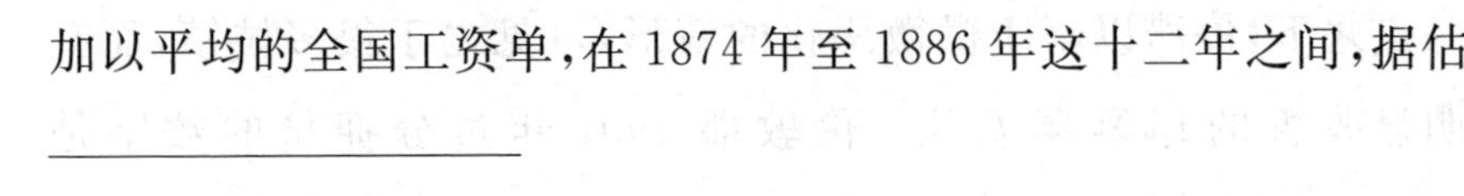

① 本卷第460页所举的数字包括在1901年和1891年未予调查的那些大房屋或杂院房屋的过分拥挤情形在内。

② 主要材料来源是《1911年人口调查报告书》中的"杂院房屋"节（第170—196页）和所附曲线图。在1901年和1891年的《报告书》中也有类似但不那么全面的章节。

计已经按照一五六对一四八的比率下降。但是总计起来的实际工资并没有下降，甚至在那些艰难岁月中，甚至把 1886 年的严重失业情形打进去，也并没有。事实上实际工资还有微微上升，因为零售价格比工资下降得多。1874 年和 1886 年这样计算的实际工资是一三一和一三六。（这些计算中的基准线是作为一百的 1880 年的方位线。）等级不变的工资劳动者，即年轻时参加一个行业而始终不改行的人的平均单位，自然比总计起来的劳动者更加不幸。[①] 就某些等级来说，货币工资曾有急遽的下降，不是生活费的下降所能弥补的，而且因不正常的失业而造成的任何额外损失还不计算在内。自然人对货币工资比对别人就工资所能购买到的东西而作出的计算要重视得多；如果他是一个工资有所下降的鼓风炉工人，他怕不会因为自己比如果还是像过去那样一个农业劳动者日子过得总算好些而谢天谢地。所以在 1886 年劳动界是非常动荡不宁的。 465

但是 1886 年到 1890 年一切都好转了。总计起来的平均货币工资自一四八上升到一六三；实际工资，连失业计算在内，自一三六上升到 1890 年仅次于无失业问题时的一六二，或 1891 年失业问题比较恶化时的一五九。等级未变的平均工资劳动者在做全工时的货币工资，是按一三〇对一四一的比率；或连失业计算在内，连 1886 年的大量失业和 1890 年非常轻微的失业计算在内，是按一一六对一三八的比率上升的。而 1890—1891 年的零售价格却

① 参阅伍德：《1850 年以来的实际工资和享受标准》，《统计学报》，1909 年；一如在中卷，第 450—452 页所使用的。因为关于 1908—1914 年没有以完全相同的方法进行的研究，所以还不可能编制一个完备的曲线图以为中卷，第 452 页那幅曲线图之续。为读者方便起见，特在正文中就中卷有关统计结论所依据的原则略加重述。

和1886年恰好差不多。

零售价格一直继续下跌到1896年低于1886年大约九点的时候。货币工资既然无论怎样看都依然大致稳定，平均工资劳动者的情况自然有了悄悄的但稳步的改善。情况以1898—1899年的贸易活跃时期为最好，虽则有1900—1901年否则与任何经济活动无干的一场战争所加诸劳动市场的压力。固然零售价格终于逐渐上涨，但是比1886年却仍然低一两点；而且在1900—1901年无论总计起来的货币工资或任何一定等级的工作的工资都是前所未有之高。但是货币工资的提高的幅度并没有不到使平均工资劳动者
466 高兴地意识到。工资劳动者往往是把这种提高作为一种应有的权利而进行斗争的。而且就一定等级的工作来说，并考虑到比较正规的就业情况，工资指数已经从1886年的一一六和1890年的一三八上升到1900年的一四七。对于仿佛在睡梦中到来而近来难以察觉——自从价格不再下跌以来——的实际工资的上涨，工资劳动者自然甚至更加意识不到。祖辈会谈到饥馑的四十年代，你们谢天谢地，幸而不曾和祖辈同度自己的青年时代。对于七十年代以后出现的面包和其他一些东西的价格下跌，就没有多少感激之情了；何况自1896年以来下跌已经停止，而且有了回升的迹象，那就更加没有了。①

但是在1900年一个工人的实际工资事实上比1850年做类似工作的一个人的实际工资高出50%；而平均工资，即总计起来的

① 伦敦面包最便宜的一年是1901年（参阅本卷，第12页曲线图）。但是在1897—1898年曾经比较昂贵。1896年贸易部伦敦二十三种食品加权指数则是最低额（九十一点七）。基线（一百）是1900年的价格水平。

工资，因为在半个世纪中从报酬菲薄的工作向报酬比较优厚的工作的大规模转业，则高出更多。这样来看的实际工资的上升不是50%左右而是75%左右。[①] 但是个人却不大意识到这一点。成年人改行的不很多。转业的照例是参加比自己父辈工资较为优厚的工作的青年；警察或铁路工人会以半出于怜悯的由衷的敬佩心情诧异做母亲的怎么能靠父亲的农业工资把自己养育成人。

不管怎样来看，1900 年都是工资的高峰年——不论是就总计起来的还是就特定等级的工作来说，也不论是就货币还是就货币所能购买到的东西来说。十一年之后，在一个人口调查年中，主要工业工资率的平均数只和 1900 年相差小数点一。这个高峰已经证明是一个崎岖不平的陡斜边。[②] 把已经向有利于工资劳动者方面移动了一点的农业工资包括在内，将会使这个高原的一般水平微微向上倾斜——但是矿工非但不习惯于拿自己的工资同农业工人的工资加以平均来求取自慰，而且愤然意识到在他们横过高原
的那条曲线上的起起伏伏。就建筑业来说，那条曲线已经几乎是 467
一条毫无起伏的水平线。[③] 至于机械工程和纺织业，先是一条毫无起伏的水平线，继而则是一条迂回上升的倾斜线。塑造平均路线的形状的，正是矿工的路线。[④] 它们曾经达到高原边际的最高

① 伍德的估计数，见《统计学报》，前引论文。

② 本卷，第 468 页曲线图。

③ 工资一点没有下降，而直到 1912 年才上升了 0.5%强。

④ 纺织业的曲线见诸曲线图。它是以“棉纺织业和亚麻及黄麻制造业中……件工工资率公认的百分比变化”为依据的；但是没有理由认为毛纺织业中工资的动向迥然不同。机械工程业的数字是以七个大城镇中最低每周计时工资率为依据的：1900 年和 1911 年之间的最高点是 1908 年的仅仅一零二点二。采矿业的数字是以所有各主要煤田上挖煤工按吨计或按班计的工资率为依据的。数字见《劳动统计摘要》。

点;也曾降至深深的波谷;在 1907 年又越过了低隆起线;但在 1911 年仍然低于他们 1900 年的水平线 11%。这很能说明这十年的社会史。矿工在 1913 年才仅仅回到他们 1900 年的水平,而在那个时候纺织工人已超过了将近 12%。

可以作为这种情况的一个比喻的数字的,只有工资率的数字。这些数字忽略了工作的规则性。1900 年就业情况是异常之好的。直到 1913 年为止再没有这样好过,而且其间还有几个不好的年头,尤其是 1908 年和 1909 年。[①] 这就使得矿工的情况糟上加糟,并给建筑工工资率的稳定以及机械工和纺织工工资率的微微上升打了一个折扣。而且,根据任何表象来说,生活费都已上升。租金升降的情形不确知;但是相信直到 1912 年为止是相当稳定的——这正是何以价格上升而建筑业并不活跃的一个原因。煤炭一直比 1900 年低廉,有时要低 20%——这是消费者靠了矿工的不满而占到的便宜。衣着稍稍昂贵了,尤其在 1907 年纺织业工资逐渐上升之后。食品也比较贵了。据官方估计,在 1900 年和 1911 年之间伦敦食品价格有 9.4% 的上升。衣着的估计上涨则更多——12.4%。包括煤炭和租金在内的整个生活费的估计上涨自然比较少些;因为衣着在一个平均工资劳动者的预算上不是一个重要项目而煤炭又比较低廉。[②]

据其他的估计数所得结果相差甚微;不过我们可以十拿九稳

① 本卷,第 58 页和第 29 页工会失业数字曲线图。

② 这些都是《劳动统计摘要》中贸易部的估计数。《1908 年工人阶级生活费报告书》(*Report on the Cost of Living of the Working Classes of 1908*)(敕令第 3864 号)是一个主要的材料来源。

地说，到 1911 年生活费已经平均上涨了 7%至 9%，到 1913 年则 468
上涨更多；但是在 1911 年以后所有工资都逐渐提高了。

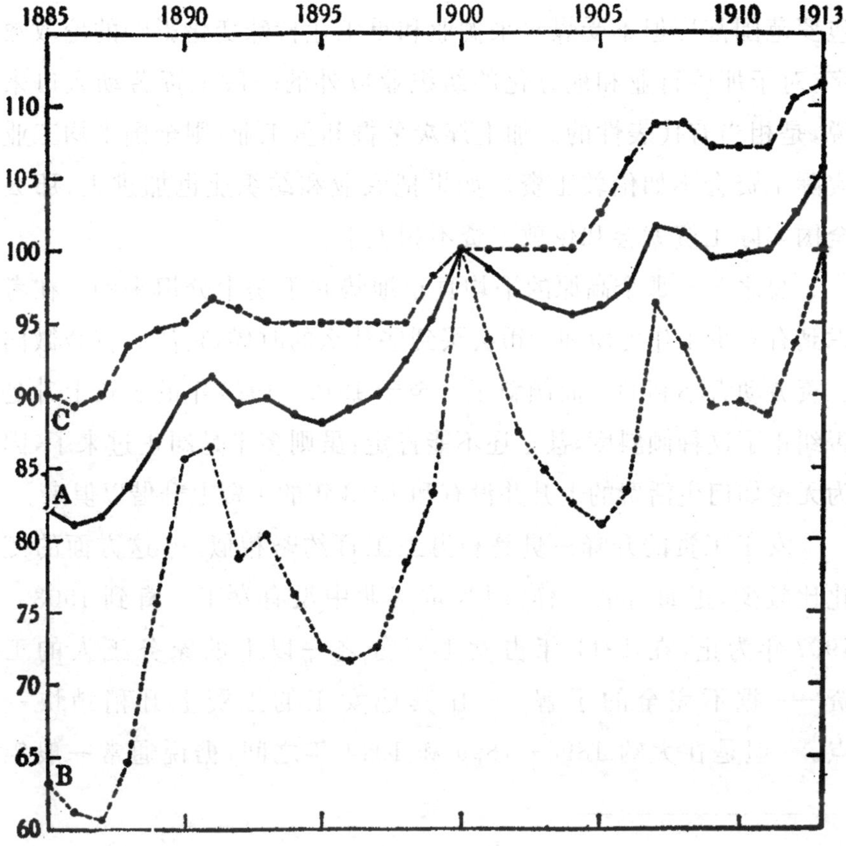

工业工资率表

工业工资率的趋势：

建筑业，采矿业，机械工程业，纺织业，——A；

单单采矿业，……B；

单单纺织业，……C；

（1900 年的工资＝100）

把农业包括在内，将会使 1911 年的数字提高到 101.2。

1913年对伦敦工资所进行的一次调查表明，把一切因素——货币工资、失业量和生活费等——考虑在内，实际工资甚至到1912年年底还没有完全达到1900年的水平，虽则已非常接近。①
469 包罗范围甚广但不受煤炭采掘业和重工业特殊变化影响的伦敦数字，对于那些行业和地方化的纺织业以外的一般工资劳动人口来说，是相当有代表性的。加上煤炭采掘和重工业，则全国平均工业实际工资会不如伦敦工资。如果把农业和纺织业也加进去，那么全国实际工资就会和伦敦工资不相上下。

总之——那个高原的平均真正地势并不是十分坦平的。在考虑到有多少工作可做和货币会买到些什么的时候，它似乎就微微向工资劳动者不利的一面倾斜了。至于1912—1913年的工资上升是否纠正了这种倾斜度，甚至还不能肯定：虽则多半是纠正过来了，因为无论如何生活费的上升并没有和1913年的工资上升偕以俱来。

女工工资的升降一贯是和男工工资约略相似。② 这方面的变化比较少，正如向来一样，因为重工业中没有女工。直到1903—1907年为止，在1911年占女工三分之一以上的家务工人的工资——据不完全的了解——比其他女工的工资上升稍稍快一点。③ 但是在大约1898—1899和1914年之间，据说通常一般年

---

① 伍德，弗朗西斯：《1900—1912年伦敦实际工资的趋势》（Wood, Frances, *The Course of Real Wages in London, 1900—1912*），《统计学报》，1914年。参阅莱顿，沃尔特爵士：《价格研究导论》（Layton, Sir Walter, *An Introduction to the Study of Prices*）中价格和实际工资趋势力的估计，和庇古：《工业波动》（Pigou, A. C., *Industrial Fluctuations*）中的讨论。

② 上文所用的纺织业的工资数字包括一大批女工的工资在内。

③ 莱顿：《五十年间家庭佣仆工资的变化》（Layton,〔Sir〕W. T., *Changes in the wages of domestic servants during fifty years*），《统计学报》，1908年。参阅赫琴斯和哈里逊：《工厂立法史》中伍德，关于女工工资的附录。

轻佣仆的工资没有任何显著的上升；虽则正如未始不可预料的那样，在较高的等级中曾经有过一些提高。在 1916 年战争期间，一个善于吹毛求疵的团体进行了一次调查，“对于货币工资没有〔发现〕什么怨言”。[①] 怨言是对全然不同的一些事情而发。

平均工资劳动者，不论男性或女性，都久已不再受通过实物工资制而对工资实行侵渔的损害。法律曾经先后在 1887 年和 1896 年两度修订；但是问题都不大，而且到这时与其说是一种真正实物工资制——即以未必真的货物或按真货计价的货物进行支付——的问题，不如说是一个罚金、扣减工资以及对工具、照明和动力可能索取过当的问题。在 1905—1906 年对这个问题进行调查时，在康沃耳和设特兰针织业、布里斯托尔胸衣制造业、索默塞特手套制 470
造业和苏格兰呢原产地哈里斯，发现了真正实物工资制的一些残 627
余。[②] 罚金仍不胜其多。青年女工为了戴发卷或“对监工傲慢”就会被处以罚金。对轻微犯规行为的一定处罚是不能不有的，虽则没有必要把卷发叫作犯规；而且有些工会领袖宁取罚金而不取它的代替办法，即因细故而停职或解职。[③] 在独立手艺工匠的遗风依然炽烈而工人仍“不赞成像其他各地存在的”那种普通工厂制的

① 《关于工业中女工的报告书》(*Report... on Women in Industry*)，1919 年(第 31 卷，第 241 页)。

② 《实物工资制条件部门调查委员会》(*Dep. Com. on the Truck Acts*)，1908 年(第 59 卷)。参阅中卷，第 458 页。

③ 同上书，第 23 页，引证贝尔和其他。

设菲尔德，[①]对房间、照明或动力的支付仍然是常见的，而且并非普遍不得人心；矿工在不能不照办的时候，他的手艺匠的习气竟十足到不想另筹良策。

还有小量以饮料进行的支付——诸如西部农业工人的苹果酒，和在"矿井水"既"温而又不合口的"少数几个黑乡煤矿中传统的啤酒津贴。[②] 这两个集团都无意戒酒；但是黑乡的工人很想要求发给啤酒费。他们的雇主却只肯出那项啤酒的成本费，这倒是一个微妙而又有趣的差别。

这些都是罕见的事情。对于手工工场帮工寄宿场内时所会出现的类似实物工资制的弊恶，则理所当然地受到更多的注意。[③] 但是这种习行办法并非常态。在苏格兰几乎向无所闻，在威尔士是普通的，在英格兰则散见于各地。在调查的时候这种习行办法无疑已渐趋没落，虽则从而产生的不满远没有消除。[④] 寄宿在还过得去的厂房中的青年女工往往喜欢这种办法。在这方面，正如在实物工资制的其他范畴一样，法律已经防止了大多数真正的弊恶，易于滋生弊恶的习行办法也正在由良知和为方便计而逐渐予以清除。

虽则直到1913年男工和女工的就业数字再没有像1900年曾

① 《实物工资制条件部门调查委员会》(*Dep. Com. on the Truck Acts*)，1908年(第59卷)。参阅中卷，第45页。

② 同上书，第64页。

③ 同上书，第68页及以下。迪恩斯女士的专门报告书，迪恩斯访问了一些遭到抱怨的地方，然而却"不得不说"她对于店员工会的"怨言"并没有得到"证明"。

④ 关于这一点，参阅佩因：《商店奴隶制和解放》(Paine, W., *Shop Slavery and Emancipation*)(1912年版)，连同韦尔斯——他是了解情况的——的导言。

经有过的那样好，这些年倒也不是失业数字异乎寻常的年份。九十年代和八十年代后期也并不是。1901—1913 年工会失业数字的平均年度总数只不过是四点五，而 1887—1900 年是整整五点 471
零。1893 年的七点五和 1908 年的七点八的高峰数字都远在 1886 年灾害性的十点二以下；为期短暂的较高失业数字只不过一度延续了两年。[①] 并没有延续很久的就业不足现象，也没有像手织机织工那类大手艺行临终前的苟延残喘。未始不会变成为根据后来的定义所谓康沃耳特区的那种情况，由于向兰德、马来亚和一切开采贵金属及半贵金属地方的移民而得以避免。在公共汽车出现之后，公共马车夫剃掉胡须，开始驾驶汽车；虽则后来有一些双轮小马车夫陷于进退两难之境。其他的调整并非毫无摩擦和苦痛，但主要是通过青年从没落行业向扩张行业的转业而实现的。在 1911 年公共马车夫、马夫和出差马车夫比过去更加寥寥可数，但是在 1901 年以后却出现了不止两大支职业汽车驾驶员；[②]并且在 1901 年以后还出现了大约二万八千名电车员工。自 1891 年以来电气工业已经增长了八倍，现在雇佣的人员达十万名以上。纵使农业方面的就业数字已经降低，但很容易从农业方面转业过去的电车事业却已倍增。煤炭开采业也增加得很快——自 1891 年以来已增加 60%，自 1881 年以来则在 100%以上。对于身体健全的人来说，机会并不难得。作为一个集团来说，纺织工业仍然在继续扩展，虽然不如人口增长之速；毛、麻、丝方面的缩减一直是缓慢

① 本卷，第 29 页曲线图。

② 在 1911 年人口调查时是四万七千；在 1901 年只有七百零三人。

的，而且只不过造成了地方性的不安。

新兴职业对妇女已经门户洞开，而且旧职业对妇女需求的减少也一直是非常轻微的，除非是在任何减少不是不健康的那些职业之中。洗衣妇和女裁缝更加寥寥可数，临时女帮工、医院和机关的工人以及成衣工厂的工人更加多了。虽然室内家务佣仆在1911 年比 1891 年要少一些，但仍有一百五十万人在继续服务，而且对于其中工作能力较强者的需求肯定没有达到饱和点。但是人数的衰减，虽则在这支庞大的队伍中只占一个很小的百分比，却是一个新时代开始的标志。[①] 另四万护士和四万五千名女教员之中的若干人在妇女职业较少的旧世界中未始不会“得到职务”。

472 在 1861 年和 1881 年之间女金属工的人数已经随着家庭制钉和制链业的没落而下降。在 1851 年曾经有一万名女钉匠，无疑是一大群可怜虫：到 1911 年只剩下一千七百名了。在克拉德莱欧石南灌木丛区仍然有二千一百名手工制链匠——行将争取到一个劳资协商会议。但是这个古老的手艺行尽管没落，在 1891 年和1901 年之间女金属工的数字还是加了一倍。在向来几乎没有一个女工而现在“在男工和女工的工作之间没有任何明确界限的”自行车和汽车工厂中计有七千人。[②] 女工不是锤制铁钉和平头钉，而是给制铁钉、平头钉和螺旋钉的机器加料——由男工给她们作好安排。在铜业中她们制造轻心线，担任安装，打磨和包装工作。在设菲尔德，她们在锉具、刀具、弓形锯和电镀业方面做些适当的

① 在苏格兰，衰落最为显著。

② 《工业中的女工部门调查委员会》，1908 年，第 11 页。

工作，连同仓库方面的很多工作。在米德兰一些专门化的工厂中，她们做一些小型绞盘车床的工作，以及绞压、压断、磨铣、上釉和装配等项工作。除开真正五金之外，工具制造、玩具和文娱用品制造以及蒸蒸日上的电工业都给妇女提供了工厂作业。1891 年在电工业中只有两三百名妇女。到 1911 年已远不止九千名。[①] 而且这仅仅是一个开端。

最大的变化是在商业方面。在 1851 年人口调查时已经有十九名妇女申报为商业职员。[②] 她们是谁而又在哪里呢？据说在克里米亚战争期间妇女首先参加了绸布业——在约翰·吉耳平的店中有两名年轻的妇女。[③] 在 1870 年去世的狄更斯还没有听说过女职员。如果他听到过的话，我们总应该遇到。《块肉余生记》中的多拉只能拿笔杆，而卡迪·杰利比则是一个舞文弄墨的业余文学家。固然在事务工作方面在 1871 年比 1851 年多了几名妇女；但是在 1881 年只有七千人，在 1891 年只有二万二千人。继而出现了变化。到 1911 年有十四万六千名女性“商业职员”，在从事商业工作的其他妇女中，实质上同一类别的计有一万一千人。女簿记员、女秘书和女速记打字员已经出现。[④] 这个数字完全是职员 473

① 《工业中的女工部门调查委员会》，再加上人口调查报告书。

② 中卷，第 24 页。

③ 《工业中的女工部门调查委员会》，第 9 页。

④ 在 1896 年出版的查尔斯·布思，《伦敦人的生活和劳动》的某一卷（第 7 卷，第 275 页）中说，“据说她们作为打字员、抄写员和电话接线员是擅长的”。在 1889 年，拉迪亚德·吉卜林在加利福尼亚碰到一位担任打字工作的女知识青年时，他写道“在英格兰会是一位年轻的少妇”：《从海洋到海洋》（*From Sea to Sea*）。但是在 1893 年英格兰银行开始雇佣妇女。艾克里斯：《英格兰银行的内幕》，第 2 卷，第 560 页。

的数字，而不包括绸布业或其他任何行业中的店员在内。一代以前，这种商店工作——到1880年已大为开放——或细巧的缝纫工作或高等劳务——诸如女店员、女裁缝和侍女等职业——都可供大多数年轻商务妇女进行选择。受过最好教育和最有教养的妇女还有成为“专任家庭女教师”的另一可能性。[①]

这个集团的新近人员主要是，或者据记忆和未经鉴定的观察所表明，是来自职员、店员、小商人和贫苦自由职业者的家属之中的。刚刚开始从熟练体力劳动者家属之中吸收新近人员。兰开郡一个纺工的女儿可能在合作社担任职员工作而不进入纱厂。但是这类职业仍然是一般工资劳动者家庭的女孩子可望而不可即的。所以这类职业的出现对于这类家庭的劳动收入的前景多半没有多大影响。这些家庭像以往一样，仍主要依存于工厂工作、所有其他各种体力工作和家务劳动这类的出路。这类出路确实已经宽阔了。巧克力工厂、果酱工厂、饼干工厂、卷烟工厂、胸衣工厂和几十种其他工厂，所有这些生产一个日益富裕的民族的半奢侈品的地方，都是逐渐扩大的——而一些重要产品的老行业却不是这样；并且，像新式轻五金工厂和电工厂那样，都是在男子的领导下以妇女作为职员的。

所以在很多工资劳动者家庭中，增加家庭总收入的机会比八十年代或许要大一些。家务劳动和妇女重劳动方面的衰减本身就足以表明这一点，虽则未能予以证明。但是在嗣后的各个具体时日，这类机会究竟多么大，多么普遍，统计学家还无法断定。或许

① 罗莎·努歇特·卡里的一本小说的题目。

将永远不能。当代人士对于一定时日的各别地点进行了一些研究；但是任何关于家庭劳动收入升降的报告书，甚至关于局部地区的，也会是揣测的，靠不住的。[①] 历史学家迄今还不能不满足于这种有条件的不可知论。

在二十世纪早期这个变化多端的、活跃的就业情况比较正常 474
的经济社会中，在工资方面竟会有十一年的停滞不动，并且在平均工资劳动者的实际工资方面竟会有一些几乎肯定的、虽则也许是非常轻微的下降，乍看上去，不免令人诧异。只要对1900年的环境和各个不同行业的工资趋势加以缜密的思考，就不会那么诧异了，虽则不会化为乌有。在工业工资率曲线上，1900年的高峰显得异常之高。通过其他三个高峰——1891年、1907年、1913年——所划的一条虚线，几乎完全是直线上升的。通过波谷的各底点——1886年、1895年、1904年、1909年——所划的一条虚线亦复如此。1900年破格地孑然兀立于通过各高峰所划的那条虚线之上。[②] 为什么呢？

紧跟着1897—1899年期间的贸易改进、失业数字下降和一些为工资而进行的轰轰烈烈的斗争之后，是1899年更加活跃的贸易——继而则是战争。在战争期间，1900年来临了；这是据估计工资的支出比1895年多22%的一年；[③]这是出口煤炭价值和一般

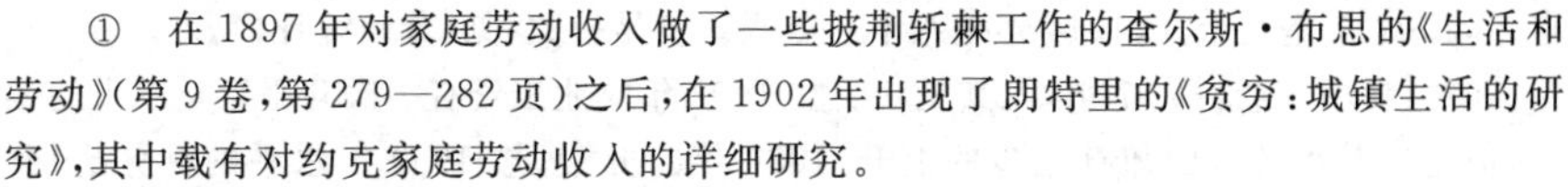

① 在1897年对家庭劳动收入做了一些披荆斩棘工作的查尔斯·布思的《生活和劳动》(第9卷，第279—282页)之后，在1902年出现了朗特里的《贫穷：城镇生活的研究》，其中载有对约克家庭劳动收入的详细研究。

② 本卷，第468页曲线图。

③ 庇古：《工业的波动》，第356页，援引鲍莱的一项估计数。

煤炭价格闻所未闻的一年。[①] 在 1899 年以前，最高的煤炭出口年是一千九百万镑的 1890 年。在 1896 年，这个数字已降至一千五百万镑。到 1899 年已盘升到二千三百万镑。在 1900 年则达到了三千八百六十万镑。这些价格在矿工工资上留下了它们的标识，而矿工工资又在一般曲线上留下了它们的标识。在纺织业——以及建筑业和机械工程业——史上，就工资率来说的 1900 年并不是不正常的一年。随着贸易繁荣而有微微的上升，继而上升终止。这是照例的。在纺织业，上升随即重新开始，比九十年代重新开始得更快。在机械工程业，稍稍晚一点，而且不那么显著。在建筑业，则由于上面已经谈论过的种种原因，直到十一年后方又开始。农业工资的缓慢的、非常缓慢但不失为真实的上升，在 1900 年没有遭到任何顿挫。[②]

在物价上涨时期，实际工资总有一点赶不上。组织完善的集体讲价有助于，并且也旨在于把差距减到最小的限度。但是在
475 1914 年以前，并非所有工业方面的讲价都是组织完善的，对于生活费数字一般既不熟习，而任何工资率又都缺乏比照生活费数字所作的有秩序的调整。所以，纵使有轻微和断续的上升，有三两年的赶不上总是意料之中的。这种上升是两方面的。直到 1896 年为止，零售价格和一般生活费都不断下降。自 1896 年至 1900 年

---

① 以 1900 年煤炭零售价格为一百，则 1896 年是六十八点二；1899 年是七十九点三，1901 年是八十九，1910 年是八十三点八。贸易指数，见《劳动统计摘要》。

② 参阅本卷，第 97 页，尤其是注。在 1902 年农业工资有一次几乎察觉不出的顿挫，但是在其他各方面却有稳步的上升：1887 年的九十（按 1900 年水平的百分比）到 1897 年的九十五点一，1905 年的一百零二点五，1913 年的一百一十一点一和 1914 年 7 月的一百一十四点二。参阅本卷，第 98 页。

有大约 9%的上升，但是这次上升只不过使估计的生活费比 1892 年的高出 1%。固然，这使九十年代后期工资上升的利益荡然无存——只有矿工除外，因为矿工工资的上升比任何工资的上升都更大，而且他们对他们的煤炭没有支付过 1900 年的价格。但是这种情况还没有显著到了造成真正的不满。

此后七年在生活费方面有一个非常轻微的、起伏不定和几乎察觉不出的上升，最大限度的估计数是大约 3%。[①] 家庭开支每年不到 0.5%的上涨，很少人能灵敏地意识到。从 1907 年起，陡直上升了，但即使如此——据估计——平均不过每年 1%。然而到 1912 年，食品价格比 1900 年的水平已高出 14%；在很容易回想到的一段时期内，食品单上每七先令中一先令的上涨，却是一件不容忽视的事情。矿工的平均工资，正如上文所述，迄今还没有回升到 1900 年的水平。没有其他任何重要的工资劳动者集团曾经把他们的正式货币工资推升到 1900 年的 14%以上。1912 年之所以是一个工业斗争年，或矿工之所以在战争中既是突击队又是后卫军，并非单纯是一件偶然的事情。在斗争中所损失的工作日比前此六年间所损失的还要多。[②] 实际工资的落后已开始发生有害的作用——但看上去已日益接近于告一段落了；因为在 1913 年货币工资已急遽上升，而食品和衣着的价格并未上涨。

1912—1913 年的这次货币工资和实际工资的上升是和有史以来英国资本最大规模的输出相始终的。[③] 自 1905 年以来，输出

① 参阅前引，伍德·弗朗西斯：《伦敦实际工资的趋势》，《统计学报》，1914 年，和鲍莱的一些估计数，见 1911 年 10 月 9 日致《每日新闻》的一封信。

② 参阅本卷，第 499 页损失工作日的曲线图。

③ 参阅本卷，第 25 页曲线图。

量一直是异乎寻常之大。经过1908—1909年的顿挫之后，自
476 1910年起就为数更大了。这些事实所以和这个问题有关，是因为向来有这样一种论证，据说英国的实际工资以及一般实际收入的停滞阶段①是和1903—1913年这十年的不正常资本输出分不开的。英国不把得自海外的旧有投资以及航运和其他无形出口的一切——据这样论证说——以有用的消费品形式载运回国，而以这笔资金的大部分重新投资于海外的企业和公共证券，这种投资充其量也只是将来才能得到报偿，而在最坏的情形下会是毫无报酬可言的。与这种投资相关联，英国不断以大量资本货运往国外。到1910年为换取任何一定数量的进口货而运往国外的货物的实际数量比1900年都要大得多。英国为了国外投资的缘故而无意识地自我克制，正如二十年后苏俄在它的第一次五年计划期间为了国内投资的缘故而有意识地自我克制一样。其结果，据论证指出，是一样的：暂时冻结在国内外的资本货或外国约定偿付的贷款，不能同时用来改进收入和生活标准。英国像十九世纪的兢兢业业自我造就的制造家一样，那些制造家生活得很艰苦，让妻子操持家务，而把每一个先令都投到纱厂中去。不过英国的纱厂是在海外罢了。②

---

① 关于一般的停滞情形，参阅鲍莱：《1880—1913年国民收入分配方面的变化》(Bowley, A. L., *The Changes in the Distribution of the National Income, 1880—1913*)，第26页："1913年平均〔实际〕收入比1880年差不多要大三分之一；增益之数主要是在1900年以前取得的……"

② 陶西格：《1900年以后大不列颠对外贸易的条件》，《经济季刊》，1925年，和《国际贸易》(1927年版)，第21章中的专门论证的释义。无论关于苏俄或关于兢兢业业的制造家的引证都不见于陶西格的著述。关于贸易条件，参阅本卷，第68页。

这项论证似乎是正确的，至于它的分量和适用范围，则甚至提出这项论证的那些人也不确知。他们无法从它推断出所谓的扣发的实际工资的总数，如果有这样一个总数的话。就某几年或某几段时期而论，这项论证可能是不贴切的。在 1904 年资本输出微不足道的时候，实际工资之低正和 1910 年资本输出非常之高时不相上下。[①] 在 1911 年以后，实际工资有了改善，而资本输出却上升得更高。我们有理由认为在 1911—1914 年期间国民国内货币收 477
入，也就是说工资和除得自国外投资的收入以外的其他一切收入，比生活费上升得多少更快一点。[②] 依然可能，甚至未必不然的是，如果资本输出少一点，改善未始不会更早一点，更多一点。这种可能的改善的总量究竟多大，实无法断定；所以这个问题依然是一个莫名其究竟的揣测之论而已。

工资，不问它的水平和它的实际购买力如何，乃是为换取一个工作日的劳动而给付的，自从八十年代以来，在若干职业中工作日已显然缩短，虽则平均来说还不甚显著。大多数重要行业在七十年代已开始实行的那种五十四小时或五十四又二分之一小时的工作周（加班加点在外），四十年后在某些行业和某些地方，还是一仍其旧。[③] 以苏格兰的机械工为例，他们曾经设法保持五十一小时

---

① 按莱顿在他的《价格研究导论》中所作的估计，实际工资是相同的；而伍德夫人的伦敦估计数，则以 1904 年为一百而以 1910 年为九十八点二。

② 鲍莱：《工业产品的分配》(Bowley, A. L., *The Division of the Product of Industry*)，第 14、21 页。

③ 参阅中卷，第 499 页。

的工作周达数年之久，但是在 1879 年又被迫恢复到五十四小时，并且在 1914 年 7 月仍然是五十四小时。但是到那时，在英格兰和威尔士各主要机械工程中心，标准的工作周已是五十三小时，而在伦敦、设菲尔德和曼彻斯特有少数几家公司，已经审慎地采取了四十八小时工作周作为比较满意的办法，其中有一些是著名的公司。[①] 在相关的电气安装和造船业中，正常的工作周也是四十八小时至五十三小时各不等，虽则在克来德河畔五十四小时工作周是通例。

1908 年条例公布以来，煤矿工人已全部享有他们以地面下八小时工作为最大限度的工作日。[②] 在某些重要地区，这项条例不过是将一项既成事实予以登记而已；实则这项条例的倡议人所必须克服的困难之一乃是诺森伯兰人早已凭由和煤炭所有主的私人协定为伐煤工人所争取到的甚至更短的工作日。[③] 但是就整个这项工业来说，这一条例却促致了相对于 1907 年工作日而言的缩短，并将 1887 年以来的一项更加显著的缩短载诸明文；虽则没有任何革命性的设施。

经过同联合起来的建筑师傅所进行的不屈不挠的地方性讲价，在七十年代已经争取到类似五十四小时的全年平均工作周——在夏季长一点，但冬季短一点——的有组织的建筑行，到 1914 年已经几乎在全国各地都迫使甚至他们的夏季工时降至那
478 个水平以下，在 1914 年这一年，五十四小时以上的夏季工作周已

① 例如曼彻斯特的马瑟·普拉特公司。

② 本卷，第 429 页。

③ 只是伐煤工缩短了，所以错综复杂。

几乎绝迹，除去在一两处地方的漆匠之中。七年以前，五十四小时以上的工作周在地方上所有各行各业中都不难看到，虽则五十四小时或五十四小时以下的工作周已经是通例。而且独具殊荣的阿伯丁的铅管匠已经争取到四十八小时的工作周。到 1914 年，在少数几个地方又有了改进：利物浦有了砌砖匠、木匠和漆匠的四十六又二分之一小时的工作周，虽则铅管匠和泥水匠是四十九又二分之一小时。就全国来说，伦敦、赫尔、纽卡斯耳和爱丁堡所常见的各主要建筑行的五十小时夏季工时率可以算作是接近于有代表性的。[①]

印刷业各行，或至少其中最突出最著名的部分，在七十年代已经争取到五十四小时的工作周，像其他很多行业一样。（在十九世纪初期，工作周是六十三小时，直到 1866 年方始降至六十小时。）[②]大约二十年后，已一般地，但非十分普遍地降至五十二小时，然而五十四小时的工作周在偏远地方一直残存到 1907 年以后。在那一年，在所查报的四十一处地方之中，七处保留了五十四小时的工作周；[③]八处有了五十四至五十二小时之间的工作周，通常只不过是五十二又二分之一小时；十二处有了五十二小时的工作周；其余各地已经更低，虽则没有一处地方在五十小时以下。这些是普通分包排版工作的工时。夜间印刷晨报的工人在很多地方都早已争取到他们理所应得的八小时“工作日”。七年之后，八小时工作日方开始出现于一般印刷业，大城镇中的正常工作周是五

① 数字是贸易部劳动司自 1886 年起定期搜集的，载《劳工统计摘要》。

② 中卷，第 448 页。

③ 巴罗、布赖顿、伊普斯威奇、脑威治、普利茅斯、朴次茅斯和南安普敦。

十或五十一小时。约略来说，印刷工人的工作日在四十年间已缩短了半小时。

纺织业工作日和工厂工作日一般缩减较少。按照工厂条例中为妇女规定的标准，[①]它只不过随着那个标准从1874年的五十六又二分之一小时的纺织业工作周降到1901年工厂条例(爱德华七世，第1年，第22章)的五十五又二分之一小时。在1901年非纺织业工厂和手工工场保留了六十小时工作周，而不论其中是否雇佣有童工和青工，所以法律已远远落后于较大的自作决定的行业中所同意的标准。在七十年代和八十年代仍未加规定的手工工

479 场，现在有了包括进膳时间在内以七十四小时为最高限度的工作周，如果在它们的员工之中有"青工"的话。"以禁止星期日劳动为雇佣妇女劳动方面唯一限制的"[②]家庭工厂和手工工场，以及除家眷外不另雇佣人员的家庭手工工场和劳动场所的情况，亦复如此，因而可随心所欲地延长工作日。但是比较起来这类单位已经远不如以往那样多了；虽然总是想方设法让儿童在课外或下课后从事过度的劳动，但这种情况却是一个有限度的弊恶，而不能使下述这样一个一般结论归于无效：英国工业的工作周在最幸运的行业中已经有了大约10%的最大限度的缩减和介于2.5%和5%之间的平均缩减。

自从大宪章时代有人吟出下述的打油诗以来，八小时工作日

① 按照，而并非受限制于；一些男工则为擦机器等等而要多留一会儿。参阅中卷，第567页。

② 亚伯拉罕和戴维斯：《工厂和手工工场法》(Abraham, M. E. and Davies, A. L., *The Law relating to Factories and Workshops*)(1902年第4版)，第34页。

一直是英国工资劳动者的梦想之一，打油诗的词句如下：

八小时工作，八小时娱乐，
八小时睡眠，八先令一天。

自八十年代以来，八小时工作日一再出现于代表大会和工会的战斗性纲领中。在往往居于战斗前线的矿工之中，八小时工作日的要求一直是和反对以煤炭销售价格为工资基准的原则——即工资随价伸缩制——的斗争联系在一起的，上述原则，一旦正式采纳，就使整个这一世纪中与煤炭工业的一切商业盛衰偕以俱来的工资剧烈起伏永无休止了。[①] 矿工的论证是，起伏之所以剧烈是由于煤炭所有主在价格趋跌的市场上不思前顾后的竞争，和在价格上升的市场上攫取最大的利润。在以竞争为理所当然的所有者看来，工资随价伸缩的原则显然是公平的："我们好，他们就好；我们糟，他们就分担我们的负担。"他们往往是大体上非正式地照这个原则办事的，并且在1874年开始于南斯塔福德郡的七十年代后期和八十年代初期的物价下跌期间曾想方设法在很多煤田上予以正式采纳。1887年，这项原则的正式采纳仍然陆续不绝，在那一年 480
第一次出现于苏格兰的工资随价伸缩表，是在拉纳克郡的煤田上。但是那时矿工反对工资随价伸缩的运动已在开展之中，两年之后拉纳克郡的工人解除了他们的合同。

矛盾的"生活工资"，加诸工业的尽可能高的和在周期波谷的

① 参阅中卷，第165页；韦伯：《英国工会运动史》，附录一，工资随价伸缩表（参阅中译本，商务印书馆1959年版，附录三，第506—509页。——译者）；艾希利：《工资的调整》（Ashley, W. J., *The Adjustment of Wages*）（1903年版），第54页及以下。

最低点上征诸工业的这一笔负担的原则，具有它的鼓吹者未必总是加以探讨的很多含义。如果要慷慨地加以应用，似乎就非有劳动效率的增长不可；然而在这个时候采矿劳动的毛生效率却有停止增长之势。[①] 如果要抱着普遍成功的展望予以应用，那又不能不具有对出口和燃料贸易特别有利害关系的煤田——诺森伯兰、达拉姆和南威尔士的煤田——所不常常享有的一种市场管理权。这无疑有助于说明何以北部工人改宗工资随价伸缩的原则并墨守这项原则达若干年之久。这项对立原则的主要赞助起初是来自以国内市场占突出地位的内地煤田的。在 1888 年 9 月约克郡和兰开郡工会联合其他一些工会组成了矿工联合会，采取了一种激进政策和一向所谓的"最高限度工资和法定〔八小时〕工作日的半社会主义原则"。[②] 矿工联合会发展异常之速，到 1893 年已拥有会员二十多万。随着它和它的影响逐渐增长，残存的工资随价伸缩合同逐渐告一结束，虽则最低限度工资不是一贯被坚持主张的。[③] 到 1894 年，工资随价伸缩办法只有在南威尔士（一个有分量的例外）、斯塔福德郡的一部分地区和德安森林被正式承认了。[④] 四年之后，南威尔士曾反对这项原则，但未获成功；直到 1903 年，代替原则方始以矿工联合会当时所批准的方式列入南威尔士合同之中，这一代替原则是以高于一定基准水平（在南威尔士是 1879 年 12 月的水平）的百分之 X 为最低限度工资而以高于该水平的百分

① 本卷，第 63 页。

② 韦伯：前引书，第 380 页。

③ 艾希利：前引书，第 43、55 页。

④ 韦伯：前引书，第 485 页。

之 Y 为最高限度工资。[①]

值得注意的是，这项最低和最高限度政策在后来所谓的联合 481
地区以及在苏格兰的采纳，曾经阻碍了矿工工资在 1900 年繁荣时期一般地上升到在纯工资随价伸缩制之下所会上升的高度。它并没有防止继而的下降，矿工领袖们也没有对它抱这样的希望。“在市场价格下跌时，工资一定下降——我们了解这种情况”，[②]他们这样说。他们的正确争论点是：在把工资和价格紧紧束缚在一起的一种制度下，1900 年的高峰会更高一些，而 1905 年的波谷也会更低一些。

自 1887 年至 1911 年矿工工资率波谷最低点的那条逐渐上升的曲线[③]可以作为他们最高限度工资政策普遍成功的明证；但是这项政策并不保证有工可做。在萧条时期，雇主尽可按照每星期四天工作而不是按照照例的五天或五天半工作的标准工资率给付工资。可是正如上文所述，矿工本身已认识到——照现况来说，无论在他们的实际劳动收入或标准劳动收入方面幅度大到足以在全国整个工资涨落趋势上留下深刻痕迹的那些波动，总是无可避免的。

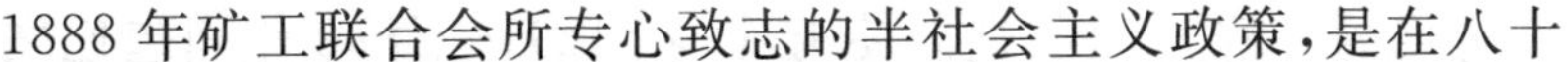

1888 年矿工联合会所专心致志的半社会主义政策，是在八十

① 1903 年的合同刊于艾希利：前引书，第 219 页：大多数合同的基础是 1888 年的工资率。参阅杰文斯：《英国煤炭贸易》(Jevons, H. S., *The British Coal Trade*)，第 492 页。

② 引证于艾希利：前引书，第 54 页注。

③ 参阅本卷，第 468 页曲线图。

年代初期的沸腾年月中设想出来的，在这期间，卡尔·马克思在亨利·乔治所访问的英格兰逝世；费边社、民主联盟和社会主义同盟正在组织之中；威廉·莫里斯同志正在扬言“他不懂得马克思的价值论是什么，也不想去懂”，但是他却懂得“富者之所以富，就是因为他们掠夺了贫者”，这一点政治经济学对他是足够了；而同时自1883年至1887年，价格直线下降，失业数字上升，直至1886—1887年之末诺森伯兰矿工为把自己从他们所不得不忍受的工资随价伸缩制的基准工资的缩减中拯救出来而开始了他们终归于失败的那次十七个星期的罢工时为止。[①]（虽然不能不把它叫做最低限度工资，但是工资随价伸缩制却不能不有一个基准作为伸缩的起点。）在这次罢工期间，来自南方的宣传矿山国有的演说家在某些地方受到了欢迎：他们的访问有助于为矿工联合会的政策廓
482 清道路。[②] 在工会世界的很多部分，现在都存在有抨击自由主义的、不主张罢工的旧日互济会式的正式领袖的少数派。[③]

随着1887—1888年的贸易恢复，一切工资率都转趋上升，矿工的工资率上升得非常急剧，在1891年就达到了一个为期短暂的高峰。工会就业情况在1889年和1890年异常之好，在1888年和1891年也都不错。这就抵消了包括面包零售价格在内的若干零售价格的上涨——虽则即使上涨，在1891—1892年面包比之十年

① 引证录自菲利普，斯诺登子爵：《自传》(Philip, Viscount Snowden, *An Autobiography*)(1934年版)，第62页；关于罢工，参阅韦尔伯恩：《诺森伯兰和达拉姆的矿工工会》，第236—241页；关于八十年代早期的一般情况，参阅中卷，第477—487页。

② 韦尔伯恩：前引书，第241页。

③ 本卷，第320页和中卷，第159—160页。

前还是要便宜些。但是在1888—1889年期间工会就业情况和相当不错的工资购买力同工资劳动世界的两件最触目和或许最重要的大事不甚相干;因为这两件大事都是在正规工会活动的现有最低水平以下和在无论工资或工作条件都并非不错的地方发生的。这两件大事就是1888年伦敦“火柴女工”的罢工和1889年伦敦船坞工人的罢工。黄磷火柴厂举行罢工的六七百名女工的胜利,从统计观点上看原是小事一端;但却似乎是表明世界上的弱小事物正使强大事物惊惶失措的一个象征;虽则事实上一个非常强大的事物,那个巧妙地发动起来并善加指导的舆论是站在火柴女工一边的。[①] 而且她们又是伦敦的火柴女工:如果她们是在科特布里季或散德兰制造火柴的话,她们的理所应得的胜利也许未必就能得到,或纵使得到也未必就会那样闻名遐迩。

重要得多,虽则远非那样为人所津津乐道的乃是一个煤气厂加煤工未经罢工就赢得的八小时而不是十二小时的工作日。由于惯性和三班制在管理上的困难,十二小时工作日在以煤气厂为最重要的少数几种生产过程连续不断的工业中一直残存至今。煤气工人,既没有组织起来,就无法坚持要求那个制度。现在外界的社会主义者和一位叫做威廉·索恩的最能干的工人很快地建立了煤气工和杂工工会。到了6月,首都南区煤气公司已经承认了八小时工作制:他们和其他各公司都认为碳化班虽则值勤十二小时,而操作只不过六小时;但却承认曲颈甑工序上十二小时一班是艰

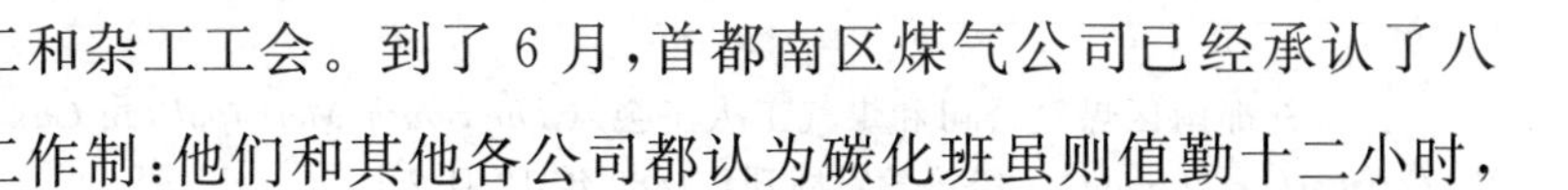

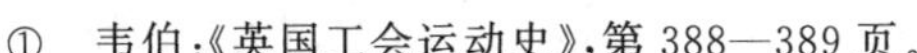

① 韦伯:《英国工会运动史》,第388—389页。

483 巨的。[①] 在8月初，其他各主要公司取得一致；并且因为贸易繁荣，市场价格扶摇直升和至少有些董事会并非不抱同情，所以工作日的缩短实际上是和工资的增加偕以俱来的。[②] 虽则在这一年年底首都南区煤气公司恢复了十二小时一班——为此是有过一场斗争的——但新方案在煤气工业中已广泛采用，而普遍实施也不过是迟早的问题而已。

对于和平的工业演进不大关心的外界公众，几乎没有注意到这个生产过程连续不断的主要工业中这项决定性的新调整——或许因为是在一个休假月份中完成的，所以就更加注意不到了。[③] 但是没有几天的工夫，假日就被伦敦船坞罢工的消息弄得人心惶惶了。起初看上去像是小事一端，但是渐渐变成了普遍的罢工；因为待遇优厚和有组织的搬运工和驳船夫为同情待遇菲薄和无组织的真正船坞工人而举行罢工了。这种局面是少见的。几年来各船坞公司的景况一直不好。它们已经感到码头的竞争，正谋求合作以资节约。[④] 劳动方面的节约是它的本能。有几种劳动是不低廉的。包装出口货载的熟练搬运工已高达三十六先令一星期。学徒出身的水运工人和驳船夫的严密社团——英格兰残存的行会——能以自了自事。萨里塞德木材搬运工是不能不加以考虑的强有力

① 《首都南区煤气公司和煤气工人工会》(*The South Metropolitan Gas Co. and the Gasworkers' Union*)，《经济学家周刊》，1889年12月7日。

② 韦伯，《英国工会运动史》，第389页中的叙述把事情弄得在8月中比表面上的情况更加简洁，更加富有戏剧性。

③ 在《泰晤士报》上我就找不到任何参考资料。比较有工业头脑的《曼彻斯特卫报》载有一篇摘自8月20日它的伦敦通讯上的有用的纪略。

④ 本卷，第280—281页。

的人物，他们要把重量很大的东西扛上弹性木板，一直搬运到堆积得越来越高的木材顶上。不那么熟练但是强健的粮食搬运工亦复如此。每一个船坞和码头都有一些待遇不错的长工。但是在所有这些人之下则是临时工，即在船坞，虽非在码头上分成为“比较好的”和“一般的”两个等级的单纯船坞工人，这些船坞工人是由工头或包工雇来做零工的，以前是每小时四便士，现在一般是五便士，在很少的场合下是六便士，连同对某几类货载的一笔“附加费”——一种武断地加以分配的津贴。引起这次罢工的正是 8 月 13 日关于“附加费”的一次争吵。

随着河边业务的停滞或萎缩，船坞工人的就业情况已经变得 484
甚至更加不规则了。作为伦敦失败的最后手段，人浮于事的情况总是非常严重的。但是在这个时刻，在 1888—1889 年的贸易恢复期间，业务是相当活跃的。工资一般地逐渐上升，因而甚至待遇优厚的河边工人也为有共同利害关系的工资斗争作好准备。他们对为一小时挣五便士的机会而在船坞门口进行斗争的临时工的态度无疑是慷慨的；但非常合理的是，他们也有自己本身的局部目的。给胜任的船坞工人以较好的待遇连同比较正规的工作，自会改善每一个有能力工人的收入，虽则正如冷静的经济学家所指出，这很可能意味着更加不幸的临时工会有更少的工作。

由包括几位对工会运动富有经验的搬运工在内的一个委员会予以具体化的船坞工人的要求是：“六便士制”，六便士一小时和八便士加班费；禁止包工或件工；雇佣临时工不得少于四小时的报酬。这些是米多塞克斯的条件。六便士制并没有使比较专门化和待遇较好的萨里工人发生很大兴趣。其中很多人是按件搬运木材

的——搬上木板越快,报酬就越多——并且愿意继续这样做下去。结果,他们有了他们自己的委员会和他们自己的解决办法。[①]

伦敦河瘫痪了五个星期之久。这时已经唤起并试图组织面临罢工的船坞工人的外界社会主义者,在伯恩斯、曼恩和蒂利特的领导下,为争取胜利而努力。公众是抱同情态度的。工会和中产阶级同情者都解囊相助;但大部分捐款——四万八千镑之中的三万零八百镑[②]——是不胜令人诧异地来自澳洲的。没有澳洲,工人很难坚持到底或取得胜利。最后在9月,为解决办法廓清了道路的却是曼宁红衣主教排难解纷的外交手腕。工人基本上获得了他们的条件:因为自11月4日起实行了六便士和八便士制;包工制允予改革,附加费允予平均分配;此外,除下午的特殊零活外,凡不到两先令的零活不得雇佣任何工人。拥有号称三万会员的一个工会建立起来了;但是甚至抱同情态度的旁观者也注意到了不那么
485 抱同情态度的人所早已预见到的情况:最低级临时工的经济情况会更加恶化,会受到比较有组织的、待遇比较优厚的、真正比较可取的工人团体的排挤,而这一工人团体却是后来通称的临时工解雇过程帮助建立起来的。[③]

---

① 这几段几乎完全是以斯密·卢埃林和纳什·沃恩,《船坞工人罢工的故事》(Smith. H. Llewellyn and Nash, Vaughan, *The Story of the Dockers' Strike*)(1889年版)为依据的。这是一些见闻既广、又抱同情态度并具有批评眼光的观察家对十九世纪的一次罢工的唯一记述。这篇记述是如此完善,以致说不定我自己和以前的一些作家都给了它的历史重要性以所应占据的更多的篇幅。

② 《纪事年报》,1889年。

③ 斯密和纳什:前引书,第164页;为不那么抱同情态度的《经济学家周刊》,8月31日号所预见。

一位超然的当代人士写道："熟练工人的代表表示准备和……非熟练工人同甘苦、共患难，这几乎是，虽则不全然是第一次……而国内以至殖民地的中产阶级的同情工人，反对雇主，则全然是破天荒的。"[①]但是在一年以后，南安普敦船坞工人试图以罢工巩固工会地位来驱逐非工会工人时，这种同情就不存在了，因而他们遭到了决定性的失败。[②] 他们的立场缺乏伦敦船坞工人那种动人的号召力，他们似乎不是为面包而是为特权进行斗争的。

而且工商业活动的高峰已逐渐过去了。在 1891 年，一般说来，工资率仍不断上升，但失业数字亦复如此。随着 1892 年工资率的开始下降，失业数字开始增长。所谓新工会运动——更加有斗争性的、不那么可尊敬的、对原则的胜利比对保险利益更加关心的、更加社会主义的——在工会的天空有旭日东升之势。1890 年工会代表大会主席，一位资产阶级编年史学家曾经这样指出，"在倾向上比他的任何一位前任主席都更加社会主义"：[③]他希望实行土地、矿山和铁路的国有化，并要求在议会中有更多的劳工代表。他是一个象征性的人物。1891 年，公务人员、伦敦邮局职员有史以来的第一次罢工，虽则历时仅仅一个星期"就屈服下来，却是意义深远的"。无论如何在价格下跌的市场上罢工总是会有的，但是由于种种新影响力的缘故，罢工发生于具有伸缩性很大的工资率这种传统的矿工之间，却更加可能得多，实则最为可能。

罢工大规模地开始于 1892 年 3 月 12 日，在达拉姆一切工作

① 前引《纪事年报》。

② 同上书，1890 年。

③ 同上。

都停止了——这是在煤炭价格急遽下跌之后。[①] 在 1891 年已高于 1888 年水平约 40％的工资不能不下降，煤炭所有主这样说。矿工既不愿谈商也不接受仲裁；他们甚至撤出了他们的机器工，矿
486 井中水已开始上升。他们的明显目的是要把工资保持在 1891 年的高峰上，但是就实际情况而论，这是办不到的。他们一个星期又一个星期地斗争下去。“他们已经从合作社里取出他们的利息。他们已经卖掉了他们的股份。他们的孩子已靠捐助为生……”。[②] 到了 5 月，他们已经准备接受 7.5％的工资裁减，继而又准备接受原为所有主的数字的 10％的裁减。这时坚不让步的却是所有主了。价格已进一步下跌，他们希望 13.5％。在工人已显然被击败而要求他们自己当初予以拒绝的仲裁时，他们遭到了拒绝。这时双方都不可理喻了，这时呼吁双方考虑和平的是韦斯科特主教。6 月 1 日他劝使所有主满足于他们原来的 10％——“单纯为了……普遍困苦的缘故”，他们这样说。[③] 翌年年初，他所效劳的那个恢复起来的所有主和工人合组的联合委员会又另给了他们 5％。

在诺森伯兰，工人在后来担任了枢密院顾问官的托马斯·伯特的领导下，没有经过斗争就接受了适度的工资裁减。1893 年初的微微上升，引起了伯特的希望，也引起了虽未担任枢密院顾问官可是担任了郡议会主席的那位达拉姆工人的稳健的领袖约翰·威尔逊和始终唯一念念不忘的就是社会和平的那位主教的希望。自 1893 年下半年起，价格和工资的下跌重又开始；但是这些人却保

① 韦尔伯恩:《矿工工会》，第 272 页。

② 同上书，第 281 页。

③ 同上书，第 284 页。

持了情绪满腹而又意志薄弱的北方平静无事。

在那一年，斗争转移到了联合会区域，在这个区域里以誓将争取八小时工作制和生活工资的矿工联合会占主导地位。这时除南威尔士以外直抵提兹河的每一个重要煤田都包括在这个区域以内，而以它的战斗指挥部设在兰开郡和约克郡。[①] 直接的争执问题和其他各地一样——矿主所提出的（只是因为他们供应内地市场而提出稍晚）那项正如北方所被迫接受的一样大刀阔斧地削减工资的要求；[②]但是正如在联合会区未始不可预料的那样，这个斗争实则是为了生活工资那个非常求之不得而又非常难以确定的事物。难道没有一个人建议恢复的1888年工资不是能赖以为生的吗？难道生活工资就一定是所曾达到过的最高数字的等同物吗？
工人倾向于后一种看法。他们希望保持1891年的工资不动。他 487
们的财政地位是薄弱的，但他们是顽强的。历经夏末和秋季，他们坚持不懈，前后达四个月之久。在工业英国的大部分地区存在有不平常的紧张状态；常有矿工游荡到平常看不大到他们的郊区地方；[③]常有往往不太有根据的对暴力的担心；并在费瑟斯通地方有过同军队唯一的一次冲突——两人被戕杀，这在不大习惯于杀人的一个民族之中，将会是永志不忘的。[④]

① 参阅本卷，第339页。

② 1893年《纪事年报》的记述，详尽可靠：《经济学家周刊》，《商业史》，1893年，也有一些记述。

③ 当时著者的家就住在这样一个郊区地方。矿工只在两三英里以外劳动，而外国人却在郊区，那里仅有的一项工业就是纺织工业。

④ 关于9月间罢工正在进行之际所发表的乔治·埃利奥特爵士的全国煤矿合并计划，参阅本卷，第220页。

在11月开始需要冬季燃料的时候，政府决心促成和解。和解无论如何非立即实现不可，多才多艺的贵族调解员罗斯伯里勋爵的主要任务就是要以最小限度的辛酸促成其事。工人须按旧工资率复工到1894年2月1日为止。（既有冬季的需求而存货又匮乏，所以就11月17日和解之日起的冬季若干星期而言，担负得起这种旧工资率的价格是相当有把握的。）和解和集体讲价的机构须重建起来。[①] 这并没有防止和萎缩的工业需求及依然不断下降的一般价格水平偕以俱来的煤炭价格及工资的进一步下降；但是在1896年所达到的全国矿工工资率波谷最低点比之1887年上一次波谷最低点还要高整整16%，而且在这期间生活费已经有了显著的下降。自1890年起，矿工工资先是缓慢地，继而则是显而易见地上升到1900年的高峰；无论在联合会区或北方都再没有普遍的罢工了。经过长期的、但并非不友好的工业谈判之后，高水平的最低工资率和有节制的最高工资率办法在联合会区各个分区的商定，正是在1898年9月这次工资上升的早期阶段。[②]

心情急切而又组织散漫的南威尔士工人在那一年曾经罢工达四个月之久，直到9月方始复工。他们能支持这样久，在外界观察家看来简直是一个奇迹。他们有这样一种大体上不无道理的感
488 觉，认为他们没有从劳资协商中作出像其他矿工那样好的成绩。他们已经学会不信任他们凭以进行劳动的工资随价伸缩办法。他们认为工资理应随价无止境地上升；但是绝不应降至一个伐煤工

① 参阅韦伯夫妇：《工业民主制》，第225页。

② 日期是9月29日：《纪事年报》，1898年。另参阅本卷，第480页。

的“生活”基准以下：所提出的基准是一先令一吨。如果价格不许可这样做，那么，据认为，就应该削减产量，直至能做到时为止——对于威尔士蒸汽煤在世界市场中的垄断地位的一种在当时不无理由的信赖。但一切都是徒劳。忍耐是有限度的。和解的条件是矿主的条件。旧有的工资随价伸缩合同，在对最低工资率原则所作的一项“非常轻微和毫不理想”①的让步这一限制条件下重又恢复起来，并且展期到1903年1月1日。这立刻产生了可作为相当补偿的5%的上升，但是没有罢工原也会出现的。而且它是和取消月度假日——“英国矿工每月第一个星期一的假日”②——这一显系报复性的和确非明智的办法偕以俱来的。一项强加的和平孕育着未来的战争。但是直到1900年为止随价伸缩的工资率却一直是安然上升的。

1892—1893年的价格下跌、工资下降的倾向以及失业数字的上升，非但引起了两次煤炭罢工，而且招致了兰开郡棉纺工和梳毛间工人高度有组织、有抵抗力的工会的长期罢工那桩罕见的和不可轻视的事情。厂主要求减低工资5%。工会拒不同意，在1892年11月7日约有一千五百万个纺锭停工。③ 直到1893年3月底布鲁克兰兹一个旅馆里通宵达旦的会议结束时为止，有二十个星期没有复工，那次会议成为十九世纪后期劳工史上最为众所周知

---

① 《纪事年报》，其中就这次罢工作了详尽而公正的记述。

② 这个名称是由这项让步所凭以取得的领导者威廉·亚伯拉罕（以“梅本”闻名于世）而得来的。

③ 《经济学家周刊》，《商业史》，1892年。

的事件之一，同时也是纪录最好的一个。[①] 布鲁克兰兹合同给予纺织业的工资率——其中以棉纺织业的工资率为主——以此后二十年间成为它们的标志的那种平稳性。尽管有大罢工，我们将可看到，在 1892—1893 年到底还是有一次下降，虽则不是 5% 的下降。[②]

在驱使工资下降的种种强大力量发生作用时，罢工往往无效，但为在价格迅速上涨之中争取工资劳动者分享的一份而举行的罢
489 工，却往往成功，这已经是众所周知，而且几乎是可以指望的。但是在一个工资波谷中，或在工资率和就业状况慢慢改进的时候，重要的罢工却未必皆然。在这类罢工发生的时候，照例总可溯源到工业组织的某种缺点上去。举例来说，机器制靴工业中那次“事实上〔影响到〕自王国一端至另一端的整个工业的”[③]1895 年大罢工，就是起因于一个最为精心设计和显有希望的新型地方调解委员会制度的运行不善，在这一制度下设有一个全国会议，以及为在调解委员会不能取得一致意见时可供邀请的一些地方公断人和赫勒福德的詹姆斯爵士这样一位全国公断人。这项工业是年轻的工业。争论的问题是非常有技术性的。摩擦，令人火冒三丈的长期拖延、拒不遵守决议以及雇主方面对于自认为调解委员会和全国会议不打算处理事实上正在处理着的争端和原则所发出的怨言，凡此种种，不一而足。议事录的公开也全然不利于妥协和秘密外交的健全运行。两年之后，在 1894 年，联合制造商退出：罢工随即发生；

① 韦伯：《工业民主制》，第 200 页；本卷，第 341 页。

② 本卷，第 468 页上的图解。

③ 韦伯：《工业民主制》，第 187 页；本卷，第 341—342 页。

在 1895 年 4 月 19 日通过贸易部的斡旋所促成的协议中，取消了全国会议，把某些重要问题也排除于调解委员会的管辖范围以外。职能既经缩减到以地方性技术调整为限，调解委员会从那时起也就运行无阻了；工资随即开始上升。[①]

1892 年太恩塞德的机械匠和铅管匠曾经产生怠惰情绪和欲望达三个月之久，因为他们“对于究竟谁应该安装两英寸半的铁管系统”意见不能一致；[②]而给予机械工 1897—1898 年的伟大斗争以那种形式和规模以及灾害性后果的，正是机械工联合会组织上的缺点——虽则不是像 1892 年那样幼稚的一种大错。[③] 雇主认为贸易正在恢复，希望充分加以利用。工资已逐渐上升。对于雇主所说妨碍了新机器的采用和效率最大限度化的种种惯例和协议，工会不愿作任何更改。工会的赞助人承认这个论点是正当 490

的。[④] 雇主方面则开始认为集体合同只不过是进步的一道道的障碍，虽则它们并非总是如此。由于机械工联合会方面的适当的中央控制几乎全副阙如，以致听由伦敦各支会那些比较低级的单位以一个不合时宜的，虽则并非没有道理的八小时工作日的要求发动了一次斗争。7 月间停工或罢工开始：像很多工业争端一样，两个名称都可以适用，因而也兼有两种性质。雇主希望变革——倾向于各别讲价：而在业的机械工则希望照旧维持现状，此外，就他

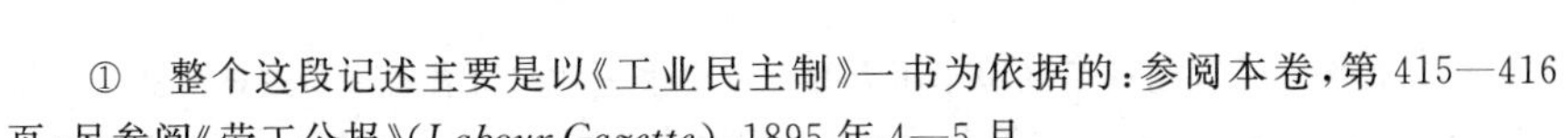

① 整个这段记述主要是以《工业民主制》一书为依据的：参阅本卷，第 415—416 页；另参阅《劳工公报》(*Labour Gazette*)，1895 年 4—5 月。

② 《工业民主制》，第 95 页。

③ 参阅本卷，第 337 页注和第 341 页。

④ 韦伯：《英国工会运动史》(1902 年版)，第 17、19 页。

们真正同伦敦方面取得一致意见的而言,还要加上八小时工作日。

广为分散和不过半有组织半无组织的雇主,尽管利益往往分歧,却团结得出乎意料之外的坚固。他们不是靠了布置纠察线或外部的暴力,而是稍稍地在餐桌上或旅馆里尽其所能地彼此施加压力,迫使对方参与其事,或坚持不屈。[1] 工人“由于既不承认生产力有最大限度化的必要,也不提出他们自己为达到这个目的的方法,致使自己大与舆论相左”。[2] 机械工联合会和支持它的较小的工会徒然地浪费掉它们的大部分储备金,然后几乎无条件地屈服;但是为实现和解,“雇主们却发现他们自己不得不面临比以往所盛行的甚至更加有系统,更加具有全国性的一种集体讲价制度”,[3]他们的条件凭以被接受的那种讲价制度。

随着直到1902年为止的工资步步上升,加之在整个这段时期就业情况不是“良好”就是“很好”,[4]机械工联合会很快就弥补了它的战斗基金;它登记的新会员之多为前所未有——但是它并没有改变它的组织或建立一套有实效的总部班底,像棉纺工那样。

正是在最大限度就业的那些年份中,南威尔士矿工以一次罢工表明了他们认为自己在繁荣之中没有得到公平的一份这样一种情绪。南威尔士内外的铁路工人也具有同感。铁路工作是规则
491 的,并且是人所向往的。所以工资倾向于低;并且由于各公司的庞

---

① 曾经在这样情况下屈服于压力的一位雇主一度向著者解释了这种方法。如果记得不错,那次是在他自己的餐桌上。著者相信他的这个例子不是独一无二的。

② 韦伯:《英国工会运动史》,第19页。

③ 同上书。

④ 贸易部劳工司的分等。

大和慎重，致工资变革既迟滞而又为数寥寥。[①] 大多数公司至今都一直是以怀疑和轻视的态度对待广大员工中间不很强大的工会运动。一个积极的工会运动者会发现自己被调到——他的同情者称之为“充军到”[②]——某一僻远的车站；总经理们通常拒绝同自己职工以外的任何人进行谈判。但是近来在1897年，东北铁路当局曾经援照该路历史上早期的先例，同非本身雇佣的铁路员工联合会的代表缔结了一项解决办法。这项解决办法是紧跟着一次不重要的罢工和赫勒福德的詹姆斯勋爵那位九十年代的伟大仲裁员的一项重要裁决而来的。[③] 1900年大东铁路工人以罢工相威胁，并且靠了这项威胁得到了一些收获；但是在那年举行过的唯一罢工就是格拉摩根煤田上塔夫谷铁路工人不顾铁路员工联合会现任干事理查德·贝尔的劝阻而进行的那次为期十日的罢工。本身虽不十分重要，但这次罢工对于铁路工人、工会运动者和国民的生活却具有异常重大的后果。[④]

因为公司控告工会，要求损害赔偿，并于判给损害赔偿的原案经上诉推翻后，1901年7月上院又重新加以肯定。对工会运动者下处以损害赔偿的裁决是有过的，但是对一个工会却从来未曾有过。一般的法律观点向来是这样的：自从七十年代的立法以来，一

① 参阅本卷，第351页。

② 阿耳科克：《五十年来的铁路工会运动》，第275页。

③ 汤林森：《东北铁路史》，第748—750页载有这段历史和一些先例。参阅阿耳科克：前引书，第292页。

④ 《纪事年报》，1900年。这次罢工一直是相当得当地埋葬在有关裁决的大量司法和政治文献之下。

个工会，“既不是法人，也不是自然人”，[①]所以虽主有财产并通过代理人而动作，却不能在法庭上起诉或被控。上院的上诉法官现在推翻了这项假定和从而产生的似是而非的地位。“如果立法机关创造一个能主有财产，雇佣职工并能加人以损害的东西，那就应该认为已经不言而喻地赋予了要它在法庭上负责的权力”，霍尔
492 斯伯里勋爵这样声称；[②]麦克纳坦勋爵却“看不出认为工会可以照它登记的名称被控会同原则和工会条例的规定有什么矛盾之处”。[③]

已经变得远近闻名的前三年的另一项判决（艾伦控弗勒德案的最后判决）似乎已经危及工会运动者在已经宣布罢工的地方“和平地布置纠察线”那项最受重视、最难下定义和最容易被逾越的权利。[④] 以政治上完全超然的态度来评断，虽则一度软弱无力、但现在相当强大的财产主有单位固然享有通过自己的代理人加人以损害而并不负损害赔偿责任的权利（如果这种损害是个人造成的，则构成侵权行为），但布朗凭以劝诱琼斯不给鲁滨逊做工并同琼斯争辩的那种布置纠察线的权利，则似乎比财产主有单位的上述权利更为强大。所以艾伦控弗勒德案所会导致对工会权利的不公正限

---

① 法韦尔语，见《塔夫谷案》（*Taff Vale Case*）：施洛塞和克拉克，《工会的法律地位》（Schloesser, H. H., and Clark, W. S., *The Legal Position of Trade Unions*）（1912年版），第17页。

② 同上书，第19页。参阅《劳工争议和同业结社皇家调查委员会》（*R. C. on Trade Disputes and Trade Combination*）（1906年），询问案第19、27号。

③ 引证于米耳恩－贝利：《工会文件集》，第452页。所有这些判决都只适用于登记的工会。

④ 关于各式各样的判决和布置纠察线的法律，参阅施勒塞和斯密：前引书，第7、72页。

制的可能性比之塔夫谷案所会给二十五年来肯定认为是工会正当权利的事物带来限制的可能性还要小些。但是这两项判决料定要加强工会运动者和他们的赞助人争取对于立法发挥更大影响的决心。他们正如过去不止一次所做的那样，从“集体讲价的方法”转趋于“立法的方法”。[①]

早在1893年就已经发生了一位关系人所谓的“十九世纪最重要的政治大事”，[②]独立工党的成立。1899年工会联合会已同意参加这个政党，其他社会主义组织也同意为工人利益集团在议会中争取更充分的代表权。结果是工人代表委员会的成立，起初是一个孱弱的组织：“在1901年2月”，斯诺登这样写道，“我清楚地记得普遍的沮丧情绪。这次新的努力看上去仿佛将会遭到过去为争取工人直接代表权所作种种尝试的同一命运”。[③] 但是后来，因为

塔夫谷判决的可能后果触动了工会运动者——虽则只有在南威尔
士有损害赔偿的要求和裁决[④]——所以代表权运动才慢慢地获得 493
了动力。这个运动也得利于1903年约瑟夫·张伯伦的关税建议在有政治头脑的工资劳动者中间的不得人心，因为他们是被教养成把关税和“小面包”联系在一起的：他们一直被叮嘱要“像抵制恶性病一样地”抵制这类建议，并且不要忘记“他们父母当年差不多挨饿”的那个日子。[⑤] 到1905年年底，在议会中所取得的成绩是

① 韦伯夫妇所创造的名称。

② 斯诺登子爵：《自传》，第1卷，第53页。

③ 同上书，第94页。

④ 比尔：《英国社会主义史》，第2卷，第322页所强调的一个要点。

⑤ 录自阿耳科克：前引书，第349页所引证的一项宣言。

仅仅四名自认不讳的工党议员；但是在1906年普选之后却有了二十九名。[①] 其中有二十三名是工会提名的。

在塔夫谷判决和1906年普选之间的这几年中，工资率差不多一直是稳定的，除开在采矿业方面，而采矿业工资下降之猛，已足使全国的平均数降低几点。直到1904年，就业情况一直是呆滞的，但始终没有真正恶化。自1900年以来生活费的上涨迄今还是很轻微的。塔夫谷的阴影遮断了这位工会领袖的道路。他的追随者没有增加。全国工会会员在1900年从一百五十万上升到二百万刚刚出头之后，直到1906年再没有达到更高的数字。没有一次工业争端是具有头等重要性的；也没有一次引起了重大问题或引起了公众的注意。[②] 但是在表层下面的暗潮已开始虽非澎湃汹涌地但也不难察觉地趋向革命的方法和对议会行动的轻蔑，而劳工代表委员会却正是为促进议会行动而存在的。这些暗潮的主要泉源都在国外——在一位"真正相信马克思所写的每一个字"的"坚定正统派"的人当时所领导的美国社会劳动党，[③]和法国的工团主

① 斯登诺：前引书，第2卷，第119页。恩索尔：《1870—1914年的英国》，第437页所举的数字比较大（五十三名），这是因为把斯诺登这位清教徒所不承认的当时称作自由工党的那批人包括在内了。

② 1901年在格里姆斯比拖网捕鱼船队上有一次比较重要的罢工，拖延了很多个星期：《纪事年报》，1901年。但参阅本卷，第499页曲线图。

③ 比尔：前引书，第2卷，第355页注。这个人就是丹尼尔·德·利昂，一位学究式的马克思主义者，比尔把他说成是"我所遇到的最纯粹的马克思主义者之一"。"最纯粹"一词（？"最拘泥"）有一点含糊。恩索尔：前引书，第438页也讨论了这种外国影响。关于法国和法国文献，参阅莱文：《法国工人运动，革命工团主义的研究》（Levine，L.，*The Labour Movement in France，a Study in Revolutionary Syndicalism*）（纽约，1912年版）。

义运动，工团主义运动把经济因素提高到政治因素之上，嘲弄议 494
会，宣传即将到来的工会，即工团的革命统治。所有这一切都是和新兴的英国议会劳工集团相去天壤的，那个集团的最尖刻、最有说服力的发言人，一个从来没有拿过锤子和镰刀的人，发现他的工会同事是“一批很有常识的人”；并且在他结束其一生经历时写道：“我从来没有读过马克思的著作。”①

在新议会诞生之初，一个强大的自由党多数派，在分组表决时第一次成为一个重要力量的劳工集团的支持下，通过了1906年的简短的劳资争议条例（爱德华七世，第6年，第47章）。第二款授权一切人等得“守候在一个人居住、工作、营业或不拘作什么用的房屋或场所的所在地或附近”，以便和平地劝告“任何人上工或不上工”。所以在布置纠察线的时候，只有“和平地”这一简单字眼是有做司法解释余地的。第四款规定：“对于指控无论以工会或同业公会的名义犯有任何侵害罪而对各该组织提起的诉讼，各级法院概不予以受理。”规定是再明确不过的；雇主置于和工人平等的地位上。无论机械工联合会或领有执照的自酿啤酒业者公会或不怕麻烦去登记作为工会的任何胆小怕事的雇主组合，②今后无论作什么，都不能判为违法行为了；因为证词是不会听取的。历史学家了解并重视产生这个结果的那样一些社会和政治力量——认为工会一贯受到不公平的抨击的那种真诚的悔过之心；认为如果要工会适当地发挥职能，就不能不让它们保有它们自1876

① 斯诺登子爵：《自传》，第1卷，第62、90页。

② 本卷，第302页及以下。

年至1901年实际上所固有的地位的那种信念，以及工会表决的力量——但是在历史学家看来这个结果却必然随着“无论工会或同业公会”力量增长的各个阶段而愈加不伦不类，且不必说什么不合理。

铁路员工联合会，现在既然有了保障，不会再受到像来自塔夫谷公司的那种损害，既然自1905年以来已在迅速发展之中，既然充分意识到了因大多数公司拒绝予以承认而造成的劣势地位，就
495 在业务繁忙——不胜其繁忙——的1907年年初为争取工时和工资的改善，而尤其是为争取对本身的承认而发动了一次全国性的运动。讨论继续了几个月之久，主要是通过报刊的宣言和铁路董事长的声明。其中大东铁路的克劳德·汉密尔顿勋爵重新发表了有关职工适当地位的一些早已家喻户晓的意见，大西铁路的艾尔弗雷德·鲍德温则“反对让联合会插足于董事和他们的雇工之间”，[①]而只有东北铁路董事会坚持爱德华·格雷在1905年年底辞去董事长而就任外交部职务不久以前所发表的看法，认为其他各铁路不让“工人由自己所选择的人或人们来代表”，是错误的。[②]到了秋季，类似铁路总罢工的举动似乎已迫在眉睫。但铁路是在贸易部的管辖下，而这时主管贸易部的却是一位反应灵敏、敢作敢为而又遇事有商量的人物。劳埃德·乔治插足其事了，并且左右了他的第一次和平代表大会。而11月6日深夜，根据最后一分钟

---

① 阿耳科克：前引书，第376页。

② 特里维廉：《法罗东的格里》(Trevelyan, *Grey of Fallodon*)，第86页；参阅《纪事年报》(1907年)中的记述。

达成的那项协议，双方接受了调解和仲裁委员会的原则，而那种最后一分钟的协定由于为保全工业争端中谈判人员的面子而成为一种照例的——对公众不方便的——办法。“这项解决办法”，理查德·贝尔这位铁路工人的领袖向他的会员这样解释说，“虽不是我们所要求的事物，也就是说承认我们的干部有代表我们的会员进行谈判的权利，但却是一个惊人的进步”；[①]因为迄当时为止所用的方法一直是等级制的——一切要求和疾苦都必须通过课室主管方始达到高居于合十者之上的奥林巴斯山巅的董事室中的董事们的。

在这项解决办法达成没有几天之后，英格兰银行宣布了1873年以来第一次作为一种预防措施的7％。[②] 美国的危机已经到来。历经整个冬季，贸易日益清淡，批发价格江河日下，失业有增无已。比较有伸缩性的工资率，连同不大有伸缩性的工资率，都显现出缩减的迹象。在1908年之初，裁减工资的建议造成了东北海岸造船工和机械工的罢工。5月间，那里风潮再起，一直扩展到了克来德河、巴罗和默尔西河的造船工业。秋季出现了现在罕见的一次棉 496
纺工和钢丝车间工人反对势在必行的裁减工资的罢工。他举行罢工达一个多月之久，但是没有能防止一次同样罕见的事情——纺织业工资率的下跌，虽则是一次非常轻微的下跌，这次下跌使工资率在1909—1911年仍得保持在1900年水平的7.1％以上。但是矿工的工资率甚至1907年还没有回升到不正常的1900年水平，

① 阿耳科克：前引书，第388页。

② 参阅本卷，第17页曲线图和第57页。

到1909年也低于它将近12%。对于工会来说,1908年是一个抵抗年,由于有比较严重的罢工或停工而造成了工作的损失;1909年则是对不很严重的失败暂且默认的一年,也是工作损失最小的一年。在这两年之中,如果就整个工会界来说,因一般失业而损失的时间比1886年以来的任何一年都要多。[①]

在1909年下半年出现了上院对拖延已久而又错综复杂的奥斯本和铁路员工联合会一案所作的决议,这项决议在战斗的工会运动者,虽不是所有工会运动者看来是具有挑衅性的。[②] 1907年,奥斯本和以他为干事的那个联合会的沃耳瑟姆斯托分会一起反对作为一个整体的联合会为政治用途,也就是为劳动代表所征收的款项。他们请求法院解决这项原则。他们的反对意见经上诉法院和上院予以确认,主要的理由是工会或其他法人的权力"必须是〔它据以组织成立的条例或诸条例〕所明文授予或根据理所应然的含义而推论出来的";[③]而在这个讼案中,有关条例既未授予也未蕴有任何抽收任何政治捐献的权利。[④]

在奥斯本案裁判之前,贸易已经有了一段时期的复苏。就业情况正在逐渐改善。所以工会领袖们是偕同下述种种情况而进入

① 参阅本卷,第29页曲线图。到这时,任何规模的罢工在《纪事年报》中都照例予以报道:在1889年的船坞罢工以前却不曾。这是《纪事年报》读者态度和兴趣的变更的一个有趣的反映。

② 关于这一点,参阅施勒塞和斯密:《工会的法律地位》。关于铁路工会对于决议和对于奥斯本的意见,参阅阿耳科克:前引书,第336页。

③ 同上书,第20页。

④ 经1912—1913年的一项条例(乔治五世,第2年和第3年,第30章)所扭转过来的一项关于工会的宗旨和权力的判决。1912年一百个主要工会从它们的政治基金中付出了四百六十九镑;1914年,两万镑;1924年,二十四万镑。

1910 年和直至 1914 年的那些经济高度活跃的年份的：一项法律上的不平之鸣，一群无不或多或少受到裁减工资和失业之苦的追 497
随者，一个在议会中合乎他们自己需要的集团，一种非但会使夺回一切损失的斗争成为合理的而且会助长其势的局面，以及在这一切背后的那个正当的不满情绪的古老根源和各种形式的社会主义——英国财富依然明显的分配不均。八九十年前，刚刚开始被人这样称呼的早期社会主义者，已经将帕特里克·科胡恩所提出的工资劳动者仅仅占国民收入四分之一的那项估计加以利用了。[①] 凡是没有越出莫尼的《富者和贫者》一书里封所载图解的知识范围的那些人，现在得知三千八百万"贫民"占国民的一半强；三百七十五万"小康者"占七分之一；一百二十五万"富者"占三分之一强，《富者和贫者》一书在 1905—1906 年发行的头半年中就连销了三版。[②] 如果科胡恩还没有被遗忘的话，那么估计数字方面的这项改进，从"贫者"的观点来看，未始不是受欢迎的；但这项平衡依然是不均到了足可给予为贫者提出的任何权利主张和著者的下述要求以推动力，著者决非别出心裁地而是根据最最容易接受的那项理由而提出的要求是：加强累进税和那样一些工业的国有化，那些工业如果继续掌握在私人手里，就会鼓励现存分配不均的状况。六年之后，养老金制既经奠定，改进"贫者"的状况和份额的各种方法既经讨论，一位自命的经济学家破天荒第一次以一连几章的篇幅用于分析"富源从比较富者向比较贫者直接转移"的种种

① 中卷，第 477 页。

② 莫尼的数字是：贫者八亿八千万镑；小康者二亿四千五百万镑；富者五亿八千五百万镑。

问题。[①]

历经 1910 年和 1911 年，就业情况有了改善，但是工资率却瞠乎其后。工资率只有仅仅看得出的上升：有些行业则完全停滞不动，而且采矿业在 1911 年期间甚至还有微微下降。在铁路方面，各大公司在工资问题上固有的因循延宕，由于它们极不甘愿在工资方面作出让步而更形变本加厉，因为一旦让步，它们就不得不要求铁路运河调查委员准许相应地提高铁路运费。[②] 形势既然如
498 此；塔夫谷既然是一个威尔士的溪谷，威尔士煤矿工和威尔士铁路工人既然根据以塔夫谷命名的那项判决而判以损害赔偿；威尔士矿工以及和他们一起工作的混合移民既然性如烈火，他们的组织既新而又有缺陷；直接行动的原则，“闪电式罢工”和为推翻本身现有制度而进行的斗争既然为革命的少数派所大力宣传；威尔士的采矿村既然在过去和现在都是这样一种情况——在南威尔士煤田上工业斗争比工业和平实更有可能，而且几乎随处都可能爆发。

1910 年初，威尔士方面为实行矿工八小时工作制问题的一次罢工几乎不能避免。夏季在威尔士煤矿中有一些地方性的风潮：11 月有三万工人罢工而且调去了军队。[③] 最后一次是格拉摩根过去——以及现在——所特别常见的那些丢脸的冲突之一。在其他区域和行业中——在东北海岸和东北铁路，在克来德河，甚至在兰

---

① 庇古：《财富和福利》(Pigou, A. C., *Wealth and Welfare*)(1912 年版)，第 3 编，第 8—12 章。

② 参阅本卷，第 361 页。

③ 当时托尼潘地的名字变得和费瑟斯通在 1893 年时一样的臭名昭著：《纪事年报》，1910 年；恩索尔，《1870—1914 年的英国》，第 439—440 页。

开郡棉纺业中——在全年之中也都不时有局部的、激昂的、不连贯的罢工，但主要是在下半年。其中只有一次——因工人破坏协议而酿成东北海岸锅炉制造商的停工——导致了长期的停顿；所以那一年牵连进罢工和停工的人数以及从而损失的工时总量，从全国的观点来看还是无足轻重的。这部分是因为有见识的工会领袖不轻率地宣布斗争，也非等到确信有来自下面的压力，确信贸易和就业情况有好转的趋势，俾可加强他的战略地位时，不轻率宣布。但是这些年的麻烦之一，就是矛头指向这类有见识的领袖的造反精神，也就是阿瑟·亨德森在秋季工会代表大会上几乎徒然地加以抗议的那种精神。[①]

甚至在1911年冲突变得更加频繁，更加激昂时，令人焦虑的主要原因还是所表现的这种精神，而不是在斗争中所浪费的时间总量。在价格上升时——在1911年上升是无可怀疑的——并不常常损失很多的时间。因为雇主希望工作不停而往往迅即妥协。在市场价格下跌时，他们常常准备甚至于长时期地节省他们但有 499
办法就决定不按旧工资率付出的那笔流动工资基金。在1911年何以在斗争上损失的工时比较少的另一个理由就是那一年的上半年平安无事。据当时和此后一再提出的想法，而事实上也未必不然的是，春分以后工业界所以火气很大，不可以理喻的因素之一，就是1911年夏季的异常酷热。[②] 8月间在城市中边劳动边淌汗的工人缺乏自制力了。但是其中有的有理由，有的没有理由。撇开

① 恩索尔：前引书，第439页。

② 《纪事年报》，1911年，以那一年的报刊为依据：恩索尔，前引书，第442页，列举了一些温度。

一切比较广泛的抱怨不谈，工资落后的情况迄今未改善；而正如1912年和1913年所表明，照贸易和价格的现状而言，工资是理应上升的。

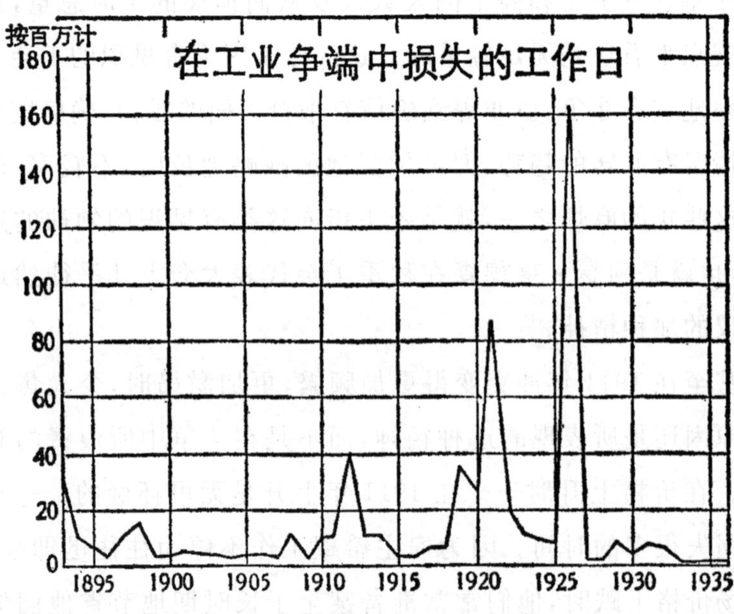

春分刚刚过去，激起了骚动的罢工就停止了。6月14日，有耐性的海员和加煤工为争取较优工资和工业中常见的较高加班费而在各主要港口举行罢工。不到两个星期的工夫，他们得到了所要求的一切。一个月之后，伦敦船坞工人非常自然地试图改善他们二十二年前所争取到的基准的“六便士”。当7月27日他们从伦敦港口局得到了他们的七便士时，航运公司待遇较优的七便士工人为要求八便士，举行了十天罢工，并达到了目的，这正是在8
500 月初的热浪之中。伦敦运货马车夫罢工了；格拉斯哥电车工人，伦敦出差汽车夫，曼彻斯特运货马车夫和加的夫的一批黑人工人也

罢工了。在伦敦,甚至有学生反对课外习题的短期罢课,[1]这就为二十年后其他各地学生运动开一先河。在利物浦和曼彻斯特,船坞就像在伦敦一样地轻而易举地平静下去了。利物浦水滨工人却从来不是那样温顺的:其中有很多爱尔兰人。这时军队不能不奉调开进,从而造成伤亡。

那一天(8 月 15 日)铁路工人各工会决定冒险举行一次全国大罢工——"我们的创举",正如他们的史学家以自豪的战斗性笔调这样写道。[2] "利物浦既是风暴的中心,所以四个铁路工会的行政人员在利物浦会面",[3]并听取一切地方上的动态。铁路工人曾经为了举行不适当的罢工而在那里被解雇。如果在约克,判断未始不会冷静些。工资的落后和大量的过去历史都足以证明坚定政策是不无理由的;但所举的理由——解雇工人和公司在履行 1907 年协定方面的所谓不诚实行为——却一半体现出 8 月的火气。限期二十四小时的最后通牒更把火气之大表明得一清二楚。对工人的宣言的措辞亦复如此——"今天铁路工人比奴隶还不如"。[4]

两天之后,领袖们谒见首相。首相正专心致志于国际政治而不遑他顾,并且非常执拗。他认为并且声言政府不能允许全国运输陷于瘫痪。这样罢工就开始了——不太普遍;在西南方面是薄弱的;但是在工业米德兰和北部则几乎是普遍的。于是劳埃德·乔治被请出来了——这是在他的艾加迪尔讲话之后不到一个月的

① 在《纪事年报》中有适当的报道。
② 阿耳科克:前引书,第 428 页。
③ 详载阿耳科克:前引书,第 428 页。
④ 阿耳科克:前引书,第 424 页。

时候——既经，正如所相信的那样，同双方讨论了政治和经济情况之后，他在8月19日，星期六，午后11时这个典型的解决时刻，商定了一项解决办法。① 工人复工，罢工者复职；没有一个人因违反协定而受到惩罚；1907年协定的机器赶速建立起来，并由政府指派了一个专门调查委员会。关于承认工会的问题没有任何明文规定；但是协商形成了一个前例。1907年以后各公司已不得不走向予工会以承认；现在工会事实上就存在在那儿。但是迅速而又
501 公道的解决办法，同宣言中的奴隶之说殊难调和。“就暂时的情况来说，姑且看做是一场不分胜负的战争吧”，工人的历史家这样写道。②

在1912年，因工业斗争而丧失工作，已经成为破格的事了。矿工出马了，既经交锋而迅即停战，向来不是矿工的作风。他们对自己的持久力不胜其冷酷地引以为荣。在1911年后半年，矿工联合会已作好安排，得凭以宣布一次势将成为全国性的罢工。在1912年1月——在兰开郡纺织工业中的一次冬季短期停工之后刚刚达成休战的这个时候——他们对不同意最低限度工资即罢工这一争论问题举行投票。只有达拉姆有一个反对罢工的少数派；③于是在2月29日举行总罢工。政府建议了一个解决办法。英格兰煤炭所有主接受了。威尔士和苏格兰的煤炭所有主以及矿

① 参阅本卷，第327页。

② 阿耳科克：前引书，第433页。

③ 数字是：赞成罢工的，四十四万六千人；反对的十一万六千人。在达拉姆：赞成的五万七千人；反对的，二万九千人。数字载《纪事年报》，1912年，并作了详尽叙述；另参阅杰文斯，《英国煤炭业》，第520—565页。

工联合会则予以拒绝。所以 3 月 1 日罢工开始；到 3 月 11 日，有八十万矿工和其他工业的大约一百二十五万工人歇手了。正是在这种环境下，政府提出了阿斯奎斯坚决拒不同意列入一个准确数字的那项矿工最低限度工资条例：他不愿意越过地区会议和必要时的一个地方性最低限度工资的正式决定或裁定这一限度。[①] 甚至在 3 月 28 日这项法案通过之前，就已经有了少数派矿工谋求复工的零星尝试。在为了解决是否接受这项条例的问题而就全部条文投票表决时，主张拒绝的在有总数 75％参加的一次投票中只占一微弱多数；[②]在复活节前夜（4 月 6 日）联合会执行委员会决定宣告终止罢工。兰开郡和约克郡的一些战斗工人对他们的决议表示愤慨；复工不是顺利的，但不久就普遍复工了。英国只有很少量的煤炭生产出来达五个星期之久。

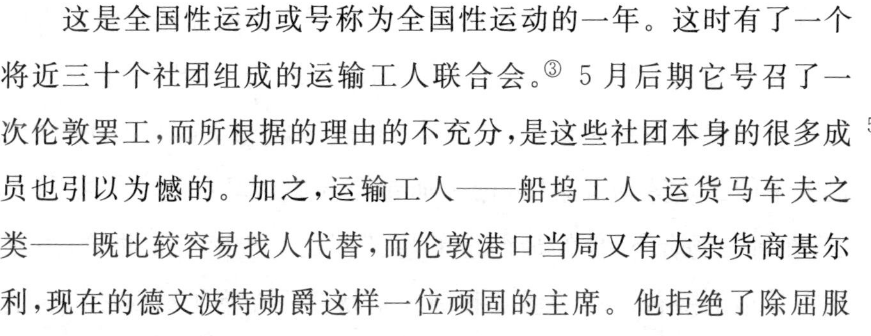

这是全国性运动或号称为全国性运动的一年。这时有了一个将近三十个社团组成的运输工人联合会。[③] 5 月后期它号召了一
次伦敦罢工，而所根据的理由的不充分，是这些社团本身的很多成 502
员也引以为憾的。加之，运输工人——船坞工人、运货马车夫之类——既比较容易找人代替，而伦敦港口当局又有大杂货商基尔利，现在的德文波特勋爵这样一位顽固的主席。他拒绝了除屈服以外的任何解决办法的一切尝试。6 月 10 日，在其他各口岸为促

① 参阅本卷，第 429 页。

② 主张拒绝的，二十四万四千票；主张接受的，二十万一千票。领袖们认为很多不参加投票的人是愿意接受而不愿意这样说出的。参阅罗伯逊：《煤炭罢工记略》，《经济季刊》，1912 年。

③ 来自很多口岸的船坞工人、驳船夫和运货马车夫之类，连同海员和加煤工会。

使工人出工而作出的一项努力只取得了部分的成功:利物浦断然拒绝,而在北部,也就是在苏格兰和爱尔兰的其他各口岸,工作却没有受到多大妨碍。伦敦的灾难严重起来了,虽则上自英王和英后都有救济品的颁赠。[①] 政府无法过问其事;7 月底,在本·蒂利特既在塔山上祈祷上苍雷殛德文波特勋爵之后,罢工宣告停止。[②] 工会运输工人回转去同有助于造成他们的失败的自由工人进行混战。他们大多数都因为是比较优秀的工人而得如愿以偿地恢复工作。

672 大规模罢工运动虽然暂时结束;但无论 1913 年或 1914 年都不是一个平静的年份。在这两年的每一年中,在斗争中所损失的工时都和 1910 年或 1911 年不相上下,虽则比 1912 年少得多。[③] 在 1913 年 6—7 月出现了为时两星期的农业工人罢工那桩罕见的事情——不是在东安格利亚而是在兰开郡。伯明翰轻金属工人的一次为期较长的罢工以一项最低限度工资——二十三先令一星期——的妥协而同时结束。8 月间,伦敦漆匠和室内装饰工,政府机关中的工资劳动者集团,伦敦面包匠和康沃耳的瓷土工举行罢工;在每一场合下,他们最严重的疾苦都是工资落后于物价,虽则还有其他的疾苦。这些罢工和历经夏秋两季在都柏林继续进行的一次拖延了很久的更有革命性的斗争——以爱尔兰运输工人工会

① 在开学期间供给贫困学生伙食的伦敦郡议会,拒绝继续在假日供给他们伙食。

② 据 1912 年《纪事年报》,第 194 页中说,群众“并没有认真祈祷;但是跟着群众走的坎宁安·格里姆赞成祈祷,并说他想‘上帝也在罢工’”。

③ 恩索尔:前引书,第 444 页所说运输工人在 1912 年的失败“已使英国罢工风潮暂时告一结束”云云,未免过于武断。

为中心——都发生在同一个时期之内。那次斗争引起了英国劳工界的极大的注意，而和它有关的仅有的一些具有任何重要性的英国罢工，就是威尔士铁路工人未奉核准而拒绝处理“非工会会员所处理的”爱尔兰货运的抵制行动。

随着圣诞节的临近，邮务工人为争取比新近所许可的幅度更 503
大的一次增加工资而举行罢工，已岌岌可危——但是一直拖延到圣诞节的忙闹之后；而在利兹，志愿人员则住进煤气和电气厂，负责给锅炉加煤，来打破市营企业雇工的罢工。这些插曲是至关重要的，尽管它们本身规模不大。

在1914年初，工资的落后已经差不多弥补起来了；并且工资一直继续上升到7月，虽则比1912—1913年上升得慢些。但工资落后既不是工业不安和工业斗争的唯一原因，所以这种比较令人满意的平衡也不足以使它们告一结束。在另一种战斗使斗争停止之前，在这一个和那一个工业战线上已损失了很多工时，以致英国的敌人认为经济的倾轧再加上爱尔兰内战和歇斯特里的妇女运动将会合而使英国置身于混战之外，否则将使它招架无力，如果它胆敢参战的话。

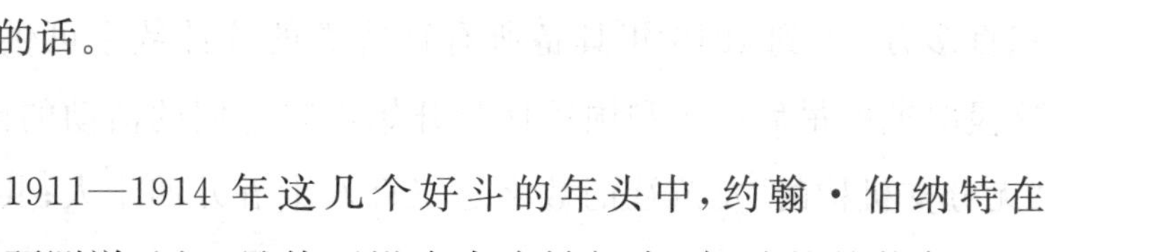

在1911—1914年这几个好斗的年头中，约翰·伯纳特在1886年预测说，罢工虽然还没有完全被扬弃，但总的趋势却是向这方面发展的云云，看上去是非常错误，非常渺茫的。[①] 在1912年这个斗争最高峰的年份，有一百个主要工会的36 1%的开支是

① 中卷，第160页。

用于罢工津贴的。但这项开支是和那一年的开支总额一样不正常的。[①] 在1892—1901年,尽管有八十年代的新工会运动连同它的战斗纲领,尽管有很多著名的罢工,百分比仅仅是十九点四;并且在1901—1910年这和平的十年已降至十点七。[②] 支出款项的其余部分(在后十年中平均约为每年二百万镑)则用于失业津贴(27.2%),疾病和工伤事故津贴(18.1%),退休津贴(13.5%),丧葬补贴(9.7%)以及行政和一般开支。友谊社式的支出连同利害攸关的失业津贴,依然是一个工会的基本财政负担。正如,平均说来,并非大量的时间用之于斗争,同样,也非太多的款项用之于支持斗争。如果不是矿工在防卫方面的不屈不挠和矿工工资的伸缩性,无论1912年的不正常数字或达十年的平均数字都会小得多。

504 在这期间,友谊社的增长比人口快得多,这表明了储蓄能力和储蓄意愿的提高。在1885—1887年,从乡村俱乐部发展起来的"无分支机构的"旧式友谊社所申报的社员已有二百多万;大的共济社——诸如独立共济会、植林者共济会、牧人共济会等等——约一百七十五万人;专门供备丧葬之需的比较有商业性的募捐会,达三百多万。[③] 到1910年具备所有这些类的统计数字可供利用的这段时期的最后一年和国民保险开始影响它们的活动的前一年,"无分支机构的"友谊社的数字是三百八十五万四千人;共济会是二百七十八万三千人;募捐会则不少于七百一十五万九千人。每

① 1911年是四百三十五万镑对三百万镑,1901—1910年的平均数是二百二十万镑。

② 《工会报告书》,1902年,第25页;同上书,1912年,第43页。

③ 中卷,第476页。

年出现的新友谊社或共济会的新分支机构，不下数百个。[1] 消亡也是经常有的。在1912年矿工没有能力储蓄的时候，“在北部制造业各郡，〔无分支机构的〕友谊社总数的大约六分之一消亡了”。[2] 但是新社团或新社员，尤其是在南部，却可弥补而有余；甚至在1912年年底社员总数也超过1910年不少。

自从1875年的整理条例（维多利亚，第38年和第39年，第60章）公布以来，这类社团的法律的，几乎可以说是宪法的地位已经十分巩固；登记处处长根据法律进行的行政监督大有助于改进它们的惯行办法，并予以标准化。在1886年和1896年之间通过的另四项友谊社条例，后来为1896年的整理条例（维多利亚，第59年和第60年，第25章）所废除。[3] 这项条例是和规定募捐会及工业保险公司的一项新法律相联系的，前者是第一次在法律上被承认不属于真正友谊社的类型。[4] 它们无论在规模上和精神上或在管理上和财政上都彼此不同。[5] 当它们这样在法律上同友谊社区别开来的时候，它们的平均会员有九万多人：在1911年，其中最大的两个，皇家居民会和利物浦维多利亚会，占会员总数七百多万这一庞大的数字的三分之二以上。[6] 在精神上和管理上，它们同 505
这时在法律上和它们有联系的万全保险公司这类牟利的工业保险

① 例如《友谊社登记处处长1908年报告书》，第149页（1909年，第79卷）列举了那一年二百九十九个新分支机构。

② 《1912年报告书》，第15页（1914年，第76卷）。

③ 《1896年报告书》，第2页（1897年，第82卷）。

④ 这项条例是维多利亚，第59年和第60年，第26章。

⑤ 参阅中卷，第473页和本卷，第300页。

⑥ 《1911年报告书》，第92页及以下（1912—1913年，第81卷）。

公司相近，而与曼彻斯特共济会却没有多少共同之点，至于和真相牙雕工慈善会、威尔士圣大卫独立共济会或北伦敦犹太人联盟的埃基·布里茨兄弟会则更无共同之处。在1911年会员缴纳给一个募捐会的八先令五便士的平均年费之中，用作征收和管理费用方面的不下三先令八便士。[①] 作为报酬的是，会员能得到他们的丧葬费等等。显然由于无知，他们认为这种省麻烦的买卖是值得的；虽则正如募捐史和工业保险史上时时看到的那样，他们的募捐会在财政上的成功太多地取决于他们的这样一种可能的权利主张的丧失——开始认捐；无力继续缴款，于是放弃权利主张。[②]

在1896年这两种类型的社团在法律上区分开来的时候，友谊社或共济会的分支机构（而共济会的分支机构有很大程度的，也许太大程度的自治权）平均只有一百八十个会员：友谊是真正有可能的。基金平均为每一会员五镑四先令九便士：真正的储蓄行为确实是有的。在募捐会中，相应的数字只不过是十四先令。[③] 尽管有储蓄行为，尽管有历任登记处处长——约翰·蒂德·普拉特、勒德洛和布拉布鲁克——全心全意地致力于工作，友谊社的财政在保险统计师看来还是不令人满意的，甚至较大的共济会也不例外。1897年，植林者有九百三十三个局——一个局就是植林者共济会中的一个分支机构——是估计有盈余的，而估计有亏损的却不少

① 《1911年报告书》，第16页。

② 参阅中卷，第474页。威尔逊爵士和莱维：《工业保险》（1937年版）中对这个制度的攻击在本章结尾时方可见到。

③ 《1896年报告书》，第2页。

于三千零三十八个。[①] 这就是说，根据对它们的基金能以获得的利息所作的各种不同的假定，有四分之三以上的局，认捐之数是不足应付疾病、死亡、伤残和各该局可依情度理、料到的一切开支的。登记处处长通过劝告和坚持对基金的正确估价，不辞辛苦地来改善这种情况。情况虽有改善，但只是局部的。1908 年，在得自没有分支机构的社团的估价之中，有三分之二出现了亏损。[②] 报表很不完全，无疑有很多没有申报的僻远社团的亏损至少是占一同 506
样高的比例数。共济会是比较容易同登记处接触的；但是尽管它们愈益集中化，曼彻斯特独立共济会的一个分会或植林者共济会的一个局——这两个最大和最有代表性的共济会——还是保留了本身财政上的独立性，从而也保留了设法弥补亏损的权利。[③] 它们可能被迫抽收友谊互济捐来应付它们愈益增殖的债负，否则就会削减所许给的利益。在 1911 年试行采用国民保险的时候，在保险统计上不健全的友谊社或分支机构仍然很多；以福利基金不适当地支应管理基金的赤字的其他友谊社也还不少。但是这最后一种弊恶只有在募捐会中间是严重的，因为只有它们在管理方面花费很多。[④]

在 1910 年 12 月 31 日，共济会及其分支机构共有价值二千八百万镑的基金；一般发给福利金的友谊社计一千三百万镑；储蓄

① 《1897 年报告书》第 144 页(1898 年，第 87 卷)。

② 《1908 年报告书》，第 1 编，附录十，第 40 页(1909 年，第 79 卷)。

③ 参阅登记处处长(布拉布鲁克爵士)的证词，见《劳工皇家调查委员会》(1893—1894 年，第 39 卷)，询问案第 1261 号及以下。

④ 《1911 年报告书》，第 17 页。

会、丧葬会和少数其他“无分支机构”型的社团约六百万镑。它们的六七百万会员——约为1910年的具有交叉会籍的工会会员的两倍以上——并不都是工资劳动者；但是人数本身就可以表明他们和参加募捐会和工业保险公司基金的其他几百万人乃是以工资劳动者或工资劳动者家庭成员为主的。[①] 十分清楚的是，工资的落后，尽管时常令人深为愤懑，却不曾损害工资劳动者阶级的财政力量，或妨害他们中间最节俭最舒适的人们为生命的风险和迟早不免的死亡作好一切可能准备的决心，或他们中间几乎所有人至少为准备一笔过得去的丧葬费用所下的决心。思想家和幻想家理应不满意于社会秩序或不满意于那种秩序变革的速度；但是没有
507 一个记忆力相当强并具有适当知识的诚实人能否认社会秩序是比现代工业时代中任何时候都更好的一种秩序，虽则只不过稍稍好一点。就任何深远的意义来说，那个时代本身是不是美好，有些人抱怀疑态度，正如很多人向来抱有怀疑那样。“瞧，我仅仅看到了这样一点”，他们也许会这样引证说，“上帝曾经使人诚实正直；但是他们一直寻求很多的新发明”。作这样引证的那些人也许是意在论证说，尽管有他们的一切新发明，人们并不比其他时代的那些人更聪明些，更快乐些，更心明眼亮些，而且还可能有欠诚实正直些。经济史学家不会自命以这样一种资格去谈论诚实正直、聪明智慧和心明眼亮的问题。他是在较低的水平上，在商品和享乐品

① 富裕得多的建筑会社（由于中卷，第476页，注⑥所举的理由，无法将它们的故事包括在内）包括有很多工资劳动者，但或许大多数人在收入等级上稍稍高一些。1911年，它们的会员总数是六十三万九千人；它们的基金不少于七千七百万镑。鉴于每一会员比较高的平均基金（一百二十镑），可知这种社会类型所占的主导地位。

的水平上活动的。既在那个水平上活动，他就毫不踌躇于作出有利于那个时期的比较——不但是和工业时代的任何时期相比，而且是和他所确知的任何时期相比。对于倾向于传道书的引文的那些人，他以这同一本敏于判断的书上的引文答复说："不要说，'先前的日子强过如今的日子，是什么缘故呢？'你这样问，不是出于智慧。"①

① 录自《新旧约全书》，中译文，第902页，传道书，第7章原译文。——译者

收　场　白

山边坡下庙宇存，
耀武扬威一战神，
墙壁全然钢筑成，
门牖既狭而又深，
鬼气逼人阴森森。

杰弗里·乔叟:《骑士的故事》。

由于公共防务的需要，所以政府成立了很多新部门，而人的才智也有了运用他们政府力量的最闹忙的场所。

亚当·弗格森《文明社会史随笔》，
1766年版。

结　论 511

战争突然降临到以农业居于从属地位的英国工业社会的身上——大大出乎它的绝大部分成员的意料之外。虽事出意外，但是大多数人却接受了或热烈地赞同了它的政治领袖们的安排部署；新近分裂了的一个习于评长论短的民族，却以异乎寻常的一致同意投入了这场出乎意外而又心中无数的战争。他们的新任陆军大臣基钦纳要他们作好进行若干年战斗的准备；但是最初在任何生活岗位上的人注意到他的警告的却寥寥无几。欧洲所有部队中的军人都显然料想下一场战争必是虽则酷烈然而为期短暂的战斗，并且一直据此进行他们的准备——一则因为大家都在计划着速战速决；一则似乎是因为各国财政部和他们的专家都深信没有一个国家对于现代战争的经济消耗能支撑很久，并且也按照这种见解告诫他们的作战部门。在英国大大小小的经济实干家、思想家和作家之中，这正是占主导地位的意见。认为较强大的交战国，特别是英国在万不得已时能经得起长期消耗的那些人，却误以为经济的压力在一年，至多两年之内必定会使敌对同盟某些比较脆弱的部分发生裂罅，而不问战场上的情况如何。他们低估了在为生死存亡而斗争的时候农业文明的持久力和工业文明或半工业文明的适应力。那些以厌战的、自由的和城市的眼光去作展望的人，

深信一年以上的战争是完全不可能的。在马恩战役五天之后，当英国每日的开支大约是最终达到的数字的四分之一的时候，《经济学家周刊》就写道，“要按目前的规模将战争积年累月地进行下去，在经济上和财政上是不可能的”。对于这种说法，至少有一位惯于透过货币金融的感光膜观察基本现实的经济思想家回答说：“一派胡言，但有东西可吃，但有东西可发射出去，这种事情”（原可说“这种血腥的事情”）“就能以进行下去。”两年半之后，几个大交战国有一个垮下去了，主要是因为一直缺乏东西去发射。另两个，两个最
512 大的工业国则试图以各自不同的方法相互掠夺可吃的东西；而在最后一年，军事上的考虑比它们在这方面成功与否的有关措施更加具有决定性的，实不多睹。战时拘禁在德国腹地的一位比利时学者，注意到了在妄想打了败仗的俄国用以作为对德国的胜利的贡献品的乌克兰小麦终未到手时，士气是如何的低落。在1918年3月食不果腹的德国军队在皮卡尔迪越过英国防线时，他们在军人贩卖部发现了大量的上好食品和军用奢侈品，真是惊喜交加，但终于又心灰气馁；因为他们一直听说缺乏东西吃的是英国——英国的确缺乏，虽则他的军队并不；但是它也仅只缺乏到不惬意的程度，而并没有缺乏到令人意气消沉或活不下去的程度。

军事史学家和外交史学家不能不解决究竟1914—1918年的战争是否必然成为国民经济耐力的一个考验这一问题；经济学家则注意到它确乎是的。在花言巧语的经济解释甚嚣尘上的一个世界中，一个现代英国经济史学家自然要问道——不惜冒着对一些头脑简单的问题提出明显注释的风险——是不是他向所研究的那种工业和资本主义文明比其他各种文明史倾向于战争呢；是不是

生产手段的私人控制本身更可能制造战争呢；以及是不是1914年他本国的参战是直接或间接地决定于经济因素或经济打算呢。

对于前两项疑问的答案，或者不如说是对于这两个论题的沉思默虑，势必要受到对现代工业文明和十九世纪世界人口史无前例的增长之间的关系所作估计的影响。如果和一位现代人口学家持同样见解，认为人口的增长不是不可思议的，而“只不过是技术增长的反应”，[1]那么他就会把那种过分拥挤，那种人满为患，那种对于 Völker ohne Raum〔地窄人稠〕的悲叹，那种对于日球上的地方的需求以及那种保持已经在那里取得的地方不放的默默的决心，连同它的许多创造发明都一并记在那种文明的账上，虽然这些并没有直接造成1914年的战争，但至少使各国作出了起而应战的准备。但即使无条件地接受技术增长反应说，他也会牢牢记住如何技术增长是如此之速，以致所有各大交战国日益增加的人口都

是毫无疑义地更加繁荣而并非更不繁荣，虽则速度各有不同而且 513
也还有偶尔的顿挫。相互掠夺食品或享受品，并非出于经济上的迫不得已，一如荒芜的土地上日益增长的原始部族间很会有的情形那样。

究竟愈益增长的技术是不是人口增长唯一真正起作用的原因，或只不过一大堆原因中的一个，这充其量和生产手段私有制也只有间接的关系。对私有财产和私人资本抱批评态度的人经常论证说，至少没有私人资本，技术也会进步；私人资本的辩护人既不否认技术在过去的印卡社会主义帝国中是增长的，更不否认在今

① 上卷，第57页注所引证的卡尔——桑德斯文句。

天的俄国也正在增长之中。如果技术产生人口过剩，而人口过剩又倾向于产生各国政府之间的摩擦，那么这些摩擦就不必记在资本主义的账上；鉴于今天在所有欧洲各国之中，在资本主义是一轻蔑之词的地方人口增长最为迅速，那就更加不必了。

在成长中的国家无论为了它们的生存或是为了维持它们已经习惯的生活标准而达到了依存于出口贸易的程度时，市场的竞争就会导致利益冲突和猜忌，而那种利益冲突和猜忌又可能在直觉地按照战斗条件去考虑问题的各部分人口中间培养战争情绪——那些部分的人口规模和影响力则因世纪和国度的不同而不同。所以在德国一度流行这样一种迷信，认为英国由于商业上的嫉妒而打算对它发动进攻，并且在1914年的确对它进攻了；在英国也有这样一种同样迷信的，但却不那么容易证实的相应信念，认为德国迟早有一天会由于经济政治的野心而向它挑衅，以及这样一种想法，认为这个武装起来的强国对于全世界各个市场是赋有种种权利的。一些德国人的确有过这种牵强附会的言论和写作。认为贸易总量是一定的，所以你有我就不能也有的这样一个牢不可破的信条，这样一个古老的重商主义的信条，具有很大的活力；而不幸事实上又存在有若干种类的情况，为期短暂的局面，和一些具体的贸易部门，在它们中间这个信条却不是迷信的。兰开郡和日本不能在中国人的寿衣贸易中同占一主要部分。究竟那项贸易中的支配地位是否值得一场大战倒是极可怀疑的，恐怕兰开郡从来没有
514 甚至这样梦想过；但是丧失这种支配地位的前景却会激起可能带战争气味的不愉快情绪。

这些情况同作为一种工商业组织形式的资本主义并没有实质

上的联系。诚然，在1914年以前为英国从海外取得它的奢侈品，它的原料和它的很多生活必需的食品的那些人，以及经营偿付这些商品的出口贸易的那些人，都是为牟利而运用的私人资本的支配者。从历史上说，总是奢侈品和牟利在先，而生活必需的食品和原料在后。但正在十九世纪，食品和原料的供应成为进口商的主要职能，也间接成为出口商的主要职能。在一定的人口及其财富和欲望水平的条件下，他们的工作是至关重要的；虽则在一个集体主义经济或统制经济中，与某几类外国投资有关或在其他方面认为不可取的出口，未始不会加以限制或削减——是否合乎国家的最终利益则有赖于负责官员的聪明智慧了。寻求市场和保住市场的愿望，连同它们在一个日益扩张的国家经济的世界中所会造成的一切摩擦，并不是资本主义贪婪的邪恶产物。今天俄国对于它的木材、石油、小麦和后来黄金的出口贸易并不比英国对它的棉毛、煤炭或机器出口贸易所表现的兴趣少些。而俄国果真工业化到希望为它的制造品扩大市场的程度，它未必就会不用这些猎取、利用和保住市场的适当方法。这个过程在新疆和亚洲内地的其他部分已经初露端倪了。

私人资本家的出口常常被谴责为轻率地，或许不道德地硬把它的货物塞进不情甘意愿的市场或被它们弄得风俗败坏的部族之间，然后再要求本国政府的支持，从而造成民族之间的摩擦，原始文明的衰亡和小型战争的爆发。这里有一些臭名昭著的事例——在十九世纪和其他各世纪中——在那些事例中，这种指责是不难得到证明的。但是各国政府至少可以任便否定蛮横无理的商人。它们却不大会否定它们自己。除非基于一项多少带几分天真的假

定，认为政府比个人更加慎重，更加讲道义（“我们如果为自己做我们为意大利所做的事情”，喀富尔这样说，“那我们必是一些大无
515 赖”），对外贸易的政府管制或管理也未必就会有助于减少国际摩擦。在今天的世界中，大量的这类管制看上去并没有增进国际协调。倘使斯密·格兰特·琼斯公司提高英国煤的价格，外国买主会大肆抱怨一番之后而转往别处，如果他能够这样做的话；但是倘使英国政府提高价格，这就很会被看做是不友好的行为。至少肯定是会酿成摩擦的。意大利在1919—1920年由于在英国政府仍然控制煤矿的时候，英国煤索取高价而疏远了英国。而法国，仅就所知道的来说，并没有因为作为个体的约克郡人在那个时候为他们的布匹索取同样高的价格而发生任何恶感。

十九世纪的商人和制造家自认为是爱好和平者，他们也的确如此，更自认为他们的工作是和平培护剂，这一点，尽管有一些不大重要的贸易战，迄今还不能证明是虚妄的。当时对他们最常常提出的指责是，他们太爱和平了，为了他们荷包的缘故，太爱不顾体面的和平了。在英国违反曼彻斯特人的意愿而不必要地在克里米亚对俄作战时，易于激动的作家们是兴高采烈的。

> 商业将不再是一切的一切了，而和平
> 在它牧歌般的小丘上吹奏出一个阴沉的曲调。

至少在这些唯利是图的人拥有大部分权力的那几代期间，世界上有九十九年得免于十八世纪政治家司空见惯的那种“普遍战争”。在1918年以后，有人写了一本书，题为《第一次世界大战》，很多人对于他的“第一次”一词不禁毛骨悚然；但是从俄亥俄直到马尼拉，

或从马来群岛经由埃及和好望角直到新奥尔良和布宜诺斯艾利斯的那些更早期的战争，其范围之广也差不多把当时的已知世界席卷殆尽了；而且在1914—1918年得置身事外的一些欧洲民族也被卷入了那些场战争之中。

工业家——以及科学和国营兵工厂的人员——制造出可怕的战争机器，而政治家则训练全国人民如何进行作战。在大多数国家中，一个人数有限的工业家集团，连同有关的股东和工资劳动者，与其说是对大规模战争的爆发有直接利害关系——作为生意人，他们不能不衡量战争的风险——倒不如说是对于费用浩繁的 516
战备有直接利害关系。但是无论历史或世界现状都不能表明兵工厂中一切武器的制造会有助于确保和平。西班牙的菲利普，法国的路易十四，作战时代的威尼斯共和国以及法国的第一共和国，对于它们的全国兵工业都具有相当全面的控制，虽然不是真正的垄断。正是在英国最好战的那个时候，所有大船都是在皇家船坞建造的。在现代的意大利、德国和日本，正如在重新武装中的英国一样，兵工业都是半公营性质的。俄国的公认有效的和极其庞大的兵工业无可避免是一种国家垄断事业。今天兵工业的进一步全面国有化，是不乏各式各样的充分理由的；但是要说在英国和公营相对待的私营的武器和军用工具的制造同1914年战争的爆发有任何直接的，甚至间接的关系，却难以证明。

至于说一般“资本家”因为战争会带来高利率和相当大的利润而为战争效劳，甚或促致战争云云，这却是从战争的确给所有人带来报酬和给很多人带来利润这一有目共睹的事实得出的一个肤浅的概论，如果这种说法不是相当风行，原是不值一顾的。不胜其恰

当的是，没有一个人曾经提到工资劳动者之所以接受1914年的战争是因为军需工人等所终于得到的异常之高的报酬，或是因为战争和从而产生或从而得到鼓励的社会政策所会带给他们的某种实质上的和永久性的利益，正如事实上所带来的那样。在1914年，“资本家”所理应料到的是贸易方面的损失、高额税课和眷属的死亡；工资劳动者所理应料到的则是死亡、税课和失业。谁都没有第二种看法，谁也不应该照他莫须有的那种看法而受到批判。

作为一个阶层，工业家到处都是爱好和平的，商人和银行业者甚至更加如此。一般德国工业家的和平精神也许比别国的略逊一筹。德国人对于他们的军队具有根深蒂固的信心。缔造第二帝国的两次战争都为期短暂，并且都被认为在经济上有利可图。在1914年以后，当他认为他的国家正逐渐取得胜利的时候，或者当它在俄国和罗马尼亚暂时得逞的时候，德国工业家对铁矿、油田、殖民地和各种经济让与权，贪心大作。但是在似乎依法取之无伤的时候，垂涎其他民族的肥美，倒也不仅仅以德国人为然。由于妄
517 想在一百年的和平之中击败英国而使一位普鲁士将军稍感厌恶的那种德国工业家，在全世界工业家阶层中是相当具有代表性的。威廉二世所以以他或许三分之二的意愿希望作为和平使者而永垂不朽，正是为工业家这类人的利益计的。英国工业家曾经为德国的竞争伤了不少年的脑筋。现在一个人数众多的工业集团想用关税来缓和这种竞争；但认为用战争来减缓为得计的那种看法，却和他们的思想方法是相去霄壤的。

至于伦敦中心商业区和证券交易所的纯粹资本家，掌握抽象价值而非实物的那些人，则深知战争对于国外投资和对于借给外

国人的信贷所造成的浩劫，甚至在想象中还把它扩大几倍——他们在1914年8月初无不忧心如焚。“严守中立”的政策和“在筋疲力尽的交战国之间”进行有效斡旋的最后机会，乃是一家能够相当代表他们的杂志在8月1日撰写的。“老妇人”，刚强的阿斯奎斯这样称呼他们。十分焦虑一场可能战争终于会失败的，我们不妨这样揣测说，实寥寥无几；但是对于战争损失的前景，他们却不寒而栗。

要把一种经济方面打算的任何想法同将英国导入自己所痛恨的战争的那个人的回忆联系起来，是不容易的。诚然，爱德华·格雷曾经是东北铁路的董事长，并且他又从白厅回到董事长的任上。在任何情况下怕都会导致他赞成参战的那些事关义务和荣誉的考虑的背后，是他的这样一种信念，认为要听任德国以武力赢得欧洲的霸权，那对英国是太危险了——而在所危及的事物之中确有英国的经济利益；危及它所持有的一切，而不是它所垂涎的任何东西；但是它所持有的已不胜其多。没有任何东西表明，他首要的考虑不是他所想望的发展的自由，而是经济利益，不过，如果说在他的思想之中也作了一个经济方面的打算，他倒是作了这一个打算的。但是在1912年，他怀疑如果他是上帝的话，他是否会不说“这种自负的文明……是如此可鄙，以致我要把它一扫而光”。“如果上帝果真想这样做，”他补充说，“那么各大工业国将在浩劫之中同归于尽。”在1918年1月又说：“我深深感到维多利亚时代的文明应该泯灭了。”①也许迟早会有一位以自己的这些心灵上的启示武 518

① 特里维廉：《法罗敦的格雷》，第177、341页。

装起来的天才学者着手去证明自己筹划了一场战争，而这场战争却加速了维多利亚时代文明的寿终正寝。

这里所得到的提示是：法罗敦的格雷所认为的这种可鄙的文明比以往的大多数文明在精神上都更不那么好战，虽则它所造成或容许的人满为患情形会使强暴者想到强暴的解决方法——正如现在仍然有的情形那样；它在财产私有制和其他方面给以发挥余地的个人自私心并不比已有迹象将一时继之而起的那种集中的、非个人的财产管理或财产公有制的国家自私心对世界和平更具有威胁性；而且在战事结束时英国外交政策的主要领导人，虽则由于他的地位关系不能不保卫这种可鄙的文明连同他所照管的英国其他利益，却没有为他的国家比为他自己更多地考虑到物质利益。

692

随着对经济耐力的考验开始有点令人吃不消（在进入 1916 年以后很久还不曾），英国工业文明的支撑力和适应力证明确是出乎意外之大的。它还是依然如故。因战败而经得起这样多损失的国家或帝国从来不曾有过。农业国家可以靠寥寥几次丰收而恢复起来。在一个战败的彻底工业化的现代国家中，究竟会怎样混乱以及混乱会持续多久，只能以 1918 年以后德国的情况为借镜而加以想象——而德国文明却远不如英国那样工业化。但支撑力并不是这种制度所固有的，纵使适应力如此。它完全依存于对海洋的控制。这正是何以在把敌人水面船舰清除出海洋的第一个阶段竣事之后战时经济似乎简而易行到令人误解的程度。浪费船只的战役开始于六七个地点。运往英国及其盟国的各种供应品大量运到。

在美国和其他各地所需的特殊开支，只须将海外投资的一部分换成战债就轻而易举地予以应付了，那些投资估计 1913 年应有二亿一千万的收入，所以资本价值约为四十亿镑。

在从和平状态一跃而进入战争状态之后，预期的失业问题化 519
为乌有了；深谋远虑的贸易部为未雨绸缪计而事先筹设的那个部门（当时人人都料定战争和失业必偕以俱来）所报告的不是有多少人失业，而是有哪些工业占用人手太多，认为其中有一些可以转入军队或军火制造业，而且正准备宣传品，旨在鼓励妇女参加各种不像是妇女干的职业并穿上在田间劳动的工作裤。

随着 1916—1917 年压力的增加，连同 1917 年潜艇对船只无限制袭击的越来越令人头痛，迄当时为止一直相当自由的工商业——1916 年的出口贸易同 1913 年差距如何之小是令人诧异的——不能不接受越来越多的政府监督，或遵照白厅训令厉行自制。这种措施已经逐渐以保证作战部门对工业存货和劳务的优先使用权为开始；继而推行到军需部门，并终于有了一套管制、检查员和"优先权"的复杂制度，这套制度涉及全国工业是如此之广，以致非有军需大臣的执照一个男子不得将钢放进胸衣——1917 年的胸衣满都是钢——因为钢须用支持他的女工的疲劳的背脊；发夹只能用海军部不要的铁丝，"废掉的"无弹性的铁丝制造。当和平到来时，普通方砖已置于两三种不同的管制之下，而不得不多少武断地予以"解除管制"——这是用于一种新办法的一个新造的过去分词。

管制是以铁路、兵工厂和矿山为开始的，而且极其接近于真正的国家所有制。就军需品而论，有受管制的工厂和原则上虽往往

没有租赁下来但却是现有造船厂和兵工厂附设的那些工厂。随着1917年的航运危机，管制推广到了一些和前线不那么有直接关系的工业，主要是因为船舶本身有节约使用的必要。英国和盟国之间都有了吨位的管制，并终于有了航运部的设置。曾经设有一个委员会来设法找出一种可以削减而不致造成太大不方便的散舱进口货，并选中了在1913年按重量计占英国进口货大约五分之一的木材。结果是有了一个木材检验员，一次国内木材节约运动和英国优雅的树林中的一些加拿大伐木工。依照提出申请的各工业的
520 作战价值进行的进口舱位的配给，给棉纺织工业带来了一次危机和一个棉纺织管理委员会。棉纺织是所有较大的工业之中受打击最沉重的一个，因为它的产品仅仅有一小部分能以运上任何船只或运进任何战壕之中；而且飞机用织造品又是亚麻织造的。羊毛和亚麻则处于恰恰相反的地位——羊毛自始就缺货，亚麻则随着空军需要的日渐迫切而紧张起来。就羊毛而论，全国的原毛都是买自各自治领；至于亚麻，因比利时和俄国的旧有供应已为对垒交锋的战线所切断，所以为购买或生产更多的亚麻一直进行不断的斗争。除发夹和小铅兵之外，几乎所有的五金工业都同军需工业联系起来了，这些工业又需要大量的煤炭。在没有设一个专管部的农业方面，政府这时几乎是无往而不插足的，相继发动了妇女劳动运动，为争取制面包的谷物的犁耕运动，马铃薯运动以及其他很多运动。“……像一座珊瑚岛一样一个细胞叠在一个细胞上面那样建筑起来的国家支出和国家责任的结构”[①]以这一个半世代以

① 引证本卷，第398页。

来在暴风雨气候中建筑得最快。这时在一次大暴风雨中，它是以惊人的速度长成的；虽则在暴风雨过去之后，责任结构的大部分已被敲掉，但是却已经为大家所亲眼目睹；而且为不少的人所赞美；既经取得了经验，也就不难重新建立起来了。

就支出结构而论——在 1913—1914 年财政年度中，中央政府用去了一亿九千七百万镑；在 1917—1918 年，用去了二十六亿九千六百万镑，虽然英镑已经有所贬值。1918—1919 年预算将近三十亿镑，但是随着和平的到来，不是全部都有需要了。这样规模的支出和为应付这项开支而通过银行筹借款项的方法不能不造成通货膨胀，起初很轻微，既看不出也不肯予以承认，但终于相当可观了，虽则还始终不是灾害性的。约有一亿二千三百万镑的金铸币已不再流通，但是到 1918 年 12 月，英格兰银行纸币发行额却高出 1914 年 6 月的数字四千万镑；另外还有和它们一起流通的政府流通券三亿镑以上。这是新价格水平所需要的流通货币的总量。直到 1923—1925 年支出方始降至八亿镑以下，而从来没有达到过七 521
亿镑。在这个水平上，它达到了统计学家对国民收入总额所作估计的大约五分之一；此外还要加上郡和市的预算。1924—1925 年的七亿九千六百万镑的支出是包括供国债还本付息之用的三亿五千七百万镑在内的(而 1913—1914 年是二千四百五十万镑)——这主要是国人从钱包到钱包的支付，而其中大部分却流到装得更满的钱包中去了。但是这些钱包的所有人已经养成了一个完纳高额税课的既定的习惯，这会是十一年前当其中有些人对于没收性质的税课已经抱怨不已的时候，完全不能想象的。而全国人民都和他们一起按一种新税率完纳税课。这些税课，成绩斐然：从钱包

到钱包的因素纳进了很多税课之中。直接关心的问题是，这种暴风雨时期的政府支出结构的规模和业已按照这种规模进行的那些所会容许其继续存在的社会调整。

但是这种规模的政府支出结构只会继续存在，而不像是会有显著的增长；因为在战争结束后的十年之内，比纳税习惯和政府管制方面的任何变革重要得多的一种情况，在 1900 年以前很少观察家曾预见到的一种情况，已经成为肯定的事实——即在二十世纪和远比十九世纪时所能预料的要早得多的时期，英国人口竟会停止增长，而且事实上竟会开始下降。在 1911 年，人口是四千零八十八万七千人。尽管有战争，到 1921 年已是四千二百七十六万九千人。一项陈旧，但还不太陈旧的十九世纪估计曾经预测 1951 年为五千六百六十二万人。到 1931 年，必定无疑的是，绝对达不到五千万之数，而且生命保全方面的任何大量活动也无法防止此后十年之内人口的开始降低。因为到 1926 年，统计学家向所称之为“毛再生殖率”的事物，在英格兰和威尔士已经是，按照他们的术语来说，刚刚在单位数以下；这就是说每一百个怀孕年龄的妇女（已婚的或未婚的）所留下的可以成为母亲的女孩不满一百个。“净再生殖率”，即对下一代的合理的指望，则更低，因为在把或然的死亡率考虑在内时，第二代中可能变成母亲的人数又有减少。① 在 1921 年，甚至这个净再生殖率也刚刚超过单位数。如果 1921 年

① 统计学家的总论的一个非常简洁但一定不十分准确的摘要。参阅本卷，第 447 页注①所引证的书籍。

的结婚条件和家庭的平均规模能稳定下来的话，那么由于生命的 522
保全，人口还会有一点点增长，然后就会出现一个接近于静止的水平。

1921年的情况并没有稳定下来。出生率继续下降，潜在母亲的供应也随之而下降。到1931年，净再生殖率已低于单位数很多。据计算是零点八一；这就是说，根据重要统计所表明的事实得出的合理希望是，每一百名可婚年龄的妇女将由八十一个生长到那个年龄的妇女来填补。在五岁以下这个组别比在五至十岁这个组别中活着的儿童，无论男童和女童，已经都少些。如果1931年的情况稳定下来的话，那么，最近将来的微微下降则是肯定的——在一国的人口之中，凡其基层组别不是最大的组别的，则这一国的人口绝不能是真正日益增长的，虽则这项事实会暂时为所有各组别中生命的保全所掩盖——而远在这个世纪结束以前的显著下降也是肯定的。因为一个持久不变的在单位数以下的净再生殖率的作用是代复一代地渐积累增的。

当代有这样一种倾向，就是把二十年代出生率的逐渐降低这唯一普遍了解的关于人口的事实，同战争的传统对新战争的担心或1921—1923年深刻的工业萧条联系起来。诚然，这些都有它们的影响，尤其是最后一项；好的年景同结婚和出生之间的关系是显而易见的。但是结婚和为维持一国人口所需要的出生数量——三胎或四胎——之间的关系，却不像过去那样密切了；在1883年到1933年这五十年——在这繁荣和艰困，和平，战争和再度和平的五十年间——的出生率曲线中，战时和和平的头两三年的剧烈的和很容易解释的不规则状态是同看上去几乎像川流之入海一样地

无可避免的下降趋势相抗衡的。[①] 何况二十年代的死亡率看上去比真正的情况好得很多。由于寿命的增长和出生率的降低，人口暂时是不平衡的。幼童和老人是死神最常见的掳获品：死神对老人的打击来得晚一些了，而且在他所打击的当中婴儿也比较少了。但是老人和非常众多的中年人迟早总要有一天不得不撒手而去。

523 这种情况并不独以英格兰为然；它是西欧文明的一部分。苏格兰的前景也大同小异。爱尔兰人口久已在下降之中，而且下降还没有停止。就法国、德国和比利时；丹麦、瑞典和奥地利而言，在1930年左右以二十年代的事实为根据所进行的计算，得出了同英格兰相似的结果——在此后三四十年中无可避免的下降，估计虽各有不同。一位德国统计学家在街上大声疾呼 Volk ohne qugend〔缺乏青年的民族〕。如果德国人仔细研究过犹太人的统计，几年之后他们未始不会保全住他们自己的荣誉；因为他们的犹太人正逐渐灭绝。1929年，犹太人的出生率在普鲁士是九点一，在巴伐利亚是九点八：[②]这些都是绝种灭族的出生率。

在欧洲以外，美国人口到1931年也不过是出生与死亡相抵而已。在2000年以前，下降似乎是可能的，除非靠移民入境予以防止；但是美国已不再欢迎来自依然人口稠密的欧洲东部和南部，或来自亚洲的移民了。英属加拿大的情况大同小异，不过这种情况为天主教的法属加拿大持续不变的出生率所掩盖而已。澳大利亚和新西兰已经对于它们的人口趋势焦虑有年；拉迪亚德·基普林

---

① 参阅本卷，第448页上的曲线图。

② 鲁平：《现代世界中的犹太人》(1934年版)，第73页。

所写到的“九岁和十岁的儿童”始终不像他所想象的那样常见；而现在平均怀孕年龄的妇女只不过留下另一个这样的妇女来传宗接代而已。

几乎每一个国家的数字，只要有数字存在并能具有相当准确性的话，都表明了出生率逐渐降低的倾向——在西班牙、葡萄牙、意大利、波兰、保加利亚和乌克兰；在阿根廷和日本；也可能在俄国本土，虽则那里的出生率仍然显得异常之高；但在印度则不然。关于中国，谁也不敢放胆一谈；但是恐怕在它大约四亿至五亿的人口之中，出生率肯定是像死亡率一样高的。尽管有降低，然而在这些南欧、东欧和亚洲国家之中都还没有看到停滞的和逐渐下降的人口水平。但是鉴于西北欧出生率已有的下降速度（1900 年以前在
德国才刚刚开始，但是到 1914 年已经显而易见了），可知在半个世 524
代以内，在有教养的民族中间可能出现重大的变化。凡是出生率相对高的地方，如有任何变化，这时肯定会是趋于下降的。

在二十世纪中，无论在英国或整个西北欧，在 1914 年为止的十年期间，是未始不可合理地预料到在某一点上稳定下来，或继之以微微下降。在此后半代之中，这是肯定无疑的。避免严重的下降原是可能的；但是为避免下降所必需的社会风俗方面的变革，在英国和在西北欧的几乎每一个国家之中看上去却最无可能。晚婚和小家庭首先开始于生活安适的人们之中。由于安适的普遍化，这种风尚也随之而流行。就人口的趋势而论，至少约翰·斯图尔特·穆勒在十九世纪中叶在他的大多数同时代人看来最最不可能的时候所讨论和指望的“稳定状态”已指日可计了。这种状态的出现将会改变，过去也在改变着整个经济和社会的气候。阴霾密布

在较远的地平线上。这时比照例更醉心于悲观理论的德国人一直在以**西方的没落**这个半哲学性的、“世界史的”名词进行着讨论。现在，随着死亡和出生的准确数字的公布，他们正准备问道：**白色人种是否在逐渐绝灭？**[①]

至少从国家资源方面来看，英国可以相当安心地面对一个稳定的或逐渐降低的人口。人口越少，一个改进了的、得到鼓励的和改组了的农业就越能给养和供应他们；战争留下了一个虽则空泛和踌躇但不失为真实的决心，去改组、鼓励和改进农业。小麦和燕麦的保证价格经过试办，放弃，终于（虽则直到三十年代）重又予以恢复。受到补贴的食糖栽培，另一个直到战争结束六年之后还没有确立的战时条件的结果，是面临着最切当的批评而予以采纳和保留下来的。这两项政策没有一项甚至像二十年前那样地讨论过；但是这两者对农场主和农业劳动者各重要集团都是至可宝贵

525 的。它们的恢复，不管它们的确实功绩怎样，连同 1923—1925 年以公共开支为牺牲而实行的农地地方捐的豁免，表明了一个胡乱下定的新决心，要尽量利用土地，而不太注意以先例为借鉴。

这种胡乱下定的决心也见之于森林政策中。一个调查委员会跟着一个调查委员会提出了报告，指出十九世纪的英国短缺普通，低廉、可供利用的木材已经到了几乎难以置信的程度。战时的木材需要和政策加强了过去谁也不认为有采取断然措施必要的那些

---

① 斯彭格勒：《西方的灭亡》（Spengler，O.，*Der Untergang des Abendlandes*）；伯格道弗：《白色人种是否在逐渐绝灭？》（Burgdorfer，F.，*Sterben die Weissen Völker?*）（1934 年版）。比格道夫也是本卷，第 637—638 页提及的《缺乏青年的民族》一书的著者。

报告书。如果战争再继续一年——并且在1918年9月几乎所有负责人员都这样认为——木材的情况未始不会渐渐危急起来。所以在一个原已地窄人稠的岛上，既有一片或因风景优美，或因松鸡的缘故，或因留供作为稀有动物区和特殊荒地之用而希望保留原封不动的地带，而为国家利益计最宜于用工业和健全的林业所需要而为大多数英格兰人连同沃兹沃思和其他圣哲所不喜欢的以整齐划一的针叶松为主的林木加以覆被的乡野，又几乎总是另外什么人的乡野，无怪举棋不定的造林政策，是如此之难以贯彻执行。所以对于少数人的展望，对于针叶树的不太大的需求起共鸣的，也不乏其人。

人口增长越慢，斯坦利·杰文斯在六十年前所提出的煤炭供应问题就会越不令人焦急。在1914年以前已经不再真正令人焦急了；但在1915年仍然可以论证说，到1941年英国的产量是可以从1913年的二亿八千二百万吨上升到四亿七千二百万吨的。这是奠定在出口贸易的恢复增长和1941年五千二百七十万人口这一乐观的假定上。[①] 燃料油、煤炭的节约、水力发电的发展、工业上的竞争、外国的自给自足政策，以及世界贸易的停滞或萎缩既经压低了煤炭出口，而人口的前景又已经有了变化。随着1941年的临近，不到二亿五千万吨的产量似乎是大有可能，由于煤炭耗竭而来的可能的头痛的日子，遥遥无期了。甚至在1926年，一个皇家调查委员会就提出了五个世纪，七个世纪，或更多世纪的说法。 526

① 杰文斯：《英国的煤炭贸易》，第752页。在杰文斯的论证中可能有一点虔信的成分：他预料在二百年之内会发生麻烦。

全国铁矿需求的可能缩减也会是受欢迎的——虽则无论欢迎或讨论这个问题的人都寥寥无几。若干年来英国一直是在很大程度上依存于进口的。1910—1914 年的正常数字是从六百万到七百万吨，而国内生产则两倍有奇——但平均来说铁却贫乏得多。自 1914 年到 1918 年把这六至七百万吨运进口岸是费了九牛二虎之力的；在沿着自毕尔巴鄂至纳尔维克这条海路的海底一定葬有不少海员的尸骨和铁矿的货载。在 1920 年缔和以后工业依然活跃的时候，国内生产的铁矿是一千二百七十万吨，进口是六百五十万吨。英国煤层铁石采掘得相当顺利。坎伯兰赤铁矿和克利夫兰矿石的寿命肯定是难期久长的。十七年之后据说在林肯郡和米德兰有每年足可生产出一千万吨钢的低级矿石(1920 年的数字是九百万吨)，供一百年之用。也许更多一些。地壳中含有惊人数量的铁，新的提炼方法肯定将会发现。即使如此，鉴于一个世纪在一个国家的寿命中不过是转瞬之际，基于钢铁时代仍将持续下去这一假定，那么更加经济使用的前景是非常求之不得的；虽则在钢铁时代中日益降低的人口所使用的钢是否会少得多是一个有赖于很多技术性的——以及社会和军事的——未知数来解决的问题。

英国至少未必会由于资源上的这种缺陷而整个地或部分地把它的钢铁工业丧失给原料供应国，正如事实上它已经并且正在丧失它的黄麻和棉纺织工业的一些部门那样；因为铁矿主要所来自和似乎会来自的国家，都是缺乏煤炭的。

在 1919—1925 年怀着对最古老和最熟习的经济渠道——自由贸易和金本位——的眷恋，把多少有点摇摇欲坠的英国开回比作战地图上的那些渠道更为熟习的经济渠道上去的政治家们，来

不及对人口和资源的较远的未来多作考虑。他们看到资源出乎意
外地原封未动；机械设备在很多地方有了改进；经济适应力显然增
加，并且某些有妨碍的保守主义已被遗忘殆尽。（但他们都是和筋
疲力倦的人们打交道的筋疲力倦的人们。）甚至对外投资还依然很 527
有价值，利润也很丰，虽则已经有一些为支付在美国的债务而牺牲
掉了，另一些在俄国或罗马尼亚损失掉了。在早年间，当一个疮痍
满目的欧洲正寻找供应品和新装备，而有助于人、虽则有时未免屈
已从人的英国欣然一并予以供应的时候，对外投资又多少有点轻
率地予以增加了。英国人民贷款给奥地利、希腊、爱沙尼亚、德国
和法国——贷给新老各国：在一年之中，在糜烂的法国纺织区恢复
以前，他们运往法国的毛织品足敷供应全国男女老幼每人一码
之数。

但是就有助于人而论，丝毫未受震撼的美国是驾凌于英国之上的，美国一贯富足，而现在之富则似乎超出了一切欧洲标准。虽然英国一时给欧洲以大部分衣着，美国却给了多得多的食品。英国为重新装备而进行贷放的力量比它所变卖的财产要小；它的新旧贷款又不像它所想象的那样可靠——正如在1930年以后它将会领略的那样。美国财力之厚却和看上去的情形不相上下。迟至1901年其“金融家方首次假欧洲各国政府以援手”[①]并且在那个年份以后在资产负债表上还是借方的那个国家，在战后十年期间出借的总数——据迄今所作的估计——已经可以和十九世纪的大放款国英国在整整一个世纪中所贷放的数目相比拟了。英国一时被

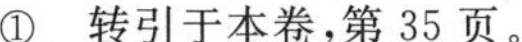

① 转引于本卷，第35页。

它完全遮盖得黯然无光。货币大权终于从伦敦转移到纽约，理查德·科布登和亚当·斯密所预见到的世界经济重心整个西移之类的议论，已时有所闻。

但是美国不习惯于它的新债权人地位。它继续像一个守约的拘泥的债务人一样，以多卖少买和保留虚假的贸易“顺”差为目的。它不愿意让外国人给它衣着或为它进行海上运输，或为它做任何新的有益的事情以作为它继续不断的销售和新贷款的交换条件。支付给它的差额，只要支付的话，主要是用黄金，因而它取得了大量不能增殖的东西。继而它本国的风潮开始了；它终于（这只会是暂时的）从它新近方开始的大规模贷款业务中抽身出去，既给本身带来了巨额的损失又给别国造成了严重的困难。所以，到三十年

528 代初期，英国——虽然处于严重的经济不安之中——将会发现它自己不像在二十年代那样被遮盖得完全黯然无光了。虽则是暂时的，然而完全被遮盖得黯然无光却标识出经济势力平衡的永久转移。这是早已料到的，但无情的战争环境却加速了它的到来。

对于无论美国或者英国来说，二十年代的欧洲都是一个贫乏的销售者和呆滞的购买者，虽则是一个情甘意愿的借款人。英国有令人棘手的内部调整要去进行。萧条来得比实业界所预料的既快且猛。到 1922 年，一般工会失业数字已达 15.2%，机械工程业、造船业和五金业则是 27%——是迄当时为止闻所未闻的水平。此后有了恢复；但是世界已经那样彻底地脱节，以致恢复不可能既迅速而又全面。俄国处于阴云密布的孤立状态中达若干年之久。继而——自 1924 年以来——它重又缓慢地开始在它有任何节余的时候出售它的木材、它的油料和它的粮食，并且吃力地在英

国购买一些它所不可少的资本设备。但是甚至在1929年，它和所有从它分割出来的小国，连同部分从奥地利和德国分割出来的波兰从联合王国的出口中所吸取的份额还远不及旧俄罗斯帝国在1913年所吸取之数。这个份额一直不大：俄国始终是一个呆滞的和勉强的购买者。

战败的、革命化的、饱受剥夺的德国，虽然它的对外贸易破产，虽然背上了不可能赔偿的战债，虽然它的主要工业区被占领下来以强制它进行支付并且它的通货瓦解到了破坏占领国计划的程度，但是到战后头十年之末还是处于经济活动的良好状态中。它同英国的旧贸易关系已经恢复。在1913年它是联合王国产品和制造品最好的外国买主。到1929年，它仅仅次于美国——高于法国，高于阿根廷。在1913年，作为对联合王国的卖主，也仅次于美国，虽然相去很远。到1929年，它已经几乎恢复了那个地位，虽则阿根廷靠了它的食品和原料已经微微地超过了它。无论运自德国的进口货和运往德国的出口货都没有它们过去的那种绝对重要性了；这是一个比较贫弱的德国和一个是否较富很有疑问的英国进行的贸易；但是在最最困难的环境中这种很类似于旧贸易关系的 529
事物的恢复揭示出简单经济力量的顽强的作用——在任由它们自由起作用的时候。

奖励同从旧奥地利帝国分裂出的部分令人满意的商业交往并不比奖励它们之间的交往容易多少；但是在初期为重新进货和重新装备而进行的脱节性的突击活动过去之后，开始同曾经是盟国或中立国的欧洲国家的类似于过去的关系的一种关系自是理所当然的。中立国和盟国几乎重又回到它们作为购买者和承办商的旧

有地位，作为英国煤炭和制造品的购买者；斯堪的纳维亚人作为以木材和矿石为主的承办商，丹麦人作为以乳制品和腊肉为主的承办商，法国作为以它那一长串精细制造品和精美饮食品为主的承办商；但是在每一场合下，它向英国进行购买的规模都缩减了，如果按数量计算，或以 1913 年的价格换算成 1928—1929 年价格计算的话。

非洲曾经有过战事，在近东有过酣战；但是有过酣战的地区已经既不是大生产者也不是大购买者，然而作战和为支持作战所必需的交通发展的直接后果——在巴勒斯坦和伊拉克——将会迅速增进生产力和购买力。亚洲和非洲的大部分地区，连同整个的大洋洲和美洲，只由于战争，而尤其是由于海上战事的后期情况所造成的那些延宕和暂时混乱而受到了损害；其中的英国部分则是由于它们所自由造成的那些直接牺牲。

未始不可料到的是，英国暂时失之于欧洲的，会很快得之于对海外各大洲的贸易，而最容易得之于帝国贸易。重要的恢复和收获是有的；但是头十年期间，帝国贸易增长得很慢。在十九世纪后期，在英国国旗之下售出的英国出口货的百分比一直波动于三十上下有很多年之久；到 1913 年，已上升到三十七以上；到 1929 年已达四十一强；而 1929 年的出口总数，在打上价格水平的变动时，肯定不大于 1913 年的总数。增长的缓慢，以及它所隐喻的外国市场的衰退，正如人人所认识到的那样，同美国和日本在那些年中在
530 这两类市场所取得的强有力地位不无关系，因为当时美国是中立国，而日本虽则是一个既慷慨而又忠实的同盟，却由于它地理上的位置，只卷入了负有限责任的战争，而大部经济能力尚有自由活动

的余地。

美国的贸易在南北美已经自然而然地取得了最大进展，虽则美国制造品由于对年轻而广袤的国家的适合性而在非洲和大洋洲也颇占优势。在1913年，阿根廷从联合王国吸取了它的进口货的31%，智利30%，巴西24%。到1929年，相应数字是19.6%、17.7%和19.2%。差额的大部分转移到美国去了。日本到处都取得了进展，但主要在亚洲并以纺织品为主。起初，对兰开郡的威胁——不仅仅以来自日本的为限——并没有完全认清。兰开郡是业务繁忙的。在1919—1921年重新进货的繁荣之中，在棉纺织城镇所看到的公司发起、合并、价值膨胀足可满足最贪婪的股票买主和股票销售人。在兴奋和继之而来的相当程度的沮丧过去之后(那是在1924年)，棉纱和棉织品的出口仍然占全国出口价值的四分之一，正如在1909—1913年这项工业处于精力旺盛的时候一样。[①] 但是在1920年不健康的迹象未始没有为尚非忙得不暇他顾的人们所注意。虽然价格约为1913年的三倍，但是装运的棉制造品的磅数和码数，甚至在毛织品的出口空前未有之大的那一年，除一项而外的每一项类别都比1913年为少；而各类粗货则显然更少。这个无衣无褐的世界似乎对兰开郡比对约克郡的需要还要少些。唯一例外的类别就是"棉线"类：科茨公司和他们的伙友仍然把持着市场。最接近于他们的是，也理应是供应细棉货——染色纱或染色匹头之类的货物——的那些人。

到1929年，贸易相当不错而失业数字也并非说不过去的那一

① 参阅本卷，第66页。

年，出口棉货的价值已经比总出口的价值缩减多得多了。所有价
531 格都不断下跌(1924年的批发指数是一百六十六；1929年是一百三十六)，但是棉纺织品不再构成全部的四分之一，或者像十九世纪中叶时的30％至40％，而仅仅是18.5％了。(还有更糟的情况在后面——三十年代初期的贸易萎缩和破坏性的失业。)直到1929—1930年所发生的一切，正是任何细心的学者在1914年以前所会料到的——迟早总有这样一天。事情发生的步调和工业方面的毫无准备，却非始料所及。依情度理在意料之中的是，在贸易较低一端的，特别是在亚洲的一些损失；英国的更加集中于包括新生产的人造丝在内的精细品；以及整个工业可能有的某种缩减，并且所有这一切都逐渐发生于一代或一代以上的时间之内。不幸，正如实际上所发生的那样，在1914年前夕，非但没有缩减，而且有了相当的扩张。毛纺织工业在1911年没有比1881年雇佣更多的人手：而棉纺织业却多雇佣了将近20％。也就是十万人。第一次的微微缩减出现于1921年。打击就这样落在，并且还将要落在一个相对人浮于事的工业上。

在二十年代期间还有其他一些重要工业相对于它们当前或遥远的前景而言也是同样人浮于事的。逐渐明显的是，正如上文所述，像和平最后几年期间(1911—1913年)平均二亿七千三百万吨那样大的正规煤炭产量的任何希望都是遥遥无期了。1920—1929年的平均数——包括1921年和1926年生产方面有重大间断的这两年在内——是二亿五千一百万吨。但是在1921年，向人口调查官员自报为矿工的人却比1911年大约多16％，甚至在1931年仍然多3％；虽则自1924年以来申报为实际从事矿井工作的人数已

降低很多。酿成风潮的火种正在于此。在雇主中间没有任何有系统的一致行动。采矿地区和企业往往是彼此隔绝的，各有自己的矿工家眷集团——而机械伐煤又终于逐渐取得重大的进步。在1901年只有总产量的1.5%是用机器采伐的；到1924年，这个比例是将近19%，到1932年将会是38%。

关于铁路方面，在国家将铁路交还各公司，交还新合并的各公司时，员工的缩减是作为所进行的改组的一部分而计划的。所采行的地域政策正是十九世纪铁路员工所谓的“分区制”；不过是区域比他们向所筹划的，或国会所会允许筹划的更加庞大而已。在分区完成时，从早期铁路时代残存下来的名称只剩了一个——即
大西铁路这个名称。人员的精简是小心翼翼地进行的；但是这却 532
使升迁的希望无可避免地落空了，并且招致了层出不穷的意见，无非都是由于同采用劳动节约办法或加重个人责任有关的不公平和困难而引起的。在1921年和1931年之间英国铁路的员工总数字减少了十二万或16%以上。但在这同一个十年之中，那些照官方用语担任“自动车司机”的那种“赚钱职业”的人数已经增加了二十二万四千，或126%以上。为四十万一千“从事赚钱职业的”汽车司机（1931年铁路员工只不过六十一万六千）和几十万不直接为赚钱而自己开车的人们利益计，国家的面貌正历经着一次变革，这是铁路本身是新事物的那个时代以来所未曾有的。

在1911年和1921年之间钢铁制造业、机械工程业和造船业雇佣人数大约40%的扩大，乃是应付1911—1914年这些忙碌年份和钢铁战争之所需的。在十年的和平之中也可能会出现一定程度的扩大。甚至二十世纪的和平也还是钢铁的和机械的和平。但

是造船厂中1919—1921年的更置活动是不正常的——商船吨位从来没有像1920年建造得那样多——不能长此持续下去，特别是因为英国迫不及待地从德国接收了一些大船作为赔偿的一部分，这就更加肯定不能了。所以相对于最近的前景而言，这个工业的中央集团也是人浮于事的。对于很多公司和工人来说，1921年以后的前景是一片萧瑟。但是船只不能再用了。1920年下水的最高额并不比1913年的前一次最高额高多少。钢的使用和机械装置都在增加。相对于最终的前景和雇佣能力而言，这个集团是不太人浮于事的。最大的劳动节约，最高度的自动装置曾经为了应付战争需要而加以鼓励。节约和自动装置将肯定会得到推广；但是没有理由认为会有任何造成紊乱的突飞猛进的推广。

在化学、电气、煤气和供电、汽车工业以及运输、交通和一般分配方面雇佣数字的显著扩大，正如1921年人口调查时所申报的那样，是健康的，前途也是光明的。政府机关——中央的和地方
533 的——以及文娱事业的扩充是意义深远的。大建筑工业集团的微微缩减并不具有什么特殊重要性：这个集团是每十年一个起伏，事实上在1931年以前已再度扩大了。农业方面继续不断的收缩是谁都料得到的，也是人人引以为憾的。而私人家务劳动这个大行业的剧烈缩减究竟是应受欢迎或应引以为憾，这就要看这位观察家究竟是把更多的价值放在收入的平等化、对个人独立性的爱好和加较大的收入以税负（这些是它的主要原因中之尤者）方面，还是放在由机器推动的一种文明之中人民要把自己的生命——正如文娱服务者那样——不是用于商品制造而是用于互相服务的日益增长的必要方面了。

除开和其本身与战争有关的泛世界政治经济环境相联系的煤炭出口贸易的下降这个例外不计，所有主要工商业的扩大或缩减都是可以断言的，而且其中大多数即使始终没有战争，多半也会出现的——虽则有一些会比较慢一些。在1929年煤气厂、铁路、家庭消费者和一般工业所用的煤炭所以不比1913年多，不是因为战争，而是因为知识和节约的缘故，虽则钢铁工业中煤消费量的降低同战后的环境不无关联。田间雇佣人数的降低却同战争没有重要关系。国际贸易的一般呆滞，像上文所提到的英国在那项贸易上的一些特殊损失一样，是有直接关系的。但是结果，在或许给未来的历史学家以最深刻印象的这次大动荡之后的十年——和更长——期间英国经济生活的广泛外部活动之中，其连续性是可以断言的。为了保持将证明是无法保持的一些连续性而进行的一些尝试，也不会在很大的程度上改变这一结论。

既有这种高度的连续性，英国经济内部组织方面的显著变化自然是罕见的。大多数的变化都是加速发展而不是革新，甚至计划定的铁路系的改组也不例外。如果从1850年至1914年能任由铁路公司自行其是，类似事物也几乎肯定会出现。但是这种连续 534
性至少有一项重要割裂，这在其他任何国家都会是一个广泛讨论的问题。也许因为它是发生在农业经济的范畴内，所以在英国过去只得到而现在也还是得到异常之小的注意。在英格兰农业部，对这个问题进行过断断续续的和多少带几分勉强的调查。苏格兰农业司搜集了一些数字，但是在它的报告书中未加以讨论。然而在土地所有权方面，一百年来的趋势在半代之内竟翻然一变。至

少在1914年以前的两个世纪中，英格兰地主自耕地所占比例是一直下降的。虽然直到第二个世纪之末，统计证据都是残缺不全的，但关于这个事实却没有多大疑问。在十九世纪后期英格兰和威尔士的比例是12%左右。在1913年，英格兰和威尔士的数字是10.7%——1919年是12.3%，1921年却在20%以上。到1927年已超过36%；苏格兰则是28%左右。在英国历史上可能没有一个时期有过这样多的自耕地。①

总的趋势是明显的，但是对买卖双方起作用的种种力量的相对重要性还一直没有予以适当的说明。在1920年那一年，六年来一直干得不错——仅就价格的情况而论——的农场主对他生产的大多数产品所得到的批发价格差不多是他在公认他并非处于困境的1911—1913年所得到的三倍。继而出现了全面的急剧下降，并且自1923年至1927年，价格仅仅比1913年水平高出50%至60%之间。但一切价格几乎莫不皆然。农业还没有步伐失调的下跌，正如后来的情形那样。在很多农场主的银行账上有了未花费掉的巨额结余。一个野心勃勃的人能以很容易地买田置地而一个并非耕田出身的退役的有产者也在购置田产。与此同时，由于不堪战争税和死亡税压榨的所有主需款殷急，或由于认清良机难再的所有主——个体的或集体的——的头脑冷静而不乏田地求售。原租户往往变成为所有主，田半多是借钱购置的，因为生怕有人不打他的招呼就把这块田买去，从而决定了他的命运。他可能一点

① 这项数字之中包括有大量并非真正“耕作的”极小的持有地；但租用持有地也同样是这种情况。

也不想买。后来在农业重又落进波谷的时候，听到最多的就是这 535
类被迫的购买和迫于税课的出售。但是也有很多是其他各类的，究竟有多少，现在不得而知，或许永远也不会知道。

在踵随1927年而来的那十年的艰难岁月和农业试验期间，每三个之中有一个多农场主而不是每九个之中仅仅有一个农场主在自己的上面没有任何作为缓冲器的地主这一事实，乃是具有头等重要性的一种新情况。

连续性的任何相应的割裂在工业方面都不曾有过。凡有变化，无不照例是由于1914年以前已经起作用的种种力量的加速。而甚至这类加速也往往是或由于早期艰难岁月的工业失调；或由于疲惫不堪和有时怒不可遏的人们除应付那种失调之外不遑他顾；抑或由于他们无可避免地和旷日持久地专心致志于从战争基础转移到和平基础的日常问题，以致延宕到二十年代很久以后方才开始。兵工企业正考虑如何应该制造犁头；只是因为它们有多余精力，方能考虑如何联合起来生产犁头，或别作打算。但是舆论和更加官方的意见对于各式各样的企业联合比1914年以前的态度友善得多了，现在已经看出它具有合作——一个神圣的字眼——的一些优点。合作曾经是作为一种爱国义务来要求于划归军需部管辖的那个庞大工业集团的。因为意识到公众和或许政府对它们抱怀疑态度而一贯保密的那些雇主组织，可以公开了，虽则其中有一些还是多少有点慎重从事的。

价格规定对于这样一个社会已经远不那么得人心了，因为在那个社会中，价格以及在价格背后的许许多多经济机能已经由自

厅，或者由像棉管会之类隶属于白厅的地方工业当局予以制定了。舆论现在不反对企业联合了，对于最大的合并也不大会予以打击了，如果一切都是公开的和正大光明的话。有组织的工资劳动者始终是宁愿和有健全组织的雇主打交道的；教条式的社会主义者认为大型合并正是一个马克思主义的预见的实现，正是工业管理权从私人手中到公众手中的最终和注定了的转移的简易化。新合并之中最大的一个，帝国化学工业，早已有了一种半公共的性质，
536 事实上它是凭由国家的好意而成立的，而且只要它能继续发挥使这个国家不依存于进口精制染料这一固有职能，就不会得不到国家的帮助。所不同于过去的只不过是规模和宜于成长的气候。化学工业曾经是英国一些最早的合并出现的领域，但是这种或那种同业公会却还要更早一些。

凡是没有加速走向工业合作和更大单位的领域，官方或半官方的意见现在似乎是持批评态度了，正如 1925—1926 年的煤炭工业皇家调查委员会对拥有二千五百个矿山的一千四百家英国煤矿企业所持的意见那样："近年来的经验一直不是令人鼓舞的。合并的过程看上去已几乎陷于停止状态。"调查委员会曾经得出这样一个明确的结论，认为英国平均企业的规模从经济上讲并不是最适当的，并且援引维斯特法利亚或加来海滨的改建煤田中较大的平均单位作为例证。最老英国式的，最有连续性的，最十九世纪的莫过于个体主义的和好斗成性的煤炭工业。既经政府在因其于战时为供给国家以足够煤炭所作的殊可钦佩的卓著成效的努力而设备和精力都多少有点拖垮了的情形下从战时管制中交还原主；既经投入了造成 1921 年减产三分之一的一次浪费的内战；既经在这一

年的下半年由于弥补损失并由于美国方面的煤炭罢工而人为地兴旺起来；既经由于在1923—1924年法国的惩罚性占领期间在鲁尔方面德国煤炭生产的一度中断而再一次繁荣起来；既经在其他各种工业处于萧条时靠了意外之财而获得了高额利润和工资的增加；既经在1925—1926年推迟了的风潮到来时由国家给以津贴——英国煤炭工业在1926年英国贸易平衡由于煤炭出口的停止和外国人往纽卡斯耳输运煤炭而倒转过来的时候投入了一次最大的内战，几乎把全国一并席卷在内。此后它在艰难困苦之中挣扎了多年，需求和产量停滞或下降，人数也不胜其苦痛地缓慢地缩减。这提供了一个推迟加速的极端事例，一个几乎是各种力量逆转的极端事例。有助于1925—1926年调查委员们所希望的那种合并的力量在1914年以前并非一直是很强大的。合并的数字表 537
明了这一点。但是合并却起着作用，虽则是断续的和悄悄的：在九十年代具有相当重要性的企业曾经有两千家。鉴于1918—1926年的变化，那种作用的“陷于停止状态”是不足为奇的。你不能在飓风季节中好好修缮你的房屋，正如这位政治家谈到议会改革和法国大革命时所说的那样。

但是在一般工商业中，这一种或那一种合并以及新型大工业单位的发展——就汽车制造业或成衣制造和零售业或其他一二十种行业而言——正以任何一批有进步精神的调查委员所能希望的速度进行着。（但是因为很少设置调查委员会去调查迅速而又大抵健康的发展，所以这些事实不是正式拣选出来的。）控股公司正越来越为人所利用；结构的复杂性和流动性，特别是在原先的军需重工业中，是如此之大，以致这些组织的相互交错每五年甚或更短

期间都会在断面图上呈现出明显的差异。在造船方面已经有了大型的和往往易于变化的合并；在棉纺织业中有了另一些；海底电线和无线电利益集团也合并成为一个庞大的企业；此外还有一个联合企业——很难称之为联合商业——的异乎寻常的国内和国际发展，这个联合企业不但因袭了利弗，第一代利弗休姆勋爵这位生前可以当得起其他很多称号的肥皂制造商的名字，而且也因袭了他的大胆和胸襟开阔的品质。

在1914年原已很彻底的银行的合并和集中，到1923—1931年已经进行到了这样的程度，以致进一步的发展看上去几乎是不可思议的——除非是由于1931年的政治大事而使人们纷纷讨论的那个国有化。居于银行体系之首的是和政府有比过去更加密切的联系并对整个银行业者集团拥有更大管理权的英格兰银行。在1928年管理其纸币发行的那项皮尔条例的陈腐规定放宽之前，在战时和战后同财政部曾经有过十四年忧心忡忡的合作。政府已经取消了战时流通券，并且——正如皮尔所计划的，但在八十多年之后——现在只有英格兰银行纸币在英格兰流通了。这一点比之下述这样一个事实却是小事一端了，即甚至在像英国这类民主国家中，正如一位经济学家在1937年这样写道："政府对中央银行的权
538 力，以及中央银行对金融界的影响已经发展到了闻所未闻的地步。"银行集中化的工程圆满在1914年原是不难断言的。这种发展却不是。它们都是战争和战时的货币紊乱所引起的新情况，是"三十年前所不可想象的"，正如这位经济学家所说的那样。①

① 罗伯逊的论文，见《劳埃德银行评论》(*Lloyds Bank Review*)，1937年9月号。

在二十年代后期这些情况一时还不像后来那样明显，因为决心要维持连续性，英国曾经恢复了金本位，类似十九世纪英格兰银行的半自动政策和半自动运行的那种情况也随之而恢复——随着黄金储备的变动而变动和旨在加以控制的银行贴现率。英国在拿破仑战争之后曾经恢复了金本位：它将会再一次恢复。事实上持这种说法的《1925 年货币委员会》这项文件——在银行中——既没有讨论贬值了的英镑，也没有讨论可能奠定在黄金基础上的管理货币，这种货币曾经被建议作为避免在英镑价格和黄金价格失调时，一如 1925 年的情形，因直接恢复金本位而可能产生的种种不安的一个方法。必会有一些不安，这是人所尽知的。对政府从委员会接受过来的这个政策持批评态度的，料定不乏其人。六年之后因黄金和货币的极度不安而使这项政策废除时，批评者所持的全盘理由似乎都是凿凿有据的；但是若说最终的灾难是原决定中所固有的，那却远远不能肯定。不管怎样，迫使政府权力和中央银行影响力不能不增长并反映出这种情况的，却是英镑和黄金之间联系的逐渐割绝。

在工业或商业中经营单位的增长并不是什么新情况。这种增长悄悄地持续着；但是就二十年代不暇他顾的、起伏不定的实业界来说，这种增长是不容易计量的，而且有夸大帝国化学工业或考利厂这类彰明昭著的既大而又新的集中和单位的重要性的危险。一般工业中的增长，以及偕以俱来并且部分造成增长的不断普及的机械化，是工厂视察员纪录有案的；但查报合并，或查报个体工厂在单一财政控制下达到了怎样的程度却不是视察员分内的事。在

539 战后土崩瓦解的萧条年月中，在直到1926—1929年方始恢复的工厂建造和公司发起一时几乎完全停止的时候，工厂的实际数目增长得很慢；而且登记的手工工场的数目还不断降低。但在1907年和1927年之间工厂已经增加了差不多40%，手工工场减少了26%——“下降发生在女服制造业、洗衣业和面包工业中”，在这方面工厂还大有进行征服的余地。可随处把乡下人载运进城的比铁路更加有弹性更加普及的汽车运输，正暗中破坏着“鞍匠、铁匠、村庄裁缝、女服裁缝和女帽商这些乡间小企业，所有这些小企业都日趋凋零了。这种衰落”，主任视察员在1928年这样报告说，“以东安格利亚和威尔士农村区域最为显著。”旧农村工业的残遗在它最僻远的发祥地已渐趋绝灭。而在小制造业一贯表现出料想不到的生存力的伦敦，“小雇主日益感到同大企业进行竞争的异常困难，很多过去雇佣别人的人已经又退回到雇工的地位了”。

手工工场或家庭工业到处都保住了，甚或加紧地抓住了“在厂外”进行的各式各样活计，举例来说，譬如在服装和皮靴制造业中。设菲尔德仍然有它在住宅工场中干活的“小师傅”；并为了某种特殊原因，它们甚至还不时取得进展，这是因为有一类过去一直在大企业中进行的活计，现在正过渡到住宅工场中去；但在1921年和1931年之间可说是小企业真正有了进展——而并非全线进展——的唯一领域就是零售业。尽管在十二三个广为散布的样板城镇中有大百货商店和连锁商店，但是在1931年却比1921年有更多的食品杂货店、面包店和肉庄；更多的药房、纸烟店和报纸经销店；以及多得多的糖果店、干鱼店和眼镜店——在每千户或每千

人之中。但是绸布店、瓷器店和典当店却少了，后两者则少得多。[①] 在所有迅速分散化的城镇中，这九种类型供应日常必需品或日常需要的小奢侈品的商店（眼镜商经营“无线电”）几乎是每一条街上或每一个小住宅群所必不可少的。但是要买一套茶杯却甚至要去搭乘公共汽车；幸而对于“典当商”的需求已经不像维多利 540
亚时代那样大了。

在高级和一般工业组织中，1918—1921 年的两种发展很难满足这第一段乐观年月的期望。当时看上去像是全部或几乎全部工资劳动者都很会立即加入工会；大家希望在联合工业评议会中，在战争停止以前正着手成立而在休战之后已迅速成立的那些惠特利评议会中，工业有关各方能群策群力以集体智慧和见识维护工业和平；奖励教育、发明和研究；并促进有利于各行各业，有利于国家的法律。不列颠和北爱尔兰工会的会员在 1919 年据报为将近八百万，在 1920 年为八百三十四万六千。可能的最大数额——不包括农业和家庭劳务在内——或许不会多于这个数字的 50%。1913 年的数字，截至那个日期为止有案可查的最高纪录，曾经是四百一十三万五千。但是当截至 1928—1930 年为止的平均数只不过四百八十三万时，令人难忘的 1919—1920 年的数字，已成明日黄花了。到 1933 年，随着第二次战后萧条的到来，它会仅仅是四百三十八万九千——作为一个可能会员人数的百分比，比 1913 年少得多。

1919—1920 年的数字部分地表现了当时情绪的一个浪花。

① 福特的论文，《经济季刊》，1936 年，第 359 页。

此外，煤炭采掘业、棉花加工业和铁路工作方面——在它们之间提供了 1913 年会员人数的大约五分之二——所雇佣的工人一年少于一年。贸易萧条总是带来工会会员人数的下降；而萧条又是不一而足，尤其是在重工业方面。日益发展的道路工业、文娱工业以及那样成为时代特征的拥有大量女工的所有各种新型轻制造工业，都是工会组织者难以镕冶的原料。而且，正如人人所能看到的那样，工业活动正从工会运动始终很强大的北部向工会运动照例薄弱得多的米德兰、南部，尤其是伦敦地区逐渐转移。在 1923 年和 1933 年之间，根据失业保险条例加入保险的人数在米德兰地区增加了 16.8%；在西南部增加了 22.9%，在伦敦 23.2%，在东南
541 部 38%。（伦敦在数量上比东南部和西南部加在一起还重要得多。）在这期间，在东北部、西北部以及在苏格兰和威尔士，人数的增加自威尔士的 4.1%至东北部的 9.4%各不等。而四个增加较速地区的总和到 1933 年同四个较慢地区的总和恰好不相上下。

联合工业评议会和在 1918—1921 年期间出现的不那么正式的临时工业复兴委员会的长长的一个清单或许比高额的工会数字甚至更能表现出一个过渡阶段的舆论。它们在一定的程度上也表现出一个过渡的需要，战后复兴的需要。它们靠了扩大地区和改进集体讲价方法在前此组织不完善的工业中做出了最有益的工做——因为事实上占用它们时间最多的是工资、工时和劳动条例这些司空见惯的问题。早已有了健全组织的工业往往感到对于这项工作没有成立一个评议会的必要：毛纺织工业有一个评议会而棉纺织工业就没有；陶器业有而染布业就没有，瓷土业有而煤炭业就没有。很多评议会是寿命短暂的。在 1921 年年底存在有七十

三个，并且有十四个复兴委员会后来也改组成为评议会。但是到1925年6月只有五十个评议会残存下来。1926年总罢工这一年的风潮是不利于发展以至于苟延下去的；到这十年之末，虽则有一些仍然在运行，并且新成立了一两个，但是它们在国家经济生活中简直没有能起原所期待的作用。完成了向所期待于它的作用的——非特解决工资、劳动条件和工时的困难问题，而且组织教育并促进工业研究——实寥寥无几。很多都变成多少有点徒具共表而毫无实效的。

尽管人数日益减少，尽管有1926年的一个特别工会代表大会授权它的总评议会号召全国罢工来支持矿工工资要求的那一年的种种大事，工会大体上还是加强了自己的地位。英国经济生活九天瘫痪的责任归属问题不是这里所要讨论的。接着就是工会会员人数的急剧下降——从1925年的五百五十万降到1928年的四百八十万；因为虽然工人在号召发出时是极其忠诚地参加罢工的，但很多人却是出于勉强的；有些人对工会政策的信心已经发生动摇； 542
而矿工旷日持久的全国灾害性的罢工并无助于信心的恢复。但是工党的上台给予工会以它们前所未有的同政府接触的机会和对政府的断断续续的控制；工会的重要合并正在进行着，同增加了本身力量和必要时本身战斗力的当代资本主义工业合并齐头并进；工业评议会运动，虽只取得部分的成功，却已经改进了不妨称之为它们的宪法地位的事物；现在成为附有一个有效的秘书处的常设组织的那种工会代表大会总评议会日益增长的重要性给了它们一个中央机构——不完全是一个政府，但多少有点类似政府的一种东西。不管究竟是更多地由于那个政府的明智，或由于工业中双方

应变的见识，或由于1926年的斗争之后的筋疲力尽，抑或由于自1930年至1934年的长期不景气之中的心灰意懒——在紧接着全国大罢工而来的那十年之中几乎没有因为工业争端而损失任何工时。就全体工资劳动者和整个这段时期而言，平均不到每年三分之一日。[①]

在半自愿的失业降至无足轻重的水平时，除开少数懒汉和丧失工作能力的人之外谁也不希望的失业，其数字是自1927年5月大不列颠被保险人口8.6%的最低额至1932年8月28.8%的最高额各不等。在1926年风潮以前，失业数字是自1920年12月的七点八至1921年5月的二十三点零各不等，在1921年5月，突然而来的一般萧条和斗争中的煤矿工人的自愿失业一并打击到了工业的其余部分。所以1921年最后六个月的十五点八或1922年全年的十四点一的平均数，是二十年代早期不景气时期相当具有代表性的。

这些准确的数字是紧接着战争之后而来的失业保险迅速扩展的一个副产品。在挑选出来的一些行业中二百多万工人试验性的保险，根据1911年的条例，也许未始不会扩大到在1920年把所有真正工业工资劳动者一并包括在内，而不管有无战争；但是扩大恐怕将会是渐进的。在战争期间虽然没有系统性扩大的可能；但是
543 根据1916年兵工业工人保险条例，其最终失业至少暂时看上去是势所必然的那一百多万人已列入计划之内了。到1920年，在依然

① 参阅本卷，第499页的曲线图。

故我的联合王国之中被保险者总数是四百一十九万七千。普遍保险就这样一蹴而就，鉴于崩溃的岌岌可危，照后来的情形来看这是非常及时的；到 1921 年 7 月——在崩溃已经到来的时候——有一千一百零八万一千人保了失业险，单单在不列颠，失业者就不太少于二百万。在二十年代后期，加入保险的人口大约是一千二百万，失业的百分比任何一个月都不低于八点六或人数在一百万以下；以致外国评论家开始讨论这无法克服的一百万。就包括整个第一次萧条、1926 年的脱节和 1930 年后期第二次萧条的头几个黑暗月份在内的 1921—1930 年这十年来说，被保险的失业者的平均百分比是十二点二。

如何将这个数字同战前任何类似的长时期失业平均数进行一番比较，要估计一下都确乎甚至是不容易的。就八十年代那多事的十年来说，当时可供利用的几个有限工会集团的失业数字得出了五点三的一个平均数；就远不那么多事的 1900—1913 年这些年来说，一个较大集团的平均数是四点五。如果在 1900—1913 年失业保险也像它在 1921—1930 年那样广泛和全面，肯定数字会高一点：一向在工会之外的特别容易遭到失业的所有各种非熟练工人和临时工，现在都保险了。在另一方面，二十年代的一些最糟的失业数字都是在工会运动一贯强大，所以一贯有失业数字提出的那些行业——煤炭、造船、机械工程——中。机械工程业、造船业和金属加工业工会集团在根据二十年代的标准列为贸易繁荣年份的 1925 年所报告的失业数字（13.5%）同八十年代的那个黑暗年份 1886 年所报告的数字恰恰一样。就 1923—1925 年这三个相当安适的年份来说，所有工会的数字平均为 9.9%，新制度的数字是

10.9%。[①] 所以，新制度如果在1880年以后就存在的话，八十年代的平均数看上去未必会高于7%，1900—1913年的平均数也未
544 必会高于6%。也许6.5%和5.5%会是更可能的数字。基于这些假定，二十年代的失业总数的6%——或一半——是可以溯源于战后时期的特殊环境的。这也适合于机械工程和造船集团不幸的经验，它们在1920年和1930年之间的最坏年头，与过去纪录有案的最坏年头相比，是加倍之糟的。

二十年代中期和后期的平均工资劳动者于在业时多半比他在1914年7月的景况好些。很多人的景况显然好些；另外很多人，判断就难下了；某些重要集团的景况无疑是要坏些——而在这三部分之中，"平均"一词无法有很准确的意义。在1921—1922年战后繁荣结束时的价格急剧下跌之后，几乎完全稳定的工资率条件和相当稳定的价格条件开始出现。照官方计算的生活费于此后七年稳定在大约高于1914年7月70%的水平上，前四年高于7%，后三年低于70%。这项生活费数字是一项多少有点武断的估计。它没有考虑到烟草和啤酒这些"必需"奢侈品因税课而不成比例地增加起来的费用。它也没有把新增的强制性保险费包括在内——这既是一种储蓄形式也是一项开支。还有其他一些理由也有助于得出这样一项结论：其报酬已经完全按照这项官方生活费数字提高的一个工资劳动者也会感到——撇开失业不谈——景况比以往微微差些。重要的是工人如何感觉；所以要说在二十年代中期工资高于1914年7月大约80%至90%的那些人有理由对于近来的

① 1926年以后工会数字的旧报表已停止刊行。

时势所趋感到不满，该是不失为公平的。

幸而大的重要集团没有这种不满的原因。在劳动收入标准的最底层工人——在建筑业、船坞、煤气和发电厂、机械工程和农业方面——连同铁路工人中不大熟练的工人在1925—1929年所得到的工资率自大约高于1914年7月的80%——就农业和机械工程业工人而言——到建筑、煤气厂、船坞、马车运输和很多其他各类工人的100%以上各不等。如果比如说以1909—1913年而不 545
是以1914年7月的平均工资率为基准的话，那么改进会显得更大一些。铁路工人干得最好；其中有一些争取到了将近150%的上升。只是在造船业和采矿业中有一些非熟练或半熟练工人集团所表现的上升不是一点不大于官方生活费的上升，就是大得有限。

同机械工程和金属加工工业有联系的这些行业成为麻烦的核心。建筑工人、熟练铁路工人、印刷工人、制靴工人和其他重要集团，像其他大多数工人一样，至少已经取得了80%的上升；其中有一些在100%以上。纺织业的工资——这种工资比几乎其他任何工资都更难以寥寥数语予以近乎正确的阐述——可以表明在毛纺织方面有80%至90%相当令人满意的上升，而在棉纺织方面有65%至70%不那么令人满意的上升。1926年矿工正为保住就整个大不列颠而言在1925年比1914年6月的水平"每人每班"平均高出62%的工资而进行着斗争。这个数字，一项可供利用的最重要的数字反映出矿工于在业时的景况已经比1914年7月稍稍差一些了——虽则这个问题由于他们家庭用煤的大量廉价供应和一些其他照顾而复杂化。他们的斗争失败了；而在1928—1929年，靠了仅仅高于1914年43%的一项每人每班的工资（而生活费指

数是65%),他们的景况肯定是更坏了。各种各类的机械工、造船匠和船舶装修木匠全体都是这样:自1923年至1930年他们平均公认工资率绝没有高过1914年7月50%以上,而有一些仅仅是43%。

所以工资情况最不令人满意的是在那些紧缩中的人浮于事的工业中,而这种紧缩——正如在棉纺织、煤炭、大部分机械工程业和造船业中那样——是和世界市场的情况有关的。铁路工作的需求也在缩减;但铁路劳务却不是在国外市场出售的。这是,照当日的用语来说,一种不受外国竞争的职业,正如其他很多报酬最优厚的职业一样。毛纺织所以比棉纺织相对地幸运一些,是因为它不那么依存于海外市场。棉纺织业却是如此有依存性,以致它最坏的情况尚有待于将来。机械工程业、造船业和煤炭业的远景要好得多。在三十年代早期,机械工程业的一切工资都将会上升,棉纺织业的工资会再度下降。

546　工业的最低层不仅仅取得了劳动收入的最大增长;而且从缴纳保险费的失业保险、不缴纳保险费的失业保险的各种引申办法和在有血汗制危险的行业中劳资协商会所制定的工资规定的迅速推广,以及战后根据依然残存的济贫法发放济贫金的宽大尺度之中,也获益最多。他们一直是最容易遭到短期失业而又最不能靠加入工会来防范不虞的。他们和他们的家属现在在短期失业期间所可指望的各种不同的津贴比技术工人所可指望的更接近于他们的正常劳动收入了。济贫金的领取对于广大的伦敦船坞工人或默尔西塞德的爱尔兰工人——他们曾大量领取——来说,并不是像对于博耳顿纺工或格拉斯哥装配工在被迫申请时那样一种丢脸的

事情。结果是处于社会最低层或比最低层略高一等的人们一种真正的改善,尤以伦敦为显著,但并不仅以伦敦为限。

在伦敦,这些最低层一直是范围最广,虽则并非最底。但伦敦各行各业并不是在劳动和工资方面疾苦最重的行业;它们是有相当保障的。在1927—1929年这几个好年头,失业百分比和1913—1914年那两个也不错的年头不相上下。就全国而论,失业百分比却有两三倍之大。凭由几乎所有人所享有的这种保障,大多数人所得到的令人满意的工资上升,以及在年老和遭受意外时的稳有救济金可拿,查尔斯·布思在1892年类列为“贫民”和“赤贫”的那些社会最低阶层的处境已经有了很大的改变。主要的改变是以1908—1911年的各种津贴和随时随处见到的各种保险为开始的,1918年则有更大的改变相继而来。“贫穷线”以下的生活中“最令人望而生畏的面貌”“已经大部分消除了”,《伦敦生活和劳动新况》在1930年这样记载说。再没有必要认为“贫民”和“赤贫”“悬系于匮乏深渊的边涯”。虽然在失业问题远比伦敦严重的地方,“贫民”和“赤贫”还同他们的邻人一起受苦受难,但是他们于在业时相对好的报酬和在无工可做或劳动季节过去之后的种种指望却给他们在深渊的边涯树起了一道篱笆。

舆论所最关心,而且也理应关心的是那样一些地区和工业,在那些地区和工业中,甚至在二十年代后期的相对繁荣期间,还有数 547
万技术工人无法发挥他们的技能,青年工人学不到一点技术。在1925年有代表性的建筑业的木匠和细木匠工会的工人失业百分比已低达二点二——只不过是由于个人不幸和零工之间的短暂间隔所造成的无可避免的最低数字——的时候,机械工程业、造船业

和五金业的总数字，正如上文所述，却是十三点五；而且在特殊部门和地方，情况还要坏得多。在1927年6月英国全体参加保险的工人的数字是八点八（几乎是这十年的绝对最低数字）时，伦敦的数字是五点一，东南部是五点七，东北部是十二点三，威尔士是十八点零——甚至这个数字还是此后十年在威尔士所会看到的一个较好的记录。完全失业的矿井村或以大多数人失业的煤炭工业和重五金工业为主的城镇的令人望而生畏的问题正逐渐形成。

这个问题因近几十年来各种社会服务、学校、医院和公益机构——以及社会保险本身——的令人惊叹的发展而更加棘手了。这里有一些矿井村和其他一些村庄是一位聪明而仁厚的独裁者未始不会接受劝告而予以炸毁的。甚至有一些城镇，其继续存在是否有利也不无可疑，如果以永恒性的眼光去看的话。但这个问题是一个以年计的问题，而不是一个永恒性的问题；不过从不再需要或采掘殆尽的劣等煤层附近最阴暗矿井村撤出的问题，甚至耐烦考虑一下的人都寥寥无几。对一个地点失宜或显然多余的城镇的衰亡故意佯作不见，会意味着一种奉纳，而这种奉纳是不能以其符合必然毫无把握的经济预见而证明其社会价值的。人们开始考虑——太常常是开始得晚了一些——在这样一个城镇里如何旧工业可以残存下去而新工业又可以创办起来，以期至少可以使之在衰退年月好过一些。

这种考虑所以迟迟开始，是因为在二十年代的大部分期间这个问题的性质是很难认清的。移民出境这个英国的旧安全活门仍然起着作用，起初还十分有效。在1920—1921年期间从不列颠移往欧洲以外各国的净额有二十九万二千人。（而在1913年这一年

曾经有二十四万二千人。)此后平均年度净额是十万八千,而在1929年当年是九万三千。这个数字虽然同战争前夕的大移民不 548
能相比,但是同较长期间的平均数却是很可比拟的——而且其中很多未始不会成为移民的人已死于战场。直到美国方面的1929—1930年崩溃时,英国移民方初次几乎减至乌有,继而——一个前所未闻的阶段——竟变成负数。在1932年,迁入比迁出的移民多四万九千人。安全活门不再起作用了。

后果见之于三十年代。二十年代连同其普遍的社会保险和矿工之间的这样一种下意识的、虽未明确形成、但易于了解并且直到1926年还广泛流传的信念,即:认为凭由组织和威胁总可以从社会中为他们全体夺取到相当的繁荣——这个二十年代正在铺平道路。靠得住有"救济金"来维持生活,尽管是一种很低级的生活,也无可避免地会妨害懒汉的进取心,并鼓励他们盲目确信他们——或他们的父辈——所学的那一行迟早有一天会恢复起来而死守在他们的出生地不动。为什么迁移呢?更加坚决地问道,为什么移出境外呢?没有任何发问能更加自然了。使他们受到鼓舞的这类信念不仅仅以失业的工资劳动者为限。而所盲目信赖的这种恢复有时候也竟会到来,虽则会是在很多年以后。

从无工可做的村庄和已经变得就工业来说地点失宜的城镇中进行的迁徙和移民出境都是不乏其例的,但是这种移民横流是黏性的,而且具有把有企业心的人席卷而去,把懒汉和因时代而成为无可取的人留剩下来这样一个无可避免的后果。虽然在威尔士因出生超过死亡而仍然有人口的增长,但是在1923年和1929年7月之间威尔士全部参加保险的人口——在业者和失业者——减少

了大约 2.5%。在虽然始终没有受到像威尔士那样沉重打击但因煤炭和五金工业的风潮而受到激剧损害的苏格兰，参加保险的人口在同一时期仅仅增长了 1.6%；而就整个不列颠和北爱尔兰来说，这项增长是 8%，伦敦是 13.6%。随着自 1930 年起出境移民的完全停止，虽然缓慢的迁徙还继续进行，数目到处都有微微的上升；直到 1933 年 1 月，失业也随之增长，但百年之久的移民出境过程的逆转不过是失业的许多原因之一而已。

549 虽然如此，在把目光从西达拉姆和格拉摩根某些山谷之类的地方，从克来德塞德和英格兰的东北和西北海岸的一小片一小片的黑区转移开来的时候，就很难忽视自 1908 年新社会政策开始以来，尤其是自战争以来英国工资劳动者福利方面所取得的改进。受惠最多的非熟练和不大熟练的工人是大多数。尽管有人对于有保障的行业的幸运有一种模糊的不公平之感，但这却不能掩蔽这样一个事实，即它们是这个社会的一个异常重要的部分。他们，连同所有不大熟练的工人，都是既有了令人满意的工资上升而又有了新设的和真正的、虽则是适度的保险和生活津贴的保证。

诚然，战争期间房屋建造的几乎完全中断以及战争一经结束立即开始的人口移动，导致了暂时和对很多人来说的租金不合理和屋少人多的情形，这却构成工资和保险金方面的一项沉重负担。但是在建筑计划——公共的、半公共的或私人的——没有取得真正进展的最初几年的无可避免的脱节和特殊的屋少人多情形之后，甚至没有人常常提到什么人民比照例的居住条件更糟的这些话了；虽则有人认为，他们的居住条件远没有应有的那样好，而且是抱着一种理所应有的热情态度这样看的。经过一段时期的政策

混乱和政治上的互相责难之后，房屋建筑有了突飞猛进的发展。甚至 1922 年在不列颠建造的新房屋就有大约十一万九千幢。到 1924 年，没有补贴的私人建筑物已经作为地方当局的工程和受国家补贴的建筑物的一项有效的辅助而出现了，国家补贴是早在 1919—1921 年成本高到令人毫无办法时开始的。自 1926 年起，新房屋的年度平均数是二十一万五千幢。到 1929 年年底，十年合计是一百三十八万二千幢。其中有整整三分之一是没有任何公共援助而建造的。至今还没有一幢达到倒塌的年限。

就全国而言，各种不同的统计标准，以及很多非统计的标准，都表明了平均福利的提高，尽管有 1920—1922 年的严重萧条和特殊行业和地区长期拖延不绝的风潮。一些比较陈旧的统计标准已经不再有多大价值了。这时行将称之为所谓的公共援助——即十九世纪的济贫金——的巨大数字，可能并且也的确含有发放更加 550
便捷和接受也不那么勉强的意思。在萧条时期数字自然有所上升，但是已不能再按照那种陈旧的肤浅方法用来作为社会健康的测验标准。以一般“奢侈品”消费——糖、茶、烟草——的一些简单的、有用的旧式标准供作比较之用已部分地失效，因为 1913 年的数字把拥有独立标准的整个爱尔兰一并包括在内了。但是这不能用来解释何以在 1913 年和 1929 年之间茶的消费量有每人将近 50％的上升以及烟草消费量也有每人 50％以上的上升；虽则部分解释可以得之于啤酒消费量的显著下降和妇女习惯方面常见的变化。（但女性工资劳动者迄今烟瘾还不是很大的。）

更直接的测验标准是更加确凿的。工会基金的标准特别令人发生兴趣。尽管因 1921 年的历次罢工而劳资纠纷福利金有非常

大量的开支，但多亏1919—1920年的高工资和良好就业情况，英国各工会的基金总数在1925年年底已上升到一千二百五十五万六千镑。（在1913年年底曾经是六百四十七万一千镑。）在1926年期间，用于劳资纠纷和失业福利金的数目不下一千一百九十九万三千镑。此后三年劳资纠纷福利金虽然降低；但是因为在受打击最重的行业中工会的代表性很强，所以失业福利金依然很高——一年三百万镑有奇，而1913年是五十万镑。可是到1929年年底，以少于1926年年底三十五万的会员，基金总数竟达一千一百三十六万一千镑。缴纳工会会费的弹力和持续力表明了在各工会会员之间处于困难情况下的巨大力量。

没有丝毫斗争精神残余的合作运动——因为工会的劳资纠纷福利金是国内斗争开支的嫡堂兄弟——是没有任何挫折记录在案的。它的历史给构成合作社社员绝大多数的那些工资劳动者的安适的日益增进提供了决定性的证明。零售合作社的数目有进一步的微微减少：像股份和其他竞争性企业一样，它们也受到了集中法则的支配。但是在1913年和1929年之间，它们的会员在达到六百一十二万九千人时加了一倍；它的销售额远不止一倍，即使打上所售货物价格三分之二的上涨（这是差不多近于正确数字的）
551 也增加了50％以上；它们的购货红利增加了一倍，所以在1929年单单红利会员就领去了二千零一十一万镑；它们这一年营业的盈余也加了一倍。除开它们的购货红利外，会员还领到了股金利息四百五十万镑，为十六年前所付总数的三倍以上。这整个的扩展表明了两代以来已成为这个运动的特色的那种平顺而健全的连续性。

友谊社的历史已经变得不如合作史那样重要了，自从合作社经国家批准为它本身的健康保险制度的代理人以来，比之过去，就更加不重要得多了。一个合作社的社员资格对于所有参加保险的人来说已经差不多成为自动的，而不再是远见、储蓄力、友谊或节俭的证明。通过邮局的定额储蓄这一代替办法只有极少数人加以利用。在1913年已经得到批准的真正友谊社，无论是没有分支机构的友谊社还是分支机构很多的互济会，会员人数的增长都比人口要迅速——从1913年的大约六百五十万人到1929年的大约七百五十万人。它们疾病福利金的支出也增长得比较快一点——但当时医药费已经上涨——而这至少可以表明推行两种保险的意愿和力量——因为差不多它们所有的会员这时都参加了国家计划。其保险人数在同一时期远不止于加倍(从七百五十万到一千七百五十万)的募捐会的显著增长，是不那么令人满意的。在1929年它们的收入是一千二百七十四万镑，而它们在募款人的佣金和管理费方面的开支竟不下四百零五万六千镑——而与此相比，所满足的一切保险要求，所支付的一切现金津贴和所放出的一切保险单的总数只不过是五百二十四万七千镑。这样浪费的一个制度的维持和发展究竟是不是增进福利的证明是很难说的。显而易见，浪费较少的更大的福利原不是没有的；但是这种情况至少反映出对于通常与安适有关的花费的满不在乎的气派，虽则这也许主要是由于无知。

储蓄银行和新储蓄券——一直实行到和平时期的一个战时计划——的统计数字究竟在怎样的程度上可以用来作为工资劳动者之间福利的一个标准，也是不能肯定的。它们至少大体上反映出

并非富裕的人们的储蓄；虽则安适的资产阶级家庭在储蓄银行中
552 总是有一些存款，而所有各种阶层的很多家庭都曾购买这种有吸引力的爱国证券所准许购买的最高限额或数目相当大的联单。但是从储蓄银行存户的数目本身（1913 年一千零五十四万一千户，1929 年一千二百零三万二千户）之中就可看出大多数户头是工资劳动者家庭的，虽则大部分款项也许不是。正是在工资劳动者储蓄方面所受压力第一次加剧的那一年——1926 年那个斗争的年份——中，依旧投放在已经从 1916 年继续不断地上升到 1926 年 3 月的三亿七千六百万镑这个庞大数字的储蓄券上的总数有了微微下降。看上去像是工资劳动者，无疑还有其他一些人，逐渐提取出去了。

"本……王国的庶民，无论男女"，1463 年的一项法令序言中曾经这样写道，"奢侈无度的华服美饰，已习以为常，既上干天怒"，又贻害于国家，而且违反明文查禁的现行法律。在法律提及庶民时，它是诚实的；因为它除禁止凡每年收入不到四十先令的人——全国大众——穿着"任何粗天鹅绒、外国棉织品，那波利斯粗天鹅绒、不褪色红布、黑白羔皮以外的任何皮毛"外，也禁止骑士穿着织锦。如果在衣着方面关系于王国健康和上苍喜怒的这种中世纪观点继续保存的话，在 1929—1930 年很会有类似的法律提出于国会。因为任何一位能在记忆中将前二十五年或三十年期间英国工人，"不论男女"的"华服美饰"加以比较的，都了解安适的与日俱增，服装的阶级差别的日益泯没和十五世纪原会认作是奢侈无度的华丽的愈益加甚。什么是未始不会禁止的，什么是粗天鹅绒、外国棉布和黑白羔皮以外的皮毛的现代等同物，姑且任由各自去断定。基于审美的以至道德的理由的确有很多人未始不想禁止的东西，如果他们确信他们所恼怒的也正是上苍所恼怒的话。有些人是这样确信的；但是他们却缺乏立法权。

虽然在 1463 年的禁令之中也许有某种习惯性的东西，并且确有一种露骨的保护主义的强烈色彩(注意那波利斯粗天鹅绒)，很少史学家怀疑禁令目的所在的“奢侈无度的华服美饰”是日益增进的国民福利的产物。现在没有必要以任何其他方法来解释二十世 553
纪的变化；虽则成衣商按合理价格照人们所希望穿着的衣装去装饰他们的那种技巧应该考虑在内；虽则为了穿着真正奢侈的“华服”而对比较好的东西无疑要作出某种牺牲；虽则要周游全国各地去搜求没有被诱在衣服方面犯罪的个人、地方和经济集团会是很容易的，因为他们可供衣服方面开支的余力并不比向来更大——甚或有了显著的减少。但是维多利亚时代后期贫民的跣足和“不能蔽体”的“褴褛”衣衫已经绝迹，或几近绝迹了。1931 年，在有著名的 80%人口失业这两年多的一个纺织流域中，查报工业房产的广泛抵押并说明如何“房产抵押金的利息出自救济金”的一位调查员，不胜满意地注意到“房屋保持的情况和妇女酷爱整洁的习惯”。甚至在无可救药的情况下，整洁现在至少是可能了，虽则这是未受“华服美饰”诱惑之害的地方之一——怕还是无论以储蓄券形式所进行的或存放在合作社中的储蓄已提取殆尽的那些地方之一。

在萧条时期的这类提存妨害了财产所有权通过社会向下层的真正但仍然非常缓慢的普及。最显而易见的依然不是普及而是分配的异常不均，尽管有死亡税、战时所得税以及经济学家所谓的

“资财从较富者向较贫者转移”的各式各样方法。方法之一就是养老金；联系到养老金就不能不记起年满六十五岁每星期甚至五先令的依法权利主张无疑是将近一百五十镑的一种所有权；因财产不是别的，而正是一种权利主张，正如在二十世纪的“股份制”社会中特别显见的那样。

撇开较贫者对于全国总财富的这种或那种权利主张的资本价值不谈，据历来的估计，在1924—1930年，在年满二十五岁以上的英国人民之中，76％至79％之间各拥有价值一百镑或不满一百镑的财产，集体地拥有全国资本自3％至6％；15％至17％各拥有价值一百镑至一千镑的财产，集体地拥有全国资本的10％至11％；

554 另外价值十万镑以上的人的那些小小集团计拥有不少于全部资本的23％。这些和仅次于它们的那个集团，即自二万五千镑至十万镑的所有人，共总不过占人口的零点三五，却拥有全国财产的大约42％。据估计数字这样开列。[①] 它的小数——这里没有列出——甚至于它的整数都可能有问题；但它的一般结论的大体正确或许是谁也不会争辩的。

希望有利于财产更加平等分配的政策的那个由来已久的和最明智的意愿，这时并不常常是完全以旧字眼表现出来的。但是对于私有财产观念已经不合理地抱有怀疑态度的那些改革家却一致希望有利于对国家财富的权利主张的更加平等分配的政策。这两种愿望只不过是一个愿望的两方面，而这个愿望，不论表现为它的

---

① 丹尼尔斯和坎皮恩在《全国资本的分配》(Daniels, G. W. and Campion, H., *in The Distribution of the National Capital*)(1936年版)一书中的估计。大部分以验论遗嘱的数字为依据的这些估计对于最低级集团自然可靠性最差。

这一种或那一种形式，凡心地善良和头脑清醒的人是不能不具有同情的。这类人中间的正当差异之点，乃是方法、步调和程度方面的。为取得更大的平等这项公认利益，所拟议的方法究竟需要对其他价值作出多少牺牲呢？在一定的国内和国际环境下，一种特定的试验是不是可取呢？最根本的是，归根到底什么样程度的经济平等是应该希求的呢？系于这类问题的一切思考和议论背后的是——或者应该是——下列的一些考虑：自己同胞中财产最少的人已经几乎是人类的一个特权分子；认为只需要组织起来就可出现一个丰盛世界的这种谈论，这种当时在社会试验家中间日趋风行的谈论方法，对于尚有三分之二居民根据西方标准没有像样的衣服可穿或足够的粗茶淡饭可食的这样一个世界还不是切合实际的；以及英国人的特权地位，老实说白色人种的特权地位，虽远不至于像某些悲观主义者所认为的那样不安全，却也不那么肯定是永恒的神圣的制度的一部分。

译名对照表

（第一个字按汉语拼音字母音序排列）

A

阿伯提累里　Aberstillery
阿克曼　Ackerman
阿尔瓦雷斯·冈萨雷斯公司　Alverez Gonzalez
阿莫斯　Amos
阿普尔亚德　Appleyard, R.
阿德拉桑　Ardrossan
阿散蒂金　Ashanti
阿希比　Ashby, A. W.
阿斯特拉罕　Astrakhan
埃克顿　Acton
埃第　Addy, G.
埃里思　Erith
埃斯克曼　Eskman
埃弗斯利　Eversley
埃斯林根　Esslingen
埃森　Essen
埃德蒙顿　Edmonton
埃尔塔姆　Eltham
艾希利　Ashley, W. J.
艾什顿·恩德·莱恩城市　Ashtonunder-Lyne
艾克勒萨耳　Ecclesall
埃克勒斯　Eccles
爱德华兹　Edwards, J.
爱迪斯电灯厂　Ediswan Lamp
安卡斯特　Ancaster
安德鲁·诺尔斯公司　Andrew Knowles & Co.
安萨尔杜厂　Ansaldo Works
安托里姆山区　Antrim
氨苏打盐辛迪加　Ammonia Soda and Salt Syndicate
奥格斯堡厂　Augsburg Works
奥尔索普斯有限公司　Allsopps Ltd.
奥格登·丘奇曼公司　Ogden & Churchman 269
奥哈根　O'Hagan, H. O.
奥托·希尔根斯托克式炉　Otto Hilgenstock

B

巴达柔兹　Badajoz

巴拉腊特　Ballarat
巴纳托　Barnato
巴内特·霍尔公司　Barnett, Hoares & Co.
巴恩斯利　Barnsley
巴斯啤酒厂　Bass
巴尔伯顿　Barberton
班布里季　Bainbridge, E.
鲍德温　Baldwin, A.
鲍德温有限公司　Baldwins Lcd. 270
鲍尔　Bauer
鲍威尔·杜弗林公司　Powell Duffryn Co.
北伦敦犹太人联盟的埃基·布里茨兄弟会　Achei Brith Brethen of the Covenant among North London Jews
北德意志·劳埃德航运公司　Nord-Deutscher Lloyd
贝尔　Bear
贝克尔　Becker, O. M.
贝尔法斯特　Belfast
贝尔父子公司　J. Bell & Sons
贝里奇　Berridge
贝西　Besse
贝克斯利欧石南灌木丛　Bexley Heath
本土殖民地贸易公司　Home and Colonial Trading Association
比德莫尔公司　Beardmores
比斯顿外胎公司　Beeston Rim
比斯顿轮胎公司　Beeston Tyre
比格　Bigge, D. S.
比格耳兹韦德　Biggleswade
毕尔巴鄂　Bilbao
波朱欧利　Pozzuoli
波提斯黑德　Portishead
波尔杜　Poldhu
波施　Poetsch
波利　Pohle, L.
波克洪塔斯　Pocohontas
博恩默恩　Bournemouth
博克　Bock
博恩　Bone, W. A.
博赞克特·索尔特公司　Bonsam Quet, Salt & Co.
博伊德－道金斯　Boyd-Dawkins, W.
博伊尔　Boyle, C.
伯利恒厂　Bethlehem Works
伯尔尼　Bern
伯利恒钢铁公司　Bethlehem Steel Corporation
伯明翰·米德兰银行　Birmingham and Midland Bank
伯麦斯特·韦因公司　Burmeister and Wain
伯恩利　Burnley
伯恩提斯兰　Burntisland
布拉克普耳　Blackpool

布拉奇福德　Blatchford
布莱克利　Blackley
布利肯斯德弗　Blickensderfer
布列里奥　Blériot
布茨公司　Boots
布茨纯药公司　Boots Pure Drug Co.
布拉布鲁克　Brabrook, E. W.
布莱德福染坊业者联合公司　Bradford Dyers
布雷德洛　Bradlaugh
布拉马普特拉河　Brahmaputra, R.
布拉姆韦尔　Bramwell, F.
布伦坦诺　Brentano, L.
布里德林顿　Bridlington
布里叶　Brillié
布里斯托尔啤酒酿制厂　Bristol Brewery
布里斯托尔联合啤酒酿制厂　Bristol United Breweries
布鲁克公司　Brooke and Co.
布鲁克兰兹　Brooklands
布鲁斯　Bruce, R.
布伦纳　Brunner
布伦纳·蒙德公司　Brunner, Mond & Co.
布丹　Budin
布埃尔　Buel
布尔斯勒姆　Burslem

C

车站面粉厂　Station Mill
串特河畔的伯尔顿　Burton-on-Trent

D

达德利　Dudley
达尔文　Darwin, L.
戴维　Davy, H.
戴伊　Day
戴伊氏首都药品公司　Day's Metropolitan Drug Co.
戴伊氏南方药品公司　Day's Southern Durg Co.
戴塞尔　Diessel
戴姆勒　Daimler
道逊　Dawson, W. N.
道莱斯铁公司　Dowlais Iron Co.
德雷克　Drake
德尔库普　Durkopps
德第昂厂　De Deon
邓禄普　Dunlop, J. B.
迪肯　Deacon
迪尔　Dearle, N. B.
狄更斯　Dickens
帝国烟草公司　Imperial Co.
帝国化学工业公司　Imperial Chemical Industries
帝国烟草有限公司　Imperial Tobacco Co. Ltd.
蒂利特　Tillett
蒂尔曼　Tilghman

蒂林公司 Thomas Tilling Co.
东哈姆 Eastham
杜格代尔 Dugdale, J. H.
杜克 Duke, J. B.
杜鲁门·汉伯里·巴克斯顿啤酒厂 Truman Hanbury Buxton
杜托伊特斯盘 Dutoitspan
多菲内 Dauphine
多布森 Dobson, B. A.

E

厄温洛德河 Evenlode, R.
恩菲尔德 Enfield
恩索尔 Enson, R. C. K.

F

法本厂 Faber
法罗敦 Fallodon
法伊 Fay. C. R.
方丹 Fountain
菲什戛德湾 Fishguard
菲利皮 Philppi
费瑟斯通 Featherstone
费达尔 Ferndale
芬奇利 Finchley
福伊尔斯瀑布 Foyers, the Falls of
福勒-贝克公司 Fowler and Baker
福布斯 Forbes
弗里克号 Frick, the
弗勒克斯 Flux, A. W.
弗莱维尼 Flavigny

G

高斯波尔奥克铁厂 Gospel Oak Work
戈斯林 Gosling
戈德温-奥斯汀 Godwin-Austen
戈德利 Godley, A. D.
格伦泽尔 Grunzel, J.
格卢克斯坦 Gluckstein
格斯特·基恩公司 Guest, Keen and Co.
格雷 Grey, E.
格廷根 Göttingen
格兰特 Grant, J. C.
格利登 Gliden
格莱德希尔 Gledhill, J. M.
格巴特科尼施公司 Gebhardt and Koening
根特 Ghent
古耳 Goole
国际茶叶公司 International Tea Co.
国际茶叶有限公司商店 International Tea Co. Store Ltd.
国家保险公司 State Assurance

H

哈兰·沃尔夫公司 Harland and Wolff
哈博德 Harbord, F. W
哈德默斯 Hardmuth

哈德菲尔德　Hadfield,R. A.
哈格德　Haggard
海运公司　Messageries Maritimes
海军工程军械公司　Naval Construction & Armament Co.
汉堡－美洲航运公司　Hamburg-Amerika
赫德森公司　Hudsons
赫塞尔　Hessels,J. H.
黑罗尔特号　Héarult
黑利昂·邦普斯太德　Helion Bumpstead
黑耳德　Held,A.
亨利·布里格斯父子公司　Briggs, Henry. Son & Co.
亨特利·帕麦尔公司　Huntley and Palmer
亨伯脚踏车公司　Humber
亨斯罗　Hounslow
亨尼比克　Hennebique,F.
亨尼尔　Honnell,T.
亨德森　Henderson,A.
侯顿勒斯普临城市　Houghtonle-Spring U. D.
胡温克尔　Houghwinkel,G. H. J.
胡珀　Hooper,W. E.
胡贝尔　Hunber,F C.
胡克　Hooker,R. H.
怀特黑德　Whitehead,C.
怀特　White,M.
惠特布雷德啤酒厂　Whitbread
惠茨通　Wheatstone,C.
惠顿　Wheaton,S. W.
霍尔　Hall,D.
霍尔斯伯里　Halsbury
霍勒尔－泽赫耳公司　Haller, Sochle and Co.
霍登　Hawdon,W.
霍布森　Hobson,C. K.
霍尔登　Holden,E. H.
霍伊　Hoe
霍尔伯恩　Holborn
霍尔登公司　Holdens
霍尔斯黑思　Horseheath
霍罗克斯　Horrocks

J

基钦纳　Kitcbener
基埃夫　Kieff
基尔利　Kearley
吉尼斯有限公司　Guinness Ltd.
吉林汉姆　Gillingham
吉隆坡　Kuala Lumpur
加斯特里尔　Gastrell,W. S. W.
硷业联合公司　United Alkali
杰布　Jebb,L.
杰文斯　Jevons
金伯利　Kimberley
金洛赫利文　Kinlochleven
金斯顿谷　Kingston Vale

金兹诺尔顿　King's Norton
金兹克罗斯　King's Cross

K

卡德比　Cadeby
卡纳克·蔡斯煤矿厂　Cannock Chase Colliery
卡普伦　Capron, A. J.
卡内基·安德鲁　Carnegie, Andrew
卡里,罗莎·努歇特　Cary, Rosa Nouchette
卡富尔　Cavour
卡斯顿贝因　Kastenbein, C.
卡耳古尔利　Kalgoorlie
卡非尔竞技场　Kaffin Circus
凯　Kay, P.
凯尼格　Koening
凯恩克罗斯　Cairncross, A. K.
凯麦尔公司　Cammells
康巴奇　Cwmbach
康布兰　Cwn Bran
康内尔　McConnell
考倍式炉　Coppées
考陶尔德　Courtauld
考文垂军械厂　Coventry Ordinance Works
考利厂　Cowley Works
考珀　Cowper
柯林斯式炉　Collins
柯里　Currie, D.
柯尔　Curle, J. H.
科特布里季　Coatbridge
科尔曼公司　J. and J. Colman
科胡恩,帕特里克　Colquhoun, Patrick
科比诺　Corbine, E.
科茨公司　J. and P. Coats
科珀斯　Koppers
克劳伊登　Croydon
克罗斯利厂　Crossleys
克拉德利欧石南灌木丛　Cradley Heath
克雷吉　Craigie, P. G.
克劳德福　Crawford. R. F.
克罗谢公司　Crawshays
克鲁森　Crewdsons
克里普峡谷　Cripple Creek
克鲁克斯　Crookes, Wm.
克罗斯·克莱克韦尔公司　Crosse and Blackwell
克莱德班克机械工程和造船公司　Clydebank Engineering and Shipbuilding
克朗代克河　Kolndyke
克科迪　Kirkaldy
壳牌火油公司　Shell Company
肯特煤矿特许公司　Kent Coal Concessions Company
库姆斯·里德号　Combes and

Reids

库尔加迪　Coolgardie

L

拉恩　Larne

拉维涅　Lavergne

拉布谢尔　Labouchire

腊斯金　Ruskin,J.

腊贝诺　Rabbeno,U.

来登伯赫矿场　Lydenburgfield

莱昂斯　Lyons

莱兰厂　Leylands

莱维　Levy,H.

莱文斯廷　Levinstein

莱尔德公司　Lairds

莱顿　Layton,W.

兰斯顿·托尔伯特　Lanston,T.

兰德矿　Rand

朗西曼　Runciman,W.

朗达　Rhondda

朗茨　Raunds

劳埃德银行　Lloyds

劳埃德公司　Lloyd and Lloyd

劳森　Lawson,H. J.

勒尔威克　Lerwick

勒格罗　Legros,L. A.

勒德洛　Ludlow,J. M.

累克西斯　Lexis,W.

里奇　Ritchie

里德　Read,C. S.

利华　Lever

利华兄弟公司　Lever Bros.

利华休姆　Leverhulme

利华公司　Levers

利普顿　Lipton

利昂　Leon,D. de

利河　Lea R.

联合人造水泥公司　Associated Portland Cement

联合太平洋铁路　Union Pacific

联合冷藏公司　Union Cold Storage

联合卡斯耳航运公司　Union Castle Line

林威　Dewey,D. R.

林业发展委员会　Development Commission

林斯　Lings,S.

刘易斯阿姆　Lewisham

卢埃林　Llewellyn,H.

鲁平　Ruppin,A.

鲁　Rew,R. H.

伦敦中央银行　Central Bank of London

伦敦雇主责任保险公司　Employers Liability Assurance Corporation,of London

伦敦通用电气公司　General Electric Co. of London

伦敦－拉普拉塔银行　London and River Plate Bank

伦敦联合·斯密银行　Union of London and Smith
罗　Rowe,J. W. F.
罗契林-罗登豪塞号　Röchling-ROdenhausser
罗斯伯里　Rosebery
罗斯累尔　Rosslare
罗伯逊　Robertson,D. H.
罗兹　Rhodes
洛赫·内斯　Loch Ness
洛克赫斯特巷　Lockhurst Lane
洛克菲勒　Rockeffeller,J. D.

M

马瑟·普拉特公司　Mather and Platt
马什　Marsh,C. F.
马恩　Marne
马克斯　Marks
马克西姆·诺登费尔特枪炮公司　Maxim-Nordenfelt Gun Co.
马利特　Malet,B.
马尔登　Malden. W. J.
麻线公司　Linen Thread Co.
麦卡拉　Macara
麦凯　Mackio
麦克纳坦　Macnaghten
迈尔斯　Myers,M. G.
迈斯特格　Maestag
曼彻斯特啤酒酿制厂　Manchester Breweries
曼恩　Mann
曼内斯曼公司　Mannesman Company
曼宁　Manning
曼宁厄姆纺绩厂　Manningham Mill
梅德韦河　Medway
梅利　Melly,F. E.
梅波尔牛奶公司　Maypole Dairy Co.
美国烟草公司　American Tobacco Co.
美孚石油公司　Standard Oil
美国钢铁公司　United States Steel Corporation
美国造船公司　United States Shipbuilding Co.
蒙尼叶　Monier
蒙德　Mond
米切耳·希格内特公司　Mitchell & Hignett
米德兰各郡无酵母面包公司　Midland Counties A. B. C.
密埃尔　Miele
明斯特·洛维耳　Minster Lovell
摩根　Morgan,J. P.
莫谢尔　Mouchel,L. G.
莫尼　Money
莫科姆厂　Morcoms
莫贝目　Maubeuge

墨尔本联邦银行 Federal Bank of Melbourne
墨雪特 Mushet,R. F.
默里 Murry,G.
默根撒勒 Mergenthaler,O.
穆克斯号 Meux
穆加特罗埃 Murgatroyd

N

纳尔维克 Narvik
纳特·博尔特特许公司 Patent Nut and Bolt Co.
南希尔兹航运公司 South Shields Shipping Co.
内特尔福德公司 Nettlefolds
内卡河 Neckar R.
尼克博克信托公司 Knickerbocker Trust Company of N. Y.
尼尔微 Nineveh
纽卡斯尔啤酒酿制厂 Newcastle Breweries
纽纳姆面粉厂 Newnhall Mill
诺尔斯 Knowles,L. C. A.
诺思罗普 Northrop
诺思菲尔德 Northfield
诺尔特豪曾 Nordhausen
诺贝尔炸药托拉斯 Noble Dynamite Trust Co.

P

庞查德 Punchard,F.
庞德尔·恩德 Ponder's End
佩特 Pate,G.
佩什 Paish,G.
佩尔季尔 Pershore
佩因 Paine,W.
彭德耳伯里 Pendlebury
彭德耳顿 Pendleton
皮尔逊 Pierson,N. G.
皮尔逊 Pearson,W.
皮鲍迪托拉斯 Peabody Trust
漂白业者联合公司 Bleachers Association
珀塞尔 Purcell,J. S.
珀克斯 Perks
普土迈欧河 Putumayo
普莱斯 Price
普拉特 Pratt
普龙克特 Plunkett,H.
普利姆索尔 Plimsoll,S.
庞查德 Punchard,F.
庞德尔·恩德 Ponder's End

Q

切达尔 Cheddar
切林号 Kjellin
琼斯 Jones,G. T.
丘纳德轮船公司 Cunard Line
丘奇,维廉 Church,W.
丘桥 Kew Bridge

S

萨瓦　Savoy
萨蒙　Salmon
塞西尔，格温多林夫人　Cecil, Lady Gwendolen
塞默特·索尔威式　Semet-Solvay
塞尔弗里奇　Selfridge, G.
塞兰第亚号　Selandia
塞耶尔　Sayer, R. S.
塞缪尔·考陶尔德公司　Samuel Courtauld & Co.
骚森德·昂·锡　Southend-on-Sea
沙多纳　Chardonnet
商业联合保险公司　Commercial Union
商业国民银行　Mercantile National Bank
圣庞克拉斯市　St. Pancras
施纳贝尔　Schnabel, F.
施勒塞　Schloesser
史普拉格　Sprague, O. M. V.
首都南区煤气公司　South Metropolitan Gas Company
斯通黑文　Stonehaven
斯旺　Swan, J. W.
斯特尔顿　Stirton, T.
斯图尔特·孟席斯公司　Steward, A. J. and Menzies
斯图尔特·劳埃德公司　Stewards and Lloyds
斯提普尼市　Stepney
斯坦纳公司　Steiner & Co.
斯科达　Skada
斯塔森诺号　Stassano
斯密·格兰特·琼斯公司　Smith, Grant and Jones
斯迈利　Smillie, R.
斯坦普　Stamp, J. C.
斯坦夫约德　Stangfjord
斯梅锡克　Smethwick
斯科特·安德森　Scott-Anderson, T.
斯卡尔布勒　Scarborough
思罗格莫尔顿街　Throgmorton Street
苏格兰钢铁公司　Scottish Iron and Steel Co.
索思沃德　Southward, J.
索普威思　Sopwith, S. F.
索恩　Thorne

T

塔村　Tower Hamlets
塔斯马尼亚岛　Tasmania
泰尔（地中海沿岸的一个古城）　Tyre
坦吉厂　Tangyes
汤奇　Tonge
汤姆森　Thomson

汤普森　Thompson,R. J.
特纳　Turner,J. W.
特腊法耳加公司　Trafalgar Co.
滕布里季－韦耳兹　Tunbridge Wells
提普特里　Tiptree
提维厄特德耳　Teviotdale
统一坎布连公司　Consolidated Cambrian
通斯塔尔城　Tunstall U. D.
图冈－巴罗诺斯基　Tougan-Baronowsky,M.
土耳其红布公司　Turkey Red Co.
托尼潘地　Tonypandy
托特纳姆　Totlenham

W

瓦格纳　Wagner,A.
威廉·科里父子公司　Cory, W. and Son.
威特沃特斯农场　Witwaters farm
威瑟斯　Withers,H.
威尔逊－福克斯　Wilson-Fox
威尔斯·普莱耶公司　Wills and Players
威耳兹登　Willesden
威克斯　Wicks
韦尔登　Welden
韦斯科特　Westcott
维恩　Venn,J. A.
维诺利亚公司　Vinolia Co.
维克尔厂　Vickers
维斯蒂兄弟公司　Vestey Bros.
维斯特法利西　Westphalia
温菲尔德－斯特拉特福德　Wingfield Stratford,E.
温德腊希　Windrush
温伯耳顿　Wimbledon
闻咨卫司　Wandsworth
翁·哈耳　Von Halle,E.
翁·施泰因　Von Stein
沃特尼号　Watneys
沃勒尔　Wöhler
沃耳瑟姆斯托　Walthamstow
沃耳特舒森　Wattershausen, S. Von
沃尔特　Walter
沃拉西　Wallasey
沃尔　Wall,W. B.
沃金顿钢铁公司　Workington Iron and Steel Works
沃耳斯顿　Wolston
沃尔西利公司　Wolseley's
伍德　Wood,F
伍姆韦尔　Wombwell
无酵母面包公司　Aerated Bread Co.

X

西蒙－卡维式炉　Simon-Carvès

西布腊米季　West Bromwich
希克斯－比奇　Hicks-Beach
锡德克普　Sidcup
细纱纺绩业者联营　Fine Spinners
夏普·奥克兰　Bishop Auckland
夏普　Sharp, M. S.
宪章村　Charterville
辛普莱克式炉　Simplex
新泽西国际商轮公司　International Mercantile Marine Co. of New Jersey
新比斯顿脚踏车公司　New Beeston Cycle
休伊什·埃皮斯科皮　Huish Episcopi
休斯内　Huessner
雪兰莪　Selangar

Y

亚细亚煤油公司　Asiatic Petroleum Co.
亚当森　Adamson. D.
盐业联合公司　Salt Union
洋布印花业者联合公司　Calico Printers
耶基斯　Yerkes
伊夫夏姆谷　Evesham, the Vale of
伊利铁路　Erie Road
伊斯门有限公司　Eastmans Ltd.
伊斯门公司　Eastmans
伊斯林顿市　Islington
伊尔福德　Ilford
伊利昂　Ilion
因杰城市　Ince U. D.
鹰牌油公司　Eagle Oil Co.
鹰牌石油运输公司　Eagle Oil Transport
《英帝国海关》　C. H. B. E.
英美联合皮鞋机器公司　Anglo-American United Shoe Machinery Co.
英墨煤油公司　Anglo-Mexican Petroleum
英波石油公司　Anglo-Persiam Oil Co.
英国铝公司　British Allumium Co.
英国棉毛染坊业者联合公司　British Cotton and Wool Dyers
英国电车公司　British Electric Traction Co.
英国威斯汀屋公司　British Westinghouse
英国棉线公司　English Sewing-Cotton Co.
英德·库普公司　Ind Coope
英王面粉厂　King's Mill
英荷石油公司　Royal Dutch
尤因　Ewing
尤斯顿　Euston
尤埃特　Youatt

约翰逊　Johnson, S. C.

约翰内斯堡　Johannesburg

约斯特　Yost

约克郡梳毛业者联合公司　Yorkshire Woolcombers Association

约克郡无酵母面包公司　Yorkshire A. B. C.

运河面粉厂　Canal Flour Mill

Z

詹金　Jenkin, F.

詹宁斯　Jennings, W. J.

图书在版编目(CIP)数据

现代英国经济史.下卷/(英)克拉潘著;姚曾廙译.—北京:商务印书馆,2017
(汉译世界学术名著丛书:120年纪念版:珍藏本)
ISBN 978-7-100-14202-1

Ⅰ.①现… Ⅱ.①克… ②姚… Ⅲ.①经济史—英国—现代 Ⅳ.①F156.195

中国版本图书馆CIP数据核字(2017)第141064号

汉译世界学术名著丛书
(120年纪念版·珍藏本)
现代英国经济史
下 卷
机器和国与国的竞争(1887—1914年)
附结论(1914—1929年)
〔英〕克拉潘 著
姚曾廙 译

商 务 印 书 馆 出 版
(北京王府井大街36号 邮政编码100710)
商 务 印 书 馆 发 行
南京爱德印刷有限公司印刷
ISBN 978-7-100-14202-1

2017年12月第1版 开本710×1000 1/16
2017年12月第1次印刷 印张48 插页1
定价:230.00元